Klaus Mann und Frankreich

Eine Untersuchung dieser Beziehung

von

Veit Johannes Schmidinger

Tectum Verlag
Marburg 2005

Umschlagabbildung: Klaus Mann; mit freundlicher Genehmigung der Monacensia,
Literaturarchiv und Bibliothek, München

Schmidinger, Veit Johannes:
Klaus Mann und Frankreich.
Eine Untersuchung dieser Beziehung.
/ von Veit Johannes Schmidinger
- Marburg : Tectum Verlag, 2005
Zugl.: Siegen, Univ. Diss. 2005
ISBN 978-3-8288-8947-7

© Tectum Verlag

Tectum Verlag
Marburg 2005

Für Brigitte und Sebastian

Vorwort 7

1 Einleitung 9
1.1 Zur Klaus-Mann-Rezeption in Deutschland und Frankreich 9
1.2 Zur Klaus-Mann-Forschung 13
1.3 Vorgehensweise 18

2 Einflüsse und Bedingungen für Klaus Manns Frankreichbilder 21
2.1 Klaus Manns Frankreicherfahrungen 21
   2.1.1 Kind seiner Zeit? Klaus Mann und Frankreich 1906-1925 21
   2.1.2 Frankreich – reale und geistige Heimat? Klaus Mann und Frankreich
       1925 bis 1933 32
   2.1.3 Flucht in einen Traum? Klaus Mann und Frankreich während seines Exils
       in Europa 47
   2.1.4 Flucht in die Vergangenheit? Klaus Mann und Frankreich während seines
       Exils in den USA 62
   2.1.5 Mit höchsten Erwartungen. Klaus Manns Rückkehr nach Europa 80
2.2 Zwischen Vorbild und Ablehnung. Die Bedeutung von Thomas und
    Heinrich Mann für Klaus Manns Einstellung zu Frankreich 89
   2.2.1 Flucht aus dem Schatten des Vaters? Klaus Manns Selbstpositionierung
       als Frankophiler 89
   2.2.2 Ein anerkennbares Vorbild? Das Frankreich-Engagement Heinrich Manns ... 96
2.3 Klaus Mann und die französische Sprache und Literatur 103
   2.3.1 Eine seichte Liebe? Klaus Mann und die französische Sprache 103
   2.3.2 Eine tiefe Liebe? Klaus Mann und die französische Literatur 116

3 Die Suche nach dem Leben. Klaus Manns Homosexualität als Motivation
für seine Hinwendung zu Frankreich 137
3.1 Isolierte Erfahrung. Klaus Manns frühe Auseinandersetzung
    mit Homosexualität 137
3.2 Berlin? Paris! 147
2.3 Ganymed sucht Zeus. Klaus Mann und André Gide 158
3.4 Ambivalente Spiegelung. Klaus Mann und Jean Cocteau 175
3.5 Ein früher Blick ins Jenseits. Klaus Mann und Raymond Radiguet 190
3.6 Ein verliebter Blick in den Spiegel. Klaus Mann und René Crevel 194
3.7 Begegnung mit einem Traum. Klaus Mann und Jean Desbordes 208
3.8 Der bevorzugte Mitschüler. Klaus Mann und Julien Green 211
3.9 Spiegelung im Gegner? Klaus Mann und die Surrealisten 217
3.10 Ein Ort verschwindet. 225

4 Der Einfluss der Frankreich-Rezeption auf das literarische Werk
Klaus Manns 229
4.1 Anlehnung und Übernahme. Der Einfluss der französischen Literatur
    auf Klaus Manns literarisches Werk 229
4.2 Frankreich im literarischen Werk Klaus Manns 247
   4.2.1 Image, Imagem, Stereotyp oder Bild? Terminologische und
       methodologische Überlegungen 247
   4.2.2 Das Instrumentarium. Frankreichbilder in Klaus Manns literarischem Werk ... 251
   4.2.3 Deutschland und Frankreich – Das Eine und das Andere? 281

5 Ergebnisse **295**

Anhang **303**
   Siglenverzeichnis 303
   Literaturverzeichnis 305
      Werke Klaus Manns 305
      Unveröffentlichte Manu- und Typoskripte Klaus Manns 306
      Werke zu Klaus Mann 307
      Werke anderer Autoren 308
      Weitere Sekundärliteratur 310
      Tonträger 314
      Film 314

Vorwort

Ich liebe Frankreich. Ich liebe die französischen Menschen, ich liebe die französische Landschaft. Ich liebe die Städte Frankreichs, und ich liebe die Erde Frankreichs. Ich liebe die französische Kunst, und ich liebe die großen politischen Traditionen der französischen Politik. Ich habe immer geglaubt, daß ein Deutscher Frankreich, den westlichen Nachbarn, lieben darf und lieben soll. Ich habe immer geglaubt, daß ein Deutscher viel von Frankreich zu lernen hat – und, wie ich hinzufügen muß, ein Franzose vielleicht auch einiges von Deutschland. Ich habe viel gelernt, als ich in Frankreich lebte und mich mit französischen Dingen beschäftigte.[1]

Klaus Manns Leben deckt sich fast mit der ersten Hälfte des 20. Jahrhunderts. In dieser Zeit wächst er auf, nimmt ihre Einflüsse auf und verarbeitet sie. Sein Leben ist Teil, sein Werk heute Zeugnis dieser Zeit. Während in der zweiten Hälfte des 20. Jahrhunderts die Beziehung zwischen Deutschland und Frankreich auf politischer und gesellschaftlicher Ebene ganz im Zeichen der Versöhnung, der Überwindung nationaler Vorurteile und des gemeinsamen Handelns steht, ist die erste Hälfte vor allem durch gegenseitiges Misstrauen, gegenseitige Vorurteile und Kämpfe um die kulturelle, wirtschaftliche und politische Vorherrschaft in Europa gekennzeichnet. Ausdruck dieses angespannten Verhältnisses sind der Erste und Zweite Weltkrieg.
Bereits in seiner Jugend hat Klaus Mann den Wunsch, wie sein Vater und sein Onkel Schriftsteller zu werden, erhält er Französischunterricht und beginnt, sich mit französischer Literatur zu beschäftigen. 1924 erscheint unter dem Titel *Arthur Rimbaud* ein Aufsatz, in dem sich Klaus Mann erstmals öffentlich über französische Literatur äußert. Ein Jahr darauf reist er zum ersten Mal nach Paris und Südfrankreich. Bis zur Machtergreifung der Nationalsozialisten in Deutschland folgen zahlreiche längere Aufenthalte vor allem in Paris, wo er unter anderem die Bekanntschaft mit den französischen Schriftstellern André Gide, Jean Cocteau und René Crevel macht. Zahlreiche Essays, Reden und Kritiken haben Frankreich und vor allem die französische Literatur, aber auch die deutsch-französische Aussöhnung zum Thema. 1927 erscheint mit *Le cinquième enfant* ein erstes seiner Werke auf Französisch. Im März 1933 flieht Klaus Mann vor den Nationalsozialisten aus München nach Frankreich und wird zu einem der engagiertesten Kämpfer des schreibenden Exils. Paris wird neben Amsterdam und Zürich zu einem wichtigen Aufenthaltsort seiner ersten Exiljahre. Im September 1938 übersiedelt Klaus Mann in die Vereinigten Staaten von Amerika in der Hoffnung, dort eine neue Heimat zu finden. Zahlreiche Aufsätze zeugen von seinem Wunsch, dem amerikanischen Publikum und Lesern französische Kultur zu vermitteln. Höhepunkt dieses Engagements ist die 1943 erschienene Gide-Monographie *André Gide and the Crisis of Modern Thought*. Noch vor dem Ende des Zweiten Weltkriegs kehrt Klaus Mann als US-Staatsbürger und Soldat nach Europa zurück. Seine Versuche,

---

[1] Klaus Mann: *Können Frankreich und Deutschland Freunde sein?* [1936], S. 18. In: Klaus Mann: *Das Wunder von Madrid. Aufsätze, Reden Kritiken 1936-1938*. Hrsg. von Uwe Naumann und Michael Töteberg, Reinbek bei Hamburg 1993, S. 15-23. Im Folgenden werden Zitate aus diesem Band durch die Sigle *WvM* und die Angabe der entsprechenden Seitenzahl belegt.

sich in Deutschland als Schriftsteller und auch als Vermittler französischer Literatur zu etablieren, scheitern. Am 21. Mai 1949 stirbt er in Cannes an einer Überdosis Schlafmittel.

Die Rekonstruktion, die kritische Analyse und Neubewertung der Beziehung Klaus Manns zu Frankreich ist Thema dieser Arbeit. Die lebenslange Beschäftigung und Auseinandersetzung mit seinen französischen Bekanntschaften, mit französischen Orten, der französischen Sprache, Literatur und Musik, mit französischer Politik, Geschichte und Kultur stehen in Zusammenhang mit den gesellschaftlichen und politischen Gegebenheiten und Wandlungen der ersten Hälfte des 20. Jahrhunderts. Sein Verhältnis zu Frankreich muss demnach in dem gesellschaftlichen Kontext seiner Zeit gesehen werden, aber auch im Kontext seiner persönlichen Lebenssituation. Zwar wird Klaus Mann von Frankreichvorstellungen seiner Zeit beeinflusst, er setzt ihnen aber auch individuelle Vorstellungen entgegen, die sich aus seinen persönlichen Lebensumständen als Münchner, Deutscher, Europäer, als Exilant und als Amerikaner, ebenso als Sohn und Neffe und vor allem als Homosexueller erklären.

Ein Schwerpunkt dieser Untersuchung liegt auf den Frankreichbezügen in Klaus Manns literarischem Schreiben. Bereits einige seiner frühen Erzählungen zeigen deutliche Einflüsse der französischen Literatur. Mit seinem Theaterstück *Geschwister* adaptiert er Jean Cocteaus Roman *Les enfants terribles*. Immer wieder dienen ihm Paris und die Städte der französischen Riviéra als wichtige Handlungsorte für seine Erzählungen und Romane, immer wieder verwendet er zur Charakterisierung seiner Protagonisten die französische Sprache. Wie in seinem essayistischen und autobiographischen Werk entstehen und verändern sich in seinem literarischen Schreiben die entworfenen Portraits von Frankreich entsprechend den unterschiedlichen Motivationen des Autors, sich mit Frankreich als (Kultur-)Nation auseinanderzusetzen.

Die Arbeit versteht sich als Beitrag nicht nur zur Klaus-Mann-Forschung und zur homosexuellen Kultur- und Literaturwissenschaft, sondern auch zur deutsch-französischen Kulturgeschichtsschreibung.

1 Einleitung

1.1 Zur Klaus-Mann-Rezeption in Deutschland und Frankreich

Von seinen ersten literarischen Veröffentlichungen im Jahr 1925 bis zur Machtübernahme Hitlers ist das Interesse der Öffentlichkeit an Klaus Mann und seinen Kritiken, Erzählungen, Romanen und besonders an seinen Theaterstücken für einen jungen Schriftsteller bemerkenswert. Einen Großteil seiner Leserschaft und journalistischen Resonanz verdankt er dem Umstand, der Sohn Thomas Manns zu sein.[2] Als die Nationalsozialisten im Mai 1933 die Werke vor allem von jüdischen und als nicht mit der Parteilinie konform eingestuften Schriftstellern in zahlreichen deutschen Städten effektvoll verbrennen, sind auch die Veröffentlichungen Klaus Manns darunter, der kurz zuvor ins Exil nach Paris geflüchtet ist. Mit dem damit einhergehenden Verbot seiner Werke im Deutschen Reich bricht ein Großteil seiner potentiellen Leserschaft weg. Bevor er in den USA den Versuch unternimmt, sich mit einem Wechsel ins Englische einer neuen Leserschaft anzubieten, beschränkt sich diese vornehmlich auf andere Exilanten, den Exilanten zugeneigte Schweizer und (bis zum Anschluss) Österreicher, auf deutschsprachige Minderheiten in anderen Ländern und Ausländer, die an deutschsprachiger Literatur interessiert sind. Seine heute in der Literatur- und Geschichtswissenschaft als Sprachorgan des Exils gewürdigte[3] Zeitschrift *Die Sammlung* hat eine Auflage von nur 3.000 Stück, von denen anfänglich 2.000 verkauft werden[4]. Nach zweijährigem Erscheinen wird sie eingestellt, ohne die Kosten jemals gedeckt zu haben. Von seinem 1939 erschienenen Roman *Der Vulkan* sind nach einem Vierteljahr nur 300 Exemplare verkauft.[5] Eine Ausnahme bildet die zusammen mit seiner Schwester Erika geschriebene und auf Englisch publizierte Bestandsaufnahme des deutschen Exils *Escape to life*, die gleich nach ihrem Erscheinen eine zweite Auflage erhält.[6]

Nach dem Krieg bemüht sich Klaus Mann vergeblich um die Veröffentlichung in Deutschland. Aufgrund der Verleihung des Nobelpreises an André Gide im Jahr 1947 gelingt es ihm, die deutsche Übersetzung seiner Gide-Monographie 1948 in Zürich bei dem Verleger Steinberg herauszubringen. Eine gewünschte

---

[2] So kündigt der Paul Steegemann Verlag am 4. 10. 1924 Klaus Manns ersten Novellenband *Vor dem Leben* mit einem groß gedruckten Hinweis an, dass Klaus Mann der Sohn von Thomas Mann sei. Vgl. Uwe Naumann (Hg.): *„Ruhe gibt es nicht, bis zum Schluss". Klaus Mann (1906-1949). Bilder und Dokumente*, Reinbek bei Hamburg 1999, S. 56. Am 31. 10. nimmt die *Berliner Illustrirte Zeitung* Klaus und Erika Mann sowie Pamela Wedekind anlässlich der Uraufführung von Klaus Manns Drama *Anja und Esther* auf ihre Titelseite und stellt sie als „Dichterkinder" und Klaus Mann als „Sohn von Thomas Mann" vor. In: *Berliner Illustrirte Zeitung*, 34. Jg., 31. 10. 1925, S. 1.
[3] Vgl. Paul Riegel und Wolfgang Rinsum: *Drittes Reich und Exil. Deutsche Literaturgeschichte*. Bd. 10, München 2000, S. 76f.
[4] Vgl. Fredric Kroll (Hg.): *Klaus-Mann-Schriftenreihe* Bd. 4: *1933-37. Repräsentant des Exils*. Teilbd. 1: *Die Sammlung der Kräfte*, Wiesbaden 1992, S. 80.
[5] Vgl. Hans-Albert Walter: *Asylpraxis und Lebensbedingungen in Europa. Deutsche Exilliteratur 1933-1950*, Darmstadt 1972, S. 190.
[6] Vgl. Uwe Naumann und Michael Töteberg: *Vorwort* zu Klaus Mann: *Zweimal Deutschland. Aufsätze, Reden, Kritiken 1938-1942*. Hrsg. Von Uwe Naumann und Michael Töteberg, Reinbek bei Hamburg 1994, S. 11. Im Folgenden werden Zitate aus diesem Band durch die Sigle ZD und die Angabe der entsprechenden Seitenzahl belegt.

französische Ausgabe kommt nicht zustande. Bis zu seinem Tod wird keines seiner literarischen Werke neu aufgelegt. Trotz seines anfänglichen Erfolges Mitte der zwanziger Jahre und des beträchtlichen Umfangs seines journalistischen und literarischen Werkes ist Klaus Mann zu Lebzeiten nur eine sehr geringe Verbreitung, ein sehr leises Echo und keine nachweisbare Wirkung beschieden.
Erst in den fünfziger Jahren werden *Symphonie Pathétique* (1952), *Der Wendepunkt* (1952) und *Der Vulkan* (1956) dem westdeutschen Publikum zugänglich gemacht. Eine für 1965 vorgesehene *Mephisto*-Ausgabe wird hingegen auf Veranlassung des Adoptivsohns und Erben von Gustaf Gründgens, Peter Gorski, gerichtlich untersagt. In den sechziger Jahren verlegt Berthold Spangenberg als Leiter des Münchner Nymphenburger Verlages einen Großteil von Klaus Manns in den zwanziger Jahren geschriebener Literatur. Mit den gesellschaftlichen Umbrüchen, die gegen Ende der sechziger Jahre ihren Anfang nehmen, und den damit einhergehenden Versuchen, die nationalsozialistische Vergangenheit aufzuarbeiten, gerät auch die Exilliteratur in den Fokus der Aufmerksamkeit und erfährt eine neue Populariatät. In Klaus Mann erkennt man einen wichtigen Kämpfer und bedeutenden Chronisten des Exils und damit einen geeigneten Verbündeten im Kampf für die Vergangenheitsbewältigung und gegen alte und neue nationalistische Bestrebungen.
Die Renaissance einer homosexuellen (Sub-)Kultur seit den siebziger Jahren, die sich unter anderem auf politischer Ebene in den Bewegungen zur Abschaffung des Paragraphen 175, auf kultureller Ebene beispielsweise in den Filmen Rainer Werner Fassbinders oder Rosa von Praunheims niederschlägt, führt auch zu einer Suche nach ihren historischen Wurzeln und nach geeigneten Idolen. In den Jahren zwischen der Jahrhundertwende und der Machtergreifung Hitlers wird man fündig. Vor allem die Homosexuellenkultur im Berlin dieser Zeit wird als wichtige Wegbereiterin homosexuellen Selbstbewusstseins rezipiert und ist bis heute beliebter Gegenstand wissenschaftlicher Untersuchungen. In der Person Klaus Manns sieht man etwa dank seines Aufsatzes *Die Linke und das Laster*[7] einen frühen Fürsprecher für die Rechte von Homosexuellen. Das Verhältnis zu seinem Vater, sein Dandytum, sein Drogenkonsum, seine Todesnähe und die offene Art, seine Sexualität auszuleben, stehen für seine Eignung zum historischen Zugpferd der Bewegung. Seine Werke zählen heute zu den Klassikern schwuler deutschsprachiger Literatur. So wird *Der fromme Tanz* als einer der ersten homosexuellen Romane der deutschen Literatur vorgestellt.[8]
Auch Klaus Manns Rolle als Mitglied einer der berühmtesten deutschen Schriftstellerfamilien trägt zu seiner bis heute ungebrochenen Popularität bei. Nur vor diesem Hintergrund ist es erklärbar, dass sich der Rowohlt Verlag trotz des bis heute nicht aufgehobenen Verbotes im Jahr 1980 entschließt, den

---

[7] Klaus Mann: *Die Linke und das Laster* [1934]. Unter dem Titel *Homosexualität und Faschismus*. In: Klaus Mann: *Zahnärzte und Künstler. Aufsätze, Reden, Kritiken 1933-1936*. Hrsg. von Uwe Naumann und Michael Töteberg, Reinbek bei Hamburg 1993, S. 235-242. Im Folgenden werden Zitate aus diesem Band durch die Sigle *ZuK* und die Angabe der entsprechenden Seitenzahl belegt.
[8] Vgl. Bernd-Ullrich Hergemöller: *Mann für Mann. Biographisches Lexikon. Zur Geschichte von Freundesliebe und mann-männlicher Sexualität im deutschen Sprachraum*, Hamburg 1998, S. 488. Vgl. auch Uwe Naumann: *Klaus Mann*, Reinbek bei Hamburg 1994, S. 30.

Roman *Mephisto* herauszugeben. Ein Jahr später wird er von István Szábo oscargekrönt verfilmt, und heute sind im deutschsprachigen Raum bereits über 800.000 Exemplare des Romans verkauft. *Der Vulkan* und *Symphonie Pathétique* haben laut Rowohlt Verlag die 100.000-er Grenze überschritten, *Der Wendepunkt* geht bereits in die 16. Auflage. Im Jahr 1999 findet anlässlich des 50. Todestages eine umfangreiche Klaus-Mann-Ausstellung im Gasteig in München statt. Der dreiteilige Fernsehfilm *Die Manns*, den *Arte* im Winter 2001 ausstrahlt, trägt ebenfalls dazu bei, das Interesse an Klaus Mann und seinen Werken aufrechtzuerhalten.

In der DDR wird Klaus Mann vor allem als Kämpfer gegen den Faschismus gesehen und gewürdigt. Anders als in der BRD ist *Mephisto* nicht vom Verbot betroffen und erscheint 1956 – anlässlich Klaus Manns 50. Geburtstags – im Berliner Aufbau Verlag; 1969 folgen der *Vulkan* und 1974 die ostdeutsche Ausgabe des *Wendepunktes*. In den achtziger Jahren werden Erzählungen unter dem Titel *Der Bauchredner* (1980) sowie *Flucht in den Norden* (1981), weitere Erzählungen unter dem Titel *Letztes Gespräch* (1986) und der Roman *Symphonie Pathétique* (1989) veröffentlicht. Seinem Frühwerk, das nicht von Klaus Manns politischem Engagement zeugt, misst man hingegen wenig Bedeutung zu.

Das nach dem Ersten Weltkrieg langsam wiedererwachende Interesse der Franzosen an deutscher Literatur, an Heinrich und Thomas Mann und deren Kontakten zu Felix Bertaux sowie Jean Cocteau ermöglicht eine frühe französische Veröffentlichung einiger Schriften Klaus Manns. 1927 erscheint die *Kindernovelle*[9] in französischer Übersetzung, 1931 *Alexander. Roman einer Utopie*[10] und zwei Jahre darauf die Autobiographie *Kind dieser Zeit*[11]. Letztgenannte Veröffentlichung zeugt vom offensichtlichen Interesse auch der Franzosen an der Familie des inzwischen mit dem Nobelpreis bedachten Thomas Mann. Wenn man von dem in der *Pariser Zeitung* 1936 auf Deutsch vorab publizierten *Mephisto* sowie einigen Aufsätzen absieht, setzt die Publikation von Klaus Manns Werk in Frankreich erst wieder im Jahr 1975 mit der französischen Ausgabe des *Mephisto* ein. Fredric Kroll[12], Berthold Spangenberg[13] und Uwe Naumann[14] sehen darin den Anfangspunkt der eigentlichen Klaus-Mann-Renaissance auch für Deutschland, denn diese Mephisto-Veröffentlichung dient Ariane Mnouchkine 1979 als Vorlage für ihre gleichnamige Theater-Adaption, die sie im Sommer 1980 in französischer Sprache auch in München und Berlin mit ihrem Théatre du Soleil sehr erfolgreich spielt, was den Rowohlt-Verlag ermutigt, das Verbot des Romans zu ignorieren. Eine zuvor stattfindende groß angelegte Ausstellung im Pariser Musée George Pompidou, die den Titel *Paris Berlin 1900-1933* trägt und die künstlerischen und kulturel-

---

[9] Klaus Mann: *Le Cinquième Enfant*. In: *La Revue Nouvelle*, III, Nr. 31/32 (Juni/Juli) und Nr. 33/34 (August/September), 1927, S. 31-55.
[10] Klaus Mann: *Alexandre. Roman de l'utopie*, Paris 1931.
[11] Klaus Mann: *Je suis de mon temps*, Paris 1933. Weiter erschien am 15. Juni 1933 ein Teil der Autobiographie unter dem Titel *Souvenirs d'École (à l'Odenwaldschule)* in der *Revue d'Allemagne*, VII, Nr. 68, 1933, S. 481-504.
[12] Vgl. Fredric Kroll (Hg.): *Klaus-Mann-Schriftenreihe* Bd. 6: *1943-1949. Der Tod in Cannes*, Hannover 1996, S. 571.
[13] Vgl. Berthold Spangenberg: *Theater um Mephisto. Vorwort des Verlegers*, S. 7. In: Ariane Mnouchkine: *Mephisto, geschrieben für das Théatre du Soleil nach Klaus Mann „Mephisto - Roman einer Karriere"*, München 1980, S.7ff.
[14] Vgl. Uwe Naumann: *„Ruhe gibt es nicht, bis zum Schluss"*, a. a. O., S. 335.

len Beziehungen zwischen Frankreich und Deutschland beleuchtet, erwähnt Klaus Mann noch marginal als Sohn von Thomas Mann,[15] was bestätigt, dass Klaus Mann gegen Ende der siebziger Jahre noch weitgehend unentdeckt ist. Einhergehend mit der Klaus-Mann-Renaissance in der BRD erscheinen in den achtziger Jahren in Frankreich *Le Volcan* (1982), *Symphonie Pathétique* (1984) und *Le Tournant* (1984), *Ludwig* (1987) sowie *Alexandre* (1989). Klaus Mann – das ist aus den Presseberichten über das Erscheinen von *Le Tournant* ersichtlich – wird in dieser Zeit vor allem als Sohn Thomas Manns vorgestellt und in der breiten Öffentlichkeit wahrgenommen. So titelt Nicole Zand am 4. Januar 1985 in *Le monde des livres*: „Klaus Mann, l'enfant génie d'un ‚magicion'"[16]. Pierre Lepape wählt in seiner in der Zeitschrift *La Quinzaine* erschienenen Rezension die Überschrift: „Le malheur d'être ‚fils de Thomas Mann'"[17]. Ähnlich gehen *Les Dernières nouvelles d'Alsace* vor, indem sie die französische Ausgabe des *Wendepunkts* als „Mémoires d'un fils maudit"[18] ankündigen.

In den neunziger Jahren wird mit *La dance pieuse*[19] (*Der fromme Tanz*) auch ein Teil von Klaus Manns Frühwerk zugänglich gemacht. Es folgen *Fuite au Nord*[20] (*Flucht in den Norden*), das zusammen mit Erika geschriebene *Escape to life*[21], Erzählungen aus dem Exil[22] sowie Ausschnitte aus seinen Tagebüchern[23]. Bei Durchsicht der Rezensionen über den ersten Tagebuchband fällt auf, dass Klaus Manns Bekanntheitsgrad mittlerweile so groß ist, dass er auch ohne den Verweis auf seinen Vater rezipiert wird. Besonders sein Kampf gegen Hitler und seine Homosexualität, womit für die Lektüre geworben wird, eröffnen einen autonomen Zugang zu Klaus Mann. So schreibt Lepape am 6. Dezember 1996 in *Le monde des livres*:

> Il est recommandé, avant de frapper aux portes du *Journal*, d'être un tant soi peu familiarisé avec l'extraordinaire, tragique et glorieuse histoire de la tribu Mann qui, en même temps qu'elle fournissait à l'Europe des années 30 quelques-uns de ses plus forts talents, rejouait à huis clos l'épopée des Atrides sur fond d'inceste, de haines, de suicides, d'homosexualité refoulée ou exhibée, d'alcoolisme forcené, d'affrontements politiques et d'exils désastreux.[24]

---

[15] Vgl. Ingo Walther (Hg.): *Paris – Berlin: 1900-1933. Übereinstimmungen und Gegensätze Frankreich –Deutschland. Kunst, Architektur, Graphik, Literatur, Industriedesign, Film, Theater, Musik*, München 1979, S. 522.
[16] Nicole Zand: *Klaus Mann, l'enfant de génie d'un „magicien"*. In: *Le Monde des livres*, 4. 1. 1985, S. 11.
[17] Pierre Lepape: *Le malheur d'être fils de Thomas Mann*. In: *La Quinzaine littéraire*, 4. 1. 1985, o. S.
[18] Daniel Walther: *Mémoires d'un fils maudit*. In: *Dernières nouvelles d'Alsace*, 22. 2. 1985, o. S.
[19] Klaus Mann: *La Danse pieuse*, Paris 1993.
[20] Klaus Mann: *Fuite au Nord*, Paris 1998.
[21] Klaus Mann: *Fuir pour vivre*, Paris 1997.
[22] Klaus Mann: *Speed*, Paris, 1999.
[23] Klaus Mann: *Journal. Les années brunes.1931-1936*. Hrsg. von Pierre-François Kaempf und Frédéric Weinmann, Paris 1996; sowie Klaus Mann: *Journal. Les années d'exil. 1937-1949*. Hrsg. von Pierre-François Kaempf, Paris 1998.
[24] Pierre Lepape: *Klaus Mann. Le journal*. In: *Le monde des Livres*, 6. 12. 1996, o. S.

Die Zeitung *La Liberté* kündigt ihn 1996 als „l'âme à nu dans la tourmente des années brunes"[25] an. Im Jahr 1999 sind mit dem Band *Le condamné à vivre*[26] erstmals einige seiner bedeutendsten Essays auf französisch erhältlich, außerdem seine Gide-Monographie *André Gide et la crise de la pensée moderne*[27]. Die von Dieter Strauss und Dominique Miermont zusammengestellte und im Januar 2003 im Pariser Goethe-Institut eröffnete Ausstellung *Klaus Mann et la France. Un destin d'exil* zeugt zum einen von dem Willen, Klaus Mann auch offiziell und medienwirksam als wichtigen Vertreter des deutsch-französischen Kulturaustausches zu würdigen, und angesichts der positiven Aufnahme der Ausstellung zum anderen davon, dass das Interesse der französischen Öffentlichkeit am Werk und an der Person Klaus Manns nach wie vor groß ist.[28]

1.2 Zur Klaus-Mann-Forschung

Die in den Siebzigern in größerem Stil einsetzende Klaus-Mann-Rezeption erreicht in den Achtzigern ihren Höhepunkt: Nach der nur punktuellen Würdigung seines Werkes zu Lebzeiten und in der Nachkriegszeit, kommt es nun zu einer umfassenden (literatur-)wissenschaftlichen Beschäftigung mit Klaus Mann und seinen Texten. Dabei lassen sich drei größere Untersuchungsfelder ausmachen.

Klaus Manns Rolle als politisch engagierter Repräsentant der deutschen Emigration wird im Zuge der Aufarbeitungsversuche zum Nationalsozialismus relativ früh und ausführlich beleuchtet. Im Jahr 1973 erscheint Wilfried Dirschauers Schrift *Klaus Mann und das Exil*. Auch Elke Kerker sieht in ihrer 1977 erscheinenden Dissertation *Weltbürgertum – Exil – Heimatlosigkeit* die politische Entwicklung Klaus Manns als das Wesentliche seines Werk und seiner Rolle in der Literaturgeschichte. Bernd Weils 1981 veröffentlichter Band *Klaus Manns Leben und literarisches Werk im Exil* weist in dieselbe Richtung. Weil hält es mit Marcel Reich-Ranicki, der Klaus Manns Werk vor 1933 als „überaus schwach, oder, bestenfalls, belanglos"[29] einschätzt. Darüber hinaus wird der Person Klaus Manns und/oder seinem Werk in zahlreichen, sich mit dem Exil auseinandersetzenden Arbeiten ein bedeutender Platz eingeräumt.[30] Als Beispiel für die Klaus-Mann-Rezeption in der ostdeutschen Literaturwissenschaft, die ihn in erster Linie als Kämpfer gegen den Faschismus sieht und deshalb sein

---

[25] Alain Favarger: „*L'âme à nu dans la tourmente des années brunes*". In: *Liberté-Hebdo*, 30. 11. 1996, o. S.
[26] Klaus Mann: *Le condamné à vivre*, Paris 1999.
[27] Klaus Mann: *André Gide et la crise de la pensée moderne*, Paris 1999.
[28] Laut der französischen Verlage liegen die französischen Auflagen von *Le tournant* bei 8.000, von den Tagebüchern bei 6.000 (Bd. 1) und 4560 (Bd. 2), von *Fuite au nord* bei 5265 und von *La dance pieuse* bei 7.000 Stück. Der die Ausstellung begleitende Katalog (Dieter Strauss und Dominique Miermont: *Klaus Mann et la France. Un destin d'exil*, Paris 2002) hat eine Auflage von 8000 Stück (Stand 6/2003).
[29] Marcel Reich-Ranicki: *Thomas Mann und die Seinen*, Stuttgart 1987, S. 207.
[30] Vgl. Alfred Kantorowicz: *Politik und Literatur im Exil. Deutschprachige Schriftsteller im Kampf gegen den Nationalsozialismus*, Hamburg 1978; Hans-Albert Walter: Deutsche Exilliteratur 1933-1950, bes. Bd. 7: Exilpresse I, a. a. O., bes. S. 241ff.; Matthias Wegner: *Exil und Literatur. Deutsche Schriftsteller im Ausland 1933-1945*, Frankfurt a. M. 1967; Alexander Stephan: *Die deutsche Exilliteratur 1933-1945*, München 1979; und Manfred Durzak (Hg.): *Die deutsche Exilliteratur 1933-1945*, Stuttgart 1973, bes. S. 457ff.

Frühwerk vernachlässigt, sei auf die von der Akademie der Wissenschaften der DDR und der Akademie der Künste der DDR in Auftrag gegebene Reihe *Exil*[31] hingewiesen.
Mit dem in den siebziger Jahren einsetzenden Interesse, homosexuelle Schriftsteller und ihr Werk unter dem Aspekt ihrer Homosexualität und damit verbundenen Fragestellungen zu untersuchen, wird Klaus Mann zum bevorzugten Forschungsgegenstand. Hans Mayers 1975 erscheinende Untersuchung *Außenseiter* stellt Klaus Mann als homosexuellen Schriftsteller vor, der vor allem in den zwanziger Jahren eine Alternative zur Verheimlichung seiner Homosexualität einerseits und zum Skandal andererseits sucht[32], indem er versucht, seine Sexualität offen zu leben. Nach Ansicht Mayers gelingt Klaus Mann diese Suche nach „Gemeinsamkeit mit den Anderen, doch ohne Gleichschaltung, also Mimikry"[33] nicht. Nimmt man wie Mayer Klaus Manns gesamtes Leben als Untersuchungsgegenstand, dann wäre dieser Ansicht zuzustimmen. Besonders in den Vereinigten Staaten und dort vor allem in der US-Armee ist Klaus Mann gezwungen, seine Homosexualität verleugnen. Es gibt jedoch ab Mitte der zwanziger Jahre Zeiten und Orte, wo es Klaus Mann – wie diese Arbeit vorstellt – gelingt, sein Leben als homosexueller Schriftsteller frei zu führen. Anstatt jedoch Klaus Manns Person und sein Werk in dieser Zeit zu untersuchen, kommt Mayer zu dem Schluss, dass die Exil- und Kriegsjahre „für Klaus Mann gute Jahre"[34] sind, da er sich wegen seines antifaschistischen Engagements allgemein akzeptiert fühlt. Mayer übersieht, dass Klaus Manns Leben zwischen 1933 und 1945 auch als großer Kampf gegen das Scheitern interpretiert werden könnte: Seine Zeitschriftenprojekte *Die Sammlung* und *Decision* werden eingestellt, keinem seiner belletristischen Werke ist ein Erfolg beschieden, und die von ihm gewünschte Einigkeit des Exils bleibt Utopie. Seine in diese Zeit fallenden Depressionen und Selbstmordversuche würden diese These unterstützen.
Gert Mattenklott weist in seinem 1979 veröffentlichten Aufsatz *Homosexualität und Politik bei Klaus Mann*[35] zum ersten Mal auf die wichtige Rolle der Homosexualität als Grund für Klaus Manns Außenseitertum hin, das wiederum die Basis für sein Schreiben und Handeln sei. Im Zentrum von Wolfgang Hartz' 1985 erschiener Dissertation *Devianz und Mimikry* steht die Frage, wie Klaus Mann die Homosexualität in seinen Werken thematisiert.
Stefan Zynda listet in seiner Dissertation[36] die offensichtlich homosexuellen Motive, Charaktere und Passagen in Klaus Manns literarischem Werk unter Berücksichtigung seiner Biographie auf. Dabei ignoriert er jedoch weitestgehend die Bedeutung, die Frankreich und vor allem die französische Literatur für Klaus Manns Leben als Homosexueller haben.
In ihrer 1986 veröffentlichten Dissertation *Die Tödliche Wunde. Über die Untrennbarkeit von Tod und Eros im Werk von Klaus Mann* versucht Susanne Wolf-

---

[31] Dieter Schiller, Karlheinz Pech u.a.: *Exil in Frankreich*. Bd. 7 der Reihe *Kunst und Literatur im antifaschistischen Exil 1933-1945*, Leipzig 1981.
[32] Vgl. Hans Mayer: *Außenseiter*, Frankfurt a. M. 1981, S. 285.
[33] Hans Mayer: *Außenseiter*, a. a. O., S. 286.
[34] Hans Mayer: *Außenseiter*, a. a. O., S. 292.
[35] Gert Mattenklott: *Homosexualität und Politik bei Klaus Mann*. In: *Sammlung 2. Jahrbuch für antifaschistische Literatur und Kunst*. Hrsg. von Uwe Naumann, Frankfurt a. M. 1979, S. 29-38.
[36] Stefan Zynda: *Sexualität bei Klaus Mann*, Bonn 1986.

ram, einen Zusammenhang zwischen Homosexualität und Tod im Leben und in den Erzählungen und Romanen Klaus Manns darzustellen. Dabei unterlässt aber auch sie den Blick auf Frankreich, obwohl eine Beschäftigung mit René Crevel und seinem von Klaus Mann geschätzten Roman *La mort difficile* ihre Thesen durchaus hätte unterstützen können.

Gerhard Härles 1988 veröffentlichte Dissertation *Männerweiblichkeit. Zur Homosexualität bei Klaus und Thomas Mann* untersucht deren Homosexualität, ihre Auswirkungen auf das Vater-Sohn-Verhältnis sowie auf das jeweilige Schreiben. Die seiner Arbeit zugrunde liegende These,

> dass Sexualität als Triebkraft im Menschen nicht abzulösen ist von seinem schöpferischen Handeln überhaupt, nicht abzulösen aber auch von seiner Liebesfähigkeit und -lust; dass sich also nicht unreiner Trieb und reiner Eros beziehungsweise reine Kreativität antagonistisch gegenüberstehen[37],

dient auch der vorliegenden Untersuchung dahingehend als Basis, dass Klaus Manns Homosexualität, sein belletristisches Schreiben sowie sein Verhältnis zu Frankreich nicht nur Berührungspunkte haben, sondern sich in bedeutendem Maße befruchten. Härles *Männerweiblicheit* ist darüber hinaus in das dritte große Klaus-Mann-Forschungsfeld einzuordnen, das Klaus Manns Rolle in seiner Familie und hier vor allem das Leben Klaus Manns in seiner Eigenschaft als Sohn Thomas Manns untersucht.

Zu diesem Forschungsfeld gehören auch Reich-Ranickis Veröffentlichung *Thomas Mann und die Seinen* und Annette Wohlfahrts 1989 erschienene Dissertation *Die Vater-Sohn-Problematik im Leben von Thomas und Klaus Mann*. Wohlfahrt beschränkt sich allerdings auf die privat-persönlichen Beziehungen und ignoriert die von Härle aufgezeigten Einflüsse der (Homo-)Sexualität und die ästhetischen Dimensionen. Auch die Frage bezüglich Klaus Manns Suche nach möglichen „Ersatzvätern" stellt sich ihr nicht.

Die Familiensoziologin Marianne Krüll beleuchtet in ihrem bis heute über 90.000-mal verkauften und in fünf Sprachen – darunter auch in französisch – übersetzten populärwissenschaftlichen Werk *Im Netz der Zauberer* 1991 mit psychologischem Ansatz die Familiengeschichte der Manns über mehrere Generationen. Aufgrund seines Selbstmordes, seiner Homosexualität und seines Schicksals, der Sohn eines berühmten Vaters zu sein, nimmt Klaus Mann darin einen bedeutenden Platz ein.

Andrea Weiss' reichbebilderte und parallel zu ihrem gleichnamigen Film im Jahr 2000 entstandene Veröffentlichung *Flucht ins Leben. Die Erika-und-Klaus-Mann-Story* sowie Armin Strohmeyrs ebenfalls 2000 veröffentlichte Doppelbiographie *Klaus und Erika Mann. Les enfants terribles* thematisieren, sich an ein breites Publikum wendend, das enge Verhältnis zwischen Klaus Mann und seiner älteren Schwester.

Eine Reihe von wissenschaftlichen Untersuchungen widmet sich Teilaspekten von Klaus Manns Werk und Leben. Dazu zählen Elke Nicolais Dissertation *Wohin es uns treibt: Die literarische Generationsgruppe Klaus Manns 1924-1933, ihre Essayistik und Erzählprosa* (1998) oder *Masochismus und Macht; eine kritische*

---

[37] Gerhard Härle: *Männerweiblichkeit. Zur Homosexualität bei Klaus und Thomas Mann*, Frankfurt a. M. 1993 (2. Auflage), S. 37.

Untersuchung am Beispiel von Klaus Manns Mephisto, Roman einer Karriere von Carlotta von Maltzan (2001). Alexa-Désirée Casarettos Dissertation *Heimatsuche, Todessehnsucht und Narzissmus im Leben und Werk Klaus Manns* (2002) versucht mit Hilfe der Psychoanalyse, wichtige Motive in Klaus Manns Handeln und Schreiben nachzuvollziehen.

Zu den Arbeiten, die sich vorrangig Klaus Manns Biographie zum Thema machen, zählt die 1976 von Fredric Kroll und Klaus Täubert begonnene *Klaus-Mann-Schriftenreihe*, die dank ihrer Ausführlichkeit eine wichtige Quelle für weitergehende Forschungen war und ist. Allerdings können ihre Interpretationen der einzelnen Werke Klaus Manns dem Vollständigkeitsanspruch der Autoren nicht unbedingt gerecht werden.

Der französische Germanist Michel Grunewald legt 1984 eine zweibändige französischsprachige Habilitationsschrift über Klaus Mann vor, die neben einem ausführlichen biographischen Teil auch Untersuchungen über Klaus Manns Einflüsse und wichtige Themen seines Schreibens bietet. Im Kapitel *Affinités*[38] geht er u.a. kurz auf Raymond Radiguet, René Crevel, André Gide, Jean Cocteau und Arthur Rimbaud ein. Nicole Schaenzlers Biographie über Klaus Mann[39] und Marlis Thiels Werk *Klaus Mann – Die Sucht die Kunst und die Politik*[40] erzählen detailliert Klaus Manns Leben nach.

Die vorgestellten Abhandlungen und Biographien schenken Klaus Manns Beziehung zu Frankreich und einzelnen Franzosen keine oder allenfalls geringe Beachtung. Wenn überhaupt erwähnen oder behandeln sie das Thema knapp unter bestimmten, ihren jeweiligen Fragestellungen untergeordneten Aspekten – beispielsweise Paris als Ort des Exils, Crevel als Liebesbeziehung oder Gide als literarisches Vorbild. Die von Kroll herausgegebene *Klaus-Mann-Schriftenreihe* gibt auf erste Fragen größtenteils Antwort, wann sich Klaus Mann wo und aufgrund welchen äußeren Anlasses in Frankreich aufhält.

Elke Nicolai erkennt in ihrer Dissertation „*Wohin es uns treibt ...*"; *die literarische Generationsgruppe Klaus Manns 1924-1933* seine Hinwendung zur französischen Kultur als eine Motivation für sein Europa-Engagement an. Dabei nennt sie Heinrich Mann als wirksames Modell für Klaus' „Entwicklung hin zu einem sozialethisch verpflichteten, ins Europäische geweiteten Intellektuellenstandpunkt"[41], für seine Rezeption französischer Literatur und seinen Hang, sich mit den Autoren und Romanfiguren zu identifizieren. Nicolais Einschätzung, dass Frankreich für Klaus Manns Orientierung im Exil die Bedeutung eines Statthalters europäischer Werte erhält,[42] trifft lediglich auf das Frankreich vor der Besetzung durch das Dritte Reich zu. Inwieweit es für Klaus Mann eine von der Realität losgelöste Idealvorstellung von Frankreich geben könnte und diese als Gegenmodell zum Dritten Reich vorgestellt wird, darauf geht Nicolai aufgrund ihres gewählten Untersuchungszeitabschnitts nicht ein.

Peter Schröder erkennt in seiner Schrift *Klaus Mann zur Einführung* „die Bedeutung, die Frankreich für Klaus Manns intellektuelles und literarisches

---

[38] Vgl. Michel Grunewald: *Klaus Mann 1906-1949*. Bd. 1, Bern 1984, S. 231-293.
[39] Nicole Schaenzler: *Klaus Mann. Eine Biographie*, Frankfurt a. M. 1999.
[40] Marlis Thiel: *Klaus Mann – Die Sucht, die Kunst und die Politik*, Pfaffenweiler 1998.
[41] Elke Nicolai: „*Wohin es uns treibt...*". *Die literarische Generationsgruppe Klaus Manns 1924-1933, ihre Essayistik und Erzählprosa*, Frankfurt a. M. 1998, S. 193.
[42] Vgl. Elke Nicolai: „*Wohin es uns treibt...*", a. a. O., S. 196.

Selbstverständnis zukam, und die er in dieser Nation für seinen unbedingten Glauben an die Zukunft eines humanistischen Europas zumaß."[43] Allerdings führt er dies fast ausschließlich auf die Wichtigkeit Gides für Klaus Mann zurück. Hinsichtlich Klaus Manns Essayistik vertritt er die Ansicht, dass, „um Manns intellektuelles, moralisches, metaphysisches und politisches Selbstverständnis und Wollen zu erfassen und zu verstehen, [...] im Grunde die Lektüre der Mannschen Schriften zu Gide genügen würde."[44]
Als einer der ersten Autoren erfasst Martin Gregor-Dellin den bemerkenswerten Status Frankreichs für Klaus Mann. Die von ihm 1968 herausgegebene Essaysammlung *Prüfungen* setzt ihren Schwerpunkt auf Klaus Manns Aufsätze über die französische Kultur. In seinem Nachwort schreibt Gregor-Dellin:

> Aber das Verwandte, Gleichgesinnte entdeckte Klaus Mann zuerst in Frankreich. Sehen wir einmal von André Gide ab, [...] so waren es die Jungen, denen seine Liebe galt, die seinen kritischen Verstand schärften und die er, als einer der ersten, mit ihren Büchern in Deutschland vorstellte.[45]

Den bedeutenden Einfluss Gides auf Klaus Manns Leben und Werk würdigt zuerst Rolf Schneider in seinem 1956 publizierten Aufsatz *Klaus Mann*.[46]
Grunewald widmet sich erstmals mit wissenschaftlichem Anspruch dem Thema „Klaus Mann und Frankreich". Für die vorliegende Untersuchung gibt sein gleichnamiger Aufsatz wichtige Anregungen besonders bezüglich der biographischen Fakten. Allerdings deutet Grunewald die Beziehung in einzelnen Fällen vermutlich zu positiv. So ist die Behauptung, zwischen 1933 und 1938 seien Klaus Manns „Kontakte zu seinen französischen Freunden besonders intensiv"[47], nicht haltbar. Darüber hinaus geht er auf die Homosexualität als eine wichtige Gemeinsamkeit zwischen Klaus Mann und seinen französischen Bekannten mit keinem Wort ein. Grunewald zeichnet und wertet Klaus Manns Verhältnis unter Beachtung der Biographie und der essayistischen Schriften und erkennt die Bedeutung von Klaus Manns Frankreichbild hinsichtlich seines Europa-Engagements. Das Frankreichbild in Klaus Manns literarischem Werk, die stilistischen Einflüsse der französischen Literatur finden hingegen in diesem Aufsatz keinen Raum. Auch in seiner Einleitung des von ihm herausgegebenen Briefwechsels zwischen Gide und Klaus Mann nimmt er keine literaturwissenschaftliche Analyse des Einflusses von Gides Schriften auf Klaus Manns literarisches Werk vor, sondern beschreibt sehr wohlwollend das an sich einseitige Verhältnis als eine „bis 1945 gute Beziehung"[48]. Auch Fernand Hoffmann untersucht in seinem Aufsatz *Thomas Mann und Klaus*

---

[43] Peter Schröter: *Klaus Mann zur Einführung*, Hamburg 2002, S. 25.
[44] Peter Schröter: *Klaus Mann zur Einführung*, a. a. O., S. 101.
[45] Klaus Mann: *Prüfungen. Schriften zur Literatur*. Hrsg. von Martin Gregor-Dellin, München 1968, S. 363.
[46] Rolf Schneider: *Klaus Mann*. In: *Aufbau* 12, Berlin 1956, S. 1105-1119.
[47] Michel Grunewald: *Klaus Mann und Frankreich*, S. 38. In: Heinz Ludwig Arnold: *Text und Kritik. Klaus Mann*, München 1987, S. 37-61.
[48] Michel Grunewald (Hg.): *André Gide und Klaus Mann. Correspondance/Briefwechsel*, S. 603. In: *Revue d'Allemagne et les pays de langue allemande* 14, Okt.-Dez. 1982, S. 581-682.

Mann in ihrem Verhältnis zu Frankreich[49] Klaus Manns besondere Neigung zu Frankreich, die er u.a. als ein Ergebnis des Vater-Sohn-Konflikts interpretiert. Ebenso wie Grunewald würdigt Hoffmann zwar die Rolle, die die französische Literatur und die französischen Schriftsteller für Klaus Manns Suche nach einer eigenen Identität spielen, aber wie Grunewald verzichtet er darauf, die Homosexualität als wichtige Motivation dieser Hinwendung nach Frankreich zu nennen. Auch bleibt der Einfluss der französischen Literatur auf Klaus Manns belletristisches Werk unerwähnt. Stattdessen bildet Klaus Manns in Aufsätzen und der Gide-Monographie vorgestelltes kulturpolitisches Frankreichbild und dessen Modellcharakter bzw. dessen Nähe zu seinem Europa-(Wunsch-)Bild einen Schwerpunkt dieser Studie.

Axel Plathes Untersuchung *Klaus Mann und André Gide – Zur Wirkungsgeschichte französischer Literatur in Deutschland* (1987) beschäftigt sich mit einem wichtigen Aspekt der Beziehung zwischen Klaus Mann und Frankreich: dem Einfluss Gides. Klaus Manns Rezeptionsfähigkeit und -willen erkennend, beschreibt Plathe plausibel Gides Funktion sowohl als alternative Vaterfigur zu Thomas Mann als auch als Angebot zur Selbstidentifikation. Als eines seiner Ergebnisse hält er fest, dass Klaus Mann das autobiographische Schreiben von Gide übernimmt.[50] Anders als Grunewald und Hoffmann erkennt und benennt Plathe die Homosexualität Gides als eine wichtige Motivation für Klaus Mann, sich in Gide zu suchen und zu finden, obwohl beide aufgrund ihrer persönlichen Erfahrungen zu unterschiedlichen Darstellungen ihrer Beziehung in ihren literarischen Texten kommen. Während Mayer Gide und Klaus Mann aufgrund ihrer Homosexualität als Außenseiter beschreibt, sieht Plathe mit den Motiven des Reisenden und Verbrechers bei beiden weitere Wesenszüge, die ihre Außenseiterrolle komplexer machen und damit Klaus Manns Identifikation mit der Person Gide erleichtert. Anhand einer Gegenüberstellung von Klaus Manns Roman *Der Vulkan* und Gides *Les Faux Monnayeurs* untersucht Plathe schließlich die Auswirkungen von Gides Literaturkonzept auf Klaus Manns letzten großen Roman. Seine Untersuchung der Frankreichvorstellungen von Klaus Mann bleibt hier allerdings marginal und bezieht sich nur auf die essayistischen Schriften.

1.3 Vorgehensweise

Sobald ein Mensch in Verbindung zu einem anderen Menschen und zu Orten tritt, entstehen Vorstellungen in ihm, die sich sowohl aus individuellen Wünschen als auch aus eigenen und vermittelten Erfahrungen zusammensetzen und die beeinflusst sind von seinem individuellen Befinden, der Zeit und dem Ort, in deren Kontext sie entstehen. Klaus Mann begegnet Frankreich seit seiner frühesten Kindheit. Durch seine Familie, die Schule, durch Freunde, durch die Literatur und auch durch die Presse werden ihm Frankreichbilder angeboten, die seine eigenen Frankreicherfahrungen und -bilder beeinflussen.

---

[49] Fernand Hoffmann: *Thomas Mann und Klaus Mann in ihrem Verhältnis zu Frankreich*. In: Centre Universitaire de Luxembourg (Hg.): *Germanistik Luxembourg* No 4, Luxemburg 1993, S. 55-76.
[50] Vgl. Axel Plathe: *Klaus Mann und André Gide. Zur Wirkungsgeschichte französischer Literatur in Deutschland*, Bonn 1987, S. 211.

Der erste Teil dieser Arbeit ist kulturgeschichtlich ausgerichtet. Er fragt nach den Frankreichvorstellungen Klaus Manns, nach ihren Ursachen, Einflüssen und Bedingungen, unter denen sie zustande kommen und sich wandeln, und verortet damit Klaus Mann in zeitgenössische Frankreichdiskurse. Der zweite Teil geht von der Annahme aus, dass Klaus Manns Rezeption und Konzeption Frankreichs (seiner Orte, Personen und Literatur) in bedeutendem Zusammenhang mit seiner Homosexualität zu sehen ist. Im dritten Teil werden die Einflüsse der französischen Literatur auf Klaus Manns literarisches Werk nachgewiesen. Mit einer sich methodisch an die Imagologie anlehnenden Untersuchung darüber, wie Klaus Mann seine Frankreicherfahrungen in seinen literarischen Texten zu Frankreichbildern verarbeitet, schließt die Arbeit.

Ausgehend von frühen Sozialisationsbedingungen beschreibt das erste Kapitel des ersten Teils der Untersuchung chronologisch die Entstehung und die Wandlungen von Klaus Manns Frankreichverhältnis, das sich im Zusammenspiel von biographischen, familiären, historischen und politischen Komponenten konsituiert. Um die sich daraus entwickelnden Frankreichvorstellungen zu kontextualisieren, werden literatur- und kulturhistorische Studien herangezogen, die sich mit zeitgenössischen Frankreichbildern beschäftigen. Der Vergleich dient dazu, die Herkunft und den Wandel seiner Frankreichvorstellungen zu erklären und zu gewichten, um nach ihrer Funktion zu fragen, beispielsweise welche Rolle sie bezüglich Klaus Manns Europa-Engagements oder seines Eintretens gegen den Faschismus spielen.

Daran anschließend wird der Einfluss der Auseinandersetzungen seines Vaters Thomas Mann und seines Onkels Heinrich Mann mit dem Thema Frankreich auf Klaus Manns Hinwendung zu Frankreich diskutiert. Wie die Forschung gezeigt hat, versucht Klaus Mann früh, sich von seinem Vater zu distanzieren. Dabei wird seine Hinwendung zu Frankreich zunächst als Versuch der Emanzipation vom Vater interpretiert; nach differenzierter Betrachtung des Verhältnisses Thomas Manns zu Frankreich kann diese These jedoch nicht aufrechterhalten werden.

Anders als Thomas Mann gilt Heinrich Mann als einer der bedeutendsten und engagiertesten Vermittler französischer Kultur in Deutschland im 20. Jahrhundert, und es stellt sich die Frage, inwieweit er damit zum Leitbild für seinen Neffen wird.

Wichtiges Fundament bei der Beschäftigung mit einer anderen Kultur ist die Kenntnis ihrer Sprache, so dass Klaus Manns Fähigkeit, in Frankreich und mit Franzosen zu kommunizieren und französische Literatur zu rezipieren, ein Gegenstand der Betrachtung ist. Dazu gehört auch sein Verhältnis – unabhängig von seinem Sprachvermögen – zur französischen Sprache; Klaus Mann bevorzugt das Französische in seinen Tagebüchern wort- oder passagenweise vor dem Deutschen oder Englischen. Die Arbeit ordnet diese Französismen nach Themen – so hält Klaus Mann u.a. homosexuelle Abenteuer auf Französisch fest – und geht der Frage nach, warum er sie verwendet und ob er damit in eine Tradition zu stellen ist.

In seiner Eigenschaft als Schriftsteller lässt sich Klaus Mann durch andere Schriftsteller inspirieren. Neben der deutschen beschäftigt er sich besonders mit der französischen Literatur. Um im dritten Teil der Frage nachzugehen, inwieweit das Wissen über französische Literatur sein eigenes literarisches

Werk beeinflusst, wird untersucht, wann Klaus Mann französische Literatur liest, welche Autoren, Epochen und Themen ihn besonders interessieren und warum.

Die Queer-Studies beschäftigen sich mit der Frage, ob es eine homosexuelle Identität und Kultur gibt. In ihrem zweiten Teil diskutiert die Arbeit diese Ansätze für den Zeitraum von Klaus Manns Leben und positioniert sich u.a. dahingehend, dass sie Identität als ein über das rein Sexuelle hinausgehendes Konzept – wenn auch als eines neben anderen – vorschlägt: Klaus Mann ist nicht nur homosexuell, sondern auch Sohn, Künstler und Antifaschist. Dennoch ist die Homosexualität für Klaus Mann so entscheidend, dass sie bezüglich seiner vielfältigen Hinwendung zu Frankreich als Motivation erörtert werden muss. Ist Frankreich für ihn im Vergleich zu Deutschland ein Ort, wo er seine Homosexualität ausleben kann? Unter diesem Aspekt wird auch die Suche Klaus Manns nach homosexuellen Vorbildern und Schreibkonzepten untersucht. Dabei ist das Verhältnis zwischen Klaus Mann und Gide und das Verhältnis zwischen Klaus Mann und Cocteau interessant. Darüber hinaus stehen die Beziehungen Klaus Manns zu den französischen Schriftstellern seiner Generation im Mittelpunkt, insbesondere welche Bedeutung und Rollen Raymond Radiguet, Jean Desbordes, René Crevel, Julien Green und die Surrealisten bei der Selbstfindung Klaus Manns als homosexueller Schriftsteller übernehmen.

Von Klaus Manns ersten literarischen Versuchen bis zu seinen letzten unausgeführten Plänen ist Frankreich in fast all seinen literarischen Texten gegenwärtig. Nachdem im ersten Teil auch seine Beschäftigung mit französischer Literatur Gegen-stand war, wird im dritten Teil der Arbeit zunächst die Frankreich-Rezeption und -Adaption thematisiert. Frankreich ist ein oft gewählter Handlungsort seiner Romane und Erzählungen. Daneben verwendet Klaus Mann zur Charakterisierung seiner Protagonisten und Situationen Franzosen und als französisch vorgestellte Requisiten. Dieses Instrumentarium soll nach Umfang und Bandbreite und besonders nach der Funktion untersucht werden. Mit welchen Zielen setzt Klaus Mann diese Bilder ein? Inwieweit reproduziert er dabei Klischees? Inwieweit entwirft er neue, auf seinen individuellen Erfahrungen beruhende Bilder? So hat beispielsweise Paris den Ruf, die Stadt der Liebe zu sein, und in Anbetracht der im zweiten Teil der Arbeit erörterten Bedeutung Frankreichs bezüglich der Homosexualität Klaus Manns wird nun gefragt, wie er Paris oder Frankreich als Bühne für homosexuelles Leben entwirft und als Ort für homosexuelle Liebe kreiert. Mit einer Untersuchung des Verhältnisses zwischen Deutschland und Frankreich im literarischen Werk Klaus Manns schließt die Arbeit.

Untersuchungskorpus ist Klaus Manns veröffentlichtes und unveröffentlichtes autobiographisches, essayistisches und literarisches Gesamtwerk, darunter – dank Frau Ursula Hummel und Herrn Frido Mann – auch die (bis 2010 gesperrten) Originaltagebücher.

2 Einflüsse und Bedingungen für Klaus Manns Frankreichbilder

2.1 Klaus Manns Frankreicherfahrungen

2.1.1 Kind seiner Zeit? Klaus Mann und Frankreich 1906-1925

Im Laufe der jahrhundertlangen Beziehungen zwischen Deutschland und Frankreich, die durch kulturellen, religiösen, politischen und wirtschaftlichen Austausch, durch Konflikte und Gemeinsamkeiten gekennzeichnet sind, sind in Deutschland aufgrund unterschiedlichster Ursachen bestimmte Vorstellungen von seinem westlichen Nachbarn entstanden. So werden dem französischen Volk in seiner Gesamtheit aufgrund von Berichten über den französischen Königshof seit dem 17. Jahrhundert moralische Leichtfertigkeit und Oberflächlichkeit unterstellt.[51] In der Mitte des 19. Jahrhunderts sind beim deutschen Publikum französische Dramen und Gesellschaftsstücke, wie etwa die von Sardou oder Dumas fils, sehr beliebt. Ihre häufige Verwendung des Topos „Ehebruch" entwirft oder bestärkt das Bild, die französische Familie sei unsittlich, moralfrei, leichtfertig und oberflächlich.[52] Während die französische Kultur seit der Renaissance in Deutschland in vielen Bereichen vor allem als beispielhaft gilt, wird Frankreich spätestens mit der Gründung des Deutschen Reiches in Versailles im Jahre 1871 in Deutschland zum Vergleichsmaß genommen, zur Nation, in der man sich spiegelt und durch deren Herabsetzung versucht wird, das eigene Nationalgefühl zu bestärken. Die Eigenschaften, die um die Jahrhundertwende in Deutschland dem französischen Nationalcharakter zugeschrieben werden, zeigen in ihrer Funktion als Spiegel ein differenziertes Bild, das in seiner Gesamtheit eher negativ konnotiert ist. Demnach sei der Franzose im Allgemeinen eitel, stolz, pathetisch, sentimental, gesinnungslos, leichtsinnig, nationalistisch, weltmännisch, erotisch, sinnlich, unsittlich, treulos, höflich, galant, elegant, geschmeidig, liebeswürdig, witzelnd, eifrig, strebsam, geistreich, beredt, plauderhaft, enthusiastisch, stürmisch, kriegerisch, mutig, weiblich, schön, frivol und aufgrund des Bevölkerungsrückganges in Frankreich gegen Ende des 19. Jahrhunderts auch alt und dekadent.[53]

Obwohl das Königreich Bayern 1870 auf der Seite Preußens gegen Frankreich in den Krieg zieht, sind die Frankreichvorstellungen in München in dieser Zeit und auch um die Jahrhundertwende weitaus positiver als in Norddeutschland und vor allem als in Preußen. Das bayerische Königshaus, das in München als (kultur-)politischer und gesellschaftlicher Mittelpunkt den Ton angibt und den Zeitgeist prägt, ist traditionell sehr frankophil, nicht zuletzt weil es Napoleon die Erhebung Bayerns zum Königreich im Jahr 1806 verdankt. Bis zur Grün-

---

[51] Vgl. Danielle Goubard: *Das Frankreichbild in der Zeitschrift Der Türmer (Jg. 1898-1920). Ein Beitrag zur komparatistischen Imagologie*, Aachen 1977, S. 220.
[52] Vgl. Danielle Goubard: *Das Frankreichbild in der Zeitschrift Der Türmer*, a. a. O., S. 221.
[53] Vgl. Danielle Goubard: *Das Frankreichbild in der Zeitschrift Der Türmer*, a. a. O., S. 34. Danielle Goubard gibt dort einen Überblick über die Attribute, mit denen die von ihr untersuchte Zeitschrift *Der Türmer* den französischen Nationalcharakter zeichnet. Im Weiteren weist sie nach, dass die im *Türmer* gefundenen Bilder als zeittypisch zu sehen sind. Vgl. dazu besonders S. 164ff.

dung des Deutschen Reiches gilt Frankreich Bayern als Garant für seine Selbständigkeit gegenüber österreichischen und später preußischen Hegemonialbestrebungen. Die nach dem Deutsch-Französischen Krieg vollzogene Einbindung Bayerns in ein vom mehrheitlich protestantisch geprägten Preußen dominiertes Deutsches Reich stößt bei der bayerischen, vornehmlich katholischen Bevölkerung auf große Ablehnung. Diese offenbart sich unter anderem dadurch, dass die aus dem Französischen stammenden Entlehnungen, die während der Regentschaft des ersten Königs Max I. Joseph zu Beginn des 19. Jahrhunderts in die Volkssprache Eingang fanden, in der Prinzregentenzeit gegen Ende des 19. Jahrhunderts zum Mittel werden, demonstrativ eine antipreußische, antiwilhelminische und damit eine probayerische Gesinnung auszudrücken. Bis heute sind einige dieser Entlehnungen im Bairischen erhalten.[54]
Das Bürgertum Münchens folgt seinem Königshaus dahingehend, die französische Gesellschaft in kulturellen Bereichen – von der Mode bis zur Literatur, von der Malerei bis zur Küche – als Leitkultur anzuerkennen. Die französische Sprache, die seit dem Barock als Verkehrssprache des europäischen Adels fungiert und im 19. Jahrhundert in Bayern als Diplomaten- und Kanzleisprache gebräuchlich ist, gilt auch noch im Münchner Bürgertum der Jahrhundertwende als Mittel, Weltgewandtheit, Belesenheit, letztlich seine Herkunft aus und Zugehörigkeit zu dem Großbürgertum auszudrücken. In dem von König Max I. Joseph 1813 in München gegründeten Max-Joseph-Stift, dem ersten staatlichen Institut für höhere Mädchenbildung in Bayern, werden bis zum Jahr 1912 alle Fächer außer Deutsch auf Französisch unterrichtet.

Am 18. November 1906 kommt Klaus Mann als erster Sohn des Schriftstellers Thomas Mann und seiner Frau Katia Mann, geb. Pringsheim, im Münchner Stadtteil Schwabing auf die Welt. Katia stammt aus einer großbürgerlichen Familie und wächst in München auf. Ihr Vater Alfred Pringsheim ist Professor für Mathematik an der Münchner Universität, ihre Mutter Hedwig ist die Tochter der Frauenrechtlerin Hedwig Dohm und war bis zu ihrer Heirat Schauspielerin.
Katia wird ganz im Einklang mit den gegen Ende des 19. Jahrhunderts in München vorherrschenden großbürgerlichen Konventionen erzogen. Während ihrer Kindheit kümmert sich eine französische Gouvernante namens Mme Griselle um sie. Noch ehe sie in die Schule geht, erhält sie von ihrer Mutter Französischunterricht.[55] Zu den Freundinnen ihrer Mutter zählt die halbfranzösische, am Münchner Hof verkehrende Schriftstellerin Annette Kolb. Ihre Abiturprüfung in Französisch schließt sie mit der Note „sehr gut"

---

[54] So sind u.a. Ausdrücke wie „merci" für „danke", „Trottoir" für „Gehsteig", „Schandi" (Gendarm) für „Polizist", „schenant" (gênant) für „schamhaft", „meschant" (méchant) für „niederträchtig" oder „Plümo" (plumeau) für „Federbett" in der Münchner Umgangssprache gängig. Vgl. Reinhard Wittmann: *Plümo, Potschamperl und Paraplü. Bayerns französischer Wortschatz*, S. 16f. In: *Charivari. Bayerische Zeitschrift für Kunst, Kultur und Lebensart. Bavaria und Marianne. Bayern und Frankreich – Gestern und Heute*, München 1997, S. 17.
[55] Vgl. Inge und Walter Jens: *Frau Thomas Mann. Das Leben der Katharina Pringsheim*, Reinbek bei Hamburg 2003, S. 27.

ab[56]. Ihr als Kind erworbenes, positiv besetztes Verhältnis zur französischen Kultur behält sie ein Leben lang bei und vermittelt diese Haltung auch ihren Kindern und besonders ihrem Sohn Klaus. So lobt sie in einem 1939 an ihn adressierten Brief das „anständig-kultivierte französische Atmosphärchen"[57] auf der *Île de France*, einem französischen Schiff, das sie von Amerika nach Europa bringt.

Thomas Manns Verhältnis zur französischen Kultur ist weitaus reservierter. In ihren *Ungeschriebenen Memoiren* erinnert sich Katia Mann an die Spannungen zwischen ihrem Mann und seinem Bruder Heinrich vor dem Ersten Weltkrieg. Das jeweilige Verhältnis zu Frankreich bildet, wenn auch nicht den Kern, so doch einen wesentlichen Bestandteil der Auseinandersetzung:

> Aber ich stand eigentlich sehr freundlich und gut mit ihm [Heinrich Mann, Anm. d. Verf.], d.h. wir zankten uns immer in der Zeit bis vor dem Ersten Weltkrieg. Um ihn zu ärgern, nahm ich gewöhnlich die Partei der russischen Generäle; aber die Brüder wuchsen sich damals doch recht auseinander, auch politisch, denn Heinrich war ganz französisch-lateinisch orientiert, wohingegen mein Mann seinen kulturellen Wurzeln nach deutsch war; absolut deutsch. Er hatte kein starkes Verhältnis zur französischen Literatur. Er hat Französisch auch nur ziemlich mühsam und nicht viel gelesen.[58]

Da die Erziehung im Hause Mann größtenteils von Kindermädchen und der Mutter besorgt wird, wird Thomas Manns Einstellung zu Frankreich für Klaus Manns erste Frankreicherfahrungen als noch nicht relevant erachtet.

Vom August 1914 bis zur Kapitulation Deutschlands im November 1918 stehen Deutschland und Frankreich einander im Krieg gegenüber. Bereits in den Vorkriegsjahren haben sich die Beziehungen zwischen beiden Staaten vor allem aufgrund ihrer Rivalitäten um die kulturelle, wirtschaftliche und politische Vorherrschaft in Europa zunehmend verschlechtert. Um das positive, der Selbstbestätigung dienende Bild zu verstärken, das die Deutschen in diesen Jahren von sich zeichnen, gestalten sie ihr Bild vom Franzosen immer negativer: Der kriegslüsterne, grausame, alkohol- und drogensüchtige, dekadente, selbstverblendete, lügnerische, deutsch-hassende, heuchlerische, rachsüchtige und weibische Franzose wird zum Gegenbild des tapferen, treuen, ehrlichen, starken Deutschen.[59] Die Wertschätzung französischer Literatur und Kunst, Sprache und Mode, die eine Minderheit von Deutschen auch während des Krieges äußert, wird als „Französelei"[60] bekämpft. Wie das obige Zitat andeutet, gehört Klaus Manns Onkel Heinrich Mann zu den wenigen Frankophilen dieser Zeit.

---

[56] Vgl. Inge und Walter Jens: *Frau Thomas Mann. Das Leben der Katharina Pringsheim*, a. a. O., S. 16.
[57] Katia Mann: *Brief an Klaus Mann* vom 9. 5. 1939, Klaus Mann Archiv der Stadtbibliothek München. Im Folgenden werden die dort aufbewahrten unveröffentlichten Briefe, aus denen zitiert wird, mit der Sigle KMA versehen und nicht mehr einzeln im Literaturverzeichnis aufgelistet.
[58] Katia Mann: *Meine ungeschriebenen Memoiren*, Frankfurt a. M. 1976, S. 40.
[59] Vgl. Danielle Goubard: *Das Frankreichbild in der Zeitschrift Der Türmer*, a. a. O., S. 170 ff.
[60] Vgl. Danielle Goubard: *Das Frankreichbild in der Zeitschrift Der Türmer*, a. a. O., S. 170.

Am Tag des Kriegsausbruchs befindet sich Klaus Mann mit seiner Familie in Bad Tölz. In seiner 1932 erstmals erschienenen Autobiographie *Kind dieser Zeit* erinnert er sich:

> Wir saßen auf der Lohrschen Gartenwiese im Kreise, die drei Cousinen und wir vier, und besprachen erstaunt die unglaubwürdige Nachricht, die von den Erwachsenen kam. Weitblickende Eva-Marie sagte: ‚Ich denke mir, Berlin wird an seinen vier Ecken von den Franzosen angezündet werden. Natürlich sind wir von allen Seiten die Überfallenen'.[61]

Frankreich wird für den damals Siebenjährigen zu einem abstrakten, weit entfernten Feind, über den er von seiner Kusine und den Erwachsenen Schauerliches und Märchenhaftes hört, das sein wahrscheinlich bis dahin von der Mutter geprägtes positives Bild überlagert:

> Man bestätigte uns, daß wir von allen Seiten überfallen waren. Frankreich wollte irgendwas zurückhaben, was wir ihm einst aus guten Gründen weggenommen hatten [...]. Die Franzosen waren so grausam, daß sie einer Dame, die in einem ihrer betrügerischen Badeorte ihr gutes Geld gelassen hatte, die Zähne mit dem Hammer ausschlugen. (*KdZ* 52)

Als Klaus Manns Onkel Peter, Heinz und Viko zum Wehrdienst eingezogen werden, beten die Kinder im Hause Mann für sie (vgl. *KdZ* 53) und die anderen deutschen Soldaten sowie für den Sieg, den man aufgrund der ständigen Erfolgsmeldungen bald erwartet. Da anfänglich in Belgien „die schönsten Triumphe" errungen werden, hält Klaus Mann zuerst Belgien für „unseren schlimmsten Feind" (*KdZ* 52). Doch bald wird ihm bewusst, dass ein Sieg über Belgien nicht das wirkliche Ziel des Krieges ist: „Bald würden wir Paris haben" (*KdZ* 52), ist er sich sicher. Die Nachrichten von den ersten Siegen werden in der Familie mit respektvoller Genugtuung hingenommen (vgl. *KdZ* 52). Thomas Mann zeichnet Kriegsanleihen, deren Wertlosigkeit am Ende des Krieges zum Verkauf des Sommerhauses in Bad Tölz nötigen wird. Während eine schwarz-weiß-rote Fahne, über dem oberen Balkon der Münchner Wohnung gehisst, weithin sichtbar die vaterländische Gesinnung der Manns bezeugen soll, strickt Erika Mann im Unterricht Socken und Pulswärmer für die deutschen Soldaten. Die Kinder spielen Krieg mit Zinnsoldaten, explodierenden Bomben und Männlein in englischen Uniformen, die sie sich gewünscht hatten.[62] Mittlerweile weiß Klaus Mann, „daß täglich viele Männer ‚fielen' und deshalb die Eltern beinahe immer so ernste Gesichter machten." (*KdZ* 53) In *Kind dieser Zeit* spricht er sich allerdings ab, den ungeheuerlichen Vorgang dieses „Fallens" realisiert zu haben, sondern glaubt, dass der tägliche Massentod nur als ein ganz fernes und feierliches Bewusstsein in ihm lebendig wurde (vgl. *KdZ* 53).

Nach dem Besuch des privat geführten Ebermayer-Instituts und der Volksschule wechselt Klaus Mann 1916 auf das Wilhelmsgymnasium. Dort wird für

---

[61] Klaus Mann: *Kind dieser Zeit*, Reinbek bei Hamburg 1982, S. 51. Im Folgenden werden Zitate aus diesem Werk durch die Sigle *KdZ* und die Angabe der entsprechenden Seitenzahl im Text belegt.
[62] Vgl. Golo Mann: *Erinnerungen und Gedanken. Eine Jugend in Deutschland*, Frankfurt a. M. 1991, S. 57.

Kriegsanleihen geworben und den Schülern im Deutschunterricht Ludwig Ganghofers *Kriegsschauplatz-Berichte*[63] zu lesen gegeben. Bezüglich dieser späten Kriegszeit fragt sich Klaus Mann:

> Was merkten wir denn? Beinahe nichts. Sahen wir nicht, daß die Straßen öde und beinah männerlos wurden; daß die Straßenbeleuchtung sich verfinsterte; daß alle Erwachsenen traurig schlaffe oder bitter erregte Mienen hatten? – Die Veränderung des Straßenbildes fiel uns nicht auf; wir freuten uns an den bunten Kitschpostkarten, die es überall gab, auf denen bärtige Feldgraue das Mädchen in der properen Schürze herzten, oder Katzelmacher, Franzmann und der Engländer, den Gott strafen sollte, als abscheuliche Narren anschaulich verhöhnt wurden. (KdZ 56)

Thomas Mann schreibt während dieser Zeit an seinen *Betrachtungen eines Unpolitischen*, die in weiten Teilen eine Schrift gegen Frankreich und seinen für den Frieden zwischen Deutschland und Frankreich eintretenden Bruder Heinrich sind. Auch Klaus Manns frankophile Mutter „hält es für ihre Pflicht, das ‚Volk', insoweit es im Hause vertreten war, in hoffnungsvoller Stimmung zu halten."[64] Das Bedürfnis, dieser Pflicht nachzukommen, das sich etwa in den zu Weihnachten geschenkten Zinnsoldaten ausdrückt, lässt darauf schließen, dass sich Katia Mann zwischenzeitlich ebenfalls einer deutsch-nationalen Haltung verschreibt oder es zumindest unterlässt, ihrem ältesten Sohn ihre eigentlich profranzösische Einstellung weiterzugeben. Darüber hinaus bekommt Klaus Mann während des Krieges Bücher zu lesen, die eindeutig negative Vorstellungen von Frankreich vermitteln. Neben Ganghofers *Kriegschauplatz-Berichten* ist es eine 1913 erschienene Erzählung von Walter Bloem, die den Titel *Das Ende der großen Armee* trägt und von Napoleons gescheitertem Russlandfeldzug handelt. „Und da hat Napoleon noch etwas ganz Böses getan. Seine eigene Frau hat er verstoßen"[65], zitiert Golo Mann aus der Erzählung, die er im Großen und Ganzen als wahrheitsgetreu und packend vorstellt. Auch Klaus Mann muss diese Erzählung spannend finden, denn Golo Mann berichtet weiter, dass sie seinen Bruder dazu anregt, den dort so eindeutig franzosenfeindlich dargestellten Untergang Napoleons zu einem Drama zu verarbeiten. Auch ein zweiter früher dramatischer Versuch Klaus Manns behandelt einen Abschnitt aus der französischen Geschichte. Er basiert auf Charles Dickens *Geschichte aus zwei Städten* und trägt den Titel *Marquis Desfarges*. Golo Mann erinnert sich, dass Klaus seine erfundene Heldenfigur von den Jakobinern grausam und ungerecht verfolgen lässt, und an „die Guillotine und die strickenden Frauen um sie herum und die Ermordung so vieler Unschuldiger oder nur wegen ihres Namens schuldig Gewordener".[66] Diese Ausführungen Golo Manns deuten darauf hin, dass Klaus Bücher liest, die ihrem Inhalt und ihrer Intention nach militaristisch und antifranzösisch sind und ihn dazu anregen, sich über die Zinnsoldatenspiele hinaus mit dem Krieg gegen Frankreich zu beschäftigen. Golo Manns Äußerungen über Klaus

---

[63] Dabei handelt es sich wahrscheinlich um Ludwig Ganghofers *Reise zur deutschen Front*, das als Band der Ullstein Kriegsbücher 1915 in Berlin erschien.
[64] Golo Mann: *Erinnerungen und Gedanken*, a. a. O., S. 52.
[65] Golo Mann: *Erinnerungen und Gedanken*, a. a. O., S. 70.
[66] Golo Mann: *Erinnerungen und Gedanken*, a. a. O., S. 74.

Manns zweites Stück geben Hinweise, wie sehr jener die in der Öffentlichkeit, in seiner Lektüre und in seiner Familie gestalteten Vorstellungen vom grausamen und hässlichen Franzosen aufnimmt und verarbeitet.
Gegen Ende des Krieges macht Klaus Mann Erfahrungen des Hungerns und des Trauerns um Gefallene, aber auch, dass der Krieg ein Thema ist, das Auseinandersetzungen zwischen seinen Eltern hervorruft. Zudem bekommt er Hinweise, dass Deutschland trotz seiner Stärke den Krieg vielleicht doch nicht gewinnen wird. „Und dann", schreibt Golo Mann,

> März 1918, kam die große Offensive im Westen. TM beim Mittagessen: er könne nachts nicht schlafen wenn er daran denke. Daß auch sie uns den Endsieg nicht näher gebracht hatte, ahnten wir im Sommer, die Mutter, bis vor kurzem noch so brav gesinnt, begann nun offen skeptisch zu werden. Der Vater noch nicht; es fanden Gespräche statt, die Meinungsverschiedenheiten in gereiztem Ton offenbarten.[67]

Von der Schwäche und der zwangsläufigen Niederlage Frankreichs ist immer weniger die Rede. Stattdessen deutet immer mehr darauf hin, dass Frankreich den Krieg gewinnen wird und damit das Bild vom schwächlichen, weibischen Gegner zerstört, gegen den man schnell und leicht siegen wird. Klaus Mann leidet an den Auswirkungen dieses Krieges auf sein Familienleben, auf seine Nahrungsversorgung und Kleidungsausstattung und beginnt, ihn zu verabscheuen. Unterstützt wird er in seiner Antipathie von seiner Großmutter Hedwig Dohm, die ihm zu Weihnachten 1917 Bertha von Suttners Roman *Die Waffen nieder!* (1889) schenkt. „Ich werde mir klar darüber", schreibt er über sich als Elfjähriger, „daß ich niemals an die Front gehen würde, falls dieser Krieg noch so lange dauert, daß auch ich an der Reihe bin." (KdZ 66). Nachdem Klaus Mann vom Beginn bis zum Höhepunkt des Krieges die für Deutschland und mittlerweile auch für Bayern und das Haus Thomas Manns charakteristischen negativen Frankreichvorstellungen aufnimmt und verarbeitet, erfährt er als Zwölfjähriger mit der Kapitulation des Deutschen Reiches, dass zumindest Teile dieser Vorstellungen nicht stimmig sind.
Mit dem Kriegsende erlebt Klaus Mann die Revolutionsunruhen, die München erschüttern. Aus *Kind dieser Zeit* ist zu erfahren, dass er vom Herbst 1918 bis zum Januar 1921 ein Tagebuch führt, in dem er, neben den ihn unmittelbar betreffenden Geschehnissen in der Schule und im Haus der Familie Mann, auch die wichtigsten politischen Ereignisse festhält. So gibt er seine Eintragung vom 11. November 1918, dem Tag, an dem das Deutsche Reich den Waffenstillstand unterzeichnet, mit den Worten wieder „Der Waffenstillstand angenommen! Endlich Friede! Aber was dann? Wir gehen einer großen Katastrophe entgegen!" (KdZ 67), aus der deutlich die lang erhoffte Freude über den Frieden, aber genauso die Angst vor der Zukunft erkennbar ist. Da dieses Tagebuch als verschollen gilt, ist nicht nachzuweisen, ob und wie sich Klaus Mann in dieser Zeit etwa über den Vertrag von Versailles oder über andere Ereignisse äußert, die mit Frankreich zusammenhängen, ob sich aus diesen Äußerungen ein Frankreichbild rekonstruieren ließe und ob mit dem Kriegsende einzelne Frankreichvorstellungen rückgängig gemacht werden, sich fort-

---

[67] Golo Mann: *Erinnerungen und Gedanken*, a. a. O., S. 52.

setzen oder vielleicht einfach verschwinden, weil sich Klaus Mann nicht mit Frankreich beschäftigt. Stattdessen nimmt er Zitate aus diesem Tagebuch in *Kind dieser Zeit* auf, um sich als eifriger Leser zu präsentieren. Zusammenfassend schreibt er:

> Beinahe täglich las ich ein ganzes Buch [...]: deutsche Romantiker und Erzählungen von Björn Björnson, Shakespeare, Grillparzers Tagebücher und den ‚Faust', Hamsun, Mörike, Dehmel, Walter Scott, Ibsen und Hauptmann. (*KdZ* 84)

Daneben wird den Kindern viel vorgelesen. Thomas Mann bevorzugt die russischen Autoren Tolstoi, Gogol und Dostojewski, während sie von der Großmutter mütterlicherseits Dickens hören. Französische Autoren erwähnt Klaus Mann nicht. Am 1. Januar 1919 gründen Erika und Klaus Mann sowie Ricki Hallgarten den *Laienbund Deutscher Mimiker*. Nach *Die Gouvernante* von Theodor Körner, *Schneider Fips* von August Friedrich von Kotzebue und Lessings *Minna von Barnhelm* führen sie im Frühjahr 1920 mit Molières Komödie *Arzt wider Willen* ein französisches Stück auf, in dem Klaus Mann die Hauptrolle spielt. Für diese Schauspielerei im Freundes- und Familienkreis schreibt Klaus Mann auch selbst Theaterstücke. Eines trägt den Namen *Marie Heilmann*. Teilweise im Original, teilweise von Klaus Mann zusammengefasst, ist es in *Kind dieser Zeit* enthalten und gibt Aufschluss über Klaus Manns Frankreichvorstellungen nach dem Ersten Weltkrieg. Die Protagonistin des Dramas, die gefeierte Schauspielerin Marie Heilmann, charakterisiert Klaus Mann unter anderem durch die Worte des sie verehrenden Wagnerinterpreten Nimmann. Als sie eines Abends nach der Vorstellung sein Liebesgeständnis zurückweist, meint dieser:

> Mein Fräulein, ich glaube, Sie werden einmal einen Franzosen heiraten. Sie sind im Geist eine Französin. So fein, so elegant und so rücksichtslos. (*KdZ* 89)

Diese Rücksichtslosigkeit steigert sich dahingehend, dass Marie Heilmann Nimmann, obwohl sie nicht ihn, sondern einen „feurigen" (*KdZ* 90) französischen Schriftsteller liebt, heiratet und ihn wenig später gewissenlos vergiftet. Zum Schluss erliegt sie einem selbst eingenommenen Gift, ohne ihren französischen Liebhaber wiederzusehen.
Durch ihre Handlungen stellt Klaus Mann Marie Heilmann als Femme fatale dar. Durch die Aussage Nimmanns, sie, die Deutsche, sei im Geist eine Französin, unterstreicht er dieses Bild und macht deutlich, wie sehr er die zeitgenössischen Vorstellungen, die in Deutschland von der französischen Frau vorherrschen, aufgenommen hat, ohne jemals einer Französin begegnet zu sein. Herrn Nimmann zeichnet er hingegen als typischen Deutschen, der Marie Heilmann einen Strauß weißer Rosen (vgl. *KdZ* 89) verehrt , der nicht nur „Liebe" (*KdZ* 89), wie Nimmann selbst erläutert, sondern aufgrund ihrer Farbe auch Unschuld und Reinheit und damit Ehrlichkeit bedeuten. Nimmanns Deutschtum verstärkt Klaus Mann, indem er ihn zum Interpreten eines deutschen Helden macht: des Siegfried (vgl. *KdZ* 90). Der junge, blonde und fast unverwundbare Held in der Sage wird hinterrücks erstochen; Klaus Mann

lässt Nimmann heimtückisch von seiner „französischen" Frau vergiften. Könnte Klaus Mann mit dieser Konstellation bestimmte, in diesen Jahren in Deutschland vorherrschende politische Positionen verarbeitet haben? Ist Marie Heilmann Frankreich, der eigentlich schwächere „weibische" Feind, dem es nur durch Heimtücke und nicht durch „ehrlichen" Kampf gelang, das eigentlich „stärkere", „männliche", „tapfere" Deutschland zu besiegen? Oder ist Marie Heilmann Synonym jener „französelnden" Deutschen, die bereits während des Krieges mit den Franzosen zusammenarbeiteten und später Befürworter des Vertrages von Versailles waren, obwohl die deutsche Armee im Feld „unbesiegt" blieb? Die tragische Figur des Nimmann erinnert an die Dolchstoßlegende. Das Alter berücksichtigend – Klaus Mann ordnet die Entstehung des kleinen Dramas den Jahren 1919/20 zu (vgl. *KdZ* 67), als er dreizehn bis vierzehn Jahre alt ist – ist eine bewusste Verarbeitung des deutsch-französischen Konfliktes innerhalb dieses Dramas jedoch unwahrscheinlich. Vielmehr deutet die Konstellation auf eine eher unbewusste, unreflektierte Aufnahme und Verarbeitung zeittypischer negativer Frankreichvorstellungen hin. Das vorrangige Thema des Stücks ist nicht das Verhältnis zwischen Deutschland und Frankreich, sondern das effektvoll gestaltete Ehedrama. Dass Klaus Mann Paris als Handlungsort zur Darstellung einer Ehebruchsgeschichte zwischen zwei Deutschen wählt, zeigt, dass er – ohne bereits in Paris gewesen zu sein und ohne eigene Erfahruungen mit Liebe und Sexualität gemacht zu haben – die Vorstellung hat, Paris sei der Ort der Liebe. Obwohl diese Liebesgeschichte mit einem Mord und einem Selbstmord endet, ist das Bild, das Klaus Mann von Marie Heilmann und ihrem französischen Liebhaber zeichnet, nicht durchweg negativ, sondern – auch wenn es dabei den Rahmen der gängigen Klischees nicht verlässt – durchaus als ambivalent zu bezeichnen. Marie Heilmann ist trotz aller Heimtücke eben auch „elegant" und „fein" und ihr Galan nur durch das positive Adjektiv „feurig" charakterisiert. Damit wird nicht nur das negative, sondern auch das positive Frankreich-Klischee ausgedrückt.

Im Frühjahr 1921 lernt Klaus Mann durch den Schauspieler Bert Fischel das symbolistische Werk des Schriftstellers Joris Karl Huysmans kennen, der vor allem in seinem Roman *A rebours* (dt. *Gegen den Strich*) den Typ des dekadenten willensschwachen Ästheten darstellt, der sich vom realen Leben abwendet und im Traum einen Ersatz für die Wirklichkeit zu finden und jede ästhetische Empfindung ins Kultische zu erhöhen sucht. Von der bei Bert Fischel gefundenen „Welt der schwermütigen Verfeinerung" (*KdZ* 109) ist Klaus Mann äußerst angetan. Über *Gegen den Strich*, der ihm von Fischel vorgelesen wird, schreibt er, dass er „ihn beinah so erregte, wie es den jugendlichen Dorian Gray erregt" (*KdZ* 109). Die Bekanntschaft mit Fischel und die Lektüre Huysmans' dienen als Vorbild für Klaus Manns im ersten Halbjahr 1921 entstandene literarische Skizze *Vorfrühling*, die er in *Kind dieser Zeit* als Beispiel für sein damaliges Schreiben aufnimmt.[68] Neben Huysmans entdeckt Klaus Mann auch die anderen französischen Schriftsteller der Décadence für sich, so Char-

---

[68] Zur Wirkung Huysmans auf Klaus Mann siehe auch Kap. 3.1.1. In Kap. 1.4.1 wird die Skizze *Vorfrühling* als früher Versuch Klaus Manns interpretiert, sich seiner Umgebung als Homosexueller zu zeigen.

les Baudelaire und dessen Gedichtszyklus *Les Fleurs du Mal*, Arthur Rimbaud und Paul Verlaine.[69]

Nach einem von März bis Juli 1922 dauernden Aufenthalt auf der Bergschule Hochwaldhausen wechselt Klaus Mann im September auf die Odenwaldschule, ein Landschulheim, dessen Leiter Paul Geheeb auf die Internationalität seiner Schüler Wert legt[70]. Dort begegnet er erstmals nachweisbar Franzosen. Seiner Freundin Lotte Walter schreibt er angetan:

> Dir würden die vielen Ausländer sicher Spaß machen. Franzosen haben einen Charme, den man bei uns nie findet. Ein kleiner Pariser ist da, mit mattgelbem Teint und schwarzen, stillen Augen – Du kannst Dir gar nicht denken, wie goldig. Auch eine kleine Französin, mit einer schwarzen Lokke in der Stirne, die immerzu schwatzt und lacht und Augen wirft.[71]

Der „Charme, den man bei uns nie findet", das „Schwatzen" und „Lachen" der kleinen Französin – zur Beschreibung seines ersten Kontaktes wählt der fast Sechzehnjährige gängige, aber positive Attribute zur Charakterisierung der Franzosen. Auch ein auf dieselbe Zeit datierbarer Brief an seine Schwester Erika, der von einem Schulausflug berichtet, auf dem Klaus Mann anscheinend Angehörigen der französischen Armee begegnet, zeigt, wie sich aufgrund der Lektüre französischer Literatur und der Bekanntschaft mit französischen Mitschülern seine Vorstellung von den Franzosen allmählich ins Positive wandelt. Dabei bleibt er allerdings weiter im Rahmen traditioneller Klischees verhaftet:

> Die Franzosen sind so elegant, geschwätzig, amüsant. Offiziersdamen geschminkt zum Jodeln [...]. Zu berichten wäre hauptsächlich von einer fabelhaften Tour nach Worms, gestern, also am Sonntag. Es war unglaublich amüsant mit französischer Besetzung und auch sonst. Offiziere mit jedem jungen Mädchen schäkernd – man kann es gar nicht übertreiben.[72]

Im Juni 1923 kehrt Klaus Mann wieder nach München zurück und erhält bis Februar 1924 Privatunterricht, der ihn auf die letzten Jahre des Gymnasiums vorbereiten soll. Nachdem der Plan zu maturieren jedoch aufgegeben ist, arbeitet er an einigen Novellen. Im Anschluss an einen Winterurlaub in Partenkirchen hält er sich bis Juni 1924 im Stift Neuburg bei Heidelberg als Gast des Barons von Bernus auf, wo er dank der Beziehungen seines Vaters die Bekanntschaft mit dem elsässischen Romanisten Ernst Robert Curtius macht. Für das Verhältnis Klaus Manns zu Frankreich ist diese Bekanntschaft von großer Bedeutung. 1930 erinnert er sich in seinem Aufsatz *Woher wir kommen – und wohin wir müssen*:

> Wichtiger Faktor in meiner Entwicklung: die Strömungen, die aus dem zeitgenössischen Frankreich zu mir kamen und mir zuerst durch die Per-

---

[69] Zu Klaus Manns Beschäftigung mit der Literatur der Décadence siehe Kap. 1.3.2, zu ihrem Einfluss auf Klaus Manns Belletristik siehe Kap. 3.1.1.
[70] Vgl. Fredric Kroll (Hg.): *Klaus-Mann-Schriftenreihe. Bd. 2: 1906-1927. Unordnung und früher Ruhm*, Wiesbaden 1977, S. 48.
[71] Klaus Mann: *Brief an Lotte Walter*, undatiert, KMA.
[72] Klaus Mann: *Brief an Erika Mann*, undatiert, KMA.

sönlichkeit des pädagogischen Gelehrten und Essayisten Ernst Robert Curtius vermittelt wurden; vor allen anderen das bekennerische Werk André Gides.[73]

Curtius, der an der Universität in Heidelberg lehrt, zählt neben Heinrich Mann zu den wenigen Deutschen, die bereits während des Ersten Weltkrieges für eine Versöhnung zwischen Deutschland und Frankreich eintreten. Durch die Gespräche mit ihm und durch die Lektüre seiner 1919 erschienenen Schrift *Die literarischen Wegbereiter des neuen Frankreich* wird Klaus Mann in die zeitgenössische Literatur Frankreichs eingeführt und für das Verhältnis zu Frankreich sensibilisiert. In seiner Abfassung stellt Curtius die Schriftsteller vor, die seines Erachtens die Literatur Frankreichs in den ersten Jahren des 20. Jahrhunderts bis zum Ersten Weltkrieg entscheidend beeinflusst und deren Erneuerung bewirkt haben. Neben Gide sind dies Romain Rolland, Paul Claudel, André Suarès und Charles Péguy. Während die anderen hier Vorgestellten für Klaus Mann keine große Bedeutung haben, wird Gide für ihn besonders wichtig und prägend. Curtius ist mit Gide gut bekannt, und er wird es sein, der den Kontakt zwischen Klaus Mann und dem französischen Schriftsteller herstellt.

Wichtig für Klaus Manns späteres Eintreten für eine Einigung Europas wird Curtius' 1925 erscheinende Aufsatzsammlung *Französischer Geist im neuen Europa*. In dem darin enthaltenen Aufsatz *Zivilisation und Germanismus*, der die unterschiedliche Auffassung Frankreichs und Deutschlands bezüglich des Begriffs Kultur erörtert, will Curtius beide Völker davon überzeugen,

> daß die Verständigung eine praktische und eine sittliche Notwendigkeit ist und deshalb trotz aller Schwierigkeiten herbeigeführt werden muß: mit dem Einsatz der Überzeugung und des Verstandes; auf der Grundlage gegenseitiger Achtung; in dem entschlossenen Willen zur europäischen Kulturgemeinschaft.[74]

Curtius stellt die in Frankreich gängigen negativen Vorstellungen von Deutschland vor und sieht die Problematik der deutsch-französischen Beziehungen in einer unterschiedlichen Idee vom Nationenbegriff. Er fordert deshalb:

> Damit sich dieser Zustand ändert, ist ein Doppeltes erforderlich: eine Umgestaltung der französischen wie der deutschen Nationalidee, um nach dem Ersten Weltkrieg Frieden zwischen den beiden Nationen zu schaffen.[75]

Auch in seinem Aufsatz *Europäischer Geist und französische Literatur* befasst sich Curtius mit der gegenseitigen Beeinflussung der französischen und deutschen Literatur und tritt für einen regen europäischen Austausch ein:

---

[73] Klaus Mann: *Woher wir kommen – und wohin wir müssen* [1930], S. 325. In: Klaus Mann: *Die neuen Eltern. Aufsätze, Reden Kritiken 1936-1938*. Hrsg. von Uwe Naumann und Michael Töteberg, Reinbek bei Hamburg 1993, S. 324-327. Im Folgenden werden Zitate aus diesem Band durch die Sigle *NE* und die Angabe der entsprechenden Seitenzahl belegt.
[74] Ernst Robert Curtius: *Französischer Geist im neuen Europa*, Stuttgart 1925, S. 219f.
[75] Ernst Robert Curtius: *Französischer Geist im neuen Europa*, a. a. O., S. 261.

Ob Europa untergehen wird, kann kein Denken entscheiden. Entschieden wird das durch unseren Willen, durch Haltung und Spannung unseres Lebens. Wir werden das Schicksal haben, das wir wählen. Wenn wir aber den Aufstieg wollen, dann müssen wir vor allem diese zerrissene europäische Seele reinigen und heilen. Wir müssen sie zur Harmonie stimmen, wir müssen ihre Einheit neu errichten. Dann wird sie in dem großen Prozeß des Kulturausgleichs, der die weltgeschichtliche Signatur unserer Epoche ist, ihr Wesen behaupten und erhöhen.[76]

Curtius ist mit diesen Aufsätzen Klaus Manns Mentor. In vielem, was Klaus Mann in den Jahren 1927 bis 1930 über Europa und das Verhältnis zwischen Deutschland und Frankreich äußern wird, sind diese Worte von Curtius herauszuhören. In seiner Gide-Monographie wird er später schreiben, Curtius' Bücher hätten „mehr, als ein Dutzend wichtigtuerischer Vereine [getan], das *rapprochement* zwischen den beiden Ländern zu fördern und zu vertiefen"[77], und würdigt damit die Bedeutung des Werkes für sich selbst.
Im Juli 1924 übersiedelt Klaus Mann von Neuburg nach Berlin, wo er u.a. an den *Kaspar-Hauser-Legenden* arbeitet, deren erster Teil eine Adaption von Verlaines Gedicht *Gaspard Hauser chante* ist. Von September bis März 1925 ist er bei der Berliner Zeitung *12-Uhr-Mittagsblatt* als Theaterkritiker tätig. Unter seinen über dreißig Rezensionen findet sich auch eine Besprechung von *Methusalem*[78], mit dessen elsässischem Autor Iwan Goll er persönlich bekannt ist. Im September erscheint ein Aufsatz über Arthur Rimbaud[79]. Im Mai 1925 bringt der Hamburger Gebrüder Enoch Verlag Klaus Manns Novellensammlung *Vor dem Leben* heraus. Klaus Mann hätte lieber mit Paul Steegemann zusammengearbeitet, da dieser Verlaines homoerotischen Gedichtszyklus *Hombres*[80] verlegt hat. Thomas Mann verhindert dies jedoch, indem er auf die Unmündigkeit seines Sohnes hinweist und mit Klagen droht.
Bis zu seiner ersten Frankreichreise im Frühjahr 1925 und damit bis zu seinem ersten intensiven Kontakt mit Frankreich und den Franzosen haben sich in Klaus Mann aufgrund seiner Sozialisation Frankreichvorstellungen entwickelt, die bis über die Zeit des Ersten Weltkriegs hinaus sowohl im Positiven als auch im Negativen zeittypisch sind und den Rahmen gängiger Vorurteile nicht verlassen. Klaus Manns Interesse an Literatur führt dazu, dass er sich auch mit französischer Literatur zu beschäftigen beginnt. Dank des Werbens von Curtius für die zeitgenössische Literatur Frankreichs und für die deutschfranzösische Aussöhnung, erschließt sich für Klaus Mann zum einen der Wert der französischen Literatur, und er wird dazu animiert, sich mit ihr unter dem Gesichtspunkt möglicher Ziele für sein eigenes Schreiben auseinanderzusetzen. Zum anderen erfährt er, der sich im *Wendepunkt*, auf die Jahre 1928 bis

---

[76] Ernst Robert Curtius: *Französischer Geist im neuen Europa*, a. a. O., S. 306.
[77] Klaus Mann: *André Gide und die Krise des modernen Denkens*, Reinbek bei Hamburg 1995, S. 20. Im Folgenden werden Zitate aus diesem Band durch die Sigle *AG* und die Angabe der entsprechenden Seitenzahl im Text belegt.
[78] Klaus Mann: *Yvan Goll: Methusalem* [1924]. In: *NE* 25f.
[79] Klaus Mann: *Arthur Rimbaud* [1924]. In: *NE* 18ff.
[80] Paul Verlaine: *Hombres*, Hannover 1920.

1930 rückblickend, als „auf der Suche nach einem Weg"[81] bezeichnet, wie wichtig und verdienstvoll ein Eintreten für die deutsch-französische Aussöhnung sein könnte. Klaus Mann bietet sich damit eine Aufgabe an. Als junger angehender Schriftsteller könnte er als Vertreter der Jugend für den Austausch zwischen beiden Völkern werben, könnte selbst, durch das Zeichnen positiver Frankreichbilder, einen Beitrag zur Aussöhnung der ehemaligen Kriegsgegner Deutschland und Frankreich leisten.

2.1.2 Frankreich – reale und geistige Heimat?
Klaus Mann und Frankreich 1925 bis 1933

Im März 1925 unternimmt Klaus Mann zusammen mit seinem Freund W. E. Süskind seine erste Auslandsreise. Sein Ziel ist London. Die Stadt an der Themse erweist sich für ihn jedoch als „Enttäuschung" (*WP* 156), und so überredet er Süskind, den Aufenthalt zu verkürzen und stattdessen nach Paris zu fliegen, der „noch unbekannte[n] schon vertraute[n], schon geliebte[n]" (*WP* 156) Hauptstadt Frankreichs.

„[E]ntschlossen, alles herrlich zu finden" (*WP* 156), sieht er das vor allem von seiner Mutter, Curtius, seinem Onkel Heinrich und von der Lektüre nicht nur französischer Literatur positiv vermittelte Parisbild bestätigt und sogar übertroffen. In der Stadt, in der viele der Helden der von ihm gelesenen Romane und Dramen agieren, in der von ihm geschätzte Schriftsteller wie Verlaine und Rimbaud oder Huysmans gelebt und geschrieben haben, oder die große Literaten wie Heinrich Heine, Oscar Wilde oder Rainer Maria Rilke besuchten, um dort freier als in ihrer Heimat leben und schreiben zu können, in dieser Stadt, glaubt er, „den Geschmack, das Stilgesetz einer reifen und raffinierten Zivilisation" (*WP* 156) anzutreffen. Auf den Champs-Élysées, auf der Place Vendôme, auf der Place de la Concorde fühlt er sich hineinversetzt in die großen Romane der Weltliteratur. Alles erinnert ihn an Balzac (vgl. *WP* 157). Doch nicht nur ihre Literarität, Eleganz (vgl. *WP* 157) und Geschichtsträchtigkeit machen die Stadt attraktiv, ganz Frankreich ist aufgrund einer hohen Inflationsrate des Francs und seiner Abwertung gegenüber dem Dollar in den Jahren zwischen 1924 und 1928 für Deutsche und andere Ausländer ein sehr preiswerter und damit beliebter Aufenthaltsort und bietet sich Klaus Mann mit seinen „vielen billigen Hotels" (*WP* 157) als Alternative zu Berlin an.

Während seiner Internatszeit hatte Klaus Mann vereinzelt bereits Kontakt zu Ausländern. Hier in Paris macht er nun zum ersten Mal die Erfahrung, selbst ein Ausländer zu sein. In München im Gymnasium oder auch in den Internaten hatte er sich als Außenseiter gefühlt. In Paris ist er als Ausländer – zumal als Deutscher – zwar ebenfalls ein Außenseiter, aber er bildet zusammen mit den dort angetroffenen anderen Ausländern eine Gemeinschaft, in der man sich zugleich fremd und interessant sowie nah und vertraut (wieder-)finden kann, in der man ein Besonderer unter Besonderen ist. Seine Erfahrungen mit der Internationalität der Stadt teilt er in seinem Aufsatz *Der erste Tag*, der diese ersten Pariseindrücke schildert, mit:

---

[81] Klaus Mann: *Der Wendepunkt. Ein Lebensbericht*, Reinbek bei Hamburg 1994, S. 203. Im Folgenden werden Zitate aus diesem Band durch die Sigle *WP* und die Angabe der entsprechenden Seitenzahl im Text belegt.

> In phantastisch-babylonischer Verwirrung sind alle Sprachen um einen herum. Spanier gestikulieren rauh am Nebentisch. Amerikaner, verehrt zugleich und bewitzelt, haben es stolz nicht nötig, auch nur beim Unterhandeln mit dem Kellner sich des Französischen zu bedienen: übereifrig ist man auf ihre Bequemlichkeit bedacht, da sie ja im Rufe so besonderen Reichtums stehen. Russen, Neger, Türken und Japaner sitzen stumm oder in exotisch-wüster Lustigkeit. Schweizer bemühen sich redlich, verständlich zu werden. Die Franzosen dazwischen, klug, amüsiert und sehr auf hohe Trinkgelder erpicht, lauschen dem Lärm. [82]

Zum einen zeigt sich, wie interessiert er dieses Milieu, mit dem er konfrontiert ist, fasziniert beobachtet und wie sehr er es schätzt. Zum anderen deuten seine Ausführungen über die Franzosen darauf, dass er sie in ihrer den Ausländern wohlwollenden Art als gute Gesellschaft und damit Paris als Lebensort für ein solch internationales, „exotisches" Milieu erkennt. Darüber hinaus erfährt er, wie anregend die Stadt und die dort gemachten Bekanntschaften und geführten Gespräche für sein Schreiben sind:

> Es waren nicht nur französische Bücher und arabische Kuriositäten, was ich von der Reise mitgebracht hatte; in meinem Koffer gab es auch ein stattliches Bündel hastig beschriebener Blätter: die ersten Notizen zu meinem ersten Roman. (WP 162)

Im Dezember 1925 wird dieser unter dem Titel *Der fromme Tanz* erscheinen, und Paris wird darin als Handlungsort eine bedeutende Rolle einnehmen (s.Kap. 3.2.2).

Als Folge dieser ersten, so positiven Eindrücke wird Paris bis 1933 neben München und Berlin zum bevorzugten Lebensort Klaus Manns. Im Frühjahr 1926 bleibt er für mehrere Monate dort. Wie bereits im Jahr zuvor ist ihm das Leben „bequem und bunt und übrigens billiger als in Deutschland" (WP 166), und er genießt die

> veritable Invasion [...] von lärmenden Babbits, smarten Gigolos, Damen der Welt und Halbwelt, Künstlern mit und ohne Talent, Originalen mit und ohne Originalität, Säufern, Millionären, Hochstaplern, Spielern, grimmigen Lesbierinnen, geschminkten Lustknaben, verängstigten Provinzlern, Abenteurern, Modistinnen, Hochzeitsreisenden, Studenten, politischen Flüchtlingen, Poeten, Abbés, Journalisten, alten Jungfern, Weltberühmtheiten und verkannten Genies (WP 167),

deren Teil er ist. Sein Mentor Curtius zeigt ihm „die kostbaren Winkel des alten Paris – Adelshäuser, Kapellen, Gärten und Konditoreien, die in den Büchern von Proust, Valéry, Larbaud und Giraudoux beschrieben sind" (WP 167), und führt ihn in die Kreise französischer Schriftsteller ein. Durch ihn lernt er René Crevel, Jean Cocteau und André Gide kennen. In Ersteren verliebt er sich, und der die nächsten Jahre während Wunsch nach dessen Nähe stellt einen weiteren Grund dar, sich in Paris aufzuhalten. Im Frühjahr 1926 widmet ihm Klaus Mann die während dieses langen Aufenthaltes zu Ende geschriebene *Kindernovelle*. Weiter werden ihm im Laufe der nächsten Jahre die

---

[82] Klaus Mann: *Der erste Tag* [1925], S. 45. In: *NE* 44-46.

Schriftsteller Jean Desbordes und Julien Green zu Bekannten, hat er Umgang mit Antoine de Saint-Exupéry und Jean Giraudoux. Rückblickend ist es ihm, als hätte er „nie wieder in [s]einem Leben so viele Menschen kennengelernt" (WP 167). Begeistert fasst er zusammen: „Welche Fülle der Flirts und Freundschaften! Welcher Reichtum an intellektuellen Kontakten!" (WP 167).

Im September desselben Jahres kehrt er erneut an die Seine zurück und bleibt bis Mitte Oktober. Teile der anschließend in Deutschland aufgeführten *Revue zu vieren* entstehen. Auch im Januar und im Sommer des folgenden Jahres ist er dort.[83] Nach der Rückkehr von seiner vom 7. Oktober 1927 bis zum Ende Juli 1928 zusammen mit seiner Schwester Erika unternommenen Weltreise ist er erneut im Dezember 1928 sowie zum Jahreswechsel in Paris, wo er an seinem Roman *Alexander* arbeitet. Im Jahr 1929 verbringt er den April und den Mai dort, 1930 mit Unterbrechungen die Monate Juni bis Oktober, in denen ein Teil seiner Adaption von Cocteaus Roman *Les enfants terribles* entsteht. Den Jahreswechsel 1931/32 erlebt er ebenfalls in Paris. 1932 ist er von Januar bis Mitte Februar an der Seine und lernt dort den Finnen Hans Aminoff kennen, mit dem er ein kurzes Verhältnis hat und den er 1934 in dem Roman *Flucht in den Norden* portraitiert. Die nach Aminoff gestaltete Figur Ragnar lässt er dem Paris der zwanziger Jahre nachtrauern (s. Kap. 3.2.2). Vom 20. November bis zum 14. Dezember 1932 unternimmt Klaus Mann seinen letzten Parisbesuch vor dem Exil. Resümierend schreibt er über Parisaufenthalte gegen Ende der zwanziger Jahre im *Wendepunkt*:

> Immer wieder war Paris das Ziel meiner ziellosen Wanderung. Die Stadt an der Seine blieb das pulsierende Herz, das wahre Zentrum Europas – trotz all ihrer frivolen Blasiertheit, ihrer zynischen Korruption. Die skandalösen Affairen der Financiers und Politiker, die Wühlarbeit der reaktionären Cliquen, das üble Treiben der Lavals, der Flandins, der Tardieus, was hatte all dies zu tun mit dem Paris, das ich kannte und liebte? (WP 217f.)

Die wirtschaftlichen Probleme und die immer größer werdenden sozialen Missstände sieht Klaus Mann rückblickend für die Jahre nach seiner Weltreise nicht. Seine „Sphäre" ist die „literarische", in den „intellektuellen Salons" (WP 217), ist das „geistig-künstlerische Paris", das zu der „glanzvollen Welt der Börsenspekulationen und der politischen Ränke" „wenig Kontakt" (WP 218) hat. Die Kreise, die er mittlerweile in Paris gefunden hat, glaubt Klaus Mann,

> unterschieden sich nicht wesentlich von meinen Freunden in Berlin oder München. Ob man sich nun im ‚Select', Montparnasse, traf oder im Romanischen Café an der Gedächtniskirche, im gastlichen Hause der Madame Jacques Bousquet zu Paris oder im Wiener Heim der Hofrätin Berta Zukkerkandl, die Gesichter und die Gespräche blieben immer ungefähr dieselben. Man verstand sich, ob man nun das Französische mit deutschem Akzent sprach oder in einem etwas holprigen Englisch miteinander plauder-

---

[83] Vgl. Klaus Mann: *Tagebücher*. Bd. III. Hrsg. von Joachim Heimannsberg, Peter Laemmle und Wilfried F. Schoeler, Reinbek bei Hamburg, 1995, S. 42. Im Folgenden werden Zitate aus den sechs Bänden der veröffentlichten Tagebücher durch die Sigle *TB*, die in römischer Ziffer angegebene Nummer des Bandes sowie durch die Angabe der entsprechenden Seitenzahl im Text belegt.

te; man konnte beim anderen stets gewisse Erfahrungen und Kenntnisse voraussetzen, die einem selber wesentlich waren; man liebte die gleichen Dichter, die gleichen Maler und Komponisten, die gleichen Landschaften, Rhythmen, Spiele und Gebärden. (*WP* 218)

Trotz der Gemeinsamkeiten, mit denen Klaus Mann Paris, Berlin, München und Wien verbindet, in einem unterscheiden sich die Orte maßgeblich voneinander: Anders als Paris sind Berlin, München und Wien Orte, an denen Klaus Mann als ein die Öffentlichkeit suchender, wegen seiner ersten Veröffentlichungen auch rezipierbarer junger Schriftsteller sowie als Sohn Thomas Manns und damit als eine Person des öffentlichen Interesses auftritt, über die die lokale Presse meistens kritisch bis vernichtend urteilt.[84] Paris bietet sich ihm somit auch als Fluchtort an. Die Eigenschaft, der Sohn von Thomas Mann zu sein, ist hier zwar weniger wert, jedoch auch weniger belastend. Seine Theaterstücke können, da sie nicht in Frankreich aufgeführt werden, dort auch nicht verrissen werden.
In München und in Berlin hat er hauptsächlich Umgang mit Deutschen wie W. E. Süskind, Erich Ebermayer, Gustaf Gründgens oder Mopsa Sternheim. In Paris lernt er mitCrevel einen Franzosen, mit Aminoff einen Finnen und mit Eugene MacCown einen Amerikaner kennen. Die Erfahrung, mit diesen jungen Franzosen, jungen Europäern und Amerikanern trotz verschiedener Herkunft Gemeinsamkeiten zu haben, die man sich – oft eine fremde Sprache benutzend, mühsam, aber vom Gegenüber mit Wohlwollen und dem Wunsch nach Verständigung bedacht – mitteilt, trägt in großem Maße dazu bei, dass sich Klaus Mann von einem in München lebenden, sich in die Literatur zurückziehenden Außenseiter zu einem weltgewandten Europäer entwickelt, der vor allem in Paris auf seinesgleichen trifft. Paris ist ihm mit seinem weltstädtischen Flair, in dem er die Meisterwerke der Literatur des 19. Jahrhunderts ebenso wie eine lebendige zeitgenössische Literatur- und Künstlerszene spürt, Traumheimat seines sich zum dandyhaften Intellektuellen wandelnden Selbstbildnisses.

Bereits seine erste Frankreichreise im Frühjahr 1925 führt Klaus Mann nicht nur nach Paris, sondern auch an die französische Mittelmeerküste. Marseille, Toulon, Sanary, Villefrance und Bandol werden bis 1933 weitere wichtige Aufenthalts- und Schreiborte, an denen Klaus Mann Teile seiner Erzählungen und Romane verortet. Hans Feist ist es, der ihn zur ersten Reise in den Süden Frankerichs einlädt und ihm das „durch seine Heftigkeit seiner Farben, seiner Gerüche, seines Temperamentes" frappierende Marseille zeigt und ihn in sein „Labyrinth enger, stinkender Gassen" führt:

---

[84] Vgl. Uwe Naumann: *„Ruhe gibt es nicht, bis zum Schluss"*, a. a. O., S. 72f. Stellvertretend für viele negative Kritiken eine Besprechung von Hans Natorek anlässlich der im April 1927 stattfindenden Premiere von Klaus Manns Theaterstück *Revue zu Vieren*: „Klaus Mann hat sich selbst die leicht ironisierende Rolle des an seiner Mission gläubigen Literaten auf den Leib geschrieben. Er macht sozusagen die etwas dekadente Figur, die er wirklich ist. Es war die Selbstpreisgabe eines schauspielerischen Dilettanten, die immer etwas Rührendes hat." Zit. nach Fredrik Kroll (Hg.): *Klaus-Mann-Schriftenreihe*. Bd. 2, a. a. O., S. 164. Kroll zufolge ist es vor allem die Münchner und die Berliner Presse, die das Stück oft ins Persönliche gehend massiv mit Verrissen bedenkt. Vgl. ebd. S. 165.

> Hier paradiert, lockt, grinst und winselt das Laster *en gros*, mit schamlos nackter Aufdringlichkeit und Habsucht, es ist der groteske Ausverkauf der Liebe, die primitive Massenorgie, halb Kolossal-Bordell, halb Lunapark. (*WP* 158f.)

Für Klaus Mann wird die Stadt ab sofort zum Inbegriff einer begehrten Mischung aus Matrosen, Sex und Drogen. So gesteht er in dem 1931 zusammen mit seiner Schwester Erika verfassten Reiseführer *Das Buch von der Rivièra*:

> Wir an Ihrer Stelle könnten uns nun nicht mehr beherrschen, sondern müssten gleich in die Gässchen hinterm Alten Hafen laufen, die das eigentlichste Marseille sind [...]. Man hat Sie gewarnt, hinzugehen und düstere Andeutungen gemacht, es sei arg gefährlich.[85]

Von Marseille aus reisen er und Feist über Tunis in die Sahara und wieder zurück nach Tunis, wo Klaus Mann bleibt, „solange der ältere Freund irgend zahlen wollte – und sogar etwas länger" (*WP* 160). Im folgenden Jahr reist er am ersten April erneut nach Marseille, um auf den Schriftsteller Erich Ebermayer zu treffen, mit dem er zum ersten Mal an die Côte d'Azur nach Nizza fährt, wo er die *Kindernovelle* zu schreiben beginnt. In der zweiten Augusthälfte begibt er sich erstmals nach Cannes, das er im September 1927 vor seiner Weltreise erneut besucht. Für den Februar 1929 lädt ihn Feist zu einem Aufenthalt nach Villefranche an der Rivièra ein. Dank Feist entdeckt er für sich dort das Hôtel Welcome, das auch Cocteau bisweilen als Feriendomizil nutzt und das für Klaus Mann bis zu seinem Tod ein wichtiger Rückzugsort sein wird. Während des ersten Besuches entstehen Teile des *Alexander*. Im Januar 1930 ist er für zwei Wochen dort, ebenso ein Jahr darauf, diesmal zusammen mit Erika, mit der er den Rivièra-Reiseführer verfasst. Nach den Recherchefahrten und einem Berlinaufenthalt kehrt Klaus Mann nach Bandol ins Grand Hôtel des Bains zurück, um bis Mitte Mai an seinem Roman *Treffpunkt im Unendlichen* zu arbeiten.

Abgesehen von einem längeren Aufenthalt in der Bretagne im Sommer 1930 sind Paris und die Städte der französischen Mittelmeerküste für Klaus Mann die realen Orte, an denen er seine Frankreicherfahrungen sammelt. Wie wertvoll sie ihm in den zwanziger und frühen dreißiger Jahren als Lebens-, Rückzugs- und Schreiborte sind, zeigen einerseits die Häufigkeit seiner Frankreichaufenthalte, andererseits die bereits zitierten Stellen aus dem 1949 teilweise in Südfrankreich ins Deutsche übertragenen *Wendepunkt*, in denen sich Klaus Mann positiv über Frankreich äußert. Seine neuen Erfahrungen und Bekanntschaften sind neben seinen früh erworbenen Frankreichbildern, die er durch seine intensive Lektüre französischer oder Frankreich thematisierender Literatur erweitert, die Basis seiner nun druchweg frankophilen Äußerungen.

Hat Klaus Mann vor seinem ersten Parisaufenthalt 1924 mit seinem Aufsatz über *Arthur Rimbaud* über einen bereits verstorbenen französischen, zum Kanon der europäischen Literatur zählenden Schriftsteller geschrieben, entwik-

---

[85] Klaus und Erika Mann: *Das Buch von der Rivièra. Was nicht im „Baedecker" steht*, München 1931, S. 29f. Im Folgenden werden Zitate aus diesem Band durch die Sigle *R* und die Angabe der entsprechenden Seitenzahl im Text belegt.

kelt er sich entsprechend seiner positiven Wahrnehmung von Paris und Südfrankreich, seiner Bekanntschaft zu französischen Schriftstellern und der Lektüre ihrer Werke im Laufe der nächsten Jahre zu einem Vermittler der französischen Kultur- und vor allem Literaturszene in Deutschland. Zwischen 1925 und 1933 beschäftigen sich etwa 35 und damit rund ein Viertel seiner Aufsätze, Portraits und Kritiken mit französischen Orten, französischen Schriftstellern oder ihren Werken. Diese hohe Zahl verdeutlicht, wie wichtig ihm Frankreich und seine Literatur in diesen Jahren ist. Allen Aufsätzen gemein ist ein positiver, wohlwollender, werbender Grundton. Äußerst selten fällt Klaus Mann ein negatives Urteil, äußert er Kritik. Die Landschaft Frankreichs ist ihm „gartenhafte Lieblichkeit"[86], deren Zypressen – als Symbol deutscher Sehnsucht nach dem Süden – von der Abendsonne mit Gold begossen werden (vgl. NE 54). In seinem Aufsatz *Der erste Tag* preist er seinen Lesern die französische Hauptstadt, in der sich „*heute, wie seit Jahrhunderten* – der Glanz Europas" (NE 46) verfängt, als „leuchtenden Brennpunkt Europas" (NE 44) an. Obwohl Klaus Mann außer Berlin, München und London mit seinen siebzehn Jahren bislang keine weiteren Großstädte kennt, wirbt er:

> Manche Städte haben Tage, manche selbst Wochen nötig, bis ihr Eigenstes und ihr Charme anfängt, wirksam und deutlich zu werden, Paris überzeugt, ja, überwältigt in Stunden. (NE 45)

Von der Pariser Bevölkerung und damit von den Franzosen zeigt er sich begeistert. In der Skizze eines Besuchs des Casino de Montparnasse behauptet er, Anmut und das Bedürfnis nach Rhythmus, Pointe, Witz, tänzerischer Exaktheit und Form seien ihre natürlichsten Lebenselemente.[87] Weiter stellt er die Franzosen als Literatur liebendes Volk vor. „In diesem Volk", schreibt er, „kann Literatur wahrhaft populär werden" (NE 47). Damit nimmt er die positiven Vorstellungen des Geistes, des Charmes und des Witzes auf, die Goubard als typisch deutsche Vorstellungen von Franzosen für die Jahrhundertwende festhält.[88] In seiner Besprechung des Romans *Ernte* von Jean Giono stellt er das „französische [...] Wesen" als „etwas Klares, Feines, Ausgewogenes"[89]vor. Wie nachdrücklich Klaus Mann seinen Lesern Frankreich als literarisches Land vorstellen möchte, zeigt auch sein am 29. Juli 1925 erscheinender Aufsatz *Ausgang* über Marseille. Für ihn ist Marseille zuerst „die Stadt, die Arthur Rimbaud sterben sah"[90]. Im Rivièra-Reiseführer wird für die Orte der französischen Mittelmeerküste geworben. Ausgehend von Marseille gibt es einige Hotel-, Restaurant- und Einkaufsempfehlungen, angereichert mit Klatsch, so beispielsweise diesem, dass „diesen Winter Jean Cocteau sich vorübergehend dort niedergelassen" habe (R 24). Sanary wird als „Treffpunkt der pariserisch-berlinerisch-schwabingerischen Malerwelt, der angelsächsischen Bohème" (R 39) empfohlen, während man in Bandol „die im Vergleich zu Sanary smartere Bohème: Mehr Champs-Élysées und Montmartre, als Mont-

---

[86] Klaus Mann: *Ausgang* [1925], S. 54. In: NE 54ff.
[87] Vgl. Klaus Mann: *Casino de Montparnasse* [1925], S. 47. In: NE 46ff.
[88] Vgl. Kap. 1.1.1 sowie Danielle Goubard: *Das Frankreichbild in der Zeitschrift Der Türmer*, a. a. O., S. 34.
[89] Klaus Mann: *Jean Giono: Ernte* [1932], S. 385. In: NE 385f.
[90] Klaus Mann: *Ausgang* [1925], S. 54. In: NE 54f.

parnasse" (R 41) finden könne. Für den Besuch des unweit von Nizza gelegenen Ortes Villefranche, „wo ich lange und oft gehaust und gearbeitet habe" (R 115), empfehlen die Autoren das Hôtel Welcome:

> Es hat, bei mäßigen Preisen, einen ausgefallenen und speziellen Stil: eine Mischung aus extravaganter angelsächsisch-pariserischer Bohème und kleinbürgerlicher Traulichkeit. Übrigens hat Cocteau es ‚entdeckt'. Man trifft dort junge amerikanische Dichter und erholungsbedürftige alte französische Bourgeois. (R 115f.)

Vor allem durch den autobiographischen Ton, der sie zum einen als Angehörige dieser Bohème und zum anderen als intime Kenner derselben ausweisen soll, versuchen Klaus und Erika Mann, die französische Rivièra ihrem deutschen Leser als mondäne, bohèmehafte, mit exzentrischen Literaten bestückte Urlaubsadresse zu veranschaulichen und anzudienen. Sie verstärken ihre Werbung für Südfrankreich, indem sie es deutlich von der italienischen Rivièra abheben, die sie „nicht mehr ganz ernst" (R 148) nehmen wollen. Grund dafür ist erstens Klaus Manns Begeisterung für Frankreich und zweitens der Umstand, dass in Italien seit Jahren die Faschisten regieren. Über die norditalienische Hafenstadt Genua heißt es:

> Meistens tut sich etwas Militärisches, ein Umzug von Schwarzhemden, eine kleine Parade. Schweigen wir hiervon, kein Wort über Politik, sonst gäbe es viele und böse Worte. (R 158).

Was den Umfang betrifft, steht deutlich vor der Anpreisung von Frankreichs Orten und Landschaften die Vermittlung von französischer Literatur. Dem Rimbaud-Aufsatz von 1924, den Besprechungen von Huysmans' Roman *Là-bas* und den Romanen *Le diable au corps* und *Le bal du comte d'Orgel*[91] von Radiguet im Jahr 1925 folgt 1926 ein Portrait Crevels[92]. 1927 beginnt die lebenslange Würdigung Gides und Cocteaus. Über Gide sind es neun[93], über Cocteau bis 1933 zwei Aufsätze[94]. Im selben Jahr bespricht Klaus Mann Georges Bernanos Roman *Die Sonne Satans*.[95] 1929 portraitiert er Desbordes[96], die Surrealisten[97], das Schriftstellerehepaar Iwan und Claire Goll[98] sowie Henri Bar-

---

[91] Klaus Mann: *Raymond Radiguet*. Erstdruck nicht nachgewiesen, in *NE* unter der Jahreszahl 1925 abgedruckt, vgl. *NE* 56-59.
[92] Klaus Mann: *René Crevel* [1926]. In: *NE* 95-100.
[93] Folgende Aufsätze Klaus Manns über André Gide geben Uwe Naumann und Michael Töteberg in der Aufsatzsammlung *Die neuen Eltern* (*NE*) heraus: *André Gide: Reise zum Kongo* [1927]. In: *NE* 153f.; *Der Ideenroman* [1929]. In: *NE* 207-216; *André Gide* [1929]. In: *NE* 223-226; *Zu André Gides 60. Geburtstag* [1929]. In: *NE* 238-240; *André Gide: Die enge Pforte* [1930]. In: *NE* 275f.; *André Gide: Kongo und Tschad*. Erstdruck bisher nicht nachgewiesen. In: *NE* mit der Jahresangabe 1930 abgedruckt, vgl. *NE* 277ff.; *André Gide: Uns nährt die Erde* [1930]. In: *NE* 279ff.; *André Gide: Europäische Betrachtungen* [1931]. In: *NE* 375ff.; *André Gide und Russland* [1933]. In: *NE* 457-463.
[94] Über Jean Cocteau bzw. dessen Werk handeln die Aufsätze: *Jean Cocteau* [1927]. In *NE* 157-162; und *Zwei europäische Romane*. Erstdruck bisher nicht nachgewiesen. In: *NE* unter der Jahreszahl 1929 abgedruckt, vgl. *NE* 207-211.
[95] Klaus Mann: *Der religiöse Roman „Die Sonne Satans"* [1927]. In: *NE* 154-157.
[96] Klaus Mann: *Jean Desbordes* [1929]. In *NE*: 211-216.
[97] Klaus Mann: *Die Surrealisten* [1929]. In *NE*: 216-220.
[98] Klaus Mann: *Yvan und Claire* [1929]. In *NE*: 226-229.

busse[99]. Ein Jahr darauf stellt er Green vor.[100] Bevor er 1932 mit *Ernte*[101] und *Die große Herde*[102] zwei Romane Gionos bespricht, würdigt er André Maurois[103] und Alain-Fourniers Roman *Der große Kamerad*[104]. Vor seinem Gang ins Exil erscheint im März 1933 eine bereits im November 1932 verfasste Besprechung von Antoine de Saint-Exupérys Roman *Nachtflug*.[105]
Neben ihrer ausnahmslos positiven Haltung kennzeichnet diese Besprechungen ein zumeist sehr subjektiver Charakter. Sein Rimbaud-Portrait – und damit seine erste öffentliche Äußerung über einen französischen Schriftsteller – beginnt Klaus Mann mit einem „Ich" (*NE* 18). 1925 teilt er in seiner Radiguet-Besprechung mit: „Ich weiß nicht, mit welchen Plänen er sich trug bevor er starb." (*NE* 59) In seiner 1929 veröffentlichten Rezension über Gides Roman *Les Faux-Monnayeurs* bekennt er:

> Ich halte Gide seit meiner ersten Begegnung mit seinem Werk für den reichsten und faszinierendsten Geist der europäischen Literatur unseres Jahrhunderts. (*NE* 202)

„Den Schluß mag ich gar nicht mehr" (*NE* 386), heißt es 1932 über Gionos Roman *Ernte*. Über Saint-Exupérys *Nachtflug* lässt er seinen Leser wissen: „In andern aber – zum Beispiel in mir – vermag es ein großes Nachdenken anzuregen" (*NE* 451), und in *André Gide und Russland* eröffnet er: „Ich bemühe mich, exakt zu unterscheiden, bis zu welchem Grade die neue Haltung Gides wirklich zeitsymptomatisch […] ist" (*NE* 457f.).
Dieser fast ausnahmslos subjektive Bezug ist ein deutliches Zeichen dafür, wie wichtig es Klaus Mann ist, sich selbst als intimen Kenner der französischen Literatur vorzustellen. Lange vor seinen Autobiographien *The Turning Point* und *Der Wendepunkt* vermittelt er seinen Lesern nicht nur französische Literatur, sondern stellt sich auch selbst als dieser begeisterte Vermittler heraus. Indem er sich als Bekannter Cocteaus, Golls oder Desbordes' präsentiert, will er sich – wie im *Buch von der Rivièra* – im Gedächtnis seiner Leser als Mitglied einer internationalen intellektuellen Bohème einschreiben.
Immer wieder erweitert er in seinen Aufsätzen sein Ich um ein Wir. So lobt er in seiner Besprechung über das Werk Radiguets die Zartheit, „welcher wir heute begegnen" (*NE* 58). Über einen Antagonisten in Crevels Roman *La mort difficile* schreibt er: „Was wir an ihm […] *mehr* anbeten sollten, wußten wir nie" (*NE* 97). Unter diesem „Wir" ist – wenn man es nicht nur als Variante von Klaus Manns „Ich" interpretieren möchte – einerseits eine personell nicht vorgestellte Gruppe junger Intellektueller, andererseits die ganze Generation Klaus Manns zu verstehen, zu der er nicht nur gehören will, sondern zu deren Sprecher er sich mit diesem „Wir" zu machen versucht und damit seiner eigenen Subjektivität Algemeingültigkeit verleihen möchte. Diese Vermittlerrolle für die französische Literatur, die Klaus Mann einnehmen will, ist durchaus

---

[99] Klaus Mann: *Henri Barbusse* [1929]. In *NE*: 232-235.
[100] Klaus Mann: *Julien Green* [1930], in *NE*: 297-301.
[101] Klaus Mann: *Jean Giono: Ernte* [1932], in *NE*: 385f.
[102] Klaus Mann: *Jean Giono: Die große Herde* [1932], in: *NE* 435f.
[103] Klaus Mann: *André Maurois* [1931], in *NE*: 328-331.
[104] Klaus Mann: *Alain-Fournier: Der große Kamerad* [1931], in: *NE* 332f.
[105] Klaus Mann: *Antoine de Saint-Exupéry: Nachtflug* [1933], in: *NE* 450ff.

als Teil höheren Strebens aufzufassen. Aufgrund seiner so positiven Frankreicherfahrungen, seiner darauf fußenden positiven Frankreichvorstellungen sowie durch Curtius' Bekanntheit bestätigt, wünscht sich Klaus Mann die deutsch-französische Aussöhnung, wünscht, als Stimme dafür wahrgenommen zu werden. Bereits in seinem Aufsatz über seine ersten Paris-Erlebnisse schreibt er:

> Und plötzlich, wie eine Schreckvorstellung, kommt der Gedanke über uns, daß alle diese Völker ja *Krieg* geführt haben gegeneinander. Sie haben geschossen... Es ist keine pazifistische Lehrmeinung. Aber es ist eine Angst, ein plötzliches, atemabschnürendes Grauen – vielleicht dem nur verständlich, der den ‚Aufbruch'-Tag vom August 1914 *nicht* miterlebt hat, weil er damals ein Kind noch war. (*NE* 45)

Wichtig dabei ist ihm seine Rolle als einer, der während des Krieges noch ein Kind war und damit unschuldig und unbelastet ist. Nach seinen für ihn anregenden Kontakten zu französischen Altersgenossen wirbt er als selbsternannter Vertreter der Jugend dafür, dass sich die deutsche und französische Jugend kennenlernen und aufgrund ihrer Gemeinsamkeiten zusammenschließen solle:

> Während in einer offiziellen geistigen Sphäre das unbedingt notwendige Miteinandergehen der deutschen und französischen Intelligenz immer deutlicher, immer stärker betont wird, weiß die französische und die deutsche *Jugend* heute noch viel zuwenig voneinander. [...] Und dabei scheint es mir, als könne die Jugend beider Nationen ihren Weg nur dann finden, diese Zeit nur dann bestehen, wenn sie sich im Bündnis weiß mit der nachbarlichen, mit der Jugend des anderen Landes, und wenn sie versteht: drüben wird um dasselbe gelitten, drüben wird um dasselbe gekämpft. Aus vielen Gründen sind unsere Situationen heute von so verblüffender Ähnlichkeit, dass es nicht mehr viel fehlt, bis sie identisch sind. (*NE* 95)

Parallel zu seinem Eintreten für die deutsch-französische Aussöhnung beginnt Klaus Mann, ein positives Gefühl für Europa und für ein Europäertum zu entwickeln. So zeichnet er in seinem 1925 verfassten Aufsatz *Ausgang* den krank nach Marseille zurückgekehrten und dort verstorbenen Rimbaud als einen

> Wanderer, der Europa sprengen wollte, wie ein Tier seinen eisernen Käfig sprengt – da hinaus fuhr das ‚Bateau Ivre', das trunkene Schiff, hinter sich lassend unsere Welt, wie man ein kleines, ein aufdringlich Unbedeutendes hinter sich läßt. (*NE* 54)

Bereits ein Jahr zuvor hatte Klaus Mann, obwohl er zu diesem Zeitpunkt noch nicht die Grenzen Deutschlands überquert hatte, in seinem ersten Aufsatz über Rimbaud diesen als Helden gefeiert,

> der sich, eisernen Leibes trotzend, aufrecht durch die ganze Welt schlug, Europa hinter sich ließ, Europa und uns alle [...], dessen Riesenstärke unsre Kultur überwand, der sich frei [...] von Europa machte. (NE 19)

Nun, um seine ersten Paris- und Marseille- und damit auch Europaerfahrungen bereichert, sieht Klaus Mann für sich keine Notwendigkeit einer Befreiung, sondern bekennt sich – in Abgrenzung zu Rimbaud – zum Europäertum und sieht es sogar als eine Pflicht an, als Europäer Stellung zu beziehen:

> Aber es geht nicht an, *es ist nicht erlaubt*, als Käfig Europa zu empfinden. Und mag unser Blick noch so sehnsüchtig über diese, unsere Welt, *der wir gehören*, hinaus und ins heiße Blau hinüberträumen, mögen wir auch noch so überdrüssig aller dieser Dinge, noch so satt dieses ganzen Treibens am ‚Ausgange' stehen – wir *dürfen* nicht fliehen wie jener, der die Feder wegwarf und ins Dickicht abenteuerte – wir dürfen es doch nur für kurz oder doch immer im Bewußtsein, daß das andere, dem wir gehören, ernst und groß, als eine Forderung, hinter uns liegt. (*NE* 55)

Wenig später schreibt er in seinem Portrait *Raymond Radiguet* zum ersten Mal von „einer zukünftigen europäischen Jugend" (*NE* 59) und macht damit deutlich, dass sein positives Europabild auf den Erfahrungen mit Frankreich und besonders seiner Lektüre basiert. In seinem im März 1926 und damit gut eineinhalb Jahre vor seiner Weltreise erscheinenden *Fragment von der Jugend* positioniert er Deutsch- und Europäertum:

> Deutsch sein heißt Europäer sein. Europäer sein, heißt, sich *allen* Erdteilen öffnen. Deswegen gilt es nicht Europa zu verraten, es bleibt der neugierigste, möglichkeitenreichste Erdteil. Deswegen gilt es nicht Deutschland zu verraten, das rätselhafte Land in Europas Mitte.[106]

Im Jahr 1927 erscheint der Aufsatz *Heute und Morgen. Zur Situation des jungen geistigen Europas*. Obwohl er schreibt,

> [d]er junge geistige Europäer steht so ziemlich allein: wer wäre es denn, der ihm hilft? Er hat die Reaktionäre gegen sich, die Bürgerlichen und sogar die Snobs, jeden aus anderen Gründen[107],

erhebt er in dieser sehr autobiographisch geprägten Schrift den Anspruch, für einen Teil der deutschen und französischen und damit europäischen Jugend zu sprechen. Aus der Angst heraus, seine Generation könne es der ihrer Väter gleichtun und sich dem Nationalismus und Militarismus verschreiben, fordert er eine intensive deutsch-französische Freundschaft. Das gegenwärtige deutsch-französische Verhältnis seiner Generation beschreibend, verlangt er ein Umdenken:

> Wir vergessen zum Beispiel, daß es eine deutsche Jugend gibt, die mit Inbrunst und Überzeugung einen Krieg gegen Frankreich will. Es ist so toll, so unwahrscheinlich, daß wir nicht oft daran denken. Sie haben niemals gehört, daß jedes dieser beiden Länder ohne das andere verloren ist, daß es für Europa nur Rettung gibt, wenn diese beiden zusammen gehen, Deutschland und Frankreich sind ja beinahe Europa. – Das ist nichts Neues, wir haben es schon lange erkannt. Aber es bedeutet Hochverrat und

---
[106] Klaus Mann: *Fragment von der Jugend* [1926], S. 71. In: *NE* 60-71.
[107] Klaus Mann: *Heute und Morgen. Zur Situation des jungen geistigen Europas* [1927], S. 133. In: *NE* 131-152.

scheußliche Vaterlandsfeindschaft für Tausende und Tausende von unseren Altersgenossen. Ist es vorstellbar? In ihren Köpfen ist Frankreich ein parfümiertes Schlangennest, eitel Tücke und höflich verzuckerte Niedertracht, ganz Sadismus und aggressive Entartung. Wahrscheinlich gibt es junge Franzosen, die in der Ansicht leben, alle Deutschen seien noch halbe Tiere, Sauerkraut sei ihre einzige Nahrung, Brutalität ihre Wesensart, dabei von einer Bauernschlauheit, vor der man sich hütet. (*NE* 132f.)

Mit seinem Eintreten für den Frieden, die deutsch-französische Aussöhnung und die Einigung Europas schließt sich Klaus Mann Forderungen an, die in den liberalen, bürgerlichen und intellektuellen Kreisen, in denen er und seine Familie verkehren, diskutiert und beworben werden. Seit dem Ende des Ersten Weltkriegs setzen sich bedeutsame Politiker, Industrielle und Intellektuelle für eine friedliche Zukunft des Kontinents ein. Eine Verständigung zwischen den beiden großen Nationen in der Mitte Europas ist dabei erste und wichtigste Voraussetzung. Einer der bedeutendsten zeitgenössischen Vordenker einer europäischen Einigung ist der österreichische Graf Coudenhove-Kalergi, der unter dem Eindruck einer misslungenen Neuordnung Europas durch den Vertrag von Versailles 1923 in Wien die Paneuropa-Bewegung gründet. Als Gründungsdokument gilt der 1922 von ihm jeweils in der Berliner *Vossischen Zeitung* und in der Wiener *Neuen Freien Presse* publizierte Artikel *Die Europäische Frage*, in dem er die „Vereinigten Staaten von Europa" fordert, um militärisch gegen die Sowjetunion und ökonomisch gegen die USA bestehen zu können. Dieses neue Staatengebilde sieht er als Föderation kontinentaleuropäischer Staaten, ohne Russland und ohne Großbritannien, das er kulturell zu Amerika zählt.[108]

Als bedeutende Politiker machen sich vor allem die Außenminister Frankreichs und Deutschlands Aristide Briand und Gustav Stresemann um die deutsch-französische Aussöhnung nach dem Ersten Weltkrieg verdient.[109] Am 16. Oktober 1925 unterzeichnen sie in Locarno ein Abkommen, in dem sie die durch den Vertrag von Versailles neu festgelegte Grenze zwischen beiden Ländern und damit die Abtretung Elsass-Lothringens an Frankreich anerkennen. Frankreich zieht sich im Gegenzug aus Teilen des von ihm besetzten Rheinlandes zurück. Damit schaffen die Außenminister die Grundlage für den Frieden zwischen beiden Ländern; 1926 werden sie dafür mit dem Friedensnobelpreis gewürdigt. Im selben Jahr unterstützt Frankreich den Beitritt Deutschlands zum Völkerbund, in den es als Großmacht aufgenommen wird, womit nach dem Ersten Weltkrieg wieder internationale Anerkennung erlangt. Im September 1927 kommt ein deutsch-französischer Handelsvertrag und 1929 mit dem Young-Plan ein neues, für Deutschland günstigeres Reparationsabkommen zustande. In einer Rede vor dem Völkerbund am 5. September 1929 skizziert Briand in seiner Eigenschaft als französischer Ministerpräsident und in Anlehnung an die Gedanken der Paneuropa-Bewegung Coudenhove-Kalergis den Plan einer europäischen Einigung auf den Gebieten der Wirtschaft, der Politik und des Sozialen.[110] Stresemann, der daraufhin am

---

[108] Richard Nicolaus von Coudenhove-Kalergi: *Die Europäische Frage*, www.ronsperg.de/Coudenhove1.htm. (12. 12. 2004), S. 1f.
[109] Vgl. Wilfried Loth: *Geschichte Frankreichs im 20. Jahrhunderts*, Frankfurt a. M. 1992, S. 69 ff.
[110] Vgl. Max Tacel: *La France et le monde au XXe siècle*, Paris 1989, S. 126f.

9. November vor dem Völkerbund eine Rede hält, in der er eine einheitliche europäische Währung vorschlägt[111], bittet Briand um eine Konkretisierung seiner Ideen. Als Briand dem nachkommend am 1. Mai 1930 wiederum vor dem Völkerbund eine Institutionalisierung der Zusammenarbeit der europäischen Staaten und eine Erweiterung der in Locarno gegebenen Grenzgarantien auf alle europäischen Länder vorschlägt, ist jedoch Stresemann bereits gestorben, und der neue Reichskanzler Brüning lehnt die Vorschläge ab. Im Oktober 1933 veranlasst Adolf Hitler den Austritt Deutschlands aus dem Völkerbund und beendet damit diese Phase der deutsch-französischen Aussöhnung und der europäischen Einigung.

Während des Ersten Weltkrieges war der kulturelle Austausch zwischen der der französischen und der deutschen Gesellschaft größtenteils zum Erliegen gekommen. An den Schulen und Universitäten Frankreichs wurde die deutsche Sprache als „Zeugin einer barbarischen Rasse"[112] wahrgenommen und deswegen ihr Erlernen verhindert. Nach dem Krieg suchen nur wenige Künstler wie Romain Rolland und der Verfasser des Antikriegsromans *Le Feu*, Henri Barbusse, den Austausch mit deutschen Intellektuellen. Curtius nimmt 1920 einen Briefwechsel mit Gide auf. Auf Vermittlung des luxemburgischen Industriellen-Ehepaares Emile und Aline Mayrisch findet im Juni 1921 ein Treffen deutscher und französischer Intellektueller in Colpach statt, an dem neben Gide auch Curtius teilnimmt. Eine breitere französische Öffentlichkeit schenkt der zeitgenössischen deutschen Literatur jedoch erst nach dem Vertrag von Locarno und der Aufnahme Deutschlands in den Völkerbund Aufmerksamkeit. Zu den ersten übersetzten Schriften zählen Werke von Thomas, Heinrich und mit *Alexandre* auch von Klaus Mann. Von offizieller Seite werden die deutsch-französischen Kulturbeziehungen in Paris schließlich 1929 mit einer Ausstellung über deutsche Graphik in der Nationalbibliothek aufgenommen.[113] Wie Zahlen über französische Austauschschüler und -studenten zeigen, stößt vor allem auf französischer Seite ein kultureller Austausch mit Deutschland jedoch auf wenig Interesse: Zwischen 1926 und 1931 gehen nur rund 1000 von ihnen nach Deutschland.[114]

Grundlage für Klaus Manns Eintreten für die deutsch-französische Aussöhnung und seine gleichsam parallel entstehende wie daraus hervorwachsende Verortung als Europäer, für die er ab Mitte der zwanziger Jahre zu werben beginnt, ist – neben seinen eigenen positiven Erfahrungen – sein intellektuelles Umfeld, das sich mit Feist, Heinrich Mann und Curtius im deutsch-französischen Kulturaustausch engagiert. Mit den Paneuropa-Vorstellungen Coudenhove-Kalergis kommt Klaus Mann wahrscheinlich durch Thomas und Heinrich Mann in Berührung. Heinrich Mann ist mit ihm befreundet[115], und sein Bruder Thomas ist Ehrenvorsitzender der Münchner Sektion des Komi-

---

[111] Vgl. Wolfgang Schmale: *Geschichte Frankreichs*, Stuttgart 2000, S. 330.
[112] Vgl. Lionel Richard: *Aspects des relations intellectuelles et universitaires entre la France et l'Allemagne dans les années vingt*, S. 113. In: J. M. Valentin, J. Bariéty: *La France et l'Allemagne entre les deux guerres mondiales*, Nancy 1987, S. 111-124.
[113] Vgl. Lionel Richard: *Aspects des relations intellectuelles et universitaires entre la France et l'Allemagne*, a. a. O., S. 117.
[114] Lionel Richard: *Aspects des relations intellectuelles et universitaires entre la France et l'Allemagne*, a. a. O., S. 122.
[115] Vgl. Stefan Ringel: *Heinrich Mann. Ein Leben wird besichtigt*, Darmstadt 2000, S. 209.

tees seiner Paneuropa-Bewegung[116]. Auch Klaus Mann nimmt die Paneuropa-Vorstellungen begeistert auf. Für sich sieht er eine Aufgabe darin, gerade als Junger – als Vertreter seiner Generation – die europäische Einigung zu fordern. In *Heute und Morgen* macht er sich zum Sprachrohr und Stellvertreter der deutschen und französischen Jugend:

> Daß wir Paneuropa wollen, ist selbstverständlich. Es sperren sich zwar noch viele dagegen, aber es ist eine klare Notwendigkeit, auch die Halsstarrischen werden es einsehen lernen. (*NE* 143)

Indem er sich als um die Aussöhnung zwischen den beiden „Erbfeinden" bemühter Pazifist vorstellt, beginnt Klaus Mann die nationalistischen, faschistischen Strömungen, die in diesen Jahren immer mehr Zulauf finden, als Gegner auszumachen. Dem „liberalen Kommunismus" (*NE* 146) gegenüber, den Klaus Mann als politisch-gesellschaftliches Ziel seines Onkels Heinrich nennt, ist er hingegen sehr aufgeschlossen. Gleichzeitig schließt er sich aber auch den antikommunistischen, antisozialistischen Ideen Coudenhove-Kalergis an, wenn er ihn zitiert: „Unser demokratisches Zeitalter ist ein kläglisches Zwischenspiel zwischen zwei großen, aristokratischen Epochen" (*NE* 144), und bekennt: „Wir spüren: es ist die Wahrheit, man kann sie nicht eindringlicher formulieren." (*NE* 144) Weil Klaus Mann in erster Linie den europäischen Einigungsgedanken Coudenhove-Kalergis sieht, erscheint es ihm möglich, dessen Konzept mit den links-republikanischen Ansichten seines Onkels Heinrich (vgl. *NE* 145f.) und den sozialistischen Gedanken Ernst Blochs (vgl. *NE* 149f.) zu verbinden. Im *Wendepunkt* erklärt er seine Faszination für das Paneuropa-Konzept:

> Das Schema, das von Coudenhove-Kalergi präsentiert und verfochten wurde, leuchtete mir durchaus ein. Hatte er nicht recht, Rußland, den halbmongolischen Koloß, aus seinem europäischen Zukunftsstaat zu verweisen. Und was England betraf, so war seine insulare Mentalität den ‚guten Europäern' deutscher Zunge immer fremd und peinlich geblieben. Man denke an die furchtbare Schärfe, mit der Nietzsche alles Britische beurteilte und verwarf, oder an Heines beißende Sarkasmen! Was meinten diese beiden erlauchten Geister, wenn sie ‚Europa' sagten? Deutschland und Frankreich. Nur auf sie kam es an! (*WP* 209)

In den nächsten Jahren hält Klaus Manns Engagement für die paneuropäische Idee an. Damit beginnt er, als Gegner der Nationalsozialisten auch öffentlich

---

[116] In einem Brief an Coudenhove-Kalergi vom 17. 9. 1926 bedauert Thomas Mann seine Absage, am ersten Paneuropa-Kongress in Wien teilzunehmen und beschreibt sein Verhältnis zu den Ideen des Grafen: „Meine innere Verbundenheit mit der Idee, deren Diener und Vorkämpfer Sie sind, durfte ich Ihnen durch meinen Eintritt in das Komitee der Paneuropäischen Union bekunden. In Ihnen persönlich ehre ich einen Beauftragten des Zeitwillens, der unermüdlich, unter Einsatz seiner ganzen geistigen Existenz […], das Lebensnotwendige propagiert. […] Daß wir Fünfzigjährigen das Europa noch sehen werden, in dem unsere Kinder wohnen sollen, wohnen wollen, ist kaum wahrscheinlich. Aber wir können es schauen und durch den Druck unseres Willens und Wortes dahin wirken helfen, daß es werde. Das ist eine Sache der Fürsorge und es ist eine Art von Ehrensache. Wir sind unseren Kindern einiges schuldig, sind, als Generation genommen, einigermaßen schuldig vor ihnen." In: Thomas Mann: *Briefe 1889-1936*. Bd. 1. Hrsg. von Erika Mann, Frankfurt a. M. 1961, S. 257f.

Stellung zu beziehen. In seiner 1924 veröffentlichten Schrift *Mein Kampf* gibt Hitler Auskunft über seine Vorstellungen von Frankreich:

> Dieses an sich immer mehr der Vernegerung anheim fallende Volk bedeutet in seiner Bindung an die Ziele der jüdischen Weltbeherrschung eine lauernde Gefahr für den Bestand der weißen Rasse Europas. Denn die Verpestung durch Negerblut am Rhein im Herzen Europas entspricht ebenso sehr der sadistisch-perversen Rachsucht dieses chauvinistischen Erbfeindes unseres Volkes, wie der eilig kalten Überlegung des Juden, auf diesem Wege die Bastardierung des europäischen Kontinents im Mittelpunkte zu beginnen und der weißen Rasse durch die Infizierung mit niederem Menschentum die Grundlagen zu einer selbstherrlichen Existenz zu entziehen.[117]

Im Zusammenhang mit seiner Zeit in Wien, wo er zwischen 1907 und 1913 lebt, äußert sich Hitler über Teile der österreichischen Zeitungen wie die *Neue Freie Presse*. Über deren frankophile Haltung vor dem Ersten Weltkrieg schreibt er:

> Was mir weiter auf die Nerven ging, war der doch widerliche Kult, den die große Presse schon damals mit Frankreich trieb. Man mußte sich geradezu schämen, Deutscher zu sein, wenn man diese süßlichen Lobeshymnen auf die ‚große Kulturnation' zu Gesicht bekam. Dieses erbärmliche Französeln ließ mich öfter als einmal eine dieser ‚Weltzeitungen' aus der Hand legen.[118]

Damit kritisiert er nicht nur die damalige Haltung der liberal-bürgerlichen Presse und deren Leser- und Autorenschaft vor und während des Ersten Weltkrieges, zu denen Curtius und Heinrich und Katia Mann zu zählen sind. Indem er seine Meinung ab Mitte der zwanziger Jahre durch die Publikation von *Mein Kampf* verbreiten lässt, gibt er auch darüber Auskunft, wie er der frankophilen Presse der zwanziger Jahre, ihren Journalisten und damit auch Klaus Mann, der diesem Lager zuzuordnen ist, gegenüber steht. An anderer Stelle erklärt er deutlich, was er, sollte er an die Macht kommen, mit Frankreich vorhat: Da es für ihn „der unerbittliche Todfeind des deutschen Volkes" ist, dessen „Schlußziel […] immer der Versuch einer Besitzergreifung der Rheingrenze und eine Sicherung dieses Stromes […] durch ein aufgelöstes und zertrümmertes Deutschland" [119] sein wird, fordert er „zu einer endgültigen aktiven Auseinandersetzung mit Frankreich", zu „einem letzten Entscheidungskampf" auf, fordert er die „Vernichtung Frankreichs".[120]
Angesichts solcher Vorhaben warnt Klaus Mann[121] in einer Rede, die er 1930 in Wien vor der paneuropäischen Jugendsektion hält:

---

[117] Adolf Hitler: *Mein Kampf*. Bd. 2, München 1924, S. 280f.
[118] Adolf Hitler: *Mein Kampf*. Bd. 1, a. a. O., S. 55.
[119] Adolf Hitler: *Mein Kampf*. Bd. 2, a. a. O., S. 275.
[120] Adolf Hitler: *Mein Kampf*. Bd. 2, a. a. O., S. 339.
[121] Aus seinem 1936 verfassten Aufsatz geht hervor, dass Klaus Mann *Mein Kampf* kannte und ihm besonders die antifranzösischen Stellen aufgefallen waren: „Man weiß, wer den unversöhnlichsten Haß gegen Frankreich in tausend Versammlungen und in tausend Zeitungsartikeln gepredigt hat. Der Autor des berühmten Buches „Mein Kampf" haßte Frankreich ungefähr ebenso, wie er die Juden haßte." (*WvM* 20)

[D]as faschistische Land will nichts auf dieser Welt als seine eigene Macht und Herrlichkeit. Diese muß auf Kosten der anderen gehen."[122]

Er konstatiert eine *„Sympathie der Jugend mit dem Terror"* (NE 254) und wirbt deswegen eindringlich um die Mitarbeit gerade seiner Generation bei der Einigung Europas:

> Europa wird sich aus wirtschaftspolitischen Gründen einigen *müssen*. Diese Einigung wird für uns bedeutungslos, wenn ihr die geistigen Voraussetzungen fehlen, die sie in einem höheren Sinne erst wirklich machten. Dazu bedarf es der Jugend. (NE 256)

Klaus Manns Begriff von Europa umfasst neben der geographischen Vorstellung vor allem eine geistige Idee. Statt einzelne intellektuelle Leistungen im Nationalen zu verorten, erklärt er sie zu europäischem Allgemeingut und damit zum Grundstein für eine europäische Identität, deren leidvolle Erfahrungen – zu denken wäre an den Ersten Weltkrieg – er zu positiven umdeutet, indem er sie als gemeinsame Erfahrungen hervorhebt:

> Die Notwendigkeit von Paneuropa ist sicher. [...] Werben wir mit allen Mitteln, die uns zu Gebote stehen. Mit dem Begriff der Freiheit, der, wie sehr auch gewandelt durch die Härte der Zeit, *der* europäische Begriff, *die* europäische Formel bleibt. Mit unserer Liebe zur europäischen Landschaft, Kunst, Dichtung und Gedankenarbeit, die, ob französisch, spanisch, italienisch, englisch, deutsch, mehr und mehr sich zur Einheit für uns verschmilzt. Mit allen Mythen des Abendlandes, die unser gemeinsamer Besitz sind, uns allen gleich unentbehrlich. Mit dem gemeinsam erlebten Leid, das mehr einen könnte als die rosigsten gemeinsamen Erinnerungen. Mit der Form der Liebe des Menschen zum Menschen, die die europäische ist (unterschieden von der orientalischen, der amerikanischen), und die bis zur äußersten Konsequenz, bis zu letzten Erfüllung zu Ende zu leben die höchste Aufgabe jedes einzelnen Lebens bleibt. (NE 273f.)

Im Gegensatz zu Hitlers Vorstellungen eines vom nationalsozialistischen Deutschland dominierten, minderheitenfeindlichen, antisemitischen, die Welt beherrschenden Europa, in dem Frankreich und die französische Kultur keine Existenzberechtigung haben, will Klaus Mann ein Europa, in dem er als junger, bürgerlicher, homosexueller, Frankreich Liebender leben kann, ein friedliches, demokratisches, antirassistisches, wirtschaftlich und geistig vereintes Europa, das in friedlicher Koexistenz mit anderen Ländern und deren Regierungsformen die Ideale bürgerlicher Freiheit hochhält. Wenn Klaus Mann von jedem Einzelnen und damit auch von sich selbst fordert, die so definierte europäische Menschenliebe bis zur äußersten Konsequenz zu leben, fordert er auch, dieses Europa bis zur letzten Konsequenz zu verteidigen. Als Mittel sieht er für sich das Wort. Seine stets wohlwollenden, sich auf sich selbst beziehenden Aufsätze, Reden und Rezensionen sind zwar als Wunsch nach Anerkennung, als Mittel der Selbststilisierung und -positionierung zu lesen, aber genauso sind sie auch Ausdruck eines entwicklungsfähigen, aber immer ernsthaften Werbens für dieses Europa, das Klaus Mann bis zum März 1933 in

---

[122] Klaus Mann: *Die Jugend und Paneuropa* [1930], S. 255. In: NE 254-275.

den zwei Ländern lebt, die für ihn letztlich Europa sind: Deutschland und Frankreich. Die positiven Frankreichvorstellungen, die er in seinen mehr als dreißig Essays über französische Literatur, Schriftsteller und Orte zeichnet, sind weniger kritische Auseinandersetzungen als vielmehr ein subjektives Werben um die Aussöhnung mit Frankreich und für die Einigung Europas.

Als Hitler im Frühjahr 1933 zum Reichskanzler ernannt wird und die Weimarer Republik in das Dritte Reich umzuwandeln beginnt, sieht Klaus Mann in Deutschland sein Europa und damit den Ort, an dem er leben möchte, nicht mehr vorhanden, seine Idee von Europa nicht mehr verwirklichbar, seine eigene Person gefährdet, und er nimmt den Zug nach Paris. Mit dieser Wahl Frankreichs und seiner Hauptstadt als neues Domizil macht Klaus Mann deutlich, dass es diese Orte sind, die für ihn das demokratische, kulturelle, intellektuelle, friedliche Europa repräsentieren und damit seine Heimat sind, von der aus er den Faschismus bekämpfen kann.[123] Rückschauend verdeutlicht Klaus Mann die Verbindung zwischen seinem Europa-Engagement und seinem daraus erwachsenen Kampf gegen den Nationalsozialismus:

> Auch mehrere Essays hatte ich verfasst, in denen ich meinen Pflichten als junger europäischer Intellektueller nachzukommen meinte. [...] Die Betonung des ‚Europäischen', auf die ich nun Wert legte, bedeutete einen Protest gegen den gängigen Nationalismus, während der Begriff des ‚Intellektuellen' sich gegen die ‚Blut-und-Boden'-Romantik der deutschen Reaktionäre wendete. (*WP* 170)

2.1.3 Flucht in einen Traum?
Klaus Mann und Frankreich während seines Exils in Europa

Am 30. Januar 1933 ernennt Reichspräsident Paul von Hindenburg Hitler zum Reichskanzler. Bei den Reichstagswahlen am 3. März behauptet sich die von Hitler geführte NSDAP mit 43,9 % der Stimmen als stärkste politische Kraft. Innerhalb von wenigen Monaten schaltet die neue Regierung alle anderen Parteien durch Verbote aus. Sowohl die Presse als auch die Kunst werden der Zensur unterworfen und mit Verboten zum Schweigen gebracht. Politische Gegner wie Sozialdemokraten und Kommunisten müssen ihre politische Arbeit einstellen, werden verhaftet und in Gefängnisse oder neu errichtete Arbeitslager deportiert, wo sie unter menschenunwürdigen Umständen Schwerstarbeit verrichten müssen und Folterungen ausgesetzt sind, die in vielen Fällen den Tod zur Folge haben. Klaus Mann gehört zwar keiner Partei an, hat sich aber in den letzten Jahren in seinen Essays politisch im bürgerlich-

---

[123] In der von ihnen herausgegebenen Aufsatzsammlung *Zahnärzte und Künstler* beschreiben Uwe Naumann und Michael Töteberg Klaus Mann vor dem Exil als „literarischen Außenseiter" und „Enfant terrible", der, „indiskret, kapriziös und vom Vaternamen begünstigt" (*NE* 9), seinen Weg als Schriftsteller beginnt und erst im Exil als Repräsentant der deutschen Exilliteratur seine Aufgabe findet (vgl. *NE* 9). Damit entwerten die Autoren Klaus Manns essayistisches Engagement bezüglich Frankreich, das bis 1925, als sich Klaus Mann intensiv mit Frankreich zu beschäftigen beginnt, zurückzuverfolgen ist und letztlich gerade in seinen – bezüglich der Methoden – sehr ähnlich geführten Kampf gegen den Nationalsozialismus mündet.

liberalem Feld mit Sympathie für die SPD positioniert[124] und sich damit für die Nationalsozialisten als linksgerichteter Publizist und Schriftsteller, also als Gegner wahrnehmbar gemacht. Auch sein Engagement im Kabarett *Die Pfeffermühle*, das seine Schwester Erika leitet und das sich im Januar 1933 in München Hitler-kritisch hervortut, bringt ihn in Gefahr.[125]

Von den Nationalsozialisen als Feinde angesehen werden politisch Andersdenkende, die Volksgruppen der Sinti und Roma, Angehörige der jüdischen Religionsgemeinschaft, gegen die am 1. April zum Boykott aufgerufen wird, und auch Männer, die ihre homosexuellen Neigungen in der Öffentlichkeit leben oder im Verdacht stehen dies zu tun. Erste Lokalschließungen und Verhaftungen sowie die Zerstörung des Instituts für Sexualwissenschaften im Mai 1933 sind Vorboten für die nach der Röhm-Affäre einsetzende Verfolgung Homosexueller, die in der im Sommer 1935 vorgenommenen Verschärfung des Paragraphen 175 des Reichsstrafgesetzbuches ihre rechtliche Grundlage findet. Da Klaus Mann seit Mitte der zwanziger Jahre seine auf Männer ausgerichtete Sexualität, seine Liebe zu Männern offen auslebt und Liebesbeziehungen zwischen Männern in seinen Romanen wie *Der fromme Tanz*, *Alexander* und *Treffpunkt im Unendlichen* thematisiert, macht er sich auch damit zum unerwünschten „entarteten" Element, ist sein Leben auch deshalb in einem Deutschland unter Hitler gefährdet. Die Machtübernahme der Nationalsozialisten in Deutschland wird zum Auslöser, Deutschland zu verlassen und sich vom ausländischen Exil aus gegen Hitler zu engagieren. Die schnelle Etablierung der Nationalsozialisten in den nächsten Monaten, ihre breite Akzeptanz in der deutschen Bevölkerung und spätere Nachrichten aus Deutschland, die seine Gefährdung im Falle eines Verbleibens oder einer Rückkehr bestätigen, sind die Grundlagen für ein neues, sehr negatives Deutschlandbild.

An seinem ersten Tag im Exil erfährt er von einem Bekannten, dass er in Berlin verprügelt wurde, unter anderem weil er homosexuell[126] sei. Sein Freund Erich Ebermayer schreibt ihm, dass ihr gemeinsames Filmprojekt über Kaspar Hauser „prompt abgelehnt" wird, „als mein Name aufkam" (vgl. *TBO* 20. 3. 1933). Als am 10. Mai in deutschen Städten Bücherverbrennungen organisiert werden, sind auch Klaus Manns Werke darunter. Am 11. Mai notiert er in seinem Tagebuch:

> Apéritif mit Berliner – Kotz – Tageblatt gelesen. – Gestern also sind auch meine Bücher in allen deutschen Städten öffentlich verbrannt worden; in München auf dem Königsplatz. Die Barbarei bis ins Infantile. Ehrt mich aber. (*TBO* 11. 5. 1933)

Eineinhalb Jahre später wird ihm das Dritte Reich die deutsche Staatsbürgerschaft aberkennen (vgl. *TB* II 70).

---

[124] Vgl. Klaus Mann: *Über Karl Marx* [1933], S. 453f. In: *NE* 452ff.
[125] Vgl. Irmela von der Lühe: *Erika Mann. Eine Biographie*, Frankfurt a. M. 1996, S. 102.
[126] Klaus Mann: *Tagebucheintrag* vom 14. 3. 1933, *KMA*. Im Folgenden werden Zitate aus den im Klaus-Mann-Archiv aufbewahrten Originaltagebüchern Klaus Manns durch die Sigle *TBO* und – mangels Seitenzahlen – die Angabe des Datums im Text belegt.

Deutschland ist für Klaus Mann – wie er es in einem Brief an seine Freundin Eva Herrmann vom 27. April 1933 formuliert – „ein ekelhaftes Irrenhaus".[127] Bereits zwei Wochen zuvor hat er seiner Mutter Gründe genannt, warum für ihn eine Rückkehr in dieses Deutschland nicht in Frage kommt:

> [U]nd die entscheidende Frage bleibt immer ob man weiter die Möglichkeit denkt, doch noch nach Deutschland zurückzukehren. Nach meiner Ueberzeugung wird dies für uns alle nicht möglich sein. Auch die Idee von Feist, dass man sich von der Regierung bestätigen lassen könne, dass man unbehelligt bliebe, scheint mir ganz sinnlos: solche Garantien (falls man sie überhaupt bekommt, was ich schon nicht glaube) sind praktisch ein Fetzten Papier. Sie würde immer nur unter der Voraussetzung gegeben, dass man nicht „provoziert", die Provokation kann aber der Besuch eines ausländischen Journalisten sein, oder dass man auf der Strasse nicht stramm gestanden ist, als das Horst-Wessel-Lied gesungen wurde.[128]

Als sich Klaus Mann am 13. März 1933 in München zur Emigration entschließt, reist er nicht nach Österreich oder, wie seine Schwester Erika und die Eltern, in die deutschsprachige Schweiz, sondern er wählt Paris und damit die Stadt, die er in den letzten Jahren als zweite Heimat empfunden und erlebt hat.

Seit dem 19. Jahrhundert gilt Frankreich aufgrund seiner freizügigen Ausländer- und Veröffentlichungsgesetzgebung als traditioneller Fluchtort für Dissidenten aus aller Welt. Heinrich Heine, Karl Marx und Georg Herwegh verbrachten hier ihre Exilzeit. Im Zuge von Hitlers Machtübernahme verlassen in den ersten Monaten rund 100.000 Regime-Gegner und Naziverfolgte Deutschland. Bis es seine liberalen Asylgesetze im Herbst 1933 einschränkt, gewährt Frankreich zwischen 17.000 und 20.000 Emigranten die Einreise und wird damit vor Österreich und der Tschechoslowakei zum Hauptziel für Flüchtlinge aus Deutschland.[129] Bis zum Kriegsausbruch im Jahr 1939 werden rund 100.000 deutsche Flüchtlinge in Frankreich Schutz suchen. Aufgrund einer in diesen Jahren immer restriktiveren Asylpolitik, der von Krisen geprägten innenpolitischen und wirtschaftlichen Lage, der rechtlichen Unsicherheit der Immigranten, der Aggressionspolitik Deutschlands und eines zunehmenden Antisemitismus und Antiliberalismus wird Frankreich allerdings für die meisten Flüchtlinge nur zur Durchgangsstation. Von den 100.000 Flüchtlingen leben durchschnittlich nur rund 21.000 im Land und stellen damit kaum mehr als ein Prozent der damals in Frankreich registrierten Ausländer.[130]
Während sich linke und liberale Kreise mit den Deutschlandflüchtlingen solidarisieren, verhalten sich große Teile der Bevölkerung eher fremdenfeindlich, motiviert durch die Angst vor Arbeitsplatzverlust und durch das Misstrauen

---

[127] Klaus Mann: *Brief an Eva Herrmann* vom 27. 4. 1933. In: Klaus Mann: *Briefe und Antworten 1922-1949*. Hrsg. von Martin Gregor-Dellin, Reinbek bei Hamburg 1991, S. 87. Im Folgenden werden Zitate aus diesem Band durch die Sigle *BuA* und die Angabe der entsprechenden Seitenzahl belegt.
[128] Klaus Mann: *Brief an Katia Mann* vom 12. 4. 1933, *KMA*.
[129] Vgl. Barbara Vormeier: *Frankreich*, S. 216. In: Claus-Dieter Krohn u.a.: *Handbuch der deutschsprachigen Emigration. 1933-1945*, Darmstadt 1998, S. 213-250.
[130] Vgl. Barbara Vormeier: *Frankreich*, a. a. O., S. 213.

gegenüber den als „Erbfeinden" geltenden Deutschen.[131] In rechten, nationalistischen und antisemitischen Kreisen rufen die Ideen Hitlers auch Sympathie hervor. Obwohl es als Sieger aus dem Ersten Weltkrieg hervorging, hat sich Frankreich von dessen Auswirkungen noch nicht erholt. Die Mehrheit der französischen Bevölkerung wünscht sich Frieden mit Deutschland und befürchtet, die Emigranten könnten mit ihrem Kampf gegen den Nationalsozialismus Hitler zum Krieg gegen Frankreich reizen. Neben der Nichteinmischung im Spanischen Bürgerkrieg sowie der Genehmigung der Besetzung des Sudetengebietes ist die immer restriktivere Asylgesetzgebung Teil dieser Politik. Um eine Aufenthaltserlaubnis von mehr als zwei Monaten zu bekommen, muss ein Immigrant innerhalb der ersten Woche nach seiner Einreise bei der Polizei eine jeweils zwei Jahre gültige Carte d'Identité beantragen. Im Falle, dass sich ein Flüchtling durch einen fehlenden oder nicht verlängerten Pass, durch ein abgelaufenes Visum, durch die Begehung eines Verbrechens oder durch politische Betätigung strafbar macht, kann dieser Ausweis verweigert oder aberkannt werden. Tausende werden so zu „Indésiderables" erklärt und als unerwünschte Ausländer aus Frankreich ausgewiesen. Allein im Jahr 1933 schiebt die Polizei im Großraum von Paris 413 Deutsche ab.[132] Darüber hinaus sind die Möglichkeiten, einer Arbeit nachzugehen und damit den Lebensunterhalt zu verdienen, sehr beschränkt. Vor allem für politisch gegen Hitler kämpfende Flüchtlinge ist Frankreich kein Ort, an dem sie sicher sind.

Nachdem Klaus Mann am 14. März 1933 gegen Mittag an der Gare de l'Est ankommt, wird er von seinem Freund Bonzo abgeholt und ins Hôtel Jacob begleitet, in dem er bereits zuvor einige Male abgestiegen ist. Als er zwei Tage später seiner Mutter schreibt, ist es ihm wichtig, ihr mitzuteilen, wie scheinbar sparsam er seinen Aufenthalt angeht:

> Ich hingegen habe mir hier ein Stübchen für einen Monat gemietet, und es kostet mit eigenem Bad nur 450 fr, das sind 2,50 Mr. am Tag. So richtet man sein kleines Emigrantendasein ein.[133]

Bis zum 19. April wird er in Paris bleiben. Die Tagesabläufe der nächsten Wochen zeigen, wie wenig sein „Emigrantendasein" ein tiefer Einschnitt für Klaus Mann ist. In den letzten Jahren hatte er, wenn er nicht bei seinen Eltern wohnte, in Hotelzimmern und nicht etwa bei Bekannten oder in einer eigenen Wohnung logiert. Paris ist ihm dank seiner früheren Aufenthalte genauso vertraut wie Berlin. Anders als andere Emigranten kann Klaus Mann somit zunächst seine früheren kostspieligen Lebensgewohnheiten fortsetzen. Vormittags arbeitet er zumeist an einem Aufsatz (vgl. *TBO* 15.-19. 3. 1933) oder an einem Roman (vgl. *TBO* 28. 3. und 31. 3. 1933). Mittags geht er mit Bekannten zum Essen, trifft am Nachmittag deutsche und französische Bekannte im Café oder sucht sie in deren Unterkünften auf. So trifft er sich am 17. März mit Julien Green, am 31. März mit René Crevel. Alle zwei Tage geht er zum Friseur – so etwa am 14., 16., 18., 20., 23., 27., 29. und 30. März (vgl. *TBO*). Fast jeden Abend besucht er eine Filmvorführung oder geht ins Theater, um dann den

---

[131] Vgl. Barbara Vormeier: *Frankreich*, a. a. O., S. 213.
[132] Vgl. Barbara Vormeier: *Frankreich*, a. a. O., S. 217.
[133] Klaus Mann: *Brief an Katia Mann* vom 16. 3. 1933, KMA.

Tag wiederum in einem Café oder in einer Bar zu beschließen. Während seines vom 19. April bis zum 25. Mai dauernden Südfrankeichaufenthaltes stattet er dem Spielkasino in Nizza einen Besuch ab (vgl. *TBO* 23. 4. 1933). Ersten Aufforderungen, sich im Kampf gegen Hitler und das Dritte Reich zu engagieren, kommt Klaus Mann hingegen nicht nach. Er zögert. So notiert er am 31. März in sein Tagebuch:

> Nebel-Telegramm mit Rückantwort. Aufforderungen zu antifaschistischen Protestver-sammlungen u.s.w. Weiss noch nicht, ob mittun soll: hiesse jedenfalls: nicht mehr zurück. (*TBO* 31. 3. 1933)

Und einen Tag später hält er fest:

> Post: ‚Bunte Woche', wieder antifaschistisches Komitee, und Aufforderungen, Lange Briefe an: Franzis Jourdin (Komitée), um ihm zu erklären, dass ich jetzt noch nicht mitmachen kann. (*TBO* 1. 4. 1933)

Dabei ist sich Klaus Mann über die Bedeutsamkeit der Gegenwart und damit auch seines eigenen Handelns im Kontext einer späteren Familiengeschichtsschreibung im Klaren. Bereits zwei Tage nach seiner Ankunft in Paris schreibt er nicht ohne Eitelkeit:

> [A]ber dann macht man sich eben doch wieder so dumme Hoffnungen, dass das, womit man sich heute plagt, in einem glücklicheren historischen Moment hervorgeholt werden wird, so wie die Renaissance die Arbeiten von den spätantiken Leuten hervorgeholt hat; und dann werden sehr interessante Broschüren über die Familie MANN geschrieben werden.[134]

Sein vordringliches Augenmerk richtet er jedoch zunächst darauf, eine ihm genehme Arbeit zu finden. Zwar ahnt er, dass, „was die Arbeit betrifft, [...] es da natürlich viel schwerer bei der Stange zu bleiben"[135] ist, und ist sich auch bewusst, dass er den Großteil seiner potentiellen Leserschaft verloren hat und es deswegen fraglich ist, für wen er eigentlich schreibt[136], aber zunächst hofft er auf seine französischen Bekannten. „[I]ch habe auch eine ganze Masse Verbindungen"[137], berichtet er seinem Freund Franz Goldstein am 30. März, und auch seiner Mutter teilt er mit, dass er für sich in Paris und nicht etwa in der deutschsprachigen Schweiz „die meisten Chancen", „vor allem auch, was Cabaretmöglichkeiten betrifft", sieht:

> Viele Leute haben hier viele Pläne, zum Beispiel auch der Wangenheim, und da muss man sehen, dass man mitmacht, die Leute möchten einen auch wohl gerne dabeihaben. Möglich ist auch, dass ich bei der NRF das Lektorat über deutsche Bücher bekommen kann, das wäre keine Grosse Einnahmequelle, aber doch etwas. Von Monsieur Vogel (VU) habe ich

---

[134] Klaus Mann: *Brief an Katia Mann* vom 16. 3. 1933, *KMA*.
[135] Klaus Mann: *Brief an Katia Mann* vom 16. 3. 1933, *KMA*.
[136] Vgl. Klaus Mann: *Brief an Franz Goldstein* vom 30. 3. 1933, *KMA*.
[137] Klaus Mann: *Brief an Franz Goldstein* vom 30. 3. 1933, *KMA*.

heute auch den 150-fr-Scheck bekommen. Dann lasse ich nun auch ‚Athen' übersetzen – vielleicht, dass hier es jemand aufführen möchte.[138]

Neben den „Cabaretmöglichkeiten", die eine Fortsetzung seiner Tätigkeit bei der Pfeffermühle wären, hofft Klaus Mann auf eine Lektoratsstelle bei der *Nouvelle Revue Française*, um seine in Deutschland angenommene Rolle als Literaturvermittler weiterzuführen. Statt französische Literatur den Deutschen zuzuführen, will er nun französische Leser mit zeitgenössischer deutscher Literatur bekannt machen. Dies gilt auch für sein eigenes Schreiben. Die Veröffentlichung der französischen Ausgabe von *Kind dieser Zeit*, an deren Korrekturen er in der zweiten Woche seines ersten Parisaufenthaltes arbeitet (vgl. *TBO* 20., 23. und 24. 3. 1933), zeigt ihm, dass es unter Umständen möglich ist, in Frankreich veröffentlicht zu werden. Die Übersetzung von *Athen* ist ein zweiter Versuch. Eine andere Beschäftigung als das Schreiben kommt für Klaus Mann nicht in Frage: „Schreiben – einzige Möglichkeit der Erleichterung" (*TBO* 4. 5. 1933), notiert er in sein Tagebuch.

Obwohl seine Lebensweise – was die Wohn-, Verköstigungs- und Unterhaltungsgewohnheiten betrifft – direkt an sein früheres Leben anknüpft und damit deutlich wird, wie wenig einerseits diese erste Reise nach Paris und nach Südfrankreich eine Reise ins Exil ist, kündigt sich andererseits in Gesprächen mit anderen Exilanten und mit französischen Bekannten an, dass sich dieses Leben ändern wird. So prophezeit ihm Félix Bertaux während eines Essens ein langes Exil und den Verlust einer deutschsprachigen Leserschaft, wenn er sagt: „Das wird lange dauern. Sie müssen sich einstellen *international* zu werden" (*TBO* 28. 3. 33). Der französische Schriftsteller Maurice Rostand befürchtet, „die anti-Hitler-Bewegung könne vom französischen Nationalismus ausgenutzt werden" (*TBO* 13. 4. 1933), und konfrontiert damit Klaus Mann mit der ablehnenden Haltung von Teilen der französischen Bevölkerung sowie mit den daraus resultierenden, ihn betreffenden Gefahren. Am 24. April wird ihm und seinen Begleitern „wieder ein paarmal ‚Boches' zugerufen" (*TBO* 24. 4. 1933). Damit muss er erkennen, dass er – egal ob als Immigrant oder als Nationalsozialist – hier in Frankreich als Deutscher nicht gern gesehen ist.

Seit seiner Ankunft in Paris hat Klaus Mann Kontakt zu anderen Emigranten. So nimmt er am 21. März an einem Empfang für den Maler Max Beckmann teil (vgl. *TBO* 21. 3. 1933). Am 25. März hält er in seinem Tagebuch ein „kleines Emigranten-Treffen" (*TBO* 25. 3. 1933) fest. Weiter hält er sich durch die Lektüre deutscher, schweizerischer und französischer Tageszeitungen über die Geschehnisse in Deutschland auf dem Laufenden. Am 24. März notiert er: „Zeitung, Ermächtigungsgesetz durchgegangen" (*TBO* 24. 3. 1933), am 30. März unterrichtet er sich aus französischen Zeitungen ausführlich über „die Lüge des Reichstagsbrandes" (vgl. *TBO* 30. 3. 1933). Am folgenden Tag schreibt er:

> Kaffee und Cognac in den Deux Magots. Dabei wieder Zeitungen. Leitartikel der Neuen Züricher. Ab morgen der antisemitische Boykott in Deutschland. Dabei die klägliche Demut der Juden (Mosse u.s.w.) Entsetzen. (*TBO* 31. 3. 1933)

---

[138] Klaus Mann: *Brief an Katia Mann* vom 12. 4. 1933, KMA.

Obwohl die Lebensumstände der Immigranten im Laufe der nächsten Jahre immer mehr erschwert werden – eine Ausnahme bildet 1936 die linksgerichtete Volksfrontregierung unter Léon Blum –, entwickeln sich Frankreich und vor allem Paris zwischen den Jahren 1933 und 1939 neben Prag zu Zentren der deutschsprachigen politischen Emigration. Trotz des Verbotes für die deutschen Exilanten, sich politisch zu engagieren, sind die französischen Behörden gegenüber deutschen Emigranten-publikationen zunächst tolerant[139] und ermöglichen Exilparteien und anderen Gruppierungen, Verlage zu gründen und Zeitschriften herauszugeben.

Paris und die französische Rivièra werden und bleiben bis zum Jahr 1939 die bedeutendsten Aufenthaltsorte deutscher Exilschriftsteller. Außer Heinrich Mann lassen sich auch Johannes R. Becher, Walter Benjamin, Willi Bredel, Alfred Döblin, Walter Hasenclever, Franz Hessel, Alfed Kerr, Egon Erwin Kisch, Annette Kolb, Ludwig Marcuse, Joseph Roth, Anna Seghers, Franz Werfel, Friedrich Wolf, Arnold und Stefan Zweig in Frankreich nieder.

Aufgrund seiner früheren Pariserfahrungen will sich Klaus Mann im Hinblick auf seine Arbeitssuche zunächst „am meisten [...] natürlich auf Paris konzentrieren", glaubt er doch, dort „ohne Frage einige Chancen"[140] zu haben. Allerdings stellt sich immer mehr heraus, dass er sich täuscht. Das Paris, das er in den zwanziger Jahren als „deuxième patrie" (*WP* 303) erfahren hat, ist nun für den Flüchtling Klaus Mann nicht der Ort seiner Zukunft, die er im Laufe der ersten zwei Monate seines Paris-Exils immer mehr im Kampf gegen den Nationalsozialismus und das Dritte Reich sieht. Bereits am 16. März 1933 hatte er sich bei seiner Mutter über seine französischen Bekannten beschwert:

> Von den französischen Freunden hat man ja wenig; Cocteau zum Beispiel sitzt inmitten des choses très graves et compliquées. Desbordes ist, glaube ich, im Sanatorium. Die Rapperportsche ist zutunlich und arrangiert Tees.[141]

Nichts deutet darauf hin, dass Cocteau, Crevel, Desbordes oder Green sich für die Vermittlung einer Stelle oder für eine Verdienstmöglichkeit für Klaus Mann einsetzen. Aus einem Brief von Bernard Zimmer erfährt er, dass sein Theaterstück *Athen* in Paris höchstwahrscheinlich nicht gespielt werden wird (vgl. *TBO* 19. 4. 1933). Auch die *Nouvelle Revue Francaise* stellt ihn nicht als Lektor oder Redakteur an. Ein Gespräch am 7. Mai mit Henri Michaux und Jean Giraudoux über einen in Paris angedachten Emigranten-Verlag (vgl. *TBO* 7. 5. 1933) bleibt fruchtlos. Als er und seine Schweizer Freundin Annemarie Schwarzenbach Anfang Mai überlegen, eine literarische, oppositionelle Zeitschrift herauszugeben (vgl. *TBO* 3. und 7. 5. 1933), kommt für sie als Erscheinungsort nicht Paris, sondern Zürich in Frage. Schließlich erscheint *Die Sammlung* ab September 1933 bis zu ihrer Einstellung im August 1935 in Amsterdam. Der dort ansässige Querido Verlag wird auch Klaus Manns Romane *Flucht in den Norden*, *Symphonie Pathétique*, *Mephisto* und *Der Vulkan* herausgeben. Die größte Stadt der Niederlande und nicht das anfänglich bevorzugte

---

[139] Vgl. Barbara Vormeier: *Frankreich*, a. a. O., S. 228.
[140] Klaus Mann: *Brief an Eva Herrmann* vom 27. 4. 1933, BuA 86f.
[141] Klaus Mann: *Brief an Katia Mann* vom 16. 3. 1933, KMA.

Paris ist deswegen in den ersten beiden Jahren des Exils Klaus Manns „eigentliches Lebenszentrum" (*WP* 315).
Nach Paris und Südfrankreich kehrt er jedoch bis zu seiner Immigration in die USA immer wieder zurück. Nachdem mit der Vertragsunterzeichnung klar ist, dass *Die Sammlung* in Amsterdam herausgegeben wird, verbringt Klaus Mann bis zum Jahresende 1933 noch drei Aufenthalte in Paris. Bis zur Einstellung der *Sammlung* im Herbst 1935 sind es fünf weitere.[142] Einerseits dienen diese Besuche dazu, die sich in Paris aufhaltenden deutschen Schriftsteller zu treffen, sich mit ihnen auszutauschen und sie zur Mitarbeit aufzufordern.[143] Da er *Die Sammlung* nicht zuvorderst als politische Exilzeitschrift, sondern als literarisches Forum für die „europäische Jugend"[144] konzipiert, ist es Klaus Mann wichtig, „auch französische Beiträge [zu] bringen"[145]. Neben Gide, der das Patronat über die Zeitschrift übernimmt, gelingt es Klaus Mann, auch Cocteau und Crevel für eine Mitarbeit zu gewinnen.[146] Außerdem erscheinen in Paris mit dem *Neuen Tage-Buch* sowie dem *Pariser Tagblatt* Exil-Publikationen, in denen Klaus Mann selbst veröffentlicht.[147] Vom 21. Juni bis zum 22. September 1936 wird sein Roman *Mephisto* in 94 Folgen in der *Pariser Tageszeitung* vorab gedruckt.
Aufgrund dieser regen publizistischen Tätigkeit entwickelt sich Klaus Mann zu einer bedeutenden Stimme des deutschen Exils, er wird auch auf internationalen Kongressen gegen den Faschismus als Vertreter des deutschen Exils gehört. Nachdem er im August 1934 einer Einladung der Sowjetunion zum *1. Allunionskongreß der Sowjetschriftsteller* in Moskau folgt, nimmt er im Mai 1935 am *XIII. Internationalen Kongreß des PEN-Clubs* in Barcelona und im Juni desselben Jahres am *Internationalen Schriftsteller-Kongreß zur Verteidigung der Kultur* in Paris teil.
Nach der Einstellung der *Sammlung* im Herbst 1935 wird Paris nicht, wie anfänglich geplant, Klaus Manns Hauptwohnsitz, sondern bleibt bis zu seiner

---

[142] So ist er vom 17. 6. bis zum 3. 7, vom 26. 9. bis zum 2. 10. und zwischen dem 10. 11. und dem 17. 11. 1933 in Paris. 1934 verbringt Klaus Mann die Tage vom 28. 2.-4. 3., vom 11.-14. 3. und vom 22.-26. 4. dort; 1935 vom 1.-12. 2. und vom 21.-24. 6.
[143] So empfängt er am 11. 11. 1933 den Schriftsteller Gustav Regler, aus dessen Roman *Der verlorene Sohn* er ein Kapitel im 2. Heft der *Sammlung* veröffentlicht (vgl. *TBO* 11. 11. 1933.). Am 15. 11. besucht er Claire und Ivan Goll (vgl. *TBO* 15. 11. 1933), und am 16. 11. 1933 trifft er sich mit seinen ehemaligen Widersachern Bert Brecht und Walter Benjamin und söhnt sich mit ihnen aus (vgl. *TBO* 16. 11. 1933).
[144] Klaus Mann: *Brief an Stefan Zweig* vom 12. 5. 1933, *BuA* 92.
[145] Klaus Mann: *Brief an Stefan Zweig* vom 12. 5. 1933, *BuA* 92.
[146] Im ersten Jahrgang veröffentlicht Klaus Mann von Cocteau *Das Phantom von Marseille* und *Poèmes écrits en allemand* (beide Heft X), von Gide das Gedicht *Traversée* (Heft III) und *Tagebuchblätter* (Heft XI), von André Maurois den Aufsatz *Proust et Ruskin* (Heft III) sowie den *Glückwunsch an Lion Feuchtwanger* (Heft XI), von Romain Rolland einen *Brief die Redaktion* (Heft III), von Julien Sorel den Aufsatz *Friedrich Hölderlin und diese Deutschen* (Heft IV) und von Philippe Soupault *Auf Antwort wird gewartet* (Heft VII). Im zweiten Jahrgang erscheint von Cocteau eine *Zeichnung für Thomas Mann* (Heft X), von Crevel der Aufsatz *An der Wegkreuzung der Liebe, der Dichtung, der Wissenschaft und der Revolution* (Heft VIII) und von Gide *Der dreizehnte Baum* (Heft IX) und erneut *Tagebuchblätter* (Heft XII).
[147] Im *Neuen Tage-Buch* erscheinen u.a. die Beiträge: *88 am Pranger* (am 2. 11. 1933), *Zahnärzte und Künstler* (am 27. 1. 1934) und *Joseph Breitbach, der richtige* (am 30. 6. 1934). Im *Pariser Tageblatt* erscheinen u.a. die Beiträge *Stellung nehmen!* (am 12. 12. 1934), *Vertrautes Amsterdam* (am 20. 1. 1935) und *Cocteau-Erinnerungen* (am 8. 9. 1935).Vgl. *ZuK* 428ff.

Immigration in die USA im Herbst 1938 lediglich ein Ort[148], an dem er auf dem Weg nach Südfrankreich ein paar Tage Station macht, wo er an Exil-Veranstaltungen teilnimmt und Freunde trifft.
Während die Aufenthalte in Paris zahlreicher und kürzer sind, hält sich Klaus Mann in Südfrankreich seltener, dafür aber länger auf. Vom 19. April bis zum 26. Mai 1933 verbringt er dort seinen Urlaub, wo er u.a. René Schickele, Annemarie Schwarzenbach, seine Eltern, Lion Feuchtwanger und seinen Onkel Heinrich trifft, erste Beiträge für *Die Sammlung* von Hermann Hesse, Stefan Zweig und Hermann Kesten zu akquirieren sucht (vgl. *BuA* 89-98) sowie an der Erzählung *April, nutzlos vertan* schreibt (vgl. *TBO* 29. 4. 1933). Unterbrochen durch die Kurzreise nach Barcelona zur Teilnahme am PEN-Kongress, kommt er erst wieder im Spätfrühling 1935 an die französische Mittelmeerküste.[149] Im nächsten Jahr ist er vom 20. April bis zum 23. Mai dort und schließt das Manuskript des *Mephisto* ab, und er hält sich auch vom 14. bis zum 18. Juni nach einer Mallorcareise hier auf. Das letzte Mal vor seiner Emigration kehrt er 1937 vom 5. bis zum 14. August nach Sanary zurück.
Als Klaus Mann im Frühjahr 1933 nach Paris kommt, sind seine Erwartungen an Frankreich groß. Doch statt einer freundlichen Aufnahme durch die so verehrte französische Bevölkerung erfährt er deren Deutschfeindlichkeit. So notiert er noch 1936 in seinem Tagebuch:

> Telephon mit Eva. Die Sorgen hat, wegen ihrer ‚Party' heute abend. (Die Franzosen, oder Französisierten, verkehren nicht gern mit den Deutschen.)
> (*TB* III 26)

Im *Wendepunkt* heißt es dann resümierend, dass ihm die Franzosen sogar gerade weil er emigriert ist feindselig gegenüberstehen:

> Die meisten Leute schauten uns schief an, nicht weil wir Deutsche waren, sondern weil wir Deutschland verlassen hatten. So etwas tut man nicht, nach Ansicht der meisten Leute. Ein anständiger Mensch hält zu seinem Vaterland, gleichgültig, wer dort regiert. Wer sich gegen die legitime Macht stellt, wird suspekt, ein Querulant, wenn nicht gar ein Rebell. Und repräsentierte Hitler nicht die legitime Macht? Er tat es, nach Ansicht der meisten. (*WP* 288)

Zu den negativen Erfahrungen mit der französischen Bevölkerung kommen jene mit den französischen Behörden. Die Erlangung eines Visums ist zeitaufwändig – so muss Klaus Mann etwa am 18. April 1934 dafür nach Den Haag fahren (vgl. *TB* II 28) – und nicht immer erfolgreich: Im Januar 1936 kommt ein Besuch in Paris nicht zustande, weil er statt einer Aufenthaltsgenehmigung

---

[148] Insgesamt reist er in dieser Zeit neunmal an die Seine: vom 21. 2. -28. 2. 1936, vom 18. 1.-22. oder 23. 1. 1937, vom 18. 7.-14. 8. 1937, vom 15. 8.-18. 8. 1937, am 14. 9., vom 18. 2.-22. 2. 1938, vom 12. 3.-17. 3. 1938, vom 16. 6.-22. 6. 1938, ab dem 15. 7. 1938 für einige Tage, und das letzte Mal vom 11. 9.-17. 9. 1938.
[149] Am 24. 4. trifft er in Marseille ein. Bis zum 1. Juni ist er in Cannes, Nizza, Sanary, Villefrance und erneut in Marseille. Neben dem Besuch bei Cocteau und den dort niedergelassenen deutschen Schriftstellerbekannten und dem Treffen Familienangehöriger schreibt er an seiner Rede für den PEN-Kongress (vgl. *TBO* 17. 5. 1935) und an *Symphonie Pathétique* (vgl. *TBO* 24. 5. 1935).

nur ein Transit-Visum erhält (vgl. *TBO* 20. 1. 1936). Auch auf Frankreich bezogen, schreibt Klaus Mann rückblickend:

> Die Emigration war nicht gut. In dieser Welt der Nationalstaaten und des Nationalismus ist ein Mann ohne Nation, ein Staatenloser, übel dran. Er hat Unannehmlichkeiten; die Behörden des Gastlandes behandeln ihn mit Mißtrauen; er wird schikaniert. Auch Verdienstmöglichkeiten bieten sich nicht leicht. (*WP* 291)

Derart desillusioniert, beschränken sich Klaus Manns Kontakte zu Franzosen auf seine in den zwanziger Jahren geschlossenen Bekanntschaften sowie auf seine Sexualkontakte (s. Kap. 2.10), ansonsten lebt er in der Parallelwelt der deutschen Immi-granten. Trotzdem, seine Liebe zu „seinem" Frankreich besteht weiter. Anlässlich eines Besuchs in Marseille im April 1936 notiert er in sein Tagebuch:

> Gegangen, in der Gegend des Vieux Port. Der Zauber dieser Stadt nutzt sich nicht ab. Sie bleibt abenteuerlich – während sie doch schon so altvertraut ist. Bisschen im Kino. Das Publikum – Matrosen, Neger, kleine Hure – ist amüsanter, als der amerikanische Film. In ein paar kleinen Bars. […] Mon amour pour la France. Möge diesem Volk, es ist das beste – die schmutzige Katastrophe des Krieges erspart bleiben. (*TBO* 20. 4. 1936)

Aus dieser Wertschätzung und Liebe heraus will Klaus Mann Frankreich als Gegner Hitlerdeutschlands sehen. Deswegen setzt er große Hoffnungen auf dessen Politik, verfolgt und diskutiert diese eingehend (vgl. *TB* III 29, 33) und erkennt Übereinstimmungen der politischen Ziele Frankriechs mit jenen der Exilanten. Ein Vertrag zwischen Paris und Moskau im Februar 1936 wird für ihn zum „Lichtschimmer" (*TB* III 27). Doch gerade weil er nicht zwischen den Wünschen der Emigranten und den politischen Interessen Frankreichs unterscheiden will, wird er genau wie von seinen französischen Freunden und von der Bevölkerung auch von der Politik Frankreichs enttäuscht, so beispielsweise, als Frankreich 1936 an den Olympischen Spielen in Deutschland teilnimmt:

> Der Boykott der Olympiade wäre die wirkungsvollste moralische Bestrafung des Regimes gewesen. Die freie Welt trifft sich jedoch in Garmisch-Partenkirchen. (*TBO* 27. 2. 1936)

Am 12. September 1938 empört sich Klaus Mann nach einer Rede Hitlers, in der dieser den Anschluss des Sudetengebietes an das Deutsche Reich fordert, darüber, „[w]as England und Frankreich einstecken…!" (*TBO* 12. 9. 1938)
Klaus Mann sieht die Funktion des deutschen Exilschriftstellers einerseits als Warner der Welt vor Hitler und dem Dritten Reich, andererseits als Wahrer der „großen Tradition des deutschen Geistes und der deutschen Sprache" (*WP* 293). Um sie „in der Fremde lebendig zu erhalten und durch einen eigenen schöpferischen Beitrag weiterzuentwickeln" (*WP* 293), plädiert er wie schon vor 1933 für einen Austausch mit der französischen Kultur. Indem er in der *Sammlung* zum einen zahlreiche Texte französischer Schriftsteller veröffentlicht, zum anderen weiterhin seinen Lesern französische Literatur in seinen

Besprechungen zugänglich macht[150], will er diesen Austausch fördern und sich nach wie vor als dessen Vermittler positionieren.
Auch nach der Einstellung seiner Zeitschrift bieten sich Möglichkeiten, dieser selbstgewählten Aufgabe, wenn auch in geringem Umfang, nachzukommen.[151] Das Bild, das Klaus Mann für die Öffentlichkeit in den Jahren zwischen 1933 und 1938 von Frankreich zeichnet und zeichnen will, ist nun geprägt von seinen früheren Frankreicherfahrungen und von seinem sehr negativen Deutschlandbild.[152] Das große, langfristige Ziel seines Engagements bleibt weiterhin die deutsch-französische Aussöhnung und die Einigung Europas, in dem er als Deutscher ein Europäer und als Europäer auch ein Stück weit Franzose sein könnte. In seinem im Oktober 1936 in New York verfassten Aufsatz *Können Deutschland und Frankreich Freunde sein?* hofft er:

> Deutschland und Frankreich *zusammen* – die beiden befreundeten Länder – werden das Herzstück eines freien, geeinigten Europas bedeuten.[153]

Den autobiographischen Ton seiner vor 1933 entstandenen Essayistik behält Klaus Mann bei. Weiter ist es ihm ein großes Anliegen, in der Öffentlichkeit als frankophiler deutscher Emigrant Stellung zu beziehen und sich als solcher auch zu präsentieren. So gibt er in seinem Essay *Können Deutschland und Frankreich Freunde sein?* vor, dass bei ihm bereits als Kind allein die Nennung des Namens der französischen Hauptstadt zu physisch fühlbaren Regungen führte:

> Bei dem Wort Paris fuhr ich zusammen, wie man später, als erwachsener Mensch, bei der Nennung eines geliebten Namens zusammenfährt. (*WvM* 15)

Der während des Ersten Weltkrieges sich patriotisch deutsch-national zeigende Haushalt der Manns wird nun als frankophile Familie vorgestellt:

> Während des Krieges – und ich bin im Kriege ein Kind gewesen – durften wir keine französische Gouvernante haben: sie wäre auf den Straßen der Stadt München gesteinigt worden. (*WvM* 16)

Nach dem Krieg hatte sich die Familie Mann jedoch für ein deutsches Kindermädchen entschieden, was die Vermutung sehr nahe legt, dass der Wunsch nach einem französischen Kindermädchen, so er überhaupt vorhan-

---

[150] So über Crevels *Les pieds dans le plat*. In: Klaus Mann (Hg.): *Die Sammlung*, Jg. 1 Heft II; über Cocteaus *La Machine infernale* (Jg. 1. Heft X), Greens Roman *Le visionnaire* (Jg. 1 Heft XI) und Robert de Saint Jeans *La vraie révolution de Roosevelt* (Jg. 2 Heft V). Über Crevel veröffentlicht er einen Nachruf unter dem Titel *In memoriam René Crevel* (Jg. 2 Heft XII).
[151] Bis zu seiner Immigration in die USA erscheinen u.a. die Aufsätze *Cocteau-Erinnerungen* [1935] (in: *ZuK* 317ff) und *Mauricas „Vie de Jésus"* [1936] (in: *ZuK* 401f.) im *Pariser Tageblatt*; die Besprechungen *André Gides neues Buch („Les nouvelles nourritures")* [1936] (in: *ZuK* 381ff.) und *Der neue Julien Green* [1936] (in: *ZuK* 398ff.) in der Baseler *Nationalzeitung*, sowie *Der Streit um André Gide* [1937] (in: *WvM* 84f.) in der Prager *Weltbühne*.
[152] Einige der Aufsätze Klaus Manns wurden zu seinen Lebzeiten nicht veröffentlicht. Da sie aber für die Veröffentlichung gedacht waren und es in diesem Kapitel nicht um die Wirkung seines Frankreichbildes geht, spielt es keine Rolle, wann sie veröffentlicht wurden, sondern vielmehr, wann sie Klaus Mann für eine Öffentlichkeit geschrieben hat.
[153] Klaus Mann: *Können Deutschland und Frankreich Freunde sein?* [1936], S. 23. In: *WvM* 15-23.

den war, nicht besonders groß gewesen sein kann. Von dem eingestellten deutschen Kindermädchen berichtet Golo Mann, dass es die älteren Geschwister mit Schauergeschichten über ihre Erlebnisse in Frankreich unterhalten hat:

> Zum Beispiel war sie vor dem Krieg in Paris gewesen als Gouvernante bei den Kindern einer Gräfin, und einmal hatte die Gräfin sie zu einer Freundin geschickt, einer Marquise sogar, und die Marquise war noch schmutziger gewesen als die Gräfin, und Ende Juli des Jahres 14 hatte die Deutsche Hals über Kopf abreisen müssen, und der Graf hatte ihr noch einen riesigen Schinken als Wegzehrung mitgegeben.[154]

Um nicht nur die Familie, sondern auch sich selbst als frühen Liebhaber französischer Kultur in ein glänzendes Licht zu setzen, urteilt Klaus Mann über seinen Französischunterricht auf dem Gymnasium vernichtend:

> Unser Französisch-Lehrer – Gott hab ihn selig – hatte eine lausige Aussprache. Wir konnten mit Mühe sagen: ‚La maison de ma grand-mère est très belle' – aber wirklich nicht viel mehr. Meist lernte ich in der Schule etwas weniger, als verlangt wurde. Aber im Französischen war ich ehrgeizig. Die Großmutter und ihr schönes Haus genügten mir nicht. Ich begann, mich mit der französischen Literatur zu beschäftigen – auf eigene Faust und ohne daß jemand mir dabei geholfen hätte. (*WvM* 16)

Indem Klaus Mann seinen Französischunterricht als „miserabel" darstellt, sich selbst aber als „ehrgeizig", macht er sich zu einem von der vom Lehrer vertretenen deutschen Obrigkeit an seiner Frankreichliebe gehinderten jungen Helden, dem es jedoch gelingt, sich autodidaktisch sowohl die französische Sprache als auch Literatur anzueignen. Ein Zeugnis des Schuljahres 1921/22 weist ihn jedoch in Französisch als sehr gefährdet aus (vgl. Kap. 1.3.1), und seine ersten nachweisbaren Berührungen mit der französischen Literatur verdankt er Bert Fischel (vgl. Kap. 1.1.1). Seine nicht in Abrede zu stellende Liebe zur französischen Literatur offeriert er als Grund dafür, ein frühes Angriffsziel und Opfer der Nationalsozialisten geworden zu sein:

> Auch ich bekam diese Wut zu spüren: als ich einem meiner ersten Bücher die Widmung an meinen französischen Freund René Crevel voransetzte. Schon diese Widmung wurde von der Nazi-Presse als eine Art von Landesverrat empfunden und angeprangert. (*WvM* 21f.)

Weiter sieht er auch in seiner Liebe zu Frankreich eine Ursache für seine Vertreibung aus Deutschland:

> Manche, denen man um ihrer Liebe zu Frankreich willen nachgesagt hatte, sie liebten Deutschland nicht genug, waren nun gezwungen, die französische Gastfreundschaft in Anspruch zu nehmen. (*WvM* 22)

Über den kühlen Empfang jedoch, den ihm Frankreich tatsächlich bereitet, verbietet sich Klaus Mann in diesem Aufsatz aus dem Jahre 1936 zu schreiben. Es geht vielmehr darum, die Nähe und die Interessengleichheit zwischen der

---

[154] Golo Mann: *Erinnerungen und Gedanken*, a. a. O., S. 55.

deutschen Emi-gration und dem Gastland Frankreich zu beschwören. Auch sein zweiter großer Essay über sein Verhältnis zu Frankreich, sein für französische Leser 1938 verfasster Aufsatz *Die Wirkung Frankreichs*, ist keine Kritik an den französischen Verhältnissen, sondern eine einzige Hommage an die zeitgenössische Literatur Frankreichs:

> Die französischen Schriftsteller zeigen mir nicht vor allem, was wir zu verändern und mit welcher Taktik wir zu verändern haben, als vielmehr: was es für uns zu *bewahren* gilt: den europäischen Geist.[155]

Das gegenwärtige Deutschland hingegen stellt er als Land vor, das mit der Machtübernahme Hitlers „im Begriff ist, alles das zu zerstören, was seinen Wert, seinen Reiz und seine Würde ausgemacht hat unter den Völkern der Erde".[156] 1936 warnt er, dass „das extreme nationalistische Gefühl der Deutschen sich *immer* zunächst und vor allem gegen Frankreich richten"[157] würde. Frankreich, die Franzosen und die französische Sprache hingegen konnotiert er positiv. So gäbe ihr „französische[r] Einschlag" der Stadt Bern „einen Nebencharakter von eleganter Weltoffenheit"[158]. In seiner auf dem *Ersten internationalen Schriftstellerkongreß für die Verteidigung der Kultur gegen Krieg und Faschismus* 1935 in Paris gehaltenen Rede *Der Kampf um den jungen Menschen* ist ihm der französische Geist derjenige, „der alle europäischen Traditionen [...] bewahrt und weiterbildet"[159], und 1938 schreibt er in seinem Aufsatz *Die Wirkung Frankreichs*:

> Was verteidigen wir denn gegen den barbarischen Zugriff der Faschismen? Eben diesen europäischen Geist. Er wird heute, für mein Gefühl, am reinsten von der Literatur Frankreichs repräsentiert. Deshalb liebe ich diese Literatur. Und weil ich wünsche, daß uns Europa erhalten bleibe, wünsche ich, daß Frankreich stark sein möge. (*ZD* 38)

In seiner Besprechung der Cocteau-Erinnerungen ist ihm Paris die „vielgeliebte Kapitale westlicher Zivilisation"[160] und „der geistig empfängliche und erfahrene Pariser [...] Europäer" (*ZuK* 320). Darüber hinaus stilisiert er Frankreich in immer wieder vorgenommenen Vergleichen direkt zum Gegenmodell Deutschlands, etwa indem er 1933 in seinem Aufsatz *Kitsch im Film* den deutschen dem französischen Unterhaltungsfilm gegenüberstellt:

> Die deutschen Unterhaltungsfilme sind jetzt – ich sage nicht: die schlechtesten, aber: die abstoßendsten der Welt. Der französische Kitsch scheint, mit dem deutschen verglichen, von einer naiven Romantik; zudem hat er meist menschlich rührende Züge.[161]

Berlin und Paris beschreibt Klaus Mann 1934 in seinem Portrait über Amsterdam als „zwei sich diametral entgegengesetzte Stadt-Typen", die „in ver-

---

[155] Klaus Mann: *Die Wirkung Frankreichs* [1938], S. 37. In: *ZD* 28-38.
[156] Klaus Mann: *Kultur und „Kulturbolschewismus"*, S. 17. In: *ZuK* 17-24.
[157] Klaus Mann: *München, März 1933* [1933], S. 17. In: *ZuK* 15ff.
[158] Klaus Mann: *Zürich und Bern* [1934], S. 113. In: *ZuK* 112-117.
[159] Klaus Mann: *Der Kampf um den jungen Menschen* [1935], S. 304. In: *ZuK* 299-307.
[160] Klaus Mann: *Cocteau-Erinnerungen* [1935], S. 319. In: *ZuK* 317-321.
[161] Klaus Mann: *Kitsch im Film* [1933], S. 48. In: *ZuK* 47-50.

schienen Erdteilen zu liegen"[162] scheinen. Anlässlich einer Vorstellung des Stückes *Ce soir on improvise* von Luigi Pirandello überlegt er, warum das Stück des Nobelpreisträgers, das in Berlin durchgefallen war, in Paris erfolgreich ist, und präsentiert die französische Hauptstadt als weltoffene Kunststadt:

> Der ausschlaggebende [Grund] scheint mir der zu sein, daß in Paris ein echtes Interesse lebendig ist, für das Spiel mit dem Phänomen der Kunst selber [...], das aber dem deutschen Großstadtpublikum immer fremd geblieben ist.[163]

Selbst den französischen Nationalismus, dem er als Immigrant ausgesetzt ist, lobt er, um den Kontrast zwischen Frankreich und Deutschland herauszustellen:

> Es gibt auch ein nationalistisch gesinntes und ein europäisch gesinntes Frankreich. Aber es ist eine merkwürdige Tatsache, daß die Franzosen Europäer bleiben, sogar wenn sie Nationalisten sind – was die französische intellektuelle Elite heute übrigens keineswegs ist – während die deutschen Nationalisten antieuropäisch werden. Die Franzosen sind Nationalisten mit *gutem Gewissen*.[164]

Wenn sich Klaus Mann – was sehr selten vorkommt – öffentlich kritisch über Frankreich äußert, dann nie direkt, sondern indem er auf den Begriff „Europa" ausweicht. In seinem 1933 in der *Freien Presse* in Amsterdam veröffentlichten Aufruf *Vergeßt es nicht! Streifzüge durch das Schrifttum nationalsozialistischer Prominenz* thematisiert er die Gefahr, dass Europa sich mit den nationalsozialistischen Verbrechen arrangieren könnte.[165] In seinem zu Lebzeiten nicht veröffentlichten *Appell an die Freunde*, in dem er die Sympathisanten der Emigranten zu mehr Verständnis aufrufen will, schreibt Klaus Mann zwar über die Aufnahme der Emigranten in den Gastländern: „Wir haben viel Freundschaft, viel Gutes erfahren",[166] um dann aber „das Mißtrauen" derjenigen zu beklagen,

> welche die deutsche Diktatur des extremen Militarismus, des Rassismus und der ausschweifenden Geistesfeindlichkeit, heimlich oder zugegebenermaßen, bewundern und von Herzen wünschen, daß bei ihnen zu Hause möglichst schnell ähnliche Zustände möchten hergestellt werden. (*ZuK* 323)

Auch beschwert er sich über die

> Pedanterie und Strenge der Ämter, die mit Arbeits- oder Aufenthaltserlaubnissen geizig sind, ein Durchreisevisum oder gar den ‚Fremdenpaß' für den ‚Ausgebürgerten' rar machen wie eine Kostbarkeit. (*ZuK* 323)

---

[162] Klaus Mann: *Amsterdam* [1934], S. 117. In: *ZuK* 117-121.
[163] Klaus Mann: „*Ce soir on improvise*" [1935], S. 275. In: *ZuK* 275f.
[164] Klaus Mann: *Deutschland und die Welt* [1937], S. 265. In: *ZuK* 265-272.
[165] Vgl Klaus Mann: *Vergeßt es nicht! Streifzüge durch das Schrifttum nationalsozialistischer Prominenz* [1933], S. 53. In: *ZuK* 50-53.
[166] Klaus Mann: *Appell an die Freunde* [1935], S. 323. In: *ZuK* 322-327.

Und in seinem im März 1936 verfassten, zu Lebzeiten jedoch nicht veröffentlichten Aufsatz *Pour la Paix* bewertet Klaus Mann die internationale Teilname der demokratischen Staaten an den Olympischen Spielen in Garmisch-Partenkirchen, an denen auch Frankreich teilnimmt, als Verrat an einer friedlichen Welt:

> Wer den Frieden liebt, fährt nicht zu Sport- und Propaganda-Festen in ein Land, wo alle, die anders denken als die herrschende Clique, zum Schweigen gebracht, verbannt oder getötet werden. Jeder anständige Europäer müßte die Monstre-Reklame-Veranstaltung des Dritten Reiches – müsste die *Olympiade* boykottieren. Statt dessen treffen sich in Garmisch-Partenkirchen die Prinzessinnen, die Champions und die Journalisten auf der Ehrentribüne eines blutbefleckten ‚Führers'. Diese verantwortungslose und makabre Geselligkeit ist eine fürchterliche Demonstration gegen den Geist des Friedens.[167]

Mit diesen Reden und Aufsätzen will Klaus Mann Frankreich zeigen, dass gerade die Deutschen, die die französische Kultur und Literatur lieben und für die deutsch-französische Aussöhnung eintreten, wegen ihrer Frankophilie von den Nationalsozialisten als Gegner ausgemacht und in die Emigration gezwungen werden. Klaus Mann will Frankreich für die von den Nationalsozialisten ausgehende Gefahr sensibilisieren. Doch in *Der Wendepunkt* offenbart er seine Erfolglosigkeit:

> Fehlte es unserem Ruf an Überzeugungskraft? Er überzeugte nicht, er verhallte. Die noch freien, noch unabhängigen Nationen, bei denen wir Emigranten zunächst Unterschlupf fanden, nahmen unsere Kassandra-Schreie mit ‚realistischer' Skepsis auf. Gewisse Vorkommnisse im Dritten Reich, Bücherverbrennungen, antisemitische Demonstrationen, das Massaker vom 30. Juni 1934, mochten etwas peinlich berühren; indessen waren das nur kleine Schönheitsfehler, die man einer sonst erfolgreichen und in vieler Hinsicht sympathischen Regierung gern verzieh. Hitler war gegen den Kommunismus, was genügte, ihn in feinsten europäischen Kreisen beliebt zu machen. Wenn er Eroberungspläne hatte, so waren sie doch wohl nur ausschließlich gegen den Osten gerichtet, will sagen, gegen die Sowjetunion. Um so besser! Den feinsten Kreisen konnte das nur recht sein. Für die Warnungen einiger fortgelaufener Literaten hatte man ein mokantes Lächeln oder ein ungeduldiges Achselzucken. (*WP* 294)

Am 20. Mai 1936 vergleicht er in seinem Tagebuch die Entwicklung Europas mit der Deutschlands vor der Machtübernahme:

> Deutschland und Italien haben große Siege. England scheint wie gelähmt. Die brutale Taktik der fascistischen fait accompli gegen die zögernde Haltung der Demokraten. Die Parallele zwischen der jetzigen europäischen Situation und der innerdeutschen zwischen 1930 und 1933 drängt sich auf, und ist grauenvoll. Beneš soll optimistisch sein. (*TB* III 53f.)

Bereits im März 1933 war offensichtlich, dass Deutschland für einen demokratischen Intellektuellen kein Lebensort mehr sein kann. In den ersten Monaten

---
[167] Klaus Mann: *Pour la Paix* [1936], S. 391. In: *ZuK* 390f.

nach seinem Fortgang aus München wird deutlich, dass auch seine zweite Heimat Frankreich für Klaus Mann kein Lebensort ist. Die bis auf wenige Ausnahmen positiven Bilder, die er von Frankreich zeichnet, sind losgelöst von seinen gegenwärtigen Erfahrungen. Im Frankreich seines Exils ist er konfrontiert mit Fremdenfeindlichkeit. Anstatt dass sich sein Wunsch erfüllt, Frankreich würde an der Seite der Emigranten stehen und sich deutlich gegen Hitler-Deutschland positionieren, sieht er, wie es sich mit Hitler arrangiert. Seine in seinen Essays gezeichneten Bilder sind Wunschbilder, sind um der Bestärkung willen gemachte Aufrufe an die Demokratie und Kultur, zu deren Hüter Klaus Mann Frankreich stilisiert. Die positive Hervorhebung Frankreichs soll als Beweis dienen, dass die wahren Freunde Frankreichs nicht die Nationalsozialisten, sondern die deutschen Immigranten sind. Das täglich erlebte Frankreich offenbart sich jedoch nicht als Gegenmodell zum diktatorischen, die Menschenrechte verachtenden Deutschland. Je mehr Klaus Mann erkennt, dass Frankreich seiner Wunschvorstellung nicht nachkommt, dass er nicht in Frankreich seinen Traum als intellektueller Europäer leben kann, desto stärker wird sein Wunsch, sich zu verabschieden. Lange bevor die deutschen Armeen Amsterdam und Paris angreifen und besetzen, verlässt er im September 1938 Europa.

2.1.4 Flucht in die Vergangenheit?
Klaus Mann und Frankreich während seines Exils in den USA

Bereits sechs Wochen nach seiner Flucht aus München nach Paris hatte Klaus Mann seiner Freundin Eva Herrmann geschrieben: „Ich würde sehr gerne nach Amerika gehen" und sie gebeten, für ihn nach einer Anstellung „als Lektor, Dramaturg, Journalist, Redakteur" [168] zu suchen. Im Frühjahr 1938 wird dieser Wunsch stärker. Am 18. März fragt er sich angesichts der Kriegsgefahr: „Gleich Amerika?" (*TB* IV 27), und an seinen ehemaligen Lehrer Paul Geheeb schreibt er im Mai von seinen Plänen, nach Amerika zu gehen:

> Das ist kein ganz leichter Entschluß. Aber was sonst bleibt übrig? In Europa sieht es gar zu bedrohlich aus – in diesen Tagen ja eigentlich noch bedrohlicher als je zuvor –; und übrigens wird es einem gar zu schwer gemacht, zu arbeiten und zu wirken. Drüben gibt es doch mehr Möglichkeiten.[169]

Erste USA-Eindrücke hatte Klaus Manns bereits auf seiner zusammen mit seiner Schwester Erika in den Jahren 1927/28 unternommenen Weltreise gesammelt. Vom 18. September 1936 bis zum Januar 1937 und vom September 1937 bis zum Februar 1938 war er aufgrund zweier Lesereisen dorthin zurückgekehrt und hatte erlebt, dass er dort zum einen im Vergleich zu Frankreich freier leben kann und dass er zum anderen als Vortragsreisender von den Amerikanern gehört wird, während das Interesse an seinem Schreiben und seinem Schicksal von Seiten der Franzosen gering ist.

Die nun im Herbst 1938 unternommene Reise nach New York bedeutet weit mehr als seine Flucht von München nach Paris im März 1933 einen Neuan-

---

[168] Klaus Mann: *Brief an Eva Herrmann* vom 27. 4. 1933, BuA 87.
[169] Klaus Mann: *Brief an Paul Geheeb* vom 22. 5. 1938, BuA 353.

fang. Frankreich und Holland waren für den Europäer Klaus Mann ein Stück Heimat. Von Paris hatte er aufgrund seines Selbstverständnisses als Europäer und seiner ausgedehnten Aufenthalte vor dem Exil lange gehofft, es könnte auch nach 1933 ein geeigneter Lebensort sein. Doch unter anderem seine die Arbeit betreffenden Probleme in Frankreich schwächen seinen Willen, sich in die französische oder holländische Gesellschaft zu integrieren. Im *Wendepunkt* nennt er einen weiteren Grund:

> Kein europäisches Volk akzeptiert den Fremden; man ‚wird' nicht Franzose [...], wenn man nicht als solcher geboren ist. Amerikaner aber kann man ‚werden'. (*WP* 362).

Je stärker Hitlers Einfluss in Europa wird, je mehr Klaus Manns Europa im Faschismus versinkt und sich auf einen Krieg vorbereitet – zu dem Zeitpunkt, als Klaus Mann Europa verlässt, gewinnen die faschistischen Truppen Francos in Spanien immer größere Teile des Landes, Österreich wurde bereits an das Dritte Reich angeschlossen, und die Angliederung der deutschsprachigen Gebiete der Tschechoslowakei steht unmittelbar bevor –, desto deutlicher sieht Klaus Mann die Notwendigkeit, sich einen neuen Lebens- und Wirkungsort zu suchen, die USA als neue Heimat anzunehmen bzw. sich mühsam zu erarbeiten. Neben und vor seiner Identität als Europäer versucht er in den Vereinigten Staaten, Amerikaner zu werden.

Anfänglich scheint dies zu gelingen. In zahlreichen Aufsätzen weist er sich als dankbarer Werber für die USA aus. So können 1939 die Leser der in Paris erscheinenden Zeitschrift *Die Zukunft* erfahren, wie angenehm ihm die USA als Domizil im Gegensatz zu Europa ist:

> Mein dritter Winter in den USA hat mich in der Überzeugung bestärkt, daß der Faschismus hier sogar dann wenig Chancen hätte, wenn er in Europa noch eine Weile triumphieren sollte. Dies allein wäre Grund genug, sich hier wohl zu fühlen und dankbar zu sein.[170]

In seinem im August 1939 auf Englisch unter dem Titel *The Two Germanys* veröffentlichten Aufsatz dankt er den Vereinigten Staaten dafür, dass sie ihm „etwas von dem Glauben an die Möglichkeiten und die hoffnungsvolle Zukunft der Menschheit zurückgegeben"[171] haben. Er beantragt die amerikanische Staatsbürgerschaft, die ihm nach langer Verzögerung durch die amerikanischen Behörden am 25. September 1943 verliehen wird. In seinem Aufsatz *The Duties of a New Citizen* vom Januar 1940 teilt er seine Vorstellungen mit, wie sich ein aus Europa kommender Neubürger in den USA verhalten soll:

> Für einen frischgebackenen amerikanischen Bürger gibt es eine Menge Pflichten. Zuallererst sollte er versuchen, etwas über Amerika erfahren, indem er amerikanische Bücher liest – und zwar sehr viel, moderne und klassische –; indem er Freundschaften schließt mit amerikanischen Menschen; indem er soviel wie möglich herumreist. Es ist ratsam, sich in ein

---

[170] Klaus Mann: *Dritter Winter in den USA* [1939], S. 88. In: ZD 81-88.
[171] Klaus Mann: *Ich liebe dieses Land. Gedanken in einem amerikanischen Pullman-Wagen* [1939], S. 158. In: ZD 145-158.

amerikanisches Mädchen zu verlieben. Es ist notwendig, die Bedeutung der großen Football-Spiele und der endlosen Comic-Serien zu begreifen.[172]

Diese Aufzählung macht deutlich, dass Klaus Mann von den aus Europa fliehenden Exilanten und damit auch von sich selbst fordert, sich so weit wie möglich in die amerikanische Gesellschaft zu integrieren, deren Sitten anzunehmen und letztlich „Amerikaner" zu werden. Ein bedeutender Schritt dahin ist der – im europäischen Exil nie in Erwägung gezogene – Sprachwechsel. Am 15. November 1938 notiert er in sein Tagebuch, einen englischen Vortrag „völlig frei"(*TB* IV 71) gesprochen zu haben. Besonders die sich wenig später einstellenden militärischen Erfolge der deutschen Armeen in Frankreich sind eine bedeutende Motivation für seinen Wunsch, seine deutsche und damit auch seine europäische Identität abzulegen. Nachdem mit der deutschen Besetzung von Paris im Sommer 1940 sein Frankreich und sein Europa nicht mehr existieren, fühlt er einen „[m]erkwürdige[n] Widerstand dagegen, Deutsches zu lesen" (*TB* V 46). Im September 1940 unternimmt er mit der Erzählung *Speed* einen ersten Versuch, Belletristisches auf Englisch zu schreiben[173]. Ab 1942 führt er auch sein Tagebuch durchgängig auf Englisch. Ende Mai 1942 notiert er, die Deutschen seien ihm „eine abscheuliche Rasse" (*TB* V 96), was darauf hinweist, dass für ihn die Deutschen die Anderen sind, zu denen er nicht mehr gehören will. Er ist

> [u]ngeduldig, in die Army zu kommen, als ob die amerikanische Uniform ein Talisman gegen die bösen Geister wäre, die mich verfolgen und quälen. (*TB* V 96)

Gerade die Niederlage Frankreichs und damit der endgültige Verlust seines Europas fördert sein Vorhaben, sich neu zu orientieren und sich an die amerikanische Gesellschaft zu assimilieren. Dennoch sieht er den Kampf gegen den Nationalsozialismus weiterhin als wichtige Aufgabe. In dem im November 1938 in Paris veröffentlichten Aufsatz *Unsere Bewährungspflicht* hatte er die Aufgabe eines deutschen antifaschistischen Schriftstellers und damit auch seine eigene definiert:

> Je mehr die Situation sich zuspitzt, je dramatischer und näher der finalen Katastrophe sie ist, desto bedeutungsvoller wird die Funktion des antifaschistischen Schriftstellers, und des deutschen antifaschistischen Schriftstellers im besonderen. Gerade jetzt, und mehr denn je, tut es not, der Welt und unserem Volk zu beweisen, daß es ein anderes ‚Deutschland' gibt – und daß es sich tätig bemüht. Da unsere Kameraden im Reiche zu dieser Stunde noch stumm bleiben müssen oder nur im Verborgenen reden dürfen, liegt bei uns, den deutschen Intellektuellen im Exil, die ungeheure Verantwortung, die große Verpflichtung. Wir haben uns zu bewähren, vor unserem Volke wie auch vor der Welt.[174]

---

[172] Klaus Mann: *Die Pflichten eines neuen Bürgers* [1939], S. 188f. In: ZD 187ff.
[173] Seine davor für eine amerikanische Leserschaft zusammen mit seiner Schwester Erika 1938 verfasste Beschreibung der deutschen Emigration *Escape to life* sowie das ebenfalls von beiden 1940 geschriebene Buch *The other Germany* lassen sie noch übersetzen.
[174] Klaus Mann: *Unsere Bewährungspflicht* [1938], S. 17. In: ZD 17f.

Zu dieser Zeit hatte Klaus Mann noch an das „andere Deutschland" geglaubt, hatte sich noch als Mitglied des deutschen Volkes gefühlt. Hatte er in Europa hauptsächlich an Exilanten und an deutschsprachige Sympathisanten des Exils und weniger an die Bevölkerung seiner Gastländer appelliert, versucht er nun in den USA, wie etwa mit *Escape to life* und *The other Germany* sowie mit zahlreichen Reden und Vorträgen[175], seine amerikanischen Leser und Zuhörer von der Gefahr durch Hitler zu überzeugen.

Als Teil seiner Integrationsbemühungen ist auch sein Versuch zu werten, sich durch die Besprechung amerikanischer Literatur als amerikanischer Kritiker zu etablieren.[176] In seinem Aufsatz *The Duties of a New Citizen* sieht Klaus Mann im Januar 1940 „[d]ie geistigen Werte und Erfahrungen, die wir aus unseren ‚alten Ländern' mitbringen, [als] die einzige Gabe, die wir unserer neuen Heimat anbieten können" (ZD 189). Seine Kenntnisse der deutschen und französischen zeitgenössischen Literatur und seine besonders aus der französischen Kultur übernommenen geistigen Werte sind neben den Erfahrungen mit Nationalismus und Faschismus die Gaben, mit denen sich Klaus Mann in Amerika eine Arbeits- und Verdienstmöglichkeit schaffen und sich als Experte positionieren könnte.

Während Klaus Manns Exil in den USA entwickelt sich Frankreich von der die deutschen Exilanten duldenden Dritten Republik zum État français, der mit dem Dritten Reich politisch, wirtschaftlich und zunehmend auch ideologisch zusammenarbeitet. Bereits im Mai 1938 waren in Frankreich erste Konzentrationslager errichtet worden, in denen vor allem deutsche und spanische Flüchtlinge interniert wurden. Anfang 1939 wird damit begonnen, die Zeitschriften deutscher Emigranten zu verbieten und ihre Kultureinrichtungen zu schließen. Aufgrund der innenpolitisch und wirtschaftlich angespannten Lage sowie der Einschätzung, es sei militärisch noch nicht in der Lage, einen Krieg gegen das Deutsche Reich zu gewinnen, hatte Frankreich beim Anschluss Österreichs im März 1938 nicht eingegriffen. Als Hitler Anfang September 1938 die Angliederung des Sudetengebietes fordert, reagiert der seit April regierende Édouard Daladier zwar mit der Mobilisierung französischer Reservisten, auf der Ende September stattfindenden Konferenz in München befürwortet er jedoch die Friedenspolitik des britischen Premiers Chamberlain und wird dabei vom Großteil der französischen Bevölkerung unterstützt. Da Frankreich in den zwanziger Jahren militärisch seinen Schwerpunkt nicht auf die Planung und Herstellung neuer Panzer und Flugzeuge, sondern auf den Bau der zur Verteidigung dienenden Maginotlinie setzte[177], hätte es Prag militärisch nicht unterstützen können. Eine im Dezember ratifizierte deutsch-französische Nichtangriffserklärung zeigt, wie sehr Frankreich um einen Aus-

---

[175] Dazu zählen u.a. die Aufsätze und Reden *Deutsche Literatur im Exil* (ZD 18-27), *Hitler ist nicht Deutschland* (ZD 38-40), *Zweimal Deutschland* (ZD 40-55) und *Das Reich und die deutschen Minderheiten* (ZD 59-70).
[176] Vgl. u.a. die Rezensionen *Zwei Bekenntnisse* [1941] über *The Wave of the Future* von Anne Morrow Lindbergh und *The Moral Basis of Democracy* von Eleanor Roosevelt (ZD 240-246), den Aufsatz *Ein begabter Bohemien* [1940] über einen Essayband Henry Millers (ZD 201-205) und den Aufsatz *Die Bedeutung Walt Whitmans für unsere Zeit* [1941], (ZD 272-274).
[177] Vgl. Stefan Martens: *Vom Ersten Weltkrieg bis zum Ende des Vichy Regimes (1914-1944)*, S. 399. In: Ernst Hinrichs (Hg.): *Kleine Geschichte Frankreichs*, Stuttgart 1997, S. 361-414.

gleich mit Hitler bemüht ist. Am 27. Februar 1939 erkennt Frankreich die neue spanische Regierung unter dem Faschisten General Franco an. Im März besetzt Deutschland die Rest-Tschechoslowakei, doch erst der deutsche Einmarsch in Polen am 1. September führt zur Mobilmachung Frankreichs und am 3. September gemeinsam mit Großbritannien zur Kriegserklärung. Um Zeit für weitere Aufrüstungen zu gewinnen, will Daladier jedoch einen Angriff Deutschlands abwarten, was zur Folge hat, dass dieser monatelang geführte „Sitzkrieg"[178] bei großen Teilen der französischen Bevölkerung zum Wunsch nach Friedensverhandlungen führt. Bis das Deutsche Reich am 10. Mai 1940 mit seiner Westoffensive beginnt, gilt Frankreich als führende europäische Militärmacht. Deshalb kommt der schnelle Durchbruch durch die französischen Verteidigungslinien für die französische Bevölkerung überraschend und führt zur Flucht Tausender in den Süden des Landes, wohin ihnen ihre Regierung am 10. Juni folgt. Nachdem Frankreich weder von England noch den USA Unterstützung erfährt, ersucht es unter seinem neuen Regierungschef Pétain – einem von der Bevölkerung verehrten Veteranen des 1. Weltkriegs – um einen Waffenstillstand, der am 22. Juni in Kraft tritt. Der Süden des Landes bleibt daraufhin vorerst unbesetzt. Die am 18. Juni vom ehemaligen Staatssekretär für Nationale Verteidigung Charles de Gaulle an seine Landsleute gerichtete Aufforderung zur Fortsetzung des Krieges bleibt folgenlos. Pétain proklamiert sich im Juli in Vichy zum Chef des neu gegründeten État français und Pierre Laval zu seinem Stellvertreter. Charles de Gaulle gründet in London hingegen eine Exilregierung. Der neue französische Staat greift aufgrund der Niederlage der Republik innenpolitisch auf autoritäre und rechtskonservative Traditionen zurück. Alle greifbaren deutschen Exilanten werden an die deutschen Behörden ausgeliefert. Rückwirkend bis zum August 1927 wird über 15.000 eingebürgerten Flüchtlingen das Staatsbürgerrecht aberkannt. Nach deutschem Muster werden Juden und Kommunisten verfolgt und deportiert. Außenpolitisch erkennen Laval und Pétain die deutsche Vormachtstellung in Europa an und suchen deswegen die Zusammenarbeit mit Hitler. Dabei werden sie von der Mehrheit der Bevölkerung trotz der einsetzenden finanziellen und wirtschaftlichen Forderungen Deutschlands an Frankreich unterstützt. Im Krieg gegen die Sowjetunion unterstützt Frankreich das Deutsche Reich mit Soldaten. Als deutsche Truppen infolge der Landung der Alliierten in Nordafrika im November 1942 die bis dahin noch unbesetzte Zone Frankreichs annektieren, bleibt die Regierung unter Pétain im Amt, bekämpft den wachsenden Widerstand gegen die deutsche Besatzung und unterstützt die Deutschen beim Kampf gegen die Amerikaner in Algerien und Marokko. Dabei kommen rund 2000 auf der Seite der Wehrmacht kämpfende französische Soldaten ums Leben. Mit der Befreiung Frankreichs, die mit der Landung der Alliierten am 6. Juli 1944 in der Normandie eingeleitet wird und an der Soldaten der französischen Exilregierung teilnehmen, kommt es zu bürgerkriegsähnlichen Zuständen. Am 26. August 1944 zieht de Gaulle in Paris ein und führt Frankreich zurück an die Seite der Alliierten und damit der alliierten Siegermächte.

---

[178] Vgl. Stefan Martens: *Vom Ersten Weltkrieg bis zum Ende des Vichy Regimes (1914-1944)*, a. a. O., S. 402.

Bereits während seiner ersten, 1936 unternommenen Vortragsreise in die USA hatte Klaus Mann Europa und damit auch Frankreich seinen amerikanischen Zuhörern als unfrei und die Grundrechte missachtend vorgestellt. In seiner Rede *Worum der Kampf geht* hatte er gefragt:

> In which European country is this freedom of speech still possible? – and when I ask this, I refer not only to fascist countries, but also to those, which are still considered ‚liberal'. *Freedom of speech* in Europe is fast becoming a rather dubious matter.[179] (*WvM* 57)

In derselben Rede hatte er Europa und damit indirekt auch Frankreich eine Mitschuld an der momentanen Stärke des Dritten Reiches gegeben. Anklagend heißt es dort:

> Die nicht faschistischen Staaten Europas haben schon viel versäumt. Sie hatten die Macht und die Möglichkeit, Hitler und Mussolini nicht so groß werden zu lassen, wie sie nun geworden sind – ja, sie hatten 1933, und noch 1934 die Möglichkeit, Hitler zu erledigen. [...] Alle, die im deutschen Volk gegen Hitler waren, haben auf einen starken Akt des Protestes von seiten des Auslandes gewartet. – Nun, dieser Akt ist ausgeblieben [...]. Man ließ Hitler groß werden; man gestattete es ihm, sich auszuwachsen zu der riesigen Weltgefahr, die er heute ist.

Die Analyse für diejenigen, die außen stehen, von einem, der von innen kommt und sich den Außenstehenden als Experte andient, ist schärfer als die Analysen, mit denen Klaus Mann seine europäischen Gastländer in Europa bedacht hatte. In Europa kritisierte Klaus Mann Frankreich nicht öffentlich. Er ließ Frankreich in dem Begriff „nicht-faschistisches Europa" aufgehen. Dies zeigt, wie schwer es ihm anfänglich fiel, es direkt anzugreifen. „Sein" Frankreich war nicht eigentlich schuld am Ausbleiben des Protestes: Es war das „andere" Frankreich. Als im September 1938 in München die Abtrennung der mehrheitlich von Deutschen besiedelten Gebiete der Tschechoslowakei und deren Eingliederung in das Deutsche Reich beschlossen wird, nennt Klaus Mann Frankreich nicht namentlich, sondern fasst es unter dem Begriff „[d]ie großen Demokratien", die, anstatt „Angst vor Hitler" zu haben, nun nur noch „Angst vor seinem Sturz" hätten und ihn „mit *allen* Mitteln" halten würden. (*TB* IV 64) Wenig später fühlt er

> *Tiefste politische Depression.* Verrat der Demokratien. Ihre totale Entwürdigung. Das Klasseninteresse der City, der Pariser Finanz (und ihrer Repräsentanten Chamberlain – Daladier) siegt über *alles.* (*TB* IV 64)

Und am 2. 10. 1938 heißt es schlicht: „Die Abdankung der Demokratien" (*TB* IV 65).
Klaus Mann unterschätzt die Friedenswünsche der französischen Bevölkerung und verkennt die Möglichkeiten der französischen Armee. Je mehr man in Frankreich über das Münchner Abkommen erleichtert ist, je deutlicher es wird, dass Frankreich im Spanischen Bürgerkrieg nicht zugunsten der demokratischen Kräfte eingreifen wird, desto enttäuschter und verärgerter ist Klaus

---

[179] Klaus Mann: *Worum der Kampf geht* [1936], S. 62f. In: *WvM* 57-65.

Mann. Der Fall der Hafenstadt Barcelona an die Franco-Faschisten wird ihm „[d]ie neue politisch-moralische Niederlage Frankreichs" (*TB* IV 83).

In einem von Grunewald auf den April 1939 datierten[180], unveröffentlichten Typoskript einer Radioansprache drängt Klaus Mann Frankreich und England, nun endlich etwas gegen Hitler zu unternehmen. Indem er die in der deutschen Ausgabe von *Mein Kampf* niedergelegten, in der französischen Ausgabe jedoch ausgesparten Ausführungen über Hitlers Frankreich betreffende Ziele übersetzt, macht Klaus Mann darauf aufmerksam, dass Frankreich neben den Juden Hitlers Hauptgegner sei:

> However, the Führer and Chancellor of the Reich has, at least, two absolutely honest and consistent feelings: he hates the Jews, and he thinks that there isn't room enough, in Europe, for France and for the Greater Germany.[181]

Die bisherige Appeasementpolitik Frankreichs, die sich in der Zustimmung zur Abtrennung des Sudetengebietes von der Tschechoslowakei gezeigt hatte, verurteilt er deswegen aufs Schärfste:

> The honest friend of the French Nation – and every good Democrat, every cultured man <u>has</u> to be devoted to this generous, brave and most highly gifted people – were deeply moved, when they watched these spontaneous of naiv happiness. Peace was saved – the Peace in Honour, the Peace in our Time! French pacifists sang the Marseillaise, drank Champagne, and told each other: Isn't he as swell fellow, our Daladier? And Hitler and Mussolini, after all, are not to awfully bad either.[182]

Obwohl Frankreich seiner Ansicht nach mit seinem langen Zögern „very tragic mistakes"[183] gemacht habe, sei aufgrund seiner Freundschaft mit Großbritannien und den Vereinigten Staaten noch nichts verloren. Um Frankreichs Würde, Sicherheit, Unabhängigkeit und seine nationale und soziale Freiheit zu bewahren, fordert Klaus Mann von Frankreich eine standhafte Einstellung gegen Hitler.

Einen Monat später klagt er England und Frankreich erneut der Tatenlosigkeit an. So heißt es in einem zu Lebzeiten nicht veröffentlichten Aufsatz, in dem er den im Reich verbliebenen Schriftstellern seine Ansicht über die weltpolitische Lage mitteilen will:

> Männer von Einfluß in Paris und London zeigten sich sehr geneigt, den ‚Führer' für einen ‚Mann der Ordnung', den Beschützer großbürgerlicher Interessen – kurz, für ein ‚Bollwerk gegen den Bolschewismus' zu halten. Ihre Bereitschaft, ihn gewähren zu lassen, ihm den Willen zu tun, seinen Ansprüchen immer noch einmal nachzugeben, ging erstaunlich weit – weiter, ganz entschieden, als den internationalen Interessen Frankreichs und Englands zuträglich war. Die ‚großen' Demokratien vermieden es aufs

---

[180] Vgl. Michel Grunewald: *Klaus Mann 1906-1949. Eine Bibliographie. Verzeichnis des Werks und des Nachlasses von Klaus Mann mit Inhaltsbeschreibung der unveröffentlichten Schriften, Namensregister und Titelverzeichnis*, München 1984, S. 156.
[181] Klaus Mann: *„France". Radio Speech*, o. O., o. D., KMA, S. 1.
[182] Klaus Mann: *„France"*, a. a. O., S. 3.
[183] Klaus Mann: *„France"* , a. a. O., S. 5.

sorgfältigste, sich in die ‚inneren Angelegenheiten' des Reiches einzumischen. Mochte Hitler die öffentliche Meinung der Welt schockieren; mochte der sittliche Skandal seines Regimes zum Himmel schreien: Man wollte den Frieden mit Deutschland. Österreich, die spanische Demokratie, die Unabhängigkeit der Tschechoslowakei – alles wurde geopfert. Wichtiger als alles war die Erhaltung des Friedens.[184]

Andererseits notiert er am 12. Mai 1939: „Lage günstiger. Starke Haltung Chamberlains und Daladiers – pour le moment ..." (*TB* IV 106).
Dieses Hin und Her zwischen Anklage und Fürsprache zeigt, wie angespannt Klaus Mann in diesen Monaten vor dem Ausbruch des Krieges ist, den er von Frankreich und Großbritannien einfordert, zumal er sich sicher ist, Deutschland könne ihn nur verlieren. Wie zuvor die Frage, ob man als Deutscher für oder gegen Hitler ist, für Klaus Mann nur mit ja oder nein zu beantworten war, beurteilt er nun die Politik Frankreichs in ähnlicher Ausschließlichkeit. Dabei nennt er zwar mögliche Gründe, warum Frankreich nicht eingreift – wie eine etwaige Nichteinmischung in die Innenpolitik oder die Angst vor dem Kommunismus –, letztlich jedoch lässt er sie nicht gelten. Er will, dass das Frankreich, das er als Demokratie und kulturellen Mittelpunkt in Europa sieht, endlich seinem Idealbild nachkommt und sich zum Kampf gegen das Dritte Reich anschickt. Es liest sich wie ein strategischer Ratschlag, eine letzte Aufforderung, wenn er, Bezug nehmend auf den Hitler-Stalin-Pakt, am 27. August 1939 in sein Tagebuch schreibt:

> Hitler sendet messages; traut sich nicht. Das prahlerische erpresserische Monstrum hockt in Berchtesgaden oder Berlin? Und TRAUT SICH NICHT [...]. Paris/London ‚firm'. Aber wollen sie das Monstrum endlich los sein??
> – Die Gelegenheit ist günstig wie noch nie... (*TB* IV 130).

Am 1. September 1939, dem Tag, an dem der Krieg beginnt, wählt Klaus Mann die englische Sprache, um Hitlers Ende zu prophezeien. „This is his end", schreibt er, was nochmals auf sein in diesem Moment „nicht deutsch, nicht europäisch sein Wollen" hinweist. „Angst. Hoffnung. Beben. Äußerste Spannung. Immer am Radio. Oft den Tränen nahe" (*TB* IV 131), fasst er seine Gefühle zusammen.
Als Frankreich und Großbritannien am 3. September dem Deutschen Reich den Krieg erklären, ist Klaus Manns „Erleichterung und Hoffnung indessen stärker als Schrecken und Angst" (*TB* IV 132), denn er vertraut darauf, dass der Krieg „*nicht* lange dauern" (*TB* IV 132) wird und die Niederlage Deutschlands besiegelt ist. In einem in November 1939 verfassten unveröffentlichten Aufsatz erklärt er, dass er „im schnellen Siege Frankreichs und Englands die einzige und letzte Chance für Europa und ein ‚besseres Deutschland'" (*ZD* 170) sieht. Seine Hoffnungen setzt er dabei auch auf den von ihm als Deutschlandkenner und Versöhner geehrten französischen Schriftsteller und Politiker Jean Giraudoux, der zum Minister für französische Propaganda[185] berufen wird:

---

[184] Klaus Mann: *An die Schriftsteller im Dritten Reich* [1939], S. 103f. In: *ZD* 94-112.
[185] Klaus Mann: *Jean Giraudoux* [1939], S. 184. In: *ZD* 183-186.

> Der Einfall, einem Dichter und erklärten Freund der Deutschen ‚pleins pouvoirs' zu geben, ist echt französisch: kühn, etwas launisch und dabei sehr klug. Denn es ist klug sich *nicht* auf das Niveau eines Feindes zu begeben, dessen einfallsreiche Gemeinheit und gellende Lügen-Rhetorik man doch nicht übertrumpfen könnte oder möchte. (*ZD* 184f.)

Die Berufung von Giraudoux ist für Klaus Mann ein Zeichen, dass sein Frankreich noch existiert. Doch zur Hoffnung gesellt sich auch Enttäuschung: Am 1. Oktober erreicht ihn die Nachricht von der „Internierung der deutschen Autoren in Frankreich" (*TB* IV 136). Als er am 28. Mai des nächsten Jahres von Hermann Kesten, der in Frankreich „den Qualen und Lächerlichkeiten des Lager-Lebens" (*TB* V 39) ausgesetzt war, hört, dass „die Haltung des französischen Volkes, der Intellektuellen u.s.w., sehr freundlich" (*TB* V 39) gewesen sei, ist ihm diese positive Beurteilung der Franzosen so wichtig, dass er sie in seinem Tagebuch festhält: Es gibt sein Frankreich noch.

Mit dem Einmarsch der Wehrmacht in Paris am 14. Juni 1940 geschieht für Klaus Mann jedoch „[d]as Unvorstellbare" (*TB* V 43). „Die Nazis in Paris [...], die Tritte der Mörder" bescheren ihm einen „Cauchemare" (*TB* V 43), der französische Zusammenbruch „[d]ie dunkelsten Tage", ist doch mit der Machtübernahme Hitlers zu rechnen: „Reynaud's Rücktritt. Der alte Pétain – Hitler gegenüber in der Hindenburg-Rolle". Anfänglich versucht Klaus Mann, „auf die Zukunft" (*TB* V 43) zu vertrauen und zu hoffen, dass dieser „Hitler-Triumph nur täuschende Episode" sei. Später, in seinen tagebuchartigen Skizzen im *Wendepunkt*, die Klaus Mann mit dem Einzug der Wehrmacht in Paris beginnen lässt, wird es unter dem Datum des 14. Juni abschließend heißen: „Einziger Lichtblick: De Gaulle." (*WP* 398) Diese Hoffnung auf den französischen General, der zunächst von England und den USA militärisch und politisch nicht ernst genommen wurde, findet sich weder in Klaus Manns Tagebüchern (vgl. *TB* V 44) noch in der 1942 verfassten Autobiographie *The Turning Point*[186]. Dies ist zum einen Indiz dafür, dass Klaus Mann dem französischen Widerstand anfänglich keine Bedeutung beimisst, zum anderen, dass er sich nachträglich im *Wendepunkt*, den er schreibt, nachdem General de Gaulle als Befreier Frankreichs gefeiert wird, zum frühzeitig Ahnenden stilisiert. Wie aus seinen Tagebüchern hervorgeht, macht sich Klaus Mann im Sommer 1940 keinerlei Hoffnung mehr. Stattdessen liest er, „wie die Nazi-Soldaten sich grinsend auf dem Eiffelturm photographieren lassen" (*TB* V 44). Bei der Vorstellung, seine Feinde auf dem Wahrzeichen Frankreichs auf sein Paris hinunterblickend zu sehen, wird ihm „buchstäblich übel" (*TB* V 44). „Oh ma pauvre France" (*TB* V 44), kommentiert er die Nachricht, dass Pariser Mädchen mit deutschen Soldaten kokettieren. Die Nachrichten über die Zusammenarbeit der neuen Regierung mit den Nationalsozialisten sind für Klaus Mann

> immer noch unvorstellbar, wie der Tod eines sehr nahen Menschen. – Am grauenvollsten: nicht die Niederlage – sondern der Verrat. Wie diese Un-

---

[186] Vgl. Klaus Mann: *The Turning Point*, New York 1942, S. 327. Im Folgenden werden Zitate aus diesem Werk durch die Sigle *TP* und die Angabe der entsprechenden Seitenzahl im Text belegt. Wo *Turning Point* und der später verfasste *Wendepunkt* inhaltlich übereinstimmen, wird aus dem *Wendepunkt* zitiert.

terteufel – Laval u.s.w. – überall als die tüchtigen Agenten ihres Oberteufels erfolgreich funktionieren. (*TB* V 44)

Frankreich ist nun buchstäblich tot, wird Feindesland, in dem sich Freunde, aber auch sein Bruder Golo und sein Onkel Heinrich aufhalten und um deren Wohlergehen sich Klaus Mann sorgen muss (vgl. *TB* V 44) wie sieben Jahre zuvor um zurückgebliebene Freunde im Dritten Reich. Im *Wendepunkt* hält er später das Schicksal seines Bruders Golo fest:

> 29. *Juni*. Sorge um Golo, Onkel Heinrich, Mopsa Sternheim und andere, die in Frankreich verschollen sind. Golo, der sich als tschechischer Freiwilliger bei der französischen Armee gemeldet hatte, wurde prompt interniert, als ob Frankreich Krieg gegen die Antifaschisten führte, nicht gegen die Faschisten. Die letzte Nachricht von ihm – das war noch vor dem *débacle* – kam aus einem Konzentrationslager. (*WP* 401)

Seine Sorgen betreffen aber auch französische Schriftsteller. So nimmt er am 13. Oktober zusammen mit den französischen Schriftstellern Jules Romains, Jacques Maritain und Robert de Saint-Jean an einer Sitzung teil, um die Frage zu erörtern, wer von den sich in Frankreich aufhaltenden Kollegen gefährdet sei, für wen Unterstützung geleistet werden könnte (vgl. *TB* V 69).

Klaus Manns Äußerungen in dieser Zeit zeigen, wie sehr er hofft, sein demokratisches, republikanisches, kulturbeflissenes Frankreich möge sich gegen das Frankreich des General Pétain durchsetzen, das mehrheitlich von der französischen Bevölkerung unterstützt wird. Nachdem er die Hoffnung aufgegeben hat, in Deutschland würde sich ein erfolgreicher Widerstand formieren, sieht er nun auch in Frankreich die Unterstützung Hitlers. In Amerika muss Klaus Mann feststellen, dass Deutsche und Franzosen, für deren Versöhnung er sich in den zwanziger Jahren eingesetzt hatte, sich von Amerika aus betrachtet auf politischer Ebene augenscheinlich gut verstehen. Er muss erfahren, wie andere deutsche Emigranten, die sich wie er selbst in Frankreich den Franzosen als wahre Freunde anzubieten versucht hatten, interniert werden und mit dem Tod bedroht werden. Da sich Klaus Mann in Amerika keine Illusionen macht, das Dritte Reich der Nationalsozialisten könne durch die Deutschen selbst beendet werden, sind sie für ihn – mit Ausnahme der Emigranten, die sich jedoch, wie er selbst, um andere Nationalidentitäten bemühen – mit den Nationalsozialisten und Deutschland mit dem Dritten Reich gleichzusetzen. Sein Widerwillen gegen die deutsche Sprache und auf Deutsch geschriebene Literatur zeigt dies.

Doch entgegen seinem Urteil, sein Frankreich sei tot, wird Klaus Mann an seinem positiven Frankreichbild festhalten. Trotz der fremdenfeindlichen Erfahrungen während seiner Exilzeit, trotz der anfänglich reibungslos erscheinenden Kollaboration des französischen Staates mit dem Dritten Reich und trotz der Internierung seines Bruders konzentriert er weiterhin seine Idealvorstellungen von Europa und damit seiner geistigen Heimat in seinem Frankreichbild. In dem Maße, indem sich seine Integration in die amerikanische Gesellschaft als schwierig erweist, begibt sich Klaus Mann auf die Suche nach einer neuen Heimat. Nach dem Wegfall Deutschlands als Teil seiner Europavisionen wird Frankreich erneut zum stilisierten Bild. So erinnert er sich am 5. Dezember 1938 bei der Lektüre von Jean Paul Sartres Roman *La Nausée*: „Armes, schönes Frankreich" (*TB* IV 75), und am 18. August 1939 schreibt er anlässlich eines Kinobesuchs: „Wie noch ein mittelmäßiger französischer Film mir lieber ist, als die Hollywood-Ware!!" (*TB* IV 126). Angesichts einer im Oktober konstatierten „[p]uritanische[n] Reglementierung des Lebens", die sich durch ein Verbot von Bier und Wein ausdrückt, schreibt er: „In meinem Frankreich wars doch anders ..." (*TB* IV 138), und fragt sich, warum die Amerikaner nicht zu leben wissen (vgl. *TB* IV 138), was zeigt, wie sehr er kulinarische Genüsse und die damit verbundene Lebensfreude mit Frankreich verbindet.

Klaus Mann liest weiterhin sehr viel. Fast täglich vermerkt er in seinem Tagebuch seine Lektüre. Sie eröffnet ihm die Möglichkeit, als Literaturvermittler arbeiten zu können. Die französische Literatur nimmt dabei vor der amerikanischen und neben der exil-deutschen einen herausragenden Platz ein.[187] Ein Grund für diese Bevorzugung ist Klaus Manns Ansicht, die französische wäre sich im Gegensatz zur deutschen Literatur ihrer gesellschaftspolitischen Verantwortung immer bewusst gewesen:

> Nein, niemals lag es in der Absicht unserer größten Geister, die Massen zu beeindrucken, gar zu beeinflussen. Ihr erzieherischer Ehrgeiz war gering [...]; die Politik erfüllte sie mit Abscheu. [...] Und dennoch wären vielleicht *gerade sie* dazu verpflichtet gewesen, dieses Geschäft ein wenig sauberer zu machen... Genau das haben ihre besten französischen Kollegen versucht, ihrem Lande und der ganzen Welt zuliebe. Alle großen französischen Autoren – Voltaire und Rousseau, Victor Hugo und Zola – kämpften unerschrocken und ohne Vorbehalte gegen soziale Übel, gegen Unrecht und Unterdrückung; sie rangen um eine bessere Zukunft für die Menschheit. Sie schrieben über die Gesellschaft, um sie zu bessern. Balzac, Flaubert und Maupassant wurden zu Realisten, weil sie Idealisten waren. Ihre Interessen lagen hauptsächlich im Sozialen – während die deutschen Autoren sich beinahe ausschließlich mit dem Individuum befaßten.[188]

Diese Aussage trifft Klaus Mann schon 1939 und damit vor der Kollaboration der französischen Regierung und Bevölkerung mit den deutschen Nationalsozialisten. Das soziale Engagement der französischen Schriftsteller und ihrer Literatur identifiziert er als Grund dafür, dass in Frankreich keine Diktatur, kein nationalsozialistisch-faschistisches Regime herrschen könnte. Dies zeigt zum einen, welchen (gesellschaftspolitischen) Wert er der Literatur im Allgemeinen zugesteht und zum anderen, wie sehr er die soziale Verantwortung, die er als vorrangiges Ziel für sich selbst beschrieben hat (s.o.), insbesondere in der französischen Literatur erkennt. Als Frankreich dann mit dem Dritten Reich zusammenarbeitet, korrigiert Klaus Mann seine wohlwollende Einschätzung nicht. Die französische Literatur bleibt weiterhin geistige Heimat, in die er aufgrund der von ihm unterstellten Gemeinsamkeiten fliehen und in

---

[187] So ist u.a. am 26. 5. 1942 die Gide-Lektüre (vgl. *TB* V 97), am 31 Mai die Lektüre von Henri Beyres *Le Classicisme Francaise* (vgl. *TB* V 107) verzeichnet. Am 29. 7. liest er La Rochefoucauld, am 14. 10. von André Maurois *I Remember* (vgl. *TB* V 114), am 3. 7. ist die Lektüre von Proust angemerkt (vgl. *TB* V 149).
[188] Klaus Mann: *Zweimal Deutschland* [1939], S. 52. In: ZD 41-55.

der er sich verorten kann. Im November 1940 notiert er aufgrund der Lektüre von Jean Cocteaus Roman *La fin du Potomak* wehmütig: „Pauvre Jean! Pauvre France" (*TB* V 75), was verdeutlicht, wie sehr Klaus Manns Frankreichvorstellungen durch die französische Literatur bestimmt sind. Und am 11. August 1943 vermerkt er den Genuss, den er beim Lesen von Maupassants *Mademoiselle Fifi* verspürt, da er in dieser Lektüre einerseits seine Abscheu gegenüber den Deutschen und andererseits sein elegantes, kunstsinniges, literarisches Frankreich wiederfindet:

> Aufregend, aktuell – die lebendige und boshafte Beschreibung der preußischen Offiziere in dem französischen Schloß. Welcher Haß! Und andererseits, welche Eleganz und lässige Kunstfertigkeit. (*TB* V 165)

Angesichts der Intention seiner im Exil geschriebenen Texte *Horst Wessel* und *Mephisto* als literarische Demaskierung der Nationalsozialisten, sind die hier formulierten Vorzüge als die Ziele zu kennzeichnen, die Klaus Mann für sein belletristisches Schreiben im Exil sieht. Diese Wertschätzung und Selbstfindung in der französischen Literatur führen dazu, dass sich Klaus Mann während seines Exils in den USA zum Botschafter seiner geistigen Heimat macht. Stärker noch als in seiner Exilzeit in Europa wird er in den USA zum Vermittler französischer Literatur. So widmet er sich in seiner in den Jahren 1939 und 1940 verfassten und zu Lebzeiten unveröffentlichten Essaysammlung *Distinguished visitors*, in der er berühmte europäische Amerikareisende portraitiert, den Reisemotiven und -erfahrungen Sarah Bernhards, Chateaubriands, Georges Clemenceaus und Jean Cocteaus.[189] Im Januar 1941 erscheint nach der in Amsterdam herausgegebenen *Sammlung* mit *Decision* Klaus Manns zweites Projekt einer monatlichen Kulturzeitschrift. Richtete sich die deutschsprachige *Sammlung* vor allem an deutsche Exilanten, begreift Klaus Mann die englischsprachige *Decision* als Forum, um „die Beziehungen zwischen dem amerikanischen und dem europäischen Geist zu intensivieren"[190] und damit, sich selbst als literarischen Vermittler verstehend, gegen die „Enthumanisierung des Menschen" und für einen „neuen Humanismus" (*ZD* 235) zu kämpfen. Mit Jean Cocteaus Skizze *The Ruins of Paris*[191] veröffentlicht Klaus Mann in der ersten Ausgabe französische Literatur, mit *French Spirit vs. Nazi Peace* von Pierre Lazareff in der Märzausgabe einen Essay über die Bemühungen des nationalsozialistischen Deutschlands, die französischen Intellektuellen für ihre Deutschlandvorstellungen zu begeistern.[192] Von ihm selbst erscheint im März unter dem Titel *The Vanguard – Yesterday and Tomorrow* ein Essay, in dem er auf die französischen Surrealisten eingeht[193]. Im August bespricht er Julien Greens neuen Roman *Then Shall the Dust Return*[194] und veröffentlicht zwei Gedichte von Claire und Ivan Goll[195]. Die November/Dezember-Ausgabe ist Frankreich gewidmet. Georges Bernanos, André Gide und Jean Paul Sartre

---

[189] Vgl. Klaus Mann: *Distinguished Visitors. Der amerikanische Traum*, München 1992, S. 7.
[190] Klaus Mann: *Decision* [1941], S. 238. In: *ZD* 235-239.
[191] Jean Cocteau: *The Ruins of Paris*. In: *Decision* (Januar 1941), S. 39f.
[192] Vgl. Pierre Lazareff: *French Spirit vs. Nazi Peace*. In: *Decision* (März 1941), S. 27-33.
[193] Klaus Mann: *The Vanguard – Yesterday and Tomorrow*. In: *Decision* (März 1941), S. 68-73.
[194] Klaus Mann: *Then Shall the Dust Return* (Rezension). In: *Decision* (August 1941), S. 52-57.
[195] Claire und Iwan Goll: *Two Poems*. In: *Decision* (August 1941), S. 26.

beteiligen sich mit Beiträgen, Klaus Mann selbst positioniert sich mit seiner Hommage an Gide auch in den USA als Gide-Kenner und -Verehrer. Außer in seinen Aufsätzen zur französischen Literatur in der nur von Januar 1941 bis Januar 1942 erscheinenden *Decision* betätigt sich Klaus Mann auch in anderen Publikationen als Vermittler. Im Dezember 1939 erscheint in der Zeitschrift *The Nation* ein Portrait von Jean Giraudoux (vgl. ZD 430), im November 1942 eine Besprechung von André Maurois' Autobiographie *Reminiscences of Pre-Vichy France*[196]. Im Juni 1942 schreibt er einen Essay über *Cocteau und Gide*[197], der allerdings zu Lebzeiten keine Veröffentlichung erfährt (vgl. ZD 435). Unter dem Titel *Memories of Free France*[198] publiziert die *Chicago Sun Book Week* im Dezember 1942 seine Besprechung von Julien Greens Autobiographie *Memories of Happy Days*. Im Februar 1943 erscheint sein Aufsatz *Surrealist Circus*.[199]
Im Sommer 1941 und damit noch während seiner Tätigkeit als Herausgeber von *Decision* beginnt Klaus Mann mit seinem nach *Kind dieser Zeit* und *Rundherum* dritten größeren autobiographischen Projekt. Im September des nächsten Jahres erscheint es in New York unter dem Titel *The Turning Point*.

> Ever since the days of Rousseau and Voltaire France had been the admitted model and educator of the ‚good-Europeans' in Germany. (*TP* 166)

Mit diesen Zeilen fasst Klaus Mann seine Ansicht über den Vorbildcharakter des literarisch-geistigen Frankreichs zusammen. Frankreich als Lehrer des guten, Europa zugeneigten Deutschlands, diese Vorstellung ist für Klaus Mann Grundlage, sich selbst in Amerika als frankophil, als guter Europäer und damit auch als guter Deutschen darzustellen. Neben seiner Beziehung zu René Crevel (vgl. *TP* 120ff.) beschreibt er dem amerikanischen Leser u.a. die zu Jean Cocteau (vgl. *TP* 174ff.) und André Gide (vgl. *TP* 177ff.) sowie seine Einstellung zu den französischen Surrealisten (vgl. *TP* 182ff.). In seinem Kapitel *Olympus* rühmt er die Rolle Gides (vgl. *TB* 197) sowie Arthur Rimbauds und Paul Verlaines für seine eigene geistige und literarische Entwicklung (vgl. *TP* 213ff.).
Direkt im Anschluss an *The Turning Point* beginnt Klaus Mann im Sommer 1942 mit seinem umfangreichsten Werk, was die Vermittlung französischer Literatur anbetrifft: mit seiner Monographie über André Gide. Die „Lust ein BUCH über Gide zu schreiben" (*TB* IV 125) hatte er bereits im August 1939 in seinem Tagebuch vermerkt. Nach der Fertigstellung der Arbeit im Oktober erscheint das Buch 1943 in New York unter dem Titel *André Gide and the Crisis of Modern Thought*[200]. Klaus Mann versucht hier, dem amerikanischen Leser,

---

[196] Klaus Mann: *M. André Maurois' Reminiscences of Pre-Vichy France* (*Die intimen Memoiren des André Maurois*) [1942]. In: ZD 414-418.
[197] Klaus Mann: *Cocteau und Gide* [1942]. In: ZD 391-409.
[198] Klaus Mann: *Erinnerung aus glücklichen Tagen* [1943]. In: Klaus Mann: *Auf verlorenem Posten. Aufsätze, Reden Kritiken 1942-1949*. Hrsg. von Uwe Naumann und Michael Töteberg, Reinbek bei Hamburg 1994, S. 19-22. Im Folgenden werden Zitate aus diesem Band durch die Sigle *AvP* und die Angabe der entsprechenden Seitenzahl belegt.
[199] Klaus Mann: *Surrealistischer Zirkus* [1943]. In: *AvP* 26-35.
[200] Klaus Mann: *André Gide and the Crisis of Modern Thought*, New York 1943. Im Folgenden werden Zitate aus diesem Werk durch die Sigle *AG1943* und die Angabe der entsprechenden Seitenzahl im Text belegt. Wo die New Yorker Ausgabe mit der späteren Übersetzung ins

nach einem Überblick über die Pariser Literaturszene der zwanziger Jahre, chronologisch Leben, Werk und Wirkung Gides nachzuzeichnen und zu interpretieren. Auch das nächste größere Projekt Klaus Manns ist ein vermittelndes. Im Frühjahr 1943 arbeitet er zusammen mit Hermann Kesten an der Herausgabe einer Anthologie moderner europäischer Literatur, die gleichsam eine Werbung für Klaus Manns Vorstellung eines kulturell vielfältigen Europas sein soll. In der nach Ländern geordneten Sammlung nimmt Frankreich den ersten Platz und mit 23 Beiträgen vor dem fast nur durch die Exilschriftsteller präsentierten Deutschland den größten Raum ein. Die französischen Autoren sind Yvan Goll, Paul Valéry, Romain Rolland, André Gide, Marcel Proust, Roger Martin du Gard, Paul Claudel, Valéry Larbaud, Jules Romains, Georges Duhamel, Henry de Montherlant, Julien Green, Saint-John Perse, Francois Mauriac, Louis Aragon, André Malraux, Paul Eluard, Jean Giraudoux, Antoine de Saint Exupéry, Jacques Maritain, Jean Cocteau und Georges Bernanos.[201]

Seine ungebrochene Identifikation mit seiner geistigen Heimat ist es, die Klaus Mann auch nach der Besetzung und nach der Gründung des Etat français besonders in seinen für die Öffentlichkeit bestimmten Texten an seiner positiven Darstellung Frankreichs festhalten lässt. So erklärt er in seinem im November 1941 das Frankreich-Heft seiner Zeitschrift *Decision* einleitenden Aufsatz *For France* Frankreich zum betrogenen Opfer, in dem nach der Eroberung durch Deutschland Pétain als Faschist und die „Ratte Pierre Laval"[202] (ZD 362) herrschen würden:

> Die französische Nation – ausgehungert, erniedrigt, betrogen und beleidigt – windet sich unter dem Terror eines gnadenlosen Eroberers; aber der Marschall ‚konferiert'. Millionen Franzosen fristen ein Sklavendasein in der Fremde, in den Nazifabriken. (ZD 361)

Seine nachfolgend geführte Diskussion, inwieweit das französische Volk Verantwortung für die momentanen Verhältnisse in Europa tragen könnte, zeigt einerseits, dass Klaus Mann zwar den Franzosen eine Teilschuld gibt – von der er sie letztlich wieder entschuldigt –, andererseits zeigt die Diskussion aber auch, wie sehr – und gerade im Negativen – Klaus Mann sich des Bilderrepertoires bedient, mit dem die Franzosen zur Zeit des Ersten Weltkriegs, also während Klaus Manns Kindheit in Deutschland, vorgestellt wurden:

> Wären die Franzosen in Versailles weniger selbstsüchtig und ängstlich gewesen, hätte es womöglich keinen Hitler gegeben. Hätten sie ihre Rüstung nicht vernachlässigt, könnte Hitler inzwischen geschlagen sein. Kein Zweifel, die Franzosen neigten zur Trägheit und Selbstzufriedenheit; sie liebten Geld, Bordelle, Apéritifs; vor dem Kampf schraken sie zurück.. [...] Die Franzosen sind nicht vollkommen – natürlich nicht. Sie sind sehr

---

Deutsche *André Gide und die Krise des modernen Denkens* (AG) inhaltlich übereinstimmt, wird aus dem deutschen Text zitiert.
[201] Vgl. Klaus Mann und Hermann Kesten (Hg.): *Heart of Europe. An Anthology of creative writing in Europe 1920-1940*, New York 1943, S. V.
[202] Klaus Mann: *Für Frankreich* [1941], S. 362. In: ZD 360-364.

menschlich: weich und bestechlich; lebhaft, verletzlich und widerstandsfähig. (ZD 363)

Das Bild vom selbstverblendeten, alkoholsüchtigen, lüsternen, lasterhaften, ängstlichen, weichen und damit auch irgendwie weibischen Franzosen[203] taucht wieder auf. Es zeigt, wie sehr sich Klaus Manns Frankeichrezeption gerade im weit entfernten amerikanischen Exil auf traditionelle Zuschreibungen reduziert, und wie nahe ihm doch die Vorstellungen sind, die er als Kind und Jugendlicher vermittelt bekam, bevor er Frankreich selbst erlebte. Ein Großteil seiner positiven wie negativen Frankreichvorstellungen setzt sich weniger aus eigenen Erfahrungen und individuellen Komponenten zusammen, sondern ist vielmehr durch tradierte Frankreichbilder geprägt. Den Gedanken weiterführend hieße dies, dass die tradierten Frankreichbilder, die Klaus Mann vor seiner Begegnung mit Frankreich in sich aufgenommen hat, entscheidend für seine Liebe zu Frankreich sind, und dass seine eigenen Frankreicherfahrungen vielmehr als Finden- und Sehen-Wollen dessen beschrieben werden können, was Klaus Mann zuvor gelesen und erzählt bekommen hat. Im Positiven hat Klaus Mann in den letzten beiden Jahrzehnten in Frankreich Literatur, Geist, Demokratie, Weltgewandtheit, Kunst, Intellektualität, Lebensgenuss gefunden und sich deutlich mit Frankreich identifiziert.

Steckt auch in den negativen Frankreichvorstellungen, die in die deutsche Kultur Eingang fanden, ein Identifikationsangebot? Klaus Manns sorgloser Umgang mit Geld, sein Hang zum Luxus, seine dem Alkoholismus verwandte Drogensucht, seine zahllosen Sexualkontakte sowie seine Flucht aus Deutschland und Europa, sein Nichtkämpfen, ließen sich als „verschwendungssüchtig", „drogensüchtig", „lasterhaft", „feige", als „weibisch", „dekadent" und damit auch als „französisch" bezeichnen. Die Nähe zwischen den tradierten Frankreichbildern einerseits und Klaus Manns Wesenszügen andererseits erklärt seine so intensive Beschäftigung mit Frankreich. Er findet seine eigenen Wünsche und Ziele, aber auch seine Laster in seiner Konzeption von Frankreich wieder. Frankreich ist nicht nur Mittel zur Selbststilisierung, sondern auch Spiegel für einen jungen europäischen Intellektuellen. Die Niederlagen, die Kollaboration Frankreichs können nicht dazu führen, die enge Verknüpfung seiner Frankreichvorstellungen mit seinen eigenen Zielen zu lösen. Frankreich bleibt ihm „das zivilisierteste Volk" (ZD 363), nicht Amerika, mit dem er sich trotz seiner Bemühungen nicht identifizieren kann, und nicht das nicht kollaborierende Großbritannien. Es wäre das Aufgeben eines Traums vom Wiederfinden der Heimat, vom Wiederfinden seines Selbst, das er in Europa zurückgelassen hat und das er sich immer stärker zurückwünscht, je mehr er in den USA als Schriftsteller und Amerikaner scheitert. Gerade weil sein Frankeichbild mit seinen eigenen Wesenszügen und Zielen in so vielen Punkten übereinstimmt, beschwört er polemisch:

> Frankreich wird nicht untergehen. Man erinnere sich des sanften Glanzes von Paris! Ist dies die Hauptstadt einer verfallenden Nation? Man denke an das bezaubernde Gleichgewicht französischen Lebens. Der gesunde Menschenverstand dieses Volkes ist eine Bürgschaft für die Zukunft. Man

---

[203] Vgl. Kap. 1.1.1 und Danielle Goubard: *Das Frankreichbild in der Zeitschrift der Türmer*, a. a. O., S. 170 ff.

betrachte seine Dichter, seine Märtyrer. [...] Frankreich, la douce France, blutet und windet sich – verwundet, erniedrigt, besudelt, beladen mit Schuld und Schmerz. Verzweifelt sucht es Halt – doch seine ziellosen Bewegungen werden Sicherheit, Kraft und Schwung zurückgewinnen, sobald sie zur machtvollen Gebärde der Befreiung werden. Man höre auf ihre Stimmen – jetzt sind sie verwahrlost und rauh: doch sie verkünden immer noch den hochherzigen Appell der Revolution; die Botschaft der Dichtung und der Vernunft; das Versprechen der ‚fraternité'. (ZD 364)

Auch in *The Turning Point* hebt er die Bedeutung, die Frankreich für ihn besitzt, immer wieder hervor und beschreibt das Land erneut als Opfer. „June 14, 1940, New York: The Nazis in Paris. Our nightmares materialize." (TP 327) Mit diesem Kommentar lässt Klaus Mann das letzte – mit *Decision* betitelte und die Jahre 1940 bis 1942 behandelnde – Kapitel seiner Autobiographie beginnen und drückt damit erneut aus, welche wesentliche Bedeutung Frankreich und dessen Niederlage gegen die Nationalsozialisten für ihn hat. Für ihn ist es ein „disastrous blow to the cause and future of democracy" (TP 327). Während er vorgibt, das militärische Scheitern aufgrund der „inadequacies of French morale and organisation" erwartet zu haben, seien „cynicism and stupidity of those venal politicans and generals" für ihn nicht vorhersehbar gewesen. Für den Untergang seines geliebten Frankreichs macht er im Wesentlichen nur den Kreis um Pétain verantwortlich und fordert seine Leserschaft auf, diesen „decorated Frankensteins" (TP 327) zu misstrauen.

In seiner englischsprachigen Gide-Monographie sind seine Vorstellungen vom momentan besetzten Frankreich differenzierter. Auf der einen Seite stehen Annette Kolbs Erfahrungen mit antisemitischen Äußerungen, eine nazifreundliche Presse und Kollaborateure (vgl. *AG 1943* 291ff.) sowie die ironische Feststellung, die Mehrheit der Franzosen sei eigentlich hauptsächlich daran interessiert, ihren Garten zu pflegen (vgl. *AG 1943* 302). Auf der anderen Seite sieht er besonders das zunehmende politische Gewicht General de Gaulles, den er zum „only guarantor [...] of French honour and of French resistance" (*AG 1943* 302) erklärt, die Kommunisten, die statt der Dritten Republik nun „their real enemy, The Third Reich" (*AG 1943* 303) bekämpfen, und Gide, über den er schreibt:

In fact, I know of no other prominent man of letters in a Fascist country who has been as courageous, not to say foolhardy, as is this admirable old man, André Gide of France. (*AG 1943* 306)

Mehrere Ursachen machen dieses – im Vergleich zu seinen früheren Vorstellungen – differenziertere Frankreichbild möglich. Zum einen muss Klaus Mann, wenn er Gide zum mutigen und damit vorbildhaften Kämpfer gegen den Faschismus macht, seinen Helden in einer Umgebung wirken lassen, die einen Kampf notwendig werden lässt. Gide kann nur zum mutigen Kämpfer stilisiert werden, wenn Kollaboration und Faschismus in Frankreich in einem bedrohlichen Ausmaß auch vorhanden sind. Ein weiterer Grund liegt darin, dass Klaus Mann mittlerweile über Informationen vom kommunistischen Widerstand in Frankreich verfügt, der sich seiner Ansicht nach vornehmlich auf die deutsche Besatzung und damit auf den für ihn wahren Feind konzentriert. Von großer Bedeutung ist auch die Rolle Charles de Gaulles. Es ist die französische Emigration, die – im Gegensatz zur deutschen – mit de Gaulle einen Mann hat, der sich als Führer eines freien Frankreichs darstellt, gegenüber den USA und Großbritannien selbstbewusst die Rolle eines Partners einfordert und militärisch die Befreiung seines Landes in Angriff nimmt. Im Gegensatz dazu verfügt das deutsche Exil in den USA weder über eine solche Symbolfigur noch über eine deutsche Exilarmee. Derart von den deutschen Exilanten enttäuscht, kann Klaus Mann das Vorgehen der französischen Exilbewegung nur bewundern und damit zum Vorbild für sich selbst nehmen. Gegen Ende des Jahres 1942 stellt sich Klaus Mann der amerikanischen Armee zur Verfügung.

Fast ein Jahr muss Klaus Mann jedoch auf die Rückkehr nach Europa warten. In dieser langen Zwischenzeit, diesem noch nicht Wegsein aus Amerika und noch nicht Ankommen in Europa, portraitiert er für die Armeezeitung *Camp Crowder Message* (vgl. *AvP* 545) zahlreiche ihm bekannte Städte, die aufgrund der Kriegsentwicklung in die Nachrichten kommen. In dieser 1943 unter dem Titel *Cities in the news* erscheinenden Serie und besonders in seinen Portraits von Paris, Hamburg, Tunis und Berlin gibt der Army-Angehörige Klaus Mann prägnanter als in *The Turning Point* und seiner Gide-Monographie Auskunft über seine Deutschland- und Frankreichvorstellungen unmittelbar vor der Konfrontation mit dem realen Deutschland und Frankreich.

Die Zerstörung Hamburgs durch die Royal Air Force und die amerikanischen Bomber ist ihm „eine äußerst wichtige und ermutigende Tatsache"[204]. Da es den Deutschen (und damit anders als den Franzosen) seiner Meinung nach nicht gelungen ist, die Gräueltaten, die die deutsche Regierung und die deutsche Armee in Europa begangen haben, wahrnehmbar zu missbilligen (vgl. *AvP* 75), empfindet er keinerlei Mitleid für die Stadt und ihre Bewohner. Dies zeigt deutlich, wie sehr Klaus Mann von der Kollektivschuld der Deutschen überzeugt ist. Als amerikanischer Staatsbürger, der er seit dem 25. September 1943 ist, ist das deutsche Volk sein Gegner, begrüßt er dessen Vernichtung. Eine Differenzierung wie bei den Franzosen in seiner Gide-Monographie ist ihm nicht möglich. Die Tausende Zivilisten den Tod kostende Bombardierung durch die Alliierten rechtfertigt er seinen Lesern gegenüber, indem er von den möglichen, ihm aber „unbekannten" Widerstandskämpfern annimmt, sie würden die Kampfflugzeuge der Engländer und Amerikaner als „fliegende[n] Festungen der Demokratie willkommen heißen" (*AvP* 77). Das Bild, das er hingegen nach fünf Jahren Abwesenheit und kurz vor seiner Rückkehr von Frankreich und den Franzosen zeichnet, verdeutlicht, wie sehr für Klaus Mann Frankreich DAS Gegenbild zu Deutschland ist. In seinem Portrait über Tunis entwirft er – auf Klischees zurückgreifend – das Bild von einem friedvollen, toleranten Volk:

> Das Französische und das Arabische vertragen sich erstaunlich gut miteinander. Es scheint, als gäbe es ein Art natürliche Affinität zwischen diesen beiden alten Kulturen: sowohl die maurische als auch die gallische Kultur ist elegant, ritterlich sinnlich und heiter. Vielleicht kamen die Franzosen deshalb so gut mit den mohammedanischen Einheimischen zurecht – viel

---

[204] Klaus Mann: *Cities in the News (1): Hamburg* [1943], S. 74. In: *AvP* 74-77.

besser als die erregbaren, eitlen Italiener. Die Franzosen kennen keine Rassenvorurteile. Sie sind anpassungsfähig und tolerant, und bei aller Geschäftstüchtigkeit und gelegentlichen Grausamkeiten äußerst diplomatisch.[205]

Wie sehr seine Vorstellungen von Frankreich und seiner Kultur für Klaus Mann zum Gegenmodell seiner Vorstellungen von Deutschland werden, offenbart er in seinem Aufsatz über Berlin, den er mit dem Satz beginnt: „Berlin ist keine schöne Stadt"[206], bevor er ihr attestiert, sie könne – obwohl sie „nach Paris die zweitgrößte Stadt des Kontinents" sei – „nicht mit der französischen Metropole [...] konkurrieren" (AvP 84). Berlin ist ihm voller „architektonischer Alpträume" (AvP 84), gebaut in einer Epoche, deren Reichtum und Vulgarität sich auf den Sieg über Frankreich im Krieg von 1870/71 gründet. Bei seiner Beschreibung von einigen „eindrucksvollen Sehenswürdigkeiten" bewertet er die Allee *Unter den Linden* zwar als würdevoll und repräsentativ, um dann aber anzufügen, dass sie im Vergleich mit der entsprechenden Prachtstraße in Paris, den „unvergleichlichen Champs-Élysées" (AvP 84) nicht überzeuge. Die Versuche Berlins, sich an Paris und New York würdig zu messen, wertet Klaus Mann als übersteigerten Versuch, Provinzialität zu vermeiden, was seiner Ansicht nach nicht gelingt:

> Was immer Berlin hervorbrachte oder zur Schau stellte, es musste das Beste, das Größte und das Neuste sein. Berlins Untergrundbahn funktionierte schneller und problemloser als die veraltete Pariser ‚Metro'; [...] Berlins Frauen versuchten krampfhaft, die Damenwelt anderer Hauptstädte an Chic und modischem Pfiff zu übertreffen; [...] Berlins Nachtleben war genauso verworfen und glanzvoll, wie es sich ein Besucher aus der Provinz in seinen kühnsten Träumen ausmalen mochte. (AvP 85)

Unter der von Briand und Stresemann forcierten deutsch-französischen Aussöhnung „gab sich Berlin kultiviert und kosmopolitisch" (AvP 86). Dies bedeutet, dass für Klaus Mann in Deutschland Kultiviertheit und Weltgewandtheit nur unter dem Einfluss Frankreichs zustande kommen können. Aber

> [d]ann kam Hitler, und umgehend enthüllte und demonstrierte die schillernde Metropole ganz penetrant die gefährlichsten Seiten ihres Charakters. Sogar noch provokanter als unter dem Kaiser festigte Nazi-Berlin seinen Ruf als der Welt arroganteste und aggressivste Hauptstadt. (AvP 86)

In seinem Portrait über Paris hingegen stilisiert er die französische Hauptstadt zur Stadt des Widerstands:

> Paris lebte weiter, leistete Widerstand, kämpfte – wenn auch nur heimlich, im Untergrund. Die Stadt, einst vielgepriesenes Zentrum der Mode und Eleganz – das vergnügungssüchtige Touristen und Abenteurer aus aller Welt angelockt hatte –, entwickelte allmählich und unauffällig eine neue Art Schönheit und Energie. Paris litt, hungerte, erduldete und gewann so

---

[205] Klaus Mann: *Cities in the News (2): Tunis* [1943], S. 78. In: *AvP* 78–81.
[206] Klaus Mann: *Cities in the News (3): Berlin* [1943], S. 84. In: *AvP* 84–87.

einen tragischen Nimbus, den es vorher nicht besessen hatte – die traurige Erhabenheit des Märtyrers.[207]

Angesichts des Potentials an Widerstand und der „Ehrenrettung" (*AvP* 101) durch die Armeen de Gaulles, verheißt er der Stadt eine „glorreiche, strahlende und großartige Zukunft" (*AvP* 101). Nicht London oder New York, sondern Paris ist ihm „das großartigste Monument der Demokratie" (*AvP* 102).
Deutlicher als in den zwanziger Jahren und während seines Exils in Europa stellt sich in seinem amerikanischen Exil heraus, dass Klaus Manns Vorstellungen von Frankreich weitaus weniger aus seinen tatsächlichen Frankreicherfahrungen stammen, sondern dass es sich dabei vielmehr um ein tradiertes deutsches Frankeichbild handelt, mit dessen Wesenszügen sich Klaus Mann im Negativen, vor allem aber im Positiven identifizieren kann. In der französischen, nicht in der deutschen Literatur findet er seine Ziele und damit sich selbst wieder. Paris, nicht Berlin ist für den Kosmopoliten die Heimat. Hinzu kommen der politische Erfolg der französischen Exilanten um Charles de Gaulle und die gleichzeitige Wirkungslosigkeit der deutschen Exilgruppierungen. Mit ihrer Einigung und Wirkung, die zu Frankreichs „Ehrenrettung" (s.o.) führt, gelingt den französischen Exilbewegungen und dem französischen Widerstand das, worauf Klaus Mann beim deutschen Exil vergeblich gewartet hat. Dies verstärkt seine Sehnsucht, Deutschland, die deutsche Emigration und auch er selbst würden mehr dem Frankreich seiner Vorstellung entsprechen.

2.1.5 Mit höchsten Erwartungen. Klaus Manns Rückkehr nach Europa

Als Klaus Mann im Herbst 1938 versucht, in den USA ein neues Leben zu beginnen, weisen seine Vorstellungen von Frankreich mehr als in den Jahren seines europäischen Exils auch negative Aspekte auf. In der Hoffnung, dass in den USA ein neues Leben möglich sei, fließen die Kollaboration der Franzosen und seine vorherigen negativen Erfahrungen in Paris und Südfrankreich mit in diese Vorstellungen ein. Eine echte Integration in die amerikanische Gesellschaft jedoch, die Millionen deutscher Einwanderer gelang, erreicht Klaus Mann nicht. Ein Grund für sein Scheitern ist der Misserfolg seines literarischen Schreibens. Nach dem Abschluss des *Vulkans* kommt kein größeres literarisches Werk zustande, was auch damit zu erklären ist, dass der Sprachwechsel vom Deutschen ins Englische zu kompliziert scheint. Darüber hinaus muss er seine Zeitschrift *Decision* nach einem Jahr wieder einstellen. Es wächst der Vorwurf, die amerikanische Gesellschaft würde ihn nicht integrieren wollen. Verallgemeinernd notiert er am 22. März 1942 in sein Tagebuch über die Einwanderer: „Wenn sie die Gesellschaft Einheimischer suchen, werden sie wie Außenseiter behandelt" (*TB* V 94).
Ein weiteres Zeichen dafür, dass Klaus Mann für sich in den USA keine Zukunft sieht, ist seine Todessehnsucht, die ihn während seines gesamten USA-Aufenthaltes begleitet. Bereits am 13. Dezember 1938, ein paar Monate nach seiner Ankunft, schreibt er: „Im Bett, bitterlich geweint. ‚Todesdrang'" (*TB* IV 76). Am 27. März 1939 heißt es:

---

[207] Klaus Mann: *Cities in the News (7): Paris* [1943], S. 101. In: *AvP* 99-103.

> Ich lebe, im Augenblick, nicht eigentlich ungern. Trotzdem ist der fast beständige Gedanke an den TOD das Einzige, was mir das Leben erträglich macht. Ich *kann* und *will* nicht sehr lange leben. (*TB* IV 94)

Auch am 18. Februar 1940 hält er seinen „Todeswunsch" (*TB* V 21) in seinem Tagebuch fest.
Die Schwierigkeiten, die ihm bezüglich seiner – schließlich doch noch zustande kommenden – Einbürgerung gemacht werden, zeigen Klaus Mann, dass sich ihm auch das offizielle Amerika verschließt:

> Wenn jedoch meine Bewerbung geradewegs *abgelehnt* werden sollte – gegen alle Gerechtigkeit und Vernunft –; wäre in der Tat SELBSTMORD die einzig logische, fast unvermeidliche Reaktion –. [...] Als unwürdig befunden, amerikanischer Bürger zu werden, würde ich nicht in der amerikanischen Armee bleiben wollen, in der zu dienen mein ganzes Bestreben war. [...] Ich werde vielleicht ein Opfer derselben zwielichtigen Kampagne, die [...] alle liberalen Tendenzen und Individuen in diesem Land bedroht oder offen verfolgt. Mein Selbstmord wäre dann mehr eine Geste politischen *Protestes* und nicht eine Geste extremen Überdrusses. (*TB* V 147)

Die Erfahrungen der Einsamkeit, der Entwurzelung und vor allem des Ungewolltseins führen zu Nicht-Existieren-Wollen. Während seiner Armeezeit notiert er:

> Starkes Gefühl der Einsamkeit [...] So weit von allem weg. Weit weg – von *was*? Es gibt keinen Platz, keine Gruppe, keine Person, zu der ich gehöre. Ich fühle mich losgelöster, entwurzelter, isolierter als je zuvor. (*TB* V 134)

Dieses Gefühl des Alleinseins motiviert ihn jedoch zur erneuten Suche nach einem Ort, an dem Klaus Mann Wurzeln zu finden glaubt: Er will zurück nach Europa. Solange er für sich keine Möglichkeit sah, tatsächlich zurückzukehren, musste er sich mit der Flucht in die Lektüre europäischer, hauptsächlich französischer Literatur begnügen, außerdem setzte er sich im Rahmen des *Turning point* mit seiner in Europa verbrachten Vergangenheit auseinander. In seinem Tagebuch hält er am 28. Juni 1943 fest:

> Heimweh nach Europa. Ich habe dieses Land hier satt. (Vielleicht das Ergebnis meiner Proust-Lektüre. ... Aber werde ich es wiederfinden?) (*TB* V 145)

Wenige Tage später notiert er: „Ich möchte nach Europa. Ein weiterer Abschnitt meines Lebens (1938-1943) ist vorüber." (*TB* V 150) Als er im August 1943 Gerüchte von einer bevorstehenden Invasion in Europa hört, schreibt er:

> Ich bin so versessen darauf, wie jeder dumme, blutrünstige ‚doughboy', nach drüben zu gehen – besser heute als morgen. (*TB* V 170)

Dass dieses „Drüben" und dieses „Europa" Frankreich und Paris ist, verrät nicht nur seine Notiz, die Proust-Lektüre begründe seine Europa-Sehnsucht, sondern auch sein Paris-Portrait der Serie *Cities in the News*, wo er gesteht:

> Einzig nach Paris empfand ich Heimweh, nachdem ich Europa verlassen hatte. Für mich war es eben das Herz und die Seele des Kontinents. (*AvP* 100)

Seine Erwartungen an Europa, an Frankreich sind groß. Sie speisen sich aus den positiven traditionellen deutschen Frankreichvorstellungen, seiner Wertschätzung der französischen Literatur und seinem Leben im Paris und Südfrankreich der zwanziger Jahre – und nicht aus seinen letzten, im Exil gemachten Erfahrungen.

Am 24. Dezember 1943, nach einem Jahr des Wartens, verlässt Klaus Mann die Vereinigten Staaten, um als Angehöriger der US-Armee die Deutschen und den Faschismus in Europa zu besiegen und um eine (neue/alte) Heimat (wieder) zu finden. Die ersten Begegnungen sind vielversprechend und werden von Klaus Mann enthusiastisch festgehalten. Einen Tag nach seiner Ankunft im nordafrikanischen Casablanca schreibt er, wie „bezaubert" er von den „französisch-arabischen Farben und Gerüchen" (*TB* VI 9) sei. In den nächsten Wochen entdeckt er eine vielfältige exil-französische Literaturszene. In seinem im Mai 1944 verfassten Aufsatz *Liberated Literature* sind ihm die französischen Kultur- und Literaturzeitschriften Marokkos und Algeriens ein erstes Zeichen für eine „European intellectual renaissance"[208], will er in ihnen Vorbereiter einer „new era of free literary life in a free Europe"[209] erkennen. Diese so hoffnungsvolle Mischung aus Wiederfinden und Neuentdecken führt Klaus Mann zu einer verstärkten Beschäftigung mit klassischer wie zeitgenössischer französischer Literatur[210], die wiederum die Grundlage für seinen Essay *Soldaten in der Fremde lesen gerne Klassiker* bildet, in dem er über seine Lektüreerlebnisse von Voltaires *Candide* und Stendhals *Kartause von Parma* berichtet.[211]

Nachdem er im Februar mit seiner Einheit, für die er Flugblätter schreibt und deutsche Gefangene verhört (vgl. *TB* VI 15), nach Italien verlegt wird, um die Wehrmacht von Süden her zurückzudrängen, schreibt er an Hermann Kesten: „It is strange and exciting to be in Europe again [...] I am happy I came."[212] Die Landung der Alliierten in Frankreich am 6. Juni wird für ihn „le grand jour" (*TB* VI 32), und auch die Kapitulation von Paris und das Friedensgesuch von Marseille am 23. August hält er in seinem Tagebuch als „großartige Neuigkeiten" (*TB* VI 45) fest.

Die Vertreibung der Nationalsozialisten aus Paris beflügelt Klaus Manns Glauben an das Ende des Krieges derart, dass er sich eine Woche später auf Deutsch Notizen zu einer Rede macht, die er im Nachkriegsdeutschland zu halten gedenkt (vgl. *TB* VI 47). Im Juni gibt ihm ein nur ein paar Tage dauern-

---

[208] Klaus Mann: *Liberated Literature*, KMA, S. 12.
[209] Klaus Mann: *Liberated Literature*, a. a. O., S. 12.
[210] Am 6. Januar liest er Gides Text über Henri Michaux (vgl. *TB* VI 9), einen Tag später notiert er: „Gelesen: Französisches" (*TB* VI 10), am 10. 1. hält er die Lektüre von Philippe Soupaults *Tous ensemble au bout du monde* fest (vgl. *TB* VI 10). Am 25. 2. beginnt er, in Neapel Stendhals Roman *La Chartreuse de Parme* zu lesen (*TB* VI 16), den er am 1. 5. beendet (vgl. *TB* VI 26). Im Juni liest er Marcel Prousts *Les Plaisirs et les Jours* (vgl. *TB* VI 33), im Juli u.a. Voltaires *Histoire d'un bon Bramin* (vgl. *TB* VI 38).
[211] Vgl. Klaus Mann: *Classics of Literature Are First Choice of Soldiers Abroad* (*Soldaten in der Fremde lesen gern Klassiker*) [1944]. In: *AvP* 153ff.
[212] Klaus Mann: *Brief an Hermann Kesten* vom 1. 3. 1944, *BuA* 523.

der Aufenthalt bei einer französischen Einheit einen Vorgeschmack auf Frankreich. In einem Brief an seine Mutter vom 15. Juli schreibt er:

> Besides I am just returning from a fey-days visit I paid to a French unit - - - which was rather pleasant, for a change. Their way of life is so much more charming and civilized than ours.[213]

Bevor jedoch Klaus Mann sein derart gepriesenes Frankreich wiedersieht, vergeht einige Zeit. Bis dahin erlebt er die Kapitulation und Besetzung Deutschlands. Sein erster Aufenthalt in München im Mai 1945, wo er nach über dreizehn Jahren sein zerstörtes Elternhaus aufsucht, bestärkt ihn zusätzlich in seinem Gefühl, eine Rückkehr für ihn und seine Familie nach Deutschland sei nicht mehr möglich.[214]

Das Gefühl, dass Deutschland für ihn kein Ort ist, mit dem er sich identifizieren will, hält bis zu seinem Tod an. „Eine Rückkehr nach Deutschland kommt für mich nicht in Frage"[215], sagt Klaus Mann 1948 in einem Interview, das er einer tschechischen Zeitung gibt. Im Februar 1949 definiert er sich als „amerikanischer Schriftsteller von deutsch-europäischer Tradition und weltbürgerlich-kosmopolitischer Gesinnung"[216] und bedient sich – obwohl er sich in Amerika nicht als Amerikaner fühlen konnte – in Deutschland dieser Identität, um sich abzugrenzen. Nachdem Klaus Mann mit seiner deutschen Identität abgeschlossen hat, kommt Deutschland auch als Lebensort für ihn nicht mehr in Frage. Zwar lobt er in seinem im Dezember 1948 unter dem Titel *Lecturing in Europe on American Literature* veröffentlichten Erfahrungsbericht über seine Lesereisen in Europa die französische Besatzung wegen ihrer bemerkenswerten Anstrengungen, das kulturelle Leben und speziell die „Erziehung" der Deutschen zu fördern[217], lehnt jedoch ein Angebot ab, als Referent in Deutschland zu arbeiten.

Existiert sein Frankreich noch? Existiert es wieder, existiert es neu, nach dem er sich in den USA so gesehnt hatte? Könnte Paris, könnte die französische Rivièra ein Ort sein, wo er als europäischer Intellektueller leben und schreiben könnte? Bis zum Sommer 1944 sind seine in Nordafrika und Italien verfassten Äußerungen hoffnungsvoll.

Im Oktober 1944 – nachdem Paris befreit worden ist – erscheint sein Aufsatz *Hommage to Paris*. Anstatt sich wie in seinem ein Jahr zuvor verfassten Paris-Portrait für die Serie *Cities in the News* auf die Zukunft zu freuen, unternimmt er im Geiste einen nostalgischen Spaziergang durch sein Paris der zwanziger Jahre:

> The Paris I knew was glorious […]. Its wholesome loveliness and graceful vitality proved indestructible, up to the cursed day when the barbarians

---

[213] Klaus Mann: *Brief an Katia Mann* vom 15. 7. 1944, *KMA*.
[214] Vgl. Klaus Mann: *Es gibt keine Heimkehr!* [1945]. In: *AvP* 224-230.
[215] Klaus Mann: *Ich bin kein Deutscher* [1948], S. 467. In: *AvP* 467ff.
[216] Klaus Mann: *An die Redaktion der „Welt am Sonntag"* [1949], S. 494. In: *AvP* 493ff.
[217] Vgl. Klaus Mann: *Vorträge in Europa über amerikanische Literatur* [1948], S. 489. In: *AvP* 482-491.

invaded the most civilized metropolis, the pride and center of the continent, the living heart of Europe.[218]

Während er im ersten Portrait aufzählt, wen er alles in Paris wiedersehen möchte (vgl. *AvP* 102f.), fürchtet er nun, Paris könne sich unter der deutschen Besatzung verändert haben. „Paris will have changed, I greatly fear, under the German yoke"[219], schreibt er und träumt, dass der von ihm verehrte Chansonier Maurice Chevalier kein „collaborationist"[220] sei. Seine Euphorie ist verflogen. Auch in einem weiteren Aufsatz zeigt sich der im Herbst 1944 vollzogene Wandel. Hatte er noch im Mai in seinem Aufsatz *Liberated Literature* von einer neu beginnenden Ära europäischen Literaturlebens geschwärmt (s.o.), fragt er im November in einer unter dem Titel *French Literature in Algiers. A Resumé* überarbeiteten Fassung:

> Will the real France – liberated at last – recognize her genius and her drama in the words of those who were yesterday her lovers and champions in exile?[221]

Einige Tage zuvor klagt Klaus Mann über „Zahnschmerzen. Schlechte Stimmung" (*TB* VI 56) und notiert, geweint und einen kleinen Nervenzusammenbruch gehabt zu haben. Möglicherweise ist es seine Gemütsverfassung, die ihn so zweifeln lässt. Vielleicht erkennt er sich selbst in dieser französischen Literatur des Exils wieder, ist diese Frage auch an sich selbst, an seine Zukunft gerichtet. Anstatt die Frage zu beantworten, betont er die Wichtigkeit, die die französische Exilliteratur für Frankreich hätte:

> What can be said even now, however, is that French literature in exile – – and especially in North Africa – – has had an important function. It was instrumental in maintaining the contact between occupied France and the outside world, and moreover it helped in keeping alive the great traditions of French writing. Without the spirited efforts of the men of letters in Algiers [...], there would be a complete gap in French literature, from 1940 to 1945[222]

Angesichts Klaus Manns nahender Rückkehr nach Deutschland könnte diese kurze Bewertung auch für das literarische Exil Deutschlands gelten. Für sich selbst weiß er um die Schwierigkeiten bzw. um die Unmöglichkeit der Heimkehr nach Deutschland. Ein baldiges Eintreffen in Deutschland antizipierend, befürchtet er, die Lage, in der sich seine französischen Kollegen befinden, könne der seinen ähnlich sein. „The real France" (s.o.), in diesem Essay ist es für ihn das Frankreich der Kollaboration. Sein erster Enthusiasmus bezüglich einer Zukunft in Europa und Frankreich ist in diesem Herbst 1944 in Italien verflogen. Der Blick ist rückwärts gerichtet. Gegenwart und Zukunft werden von Zweifeln und Misstrauen beherrscht. Klaus Mann lässt sich Zeit, Frankreich wiederzusehen. Es könnte zu einer Enttäuschung werden.

---

[218] Klaus Mann: *Hommage to Paris*. In *Tomorrow* IV, Nr. 2., New York, Oktober 1944, S. 43.
[219] Klaus Mann: *Hommage to Paris*, a. a. O., S. 43.
[220] Klaus Mann: *Hommage to Paris*, a. a. O., S. 46.
[221] Klaus Mann: *French Literature in Algiers. A Resumé*, KMA, S. 10.
[222] Klaus Mann: *French Literature in Algiers. A Resumé*, a. a. O., S. 10.

Erst am 21. Juni 1945 reist er zum ersten Mal seit dem Herbst 1938 nach Paris. Zeugnisse einer Wiedersehensfreude werden nicht verfasst. Stattdessen notiert er, dass er seine erste Nacht in einem „schrecklichen Quartier" (*TB* VI 89) verbracht habe. Zwei Tage später heißt das Fazit des Tages: „Traurig" (*TB* VI 89), und das des folgenden und letzten Tages zeigt, wie unwohl sich Klaus Mann in Paris fühlt: „Einsamer Abend – in Erwartung meines Flugzeuges nach Rom" (*TB* VI 89).
Auch der zweite Besuch, der nur vom 15. bis zum 18. September dauert, ist ernüchternd. Eine ihm angebotene Stelle bei der Armeezeitung *Stars and Stripes* und damit eine wichtige Voraussetzung, in der Stadt, nach der er sich so gesehnt hatte, zu bleiben, lehnt er ab. „Abend in dem fürchterlichen St. und St. Quartier" (*TB* VI 96), notiert er, und auch sein dritter Parisaufenthalt vom 21. bis zum 23. September kann nicht bewirken, dass er nach seiner Entlassung aus der Armee am 28. September nach Paris zurückkehrt. Nach einem wieder nur ein paar Tage dauernden Besuch im Mai 1946[223] kehrt er im September 1947 für zwei Wochen zurück. Seiner Schwester berichtet er seine Eindrücke:

> Paris ist sonst eher traurig. Sehr sehr teurig, abends dunkel und still – alles in allem schon etwas wie Wien anno 1920: zu viel bauliche Pracht für so reduzierte Verhältnisse.[224]

Gerade der Vergleich mit dem Wien nach dem Zusammenbruch der Monarchie und seiner damit verbundenen Bedeutungslosigkeit für die europäische Politik und Kultur macht deutlich, dass Klaus Mann nicht an Frankreichs Wiederaufblühen als kulturelles und intellektuelles Zentrum Europas glaubt. Am 29. März 1949 besucht Klaus Mann Paris erneut. Es ist sein letzter Aufenthalt. Wieder ist es eine Reise in die Vergangenheit, ist es keine, die ihm in irgendeiner Hinsicht zu neuen Impulsen verhilft: Er trifft alte Bekannte wie seine Freundin Mopsa Sternheim, liest die neuesten Veröffentlichungen seiner französischen Bekannten – diesmal ist es Jean Cocteaus *Lettres aux Américains*, die er aber als „insgesamt nicht befriedigend" (*TB* VI 210) bewertet; er geht ins Kino und ins Theater, um die neuesten französischen Filme und Theaterstücke zu sehen, und versucht zu schreiben (vgl. *TB* VI 210). Wie wenig er auch in der französischen Literatur, die ihm von seinen ersten literarischen Ambitionen bis zu seinen letzten vollendeten Werken immer Leitstern war, nach dem Krieg eine Anregung sieht, fasst er in seinem letzten großen Essay *Die Heimsuchung des europäischen Geistes* zusammen. Darin zeichnet er ernüchternd ein Bild der Kollaborateure:

> In Frankreich haben literarische Stars wie Celine, Paul Morand und Henry de Montherlant dem Triumph der Barbarei applaudiert[225].

Einen anderen Teil der französischen Schriftsteller sieht er dem schädlichen Einfluss des Vatikans ausgesetzt:

---

[223] Vgl. Fredric Kroll (Hg.): *Klaus-Mann-Schriftenreihe*. Bd. 6, a. a. O., S. 239.
[224] Klaus Mann: *Brief an Erika Mann vom 19. 9. 1947*, *BuA* 573.
[225] Klaus Mann: *Die Heimsuchung des europäischen Geistes* [1949], S. 532. In: *AvP* 523-542.

[S]o erfreut der Heilige Stuhl sich in Frankreich mächtiger literarischer Fürsprache. Paul Claudel, François Mauriac und Jacques Maritain sind bemerkenswert wirksame Diener des Vatikans, nicht zu reden von zahlreichen anderen, ebenso eifrigen, wenn auch weniger arrivierten Dichtern und Publizisten der Vierten Republik, auf die man sich in Rom verlassen kann. Sogar die Existentialisten haben ihre katholischen Exponenten, insbesondere den hochangesehenen Gabriel Marcel. (*AvP* 537)

Auch sein größtes Vorbild André Gide zeigt ihm keine Zukunft auf, sondern sagt ihm: „Wenn immer junge Menschen sich Rat bei mir holen wollen, schäme ich mich meiner Inkompetenz und bin hilflos und verlegen" (*AvP* 532), und Jean Cocteaus unpolitischer Weg (vgl. *AvP* 536) war spätestens seit seinem Exil für Klaus Mann nicht gangbar. Auch die neuesten literarischen Entwicklungen kommen für ihn als geistiger Orientierungspunkt nicht ihn Frage. Zwar erkennt er Jean Paul Sartre als „zweifellos die auffallendste und meistpropagierte literarische Figur im Nachkriegseuropa" an, aber dessen Existentialismus erscheint ihm ein unsystematisches philosophisches Sammelsurium aus Widersprüchen und Unstimmigkeiten zu sein (vgl. *AvP* 538).

Aufgrund dieses Gefühls, die aktuelle französische Literatur könne ihm keine Impulse geben, beschränkt sich Klaus Manns Vermittlertätigkeit für französische Literatur in Deutschland und den USA auf Weniges, Bewährtes und selten Neues. Ab Sommer 1946 arbeitet er an der Übersetzung seiner Gide-Monographie, für die er ein Jahr benötigt. Im Herbst 1947 würdigt er in seinem Aufsatz *Conversation with Gide* den achtzigjährigen Gide, dem kurz zuvor der Nobelpreis verliehen worden war, als Lehrmeister für die Jugend.[226] Im folgenden Jahr hält er, eingeladen vom Centre de l'Éducation Française, in mehreren Städten der französischen Besatzungszone Vorträge über das Werk Gides.[227] 1948 erscheint eine überarbeitete Fassung seiner englischsprachigen Gide-Monographie in Großbritannien.[228] Im Herbst zuvor hatte er mit seiner vierten Autobiographie, mit dem auf dem *Turning Point* basierenden deutschen *Wendepunkt* begonnen, in dem er sich ausführlich an seine Aufenthalte im Paris der zwanziger Jahre erinnert sowie seine Beziehung zu zahlreichen französischen Schriftstellern darstellt (vgl. *WP* 155ff., 166ff.). Während dieser – was Paris und die französische Literatur anbetrifft – nostalgischen Reise in die Vergangenheit skizziert er auch einen Aufsatz über die zeitgenössische Literatur Frankreichs. Diesen Vorläufer seines Aufsatzes *Die Heimsuchung des europäischen Geistes* lässt er mit den Worten enden: „There may be not much ... but more than anywhere else ..."[229], und zeigt damit, wie wenig ihm die aktuelle französische Literatur bedeutet und wie wenig es sich seines Erachtens lohnt, sie eingehender etwa in der französischen Besatzungszone vorzustellen. Die Erfahrungen, die Klaus Mann mit Frankreich und dessen Literatur macht, sind somit insgesamt für ihn, der nach einer realen und geistigen Heimat

---

[226] Vgl. Klaus Mann: *Wiedersehen mit Gide* [1948], S. 466. In: *AvP* 458-467.
[227] Vgl. Klaus Mann: *Notizen zu einem Vortrag über André Gide*, KMA.
[228] Nach Michel Grunewald fällt u.a. die Anschuldigung weg, Gides Freund Marc Allégret wäre ein Kollaborateur, und ebenso die Kritik am Verhalten Cocteaus während der deutschen Besatzung. Vgl. Michel Grunewald: *Klaus Mann 1906-1949. Eine Bibliographie*, a. a. O., S. 235.
[229] Klaus Mann: *Notes on the Lit. scene in Paris*, KMA.

sucht, ernüchternd. Als Klaus Mann 1944 nach Europa zurückkehrt, muss er feststellen, dass sein Europa nicht mehr existiert. Im Laufe der nächsten Jahre verliert er den Glauben an eine politische und geistige Zukunft Europas, die seinen Vorstellungen von Frieden, Demokratie und intellektueller Freiheit und Mitgestaltung entsprechen könnte. Deshalb lehnt er 1946 die Forderung nach einer unverzüglichen Vereinigung Europas ab, die er zwar für langfristig wünschenswert, momentan aber für nicht umsetzbar hält.[230] Vor allem sieht er Deutschland – ohne das es kein Paneuropa geben könne – dafür noch nicht „reif" genug, da er bei den Deutschen lediglich die „kleinsten Anzeichen von Reue oder Einsicht" (AvP 317) erkennt. Ihm erscheinen sie „arrogant, heimtückisch und gefährlich wie eh und je" (AvP 317) und im Innern Nazis, die nichts bereuen außer ihrer Niederlage. Frankreich hingegen erwähnt Klaus Mann mit keinem Wort, als wäre er sich dessen bewusst, dass nicht Deutschland und Frankreich, sondern die USA und die Sowjetunion das zukünftige Europa bestimmen werden. Angesichts der beginnenden Teilung Europas in einen amerikanisch und einen sowjetisch beeinflussten Block, ruft er auf: „Laßt uns den Frieden bewahren, und am Ende werden wir Paneuropa haben" (AvP 324). Ein wenig hofft Klaus Mann 1946 also doch noch. Im Winter 1948/49 hingegen hat er diese Hoffnung aufgegeben. Mit seinem letzten großen Essay – *Die Heimsuchung des Europäischen Geistes* – zieht er eine negative Bilanz aus der gesamten Entwicklung in Europa:

> Die Luft des zerrissenen und gequälten Erdteils ist voll von Anklagen und Gegenanklagen, Beleidigungen, Denunziationen und Schmähworten. Während Ost und West sich drohend gegenüberstehen, hält die Schlacht der Ideologien die besten europäischen Köpfe in Bann. Neutralität, Weisheit, Objektivität gelten als Hochverrat. (*AvP* 535)

Über die Intellektuellen, von deren Bedeutung im Rahmen einer Mitgestaltung Europas er trotz seiner eigenen Erfahrungen immer überzeugt war, heißt es ernüchtert:

> Fast alle meine intellektuellen Freunde scheinen diesmal leicht irritierbar und ziemlich hautlos. ‚Wir sind völlig verwirrt', klagten die Jungen. Und die Alten, die Meister; seufzten ‚Wir sind völlig verwirrt. Wir wissen nicht mehr, was wir lehren sollen.' (*AvP* 530)

Klaus Mann selbst ist nicht verwirrt, er ist ausgebrannt. Seine Vergangenheit hat er mit dem *Turning Point* und mit dem *Wendepunkt* ein zweites und ein drittes Mal durchlebt. Nach sechzehn Jahren ohne Heimat, ohne Zuhörer, ohne Erfolg als Schriftsteller und ohne Publikum ist er leer und unfähig, neu anzufangen; die Literatur als Möglichkeit, die Geschehnisse in Europa zu beeinflussen, erscheint ihm wirkungslos. Zum Schluss seines Essays, bei dem er einen namenlosen Philosophie- und Literaturstudenten zu zitieren vorgibt, fordert er

> [e]ine Selbstmordwelle, der die hervorragendsten, gefeiertsten Geister zum Opfer fielen, würde die Völker aufschrecken, so daß sie den tödlichen

---

[230] Vgl. Klaus Mann: *Paneuropa – jetzt?* [1946], S. 316. In: *AvP* 314-324.

Ernst der Heimsuchung begriffen, die der Mensch über sich gebracht hat durch seine Dummheit und Selbstsucht. (*AvP* 542)

Anfang April 1949 bricht Klaus Mann zu einer Reise nach Südfrankreich auf. In den zwanziger Jahren hatte er die französische Rivièra als mondänen Ferienort genossen, hatte sie als passenden Ort für einen frankophilen deutschen jungen Mann aus großbürgerlicher Familie beschrieben, hatte in ihren Hotelzimmern bedeutende Teile seines Werkes geschrieben, zahlreiche Schriftsteller, Freunde und Bekannte umgaben ihn dort vor und während des Exils. Am 2. April kommt er in Marseille an. Am 7. A-pril unternimmt er in Cannes einen ersten Selbstmordversuch. Er trifft Bekannte, geht ins Kino, liest, beginnt einen Aufsatz über Cocteaus Essay *Lettres aux Américains*, macht sich Notizen für einen neuen Roman, besucht zweimal das Spielkasino und fühlt sich trotzdem allein. Am 24. April versucht er, einen neuen Roman zu beginnen. Am 30. April hat er „[h]eftige Depressionen", am dritten Mai schreibt er: „Il faut en finir...". Einen Tag darauf bestärkt er sich in seinen Selbstmordabsichten: „décidément il faut en finir". (*TB* VI 215). Am 5. Mai beginnt er eine Drogen-Entwöhnungskur in Nizza, am 12. Mai fühlt er sich entschieden besser (vgl. *TB* VI 216) und beginnt, seinen Cocteau-Aufsatz ins Deutsche zu übertragen. Am 14. fühlt er sich kräftig genug, eine Herrensauna aufzusuchen. Am 15. kehrt er nach Cannes zurück, einen Tag darauf teilt ihm der sich in der Nähe aufhaltende Gide mit, er könne ihn nicht empfangen, als Lektüre für diesen Tag vermerkt er Gides *Notes sur Chopin*. Am 17. nimmt er bereits wieder Drogen. Am 20. beendet er seine Tagebucheinträge, am 21. setzt er seinem Leben ein Ende. Am 24. Mai wird Klaus Mann am Nachmittag auf dem Cimentière du Grand Jas beigesetzt.

Bereits in den USA hatte Klaus Mann mindestens einen Versuch unternommen, sein Leben zu beenden. Es gibt keine Zeugnisse, in denen er ankündigt, im Mai 1949 in Südfrankreich sterben zu wollen. Dass Südfrankreich für ihn nicht nur lange Zeit ein besonderer Lebensort war, sondern auch ein passender Sterbeort für ihn sein könnte, zeigt sich in seinem Aufsatz *Selbstmörder* aus dem Jahr 1931:

> Einer meiner Freunde, Wolfgang D., hat sich in Cannes erschossen. Er liebte Frankreich sehr, vor allem Südfrankreich; ich glaube, daß er noch einmal dorthin gereist ist, eigens um dort zu sterben.[231]

---

[231] Klaus Mann: *Selbstmörder* [1931], S. 333. In: *NE* 333-336.

2.2 Zwischen Vorbild und Ablehnung. Die Bedeutung von Thomas und Heinrich Mann für Klaus Manns Einstellung zu Frankreich

2.2.1 Flucht aus dem Schatten des Vaters? Klaus Manns Selbstpositionierung als Frankophiler

Seit seiner frühen Jugend schreibt Klaus Mann.[232] Schon in den ersten Aufsätzen[233], in seiner ersten Autobiographie *Kind dieser Zeit* bis zu seinem 1948 verfassten *Wendepunkt* schreibt er über seinen Vater, äußert sich direkt und indirekt zu ihrem Verhältnis und schreibt sich damit als Sohn und naher Zeuge in das Gedächtnis der deutschen Literatur ein. Thomas Mann seinerseits nimmt in seinen Briefen, in Interviews und in Tagebüchern zu seinem Sohn Stellung. Ein bedeutender Teil der Korrespondenz zwischen beiden wurde von ihnen auch in dem Wissen geschrieben und aufbewahrt, dass er nach ihrem Tod veröffentlicht werden wird. Beide sind Schriftsteller und Essayisten, beide sind Knotenpunkte im Netzwerk einer der bekanntesten Familien Deutschlands. Ihre Beziehung wurde zu einem vielbeleuchteten Forschungsgegenstand der Literaturwissenschaft.

Hinsichtlich des Verhältnisses Klaus Manns zu seinem Vater besteht in der Forschung Konsens darüber, dass es dem Sohn nicht gelingt, sich aus dem Schatten Thomas Manns zu lösen. In Klaus Mann wird der Sohn eines berühmten Vaters gesehen, der sich bis zu seinem Lebensende, finanziell vom Vater abhängig, immer wieder den Ruhm seines Vaters zunutze macht. Klaus Manns jüngerem Bruder Golo erscheint dies vor allem charakteristisch für die Anfänge von Klaus Manns öffentlichem Leben als Schriftsteller:

> So entging ihm ein Widerspruch in seinem Verhältnis zum Vater: daß er sich in seinem Schatten fühlte und darunter litt; daß er aber gleichzeitig von dem stärkeren Licht so viel auf sich lenkte, wie er haben konnte; Geld, Hilfe jeder Art; die Vorzüge, die dem Namen nun einmal inhärierten, wobei man aber so frei war, davon Gebrauch zu machen oder auch nicht. Sein frühes Debüt und die Sensationen, die es hervorrief, war zum Teil seinem Talent, zu einem anderen aber seinem Namen zu danken.[234]

Gerhard Härle erweitert dieses schwierige Verhältnis auf Klaus Manns gesamtes Leben, indem er die These vertritt, Klaus Mann gäbe weder in seiner individuellen Lebensgestaltung noch in den Konstellationen seiner literarischen Figuren die Rolle des Sohnes auf.[235] Auch Annette Wohlfahrt zieht in ihrer Arbeit *Die Vater-Sohn-Problematik im Leben von Thomas und Klaus Mann* den Schluss, dass sich Klaus ganz dem aus der Ferne geliebten Vater unterge-

---

[232] Klaus Manns Schwester Erika erinnert sich bezüglich des frühen Schreibens ihres Bruders im Gespräch mit Roswitha Schmalenbach: „Klaus schrieb, wie er atmete, der Klaus fing an zu schreiben, als er fünf Jahre war und ich sechs, und Klaus konnte auch noch nicht schreiben und hat mir die Dinge diktiert." In: Erika Mann: *Mein Vater, der Zauberer*, Reinbek bei Hamburg 1996, S. 19f.
[233] Im Juni 1925 veröffentlicht Klaus Mann unter dem Titel *Mein Vater. Zu seinem 50. Geburtstag* eine erste Würdigung (vgl. *NE* 48ff.).
[234] Golo Mann: *Erinnerung an meinen Bruder Klaus*, S. 379. In: *Neue Rundschau*. Heft 3 (1975), S. 376-400.
[235] Gerhard Härle: *Männerweiblichkeit*, a. a. O, S. 30.

ordnet hätte.[236] Nach Wolfgang Harz ist Thomas Mann für seinen Sohn in letzter Instanz zwar der Maßstab für das eigene Talent, als reale aber Person unerreichbar.[237] Michel Grunewald beschreibt das Verhältnis Thomas Manns zu seinem Sohn als im Ganzen reserviert[238] und Klaus Manns Gefühl seinem Vater gegenüber als „Ängstlichkeit"[239]. Grunewald ist der Ansicht, dass Klaus Mann, um in der Öffentlichkeit überhaupt ernst genommen werden zu können, vom Beginn seiner schriftstellerischen Tätigkeit an darauf hätte bedacht sein müssen, sich soweit wie möglich von seinem Vater zu unterscheiden. Als Beispiel für eine von Klaus Mann eingenommene Gegenposition nennt er die Betonung des Generationsunterschiedes sowohl in seinen belletristischen Frühwerken *Der fromme Tanz* und *Der Vater lacht* als auch in seiner Essayistik wie *Heute und Morgen*[240]. Auch Axel Plathe spricht von einem „permanenten Emanzipationsversuch von der Gestalt seines Vaters"[241].
Inwieweit ist nun Klaus Manns Hinwendung zu Frankreich und vor allem sein in der Mitte der zwanziger Jahre beginnendes Engagement für die deutsch-französische Aussöhnung ein Versuch, sich von seinem Vater zu emanzipieren und sich in der Öffentlichkeit und genauso innerhalb der Familie als eigenständiger Mensch und Schriftsteller zu präsentieren? Fernand Hoffmann weist Klaus Manns Bemühungen um Frankreich eine therapeutische Funktion zu, die helfen würde, ihm zu verdeutlichen, was ihn vom Vater unterscheidet. Axel Plathe wertet die Hinwendung zu Frankreich als Bedürfnis Klaus Manns, sich gegenüber dem Vater einen eigenen literarischen Raum zu schaffen.[242]
Bis Thomas Mann 1926 auf Einladung der *Carnegie-Stiftung für den internationalen Frieden* nach Paris und Frankreich fährt, fußen seine Frankreichvorstellungen nicht auf eigenen Erfahrungen[243], sondern auf den allgemeinen deutschen Frankreichbildern und auf der Lektüre französischer Literatur, zu der er aber nach Aussage seiner Frau Katia „kein starkes Verhältnis"[244] hat. Unter den Autoren, die ihn beeinflussen, nennt er 1904 in seiner Schrift *Der französische Einfluß* nicht einen Franzosen, spricht aber Flaubert und den Brüdern Goncourt[245] eine inspirierende Wirkung zu. Als Grund führt er an:

> Ich bin nordisch gestimmt, bin es mit der ganzen Bewußtheit, die heute überall in Sachen der Nationalität und der Rasse herrscht. Protestantische, moralische, puritanische Neigungen sitzen mir, wer weiß woher, im Blute, und wie ich gegen die südliche Landschaft eine gelinde Verachtung hege,

---

[236] Vgl. Annette Wohlfahrt: *Die Vater-Sohn-Problematik im Leben von Thomas und Klaus Mann*, Frankfurt a. M. 1989, S. 107.
[237] Wolfgang Harz: *Devianz und Mimikry. Die Romane Klaus Manns*, Mainz 1985, S. 12.
[238] Michel Grunewald: *Klaus Mann 1906-1949*. Bd. 1, a. a. O., S. 193.
[239] Michel Grunewald: *Klaus Mann 1906-1949*. Bd. 1, a. a. O., S. 206.
[240] Michel Grunewald: *Klaus Mann 1906-1949*. Bd. 1, a. a. O., S. 207ff.
[241] Axel Plathe: *Klaus Mann und André Gide*, a. a. O., S. 170.
[242] Vgl. Fernand Hoffmann: *Thomas Mann und Klaus Mann in ihrem Verhältnis zu Frankreich*, a. a. O., S. 59; und Axel Plathe: *Klaus Mann und André Gide*, a. a. O., S. 39f.
[243] Vgl. Louis Leibrich: *Thomas Mann in Frankreich, Rezeption, persönliche Beziehungen, Wirkungsgeschichte*, S. 388. In: *Thomas Mann 1875-1975. Vorträge in München, Zürich, Lübeck*. Hrsg. von Beatrix Bludan u.a., Frankfurt a. M. 1977, S. 387-397.
[244] Katia Mann: *Meine ungeschriebenen Memoiren*, a. a. O., S. 36.
[245] Vgl. Thomas Mann: *Der Französische Einfluß* [1904], S. 377. In ders.: *Über mich selbst. Autobiographische Schriften*. Hrsg. von Peter de Mendelsohn, Frankfurt a. M. 1983, S. 376ff..

so erregt mir jene gewisse Gemeinheit, die unzweifelhaft dem romanischen Kunstgeschmack anhaftet, einen instinktiven und nervösen Unwillen.[246]

Bis in die zwanziger Jahre präsentiert sich Thomas Mann der Öffentlichkeit und seiner Familie als deutsch-nationaler Monarchist, der das Südliche, Katholische und Romanische und somit auch das Französische als Gegenmodell zum Nordischen, Protestantischen und Germanischen und damit seiner selbst empfindet und als verachtenswert vorstellt. So befürwortet er im November 1914 den seit wenigen Monaten währenden Krieg. Deutschlands Gegner sieht er vor allem in der französischen Republik, die er als „unsauber plutokratische Bourgeois-Republik"[247] bezeichnet, während er das Deutsche Reich unter Kaiser Wilhelm II. als soziales Kaisertum und damit als zukunftsträchtigere Staatsform darstellt.[248] Frankreichs Verhalten im Krieg charakterisiert er als „weiblich, daß einem die Arme sinken"[249], das Land selbst als „so eitel, so heillos vernarrt in sich selbst"[250], und spricht ihm eine „Damennaivität"[251] zu:

> Diese Nation nimmt Damenrecht in Anspruch, es ist kein Zweifel. Zart und liebreizend wie es ist, darf das unbedingt entzückendste der Völker alles wagen. Rührt man es aber an, so gibt es Tränen aus schönen Augen, und ganz Europa erbebt in zornigem Rittergefühl.[252]

Auch in seinem aus dem Jahr 1915 stammenden Essay *Friedrich und die große Koalition* konnotiert er Frankreich abwertend mit Weiblichkeit, indem er das 18. Jahrhundert als französisches Jahrhundert, das „von dem ‚Parfüm des Ewig-Weiblichen' ganz erfüllt und durchtränkt" [253] sei, beschreibt. Darüber hinaus kritisiert er frankophile deutsche Schriftsteller als Zivilisationsliteraten [254] und glaubt, an ihnen

> alle Hochherzigkeiten, Empfindsamkeiten, Kindlichkeiten und Bösartigkeiten des noch zu keiner kritischen Selbstbestimmung, keiner Resignation gelangten, des klassisch-ungebrochenen französischen Nationalcharakters [...] studieren[255]

zu können, dem er wiederum im Vergleich zum deutschen Nationalcharakter „ganz andere, steilere und giftigere Möglichkeiten des nationalen Hasses"[256] bescheinigt. Frieden hält Thomas Mann nur für realisierbar,

---

[246] Thomas Mann: *Der Französische Einfluß* , a. a. O., S. 376.
[247] Thomas Mann: *Gedanken im Kriege* [1914], S. 16. In ders.: *Von Deutscher Republik*. Hrsg. von Peter de Mendelsohn, Frankfurt a. M. 1984, S. 16.
[248] Vgl. Thomas Mann: *Gedanken im Kriege* [1914], a. a. O., S. 12f.
[249] Thomas Mann: *Gedanken im Kriege* [1914], a. a. O., S. 21.
[250] Thomas Mann: *Gedanken im Kriege* [1914], a. a. O., S. 23.
[251] Thomas Mann: *Gedanken im Kriege* [1914], a. a. O., S. 23.
[252] Thomas Mann: *Gedanken im Kriege* [1914], a. a. O., S. 21.
[253] Thomas Mann: *Friedrich und die große Koalition* [1915], S. 44. In ders.: *Von Deutscher Republik*, a. a. O., S. 28-88.
[254] Vgl. Thomas Mann: *Friedrich und die große Koalition* [1915], a. a. O., S. 57.
[255] Thomas Mann: *Betrachtungen eines Unpolitischen* [1918]. Hrsg. von Peter de Mendelsohn, Frankfurt a. M. 1983, S. 58.
[256] Thomas Mann: *Betrachtungen eines Unpolitischen* [1918], a. a. O., S. 450.

wenn die Völker hinter befriedeten Grenzen in Würden und Ehren beieinander wohnen und ihre feinsten Güter tauschen: der schöne Engländer, der polierte Franzose, der menschliche Russe und der wissende Deutsche.²⁵⁷

Das von ihm während des Ersten Weltkriegs so gezeichnete Bild von Frankreich und den Franzosen nimmt die vorherrschenden negativen Frankreichvorstellungen seiner Zeit auf.²⁵⁸ Als einer der bedeutendsten Schriftsteller Deutschlands fördert er ihre Verbreitung. Für ihn sind die Franzosen und deren Kultur „weiblich" und „weibisch" und damit auch „schwächlich", „eitel" und „sich selbst überschätzend". Während er dem Deutschen das innerliche „wissend" beigibt, wählt er für den Franzosen das Attribut „poliert", das auf die Oberfläche abzielt und dem Franzosen das Äußere wichtig erscheinen lässt. Die Konnotationen „oberflächlich", „glatt", „unehrlich" schwingen mit. Dass seine negativen Vorstellungen von Frankreich nicht darauf zurückzuführen sind, dass Frankreich und Deutschland Kriegsgegner sind, zeigt Thomas Manns Verhältnis zu Russland, mit dem Deutschland ebenfalls Krieg führt. In einem Brief an Philipp Witkop bekennt er im Oktober 1917:

> Wie ich das Russische liebe! Wie mich sein Gegensatz zum Franzosentum und seine Verachtung desselben erheitert, der man in der russischen Literatur auf Schritt und Tritt begegnet! Wieviel näher sind einander russische und deutsche Menschlichkeit! Seit Jahren ist mein Herzenswunsch: Verständigung und Bündnis mit Russland.²⁵⁹

In der Zeit vor dem Ersten Weltkrieg spielt das väterliche Frankreichbild für Klaus Mann noch keine große Rolle, denn um die Erziehung kümmern sich vornehmlich die Muter und die Kindermädchen. Während des Ersten Weltkrieges, den Klaus Mann als Acht- bis Zwölfjähriger erlebt, erfährt er zum einen in der Schule das deutsch-nationale Engagement seiner Lehrer, zum anderen wird ihm der Vater erstes Vorbild als Mann und – sobald Klaus Mann zu schreiben beginnt – auch als Schriftsteller. Die negativen Frankreichvorstellungen der Lehrer und seines die Meinung und die politische Haltung des Haushalts der Familie Mann bestimmenden Vaters – die sich in ihrem nationalem Pathos sehr ähneln – werden von Klaus Mann angenommen und, wie sein frühes Drama *Marie Heilmann* zeigt, auch verarbeitet (s. Kap. 1.1.1).
Nach dem Krieg behält Thomas Mann seinen Widerwillen gegenüber Frankreich bei. Seine Tagebucheintragungen zeugen von dem Unmut, mit dem er die französische Politik gegenüber dem Deutschen Reich verfolgt. So notiert er 1918:

---

²⁵⁷ Thomas Mann: *Betrachtungen eines Unpolitischen* [1918], a. a. O., S. 489.
²⁵⁸ Vgl. Danielle Goubard: *Das Frankreichbild in der Zeitschrift Der Türmer*, a. a. O., S. 164ff. sowie Kap. 1.1.1.
²⁵⁹ Thomas Mann: *Brief an Philipp Witkop*, S. 140. In ders.: *Briefe 1889-1936*. Bd. 1. Hrsg. von Erika Mann, Frankfurt a. M. 1961, S. 139f.

[A]ber widerlich und bezeichnend ist es doch, wie Frankreich sich dem Anschluß Österreichs an Deutschland widersetzt, was England u. Amerika vorderhand nicht thun.[260]

Im Januar 1919 heißt es schlichtweg: „Der französische Charakter ist ekelhaft"[261]. Auch in Briefen äußert er sich deutlich gegen die Franzosen. So schreibt er 1920 an Ernst Bertram: „Mit dem englischen Wesen läßt sich leben; mit dem französischen niemals",[262] und 1921 gesteht er Friedrich Michael: „Ich liebe diese Rasse nicht, sie ist töricht und gefährlich."[263]

Zu Beginn von Klaus Manns schriftstellerischer Laufbahn, der in diese Zeit fällt, in der er auch anfängt, sich für Frankreich eingehender zu interessieren, ist das Verhältnis zu seinem Vater gespannt. Klaus Mann sucht zunehmend seinen eigenen Weg, versucht sich als junger Mann und als jemand, der Schriftsteller sein will, innerhalb der Familie und innerhalb einer neugierigen Öffentlichkeit zu positionieren. Sein Vater, dem er bezüglich seines Frankreichbildes während des Krieges gefolgt war, wird zum Spiegel und Gegenmodell des eigenen Lebenskonzeptes:

> Gerade damals, als ich intellektuell in vielem von meinem Vater abhängig war, versuchte ich heftig, das aus mir herauszuarbeiten, was ich als ihm entgegengesetzt empfand. (*KdZ* 179)

Klaus Manns Flucht nach Berlin kann als Reaktion auf die nationalen und bürgerlichen Standpunkte seines Vaters angesehen werden. Auch die literarischen Vorlieben sind durchaus verschieden. Die russische Literatur, die so bedeutend für Thomas Mann ist, bleibt von Klaus fast unbeachtet. Wie sehr er das Bedürfnis hat, sich aus dem Schatten seines Vaters zu lösen, hält er rückblickend auch im *Wendepunkt* fest:

> Der flitterhafte Glanz, der meinen Start umgab, ist nur zu verstehen – und nur zu verzeihen –, wenn man sich dazu den soliden Hintergrund des väterlichen Ruhmes denkt. Es war in seinem Schatten, daß ich meine Laufbahn begann, und so zappelte ich mich wohl etwas ab und benahm mich ein wenig auffällig, um nicht völlig übersehen zu werden. Die Folge davon war, daß man nur zu sehr Notiz von mir nahm. Meist mit boshafter Absicht. Irritiert durch ständige Schmeicheleien und Sticheleien benahm ich mich ‚grad zum Trotz', genauso indiskret und kapriziös, wie es offenbar von mir erwartet wurde. (*WP* 171f.)

Die Suche nach eigenen Positionen irritiert den Vater. In der Erzählung *Unordnung und frühes Leid* von 1925 gibt Thomas Mann einen Hinweis auf seine Einstellung zu seinem Sohn mittels der Figur des Bert:

---

[260] Thomas Mann: *Tagebuch 1918-1921*. Hrsg. von Peter de Mendelsohn, Frankfurt a. M. 1979, S. 86.
[261] Thomas Mann: *Tagebuch 191-1921*, a. a. O., S. 136.
[262] Thomas Mann: *Brief an Ernst Bertram vom 16. 3. 1920*, S. 89. In: *Thomas Mann an Ernst Bertram. Briefe aus den Jahren 1910-1955*. Hrsg. von Inge Jens, Pfullingen 1960, S. 88-90.
[263] Thomas Mann: *Brief an Friedrich Michael*. Zit. nach: *Die Briefe Thomas Manns. Regesten und Register*. Bd. 1. Hrsg. von Hans Jürgen Bürgin und Hans-Otto Mayer, Frankfurt a. M. 1976, S. 315.

> Cornelius ist um so liebenswürdiger [...], als er, nach Art aller Väter, die
> Gaben und Werte des fremden jungen Menschen sofort mit denen seines
> eigenen Sohnes vergleicht und Unruhe, Neid und Beschämung dabei emp-
> findet. [...] Dagegen mein armer Bert, der nichts weiß, und nichts kann
> und nur daran denkt, den Hanswursten zu spielen, obgleich er gewiß nicht
> einmal dazu Talent hat.[264]

Wie sehr Klaus Mann über diese öffentliche Kritik verletzt ist, geht aus einem Brief an seine Schwester Erika hervor, in dem er sich über des „Zauberers Novellenverbrechen"[265] beschwert.

Die Tatsache, dass sich Thomas Mann bis in die zwanziger Jahre als frankophob zeigt und Klaus Mann auf der Suche nach eigenen – d.h. seinem Vater konträren – Standpunkten ist, könnte, wie Fernand Hoffmann argumentiert, ein maßgeblicher Grund für Klaus Manns unbedingte öffentliche Hinwendung zur französischen Kultur ab 1925 sein. Wie wichtig es ihm noch 1938 ist, sich als eigenständig in diesem ihm wichtigen Feld der deutsch-französischen Beziehungen darzustellen und auch so wahrgenommen zu werden, zeigt eine Stelle in seinem Aufsatz *Die Wirkung Frankreichs*:

> [M]ein Vater [hat] niemals und in keinem Moment irgendeinen aktiven
> Einfluß auf meine intellektuelle Entwicklung genommen [...]. Wenn er so
> auf mich einwirkte, so nur durch sein Werk und als Vorbild; niemals als
> eine pädagogische Autorität. Gerade was den ganzen Komplex meiner in-
> neren Beziehung zur französischen Geistigkeit betrifft, so glaube ich sagen
> zu dürfen, daß hier der Einfluß meines Vaters geringer ist als in irgendei-
> ner anderen geistigen Domäne. Ich habe Frankreich nicht durch ihn lieben
> gelernt, und ich habe ein anderes Frankreich lieben gelernt, als das, wel-
> ches ihm vertraut ist.[266]

Abgesehen davon, dass eine gegensätzliche Einstellung genauso Ergebnis eines Einflusses ist wie eine konforme, wird jedoch deutlich, dass Klaus Mann selbst sich bezüglich seiner Hinwendung zu Frankreich und zur französischen Literatur als autonom betrachtet und auch so gesehen werden möchte. Dass dies zum großen Teil Selbststilisierung ist, wird im Kontext von Thomas Manns Verhältnis zu Frankreich ab 1922 offenbar. Die Durchsetzung der Demokratie in Deutschland, die Aussöhnung mit seinem älteren Bruder Heinrich[267], seine Bekanntschaft mit Ernst Robert Curtius sowie erste Veröffentlichungen seiner Werke in Frankreich sind Gründe für den deutschen Monarchisten Thomas Mann, sein Frankreichbild dem neuen Zeitgeist und einer neuen – französischen – Leserschaft anzupassen. Die Bekanntschaft mit dem Gideschen Werk, die er Curtius verdankt, führt im Herbst 1922 dazu, dass er vorgibt, die deutsch-französischen Beziehung erschienen ihm glänzend[268]. Fe-

---

[264] Thomas Mann: *Unordnung und frühes Leid* [1925], S. 173. In ders.: *Späte Erzählungen*. Hrsg. von Peter de Mendelsohn, Frankfurt a. M. 1981, S. 148-187.
[265] Klaus Mann: *Brief an Erika Mann* vom 17. 5. 1925, KMA.
[266] Klaus Mann: *Die Wirkung Frankreichs* [1938], S. 28. In: ZD 28-38.
[267] Zu den Auseinandersetzungen zwischen Heinrich und Thomas Mann vgl. Heinz Ludwig Arnold: *Die Brüder. Heinrich Mann*. Hrsg. von Heinz Ludwig Arnold, München 1986 S. 32-45; sowie Peter Stein: *Heinrich Mann*, Stuttgart 2002, S. 79ff.
[268] Vgl. Thomas Mann: *Das Problem der deutsc- französischen Beziehungen* [1922], S. 170f. In ders.: *Von Deutscher Republik*, a. a. O., S. 170-191.

lix Bertaux, dem Übersetzer des 1925 auf französisch erscheinenden *Tod in Venedig*, bekennt er im Dezember 1924, wie sehr er einen fruchtbaren Austausch zwischen französischen und deutschen Schriftstellern für möglich und wünschenswert hält[269]. Als er 1926 von der *Carnegie-Stiftung für den internationalen Frieden* sozusagen als Botschafter der deutschen Kultur eingeladen wird, präsentiert sich Thomas Mann seinen Zuhörern als Verständiger:

> Sympathie hat uns heute hier zusammengeführt. Ihre Stimme war es, die mich rief, und wenn ich folgte, so geschah es in der Hoffnung, in meinem bescheidenen Teil dazu beizutragen, die Sympathie zwischen den beiden großen Völkern zu stärken und zu festigen, auf deren Wohlverhältnis der Friede, die Einheit, die Zukunft Europas ruhen.[270]

In seiner auf seinen Paris-Erlebnissen basierenden *Pariser Rechenschaft* erläutert er seine neue Sicht auf das deutsch-französische Verhältnis und würdigt den Wert der französischen Literatur und Kultur. [271] Thomas Mann ist damit in der Zeit, in der Klaus Mann an die Öffentlichkeit tritt, nicht mehr nur der deutschpatriotische, konservative, die russische und skandinavische Kultur schätzende Monarchist, sondern hat zumindest nach außen die Wandlung zum Demokraten, der die französische Literatur und Kultur zu schätzen vorgibt, vollzogen. Für seinen bezüglich des Französischen so explizit auf Selbstständigkeit bedachten Sohn könnte er deshalb weniger Gegenbild als vielmehr Vermittler und Vorbild sein. Einiges spricht dafür, Thomas Mann auch auf dem Feld „Frankreich" indirekt wie direkt als Förderer und wohlwollenden Beobachter zu sehen, dessen sich Klaus Mann bedient, wo immer es ihm von Vorteil ist. So ist Thomas Manns 1922 beginnende Bekanntschaft mit Curtius für Klaus Mann der Schlüssel, selbst von dem bedeutenden Romanisten wahrgenommen zu werden. Weil Curtius Klaus Mann Gide als Sohn des von Gide geschätzten Thomas Mann vorstellt[272], wird Klaus Mann überhaupt von Gide empfangen. Auch der französischen Leserschaft wird Klaus als Sohn Thomas Manns vorgestellt. Cocteau führt ihn in seinem Vorwort zur 1931 erscheinenden französischen Ausgabe des Alexander-Romans als Sohn Thomas Manns ein.[273] Dass Klaus Mann Gide 1932 in München trifft, verdankt er ebenfalls seinem Vater, der Gide eingeladen hatte.[274] In einer im März 1927 gehaltenen Rede vor dem polnischen *PEN-Club* nennt Thomas Mann seinen Sohn und

---

[269] Vgl. Thomas Mann: *Brief an Felix Bertaux* vom 28. 12. 1924, S. 221. In ders.: *Briefe 1889-1936*. Hrsg. von Erika Mann, Frankfurt a. M. 1961, S. 221.
[270] Thomas Mann: *Die geistigen Tendenzen des heutigen Deutschlands* [1926], S. 235. In ders.: *Von Deutscher Republik*, a. a. O., S. 222-235.
[271] Vgl. Thomas Mann: *Pariser Rechenschaft* [1926]. In ders.: *Über mich selbst*, a. a. O., S. 265-354.
[272] Curtius schreibt an Gide: „[J']aimerais vous mettre en contact avec un jeune ami, actuellement à Paris [...] C'est le fils de Thomas Mann. Il s'appelle Klaus". In: Ernst Robert Curtius: *Brief an André Gide*, o. O., o. D. In: *Deutsch-französische Gespräche. La Correspondance de E. R. Curtius avec André Gide, Charles Du Bois et Paul Valéry*. Hrsg. von Herbert und Jane Dieckmann, Frankfurt a. M., 1980, S. 82.
[273] Vgl. Jean Cocteau: *Préface*, S. IX. In: Klaus Mann: *Alexandre. Roman de l'utopie*, Paris 1931, S. IX-XI, sowie Kap. 2. 4.
[274] Vgl. Klaus Harpprecht: *Thomas Mann. Eine Biographie*, Reinbek bei Hamburg 1995, S. 642.

seinen französischen Freund[275] als Beispiele für ein geistiges Europäertum und zeigt damit, wie sehr er Klaus Manns Engagement schätzt und unterstützt.[276] Zusammenfassend kann Klaus Manns Frankophilie somit nicht als Gegenreaktion auf Thomas' zeitweilige Abneigung gegenüber Frankreich bewertet werden, da Klaus Mann sie – sich seinen Vater zum Vorbild nehmend – zeitgleich mit ihm teilt. Beide schätzen in den zwanziger Jahren die französische Literatur und Kultur, beide setzen sich für die französische Aussöhnung ein, beide haben Kontakte zu französischen Schriftstellern, wobei sich Thomas Mann für seinen Sohn als „Türöffner" erweist. Dass Klaus Mann den Einfluss seines Vaters unerwähnt lässt oder ihn negiert und seine eigene Rolle als junger Versöhner so betont, ist daraus zu erklären, dass Klaus Mann generell alles, wofür er sich einsetzt, mit seinem Namen verbunden sehen will. Die starke Negation des Einflusses seines Vaters wird somit zum verschlüsselten Selbsteingeständnis. Frankreich kann bezüglich des Vater-Sohn-Konfliktes für Klaus Mann nicht zum Fluchtort werden. Der Schatten des Vaters reicht bis Paris.

2.2.2 Ein anerkennbares Vorbild?
Das Frankreich-Engagement Heinrich Manns

Deutlicher als sein Bruder Thomas begegnet Heinrich Mann seit frühester Jugend der französischen Kultur mit außerordentlicher Hochachtung und behält dieses Wohlwollen als einer von wenigen deutschen Schriftstellern auch während des Ersten Weltkrieges bei. In seinen Erinnerungen *Ein Zeitalter wird besichtigt* von 1945 geht er in dem Kapitel *Frankreich. Das zweite Geburtsland eines Europäers* auf die bedeutende Rolle ein, die Frankreich für ihn und, wie er glaubt, auch für seine Zeitgenossen einnimmt:

> Wir sind jeder da und dort, aber alle auch in Frankreich geboren. Wir führen lebenslang Vorstellungen und Begriffe mit, die nicht wären, wenn nicht Frankreich wäre, und die uns an unsere Kindheit erinnern. Unmittelbar oder aus zweiter Hand sind wir mit dem Worte Frankreichs genährt. Die Märchen von Perrault, europäischer Volksbesitz für immer, waren das erste Buch, das ich mit fünf Jahren selbst las. Seither las ich Tausende, die aus Frankreich kamen.[277]

Seinen ersten Roman *In einer Familie*, den er in den Jahren 1892 bis 1893 schreibt, widmet er dem französischen Schriftsteller Paul Bourget, dessen Werk in Struktur und Thematik für den Roman Vorbildcharakter besitzt.[278] Angeregt durch Bourget liest Heinrich Mann die Werke Honoré de Balzacs, die ihn dazu veranlassen, sozial- und zeitkritische Ansichten in seinen Romanen zu vertreten. Alfred de Musset, Stendhal, Emile Zola, Charles Baudelaire, Alphonse Daudet, Théophile Gautier und Paul Verlaine sind weitere französi-

---
[275] Höchstwahrscheinlich handelt es sich hierbei um René Crevel.
[276] Thomas Mann: *Im Warschauer PEN-Club* [1927], S. 403f. In ders.: *Gesammelte Werke in zwölf Bänden*. Bd. 11: *Reden und Aufsätze*. Hrsg. von Hans Bürgin, Frankfurt a. M. 1960, S. 401-407.
[277] Heinrich Mann: *Ein Zeitalter wird besichtigt*, Düsseldorf 1985, S. 352.
[278] Vgl. Klaus Schröter: *Anfänge Heinrich Manns zu den Grundlagen seines Gesamtwerks*, Stuttgart 1965, S. 18.

sche Schriftsteller, mit deren Werk sich Heinrich Mann in den neunziger Jahren intensiv beschäftigt. So weist der im Jahr 1900 erscheinende Roman *Im Schlaraffenland* viele Gemeinsamkeiten mit Guy de Maupassants *Bel ami* auf. Im Jahre 1905 erscheint Heinrich Manns Übersetzung der *Liaisons dangereuses* von Choderlos de Laclos sowie ein Aufsatz über Gustave Flaubert und George Sand, 1910 der Essay *Voltaire – Goethe*. 1915 folgt seine im Zusammenhang mit dem Streit mit seinem Bruder Thomas berühmt gewordene Schrift über Emile Zola, den er wegen seines Eintretens für Dreyfus in der gleichnamigen Affäre als Vorbild des oppositionellen Intellektuellen darstellt, der in einer Zeit staatlicher Willkür und gesellschaftlicher Intoleranz versucht, Recht und Moral gegen den Staat, aber auch gegen die Mehrheit der Bevölkerung zu verteidigen. Aus seiner Verbundenheit zu Frankreich erkennt Heinrich Mann früh die Notwendigkeit einer Einigung des in Selbstzerstörung begriffenen Kontinents. Bereits 1916 fordert er in seinem Aufsatz *Der Europäer*:

> Unser gemeinsames Haus hat innere Grenzen, die in irgendeiner guten Zukunft sollen aufgehoben werden. Nicht sollen sie blutig eingerissen und, wer dahinter wohnt, vernichtet werden.[279]

Nach dem Ende des Krieges setzt er sich für eine „endgültige Versöhnung"[280] zwischen Frankreich und Deutschland ein sowie für den politischen und kulturellen Austausch. In seinem Essay *Die Tragödie von 1923* heißt es:

> Will Europa denn eins werden: zuerst wir beide! Wir sind die Wurzel. Aus uns der geeinte Kontinent, die anderen können nicht anders, als uns folgen. Wir tragen die Verantwortung für uns und den Rest. Durch uns wird ein Reich sein über den Reichen, und das Reich wird dauern. Oder keine Zukunft gilt mehr für uns, noch für Europa.[281]

Mit den Worten des französischen Schriftstellers Viktor Hugo fordert er: „Keine Grenzen mehr! Den Rhein für uns alle! Lasset uns eine Republik bilden, lasset uns die Vereinigten Staaten von Europa sein!"[282] Dieses Engagement macht ihn in Frankreichs pazifistischen Kreisen zu einem anerkannten Repräsentanten der ersten deutschen Demokratie und damit zu einem bevorzugten Ansprechpartner. So unterhält er Kontakte unter anderem zu Henri Barbusse, und der französische Germanist Félix Bertaux ist einer seiner wichtigsten Freunde. Im August 1923 reist Heinrich Mann nach Pontigny auf Einladung von Paul Desjardins, der sich dafür einsetzt, die durch den Krieg und nach der Niederlage isolierten deutschen Intellektuellen wieder an das französische und europäische Geistesleben anzunähern.[283] Während dieses Treffens, bei dem auch Curtius zugegen ist, lernt Heinrich Mann unter anderem André Gide kennen. 1924 wirbt er in seiner Schrift *VSE* für den Paneuropa-Gedanken

---

[279] Heinrich Mann: *Der Europäer* [1916], S. 260. In ders.: *Essays*. Bd. 2. Hrsg. von Alfred Kantorowicz, Berlin 1956, S. 255-261.
[280] Heinrich Mann: *An Henri Barbusse und seine Freunde* [1919], S. 262. In ders.: *Essays*. Bd. 2, a. a. O., S. 262f.
[281] Heinrich Mann: *Die Tragödie von 1923* [1923], S. 123. In ders.: *Essays*. Bd. 2, a. a. O., S. 98-135.
[282] Heinrich Mann: *Die Tragödie von 1923* [1923], a. a. O., S. 124.
[283] Vgl. Ekkehard Blattmann: *Heinrich Mann und Paul Desjardins*, Frankfurt a. M. 1985, S. 16.

seines Freundes Graf Richard Nikolaus Coudenhove-Kalergi und betont „die geistige Einheit" der Europäer, „die gleiche Herkunft unserer nationalen Literaturen, Wissenschaft und Künste."[284] Ein Jahr später spricht er in Paris auf Einladung des PEN-Clubs auf dem *Internationalen Kongreß der Literaturen* und trägt dazu bei, das Ansehen Deutschlands als friedenswillige Demokratie zu fördern. 1927 hält er unter dem Vorsitz des französischen Ministerpräsidenten Herriot eine Rede zur Gedenkfeier für Viktor Hugo im Trocadéro in Paris. Mit seinem *Die Literatur und die deutsch-französische Verständigung* betitelten Vortrag rühmt er im selben Jahr den deutsch-französischen Kulturaustausch vor dem Krieg von 1870 und fordert für die Zukunft:

> Frankreich und wir werden eines Geistes sein, wenn wir eine bleibende Idee gemeinsam vor der Welt vertreten. Die europäische Idee, die Dauer hatte und haben muß, ist eine Humanität, die Pflege des Menschentums.[285]

Bis zu dem Ende der Weimarer Republik und seiner Flucht setzt sich Heinrich Mann unermüdlich für die deutsch-französische Aussöhnung ein. 1931 nimmt er an einem internationalen Schriftstellerkongress in Paris teil und führt dort unter anderem mit dem französischen Minister Aristide Briand, dem Vater des Locarno-Vertrages, ein Gespräch. Im Dezember 1932 und damit nur wenige Wochen vor Hitlers Machtübernahme fordert er mit seinem Aufsatz *Das Bekenntnis zum Übernationalen* eindringlich die Vereinigung Frankreichs und Deutschlands:

> Ich ersehne den übernationalen Staat und nicht nur im allgemeinen den europäischen Staatenbund, sondern ohne Umschweife seinen nächsten Anfang, den Bundesstaat Deutschland-Frankreich; weil er allein den wirklichen Tatsachen ihre natürliche Auswirkungen und den Menschen die Freiheit verspricht.[286]

Die familiären Konflikte zwischen Thomas und Heinrich Mann, die gegensätzlichen politischen, moralischen und auch ästhetischen Einstellungen, die beide während des Ersten Weltkriegs zeigen und die sich äußerlich besonders an ihrer jeweiligen Haltung gegenüber Frankreich festmachen lassen, verhindern einen frühen Kontakt Klaus Manns zu seinem Onkel. Erst als sich 1922 die beiden Brüder versöhnen, verkehren ihre Familien wieder häufiger miteinander, und Klaus lernt Heinrich näher kennen. Aufgrund des schriftstellerischen Erfolges, seiner jahrzehntelangen Rezeption und Werbung für die französische Literatur und seines im Gegensatz zu seinem Bruder Thomas frühen und vehementen Eintretens für die deutsch-französische Annäherung, bietet sich Heinrich Mann für Klaus Manns schriftstellerische und politische Entwicklung als Modell an. An seinem Onkel kann er beobachten, wie sich der Kampf für Frieden und Verständigung, den Heinrich Mann während des Ersten Weltkrieges führt und mit dem er eine Minderheitenposition einnimmt,

---

[284] Heinrich Mann: *VSE* [1924], S. 277. In ders.: *Essays*. Bd. 2, a. a. O. S. 275-285.
[285] Heinrich Mann: *Die Literatur und die deutsch-französische Verständigung* [1927], S. 333. In ders.: *Essays*. Bd. 2, a. a. O., S. 317-334.
[286] Heinrich Mann: *Das Bekenntnis zum Übernationalen* [1932], S. 527. In ders.: *Essays*, a. a. O., S. 496-528.

später – in den zwanziger Jahren – in moralischer Hinsicht und auch bezüglich des gesellschaftlichen Ansehens auszahlt.

Klaus Mann nimmt dieses Vorbild an und bekennt sich zu der Rolle des Aufschauenden: Aus der 1931 im *Berliner Tagblatt* erscheinenden Würdigung zu Heinrich Manns sechzigstem Geburtstag wird deutlich, dass Klaus Mann als Jugendlicher die Werke seines Onkels liest und schätzt, noch bevor sich beide persönlich kennen lernen:

> Ich habe Heinrich Manns Bücher schwärmerisch geliebt, ehe ich ihn persönlich kannte. Ich habe ihn während meiner Kindheit nicht gekannt, auch nicht als ganz junger Mensch. Später, als ich ihn zum ersten Male sah, war ich schon durch Verehrung eingeschüchtert.[287]

Wie sehr die Werke seines Onkels für ihn über diese Wertschätzung hinaus auch Muster für sein eigenes Schreiben und das seiner Generation sind, erklärt Klaus Mann in einer Rezension über Heinrich Manns Novelle *Liliane und Paul* von 1926:

> Wer von uns Jungen würde nicht glücklich sein, diese Novelle gedichtet zu haben? [...] [W]enn wir diese so ungemein moderne Sprache hören, horchen wir auf und wissen was wir noch zu erreichen haben.[288]

Doch nicht nur sprachlich, auch inhaltlich besitzt Heinrich Mann großen Einfluß auf seinen Neffen. Dessen Konzept eines politisch engagierten Schriftstellers, der sein Schreiben auch als Möglichkeit sieht, auf politische Missstände aufmerksam zu machen, wird spätestens im Exil vorbildhaft für Klaus Manns Schreibverständnis. Michel Grunewald macht auf die Parallelen zwischen Heinrich Manns Roman *Der Untertan* und Klaus Manns *Mephisto* aufmerksam.[289] Auch ihr Verhältnis zu Frankreich weist Gemeinsamkeiten auf, und auch diesbezüglich ist Heinrich Mann beachteter und geehrter Vorreiter. Heinrich und Klaus Mann haben sehr ähnliche Ziele: Beide rufen zur deutsch-französischen Aussöhnung und zur Einigung Europas auf, beide empfehlen sich als begeisterte Vermittler französischer Literatur. Unterschiede ergeben sich lediglich aus der Generationsdifferenz. Klaus Mann sieht sich, auch und gerade bezüglich seiner Themen, als Repräsentant der jungen Generation. Im Nachhinein zieht er allerdings seine Glaubwürdigkeit – gerade im Vergleich zu seinem Onkel – in Zweifel:

> Mein Irrtum war, dass ich mich an diese schicksalhaften Fragen – die politischen – wagte, ohne dass sie mir wirklich auf den Nägeln brannten, mir wirklich zum Teil des eigenen Lebens, des persönlichen Dramas wurden. Ich hätte mir ein Beispiel an meinem Onkel nehmen sollen: Heinrich Manns politisches Denken hat die Intensität, das echte Pathos, das aus dem Blute, das aus dem Herzen kommt. Ich aber glaubte lange – bis zum Jahre 1933, um genau zu sein –, daß das Politische sich gleichsam mit der linken Hand erledigen ließe, wie eine ‚Fleißaufgabe'. Eher aus einem naiven

---

[287] Klaus Mann: *Heinrich Mann. Zum 60. Geburtstag* [1931], S. 355. In: *NE* 355-358.
[288] Klaus Mann: *Auf Reisen gelesen. Über E.T.A. Hoffmann und Heinrich Mann* [1926], S. 112. In: *NE* 109-112.
[289] Vgl. Michel Grunewald: *Klaus Mann. 1906-1949*. Bd. 1, a. a. O., S. 250ff.

Pflichtgefühl heraus als aus Ehrgeiz widmete ich meine ‚Freizeit' den entscheidenden Problemen der Epoche. Wie sollte mein Beitrag überzeugend und wirkungsvoll sein? Er war nicht mit Leiden bezahlt. (*WP* 211)

Nicht die Auseinandersetzung mit politischen Fragen, nicht der Glaube, durch Essays oder Reden etwas bewirken zu können, sondern vielmehr der Wunsch, möglichst viel zu veröffentlichen, um somit möglichst schnell gehört, beachtet und berühmt zu werden, leitet Klaus Mann in den zwanziger Jahren. Die deutsch-französische Aussöhnung, die europäische Einigung und die französische Literatur bieten sich als Themen dazu an – das zeigt ihm die Beachtung, die sein Onkel erfährt. Klaus Manns der Öffentlichkeit präsentierte Auseinandersetzung mit Frankreich ist als Versuch zu werten, sich in der intellektuellen Öffentlichkeit sowohl als ernstzunehmender Mitstreiter als auch innerhalb der Familie als Konkurrent des Vaters und des Onkels zu positionieren. Wie Thomas fördert auch Heinrich Mann indirekt diese Entwicklung, denn Klaus Mann ist, etwa für Curtius, für Bertaux, für Gide und für die Öffentlichkeit, nicht nur der Sohn von Thomas, sondern auch der Neffe von Heinrich Mann, der seit 1931 Präsident der Sektion Dichtkunst der Preußischen Akademie der Künste ist. Die Zugehörigkeit zur Familie Mann macht Klaus interessant. Aber auch direkt fördert Heinrich Mann dessen Engagement, etwa durch das Patronat über und die Mitarbeit an der *Sammlung*. Darüber hinaus setzt er ihm – wie sein Bruder Thomas – in der Schrift *Klaus Mann zum Gedächtnis* ein Denkmal.[290] Intensiver und vor allem wohlwollender als Thomas Mann beobachtet Heinrich Mann mit großem Interesse die Generation seines Neffen. Mit hoher Wahrscheinlichkeit über Klaus Manns Verbindungen zu Frankreich informiert, würdigt er 1927 vor der Menschenrechtsliga den Friedenswillen und die Ähnlichkeiten der jungen Generation in Frankreich und Deutschland:

> L'air me semble tout de même purifié depuis. Les tentatives d'entente sont plus franches, et les conjurations contre la paix de nos nations moins redoutables. Si cela est vrai, c'est surtout grâce à la jeune génération, qui en grande partie, n'a jamais connu, ni voulu connaître nos rivalités et nos entraves. Ne trouvez-vous pas que nous l'étions? Ils prennent résolument possession de leur époque, et quelquefois n'y regardent pas de se près quant aux frontières d'un continent qu'ils s'adjugent tout entier comme patrie. Aussi voyez comme ils se ressemblent. Français ou Allemands, en les lisant j'ai quelquefois l'impression d'une littérature unique provenant seulement de différentes provinces d'une même république.[291]

1925 hat auch Klaus Mann in dem Vorwort seines Romans *Der fromme Tanz* die Gemeinsamkeiten von französischer und deutscher Jugend unterstrichen[292], immer wieder beschreibt er sein Sich-Wiederfinden in der französischen Literatur der jungen Generation (s. Kap. 2.4-2.9). Heinrich Mann wirbt um Verständnis für die Halt- und Orientierungslosigkeit der Nachkriegsjugend, die

---

[290] Vgl. Erika Mann (Hg.): *Klaus Mann zum Gedächtnis*, Amsterdam 1949, S. 92-103.
[291] Heinrich Mann: *Discours tenu à la ligue des droits de l'homme et à l'union féminine pour la société des nations* [1927], S. 354. In ders.: *Essays*. Bd. 2, a. a. O., S. 354-373.
[292] Vgl. Klaus Mann: *Der fromme Tanz*, Reinbek bei Hamburg 1993, S. 7f. Im Folgenden werden Zitate aus diesem Werk durch die Sigle *FT* und die Angabe der entsprechenden Seitenzahl im Text belegt.

Klaus Mann in *Der fromme Tanz*, aber auch Raymond Radiguet in *Le diable au corps* oder René Crevel in *La mort difficile* literarisch aufarbeiten. Mit seiner Danksagung an die junge Generation, die er im Kontext der deutschfranzösischen Aussöhnung zur Avantgarde stilisiert, ermuntert Heinrich Mann seinen Neffen, sein Frankreich-Engagement fortzusetzen. Er betont seine Zuversicht, dass die Jugend, wie sie in *Der fromme Tanz* beschrieben wird, ihren Weg finden wird, und unterstützt somit, anders als Thomas, Klaus Mann und seine Altersgenossen nachdrücklich:

> Woher die Sexualverbrechen oder sexuellen Abwege dieser Jugendlichen? Gesetzt, sie wären häufiger als früher, so bewiese es unter anderem, da hier nichts verschlossen, nichts zum Problem oder Komplex wird, – man handelt einfach. Woher andererseits die Tüchtigkeit, das Zugreifen, Einnehmen und Nichtschwanken? Man ist seiner Sache sicher, weil man im Leben wohl vielem, aber noch nie dem Zweifel an sich selbst begegnet ist. Wie die Jungen nun sind, finden sie sich richtig [...]. Was sie tun, muß sein, alle Folgen eingerechnet, sie haben nichts zu unterdrücken, sie haben nichts zu verleugnen. Das trägt ihnen in vielen Fällen sogar Anmut ein.[293]

So ist Heinrich Mann als wohlwollender, aufgeschlossener Beobachter und Förderer Klaus Manns und seiner Altersgenossen zu verstehen. Darüber hinaus verfolgt er aufmerksam die Literatur der jungen französischen Autoren, mit denen sich Klaus Mann so verbunden fühlt, und zieht Parallelen:

> Nein, die junge französische Literatur war im Gegenteil jetzt voller Neuerungssucht, nicht ohne Auflehnung gegen bewährte Größen und anerkannte Leistungen, die ihr tatenlos erschienen. Ihr eigenes Stichwort war Tat, Aktivität, Aufbau, – was alles auch den jungen Deutschen genau bekannt war. Drüben gilt, was hier gilt.[294]

1931 widmet Heinrich Mann dem jungen französischen Schriftsteller Philippe Soupault und dessen Werk einen Aufsatz. Das Bild, das er darin von Soupault und verallgemeinernd von der gesamten jungen Generation in Frankreich und Deutschland zeichnet, ist auch ein Portrait seines Neffen:

> Das junge Geschlecht eines Zeitalters setzt scharenweise sein Leben an technische Wagnisse ohne inneren Belang; bedenkenlos geben sie sich der Welt hin, sich selbst sind sie nichts. Sie wollen lieber mit ihrem Flugzeug aus der Höhe und der leeren Luft unmittelbar in den Tod stürzen, viel lieber das, als alt werden. An ihrer Energie hoffen sie nicht zu wachsen, sondern sich schnell zu verbrauchen wie durch Rauschgifte.[295]

Klaus Manns Reiselust, sein Drogenkonsum, sein Wunsch nach schnellem Ruhm, sein unstetes Leben, das er in seinen frühen Erzählungen und Romanen thematisiert – wie beispielsweise die schnellen und gefährlichen Auto-

---

[293] Heinrich Mann: *Jugend früher und jetzt* [1928], S. 174. In ders.: *Essays*. Bd. 2, a. a. O., S. 172-176.
[294] Heinrich Mann: *Die Literatur und die deutsch-französische Verständigung* [1927], S. 324f. In ders.: *Essays*. Bd. 2, a. a. O., S. 317-343.
[295] Heinrich Mann: *Philippe Soupault oder Der junge Franco-Europäer* [1931], S. 310f. In ders.: *Essays*. Bd. 2, a. a. O., S. 298-316.

fahrten, die Drogenabhängigkeit, die sexuellen Abenteuer und die über allem stehende Sehnsucht nach dem Tod in seinem Roman *Treffpunkt im Unendlichen* –, sind Teile dieses Lebens. Heinrich Mann wirbt bei seinen Lesern um Verständnis für diese junge Generation. Für ihn ist sie

> das erste Geschlecht von Europäern, die ersten, die es nicht nur sein wollen, nicht nur edle Wünsche und wohltuende Ansichten hegen über den bevorstehenden Weltbürger der Zeiten, die noch nicht da sind. [...] Sie sind nicht nur, wie sonst die neuen Geschlechter, eine beliebige Zukunft; in ihnen wird erlitten die ganz noch erhoffenswerte, noch glaubhafte Zukunft dieses Kontinents, der fast schon keine mehr hatte. Nach ihnen die europäische Gesundheit, die angepaßten, beruhigten Geschlechter und ein Europa, das vielleicht glücklich zu sein gelernt hat. Sie sind auch Brüder im Erleiden, ihrem frischgemuten, knabenhaften Erleiden – kennen einander über den ganzen Kontinent hin, verstehen einander auf den ersten Blick, auch ohne gemeinsame Sprache. Ihre Bücher, die Lebensschreie sind, zu übersetzen und denen mitzuteilen, die in ihnen sich selbst ermutigt finden können, ist nicht literarische Liebhaberei mehr allein, es ist Dienst an den Geistern und am Leben.[296]

Mit dem in diesem Aufsatz gewürdigten Philippe Soupault steht Klaus Mann „auf besonders freundschaftlichem Fuße" (*WP* 233), was ein weiterer Beleg dafür ist, dass sich Klaus und Heinrich Mann nicht nur in denselben Kreisen in Frankreich bewegen, sondern auch dafür, wie nah sich Onkel und Neffe sind.

Nach seinem Ausschluss aus der Akademie der Künste flieht Heinrich Mann im Februar 1933 nach Frankreich, dessen Berliner Botschaft ihm Schutz angeboten hat. Klaus Mann folgt ihm einen Monat später. Bis zu seiner Flucht nach Amerika im Jahre 1940 wohnt Heinrich Mann in Nizza. Wesentlich früher als Thomas Mann nehmen Klaus und Heinrich Mann den Kampf gegen den Nationalsozialismus auf und unterstützen sich darin gegenseitig. Heinrich Mann versucht, unter anderem als Vorsitzender des *Vorbereitenden Ausschusses der deutschen Volksfront* und als Ehrenpräsident des *Schutzverbandes Deutscher Schriftsteller*, die zahlreichen Strömungen des Exils zu vereinen. Klaus Manns *Sammlung*, deren Patronat Heinrich übernimmt, zielt in die gleiche Richtung. Beiden ist die französische Meinung und die Aufklärung Frankreichs über die nationalsozialistischen Machenschaften ein wichtiges Anliegen. Die *Sammlung* richtet sich auch an ein französisches Publikum, Heinrich Mann versucht mit Leitartikeln in der *Dépêche de Toulouse* die Franzosen auf die Gefahr des Nationalsozialismus aufmerksam zu machen. Sein 1938 abgeschlossener historischer Roman *Die Jugend und die Vollendung des Henri Quatre* verarbeitet nicht nur einen Teil der französischen Geschichte, sondern spielt direkt auf die Gegenwart und damit auf die Verbrechen der Nationalsozialisten an. Teile des Werkes sind auf Französisch geschrieben. Ihre Gemeinsamkeiten (an)erkennend, würdigt Klaus Mann das politische Engagement seines Onkels und dessen Frankreichliebe in seinem 1936 verfassten Aufsatz *Können Deutschland und Frankreich Freunde sein?*:

---

[296] Heinrich Mann: *Philippe Soupault oder Der junge Franco-Europäer*, a. a. O., S. 313.

Aber es waren nicht nur wir Jungen, die die unbedingte Versöhnung, die wirkliche Freundschaft mit Frankreich wollten und anstrebten. Viele Ältere dachten wie wir; einige wenige hatten sogar schon mitten während des Krieges so gedacht. Diese wenigen hatten den Krieg mit Frankreich immer als ein unseliges Mißverständnis, als einen tragischen europäischen Bruderkampf empfunden. Zu diesen Hellsichtigen – es waren ihrer nicht viele – hatte mein Onkel Heinrich Mann gehört.[297]

Teilen auch beide eine große Zuneigung zu Frankreich, so hat diese, vor allem was die Literatur betrifft, verschiedene, generationsbedingte Akzente. In seinem Aufsatz *Die Wirkung Frankreichs* schreibt Klaus Mann über Flaubert und Zola, die seinen Onkel prägen, sie seien

> nicht jene, die auf mich den nachhaltigen Zauber übten, die mich wesentlich bereicherten und meine intellektuelle Substanz veränderten.[298]

Nach Kantorowitz hat seit Heinrich Heine kein anderer Dichter mehr für die geistige Verständigung der beiden Nachbarvölker getan als Heinrich Mann.[299] Obwohl Klaus Mann in *Die Wirkung Frankreichs* den Einfluss seines Onkels auf sich als „geringer, als man wohl annehmen möchte" (ZD 28) bewertet, ist Heinrich Mann für ihn in den zwanziger Jahren Mentor und nach der Machtübernahme der Nationalsozialisten politischer Mitstreiter. Im Vergleich zu Klaus Manns Schriften erzielen die Essays und Romane seines Onkels zu dessen Lebzeiten in Deutschland, aber auch in Frankreich eine weitaus größere Wirkung.[300] Im Gegensatz zu seinem Neffen wird Heinrich Mann als Schriftsteller, Essayist und letztlich auch als Forderer und Vertreter der deutschfranzösischen Aussöhnung von seinen Zeitgenossen und auch der Wissenschaft ernst genommen. Für Klaus Mann ist der Onkel in seinem politischen Streben und besonders in seinem Engagement zur Versönung ein unerreichbares, aber annehmbares Vorbild.

2.3 Klaus Mann und die französische Sprache und Literatur

2.3.1 Eine seichte Liebe? Klaus Mann und die französische Sprache

Im 19. Jahrhundert und im ersten Drittel des 20. Jahrhunderts genießt die französische Sprache in Deutschland, in Bayern, in München und im Elternhaus von Klaus Manns Mutter Katia als Sprache des Hofes und der Gebildeten großes Ansehen. Durch ihre Beherrschung weisen sich Sprecher als Mitglieder

---

[297] Klaus Mann: *Können Deutschland und Frankreich Freunde sein?* [1936], S. 19. In: *WvM* 15-23.
[298] Klaus Mann: *Die Wirkung Frankreichs* [1938], S. 28. In: ZD 28-38.
[299] Vgl. Alfred Kantorowicz: *Heinrich Mann als Vorkämpfer der deutsch-französischen Verständigung*, S. 14. *Heinrich Mann 1871-1971*. Hrsg. von Inter Nationes, Bonn-Bad Godesberg 1971, S. 14-22.
[300] Allein im Exil verfasst und veröffentlicht Heinrich Mann rund 400 Essays für Exil- und französische Zeitschriften. In der Zeitung *Dépêche de Toulouse* schreibt er monatlich eine Kolumne. Außerdem veröffentlicht er in der Zeitung *Paris-Soir* sowie in kleineren französischen Blättern. Vgl. Stefan Kringel: *Heinrich Mann. Ein Leben wird besichtigt*, Berlin 2002, S. 448f.

der großbürgerlichen, intellektuellen und künstlerischen Gesellschaft aus. Klaus Manns großbürgerliche Herkunft, seine in den zwanziger Jahren einsetzende, lebenslang intensive Beschäftigung mit der französischen Literatur, seine zahlreichen essayistischen Arbeiten darüber, seine vielen Aufenthalte in Frankreich sowie seine Bekannt- und Freundschaften zu Franzosen lassen annehmen, er beherrsche die französische Sprache fließend. Doch wie gut ist Klaus Manns Französisch wirklich? Sprache ist ein bedeutsamer Teil und Träger einer Kultur. Als einer, der schreibt, als einer, der Literatur schaffen will, weiß Klaus Mann um die existentielle Bedeutung von Sprache, um ihre Möglichkeiten und Grenzen, weiß um den Wert anderer Literaturen als Ideengeber für das eigene Schaffen. Sein Vermögen, die französische Sprache zu verwenden, und die Art, wie er sie einsetzt, geben somit einen weiteren wichtigen Anhaltspunkt, wie eingehend sich Klaus Mann mit Frankreich und seiner Kultur beschäftigt und beschäftigen kann.

Anders als seine Mutter, die von einem französischen Kindermädchen erzogen wurde, erhält Klaus Mann erst im Wilhelmsgymnasium, in das er 1916 eintritt, Französischunterricht. 1936 bemängelt er unter den Eindrücken des Exils dessen Qualität:

> [D]er Unterricht im Englischen und Französischen war miserabel. Unser Französisch-Lehrer – Gott hab ihn selig – hatte eine grausige Aussprache. Wir konnten mit Mühe sagen: ‚La maison de ma grande mère est très belle' – aber wirklich nicht viel mehr.[301]

Nimmt man Klaus Manns Wertung dieses Unterrichts zunächst als gegeben, sind die schulischen Voraussetzungen zum Erlernen der Sprache ungünstig und damit auch die Erfolgsaussichten gering. Zudem beschreibt er sich als einen Schüler, der in der Schule „etwas weniger [lernte], als verlangt wurde" (*WvM* 16), was vermutlich für das Erlernen von Vokabeln und Grammatik wenig förderlich ist.

> Aber im Französischen war ich ehrgeizig. Die Großmutter und ihr Haus genügten mir nicht. Ich begann, mich mit der französischen Literatur zu beschäftigen – auf eigene Faust und ohne, daß mir jemand dabei geholfen hätte. Unter eifriger Benutzung eines Lexikons las ich die Gedichte von Arthur Rimbaud und Paul Verlaine. (*WvM* 16)

Beschäftigt sich Klaus Mann aber nun trotz oder vielleicht gerade wegen des schlechten Unterrichts so „eifrig" mit der Sprache des Kriegsgegners? Wenn er der französischen Sprache und Literatur so sehr zugeneigt ist, dass er sie sich autodidaktisch aneignet, dann müssten seine Zensuren im Französischen entsprechend gut sein. Doch das im Archiv des Wilhelmsgymnasium erhaltene Zeugnis des Jahres 1921/22, das ihn insgesamt als schlechten Schüler ausweist, hält in Französisch die Note „4" fest[302] und beweist, dass Klaus Mann nicht nur schlecht in Französisch ist, sondern auch, dass er mit seiner Äußerung von 1936 über seinen eigenständigen, von der deutschen Schule nicht

---

[301] Klaus Mann: *Können Deutschland und Frankreich Freunde sein?* [1936], S.16. In: *WvM* 15-23.
[302] Rolf Selbmann: *„Der Vater hat sich nie nach seinem Sohn erkundigt". Klaus Mann als Schüler des Wilhelmsgymnasiums*, S. 121. In: *Jahresbericht* 1988/89. Hrsg. von Wilhelmsgymnasium, München 1989, S. 119-136.

unterstützten Wunsch, Französisch zu lernen, übertreibt und sich nur rückblickend zum frankophilen und sprachbegeisterten Jugendlichen stilisiert.

Ob Klaus Mann während seines Aufenthalts auf der Bergschule Hochwaldhausen und auf der Odenwaldschule Französischunterricht hat und mit welchem Erfolg er gegebenenfalls daran teilnimmt, lässt sich nicht belegen. Da er an der Odenwaldschule vom Unterricht befreit ist, ist eine Unterweisung in der Sprache dort jedoch unwahrscheinlich. Im dritten Kapitel des *Wendepunktes*, das den Titel *Erziehung 1920-1923* trägt, bescheinigt sich Klaus Mann, anders als in *Können Deutschland und Frankreich Freunde sein?*, im Zusammenhang mit der Lektüre von Rimbauds Gedichten eine „mangelhafte Kenntnis des Französischen" (*WP* 113). Dies und die Schulnote lassen darauf schließen, dass Klaus Mann während seiner Kindheit und Jugend – obwohl ihm der gesellschaftliche Wert nicht zuletzt dank seiner Mutter bewusst ist – des Französischen weder mächtig ist, noch dass er sich besondere Mühe macht, es zu erlernen. Erst sein vor allem durch Curtius gewecktes Interesse an zeitgenössischer und oft noch nicht in deutscher Übersetzung vorliegender französischer Literatur und die Notwendigkeit, sich 1925 während seiner Aufenthalte in Frankreich auf Französisch verständigen zu müssen, bewirken, dass Klaus Mann sich bessere Französischkenntnisse aneignet. Die zahlreichen französischsprachigen Bücher im Nachlass[303], unter denen sich unter anderem ein von Cocteau im Mai 1926 mit Widmung versehenes französisches Exemplar von Radiguets Roman *Le bal du comte d'Orgel*[304] und die ebenfalls mit Widmung versehenen Werke Crevels befinden, lassen darauf schließen, dass Klaus Mann ab dieser Zeit das meiste, was er an französischer Literatur rezipiert, im Original liest. Schriftliche Zeugnisse seiner Kommunikation mit Franzosen können außerdem über seine Sprachkenntnisse Auskunft geben. Ein Teil seiner Pariser Bekanntschaften – wie Gide, Bertaux und Giraudoux – beherrschen die deutsche Sprache sehr gut, andere, wie Crevel, nur wenig. Wo Klaus Mann ein Verstehen des Deutschen voraussetzt, bevorzugt er das Deutsche. Ein an Claude Bourdet verfasster Brief vom 8. Juli 1933[305] ist ebenso auf Deutsch geschrieben wie die Briefe, die Klaus Mann bis 1939 an Gide richtet.[306] Nur einmal – am 4. Juni 1939 – verwendet er das Französische für einen Brief an Gide[307]. Alle nachfolgenden Briefe sind auf Englisch verfasst. Den Grund, warum er, nachdem er sich gegen das Deutsche entschieden hat, Gide nicht weiter in dessen Muttersprache schreibt, gibt Klaus Mann in diesem ersten englischen Brief vom 2. November 1939 an:

> I am writing you in English – which is becoming, more and more, my ‚second language', while I am, at the same time, losing more and more the

---

[303] In der Bibliothek Klaus Manns, die wie sein sonstiger Nachlass in der Monacensia, dem Literaturarchiv der Stadt München aufbewahrt wird, befinden sich weit über hundert französischsprachige Bücher. Im Folgenden werden dort vorhandene Bücher mit dem Vermerk *KMA Buch* und der entsprechenden Katalognummer gekennzeichnet.
[304] Raymond Radiguet: *Le diable au corps*, Paris 1923, *KMA Buch*.
[305] Klaus Mann: *Brief an Claude Bourdet* vom 8. 7. 1933, *KMA*.
[306] Der erste erhaltene Brief Klaus Manns an Gide, den Grunewald auf den 13. Oktober 1926 datiert, ist auf Deutsch geschrieben. Vgl. Michel Grunewald: *André Gide-Klaus Mann: Correspondance/Briefwechsel*, a. a. O., S. 605.
[307] Vgl. Klaus Mann: *Brief an André Gide* vom 4. 6. 1939. In: *André Gide-Klaus Mann: Correspondance/Briefwechsel*. Hrsg. von Michel Grunewald, a. a. O., S. 646ff.

habit of expressing myself in French; (although I am going on to read any French books...).[308]

Dass Klaus Mann sein von ihm behauptetes Vermögen, sich auf Französisch auszudrücken, nicht oder nicht mehr hat, zeigen seine zahlreichen Fehler, die in dem vor-angegangenen französischen Brief an Gide zu finden sind.[309] Neben diesem Brief zeugt nur noch ein Brieffragment an Julien Green, das aufgrund seines Inhalts auf das Jahr 1936 datiert werden kann[310], von Klaus Manns französischsprachigem Schriftverkehr. Die Briefe an Crevel, die mit großer Wahrscheinlichkeit auf Französisch verfasst sind und Auskunft darüber geben könnten, wie es um Klaus Manns französische Sprachkompetenz in den zwanziger Jahren bestellt ist, sind nicht mehr vorhanden.

Es scheint, dass es Klaus Mann auch in der Zeit, in der Frankreich einer seiner Lebensmittelpunkte ist, schwer fällt, sich auf Französisch zu artikulieren. In französischsprachigen Zeitschriften erscheinende Beiträge wie der im November 1938 in der Zeitschrift *Les Cahiers du Sud* veröffentlichte Aufsatz *Influences françaises*, in dem Klaus Mann über die Bedeutung der französischen Kultur für sich schreibt, werden aus dem Deutschen übertragen.[311] Bei der Übersetzung einer Rede, die er am 1935 auf dem 13. internationalen Kongress des PEN-Clubs in Barcelona auf Französisch hält, hilft ihm seine Mutter (vgl. *TB II* 108). Auch bei seiner Ansprache auf dem *Ersten Internationalen Schriftstellerkongreß zur Verteidigung der Kultur* in Paris 1935 unterstützt ihn jemand bei der Übersetzung ins Französische. Das unter dem Titel *La Lutte pour la jeunesse* archivierte Typoskript weist neben eigenhändig vorgenommenen Korrekturen zahlreiche von anderer Hand auf.[312] Klaus Mann ist somit offensichtlich nicht in der Lage, seine eigenen Reden oder Aufsätze – ganz zu schweigen von eigenen literarischen Texten – ins Französische zu übertragen. Zwar nimmt er Korrekturen an der von Théodore Joran verfassten französischen Übersetzung

---

[308] Klaus Mann: *Brief an André Gide* vom 2. 11. 1939. In: *André Gide-Klaus Mann: Correspondance/Briefwechsel*. Hrsg. von Michel Grunewald, a. a. O., S. 651.
[309] Im Folgenden wird der Beginn des Briefes an Gide vom 4. 6. 1939 wiedergegeben. Die unterstrichenen Stellen weisen auf Fehler hin:
„Mon Cher André Gide, comment allez-vous? Où êtes-vous en ce moment? J'aimerais beaucoup d'avoir de vos nouvelles; d'apprendre tas de choses sur votre travail, votre vie ... J'ai pensé à vous assez souvent, pendant les semaines passées. J'ai vue chez mon père, le dernier volume des vos „Œuvres", et j'étais fort touché en lisant votre journal de Munich... Long long ago, and many things have changed since that time ... C'était une espèce de sensation de trouver mon nom dans votre beau livre – et, pourtant, c'était une petite déception aussi. Vous avez écrit à propos de moi: ... „que je connais à peine ..." – et je me rappelle, avec une certaine petite tristesse, combien j'étais fier de votre amitié, dans ces temps déjà si lointains .... C'est exacte, du reste, que vous ne m'avez connu qu' „à peine", et que nos rencontres à Paris étaient rares. Mais, que voulez-vous? -: j'étais bien jeune et enfantin, and les jeunes gens, il me paraît, croient toujours que les rencontres qui avaient une importance excitante pour eux-mêmes doivent être aussi importants pour l'autre." Klaus Mann: *Brief an André Gide* vom 4. 6. 1939. In: *André Gide-Klaus Mann: Correspondance/Briefwechsel*. Hrsg. von Michel Grunewald, a. a. O., S. 646ff.
[310] Klaus Mann: *Brieffragment an Julien Green*, o. D., *KMA*.
[311] Nach Grunewald wurde der Aufsatz von Pierre Klossowski ins Französische übersetzt. Ein Manuskript davon befindet sich im *Klaus-Mann-Archiv KMA*. Vgl. Michel Grunewald: *Klaus Mann 1906-1949. Eine Bibliographie*, a. a. O., S. 137.
[312] Klaus Mann: *La lutte pour la jeunesse*, *KMA*. Unter dem Titel *Der Kampf um den jungen Menschen* (*KMA*) befindet sich die wohl zuvor aufgesetzte deutsche Fassung der Ansprache.

von *Kind dieser Zeit* vor, wie dem Tagebucheintrag vom 24. März 1933 zu entnehmen ist,[313] allerdings beschränkt sich diese Arbeit wohl auf Inhaltliches. Übersetzungsfehler wie bei der Übertragung der Passage „und gingen alle in den Mannschen Garten hinüber" (*KdZ* 51), die in der französischen Fassung „Nous nous rendons au jardin Mannschen"[314] lautet, entgehen ihm. Um sein letztes, 1946 verfasstes Drama *Der Siebte Engel* Jean Cocteau für eine Aufführung in Frankreich anbieten zu können, lässt er es von seiner Freundin Thea von Ripper aus dem Englischen übersetzen.[315]

Das November-Heft der *Sammlung* von 1933 weist Klaus Mann als Übersetzer eines dort auf Französisch und auf Deutsch abgedruckten Gedichtes von Gide aus, das den Titel *Traversée* bzw. *Die Seefahrt* trägt.[316] Ob Klaus Mann bei der Übertragung die Hilfe anderer in Anspruch nimmt, ist in Ermangelung eines Manuskripts nicht feststellbar. Eine im *Klaus Mann Archiv* befindliche Übersetzung eines Essays Gides über Hermann Hesse weist hingegen handschriftliche Korrekturen Klaus Manns auf, sind aber inhaltlicher Art. Auf Basis dieses Manuskripts können keine Aussagen getroffen werden, ob Klaus Mann den Essay selbst und allein übertragen hat[317]. Weitere Übersetzungen, die etwa für die von ihm herausgegebenen Zeitschriften oder für die Anthologie *Heart of Europe* denkbar gewesen wären, sind nicht bekannt.

Obwohl also Klaus Mann spätestens seit 1925 intensiv französische Literatur liest und auch darüber schreibt, obwohl er sich seit dieser Zeit bis zur Übersiedelung in die USA lange und oft in Frankreich aufhält, sind seine Französischkenntnisse bis zuletzt im Vergleich zu denen seiner Mutter und seines Onkels Heinrich wesentlich geringer und auf das Lesen und Verstehen ausgerichtet, nicht aber auf das Schreiben, das ihm schon beim Verfassen von Briefen an Bekannte und Freunde schwer fällt. Auch in seinen belletristischen Werken findet seine Mutter Fehler; so weist sie ihn in einem Brief aus dem Jahr 1939 auf Mängel in seinem Roman *Der Vulkan* hin:

> Aber vorsetzen muß ich dir doch, daß poulé für chicken ein <u>häßlicher</u> Schnitzer ist, und daß es <u>à bas</u> les boches! heißt, worauf sie denn hoffentlich <u>en bas</u> bleiben.[318]

Zudem gibt es Hinweise, dass Klaus Mann auch im Sprechen des Französischen nicht sehr gewandt zu sein scheint. Green erinnert sich 1986 im Gespräch mit Ulrich Weinzierl, Klaus Mann habe „seinerzeit ein seltsam über sich selbst stolperndes Französisch gesprochen, anscheinend nicht richtig ausdrücken können, was er ausdrücken wollte."[319]

---

[313] Am 24. März 1933 heißt es: „Ganzen Vormittag am französischen ‚Kind d. Z.' korrigiert; doch dies und das streichen." (*TB* I 126)
[314] Klaus Mann: *Je suis de mon temps*, Paris 1933, S. 67, *KMA Buch*.
[315] Klaus Mann: *Le septième ange. Pièce en trois actes et six tableaux*, KMA.
[316] Vgl. Klaus Mann (Hg.): *Die Sammlung*. Jg. 1. Heft III., a. a. O., S. 127 f., KMA.
[317] Vgl. Klaus Mann: *Die deutsche Seele. André Gide über Hermann Hesse*, KMA. Grunewald datiert das Typoskript auf das Jahr 1946. Vgl. Michel Grunewald: *Klaus Mann 1906-1949. Eine Bibliographie*, a. a. O., S. 229.
[318] Katia Mann: *Brief an Klaus Mann* vom 30. 7. 1939, KMA.
[319] Ulrich Weinzierl: *Julien Green*. In: *Frankfurter Allgemeine Zeitung*, Montag, den 24. 11. 1986, Nr. 272, S. 25.

Da Klaus Mann an keiner Stelle den Wunsch äußert, das Französische besser zu beherrschen oder Unterricht zu nehmen, liegt die Schlussfolgerung nahe, dass er seine Französischkenntnisse für die Kommunikation, die Tätigkeit als Rezensent französischer Literatur und als Vermittler französischer Kultur dennoch für ausreichend hält. Entgegen der Einschätzung Greens steht es jedoch außer Frage, dass sich Klaus Mann seit Ende der zwanziger Jahren mit Bekannten, Freunden, Kollegen, Interviewpartnern und Behörden auf Französisch verständigen kann. Seine Unlust, sich intensiver mit der französischen Sprache auseinanderzusetzen und sie gründlicher zu lernen, sind ein weiteres Zeichen für den fehlenden Wunsch, mittels umfangreicherer Sprachkenntnisse tiefer in die französische Kultur einzudringen und seine vor allem in Deutschland erworbenen Vorstellungen von Frankreich durch ein besseres Verständnis zu modifizieren.

Vollkommen unabhängig von seiner Sprachkompetenz im Französischen ist jedoch Klaus Manns Wertschätzung der französischen Sprache. Auf dem PEN-Club-Kongress in Barcelona zieht er es vor, sich mit einer deutschen, den Nationalsozialisten nahe stehenden Schriftstellerin auf Französisch zu unterhalten (vgl. TB II 108). Die französische Sprache wird damit zum Mittel, sich vom Dritten Reich ganz pragmatisch zu distanzieren. Das wegen des Nationalsozialismus zwiespältige Verhältnis zu Deutschland und zur deutschen Sprache lässt sich auch in einer Tagebuchnotiz vom 24. April 1938 feststellen, in der Klaus Mann über ein Dienstmädchen der Familie schreibt, das von einer Münchenreise sehr angetan berichtet. Klaus Manns Widerwillen gegen die Nationalsozialisten lässt ihn spontan die Sprache wechseln:

> Das Mädchen Maria aus München zurück; erzählt von Offi-Ofei – uralt; vom Leben in M. Etwas ärgerlich, weil ihr alles recht wohl gefallen hat. (Pas d'importance puisqu'elle est énormement[320] sotte.) (TB IV 37)

Diese französischsprachige Charakterisierung des Dienstmädchens ist als deutliche Distanzierung von Deutschland zu verstehen. Mit dem Wechsel zum Französischen schafft Klaus Mann einerseits intellektuellen und politischen Abstand zu dem als „énormement sotte" bezeichneten, wahrscheinlich des Französischen nicht mächtigen Dienstmädchen. Andererseits zeigt diese Stelle, dass gerade Frankreich – hier nun auch in sprachlicher Hinsicht – zum Gegenbild eines zunehmend auf die Nationalsozialisten reduzierten Deutschlands wird. Die französische Sprache ist ihm die Sprache der Intellektuellen, der Demokraten, der Kultivierten und Intelligenten, während ihm die deutsche Sprache zur Sprache der Nationalsozialisten, aber auch zur Sprache des ungebildeten Personals wird.

Während Klaus Mann sich mit dem Gebrauch des Französischen in seinen Briefen, die andere auf mögliche Französischdefizite aufmerksam machen könnten, zurückhält, bedient er sich in den intimeren, da zunächst nur für sich selbst bestimmten Tagebüchern auffallend oft der französischen Sprache. Zunächst finden sich nicht selten französischsprachige Einsprengsel, wenn Klaus

---

[320] Statt „énormement" müsste es „énormément" heißen. Im Folgenden werden auf Fehler und Nachlässigkeiten Klaus Manns nicht mehr hingewiesen.

Mann am Tag des Eintrags auf etwas aufmerksam wird, das er mit etwas Französischem verbindet. Bisweilen führen auch Begegnungen mit Franzosen außerhalb Frankreichs zum Sprachwechsel. So hält er unter dem Datum des 9. Januar 1940 ein Mittagessen mit einer „ziemlich charmanten Madame Errera; (Französin, mariée à Bruxelles)" (*TB* V 10) fest. Auch als er nach seinem amerikanischen Exil bei der Landung im frankophonen Casablanca im Januar 1944 wieder mit einer französischsprachigen Umwelt in Kontakt kommt, wählt er das Französische für einige Anmerkungen: Mit „La Vie Simple" (*TB* VI 9) umschreibt er sein einfaches Soldatenleben, einen Tag später notiert er „Nachmittag und Abend in Casablanca – sans faire grande chose" (*TB* VI 10). Ebenfalls kontextuell begründet ist die Wahl der französischen Sprache zum Festhalten der Lektüre(-erlebnisse) französischer Literatur. So vermerkt er 1938 über Cocteaus Drama *Chevaliers de la Table Ronde*:

> Es gibt *nichts* von ihm, was ich *nicht* reizend fände. Aber hier ist er wohl kaum ‚de son mieux'." (*TB* IV 22)

Am 21. Februar 1944 kommentiert er mit „Chaque soir un peu de Stendhal" (*TB* VI 20) die Lektüre des 1839 erschienenen Romans *La Charthreuse de Parme* und notiert 1948 bezüglich des Romans *La Peste* von Albert Camus, den er auf einer Fahrt von Freiburg nach Basel „en route" (*TB* VI 152) zu lesen anfängt: „Ja, Gide hat recht: ce n'est pas ça ..." (*TB* VI 154). Diese Verwendung des Französischen, die sich aus dem leicht zu erkennenden Bezug des Beschriebenen zu Frankreich erklären lässt, ist Ausdruck für Klaus Manns generelle Affinität zur französischen Sprache und Kultur und Zeichen seines Selbstverständnisses als europäischer, aus dem Großbürgertum stammender Intellektueller. Weitaus bedeutsamer erscheint jedoch, dass Klaus Mann für das Festhalten bestimmter Themen im Tagebuch mit Vorliebe die französische Sprache wählt. Dazu zählen besonders seine Notizen über seine sexuellen Abenteuer. Am 4. Dezember 1931 heißt es:

> Erst bei Honsell (Manicure u.s.w.); dann bei Wessily. Avec un jeune paysan assez gentil (et avec des choses fort grosses, dans un endroit près de la Kaufingerstraße. (*TB* I 17)

Einen Monat später vermerkt er:

> Mit Babs Lenbachplatz. On trouve un garçon qui s'appelle Narcissus. Avec lui chez B. Tous les trois. Assez drôle et vulgaire, mais excitant. (*TB* I 27)

In beiden Zitaten wählt Klaus Mann das Französische für das Festhalten seiner sexuellen Abenteuer. Die vor- und nachfolgenden Sätze sind, abgesehen von einem „par hazard" (*TB* I 27), in Deutsch geschrieben. Aber auch der Ort, in diesem Fall München, hat insofern etwas mit der Wahl der Sprache zu tun, als Klaus Mann vornehmlich dann im Tagebuch das Französische wählt, wenn er sich nicht in Frankreich aufhält. Seltener sind die französischen Einträge während seiner Aufenthalte in Frankreich. 1933 dokumentiert er einen Bordellbesuch in Toulon:

Ins Puffviertel. Verschiedene Kneipen; ein Puff, wo sich Mädchen mit Rosen, Matrosenmützen u.s.w. auf den Schoss setzen („tu ne montes pas avec moi, chéri?') Schließlich un marin (André) Hôtel. XXX. (*TBO* 7. 5. 1933)

Auf der Fahrt nach Amerika beschreibt er rückblickend seinen letzten Spaziergang durch die Straßen von Paris:

> 14. IX: Abends, durch halb Paris gegangen, allein, von hier bis Montmartre. La ville bien aimée ...Boul. Clichy, fait la connaissance d'un très jeune Arabe, enfantin [...]. Dans un petit hôtel avec lui. X. Quel drôle de façon a un type pareille de faire l'amour. Il m'encule – avec une chose énorme –; jouit fort vite, [...] moi, je jouis ma chose dans ma bouche. Très beau. ... (*TBO* 14. 9. 1938)

Nur punkuell, bevor er sie ab 1942 als Hauptsprache für seine Tagebucheintragungen wählt, verwendet Klaus Mann Englisch, um seine sexuellen Abenteuer von dem übrigen Festgehaltenen abzuheben. So notiert er am 9. Januar 1932:

> Auf dem Odeonsplatz zufällig Babs getroffen, zu dritt etwas herumgestricht [...]. With a quite ugly und poor fellow – friend of ‚Narciss' – in Babs room; terrible and exciting. (*TB* I 29f.)

Im amerikanischen Exil behält Klaus Mann die Angewohnheit bei, für die Niederschrift von Sexuellem das Französische zu verwenden. Neben kurzen Anmerkungen verfasst er nun auch längere Skizzen zu diesem Thema. Ein Eintrag vom 9. Januar 1940 enthält einen solchen Bericht über ein nächtliches Erlebnis auf Französisch:

> Enfin, à Times Square, un jeune type ivre – mort. Le barman refuse de lui servir des drinks. Pourtant je le prends chez moi puisque j'ai l'instinct qu'il est gentille. Il est tout à fait gentille, en effet. Très naïve, enfantin; vient du Carolina. – Il reste la nuit X X, et une troisième fois puisqu'il revient à l'aprèsmidi. Je le prends au cinéma; il insiste de voir quelque chose idiote de Wild West – – – – Petite amitié bien touchante. (*TBO* 9.1. 1940)

Weitere Notizen dieser Art finden sich unter dem Datum des 12. November 1938 (vgl. *TB* IV 71), des 15. September 1940 (vgl. *TBO* 15. 9. 1949), des 19. September 1940 (vgl. *TB* V 64) sowie des 27. Dezember 1940 (vgl. *TB* V 88). Ab 1945 hält Klaus Mann nur noch stichpunktartig seine sexuellen Abenteuer fest. Auch hierfür wählt er meistens die französische Sprache. So wird „Bain de Vapeur" zum Vermerk, mit dem sexuelle Kontakte in Herrensaunen angedeutet werden (vgl. *TB* VI. 69, 79, 97, 217). Weiter heißt es: „Lorenzo (reste la nuit)" (*TB* VI. 98), und: „Bar; le beau marin" (*TB* VI 99).

Doch nicht nur zur Beschreibung seiner sexuellen Begegnungen greift Klaus Mann immer wieder auf das Französische zurück; im gleichen Maße nutzt er es zur Niederschrift seiner Gedanken, die sich mit der Liebe beschäftigen. So versieht er 1931 seine Erinnerungen an seinen ehemaligen Mitschüler Eugen-Otto Schön-René mit dem Zusatz: „(que j'ai tant aimé)" (*TB* I 24). Ein anderes Mal zitiert er eine Stelle aus dem Gedicht *À une passante* von Charles Baudelaire, um seine Zuneigung zu dem zeitweiligen Mitglied der Pfeffermühle Hans

Sklenka festzuhalten: „Eine Kravatte für Sklenka – ‚malgré tout.' (‚Oh toi, que j'eusse aimé!')"³²¹ (*TB* II 100). Am 27. Juni 1936 schreibt er über ein Wiedersehen mit seinem Freund Willy Haas:

> Nachmittags: Besuch von <u>Willy H.</u> X, avec beaucoup de tendresse. Après, la conversation un peu lourde, mais bien amicale. Sympathie – peut'être même plus que ça. Mais la tristesse – une espèce de déception vague – après l'adieu (comme presque toujours, du reste. Il dit: ‚Je te téléphonnerai – dans und quinzaine de jours, peut'être ...' (Il a, en effet, beaucoup et sérieusement à travailler.) – Sentiment très net et très fort d'une solitude absolue. Peut'être, c'est la souffrance d'un amour nouveau qui commence comme ça ... (*TBO* 27. 6. 1936)

Besonders seine Liebe zu dem Amerikaner Thomas Quinn Curtiss (gen. Tomski) wird in zahlreichen französischsprachigen Beteuerungen erwähnt. 1938 versichert er sich in Küsnacht dieser Liebe, nachdem er gerade einen anderen Geliebten zum Zug gebracht hat, mit den Worten: „C'est LUI, c'est seulement lui qui j'aime de tout mon coeur. So wahr mir Gott helfe." (*TB* IV 41). Auch für längere Einträge über seine Beziehung und seine Gefühle zu Curtiss erscheint Klaus Mann die französische Sprache am angemessensten. So schildert er seine Empfindungen für einen jungen Russen, den er kurz zuvor kennen lernte, im Verhältnis zu seiner Liebe zu Curtiss:

> Ici: téléphoné avec Colin; puis avec Ury – petit sauvage Russe. Une voix humaine. Bien touché. Je pense à lui – et à Tomski, avant dormir. Cette torture – d'attendre Tomski, ce fou cruel – dure trop longtemps. J'en ai marre. ... L'autre est plus simple; plus gentil – peut-être. – Enfin j'aime <u>encore</u> mon fou cruel. Mais ma tendresse pour le petit sauvage timide est grandissante ... Comment la fin de tout ça sera-t-elle? (*TBO* 12. 11. 1938)

Nach dem gescheiterten Versuch, mit Ury zusammenzuleben, sieht Klaus Mann am 24. Oktober 1939 Curtiss in New York wieder:

> Hier: TOMKSI... Freude und Schmerz des Wiedersehens. Grosse Freude und Zärtlichkeit. Aber Komplikationen .... Son affaire avec <u>Emery</u> – qui arrive un peu plus tard et dine avec nous. T. veut partir en voyage, avec Em., pour Cuba .... Voilà la vieille histoire: mes amours qui se trouvent ... Grande tristesse – pour une heure. Des larmes ... toujours des larmes ... Mais puis, T. est plus gentil, plus tendre que jamais. Resté seul avec lui, on fait l'amour, dans une manière bien excitante. Et j'oublie, de nouveau, les douleurs, les angoisses, la solitude... (*TBO* 24. 10. 1939)

Am 18. November schließlich schreibt er:

> Mein Geburtstag. 33 Jahre alt. [...] Ziemlich deprimiert. Ursachen [...] der Gedanke an Tomski – Emery, in Cuba. Pas des nouvelles de sa part. Voilà la fin. Je sens bien que ça – c'est la fin. La fin d'un amour. J'ai essayé trop. Je n'en peux plus. Il est plus loin de moi que jamais. Est-ce que cette amitié était vraiment ‚le grand succès amoureux' de ma vie? Mais c'est pitoyable

---

³²¹ Baudelaires Gedicht *À une passante* endet mit der Zeile: „Ô toi que j'eusse aimée, ô toi qui le savais!" In ders.: *Œuvres complètes*. Bd. 1. Hrsg. von Claude Pichois, Paris 1975, S. 93.

... Me voilà seul comme jamais. Ury ne m'intéresse plus. Me voici tout seul. (*TBO* 18. 11. 1939)

Die Liebe, das Erotische, das Sexuelle sowie die Spannungen, die sich zwischenmenschlich daraus ergeben, seine Homosexualität nicht offen ausleben zu dürfen, sind – wie Gustav René Hocke nachweist – zu den Grundmotiven europäischer Tagebücher zu zählen.[322] Zu den Klaus Mann bekannten Tagebuchschreibern, die sich in ihren Diarien über ihre homosexuellen Neigungen äußern, zählen neben Thomas Mann vor allem König Ludwig II. von Bayern, André Gide und August von Platen. Während es wahrscheinlich ist, dass Klaus Mann die Tagebücher seines Vaters nicht kennt[323], weiß er doch um die Gideschen Diarien, die 1939 für die Jahre 1889 bis 1939 erscheinen. 1940 lobt er sie in einem Aufsatz[324], auch wenn er das darin außergewöhnlich offene Bekenntnis zu einer positiv empfundenen Homosexualität nicht erwähnt. Da Klaus Mann jedoch Inhalt und Form von Gides Tagebüchern erst zu einem Zeitpunkt kennen lernt, als er bereits selbst Tagebuch schreibt, kommt Gide wie Thomas Mann als Vorbild für seine eigenen privaten Aufzeichnungen nicht in Frage. Anders verhält es sich mit den Tagebüchern August von Platens, dessen Werk Klaus Mann bereits als Jugendlicher bekannt ist.[325] In seinen Tagebüchern bekennt sich von Platen wie Klaus Mann zu seiner Liebe zu Männern und problematisiert sie auch.[326] Als er 1819 Eduard Schmitlein – in den er verliebt ist und von dem er weiß, dass dieser Männer liebt – seine eigene Homosexualität gesteht, vertraut er seinem Tagebuch auf Französisch an:

> Ce jour a été funeste. Nous nous connaissons l'un l'autre jusqu'au fond de nos âmes, mais sans qu'aucun résultat s'ensuivit. Je me suis rendu chez Edouard à 7 heures du matin après le collège de Wagner. Nous avons passé deux heures ensemble qui peut-être ont été les plus importantes depuis notre première connaissance. Je lui ai dit que je savais son secret et qu'il n'avait plus besoin de dissimuler. Je ne l'ai pas nommé, et il a voulu me tromper encore longtemps. Mais enfin il n'a plus pu nier, que je le comprenais tout à fait, comme lui-même me comprend. Son secret n'est aucun autre que l'impossibilité d'aimer les femmes et l'inclination invincible pour son propre sexe. Ces mots n'ont pas été prononcés, mais il n'y a plus de doute. Edouard est le premier homme, qui me ressemble autant, qu'il n'y a plus rien ce que je pourrais encore lui cacher. Je ne me suis donc pas trompé en croyant à son amour, en doutant, si tout cela fut vrai ce qu'il m'avait

---

[322] Vgl. Gustav René Hocke: *Das europäische Tagebuch*, Wiesbaden und München 1978, S. 110ff.
[323] Erstmalig ungekürzt geben Inge Jens und Peter de Mendelsohn die Tagebücher Thomas Manns in mehreren Bänden 1978 – und damit nach Klaus Manns Tod – heraus.
[324] Vgl. Klaus Mann: *André Gides „Journal 1889-1939"* [1940]. In: *ZD* 189-201.
[325] Zwar ist nicht nachzuweisen, dass Klaus Mann von Platens Tagebücher kannte, aber es ist höchstwahrscheinlich: Im dritten Kapitel des *Wendepunkts*, das den Titel *Erziehung 1920-1923* trägt, erwähnt Klaus Mann, dass der im seinem Elternhaus in diesen Jahren oft verkehrende Ernst Bertram über von Platen plauderte (vgl. *WP* 89). In dem 1931 erscheinenden Aufsatz *„Du Geist der Heiligen Jugend unseres Volkes"*, der die momentane Jüngerschaft Stefan Georges portraitiert und dessen Gedichtband *Huldigung* bespricht, heißt es über die Gedichte im Zusammenhang mit von Platen: „all diesem Werben, Schmeicheln und Klagen haftet nichts Zufälliges oder Privates mehr an – wie etwa noch bei von Platen" (*NE* 373).
[326] Vgl. August Graf von Platen: *Tagebücher*. Ausgewählt von Rüdiger Görner, Zürich 1990, S. 104f.

écrit dans ces malheureuses lettres. Il me disait ensuite qu'il fallait nous séparer. Je lui demandais si c'était à cause de son amour, et si c'était par vertu? Mais il n'y voulait plus répondre. Je continuais que, s'il avait l'intension de se vaincre, j'avais la même intension, et que nous pourrions devenir l'un le gardien l'autre.[327]

In Anlehnung an Gustav René Hocke ist davon auszugehen, dass der Grund für diesen Sprachwechsel von Platens weniger in dem Wunsch zu suchen ist, der Nachwelt den Inhalt des Eintrags verbergen zu wollen, als vielmehr in einer Schamhaftigkeit vor sich selbst.[328] Von Platen scheint sich, indem er eine andere Sprache verwendet, von seiner ihn unglücklich machenden Homosexualität distanzieren zu wollen. Dass ihm dabei das Französische als angemessen erscheint, homosexuelle Empfindungen schriftlich festzuhalten, könnte auch damit zusammenhängen, dass er seine erste Bekanntschaft mit literarisch verarbeiteter Homosexualität in Frankreich machte:

> Ich hatte damals noch keine Idee, daß ein strafbares Verhältnis zwischen zwei Männern existieren könne, sonst würde mich dieser Gedanke vielleicht zurückgeschreckt haben. Einige Zeit später fand ich zwar in mehreren Schriften die Männerliebe erwähnt und schenkte diesem Gegenstande zuerst meine Aufmerksamkeit, da er mir in früheren Jahren, bei Lesung des Plutarchs gänzlich entgangen war. Aber auch jetzt ignorierte ich noch, daß sinnliche Wollust dabei im Spiele sein könnte; dies unselige Geheimnis wurde mir erst durch einige unzüchtige Bücher von Piron klar, die mir in Frankreich in die Hände fielen.[329]

Frankreich, die französische Literatur und die französische Sprache stehen für von Platen in unmittelbarer Beziehung zur mannmännlichen Liebe. Französisch wird somit zur Sprache der homosexuellen Liebe und des homosexuellen Begehrens. Klaus Manns Tagebücher verdeutlichen, wie sehr auch für ihn die französische Sprache die Sprache dieser Liebe und dieser sexuellen Begierden ist. Dabei wählt er das Französische nicht, um seine Lieben und sexuellen Abenteuer vor etwaigen unerwünschten Lesern zu verheimlichen. Gegen eine solche Absicht spricht, dass er zum einen seine Homosexualität vor seiner Familie, seinen Freunden und Bekannten nicht verbirgt, und zum anderen, dass sich die französische Sprache nicht zur Verheimlichung eignet, da zumindest seine Mutter die Sprache wesentlich besser beherrscht als er. Zudem hält er die Benutzung des Französischen für die Niederschrift von Sexuellem und Amourösem zwar überwiegend, aber nicht durchgehend ein. Aufgrund seiner Wahl des Französischen könnte von Platen beispielhaft sein, dessen schamhaftes Distanzieren ist Klaus Mann jedoch fremd. Dass er im Vergleich zu Gide und Cocteau[330] in seinen Autobiographien bezüglich seiner Liebe zu Männern weniger deutlich wird und auf Schilderungen von sexuellen Erfah-

---

[327] August Graf von Platen: *Tagebücher*. Hrsg. von Erich Petzet, München 1905, S. 189f.
[328] Vgl. Gustav René Hocke: *Das europäische Tagebuch*, a. a. O., S. 155.
[329] August Graf von Platen: *Tagebücher*, a. a. O., S. 104f. Rüdiger Görner vermutet, dass es sich bei den erwähnten Büchern von Alexis Piron (1689-1773) um die frühen, später in sein Werk nicht mit aufgenommene *Poesies badines* und speziell um die *Ode à Priape* handeln könnte.
[330] Vgl. André Gide: *Si le grain ne meurt* [1924] und Jean Cocteau: *Le livre blanc* [1928] sowie die Kapitel 2.3 und 2.4.

rungen vollkommen verzichtet, hat nichts damit zu tun, dass Klaus Mann sich seiner Homosexualität schämt. Der Grund für diese Zurückhaltung ist vielmehr darin zu sehen, dass er sich während der Niederschrift und der Veröffentlichung seiner Autobiographien an Orten und in Zeiten aufhält, da ein deutliches schriftliches Bekenntnis zur Homosexualität ihm existentielle Probleme bereiten würde. In der Weimarer Republik, in der Klaus Mann *Kind dieser Zeit* veröffentlicht, sind homosexuelle Handlungen strafbar, in Amerika, wo er *The Turning Point* veröffentlicht, würde ein deutliches Eingeständnis zur Ablehnung bei der US-Armee führen. Gerade seine die Homosexualität als solche nicht problematisierende Art und die Häufigkeit, in der Klaus Mann in seinen Tagebüchern seine Sexualität thematisiert, lassen darauf schließen, dass er seine Homosexualität weniger als persönliches, sondern vielmehr als gesellschaftliches Problem empfindet. Darüber hinaus ist sein Umgang mit dem Thema ein Indiz dafür, dass er eine mehr oder weniger unbearbeitete Veröffentlichung seiner Tagebücher zu Lebzeiten nicht im Blick hatte, im Bewusstsein, dass ihm ein schriftliches Geständnis, anders als etwa den im freieren Frankreich publizierenden Gide und Cocteau, hätte schaden können. Wenn sich Klaus Mann zur Niederschrift seiner sexuellen Abenteuer und Liebesangelegenheiten vornehmlich des Französischen und damit einer Sprache bedient, die er nur zu einem gewissen Grade beherrscht, so tut er dies nicht zur Verheimlichung oder aus Scham. Neben dem Wissen, in der Gesellschaft herrsche das Bild, die französische Sprache eigne sich zur Darstellung von Liebe und Sexualität[331] und damit auch zur Darstellung homosexueller Liebe und Sexualität, ist der Gebrauch der französischen Sprache für ihn Ausdruck einer gewissen Koketterie und Selbststilisierung. Damit folgt er in mancher Hinsicht auch dem von ihm verehrten König Ludwig II. von Bayern. In dessen 1925 erstmals erschienenen Tagebüchern, die Klaus Mann im April 1937 liest (vgl. *TB* III 123), bedient sich Ludwig II. der französischen Sprache, um sich mittels dekrethafter Eintragungen zu befehlen, von Selbstbefriedigungen und homoerotischen Wünschen und Handlungen abzulassen. So schreibt er 1885:

> Le 16 octobre anniversaire du Martyr de l'auguste et noble Reine Marie Antoinette, certainement dernières baisers sensuels et profanes – vers le grand crucifix (Oberammergau) baisers, qui doivent tuer la Force et les suites des autres qui sont défendue à jamais et défendue très sévèrement – de deuil [...]. Que la mémoire du martyre et de la Sainte mort de la grande Reine me donne la force à dompter le mal que je maudis auquel je veux renoncer à jamais! Jamais! jamais!!! dix ans après Reims (25. août 1875/85) Louis. LM. 16. octobre derniers baisers juré devant l'image du Grand Roy terrassant le mal!!! 16. nov.[332]

Im Falle König Ludwigs ist die Benutzung des Französischen in seiner tiefen Verehrung für die absolutistischen Herrscher Frankreichs zu suchen, aus der

---

[331] Ein Beispiel dafür, wie angemessen die Wahl des Französischen zur Thematisierung von Liebe sein kann, gibt ihm sein Vater, der in seinem Roman *Der Zauberberg* zur Darstellung der Annäherung zwischen Hans Castorp und der Russin Mme. Chauchat das Französische wählt. Vgl. Thomas Mann: *Der Zauberberg*. Hrsg. von Peter de Mendelsohn, Frankfurt a. M. 1981, S. 468-482.
[332] Ludwig II. von Bayern: *Das geheime Tagebuch König Ludwigs II. von Bayern 1969-1886*. Erläutert und kommentiert von Siegfried Obermeier, München 1986, S. 87.

sich sein Wunsch ergibt, ihnen nachzueifern, was an der Errichtung einer Kopie des Schlosses von Versailles auf der Insel Herrenchiemsee, aber auch an den Portraits zu erkennen ist, auf denen sich Ludwig II. in der Pose des Sonnenkönigs Ludwig XIV. darstellen lässt. Für Klaus Mann ist der frankophile, Männer liebende und begehrende König Ludwig eine homosexuelle Identifikationsfigur und wird in seiner Novelle *Vergittertes Fenster* zum Symbol für die Einsamkeit und Todesnähe, die er selbst empfindet.

Besonders im Exil vertraut Klaus Mann seinem Tagebuch immer wieder seinen Todeswunsch an. „Sehr traurig; unbeschreiblich grosse Lust, zu sterben" (*TBO*), notiert er am 19. November 1935 in Küsnacht, und im Oktober 1936 fragt er sich

> fast zu jeder Stunde des Tages, ob DER TOD, den ich so sehr von Herzen ersehne, nicht bald die Güte haben wird, mich gnädig an sich zu nehmen. (*TBO*)

Als das Ende des Exils in Frankreich abzusehen ist, wird ihm auch die französische Sprache zum adäquaten Mittel, seinen Todeswunsch auszudrücken und hervorzuheben. So verspürt er 1938: „Tristesse. Le désir de mourir –: très fort, de nouveau" (*TB* IV 39). Trotz aller Ernsthaftigkeit, die in diesem Wunsch liegt, könnte in der Wahl des Französischen eine Literarisierung gesehen werden, mit der Klaus Mann seinen Selbstmordgedanken die Schwere nehmen will. Als Beispiel dafür könnte auch ein Eintrag aus dem Jahr 1939 interpretiert werden, in dem es heißt: „Comme je suis fatigué ... J'attends ma mort comme un enfant ses vacances" (*TBO* 21. 5. 1939). Damit verweist Klaus Mann auf den Anfang eines Gedichts der ihm persönlich bekannten Schriftstellerin Claire Goll: „J'attends nôtre mort, Comme un enfants es vacances."[333] Darüber hinaus zeigt Klaus Mann mit der Wahl des Französischen für die Formulierung seiner Todessehnsucht auch, dass Liebe und Tod für ihn nahe beieinander liegen. Klaus Mann liebt oft und oft unerfüllt und ersehnt in bisweilen unterschiedlicher Intensität den Tod. Dass er dies auf Französisch ausdrückt, zeigt, dass er den Tod auch als etwas Schönes und vielleicht sogar Poetisches empfinden möchte. Seinem Selbstmord nah schreibt er:

> An den Tod gedacht, ihn begehrt, erwartet, erhofft – jede Stunde dieses langen, ermüdenden Tages. (*TB* VI 186).

Der Zusammenhang zwischen der französischen Sprache und den Themen Sexualität, Liebe und Tod erstreckt sich auch auf Klaus Manns Drogenkonsum, den er im August 1937 als Selbstmordersatz diskutiert:

> Nehme schon wieder ziemlich regelmäßig, und *nicht* ganz wenig. Ist das Leichtsinn, physischer Zwang, Selbstzerstörungstrieb, Ersatz de suicide? En tout cas: c'est inquiétant... (*TB* III 154)

Zugleich verbindet er den Drogenkonsum mit der Liebe: „Ich liebe la drogue" (*TB* IV 34). Es scheint, als würde Klaus Mann seine Rauschgiftabhängigkeit mittels des Französischen – ähnlich wie bei den Selbstmordgedanken – litera-

---

[333] Claire Goll. Zit. nach: Klaus Mann: *Yvan und Claire* [1929], S. 229. In: *NE* 226-229.

risieren und die damit verbundene Gefahr verharmlosen wollen. Dass auch die Themen Drogen und Sex zusammengehören und Klaus Mann die diesbezüglichen Erlebnisse literarisiert, indem er er das Französische dafür wählt, wird deutlich, wenn er schreibt:

> Une nuit assez folle avec lui et un autre Type – qui se pique. – – – On va au Harlem; achète des cigarettes ‚M.' (à la Ha.), et de la ‚chose blanche', que est, d'ailleurs, assez faible. On se drogue, chez moi, jusqu'à 6 heures le martin. Mais le M. ne me dit pas ‚grand' chose, et ‚la chose elle-même' est d'une mauvaise qualité. Pourtant, c'est une espèce d'aventure [...] L'attitude de ses garçons tout à fait primitives, vis-à-vis de la drogue – fort intéressant. (Ein Thema: ‚Die Betäubungssehnsucht bei den Primitiven'.) (*TBO* 29. I 1940)

Nach einer längeren Zeit ganz ohne Drogen hält Klaus Mann seine Drogeneinnahme dann nur noch knapp durch die Angabe der Menge fest.[334] Keine Beschönigungen mittels der französischen Sprache. Gegen Ende seines Lebens fehlen französische Notizen über seinen Drogenkonsum und seine Liebesgefühle vollständig. Das zwischen dem 29. April und dem 3. Mai 1949 variierend mit Frage- und Ausrufungszeichen versehene französische „?(RIEN!)", oder „?(RIEN)", oder „RIEN …" (*TBO* 29. 4.-3. 5. 1949) zeugt vom blanken, jedoch durchaus auch literarisierten Todeswunsch, der sich am 2. Mai 1949 ohne jegliche Spur früherer Koketterie verstärkt: „Rien. … unable even to read. Consuming large quantities. Il faut en finir …" (*TBO* 2. 5. 1949). Und am 3. Mai 1949 heißt es endgültig: „Rien … décidément, il faut en finir …" (*TBO* 3. 5. 1949).

2.3.2 Eine tiefe Liebe? Klaus Mann und die französische Literatur

Klaus Mann liest täglich. Die Werke und Viten anderer Schriftsteller dienen ihm als Mittel für die Auseinandersetzung mit sich selbst und als wichtige Anregung für sein eigenes literarisches Schreiben. Sie sind Grundlage und Gegenstand seiner mehreren Hundert Rezensionen, Schriftstellerportraits und Essays. Seine Lektüre vermerkt Klaus Mann in seinen Tagebüchern, aber auch in seinen Briefen, Aufsätzen, Autobiographien und Anthologien, und in seiner Monographie über André Gide nimmt er Stellung zu einzelnen Schriftstellern und beschreibt, kommentiert und bewertet ihre Werke. Indem er seinen persönlichen Bezug zu anderen Schriftstellern und deren Werken vorstellt, wird er zum einen zum Vermittler fremder Literaturen, zum anderen positioniert, definiert und inszeniert er sich damit selbst in und gegenüber der Literaturgeschichte. Aufgrund seiner Herkunft und explizit als Sohn eines sich ständig im Austausch mit deutschsprachigen Autoren seiner Zeit befindenden Schriftstellers, nimmt die deutschsprachige Literatur in der Lektüre Klaus Manns eine herausragende Stellung ein. Abgesehen von Walt Whitman spielt dagegen die amerikanische Literatur vor seinem Exil in den USA keine Rolle. Mit russischen und skandinavischen Literaturen beschäftigt sich Klaus Mann kaum; eine Ausnahme bildet der dänische Autor Herman Bang (vgl. *WP*

---

[334] Am 25. 1. 1947 notiert er beispielsweise: „Inj., 2 D, + ein wenig O." (*TB* VI 110) und am 4. 2. 1947 heißt es: „Inj., 2 D." (*TB* VI 111)

110f.). Auch für die englischen Schriftsteller und deren Werke interessiert sich Klaus Mann – außer für Oscar Wilde – wenig.
Die französische Literatur hingegen spielt neben der deutschen die wichtigste Rolle in Klaus Manns Auseinandersetzung mit fremdem Schreiben. Die damit einhergehende Wertschätzung ist eine bedeutende Ursache und zugleich Ausdruck seiner Liebe zu Frankreich als Kulturnation und geistiger Heimat. Von seiner Jugend bis zu seinem Tod liest er durchgehend französische Werke. Eine besonders intensive Beschäftigung mit französischer Literatur lässt sich für die Mitte der zwanziger Jahre feststellen, als er Frankreich für sich als Wohn- und Schreibort entdeckt und Bekanntschaft mit zahlreichen französischen Schriftstellern macht. Auch in der Zeit zwischen Sommer 1942 und Frühjahr 1943, als er seine Monographie *André Gide and the Crisis of Modern Thought* verfasst und die Anthologie *Heart of Europe* herausgibt, ist sein Interesse für die französische Literatur besonders weit reichend. Abgesehen von seinen Eltern, die ihn während seiner Jugend in seiner Lektürewahl beeinflussen, verdankt Klaus Mann die Empfehlung französischer Literatur vor allem seinem Onkel Heinrich, Bert Fischel mit dessen Vorliebe für die Literatur der Décadence sowie Curtius, der ihn auf die Bedeutung der zeitgenössischen französischen Literatur und besonders auf Gide aufmerksam macht und durch dessen Bekanntschaft Klaus Mann weitere französische Werke und Autoren kennen lernt. Auch Crevel, Cocteau, Hans Feist und Wilhelm Uhde (vgl. *WP* 167) könnte aufgrund ihrer Beziehung zu Frankreich und seiner Literatur eine Vermittlerrolle zugeschrieben werden. Das deutsch-französische Schriftstellerehepaar Iwan und Claire Goll „arrangierte und dirigierte [s]eine ersten Ausflüge in die Pariser ‚milieux littéraires'" (*WP* 230) und ermöglicht damit Klaus Manns Einführung in diese Kreise.
In Klaus Manns Gesamtwerk finden sich die Namen von über hundert französischen Autoren, im erhaltenen Teil seiner Bibliothek über hundert Werke französischer Literatur. Bezüglich der literarischen Gattungen legt Klaus Mann seinen Schwerpunkt auf die Lektüre und Besprechung von Erzählungen, die auch den Hauptteil seines eigenen literarischen Schreibens ausmachen. Obwohl Klaus Mann Lyrik vornehmlich als Jugendlicher verfasst, gehört das Lesen von Gedichten – auch im französischen Original[335] – zu einer kontinuierlichen Beschäftigung, dient es ihm „als Stimulans zum Arbeiten" (*TB* III 142). Der Theaterbesuch am Abend zählt wie Kino- und Konzertbesuche ebenfalls zu seinem Tagesablauf, zumal er im Alter von siebzehn Jahren in Berlin eine Anstellung als Theaterkritiker annimmt und achtzehnjährig mit *Anja und Esther* sein erstes eigenes dramatisches Stück der Öffentlichkeit vorstellt. Somit hat auch die Lektüre dramatischer Texte durchaus eine Bedeutung für Klaus Mann. Vor allem mit den Bühnenwerken Cocteaus und von Jean Giraudoux'[336] beschäftigt er sich auch außerhalb des Theaters.

---

[335] In dem erhaltenen Teil seiner Bibliothek befinden sich u.a. Max Jacob: *Derniers Poèmes en vers et en prose* [1945], Paul Valéry: *Poésies* [1942], Arthur Rimbaud: *Poésies* [1922] und Paul Verlaine: *Femmes Hombres* [o. J.].

[336] Von Giraudoux befindet sich in Klaus Manns Bibliothek das Stück in vier Akten *Intermezzo* [1933] und sein Zweiakter *Electre* [1937]. Cocteaus Tragödie *Orphée* [1927], seine Version von *Antigone* [1928], sein Einakter *La voix humaine* [1930], seine Dreiakter *Les Chevaliers de la Table Ronde* [1937] und *Les Parents Terribles* [1938] sowie seine Tragödie *Renaud et Armide*

Die Bandbreite von Klaus Manns Aufzeichnungen bezüglich seiner Rezeption französischer Literatur erstreckt sich von der einfachen Nennung vieler Namen – die annehmen lässt, Klaus Mann habe eine Vorliebe fürs „Namedropping" – bis zur lebenslangen intensiven Beschäftigung mit einzelnen Autoren. Kennzeichen seiner öffentlichen Vermittlung der französischen Literatur ist die fast ausschließlich positive Bewertung derselben sowie sein ebenfalls fast ausnahmslos subjektiver Blick. Besonders seine Abhandlungen über die französische Literatur scheinen ihm geeignet, sich als junger europäischer Intellektueller, Literat und Demokrat zu inszenieren.

Mit der französischen Literatur bis zum 19. Jahrhundert beschäftigt sich Klaus Mann nur oberflächlich und lückenhaft. Einen guten Teil der von ihm erwähnten Schriftsteller entdeckt er durch die Schriften André Gides und Heinrich Manns. Nur in wenigen Fällen führt dies zu einer selbständigen Rezeption, oft bleibt es bei der Nennung einzelner Namen. Für die mittelalterliche französische Literatur ist allein der Name François Villons vermerkt. Aus einer Besprechung eines Gedichtbandes von Klabund von 1926 geht hervor, dass sich Klaus Mann mit Villons Gedichten zumindest beschäftigt[337], und bei der Eröffnung der Pfeffermühle 1933 in München hört er Therese Giehse dessen Balladen vortragen. André Gide und Heinrich Mann[338] machen Klaus Mann auf einen der bedeutendsten Essayisten des 16. Jahrhunderts aufmerksam: auf Michel Montaigne.[339] Obwohl Klaus Mann Montaigne als bedeutenden Lehrmeister Gides anerkennt und in seiner Monographie dessen autobiographisches Literaturkonzept lobt[340], das Klaus Mann bei Gide wiederfindet und auch für sich bevorzugt, gibt es keinerlei Anhaltspunkte, dass sich Klaus Mann eingehend mit Montaigne auseinandersetzt oder ihn gar als Vorbild oder Anregung für sich selbst entdeckt.[341]

[1943] sind ebenfalls vorhanden. Darüber hinaus vermerkt Klaus Mann in seinem Tagebuch die Lektüre des Einakters *Le Treizième Arbre* von Gide (vgl. TB II 100).
[337] Vgl. Klaus Mann: *Die Gedichte Klabunds* [1926], S. 73. In: NE 72f.
[338] In seinem historischen Roman *Die Jugend und die Vollendung des Königs Henri Quatre* setzt Heinrich Mann Montagne als bedeutendstem Humanisten seiner Zeit ein Denkmal. Vgl. Heinrich Mann: *Die Jugend des Königs Henri Quatre*, Berlin 1963, S. 347-352.
[339] Am 5. 6. 1932 vermerkt Klaus Mann die Lektüre eines Essays Gides über Montaigne aus dem Jahr 1929 (vgl. TB I 56).
[340] „Dies ist die zweifache Lehre, die André Gide von seinem ruhmreichen Freunde Michel Eyquem de Montaigne empfing: dass Selbsterforschung, Selbstanalyse, völlige Aufrichtigkeit gegen sich selbst der Anfang und vielleicht die Krone aller Weisheit ist; und daß man anderen am ehesten helfen kann, wenn man ihnen von all dem Mitteilung macht, was man aus dem Dunkel der eigenen Seele ins Licht des Bewusstseins gehoben hat. [...] Montaigne (und mit ihm Gide) hält es für heilsam, gerade jene Dinge auszusprechen, die meist aus Scham und Heuchelei verschwiegen werden. Es ist das Verborgene, Anstößige, Gewagte, was diese freien und bekennerischen Geister am nachhaltigsten fasziniert und wovon sie am liebsten handeln." (AG 140f.)
[341] Als Indiz, dass sich Klaus Mann doch mit Montaigne beschäftigt, kann eine von Gide vorgenommene Auswahl von Montaignes Gedanken gelten, die 1939 unter dem Titel *The living Thoughts of Montaigne* in New York erscheint und von dem sich ein Exemplar im Klaus Mann Archiv befindet. Allerdings sind dort handschriftliche Hervorhebungen lediglich in dem einleitenden Essay von Gide zu finden. Der (unberührt erscheinende) Zustand des Teils des Buches, der Montaignes Schriften beinhaltet, lässt vermuten, dass Klaus Mann diesen nicht gelesen, sondern einzig Gides Ausführungen über Montaigne Interesse entgegengebracht hat.

Von der französischen Literatur des 17. Jahrhunderts begeistert sich Klaus Mann in erster Linie für die Aphorismen François La Rochefoucaulds (vgl. *TB* V 107) und die Lustspiele Molières, die er als Jugendlicher im Münchner Nationaltheater sieht[342] und von denen er eines – die Komödie *Arzt wider Willen* (vgl. *KdZ* 79) – 1920 in der von ihm mitgegründeten Theatergruppe *Laienbund deutscher Mimiker* aufführt.

Rousseau und Voltaire sind die beiden Philosophen der französischen Aufklärung, die Klaus Mann immer wieder nennt; so habe ihm Gide den Ort, wo Rousseau gestorben ist, gezeigt (vgl. *TB* I 34). 1943 schreibt er in seinem Vorwort für die Anthologie *Heart of Europe*: „Mit Jean-Jacques Rousseau und Immanuel Kant begann eine intellektuelle Revolution von überwältigender Tragweite und Konsequenz."[343] In seiner Gide-Monographie zieht er Parallelen zwischen Gides *Nourritures Terrestes* und Rousseaus Grundforderung „Retour à la nature" (vgl. *AG* 86), ohne dass er dies jedoch weiter erläutert. Bereits in seinem ersten erhaltenen Tagebuch findet sich ein Vermerk zu einem Gespräch über Voltaire (vgl. *TB* I 13). Eine konkrete Lektüre lässt sich jedoch erst für das Jahr 1944 nachweisen, in dem Klaus Mann Voltaires 1758 entstandenen, lehrhaft-philosophischen Roman *Candide* liest und als „eines der traurigsten und zugleich komischsten Bücher, die je geschrieben wurden"[344] empfiehlt:

> Voltaires Skeptizismus ist, trotz aller Bitterkeit, nicht entmutigend, sondern tröstend. Er zeigt uns – und das in keinem anderen Werk überzeugender und charmanter als in ‚Candide' –, daß die Welt schon seit jeher eine verrückte Einrichtung ist; daß der Glaube an Ideale eine lächerliche Form von ‚Quijoterie' darstellt (obwohl Voltaire selbst natürlich ein unheilbarer Idealist war); daß das Leben hoffnungslos grausam und schrecklich ist wie auch zum Schreien komisch. (*AvP* 154)

Die Irrfahrten des Protagonisten Candide, der alle physischen und psychischen Übel der Welt durchleben muss, um am Ende zu der Einsicht zu gelangen, dass die Welt kultiviert werden muss, könnten Klaus Mann zu dem Wunsch angeregt haben, ein sich auch Grimmelshausens Roman *Simplicissimus* zum Vorbild nehmendes Drama zu schreiben, das von der Irrfahrt eines jungen Mannes durch das vom Krieg zerstörte Europa handelt.[345]

Die europäische Literatur des 19. Jahrhunderts ist für Klaus Mann „eine der faszinierendsten Entwicklungsstufen in der Kulturgeschichte der Menschheit".[346] Sie habe „die Gültigkeit jeder hierarchischen Ordnung in Frage gestellt – [...] einschließlich aller anerkannten Kategorien von Logik, Ethik und Ästhetik" (*AvP* 51). Dieses Urteil fällt Klaus Mann 1943 nach langer Auseinan-

---

[342] Vgl. Klaus Mann: *Cities in the News (6): München* [1943], S. 97. In: *AvP* 96-99.
[343] Klaus Mann: *Das Herz Europas* [1943], S. 51. In: *AvP* 50-64.
[344] Klaus Mann: *Soldaten lesen in der Fremde gerne Klassiker* [1944], S. 154. In: *AvP* 153ff.
[345] Unter dem Titel *Simplicius* befindet sich im Klaus-Mann-Archiv der Entwurf eines Dramas (KMA), das den Neubeginn der Welt nach einem Krieg thematisiert, wobei Klaus Manns Protagonist Simplicius als Verfechter dieses Neubeginns handelt. Als Ausdruck des Sieges sieht Klaus Mann am Ende des Stücks vor, dass Simplicius mit seinen Anhängern eine Schule baut – was Voltaires Forderung nach der Kultivierung der Welt entspricht.
[346] Klaus Mann: *Das Herz Europas* [1943], S. 51. In: *AvP* 50-64.

dersetzung mit der Literatur des 19. Jahrhunderts, besonders der französischen, deren große Werke er fast ausnahmslos gelesen hat.

Stendhal, von dessen Werken Klaus Mann im Exil behauptet, er hätte sie siebzehnjährig im Original gelesen[347], zählt er 1930 zu denjenigen, die „die Gedankenwelt jedes europäischen Intellektuellen [bestimmen und] die Voraussetzung seiner Arbeit"[348] bilden. Im Exil, als er nach *Escape to Life* einen essayistisch-biographischen und mit seinem Roman *Der Vulkan* einen belletristischen Versuch unternimmt, die Gesellschaft der Emigranten als Gesamtheit darzustellen, ist ihm Stendhal, der „das Epos der ganzen Gesellschaft"[349] schuf, geistiger Vater, ganz im Gegensatz zu den deutschen Schriftstellern, denen er vorwirft, sie würden „sich beinahe ausschließlich mit dem Individuum" (*ZD* 52) befassen. 1944 schließt er sich dem Urteil Gides an und nennt Stendhals *La Chartreuse de Parme* „de[n] bedeutendste[n] Roman, der jemals in Frankreich geschrieben wurde"[350]. Es ist vor allem der Stil, der „kaum Reflexion, [...] nur Gefühl und Bewegung, Leidenschaft und Handlung, rasche Dialoge, kühne und schöne Gesten" (*AvP* 154) zeigt, der Klaus Mann so begeistert.

Honoré de Balzac, den er 1933 als wichtigstes Vorbild seines Onkels Heinrich benennt (vgl. *TB* I 165), ist ihm vor allem wegen seines Romans *Le père Goriot* bedeutend. 1930 untersucht er diesen, als würde es sich um eine „Neuerscheinung"[351] handeln, auf dessen Lesbarkeit. Mit der Behauptung: „Das ist schon vollkommen Wedekind" (*NE* 292) unterstreicht er die Modernität des Romans, der ihm ein gelungenes Beispiel des großen Gesellschaftsromans (vgl. *NE* 294) und damit der Gattung ist, mit der er sich im Exil auseinandersetzt. Während der Arbeit an seiner Novelle *Vergittertes Fenster* holt er sich bei Balzac Zustimmung für die autobiographische Herangehensweise seines Schreibens. 1937 notiert er in sein Tagebuch:

> Über das Problem des ‚Schlüsselromans' Balzac-Zitat: ‚La plupart des livres dont le sujet est entièrement fictif, qui ne se rattachent de près ou de loin à aucune réalité, sont mort-né; tandis que ceux qui reposent sur des faits observés, étendus, pris à la vie réelle, obtiennent des honneurs de la longévité.' (*TB* III 143)

In seinem Aufsatz *Können Deutschland und Frankreich Freunde sein?* gibt Klaus Mann vor, auch Victor Hugo als Siebzehnjähriger im Original gelesen zu haben (vgl. *WvM* 16), im Dezember 1948 liest er seinen Roman *Claude Gueux* aus dem Jahr 1834 (vgl. *TB* VI 197). Dass er sich darüber hinaus mit Hugo, den Gide immerhin als größten französischen Schriftsteller bezeichnet (vgl. *AG* 55), eingehender beschäftigt, ist jedoch nicht nachweisbar. Ein Grund, warum Hugo Klaus Mann in den zwanziger Jahren nicht wichtig ist, könnte darin liegen, dass Klaus Manns großes Idol Gide trotz seines Lobes Hugo lange Zeit nicht sonderlich gewogen ist (vgl. *AG* 256). Im Exil jedoch proklamiert Klaus Mann

---

[347] Vgl. Klaus Mann: *Können Deutschland und Frankreich Freunde sein?* [1936], S. 16. In: *WvM* 15-23.
[348] Klaus Mann: *Woher wir kommen – und wohin wir müssen* [1930], S. 324. In: *NE* 324-327.
[349] Klaus Mann: *Zweimal Deutschland* [1939], S. 52. In: *ZD* 41-55.
[350] Klaus Mann: *Soldaten in der Fremde lesen gerne Klassiker* [1944], S. 155. In: *AvP* 153ff.
[351] Klaus Mann: *Ein älterer Roman (Balzac)* [1930], S. 289. In: *NE* 289-294.

den für die Bürgerrechte und gegen die Todesstrafe kämpfende Exilanten Hugo und dessen sozial und politisch engagierten Werke als Leitbild für sich und sein Schreiben. „Wie viele Genies sind im Exil gewesen"[352], ermutigt er sich und andere Emigranten und erinnert an den „Franzosen Victor Hugo, der Napoléon den Dritten haßte und als ‚Napoléon le Petit' verspottete" (WvM 298).

Über Hugos Versuch, mittels Literatur vom Exil aus Veränderungen in der Heimat zu erwirken, schreibt er:

> Victor Hugos flammende Manifeste erreichten von der Insel im Ozean aus – die für so viele Jahre sein Aufenthalt war – die Hauptstadt Paris – und man erzählt, dass Napoléon III. selber vor dem Einschlafen die Poesien des Meister zu lesen pflegte, allerdings in aller Heimlichkeit. (WvM 300)

Gustave Flaubert sieht Klaus Mann vor allem als geistigen Vater seines Onkels Heinrichs an.[353] Dessen Essay über den Verfasser der Romane *Madame Bovary* und *Salambô* findet in der Würdigung seines Onkels zum 60. Geburtstag Erwähnung[354], jedoch scheint er Klaus Mann nicht zur nachhaltigen Lektüre angeregt zu haben, denn 1938 stellt er fest, dass Flaubert nicht zu denjenigen gehört, „die auf mich den nachhaltigen Zauber übten, die mich wesentlich bereicherten und meine intellektuelle Substanz veränderten."[355] Eine Ursache dafür könnte sein, dass Klaus Mann Flaubert zu Beginn seines eigenen Schreibens – wahrscheinlich durch die Schriften seines Onkels – als Schriftsteller erfährt, dessen Interesse „hauptsächlich im Sozialen"[356] liegt. Auch Flauberts zeitweiliger „Rückzug in die eisigen Gefilde eines unverbindlichen Ästhetizismus"[357] erscheint ihm am Ende seines Lebens etwa neben Nietzsches „rasende[n] Angriffe[n] auf das Christentum", Tolstois „Denunziation der Kunst" und Strindbergs „wütende[r] Menschenfeindschaft" als Zeichen dafür, wie die Literatur und die intellektuelle Elite in der zweiten Hälfte des 19. Jahrhunderts beginnt, „ihr Gefühl zu verlieren für Maß und Richtung" (AvP 527).
Charles Baudelaire hingegen besitzt nicht nur großen Einfluss auf die Dichtung Verlaines, Rimbauds, Malarmés und in Deutschland auf George und Rilke, sondern wird auch von Klaus Mann als frühes Vorbild genannt. Bevor Baudelaire von seiner Familie unter finanzielle Vormundschaft gestellt wurde, führte er mit dem Vermögen seines Vaters das Leben eines bohèmehaften Dandys; seine symbolistische Lyrik mit ihrem Abstand von der Wirklichkeit und Streben nach Künstlichkeit, mit ihrer ästhetischen Thematisierung des Abnormen, Bösen, Sexuellen, der Sünde und des Todes macht ihn zu einem der bedeutendsten Vertreter der Literatur der Décadence. Im *Wendepunkt* heißt es unter dem Kapitel *Erziehung*:

> Der Autor der ‚Fleurs du Mal' darf nicht fehlen in dieser etwas gar zu romantischen Walpurgisnacht. Nicht, als ob der Halbwüchsige imstande gewesen wäre, die schwierige Größe des Dichters ganz zu würdigen! Aber es fehlte dem aufgeweckten Knaben doch nicht an Gefühl für den intel-

---

[352] Klaus Mann: *Kultur und Freiheit* [1938], S. 298. In: WvM 297-309.
[353] Vgl. Klaus Mann: *Thomas Manns politische Entwicklung* [1937], S. 78. In: WvM 78-84.
[354] Vgl. Klaus Mann: *Heinrich Mann. Zum 60. Geburtstag* [1931], S. 357. In: NE 355-358.
[355] Klaus Mann: *Die Wirkung Frankreichs* [1938], S. 28. In: ZD 28-38.
[356] Klaus Mann: *Zweimal Deutschland* [1939], S. 52. In: ZD 41-55.
[357] Klaus Mann: *Die Heimsuchung des europäischen Geistes* [1949], S. 527. In: AvP 523-542.

lektuellen Reichtum, die emotionelle Intensität, die sich hinter diesem verzehrend anspruchsvollen, tödlich ernsten Schönheitskult verbarg. (*WP* 113)

In einem 1937 verfassten Aufsatz über einen anderen großen Flüchtling in künstliche Paradiese – über König Ludwig – lobt Klaus Mann Baudelaire als „genialsten Franzosen seiner Zeit"[358]. Auch wenn sich Klaus Mann ab Mitte der zwanziger Jahre stilistisch von der symbolistischen Literatur löst, hält er sich inhaltlich weiter an Baudelaires Themen wie Schönheit, Sexualität und Todessehnsucht und beschäftigt sich immer wieder mit dessen Gedichten und dessen Biographie. 1939 denkt er darüber nach, seine Gedanken über Baudelaire im Rahmen eines (nicht ausgeführten) „Zyklus traurig-grotesker Künstler-Novellen" (*TB* IV 135) zu verarbeiten. In seiner letzten großen essayistischen Auseinandersetzung *Die Heimsuchung des europäischen Geistes* dient ihm „Baudelaires teuflisches Grimassieren und seine blasphemischen Paradoxe"[359] als weiteres Beispiel für den Verlust des Gefühls für Maß und Richtung, den Klaus Mann bei der intellektuellen Elite des Kontinents für die zweite Hälfte des 19. Jahrhunderts feststellt. Damit sieht Klaus Mann Baudelaire auch als Vorläufer für die Gesamtkrise, die er nach dem Krieg empfindet (vgl. *AvP* 527).

„War Émile Zolas Mythos noch lebendig?" (*AG* 11) – fragt sich Klaus Mann in seiner Gide-Monographie auf seine eigene Jugend und literarischen Einflüsse zurückblickend. „Uns kam er etwas staubig vor. Die künstlerischen Mittel und wissenschaftlichen Argumente des Naturalismus ließen uns [...] kalt" (*AG* 11f.). Klaus Mann verbindet den Namen Zola vornehmlich mit seinem Onkel Heinrich[360]; ihm selbst hingegen erscheint Zolas Literaturkonzept in den zwanziger Jahren unpassend. 1929 schreibt er über Gides Roman *Die Falschmünzer*:

> Es gibt, scheint mir, für den Erzähler von heute zwei Möglichkeiten: sachlichste soziale Reportage mit ethisch erzieherischer Endabsicht, herkommend von Zola [...] – oder, was André Gide den ,Ideenroman' nennt.[361]

Klaus Mann entscheidet sich für Gide, den er wegen der „bekenntnissüchtigen Ehrlichkeit" (*NE* 202) und der fugenhaften Anordnung der einzelnen Erzählstränge (vgl. *NE* 203) seines Werkes „für den reichsten und faszinierendsten Geist der europäischen Literatur [des 20.] Jahrhunderts" hält (*NE* 202). Hinsichtlich seines politischen Engagements wird Zola jedoch vor allem während des Exils zum Vorblid, vermittelt durch seinen Onkel Heinrich, der

> schon im Jahre 1915, in einem klassisch gewordenen großen Essay über Émile Zola, den Typus des geistig Schaffenden, der zur Tat kommt, als den Idealtypus beschrieben, gefeiert und vor uns hingestellt [hat].[362]

---

[358] Klaus Mann: *Ludwig II., König der Bayern* [1937], S. 210. In: *WvM* 202-212.
[359] Klaus Mann: *Die Heimsuchung des europäischen Geistes* [1949], S. 527. In: *AvP* 523-542.
[360] Klaus Mann: *Heinrich Mann. Zum 60. Geburtstag* [1931], S. 357. In: *NE* 355-358.
[361] Klaus Mann: *Der Ideenroman* [1929], S. 202. In: *NE* 201-206.
[362] Klaus Mann: *Situation der deutschen Literatur, drinnen und draußen* [1934], S. 87. In: *ZuK* 87-107.

Vom Werk des Zola-Schülers Guy de Maupassant ist Klaus Mann hingegen sehr angetan. Die wirkungsvolle Auseinandersetzung mit ihm beginnt erst im Exil und ist seinem Freund Hermann Kesten zu verdanken, der ihm vorschlägt, einen Roman über einen homosexuellen Karrieristen im Dritten Reich zu schreiben:

> Dabei denke ich nicht daran, dass Sie eine hochpolitische Satire schreiben, sondern – fast – einen unpolitischen Roman, Vorbild der ewige ‚Bel-Ami' von Maupassant, der schon Ihrem Onkel das köstliche ‚Schlaraffenland' entdecken half.[363]

Im Januar 1936 liest Klaus Mann den Roman als Anregung für *Mephisto* und ist begeistert von seinem Aufbau: „Voilà un chef-d'oeuvre. Mustergültig gebaut; straff, exakt – ein Vorbild" (*TB* III 10), lobt er, wenn er auch inhaltlich andere Autoren vorzieht: Im Vergleich zu den Werken Stendhals oder Prousts erscheint ihm *Bel Ami* „[p]sychologisch freilich *etwas* naiv, *etwas* flach" (*TB* III 10). 1943, ganz unter dem Einfluss der Emigration und des Krieges, entdeckt er in der Erzählung *Mademoiselle Fifi*, in der Maupassant die deutsche Besetzung während des Deutsch-Französischen Krieges von 1870/71 thematisiert, nicht nur Maupassants Bedeutung für die Gegenwart, sondern ist auch weiterhin von seinem handwerklichen Können fasziniert:

> Gelesen, *Maupassants* ‚Mademoiselle Fifi'. Aufregend aktuell – die lebendige und boshafte Beschreibung der preussischen Offiziere in dem französischen Schloß. Welcher Haß! Und anderseits, welche Eleganz und lässige Kunstfertigkeit. (*TB* V 165)

Die französische Literatur des späten 19. Jahrhunderts und der Jahrhundertwende, die im Deutsch schreibenden Raum großen Einfluss auf die Schriftstellergeneration von Klaus Manns Vater und Onkel hat, wird für Klaus Mann erstes wesentliches Auseinandersetzungsfeld mit Frankreichs großen Schriftstellern. Dies fällt in die Zeit, in der er selbst zu schreiben beginnt. Die französische Literatur liefert ihm seine ersten Inspirationen, sie hat bedeutenden Einfluss auf Themen und Stil seiner ersten Erzählungen (s. Kap. 3.1). Einige Werke und Biographien dieser literarischen Epoche(n) begleiten ihn ein Leben lang.

Arthur Rimbaud ist einer der ersten französischen Schriftsteller, mit dem sich Klaus Mann eingehender beschäftigt. Der Schwerpunkt liegt dabei auf der Biographie des Vorläufers und Wegbereiters des europäischen Symbolismus und der Décadence:

> Arthur Rimbaud, de[r] Rebell [...], de[r] ungebärdige [...] Wunderknabe [...]: Rimbaud, le Voyou – Rimbaud, le Voyant, der in meinem Parnaß eine so selbstherrlich dominierende Rolle spielt. Wie Nietzsche, in dessen Nähe ich sein Standbild placiert finde, war er mir vor allem als Gestalt und Schicksal ergreifend und bewundernswert. (*WP* 113f.)

Für Klaus Mann, der gerade seine sexuelle Vorliebe für Männer entdeckt, ist Rimbaud ein erstes Beispiel für einen weltberühmten Schriftsteller, der offen

---

[363] Hermann Kesten: *Brief an Klaus Mann* vom 15. 11. 1935, KMA.

in einer homosexuellen Beziehung lebt. Nach dem Ersten Weltkrieg, in einer Zeit, in der die kulturellen, gesellschaftlichen und politischen Normen der Generation seiner Eltern besonders infrage gestellt werden, sucht Klaus Mann nach eigenen künstlerischen Positionen und nach Anerkennung; für ihn ist der Zivilisationsflüchtling Rimbaud ein Held für eigene Träume vom Fortgehen und vom Zurücklassen gewohnter Umgebungen und Beziehungen[364]:

> Unser ‚Unbehagen an der Kultur' verlangte nach Verzauberung, wollte Aufbruch und Flucht, sehnte sich nach den glühenden Horizonten, den metallischen Regenbogen, den schwülen Nächten und fiebrigen Morgenröten, nach all den unerhörten Schönheiten und Schrecken, die Rimbaud uns mit betörend wilder Geste vorgaukelte, verhieß, enthüllte. Müde einer Zivilisation, deren Brüchigkeit und Angefaultheit wir zwar noch nicht ermessen konnten, aber doch schon mit banger Ahnung spürten, waren wir nur zu bereit, diesem dynamischen Mentor zu folgen. Wohin? In welche Weiten? In was für apokalyptische Reiche? Kein Traum-Eiland war uns zu entlegen, kein Blitz leuchtete uns zu groß. Wir wünschten, die verfluchte Fahrt bis zum Letzten, Äußersten mitzumachen; wir liebten die Gefahr, den Sturm, die Katastrophe – wenigstens im Gedicht. (*WP* 114)

Einen seiner ersten Essays schreibt Klaus Mann über Rimbaud. Es sind nicht die Gedichte, zu denen sich Klaus Mann 1924 anlässlich der Veröffentlichung einer Rimbaud-Biographie äußert, sondern es ist ein Bild von Rimbaud. Klaus Mann beginnt mit der Beschreibung einer der Biographie beigelegten Photographie einer Büste, die den jungen Rimbaud „auf den ersten Blick" als „schönen Proletarierjungen"[365] zeigt und in dessen Augen er „unstillbare Sehnsucht" zu erkennen glaubt, die „sich nicht in der Literatur gestalten und erlösen" kann (*NE* 19). Der siebzehnjährige, nach eigenem Ruhm strebende Klaus Mann sieht damit zunächst nicht das Werk, sondern die Photographie einer Büste eines „mit siebzehn Jahren" (*NE* 19) berühmten Jungen, sieht das verlockende Berühmtsein und damit sein eigenes Ziel vor Augen.
Bereits ein halbes Jahr später fordert er jedoch dazu auf, Rimbaud zu überwinden. Zwar sieht er in ihm nach wie vor den „Wanderer, der Europa sprengen wollte, wie ein Tier seinen eisernen Käfig sprengt"[366], für ihn selbst jedoch kommt eine solche Flucht nicht mehr in Frage:

> Aber es geht nicht an, es *ist nicht erlaubt,* als Käfig Europa zu empfinden. Und mag unser Blick noch so sehnsüchtig über diese, unsere Welt, *der wir gehören,* hinaus und ins heiße Blau hinüberträumen, mögen wir auch noch so überdrüssig aller dieser Dinge, noch so satt dieses ganzen Treibens am ‚Ausgange' stehen – wir *dürfen* nicht fliehen wie jener, der die Feder wegwarf und ins Dickicht abenteuerte – wir dürfen es doch nur für kurz oder doch immer im Bewusstsein, daß das andere, dem wir gehören, ernst und groß, als eine Forderung, hinter uns liegt. (*NE* 55)

---

[364] Als Beispiel für die literarische Verarbeitung dieser Themen ist Klaus Manns erster Roman *Der fromme Tanz* zu nennen, in dem sich der junge Protagonist Andreas, sein Vaterhaus verlassend, unter anderem in Berlin und in Paris auf die Suche nach einem eigenen Lebensweg und -ziel macht.
[365] Klaus Mann: *Arthur Rimbaud* [1924], S. 19. In: *NE* 18ff.
[366] Klaus Mann: *Ausgang* [1925], S. 54. In: *NE* 54f.

Durch Rimbauds Biographie glaubt Klaus Mann gelernt zu haben, dass der, „der fliehen möchte, [...] immer *zerbrochen* heim" (*NE* 55) kehrt, dass er sich also seinem Leben innerhalb der ihn umgebenden Gesellschaft stellen will und muss. Rimbaud scheint überwunden. Doch in der Zeit des Exils, während der Flucht aus Deutschland und später aus Europa bietet sich ihm das Bild, das er von Rimbaud hat, erneut als Identifikationsmöglichkeit an. 1938 schreibt er im Zusammenhang mit dem tödlichen Unfall, der Ödön von Horváths Leben auf den Elysée-Feldern beendet:

> ‚Voici le temps des assassins!' rief seherisch Arthur Rimbaud. Er konnte kaum die relativ friedlichen Jahre des ausgehenden neunzehnten Jahrhunderts meinen; er wusste die Greuel unserer Epoche voraus. Sie scheint furchtbar gefährlich für die höher entwickelten Menschen, diese Epoche. Wen die Henker in Kerkern und Lagern verschonen, den tötet der Sturm: ein unschuldiger Baum auf der schönsten Straße der Welt wird zum Mörder.[367]

Die Verbindung zwischen Rimbaud und dessen Werk einerseits und seiner eigenen Gegenwart andererseits zieht Klaus Mann nun öfter: In der Gide-Monographie scheinen ihm Rimbauds „atemberaubende[n] Gesänge [...] nicht allein den eigenen Untergang vorwegzunehmen" (*AG* 87), sondern weisen auf den heutigen „Kollaps" (*AG* 87) der Welt hin. Kurz vor seinem am Ufer des Mittelmeers verübten Selbstmord und damit kurz vor seiner „Flucht aus dem Leben" zählt Klaus Mann „Rimbauds Entweichen in die afrikanische Wildnis, seine Abdankung als Dichter, die fruchtbare Botschaft seines Schweigens" zu den „Einzeltragödien", die für ihn „Vorläufer der Gesamtkrise" sind, „die jetzt unsere Zivilisation in ihren Grundfesten erschüttert" (*AvP* 527). Aus dem jungen, schönen, berühmten, Männer liebenden, sich als Heranwachsender gegen die Gesellschaftsordnung, gegen seine Umgebung und Moral auflehnenden Schriftsteller, den Klaus Mann als eine seiner ersten großen Identifikationsmöglichkeiten verehrt, aus dem kritisierten Flüchtling, der zerbrochen nach Europa zurückkehrt und einsam stirbt, wird der Prophet der gegenwärtigen Epoche, ein Beispiel und Vorausgeher für den ausgebrannten und sich nicht mehr des Schreibens fähig fühlenden Klaus Mann.
Diese Nähe zwischen den Bildern, die Klaus Mann von Arthur Rimbauds und seinem eigenen Leben hat, lassen Klaus Mann im Mai 1934 „Lust [verspüren] einen grossen *Rimbaud* anzufangen" (*TB* II 33). Stefan Zweig, dessen Essay über Rimbaud Klaus Mann kennt[368] und den er über die verlegerischen Chancen einer solchen Unternehmung befragt, rät jedoch ab.[369] Klaus Mann führt sein Vorhaben nicht aus, genausowenig wie eine Novelle über die Beziehung zwischen Rimbaud und Verlaine, die er im September 1939 nach der Lektüre einer Rimbaud-Biographie von Enid Stakie schreiben will (vgl. *TB* IV 135).
Arthur Rimbaud ist der eine, Paul Verlaine der andere dieses von Klaus Mann früh zu Vorbildern erwählten französischen Schriftstellerpaares. Zwar sind Verlaines Beziehung zu Rimbaud für Klaus Manns Beschäftigung mit ihm und

---

[367] Klaus Mann: *Wiederbegegnung mit den deutschen Romantikern* [1938], S. 369. In: *WvM* 369-395.
[368] Vgl. Klaus Mann: *Brief an Stefan Zweig* vom 26. 11. 1937, *BuA* 324.
[369] Vgl. Stefan Zweig: *Brief an Klaus Mann* vom 20. 6. 1934, *BuA* 189.

das Bild, das er von Verlaine entwirft, von großer Bedeutung – schreibt er doch im *Wendepunkt* „[w]as mich an Verlaine am tiefsten rührte, war sein Gefühl für Rimbaud" (*WP* 113) –, doch sind es nicht nur die homoerotischen Gefühle, die Klaus Mann an ihm faszinieren:

> Die raffinierte Simplizität seines lyrischen Stils wirkt unmittelbar, unwiderstehlich auf eine empfänglich-empfindsame junge Seele. Wie bezauberte mich die sanfte Klage des ‚pauvre Gaspard' und das magisch schlichte Lied von der ‚lune blanche', dem schillernden Stern, der ‚heure exquise'! Die frommen Weisen der ‚Sagesse' [...] waren mir ebenso vertraut und köstlich wie die inspirierte Pornographie der ‚Hombres' (die ich mir in einer seltenen Privatausgabe zu verschaffen gewusst hatte). (*WP* 113)

Vor allem aufgrund der Gedichtsammlung *Sagesse* wird Verlaine für Klaus Mann zu einem, „der alle seine Sünden verführerisch besingt und der sie alle bereut".[370] Hier findet er Anregung und Bestätigung für seine Hinwendung zum katholischen Glauben, die Verlaine mit anderen Idolen Klaus Manns wie Gide, Rilke oder Oscar Wilde teilt. In einem Aufsatz von 1934 über Thomas de Quincey reiht er diesen neben Verlaine und Wilde ein in die

> Familie der großen Sünder: eine sehr romantische, eine sehr christliche Familie. Es scheint charakteristisch für diese Familie der schönen Gottgeschlagenen, dass sie persönlich keineswegs die bitteren Mienen der Büßer tragen; im Gegenteil, es sind amüsante Leute bis in den Tod. [...] Selbst den zerrütteten und zerknirschten Verlaine der ‚Sagesse', den taumelnden Büßer, hat man sich mit einer gewissen Satyr-Munterkeit vorzustellen.[371]

Das öffentliche und kunstvolle Bekenntnis zur „Sünde" und die Möglichkeit der Vergebung, die – anders als die protestantische Kirche – die katholische Kirche dem bereuenden Sünder anbietet, faszinieren vor allem den jugendlichen, in den Augen der Gesellschaft nicht zuletzt durch seine Homosexualität „sündigen" Klaus Mann, der nach eigenen, sich von seinem Vater abgrenzenden – Thomas Mann bekennt sich zum Protestantismus[372] – Identitätsfeldern sucht. Seinen Flirt mit dem Katholizismus verarbeitet er u.a. in der Marienfrömmigkeit des Andreas in *Der fromme Tanz*. Verlaines Gedicht *Gaspard Hauser chante*, dessen „sanfte Klage" Klaus Mann rühmt, wird 1924 Anregung und Vorbild für seinen Kaspar-Hauser-Zyklus und besonders für dessen einleitendes, zum Gebet für den jung gestorbenen Kaspar Hauser aufrufendes Gedicht (s. Kap. 3.1). Klaus Mann greift immer wieder zu den Gedichten Verlaines[373], deren „Ekstase der Demut; die Erniedrigung vorm Kruzifix als Wollust [und] Reue" (*TB* II 91) ihn besonders in den Phasen seines Lebens anspricht, in denen er nach einem Lebensweg sucht. Im Juni 1937 ist er von „heftige[r] Depression und Nervosität" (*TB* III 139) heimgesucht, ihn quälen Selbstmordgedanken.

---

[370] Klaus Mann: *Können Deutschland und Frankreich Freunde sein?* [1936], S. 16. In: *WvM* 15-23.
[371] Klaus Mann: *Thomas de Quincey* [1934], S. 141. In: *ZuK* 131-143.
[372] Vgl. Thomas Mann: *Über mich selbst. Autobiographische Schriften*. Hrsg. von Peter de Mendelsohn, Frankfurt a. M., S. 376.
[373] Vgl. *TB* I 123, *TB* II 91, *TB* III 140, *TB* IV 98 und *TB* V 49.

Hilfe verspricht er sich von den Gedichten Verlaines. So notiert er in sein Tagebuch:

> *Verlaine* – als eine Art von Morgengebet. Diese christliche Klage um die Schlechtigkeit des Körpers – (nachdem er alle Wonnen des Leibes, früher besungen hat): ‚Triste corps! Combien faible et combien puni!' Wenn ich nicht WIRKLICH bald sterbe, werde ich wahrscheinlich katholisch werden. Die letzte Zuflucht –: mit Vorbehalten. (*TB III* 140)

Die Vorbehalte dagegen, sich katholisch taufen zu lassen, erscheinen Klaus Mann jedoch zeit seines Lebens zu groß. Es scheint, als sei es eher der generelle Wunsch nach einem Glauben und seiner künstlerischen Verarbeitung und damit Erhöhung, der in Klaus Mann immer wieder zum Vorschein kommt. Er konvertiert nicht.

Joris Karl Huysmans ist der dritte französische Schriftsteller des späten 19. Jahrhunderts, mit dem sich Klaus Mann als Jugendlicher besonders beschäftigt, wenn auch in einem weit geringeren Maße als mit Rimbaud und Verlaine. Vor allem Huysmans' 1884 erschienener Roman *À rebours*, dessen Protagonist Jean des Esseintes alles Bürgerliche und Menschliche verachtet und zum Einzelgänger wird, der versucht, sich – auch mithilfe des Gebrauchs von Rauschmitteln – eine vollkommen künstliche Welt schaffen, begeistert Klaus Mann. 1938 erinnert er sich an sein jugendliches Lektüreerlebnis:

> Hysmans hat auf mich früher, stärker und nachhaltiger gewirkt als Stendhal, Flaubert oder Maupassant. In Hysmans [...] Werk ist der Extrakt der décadence, ist das konzentrierte Fin de siècle. Wir waren Nietzsche-Schüler genug, um die décadence halb zu hassen, halb zu adorieren. [...] Von ‚Arebours' und ‚Là Bas' war alles an mir fasziniert, was dem Ende zugeneigt, hoffnungslos und verfeinert war.[374]

Am Ende seines Romans bietet der 1892 zum Katholizismus konvertierte Hysmans seinem Leser die Hinwendung zum katholischen Glauben als Ausweg aus der Décadence an und reiht sich damit in die Riege der Schriftsteller ein, die dem jugendlichen Klaus Mann den katholischen Glauben als Lebensstütze empfehlen.

Im Gegensatz zu Huysmans kann Klaus Mann mit dem 1921 mit dem Nobelpreis geehrten französischen Schriftsteller Anatole France wenig anfangen:

> [D]azu stand er uns als Erscheinung zu fern, wir kannten sein Werk wenig und wußten fast nur, daß er ein Meister war, das einzigartige Resumé jahrhundertealter Feinheiten und Zweifel[375],

schreibt er 1926 in seinem Aufsatz *Fragment von der Jugend*, in dem er sich die Frage nach den gesellschaftlichen und künstlerischen Positionen seiner Generation stellt. Auch in der Gide-Monographie behält er 1948 seine Meinung bei:

> Dem literarisch versierten Babbit galt Anatole France immer noch als der Repräsentant des modernen französischen Geistes. Wir aber spürten, dass

---

[374] Klaus Mann: *Die Wirkung Frankreichs* [1938], S. 29f. In: *ZD* 28-38.
[375] Klaus Mann: *Fragment von der Jugend* [1926], S. 60. In: *NE* 60-71.

es mit Anatole France zu Ende ging. Freilich, er blieb der raffinierte Stilist und heitere Denker, als den die Welt ihn lange bewundert hatte. Aber seine Stimme sprach nicht mehr für seine Nation, nicht mehr für unsere Epoche. Seine Ironie war schal geworden. Seine Prosa und seine Gedanken waren zu durchsichtig, zu glatt, zu vernünftig: etwas fehlte – das Geheimnis. Der große Skeptiker wusste nicht um unsere Sehnsüchte und Ängste. Er fand nicht mehr die Gesten und Akzente, die eine beunruhigte, aufgewühlte Nachkriegsgeneration von ihrem Dichter wollte. Nein, Anatole France war nicht mehr Frankreich. (*AG* 11)

France ist vor allem nicht Klaus Manns Frankreich, das er als junger Schriftsteller in der symbolistischen, morbiden und die mannmännliche Liebe thematisierenden Literatur findet und das Anatole France entweder bekämpft oder nicht thematisiert.

Die mit dem 20. Jahrhundert beginnende moderne französische Literatur ist Klaus Mann sehr vertraut. Er liest fast alle Werke, die zu seiner Zeit und größtenteils auch noch heute bekannt sind, und äußert sich über sie. Mit den meisten ihrer Vertreter tritt er im Laufe seines Lebens in persönlichem Kontakt, so mit Gide, Cocteau, Crevel, Desbordes, Green und einigen Surrealisten wie Philippe Soupault oder André Malraux.

Mit dem deutsch-französischen Schriftstellerehepaar Claire und Iwan Goll ist Klaus Mann seit 1928 freundschaftlich bekannt. Iwan Golls anfänglich expressionistisches, nach 1921 teilweise surrealistisches Werk hat auf Klaus Mann jedoch keinerlei inspirierende Wirkung. Im Gegenteil: Über die drei Bände mit Liebesgedichten, die Goll zusammen mit seiner Frau Claire unter den Titeln *Poèmes d'amour. Collection surréaliste* (1925), *Poèmes de jalousie* (1926) und *Poèmes de la vie et de la mort* (1927) veröffentlicht, kann Klaus Mann, der sich ansonsten mit negativer Kritik zurückhält, in seiner Beurteilung von 1929 nicht behaupten, „daß sie überall ganz ursprünglich, völlig aus erster Hand"[376] seien – er hält sie für wenig originell. Über Iwan Golls 1928 auf Deutsch verfassten Roman *Mitropäer*, der Klaus Mann im Zuge seiner Auseinandersetzung mit den verschiedenen Strömungen und Existenzformen der europäischen Jugend interessiert, schreibt er:

> Das Experiment, die gesamte europäische Nachkriegsgeneration in drei Grundtypen einzuteilen, war keck, doch konnte es nicht tiefschürfend sein. Wenngleich es stellenweise brillant, immer anregend, bleibt es oberflächlich, da es einen unentwirrbar komplizierten Tatbestand auf ein paar Formeln zu bringen versucht. (*NE* 227)

Angetan hingegen ist er von Claire Golls französischen Todesgedichten, deren Anfang er in seiner Rezension zitiert: „J'attends nôtre mort, Comme un enfant ses vacances" (*NE* 229). „Dieser Satz gehört zu denen, von denen man, beim ersten Hören, weiß, daß man ihn in irgendeinem Winkel seines Herzens nie vergessen wird." (*NE* 229) Dass er diese Zeilen nicht vergisst, zeigt die zehn Jahre später verfasste Tagebuchnotiz: „J'attends ma mort comme un enfant ses vacances" (*TB* IV 108). Während des Exils bleibt Klaus Mann mit den ebenfalls

---

[376] Klaus Mann: *Yvan und Claire* [1929], S. 228. In: *NE* 226-229.

emigrierten Golls in freundschaftlichem Kontakt. Iwan Goll ist mit einem Beitrag in die Anthologie *Heart of Europe* aufgenommen.[377]

Den Verfasser des Romans *Der kleine Prinz*, Antoine de Saint-Exupéry, lernt Klaus Mann im Januar 1932 durch Gide kennen, der mit Saint-Exupéry befreundet ist (vgl. *TB* I 34). Als er im November dessen 1931 mit dem Prix Fémina ausgezeichneten Roman *Vol de nuit* auf Deutsch liest, ist er begeistert: „Man sollte es Knaben zu lesen geben. Es handelt von den wahren Heldentaten, von denen des Friedens" (*TB* I 93), und lobt die Geschichte des Piloten, der bei einem gefährlichen Flug abstürzt. Zusammen mit seinem Freund Erich Ebermayer will er sie im Januar 1933 für einen Film adaptieren (vgl. *WP* 281). Nach Klaus Manns Emigration wird dieser Plan jedoch nicht mehr verwirklicht.[378]

Schwärmt Klaus Mann vor allem als Jugendlicher für den katholischen Glauben und begeistert sich für Schriftsteller wie Verlaine oder Huysmans, deren Katholizismus eine bedeutsame Rolle in ihrem Werk einnimmt, so versucht er auch später immer wieder, gegenüber dem katholischen Glauben Stellung zu beziehen. 1930 wünscht er sich, da er „[d]ie Kraft, die dem Katholizismus innewohnt, [...] noch nicht verbraucht" sieht, „ein neuer und tiefer erlebtes Christentum, das auf seine Körperfeindlichkeit verzichtet"[379].

Die Wissenschaftsgläubigkeit des Naturalismus ablehnend, entwickelt sich zu Beginn des 20. Jahrhunderts in Frankreich eine neue weltanschauliche Literaturbewegung, der *renouveau catholique*, der Katholizismus und Nationalismus zu verbinden sucht. Bedeutende Vertreter dieser Strömung sind Paul Claudel, Charles Péguy und Georges Bernanos.[380] Anders als zu Rimbaud, Verlaine und Huysmans steht Klaus Mann diesen jedoch zumeist fremd gegenüber. Über das Werk des durch Rimbaud zum Katholizismus bekehrten Schriftstellers Paul Claudel schreibt er, es sei „beladen mit Glauben – fast übermäßig, wie ein Baum, der gar zu schwer mit reifer Flucht beladen ist." (*AG* 13) Angesichts des sakralen Eifers, der durch christliche Demut gebändigten Ekstasen und des lateinischen Formgefühls ruft er aus: „Wieviel Trost für jene, die so unbedingten Glauben teilen können!" (*AG* 14) Für ihn selbst hingegen hat Claudels Werk einen „salbungsvoll-pfaffenhafte Zug" der ihm „nicht ganz angenehm auffällt" (*AG* 20). Charles Péguy, den er als „Wiederentdecker des Jeanne d'Arc-Kults" und „militante[n] Mystiker und schwärmerische[n] Patriot[en]" (*AG* 13) vorstellt, interessiert Klaus Mann lediglich im Zusammenhang mit Gide.

Georges Bernanos gilt als Neuschöpfer des theologischen Romans: 1926 hat er mit *Sous le Soleil de Satan* großen Erfolg. Bereits ein Jahr später lobt Klaus Mann den Roman bezüglich seiner Komposition und seines Stils als „ein Mei-

---

[377] Vgl. Klaus Mann und Hermann Kesten (Hg.): *Heart of Europe*, a. a. O., S. V.
[378] Im März überlässt Klaus Mann Ebermayer den Stoff (vgl. *TB* I 123), der daraus 1934 ein Hörspiel macht, sowie ein Filmexposé, aus dem Fredric Kroll Klaus Manns ursprünglich für das Drama vorgesehene Einteilung in vier Akte rekonstruiert. (Vgl. Fredric Kroll (Hg.): *Klaus-Mann- Schriftenreihe*. Bd. 3, a. a. O., S. 210f. Dort wird ausführlich der Inhalt des Ebermayerschen Exposés wiedergegeben und der Versuch unternommen, Klaus Manns Anteil daran herauszufiltern.)
[379] Klaus Mann: *Antwort auf eine Umfrage über Religion* [1930], S. 253. In: *NE* 253.
[380] Vgl. Jürgen Grimm: *Französische Literaturgeschichte*, Stuttgart 1989, S. 294f.

sterwerk"[381] und „*religiösen Sensationsroman*" (*NE* 154), jedoch gehört er für ihn nicht zu den Werken, die ihn inhaltlich oder stilistisch beeinflussen. Später allerdings würdigt Klaus Mann Bernanos als Kämpfer gegen den Faschismus für seine „fulminante Streitschrift ‚*Les Grands Cimetières sous la Lune*'", in der er mit den „Verbrechern des spanischen Bürgerkriegs abgerechnet" (*AG* 247), und seine Schrift *Scandale de la Vérité*, die gegen das Münchner Abkommen protestiert. Bernanos' Vision und Schwärmen von „‚l'ancienne France' und ‚la monarchie populaire francaise', von den Heiligen, den Helden und den ritterlichen Tugenden [und von] eine[r] Art volkstümliche[m] Königreich mit mittelalterlichen Ritualen und sozialistischen Institutionen"[382] hingegen findet er 1943 „ein wenig altmodisch und konfus". Henri Massis' Schrift *Die Verteidigung des Abendlandes*, die er 1930 in seinem Aufsatz *Die Jugend und Paneuropa* vorstellt, lobt er zwar als „wichtig und stärkend"[383], dessen Europa-Begriff, den Klaus Mann auf die griechisch-lateinische Kultur und den Katholizismus reduziert sieht, teilt er jedoch nicht. Massis' Abneigung gegen die Reformation, Kant und Schopenhauer, gegen Deutschland und Russland ist ihm vollkommen fremd (vgl. *NE* 259). 1942 nennt er ihn nur noch einen „reaktionären Fanatiker"[384].

Den Roman *Vie de Jésus* des 1952 mit dem Nobelpreis bedachten François Mauriac, der führende katholische Schriftsteller Frankreichs, bewertet Klaus Mann als „höchst seltsames, stellenweise rührend schönes", zugleich aber auch als „erschreckend zeitfremdes, naives und starr-bigottes Buch."[385]

Als Exilant macht er sich den Kampf gegen den Nationalsozialismus zu seinem Hauptaufgabenfeld und holt sich Unterstützung in der französischen Literatur des 18. und 19. Jahrhunderts. 1939 gibt er in seinem an die deutschen Exilanten gerichteten Aufsatz *Zweimal Deutschland* zu bedenken:

> Alle großen französischen Autoren – Voltaire und Rousseau, Victor Hugo und Zola – kämpften unerschrocken und ohne Vorbehalte gegen soziale Übel, gegen Unrecht und Unterdrückung; sie rangen um eine bessere Zukunft für die Menschheit. Sie schrieben über die Gesellschaft, um sie zu bessern.[386]

Ein wichtiges Kriterium, nach dem Klaus Mann zeitgenössische deutsche Schriftsteller und deren Werke bewertet, ist ihre Haltung gegenüber dem Nationalsozialismus und Faschismus. Genauso wie Klaus Mann innerhalb der deutschen Literatur eine Grenze zwischen den Exilliteraten und den nicht emigrierenden Schriftstellern zieht, wird für ihn auch die Stellung der französischen Schriftsteller zum Dritten Reich und zum Vichy-Regime eine bedeutende Richtschnur für deren Beurteilung.

Jean Giraudoux, dem er in den zwanziger Jahren in Berlin zum ersten Mal begegnet[387], zählt Klaus Mann zu den französischen Schriftstellern, denen er „die

---

[381] Klaus Mann: *Der religiöse Roman: „Die Sonne Satans"* [1927], S. 154. In: *NE* 154-157.
[382] Klaus Mann: *The Rebellious Christian* [1943], S. 114. In: *AvP* 109-116.
[383] Klaus Mann: *Die Jugend und Paneuropa* [1930], S. 258. In: *NE* 254-275.
[384] Klaus Mann: *Cocteau und Gide* [1942], S. 391. In: *ZD* 391-409.
[385] Klaus Mann: *Mauriacs „Vie de Jésus"* [1936], S. 401. In: *ZuK* 401-404.
[386] Klaus Mann: *Zweimal Deutschland* [1939], S. 52. In: *ZD* 41-55.
[387] Vgl. Klaus Mann: *Jean Giraudoux* [1939], S. 184. In: *ZD* 183-186.

bedeutendste intellektuelle Anregung"[388] zu verdanken vorgibt. Dessen Theaterstück *Siegfried*, das die deutsch-französischen Beziehungen nach dem Versailler Vertrag thematisiert, lobt er als Beispiel für den Versöhnungswillen der großen französischen Schriftsteller mit Deutschland (vgl. *WvM* 20). Vor der Machtübernahme Hitlers als Mitstreiter und Leitstern für die deutsch-französische Aussöhnung empfunden, wird ihm Giraudoux während des Exils zum Vertreter des guten, Vichy-fernen Frankreichs (s. Kap. 1.1.4).

Zeitgenössische Schriftsteller, die Klaus Mann der Kollaboration oder der Sympathie mit den deutschen Besatzern verdächtigt, werden zu Gegnern. In seinem Essay *Die Heimsuchung des europäischen Geistes* ist es ihm wichtig, bedeutende Vertreter der französischen Literatur als Kollaborateure nicht in Vergessenheit geraten zu lassen:

> In Frankreich haben führende literarische Stars wie Céline, Paul Morand und Henry de Montherlant dem Triumph der Barbarei applaudiert.[389]

Mit dem Schriftsteller und Kritiker André Germain ist Klaus Mann bereits Ende der zwanziger Jahre bekannt. Dessen unter dem Titel *Klaus Mann, oder der Narziß des Sumpfes*[390] erschienene scharfe Kritik an Klaus Mann in Kombination mit seiner unterstellten Nähe zu den Nationalsozialisten ist wahrscheinlich der Grund, warum Klaus Mann ihn in der Gide-Monographie als hirnlosen Snob und Witzfigur (vgl. *AG* 244) charakterisiert.

Den aus einer jüdischen Industriellenfamilie stammenden Schriftsteller André Maurois, der 1941 aus Frankreich in die USA flüchtet und den Klaus Mann 1931 in seiner Portraitreihe *Pariser Köpfe* als „gescheit" und „würdig"[391] vorgestellt hatte, klagt er 1942 als Sympathisant Vichys an:

> Derselbe Maurois jedoch, der nicht zu unpolitisch war, sich der Volksfront zu widersetzen, ist jetzt zu weltfremd und distanziert, um zuzugeben, daß mit Vichy etwas nicht in Ordnung sein könnte. Hochtrabend und unverbindlich beharrt er darauf, daß er seinem Land treu ist, nicht aber einer Doktrin oder Gruppierung: Er liebt eben nur Frankreich. [...] Es ist Vichy-Frankreich. Maurois' angeblicher Mangel an politischem Interesse ist ein politischer Trick. Er äußert sich nicht gegen Pierre Laval, weil er nicht gegen ihn ist. Er vermeidet sogar, den Namen Hitler zu erwähnen – nicht weil er für ihn ist (wie könnte er das sein?), sondern weil Vichy an Hitler und Maurois und an Vichy glaubt.[392]

In einem Fall jedoch lässt Klaus Mann das Werk eines Schriftstellers, den er der Kollaboration verdächtigt, trotz allem gelten. Henry de Montherlant, dem 1934 für sein Gesamtwerk der große Literaturpreis der Académie Francaise verliehen wird, nimmt er in seine Anthologie *Heart of Europe* auf und stellt ihn im Vorwort als „Kämpfer und Athlet"[393]dar, obwohl er ihn in einem Brief an

---

[388] Klaus Mann: *Können Deutschland und Frankreich Freunde sein?* [1936], S. 17. In: *WvM* 15-23.
[389] Klaus Mann: *Die Heimsuchung des europäischen Geistes* [1949], S. 532. In: *AvP* 523-542.
[390] Vgl. Fredric Kroll (Hg.): *Klaus-Mann-Schriftenreihe* Bd. 4.1., a. a. O., S. 132f.
[391] Klaus Mann: *André Maurois* [1931], S. 328. In: *NE* 328-331.
[392] Klaus Mann: *Die intimen Memoiren des André Maurois* [1942], S. 417. In: *ZD* 414-418.
[393] Klaus Mann: *Das Herz Europas* [1943], S. 62. In: *AvP* 50-64.

den Mitherausgeber Hermann Kesten als „the most vicious collaborationist"[394] bezeichnet. Im *Wendepunkt* schreibt Klaus Mann über sein zwiespältiges Verhältnis zu Montherlant:

> Montherlant ist freilich nicht unbedenklich. Er soll *vorzüglich* mit den Nazis stehen, wohl nicht nur aus Opportunismus, sondern auch aus Überzeugung: im Grunde seines Herzens dürfte dieser ästhetizistisch-sadistische Barde des Stierkampfes stets ein Faschist gewesen sein. Trotzdem ist nicht zu leugnen, daß er Talent hat – ziemlich viel sogar! – und daß sein Beitrag sehr wesentlich, sehr charakteristisch zur französischen Literatur unserer Zeit gehört. (*WP* 448f.)

Anders als für die nicht gegen den Faschismus eintretenden Schriftsteller hegt Klaus Mann für die pazifistischen, politisch linksgerichteten, kommunistischen und sich im Exil engagierenden Schriftsteller eine große Sympathie. Ihrem Schreiben jedoch steht er zumeist ablehnend gegenüber. In Henri Barbusse sieht er zuvorderst den Verfasser des pazifistischen Romans *Le Feu* und dann erst den sich zu Lenin und Stalin bekennenden Kommunisten, der „aus konsequentem Pazifismus die Rote Armee und ihre drohende Aktivität" begrüßt und dem nach Ansicht Klaus Manns „der bürgerliche Pazifismus ein Ärgernis und ein Spott"[395] ist. Trotz dieser 1929 festgestellten Unterschiede empfindet der großbürgerliche, damals noch weitgehend unpolitische Klaus Mann Sympathie für Barbusse und rühmt ihn als „Pazifist von der märtyrerhaften Unbedingtheit" mit „große[m] Herz, dessen vornehmste Eigenschaft Güte ist" (*NE* 235). Klaus Manns Interesse an Barbusses Werken, deren „Pathos vor allem das Soziale ist"[396], ist jedoch gering. Er achtet Barbusse, mit dem er in den ersten Jahren des Exils in Kontakt steht, genauso wie Romain Rolland, den er seinen Lesern ebenfalls als Pazifisten (*WP* 61) präsentiert, „nicht um ihres Werkes, sondern vor allem auch um ihrer menschlichen Haltung willen"[397]. Dem 1916 mit dem Nobelpreis ausgezeichneten Rolland zollt er zwar Anerkennung für seinen Beitrag für die deutsch-französische Aussöhnung und für seine „Sendung […], den sittlichen Ernst, das moralisch-soziale Verantwortungsgefühl des französischen und europäischen Geistes neu zu bestätigen und schöpferisch zu vertiefen" (*AG* 15), doch wirft er dem Verfasser des Romans *Jean Christophe*, den er als Mitarbeiter der *Sammlung*[398] gewinnen kann, letztlich vor, er beraube „die Sprache Voltaires und Rabelais' ihres eigensten Aromas", indem er sie „im Sinn und Dienste eines etwas blutarmen Idealismus" (*AG* 19) entnationalisieren würde. Auch den sich bis 1939 zum Kommunismus bekennenden André Malraux, mit dem er im Exil in Verbindung steht (vgl. *TB* I 145, *TB* II 50, *TB* VI 136), ordnet Klaus Mann den sozial engagierten Schriftstellern zu[399] und damit einer literarischen Richtung, für die sich Klaus Mann selbst nicht gewinnen lässt. Im *Wendepunkt* lobt er noch Malraux' „rhetorische Brillanz" (*WP* 329) auf dem Schriftstellerkongress in Mos-

---

[394] Klaus Mann: *Brief an Hermann Kesten* vom 1. 3. 1944, *BuA* 523.
[395] Klaus Mann: *Henri Barbusse* [1929], S. 235. In: *NE* 232-235.
[396] Klaus Mann: *Die Wirkung Frankreichs* [1938], S. 35. In: *ZD* 28-38.
[397] Klaus Mann: *Können Deutschland und Frankreich Freunde sein?* [1936], S. 17. In: *WvM* 15-23.
[398] Vgl. Klaus Mann: *Brief an Stefan Zweig* vom 27. 11. 1933, *BuA* 155.
[399] Vgl. Klaus Mann: *Die Wirkung Frankreichs* [1938], S. 35. In: *ZD* 28-38.

kau, 1949 jedoch kritisiert er den Exkommunisten als „Hauptpropagandist des Generals de Gaulle, unter dessen Herrschaft das französische Volk seiner demokratischen Reche und seiner Freiheit leicht verlustig gehen könnte."[400] Dem Dadaisten, Mitbegründer der Surrealisten, Kommunisten, Kämpfer im Spanischen Bürgerkrieg und Mitglied der Résistance Louis Aragon, der durch sein lyrisches Werk sowie durch seine dem sozialistischen Realismus verpflichteten Romane Berühmtheit erlangt, begegnet Klaus Mann trotz unterschiedlicher politischer und ästhetischer Haltung mit Respekt. So nimmt er ihn in *Heart of Europe* auf und bezeichnet ihn in seinem Aufsatz *Surrealistischer Zirkus* als begabten Schriftsteller.[401]

Seit seiner ersten Reise nach Paris im Frühjahr 1925 beobachtet Klaus Mann alle literarischen Strömungen der zeitgenössischen Literatur und bezieht eigene Stellung. Die soziale und politische Richtung der modernen französischen Literatur würdigt er wie die Romane und die Person Zolas wegen ihrer Moralität, lehnt sie aber für sich selbst als ästhetisches Modell größtenteils ab. Dem *renouveau catholique* steht er aufgrund seiner nationalistischen Ausprägung kritisch gegenüber. Das Zusammenspiel zwischen katholischem Glauben und Nationalismus empfindet er als nicht zukunftsträchtige Vision für das 20. Jahrhundert. Vertreter des Surrealismus kennt er auch persönlich, sie vermögen ihn jedoch nicht von ihren gesellschaftlichen Forderungen und künstlerischen Mitteln zu überzeugen (vgl. Kap. 2.9). Die letzte literarische Strömung der französischen Literatur, mit der sich Klaus Mann beschäftigt, ist der Existentialismus. Zwar bringt er besonders dem Frühwerk Sartres große Bewunderung entgegen (vgl. *TB* IV 75), nennt ihn 1949 „[a]ls Romancier und Essayist so beschlagen und erfolgreich wie als Dramatiker" und beurteilt ihn als „auffallendste und meistpropagierte literarische Figur im Nachkriegseuropa"[402], doch der Existentialismus bleibt für ihn

> schwer zu definieren, und zwar vor allem weil dies bemerkenswert unsystematische philosophische System aus Widersprüchen und Unstimmigkeiten zu bestehen scheint. (*AvP* 538)

Albert Camus' Roman *Die Pest* kritisiert Klaus Mann 1948 durch eine Phrase Gides, den er nach dessen Meinung über die französische Gegenwartsliteratur befragt hatte:

> Einen der am häufigsten diskutierten und allgemein bewunderten neuen Romane – ‚Die Pest' von Albert Camus – tat er [Gide, Anm. d. Verf.] mit einem Achselzucken ab: ‚Non, ce n'est pas ça …' (*AvP* 465)

An Verlaine und Rimbaud interessiert Klaus Mann neben deren katholischen Glauben insbesondere ihre homosexuelle Beziehung. Ein anderer Männer liebender Schriftsteller, mit dessen Werk Klaus Mann sich befasst, den er jedoch nicht persönlich kennen lernt, ist der 1922 verstorbene Verfasser von *À la recherche du temps perdu*, Marcel Proust. Klaus Mann ist begeistert. Als er 1929

---

[400] Klaus Mann: *Die Heimsuchung des europäischen Geistes* [1949], S. 535. In: *AvP* 523-542.
[401] Vgl. Klaus Mann: *Surrealistischer Zirkus* [1943], S. 30. In: *AvP* 26-35.
[402] Klaus Mann: *Die Heimsuchung des europäischen Geistes* [1949], S. 538. In: *AvP* 523-542.

den deutschen Roman im Vergleich mit dem französischen als „zuweilen naiv" kritisiert, erklärt er dies damit, dass die deutsche Literatur „keinen Proust"[403] hatte. Ein Jahr später reiht er Proust unter diejenigen ein, die „die Gedankenwelt jedes europäischen Intellektuellen bestimmen, sie bilden die Voraussetzung seiner Arbeit."[404] Eine derartige Einordnung (ver-) führt zu der Annahme, Klaus Mann werde sich im Laufe seines Lebens noch ausführlich zu seinem Verhältnis zu Proust äußern. In seinen essayistischen Arbeiten jedoch findet Proust lediglich marginale Erwähnung. So verteidigt Klaus Mann 1934 in seinen *Notizen aus Moskau* Proust gegenüber Karl Radek, der Proust in seinem Referat auf dem Schriftstellerkongress in Moskau mangelndes soziales Bewusstsein vorgeworfen hatte, indem Radek ihm unterstellte, sieben Gerüche gleichzeitig voneinander unterscheiden zu können, während es in Arbeiterwohnungen nur einen Geruch, nämlich den nach Kohl gäbe.[405] 1938 bekennt er in *Die Wirkung Frankreichs* lediglich, Proust habe ihm mehr bedeutet als Zola.[406] Auch in seinem letzten großen Essay erwähnt er Proust nur als Namen, über den die europäischen Intellektuellen reden.[407] Im *Wendepunkt* finden sich ebenfalls nur kurze Anmerkungen (vgl. *WP* 157, 186, 346, 403, 448). Das wundert. Die Tagebücher könnten erste Aufschlüsse geben:

Gleich aus dem ersten Proust betreffenden Eintrag geht hervor, dass Klaus Mann im Januar 1932 über selbst angefertigte Notizen zu Proust verfügt und überlegt, daraus einen Aufsatz zu machen (vgl. *TB* I 28). Im Sommer desselben Jahres hält er einen Traum fest, in dem er Proust kennen gelernt, aber „sehr feminin und hässlich" (*TB* I 54) gefunden hat. Im Februar 1936 liest er den Roman *Sodome et Gomorrhe*, den er für seinen „in die *poetische* Sphäre verzauberte[n], fanatische[n] Snobismus" (*TB* III 25) rühmt und der ihn zu einem Vergleich mit Maupassants *Bel Ami* reizt:

> Die Auflösung der Kunstform, und ihre Vertiefung. Maupassants Roman so viel straffer gebaut, so viel handfester. Prousts Neigung zu den schwierigsten Abschweifungen. Die grausame *Kälte* seiner Beobachtung – etwa bei der Beschreibung des vom Tode gezeichneten Swann. – Bei aller Poesie und Aufgelöstheit: die große Gesellschaftskritik. Die Dreyfus-Affäre im Hintergrund. – Die Gier, mit der der sterbende Swann das Decolleté der Marquise betrachtet. – Überall: die Sinnlichkeit – in allen Variationen –: mit der gesellschaftlichen Eitelkeit zusammen regierend. (*TB* III 25f.)

Während dieser Proust-Lektüre befasst sich Klaus Mann mit der Konzeption seines Romans, der später unter dem Titel *Mephisto* die deutsche Gesellschaft unter Hitler in der Person seines Protagonisten Hendrik Höfgen kritisiert. *Sodom und Gomorrha* dient ihm – genauso wie Maupassants *Bel Ami* – als Anregung und Vorbild. Im Sommer 1943 wird er das Werk in englischer Übersetzung noch einmal zur Gänze lesen[408] und begeistert festhalten: „Was für ein Unterschied zwischen großer Literatur und – Literatur." (*TB* V 136f.)

---

[403] Klaus Mann: *Henri Barbusse* [1929], S. 235. In: NE 232-235.
[404] Klaus Mann: *Woher wir kommen – und wohin wir müssen* [1930], S. 324. In: NE 324-327.
[405] Vgl. Klaus Mann: *Notizen aus Moskau* [1934], S. 209f. In: ZuK 201-214.
[406] Vgl. Klaus Mann: *Die Wirkung Frankreichs* [1938], S. 35. In: ZD 28-38.
[407] Vgl. Klaus Mann: *Die Heimsuchung des europäischen Geistes* [1949], S. 525. In: AvP 523-542.
[408] Vgl. Klaus Mann: *Brief an Hermann Kesten* vom 3. 7. 1943, BuA 515.

Wohl mit wenigen anderen Gesamtwerken hat sich Klaus Mann so intensiv beschäftigt wie mit dem Oeuvre Prousts, dessen Dandytum, Beobachtungsgabe und Stil Klaus Mann über die Jahrzehnte hin faszinieren. Was also hält ihn von einer längeren Auseinandersetzung mit Proust ab? Gibt es etwas, das Klaus Mann an dem Gegen-stand seiner Bewunderung so missfällt, dass er ihn nicht in seinem an Plätzen reichen Olymp seiner Vorbilder aufnimmt?
Sehr feminin und hässlich (s.o.) war ihm 1932 Proust erschienen. Sieht er Proust als weibische Tunte? 1943 kritisiert er Proust für den Charakter der Albertine in *Sodom und Gomorrha*:

> *Albertine* bleibt natürlich die schwächste Figur in dieser unvergleichlichen Comédie Humaine. Als verkleideter Junge gelingt es ihr nicht, lebendig und liebenswert zu erscheinen. Es gibt ausgezeichnete Hinweise auf die geheimnisvollen Verwicklungen ihres Lebens [...]. Aber wenn Proust fortfährt: ‚... so dass, wenn man versucht, die Frau zu sehen', klingt das Wort ‚Frau' störend falsch und verlogen. (*TB* V 149)

Ist es Prousts Darstellung der Männerliebe, die mit dieser „Verkleidung" mitschwingt, die Klaus Mann für verlogen hält? Ist es Prousts Darstellung der Homosexualität, die ihn letztlich davon abhält, ausführlicher über Proust schreiben? In seiner Monographie über den sich zur Männerliebe offen bekennenden Gide kommt es zur Kritik an Prousts Entwurf des Homosexuellen:

> Was Gide besonders verdroß, war Prousts fragwürdige Gleichsetzung von Homosexualität und Effeminiertheit. Baron Charlus, der makabre Held von ‚*Sodome et Gomorrhe*' ist in der Tat ein Ausbund dekadenter Entartung. Nicht als ob das Portrait des Charlus an sich unfair oder boshaft wäre – in jeder Großstadt der Welt, in jedem internationalen Badeort finden sich nur zu zahlreiche Kavaliere, die dem Baron an grotesker Verderbtheit nicht nachstehen. Was man aber wohl als unfair bezeichnen mag, ist die Tatsache, dass Proust diesen krankhaften Aristokraten als *den* Typ des Homosexuellen vorzustellen scheint, während er die weniger abstoßenden Abenteuer des autobiographisch konzipierten Swann in die ‚harmlose' Sphäre der heterosexuellen Liebe transportiert. Gide betont – wie sehr zu Recht, wie ich hinzufügen möchte – dass durchaus nicht alle gleichgeschlechtlich Veranlagten dem Charlus gleichen. Wie sollte Charlus wohl *der* Homosexuelle sein? *Den* Homosexuellen gibt es ebenso wenig wie *den* Juden oder *den* Künstler oder *den* Amerikaner. (*AG* 145f.)

Dass sich Klaus Mann mit dem homosexuellen Schriftsteller Proust vergleichsweise wenig auseinandersetzt, lässt sich vermutlich aus dessen negativer Darstellung des Homosexuellen erklären. Im folgenden Teil wird Klaus Manns Homosexualität als bedeutende Motivation für die Wahl seiner Aufenthaltsorte, seiner Literaturrezeption und sein eigenes Schreiben nachvollzogen.

3 Die Suche nach dem Leben. Klaus Manns Homosexualität als Motivation für seine Hinwendung zu Frankreich

3.1 Isolierte Erfahrung. Klaus Manns frühe Auseinandersetzung mit Homosexualität

Das Paris von 1925 bis zum Beginn der dreißiger Jahre ist für Klaus Mann ein Ort, von dem er begeistert ist und an dem er sich sehr wohl fühlt. Neben den bereits aufgeführten Gründen, wie seine frühe Sozialisation oder die Abwertung des Franc, die einen Aufenthalt in Frankreich während dieser Jahre sehr preiswert macht, wird im Folgenden die These vertreten, dass Klaus Manns Hinwendung zu Frankreich und der französischen Kultur sehr wesentlich in seiner Homosexualität begründet liegt. Klaus Mann hat ausnahmslos sexuelle Beziehungen mit Männern, gleiches gilt für Liebesbeziehungen.[409] Ein Leben lang thematisiert er die Liebe von Männern zu Männern in seinem literarischen Werk. Angefangen mit dem Mazedonierkönig Alexander dem Großen[410] über den russischen Komponisten Peter Tschaikowsky[411] bis zu dem bayerischen König Ludwig II.[412] interpretiert er das Leben berühmter homosexueller Männer. Auch einige seiner fiktiven Protagonisten wie Andreas in *Der fromme Tanz*[413] oder Martin Korella in *Der Vulkan*[414] lieben Männer. Um zu diskutieren, ob Frankreich v.a. auch deswegen für Klaus Mann von so herausragender Bedeutung ist, weil er dort einen geistigen und realen Ort findet, an dem er sein Leben als Homosexueller führen kann, soll vorweg zu folgenden Fragen Stellung genommen werden: Inwieweit kann über das homosexuelle Sexualleben hinaus von einer homosexuellen Identität gesprochen werden? Was macht diese aus? Inwieweit ist bei Klaus Mann eine homosexuelle Identität anzunehmen?

---

[409] Zwar verlobt sich Klaus Mann im Sommer 1924 mit der Schauspielerin Pamela Wedekind, aber die Beziehung zwischen den beiden ist, zumindest von Klaus Manns Seite, als platonische, enge Freundschaft zu einer weiteren Frau neben seiner Schwester Erika angelegt, die mit Pamela Wedekind in diesem Zeitraum eine Liebesbeziehung führt. (Vgl. Irmela von der Lühe: *Erika Mann*, a. a. O, S. 37). Sollte man sie trotzdem als Liebesbeziehung werten wollen, ist sie die einzige, die Klaus Mann zu einer Frau hat, und somit als Ausnahme anzusehen. Ein 1928 stattfindender Bordellbesuch in Marseille ist der einzig bekannte Versuch Klaus Manns, mit einer Frau Sex zu haben. Wie aus einem Brief an seine Schwester Erika hervorgeht, scheitert er: „Wir gingen auch ins Bordell, liebe Erika, [...] ich versagte bei einer sehr sehr schmucken Negerin, was der auch nicht recht war." (*Brief von Klaus Mann an Erika Mann* vom 14. 4. 1929, *KMA*). Einen weiteren Hinweis, dass Klaus Mann weibliche Körper nicht anziehend findet, gibt eine von Fredric Kroll aufgeführte Aussage Mopsa Sternheims, nach der Klaus Mann der einzig hundertprozentige Homosexuelle ihrer Bekanntschaft gewesen sei, der nie mit einer Frau hätte schlafen wollen. (Vgl. Fredric Kroll (Hg.): *Klaus-Mann-Schriftenreihe*. Bd. 2, a. a. O., S. 66).
[410] Vgl. Klaus Mann: *Alexander. Roman der Utopie*. Zuerst erschienen 1929 bei S. Fischer in Berlin.
[411] Vgl. Klaus Mann: *Symphonie Pathétique. Ein Tschaikowsky-Roman*. Zuerst erschienen 1935 bei Querido in Amsterdam. Zur Homosexualität in Alexander und *Symphonie Pathétique* siehe: Wolfgang Popp: *Männerliebe. Homosexualität und Literatur*, Stuttgart 1992, S. 280-285.
[412] Vgl. Klaus Mann: *Vergittertes Fenster. Novelle um den Tod des Königs Ludwig II. von Bayern*. Zuerst erschienen 1937 in Amsterdam.
[413] Vgl. Klaus Mann: *Der fromme Tanz*, zuerst erschienen 1926 in Hamburg.
[414] Vgl. Klaus Mann: *Der Vulkan. Roman unter Emigranten*, zuerst erschienen 1939 in Amsterdam.

Sexuelle Handlungen zwischen Männern hat es immer gegeben. Spätestens seit der Antike sind sie nachweisbar ein Thema der bildenden Kunst, wie etwa Darstellungen auf griechischen Gefäßen aus dem 6. Jahrhundert v.u.Z. zeigen[415], und Gegenstand der Literatur, Philosophie, Religion und Rechtsprechung[416]. Erwin J. Haeberle, Präsident der der Berliner Humboldt Universität angeschlossenen Gesellschaft für sozialwissenschaftliche Sexualstudien, weist dem heutigen Verständnis des Begriffs „Homosexualität" drei Bedeutungen zu: Zum einen definiert er ihn als „homosexuelles Verhalten", das sich auf sexuelle Handlungen beschränkt. Zweitens konstatiert er, dass Homosexualität als Charakterzug, als Wesensart aufgefasst wird. Als drittes sieht er Homosexualität als „soziale Rolle" beschrieben, die er als Art und Weise definiert, in der Menschen in der Gesellschaft als Homosexuelle leben.[417] Haeberle spricht sich deutlich dagegen aus, „alle drei Bedeutungen zu bündeln und Verhalten, Zustand und soziale Rolle als verschiedene Aspekte des gleichen Phänomens zu sehen"[418], und streitet damit die Existenz einer umfassenden homosexuellen Identität ab. Stattdessen trennt er deutlich zwischen den körperlichen Geschlechtern (Männlichkeit und Weiblichkeit), den Geschlechtsrollen, die er in ein weibliches und männliches soziales Rollenverhalten unterteilt, und zwischen den sexuellen Orientierungen, die sich aus der Bevorzugung weiblicher oder männlicher Sexualpartner ergibt. Seinen Begriff der „Geschlechtsrolle" definiert er anhand der Frage nach der Außen- und Innenwirkung. Für die Einschätzung der eigenen Person als weiblich oder männlich führt er den Begriff der „Geschlechtsidentität" ein. Alle drei Aspekte der Geschlechtlichkeit sieht er als voneinander unabhängige Faktoren an. Allerdings spricht er von der Schaffung einer Identität des „schwulen Mannes" durch die Schwulenbewegung gegen Ende der sechziger Jahre, sieht diese aber in sozialpolitischen, zeitlich und örtlich begrenzten Zwängen und nicht durch wissenschaftliche Erkenntnisse begründet und steht ihr deswegen sehr kritisch gegenüber.[419]

Dieser Reduzierung der Homosexualität auf das rein sexuelle Verhalten stehen kultur-, literatur- und kunstgeschichtliche Untersuchungen gegenüber[420], die zeigen, dass sich homosexuell verhaltende Männer immer wieder danach gestrebt haben, Gemeinschaften zu gründen und Orte zu finden, wo sie ihre über das Sexuelle hinausgehenden Ambitionen ohne Diskriminierung und Verfolgung leben und gestalten und sich mit ihrer Homosexualität theolo-

---

[415] Vgl. Cecile Beurdeley: *L'amour bleu*, Köln 1994, S. 9.
[416] Vgl. Helmut Blazek: *Rosa Zeiten für rosa Liebe. Zur Geschichte der Homosexualität*, Frankfurt a. M. 1996.
[417] Vgl. Erwin J. Haeberle: *Bisexualitäten – Geschichte und Dimensionen eines modernen wissenschaftlichen Problems*. In: *Bisexualitäten – Ideologie und Praxis des Sexualkontaktes mit beiden Geschlechtern*. Hrsg. von: Erwin J. Haeberle und Rolf Gindorf, Stuttgart 1994. Hier zitiert nach der unter
http://www2.hu-berlin.de/sexology/GESUND/ARCHIV/DEUTSCH/BISEX.HTM (12. 12. 2004) veröffentlichten Online-Ausgabe des Archivs für Sexualwissenschaft, S. 3.
[418] Erwin J. Haeberle: *Bisexualitäten*, a. a. O., S. 3.
[419] Vgl. Erwin J. Haeberle: *Bisexualitäten*, a. a. O., S. 22.
[420] Eine Auswahl: Helmut Blazek: *Rosa Zeiten für rosa Liebe*, a. a. O.; Florence Tamagne: *Histoire de l'homosexualité en europe. Berlin, Londres, Paris 1919-1939*, Paris 2000; Cecile Beurdeley: *L'amour bleu*, a. a. O.; Gotthard Feustel, *Die andere Liebe, eine illustrierte Geschichte der Homosexualität*, Leipzig 1995; Joachim Campe: *Andere Lieben. Homosexualität in der deutschen Literatur*, Frankfurt a. M. 1988, Andreas Sternweiler: *Die Lust der Götter. Homosexualität in der italienischen Kunst. Von Donatello zu Caravaggio*, Berlin 1993.

gisch, juristisch, medizinisch und künstlerisch auseinandersetzen können, freilich immer im Kontext ihrer Zeit, des Ortes und der Gesellschaft, in der sie sich befinden. Rainer Guldin weist in seiner sozial- und literaturwissenschaftlichen Veröffentlichung *Lieber ist mir ein Bursch ...*, in der er die historischen und sozialen Kausalitäten homosexueller Verhaltensformen ab dem 17. Jahrhundert untersucht, nach, dass sich aufgrund einer öffentlichen Verfolgung homosexueller Handlungen in den europäischen Großstädten nach und nach homosexuelle Subkulturen bilden. Nach Guldin entwickelt sich seit dem 18. Jahrhundert vor allem in Paris und London eine von der Gesellschaft ausgestoßene und dadurch definierte Gruppe von Männern, die sich selbst und ihresgleichen als Homosexuelle zu identifizieren beginnt. Neben dem gruppenspezifischen Wunsch nach gleichgeschlechtlichem Sex entstehen Identitätsangebote wie sprachliche Wendungen, Kleidungsstile, Verhaltensmuster oder auch Vorlieben für bestimmte Literaturen. Aus geheimen Treffpunkten wie Cafés oder Salons etabliert sich eine schwule Szene, es entstehen Orte, an denen homosexuelle Männer sich finden, austauschen und ihre Identität leben können. Diese Entwicklung einer homosexuellen Identität als Folge der Repressalien einer heterosexuell normierten Gesellschaft setzt sich nach Guldin erst gegen Ende des 19. Jahrhunderts durch, so dass frühestens ab diesem Zeitpunkt von einer homosexuellen Identität gesprochen werden kann:[421]

> Das Selbstverständnis eines ‚sodomitisch' agierenden Mannes im 17. Jahrhundert unterscheidet sich von dem eines ‚Päderasten' des frühen 18. und dem eines ‚Homosexuellen' des späten 19. Jahrhunderts. Der ‚Sodomiter' vollzieht einen strafbaren Akt, betrachtet sich deshalb aber noch nicht als Angehörigen einer besonderen Spezies. Dies gilt auch für gewohnheitsmäßige Sodomiter der Zeit. Der ‚Päderast' läßt schon einen bestimmten Charaktertypus, eine Geschmacksrichtung erahnen, er ist jemand, der durch seine sexuelle Handlung entscheidend geprägt wird. Doch erst der ‚Homosexuelle' ist derjenige, der von seiner Umgebung ganz im Sinne seiner Sexualität gedeutet wird und dies auch für sich selbst tut.[422]

Die Forderung der Gay-Liberation der siebziger und achtziger Jahre des 20. Jahrhunderts nach Anerkennung einer eigenen, positiven, sich von der heterosexuellen unterscheidenden schwulen Identität ist Grundlage für die in den neunziger Jahren aufkommenden Queer-Theorien. Ihre Vertreter betonen „die Denaturalisierung normativer Konzepte von Männlichkeit und Weiblichkeit" und damit „die Entkoppelungen der Kategorien des Geschlechts und der Sexualität, die Destabilisierung des Binarismus von Hetero- und Homosexualität sowie die Anerkennung eines sexuellen Pluralismus, der neben schwuler und lesbischer Sexualität auch Bisexualität, Transsexualität und Sadomasochismus einbezieht".[423] Diesem pluralistischen Sexual- und Identitätskonzept zufolge

---

[421] Klaus Müller verortet in seiner Untersuchung das Entstehen einer homosexuellen Identität ebenfalls im 19. Jahrhundert und stellt es in einen engen Zusammenhang zur wissenschaftlich-medizinischen Auseinandersetzung mit der Sexualität. Vgl. Klaus Müller: *Aber in meinem Herzen sprach eine Stimme so laut. Homosexuelle Autobiographien und medizinische Pathographien im neunzehnten Jahrhundert.*, Berlin 1991, S. 326ff.
[422] Rainer Guldin: *Lieber ist mir ein Bursch...* , a. a. O., S. 9.
[423] Andreas Kraß: *Queer Studies – eine Einführung*, S. 18. In: *Queer Denken. Queer Studies.* Hrsg. von Andreas Kraß, Frankfurt a. M. 2003, S. 7-28.

gibt es nicht nur eine, sondern mehrere sich durch unterschiedliche Merkmale auszeichnende homosexuelle Identitäten.

Auch Jörg Hutter spricht in seinem Aufsatz *Von der Sodomie zu Queer-Identitäten* von „schwulen Lebensstilen und Identitäten"[424] und verweist darauf, dass gleichgeschlechtliche sexuelle Handlung nur ein Kriterium von mehreren bei der wissenschaftlichen Beschäftigung mit Homosexualität sein kann. Wie Guldin verlegt er die Entstehung homosexueller Identitäten in die europäischen Großstädte des 18. Jahrhunderts. In seiner diachronen Betrachtungsweise stellt er – beginnend mit dem „Transgenerationalen Modell", das er in der Zeit bis zu Beginn des 18. Jahrhunderts verortet und als durch soziale und nach Altersunterschiede ausdifferenziert gelebte homosexuelle Partnerschaften charakterisiert – vier homosexuelle Identitätsmodelle vor.[425] Für die Zeit von 1700 bis 1970 nennt er das „Geschlechtsrollenstrukturierte Modell" als vorherrschend, in dem die Geschlechtsrollen die Partnerschaft definieren. Erst ab den siebziger Jahren des 20. Jahrhunderts wird es, so Hutter, durch ein egalitäres und zugleich monolithisch geprägtes Homosexualitätsmodell abgelöst, das eine als „schwul" definierte, eindeutig maskuline Identität mit gleichberechtigten und eher gleichaltrigen Partnern aufweist. Für die neunziger Jahre vertritt Hutter eine von ihm, Volker Koch-Burghardt und Rüdiger Lautmann entwickelte Typologie schwuler Identitäten, die zwischen sechs verschiedenen schwulen Identitätstypen unterscheidet: Dies sind der „Gliedschwule", der seine Homosexualität verheimlicht und sich auf flüchtige, anonyme Sexualkontakte beschränkt, der „Kopfschwule", der eine intellektuelle Haltung gegenüber seiner Homosexualität einnimmt, die er in einer geschlossenen-offenen Beziehung zu leben versucht, der „Zehenspitzenschwule", der seine Homosexualität zwar akzeptiert, sie aber nicht durch eine Bindung an andere Männer auslebt. Der „Herzschwule" lebt seine Homosexualität, indem er seinen Wunsch nach sexueller Befriedigung oft an eine Liebeserwartung koppelt, der „Verletzte" sieht sich weniger als Homosexueller denn als Außenseiter, der homosexuelle, emotionale Bindungen anstrebt. Der „Stricher", der sich selbst nicht als homosexuell begreift, ist der sechste Typ in Hutters Identitätsmodelle.

Hutters Modell ist insofern kritisch zu betrachten, als dass sich diese Identitätskonstruktionen letztlich – je nach Anzahl der angelegten Parameter – in so viele Identitäten aufspalten lassen, wie es Männer gab und gibt, die gleichgeschlechtlichen Sex bzw. gleichgeschlechtliches Begehren erfahren. Hilfreich erscheint bei Hutter die Diagnose, dass schwule Identität nicht nur abhängig von der sexuellen Lebensweise, sondern auch von Zeit, Ort und dem sozialen Status ist. Annemarie Jagose ordnet diese Sichtweise innerhalb der Queer-Theorien der Richtung der Konstruktivisten zu, die – entgegen einer essentialistischen Ausrichtung, die Identität als natürlich, fest und angeboren ansieht – Identität als veränderlich und als Ergebnis sozialer Konditionierung innerhalb

---

[424] Jörg Hutter: *Von der Sodomie zu Queer-Identitäten. Ein Beitrag zur Geschichte der homosexuellen Identitätsentwicklung.* In: *Karl Heinrich Ulrichs zum 175. Geburtstag. Die Geschichte der Identität an der Jahrtausendwende.* Hrsg. von Wolfram Setz, Berlin 2000, S. 141-175. Hier zitiert nach der im Internet unter der Adresse www.joerg-hutter.de/identitaetsgenese.htm (1. 8. 2004) nachlesbaren Veröffentlichung, S. 2.

[425] Vgl. Jörg Hutter: *Von der Sodomie zu Queer-Identitäten,* a. a. O., S. 12f.

kulturell verfügbarer Modelle beschreiben.[426] Anders als bei Hutter, der erst für die Zeit ab den neunziger Jahren von mehreren unterscheidbaren schwulen Identitäten und verschiedenartigen Partnerschaftsmodellen spricht[427], soll hier angenommen werden, dass es bereits in der Vergangenheit und speziell in den zwanziger Jahren des 20. Jahrhunderts, zumindest in bestimten Kreisen, mehrere schwule Identitäten gibt, so dass die Queer-Theorien auch für die Vergangenheit fruchtbar gemacht werden können. Hutter weist der Zeit von 1700 bis 1970 die geschlechtsrollenstrukturierte Homosexualität zu, die eine effeminierte Identität vorsieht, die sich in eine in Geschlechtsrollen eingeteilte Partnerschaft integriert.[428] Klaus Mann aber lässt sich, so die These, nicht in dieses Identitätsmodell einordnen. Wie exemplarisch an seiner Beziehung zu dem französischen Schriftsteller René Crevel aufgezeigt werden wird, entspräche Klaus Mann vielmehr dem egalitären Modell, das Hutter für die Zeit von 1970 bis 1990 vorsieht und wie folgt definiert:

> Typisch für das egalitäre Homosexualitätsmodell ist nicht nur die männliche Geschlechtsidentität. Die Partnerschaften werden mit gleichberechtigten und in etwa auch gleichaltrigen Partnern gelebt; die Rollen beim Geschlechtsakt sind austauschbar. Zudem sind die Lebensstile eingebettet in eine Subkultur, die Möglichkeiten bietet, sich zur eigenen schwulen Identität offen zu bekennen.[429]

Für die zwanziger Jahre ist eine Vielfalt homosexuellen Lebens zu konstatieren, wofür Klaus Mann und sein Umfeld sowohl in Paris als auch in Berlin durchaus repräsentativ sind. Eine Wandlung homosexueller Identitäten als gesellschaftliches Produkt ist abhängig von persönlichen Lebensumständen. Persönliche Lebensumstände, wie die Änderung des räumlichen und sozialen Rahmens, haben Einfluss auf die sich entwickelnde (homosexuelle) Identität. An dieser Stelle soll davon ausgegangen werden, dass von homosexueller Identität erst dann zu sprechen ist, wenn eine Person sich selbst als männerliebend oder -begehrend sieht, aber Homosexualität ist dabei nur eine Identitätskategorie von vielen: So ist Klaus Mann nicht nur Homosexueller, sondern auch Antifaschist, Künstler und Sohn. Erst all diese Parameter zusammengenommen kennzeichnen Klaus Manns Identität und bestimmen innerhalb seines Lebens sein Handeln mit unterschiedlicher, sich wandelnder Intensität. Bezüglich der Frage nach einer homosexuellen Identität ist also davon auszugehen, dass Homosexualität lediglich eine Teilidentität darstellt, die jedoch bei Klaus Manns Suche nach einem angemessenen Lebensort eine bedeutende Rolle einnimmt.

In *Kind dieser Zeit* legt Klaus Mann die Bewusstwerdung, dass er sich sexuell zum eigenen Geschlecht hingezogen fühlt, auf die letzten Monate seiner Gymnasialzeit in München und damit auf ein Alter von 15 Jahren. Als Auslöser für die Entdeckung seiner Homosexualität nennt er seinen Mitschüler Elmar. Zu ihm empfindet er eine „glühende Zuneigung" (*KdZ* 75). Vorbemerkend, dass er an der „schwierigsten Stelle dieses Buches" (*KdZ* 114) steht, be-

---

[426] Annemarie Jagose: *Queer Theorie. Eine Einführung*, Berlin 2001, S. 21.
[427] Vgl. Jörg Hutter: *Von der Sodomie zu Queer-Identitäten*, a. a. O., S. 14.
[428] Vgl. Jörg Hutter: *Von der Sodomie zu Queer-Identitäten*, a. a. O., S. 3.
[429] Jörg Hutter: *Von der Sodomie zu Queer-Identitäten*, a. a. O., S. 11.

schreibt er vorsichtig, indem er seine Unmündigkeit sowie seine Unerfahrenheit betont und sich damit zu entschuldigen versucht, dem Leser diese Gefühle:

> Denn wo fände ich die Worte, um die Zartheit und Heftigkeit dieses ersten Erglühens deutlich zu machen, ohne sie zu entweihen? – Grüblerisch schon halb, und doch noch von unmündigster Oberflächlichkeit, wie es war, wurde mein unerfahrenes Herz von der Zuneigung zu dem Jungen, der in der Klasse ein paar Bänke hinter mir saß, ergriffen wie von einem Feuer und von einem Sturm. Alle Formeln der Inbrunst, die bis dahin literarisches Gerät für mich gewesen waren, füllten sich innerhalb der entscheidenden Minute, da das Neue mich überwältigte, mit Blut und Leben; sie waren – sonst nur aufgeschrieben oder deklamiert, die Worte, die ich in meine Kissen flüsterte, abends, ehe ich einschlief, und beim Erwachen am Morgen. (*KdZ* 114f.)

Nicht nur während er diese Zeilen in dem Bewusstsein schreibt, sie im Rahmen seiner ersten Autobiographie einer großen Öffentlichkeit zugänglich zu machen, weiß Klaus Mann um die Gefahr, in die er sich begibt, wenn er sich schriftlich und öffentlich zu dieser in der Gesellschaft und vor dem Gesetz nicht akzeptierten Form der Liebe bekennt. Nimmt man diese zehn Jahre nach ihrem Erleben verschriftlichte Erinnerung ernst, dann weiß Klaus Mann auch schon als Fünfzehnjähriger, dass es sich bei seiner Liebe zu Elmar um etwas nicht in seine reale Umgebung Passendes und damit Versteckenswürdiges handelt: Anstatt sich ihm direkt zu eröffnen, entscheidet sich Klaus Mann, Elmar eines der Gedichte, die er für ihn verfasst und anonym mit der Schreibmaschine abgeschrieben hat, zukommen zu lassen. Obwohl sich Klaus Mann rückblickend sicher ist, dass Elmar damals wusste, dass das Gedicht von ihm kam, muss er feststellen, dass Elmar diese Liebe weder erwidert noch zurückstößt, sondern überhaupt nicht darauf reagiert. Angesichts dieser Ignoranz, aber auch dieses Nichtexistierendürfens von homosexuellem Begehren, verortet Klaus Mann seine Liebe in die von ihm gestaltbare Phantasie:

> Wochenlang malte ich mir aus, daß ich ihn ins Theater mitnehmen würde. [...] Unzählige Male berechnete ich alle Möglichkeiten der Antwort, die er mir geben würde, wenn ich ihn einlud: er könnte grob werden oder er könnte sich freuen, er könnte mich auslachen oder mir einfach, daß er keine Zeit habe, sagen. (*KdZ* 115)

Den Entschluss, sich nach langem Zögern Elmar mittels einer Einladung zu offenbaren und sich damit endgültig zu seiner Liebe zu bekennen, fasst Klaus Mann während einer ärztlichen Untersuchung, die in der Schule durchgeführt wird:

> Ich fand es peinlich, aber auch amüsant, plötzlich nackt vor dem Professor zu stehen. Mein Gesundheitszustand war befriedigend. Während ich untersucht wurde, beschloß ich, daß ich Elmar ‚fragen' wolle, wenn ich ins Klassenzimmer zurückkäme. – Ich fragte ihn, wobei sich mir die Kehle zuschnürte: ‚Du, ich hab für morgen abend zwei Karten zur ‚Carmen'. Magst du mitgehen?' Er lachte ein bißchen, warf mir einen schrägen Blick zu und sagte: ‚Morgen abend habe ich keine Zeit.' (*KdZ* 115f.)

Nach dieser als Zurückweisung seiner Liebe empfundenen Absage unternimmt Klaus Mann keinen weiteren Versuch, auf direktem Weg die Zuneigung von Elmar zu erlangen, sondern flüchtet sich erneut in seine Phantasie, in der es ihm möglich ist, diese Liebe nach seinen Wünschen zu erfühlen und zu erleben. Eine dieser Phantasien verarbeitet er zu einer literarischen Skizze, die er *Vorfrühling* nennt und – höchstwahrscheinlich überarbeitet – in *Kind dieser Zeit* aufnimmt. Der Held, den Klaus Mann so zeichnet, wie er selbst gern wäre, trägt den Namen Raimund und ist ein schöner, jugendlicher Schauspieler, der gerade den „kranken Frühling seiner komplizierten Jugend" (*KdZ* 118) durchlebt und von dem es heißt, „daß er sich schminkte; ganz für sich alleine, und weil er so gerne hübsch war." (*KdZ* 118) Die ihm zugedachten Beziehungen zu Frauen zeigen überdeutlich, dass Raimund an ihnen kein sexuelles Interesse hat: So will er nicht wissen, wie sein ihm immer zur Verfügung stehendes Dienstmädchen heißt, sondern tauft es selbst auf den Namen Frida. Von seiner Hausfrau und Wirtin heißt es, dass sie stets welke, weiße Rosen auf ihrem hohen Busen trage, die süß, mit einem Unterton von Fäulnis und Verwesung riechen (vgl. *KdZ* 117). Zwar gibt es zu Beginn der Erzählung eine Frau, die Klaus Mann als Raimunds „Geliebte" (*KdZ* 117) einführt, allerdings wird die Beziehung zu ihr nicht als Liebe charakterisiert: Nur selten lässt er Raimund zu dieser „nicht mehr ganz junge[n, jedoch] sehr vermögende[n] Dame" gehen, die immerfort sein Haar streichelt, „als wolle sie all seine Kraft, all seine Jugend lächelnd aus ihm herausstreicheln", so dass er „erschöpft und völlig ausgesaugt ist" (*KdZ* 117), wenn er sich von ihr trennt.

Dieser so deutlich den Frauen abgeneigte Raimund bemerkt eines Abends, als er in der Rolle des Moritz in Wedekinds Drama *Frühlings Erwachen* auf der Bühne steht, im Publikum den vierzehnjährigen, oft kranken Sohn (vgl. *KdZ* 117) seiner Wirtin, Elmar. Klaus Mann lässt diesen kindlich-schwachen Elmar Raimund anhimmeln und seine Nähe suchen. Als Elmar Raimund nach dem Theater anstelle des Dienstmädchens den verlangten Tee bringt, wird Raimund klar, dass er Elmar liebt. Doch in dem Moment, in dem sich Raimund dieser Liebe bewusst wird und sich die Blicke beider treffen, lässt Elmar das Teegeschirr fallen. Nachdem Raimund Elmar versichert, dass er selbst das Teegeschirr bezahlen will, schickt er den weinenden Jungen aus dem Zimmer und beginnt selbst zu weinen.

Obwohl es in dieser Skizze – genau wie in der Realität – zu keiner offen gelebten Liebe oder Freundschaft und damit zu keinem glücklichen Ausgang kommt, schafft sich Klaus Mann mit der Figur des Raimund eine Rolle, die dem Ideal seines Selbstbildes entspricht. In der Person des Schauspielers Raimund macht sich Klaus Mann schön und berühmt, begehrt und geliebt. Bemerkenswert ist, dass er für sich die Rolle eines Schauspielers wählt, der eben für sein Spiel hinter einer Maske und damit für seine Kunst gefeiert wird, sonst aber als Künstler am Rande der Gesellschaft steht. Elmar, der in der Realität begehrte und sich verweigernde Junge hingegen, wird in Klaus Manns Phantasie zu einem schwachen Kind, das zu Raimund aufschaut und ihm dient. Ganz in der Tradition der literarischen Darstellung der Liebe zwischen zwei Männern oder Knaben ermöglicht es Klaus Mann zumindest in seiner niedergeschriebenen Phantasie Raimund und Elmar nicht, ihre Liebe einander zu gestehen und oder sie zu leben, obwohl anzunehmen ist, dass er, wie schon bei dem oben zitierten Gedanken an eine Einladung zum gemeinsamen Theaterbesuch, alle Möglichkeiten und damit auch die glücklich endenden in seiner Phantasie durchspielt. Und doch lässt er „den Höchstbegehrten Tränen um den vergießen [...], der so war, wie ich sein wollte" und den „beneideten Doppelgänger aber ebenso heiße Tränen um den Höchstbegehrten" (KdZ 121). Klaus Mann gibt die Erzählung seinem Klassenlehrer zur Lektüre. In *Kind dieser Zeit* nennt er als Gründe für diese Offenbarung „die gewöhnlichste Eitelkeit" (KdZ 121), den Wunsch, den Lehrer durch den „Einblick in eine so kranke und sündig-schwermütige Welt zu verblüffen und einzuschüchtern", weiter den Wunsch, „Elmar [...] öffentlich zu huldigen", und schließlich *„die tiefe Lust jedes artistischen Menschen am Skandal* [Hervorhebung KM], an der Selbstenthüllung; die Manie zu beichten". Darüber hinaus ist es wohl die Hoffnung, dass der Lehrer als gewählte Instanz der realen Gesellschaft diese Art der Liebe erkennt und anerkennt. Obwohl auch bestimmt der Wunsch nach Anerkennung seines schriftstellerischen Talents eine Rolle spielt, ist diese Literarisierung vor allem als Maskierung zu sehen. In der Nachahmung der Dekadenz-Literatur à la Huysmans und Bang versucht Klaus Mann, seine Gefühle in die im Vergleich zur Realität freieren Kunst zu transportieren, um sich gleichsam hinter der „künstlerischen Freiheit" verstecken zu können, falls seine homosexuellen Gefühle keine Anerkennung finden. Für ein positives Ende, in dem Raimund und Elmar glücklich zusammenkommen, fehlt es Klaus Mann an literarischen Vorbildern. Die Literatur des 19. und des frühen 20. Jahrhunderts lässt Homosexuelle entweder Verzicht üben oder sterben. Es gibt somit keinen literarischen Ort der erfüllten homosexuellen Liebe. Gustav Aschenbach, „Held" der Novelle *Tod in Venedig* (1913), oder Claude Zoret, der Künstler in Herman Bangs Roman *Michael* (1904), deren Schicksale Klaus Mann höchstwahrscheinlich zu diesem Zeitpunkt bereits kennt, seien als Beispiele angeführt. Weiter wäre ein positives Ende ein deutlicheres Zeichen und Bekennen der eigenen Wünsche gewesen, was im Falle einer öffentlichen Verurteilung durch den Lehrer und andere Autoritäten schwer zurückzunehmen gewesen wäre. Mit dem Verzicht Raimunds bietet Klaus Mann – allerdings hinter der fiktionalisierten Maske – dem Leser sein Eingeständnis an, dass diese Liebe nicht lebensfähig und nicht lebenswürdig ist. Zehn Jahre später ist ihm die Reaktion des Lehrers noch deutlich vor Augen:

> Ich erinnere mich, daß der Professor, als er mir meine Dichtung zurückgab, sowohl schmerzlich als verächtlich zu mir sagte: ‚Wenn *das* Ihr Frühling ist –' wobei er auf eine bittere, ja saure Art die Mundwinkel senkte. (KdZ 121)

Durch abschätzige Urteile wie das seines Lehrers erfährt Klaus Mann, dass seine Zuneigung zu einem gleichaltrigen Jungen in der Öffentlichkeit kein Thema ist, über das man reden oder schreiben kann, und erst recht keines, zu dem man sich bekennen sollte. Als „Ort", zu dem man fliehen und an dem man etwas über diese Art der Liebe erfahren kann, bietet sich Klaus Mann das Lesen an. Hier macht er sich auf die Suche nach Charakteren, die ihm ähnlich zu sein scheinen, nach Situationen, die er erlebt und fühlt oder erleben und fühlen will. Besonders interessiert ist er an Literatur, in der Homosexualität versteckt oder offen geschildert wird oder die von homosexuellen Autoren geschrieben wurde. Vor allem bei den homosexuellen Schriftstellern sucht

Klaus Mann nach Vorbildern sowohl für das eigene Lebens- als auch für sein Schreibkonzept. Im dritten Kapitel des *Wendepunkts*, das den Titel *Erziehung* trägt und die Jahre 1920 bis 1923 Revue passieren lässt, geht Klaus Mann ausführlich auf seine damalige Lektüre ein. Neben Nietzsche und Novalis bilden Sokrates und Walt Whitman „das Vierergestirn, das um diese Zeit meinen Himmel beherrschte und dem ich mich noch heute gerne anvertraue"(WP 105). Ein Merkmal, das alle vier miteinander verbindet, ist die in unterschiedlichem Maße biographisch oder literarisch gestaltete mannmännliche Liebe. Unter seinen Helden geringeren Formats (vgl. WP 109) ordnet Klaus Mann den Autor des *Bildnis des Dorian Gray* Oscar Wilde und Herman Bang ein. Vor allem Klaus Manns Auseinandersetzung mit der Biographie und dem Werk des 1912 verstorbenen dänischen Schriftstellers Bang ist tief und anhaltend. Dessen 1904 erschienener, autobiographisch gefärbter Roman *Michael* thematisiert die aussichtslose Liebe eines älteren Malers zu einem jungen Mann, der ihm Modell steht. Im *Wendepunkt* schreibt Klaus Mann darüber:

> Die Isoliertheit der Kreatur, die Vergeblichkeit des Gefühls – Bang hat kein anderes Thema. Wenn einer von uns sich dem anderen nähern möchte, wenn wir die Hand zur Liebkosung heben, springt ein Abgrund auf, der unüberbrückbare, gnadenlose Abgrund, der den Meister von Michael trennt. (WP 110)

Bereits als Sechzehnjähriger ist er von Bang tief beeindruckt (vgl. WP 111). Die dem *Michael* ähnliche inhaltliche Gestaltung der Skizze *Vorfrühling* zeigt dies deutlich. Wie sehr Bang hinsichtlich des Themas für Klaus Manns eigenes Schreiben lebenslang ein Vorbild wird, vergegenwärtigen die vergeblichen Versuche Klaus Manns und seiner homosexuellen Helden, sich und ihrer Liebe einen lebenswerten Raum zu geben. Weitere Entdeckungen auf Klaus Manns früher Suche nach Gleichgesinnten in der Literatur sind das Paar Verlaine und Rimbaud und auch Heinrich von Kleist, dessen Biographie ihn anzieht, während er für dessen Werk selbst wenig Interesse zeigt, außerdem Frank Wedekind, Stefan George und sein eigener Vater.

Nach dem Wilhelmsgymnasium in München und einem nur einige Monate dauernden Aufenthalt in der Bergschule Hochwaldhausen besucht Klaus Mann ab September 1922 die von Paul Geheeb geführte Odenwaldschule bei Heppenheim. Obwohl diese im Vergleich zum Wilhelmsgymnasium weitaus liberaler ist, handelt er, als er sich unerfüllt in einen Jungen namens Uto Gartmann verliebt, ähnlich wie bei seiner Liebe zu Elmar; er zieht sich in seine Phantasie zurück:

> Erst in den letzten acht oder zehn Wochen meines Oso-Jahres verfiel mein Herz einer Zuneigung, der der Elmar-Passion an unmittelbarer Stürmischkeit gleichkam und sie an Pathos noch übertraf, dadurch, daß ich sie, meinem Zustande dieser Zeit gemäß, ins Religiös-Mythische, ja, Kultische stilisierte. Nachts, bei Kerzenlicht, vor mir den Rosenkranz und den Johanneskopf Riemenschneiders, schrieb ich auf, daß ewig schmerzend Materie alle Materie anzieht; daß ich am Kinde Uto leiden müsse, wie Jesus an der Welt gelitten habe [...]. In einem hybriden Demutsrausch schien es mir, dass ich alle Liebe auf mich nähme, mystisch-stellvertretenderweise, wenn

ich nachts meine Stirne an die Türschwelle des blonden Kindes preßte. (*KdZ* 152)

Am 12. Juli 1923 teilt Klaus Mann Paul Geheeb mit, dass er die Odenwaldschule verlassen will. Obwohl Geheeb ihm viele Freiheiten gewährt, gelingt es ihm nicht, Klaus Mann in das Gemeinschaftsleben des Internates einzubinden und ihm damit einen realen Ort zu geben, an dem er alle Facetten seiner Identität leben kann.

> Wo freilich ich ganz daheim sein werde – das weiß Gott. Ich gebe ein nicht ganz kleines Stück von mir her, wenn ich Ihnen sage: Überall werde ich – Fremdling sein. Ein Mensch meiner Art ist stets und allüberall durchaus einsam.[430]

Trotz dieses ernüchternden Selbstbildes gibt Klaus Mann die Hoffnung noch nicht auf, neben seiner Phantasiewelt, die er durch Lektüre und eigenes Schreiben speist, einen realen Ort zu finden, wo er seine Homosexualität leben kann. Wie ausschlaggebend die Suche nach einem Ort für die eigene homosexuelle Identität ist, dokumentieren die Biographien berühmter homosexueller Männer. So gingen August von Platen, Wilhelm von Gloeden und Friedrich Alfred Krupp nach Italien, um dort ihre homosexuelle Identität zu leben. Für Gide, Oscar Wilde und Lawrence von Arabien wird Nordafrika zum bevorzugten Aufenthaltsort. Ein Beispiel für die literaturwissenschaftliche Auseinandersetzung mit dieser Suche ist Rainer Guldins Schrift *Lieber ist mir ein Bursch ....* Durch Hubert Fichte angeregt, interpretiert Guldin Chamissos Novelle *Peter Schlemihls wundersame Reise* als exemplarisch für die literarische Verarbeitung des Flucht- und des Suchmotivs eines Homosexuellen im 19. Jahrhundert:

> [...] die Reaktionen auf Schlemihls Schattenlosigkeit lassen sich in ihrer Heftigkeit nur dann richtig verstehen, wenn man sie unter dem Gesichtspunkt der Homosexualität liest. [...] Die Entlarvung ist irreversibel, der Verlust des Schattens endgültig und fatal. Zugleich benennt Chamisso einen der Auswege, der dem Homosexuellen seiner Zeit noch offen stand: Ein Leben ohne Mast, ohne schützenden Schatten ist nur außerhalb Europas möglich, im exotischen Abseits, weit weg von der bürgerlichen Gesellschaft. Und richtiges Glück erlebt Schlemihl erst, als er beginnt, frei umherzuschweifen durch Länder und Kontinente, wie ein Nomade.[431]

---

[430] Klaus Mann: *Brief an Paul Geheeb* vom 12. 6. 1923, *BuA* 15.
[431] Rainer Guldin: *Lieber ist mir ein Bursch...*, a. a. O., S. 16f.

3.2 Berlin? Paris!

Wie Rainer Guldin darlegt, vollzieht sich im 18. Jahrhundert – einhergehend mit der rechtlichen Verfolgung – der gesellschaftliche Ausschluss von Homosexuellen. Im Zuge dessen etablieren sich homosexuelle Subkulturen besonders in den europäischen Großstädten Hollands, Frankreichs und Englands. Annamarie Jagose verortet, Alan Brays Publikation *Homosexuality in Renaissance England*[432] folgend, die ersten homosexuellen Subkulturen im London des 17. Jahrhunderts, wo sich Homosexuelle in so genannten *Molly houses* treffen und eine über ein sexuelles Interesse hinausgehende eigene homosexuelle Kultur begründen, die sich durch spezifische Kleidung, Sprache und Gestik auszeichnet.[433] Dagegen argumentiert Guldin mit der erst im 18. Jahrhundert in bestimmten sozialen Schichten beginnenden Vernetzung von Kreisen, die im Vergleich zu den *Molly houses* eine vergrößerte Anzahl von Treffpunkten wie Parkanlagen, öffentliche Plätze, Bedürfnisanstalten, Kneipen, Gasthäuser und Bordelle nutzen.[434] Darüber hinaus verweist Guldin auf den im 18. Jahrhundert vorhandenen rudimentären sprachlichen und über die Kleidung transportierten Code Homosexueller sowie auf das Entstehen eines öffentlichen Diskurses über Homosexualität.

Florence Tamagne, die in ihrer Veröffentlichung *Histoire de l'Homosexualité en Europe*[435] die Lebensformen und Lebensbedingungen von Homosexuellen in Berlin, London und Paris für den Zeitraum von 1919 bis 1939 untersucht, sieht die Etablierung einer homosexuellen Subkultur in den zwanziger und dreißiger Jahren des 20. Jahrhunderts. Die erste „Generation" von Homosexuellen entsteht nach Tamagne gegen Ende des 19. Jahrhunderts. Diese zeichnet sich nach wie vor durch Kleidungscodes, Subvarietäten und spezielle Treffplätze aus, doch wird sie nun auch Gegenstand öffentlichen Interesses im Zuge der medizinischen, juristischen und psychoananalytischen Theorien über Homosexualität, die etwa Karl Heinrich Ulrichs[436], Magnus Hirschfeld[437] oder Sigmund Freud[438] entwickeln. Ein weiteres Argument für die Entstehung einer homosexuellen Subkultur ist bei Tamagne die zunehmende Skandaliesierung von Homosexualität, die diese Generation von Homosexuellen verstärkt an den Rand der Gesellschaft drängt, so dass es nur einer Elite möglich ist, ihre homosexuelle Identität zu leben.[439] Nach diesen Vorläufern wird Tamagnes Meinung zufolge erst in den zwanziger Jahren eine homosexuelle Identität und eine homosexuelle Gemeinschaft Wirklichkeit.[440] Diese Generation kann ihr homosexuelles Leben freier ausleben, denn es steht ihr neben einer wohlwollenderen Öffentlichkeit eine homosexuelle Gemeinschaft zur Verfügung,

---

[432] Alan Bray: *Homosexuality in Renaissance England*, London 1982.
[433] Annamarie Jagose: *Queer Theory*, a. a. O., S. 24f.
[434] Vgl. Rainer Guldin: *Lieber ist mir ein Bursch…*, a. a. O., S. 21f.
[435] Florence Tamagne: *Histoire de l'homosexualité en europe. Berlin, Londres, Paris 1919-1939*, Paris 2000.
[436] Vgl. Karl Heinrich Ulrichs: *Forschungen über das Räthsel der mannmännlichen Liebe*. Nachdruck der Originalausgaben 1864-1879, Berlin 1994.
[437] Vgl. Magnus Hirschfeld: *Sappho und Sokrates oder Wie erklärt sich die Liebe der Männer und Frauen zum eigenen Geschlecht?* Erschienen unter dem Pseudonym Th. Ramien, Leipzig 1896.
[438] Vgl. Sigmund Freud: *Eine Kindheitserinnerung des Leonardo da Vinci*, Leipzig 1910.
[439] Vgl. Florence Tamagne: *Histoire de l'homosexualité en europe*, a. a. O., S. 229f.
[440] Vgl. Florence Tamagne: *Histoire de l'homosexualité en europe*, a. a. O., S. 309.

die über heimliche Treffpunkte und Codes hinaus auch über öffentlich geduldete Cafés und Bars, Vereine sowie Zeitschriften, also über eine reichhaltige öffentliche Szene bzw. Subkultur verfügt.[441]

Von Guldin über Jagose, von Hutter bis zu Tamagne sprechen alle – so unterschiedlich ihre Überlegungen zur Entwicklung homosexueller Identität auch sind – von der Entstehung homosexueller Subkulturen im Zusammenhang mit dem gesellschaftlichen Ausschluss Homosexueller. Tamagnes Ansatz, das Ausleben einer homosexuellen Identität in die europäischen Großstädte der zwanziger Jahre des 20. Jahrhunderts zu verlegen, ist insofern nachzuvollziehen, als dass in dieser Zeit eine der heutigen schwulen Subkultur vergleichbare Gemeinschaft entsteht. Für den jungen Mann Klaus Mann stünden damit Orte zur Verfügung, wo er seine homosexuelle Teilidentität freier als die Generationen vor ihm leben kann.

Besonders viele Angebote bietet Berlin, wo sich ab Mitte des 19. Jahrhunderts mit fortschreitender Metropolisierung eine homosexuelle (Sub-)Kultur bildet, die sich ab der Jahrhundertwende zum Zentrum homosexueller (Sub-)Kulturen in Europa etabliert. Jens Dobler weist in seiner Untersuchung *Von anderen Ufern. Geschichte der Berliner Lesben und Schwulen in Kreuzberg und Friedrichshain* neben zahlreichen schwulen Lokalen für alle sozialen Schichten eine ausgeprägte schwule Ballkultur in beiden Berliner Stadtbezirken nach.[442] Nach dem *Wissenschaftlich-humanitären Komitee* entstehen mit der *Gemeinschaft der Eigenen* und dem *Bund für männliche Kultur* weitere homosexuelle Organisationen. Zeitschriften wie *Der Eigene, Die Freundschaft*, die *Zeitschrift für Sexualwissenschaft* oder das *Jahrbuch für sexuelle Zwischenstufen* wenden sich in erster Linie an ein homosexuelles Leserpublikum, das die Werke von Platon, Shakespeare, von Platen, Wilde, George, Verlaine, Rimbaud, Bang und Thomas Mann als Teil einer bzw. ihrer homosexuellen Literatur und Kultur wahrnimmt und rezipiert.[443]

Das Ende der Monarchie und die Etablierung der ersten Demokratie im Jahr 1919 wirken sich auch auf das homosexuelle Leben Berlins aus: Die neue Presse-, Meinungs- und Versammlungsfreiheit führt zur Gründung von zahlreichen Vereinen, so des *Clubs der Freunde*. Zeitschriften wie *Die Insel* erreichen Auflagen von bis zu 150.000 Stück.[444] Dobler weist vier auf schwul-lesbische Leser spezialisierte Buchhandlungen nach[445], fünfzehn schwule oder gemischte Vereine sowie um die hundert schwule oder lesbische Lokale, Cafébhäuser und Ballsäle.[446] Nach Hirschfelds *Wissenschaftlich-humanitärem Komitee* und der *Gemeinschaft der Eigenen* entsteht 1922 als dritte Organisation für Homosexuelle der *Bund für Menschenrecht*, der im Jahr 1929 über 48.000 Mitglieder zählt und deswegen als die erste homosexuelle Massenorganisation be-

---

[441] Ihre These von den zwei unterschiedlichen Generationen diskutiert sie beispielhaft an den Biographien von Thomas und Klaus Mann. Siehe: Florence Tamagne: *Histoire de l'homosexualité en europe*, a. a. O., S. 257ff.
[442] Vgl. Jens Dobler: *Von anderen Ufern. Geschichte der Berliner Lesben und Schwulen in Kreuzberg und Friedrichshain*, Berlin 2003, S. 23-51.
[443] Vgl. Kap. 1.4.1 und Florence Tamagne. *Histoire de l'homosexualité en europe*, a. a. O., S. 290ff.
[444] Vgl. Helmut Blazek: *Rosa Zeiten für rosa Liebe*, a. a. O., S. 186.
[445] Vgl. Jens Dobler: *Von anderen Ufern*, a. a. O, S. 98.
[446] Vgl. Jens Dobler: *Von anderen Ufern*, a. a. O, S. 7.

zeichnet werden kann.[447] Darüber hinaus werden Filme mit homosexuellen Themen, wie der aus dem Jahr 1919 stammende Film *Anders als die anderen* oder *Michael* aus dem Jahr 1924, und eine Vielzahl schwuler Lieder[448] populär. Mehr noch als für die Angehörigen der Generation ihrer Väter bietet sich Berlin in den zwanziger Jahren gerade für eine junge Generation von Homosexuellen als Ort an, an dem sie ihre Homosexualität in einer Gesellschaft Gleichgesinnter nicht nur leben, sondern positiv auch als Ausdruck des modernen Menschen begreifen können. Die Aufhebung der Zensur und das wachsende homosexuelle Selbstbewusstsein geben bildenden Künstlern und Schriftstellern die Möglichkeit, homoerotische Kunst zu schaffen, auszustellen und zu verkaufen.[449] Angesichts dieses homophilen Klimas entwickelt sich die deutsche Hauptstadt in den zwanziger Jahren nicht nur für deutsche Homosexuelle zum besonderen Anziehungspunkt, sondern ist auch für Homosexuelle aus anderen europäischen Ländern und aus den USA ein beliebtes Reiseziel.[450] So schreibt der mit Klaus Mann befreundete Schriftsteller René Crevel begeistert Ende 1928 an seinen Freund Marcel Jouhandeau:

> Marcel, que tu aimerais cette grande garce blonde de ville, où j'ai sauté de Vence. Ici la joie m'empêche de dormir. Il y a les plus beaux garçons mais mon rêve ne s'accroche point à eux.[451]

Auch andere homosexuelle Schriftsteller und Intellektuelle wie W. H. Auden und Christopher Isherwood, André Gide oder Louis Charles Royer entdecken und beschreiben die Szene mit ihren zahllosen Bars, Travestie-Etablissements und Clubs.

Im Sommer 1923 reist Klaus Mann zusammen mit seiner Schwester Erika zum ersten Mal und ohne Wissen der Eltern nach Berlin. In *Kind dieser Zeit* berichtet Klaus Mann von Etablissements, „wo Jünglinge miteinander tanzen" (*KdZ* 156), was ein Indiz dafür ist, dass er der schwulen Szene der Stadt begegnet. Zurück in München setzt er alles daran, seine Schullaufbahn vorzeitig zu beenden, um an die Spree zurückkehren zu können. Dank der Vermittlung seines Onkels Klaus Pringsheim gelingt es ihm, ab September 1924 als Theaterkritiker für das *12-Uhr-Blatt* in Berlin zu arbeiten. In *Kind dieser Zeit* nennt er Berlin seine eigentliche Heimat (vgl. *KdZ* 156). Das Berliner Künstlermilieu gibt ihm im Vergleich zu seiner Schulzeit den Raum, seine Homosexualität als

---

[447] Vgl. Schwules Museum (Hg.): *Goodbye to Berlin?*, Berlin 1997, S. 101.
[448] Vgl. The International Music Company (Hg.): *Schwule Lieder. Perlen der Kleinkunst. Historische schwule und lesbische Aufnahmen 1908-1933*. Hamburg 2002 (CD).
[449] Vgl. Schwules Museum Berlin: *Goodbye to Berlin?*, a. a. O., S. 105-122 und auch Florence Tamagne: *Histoire de l'homosexualité en europe*, a. a. O., S. 310.
[450] Für Jens Dobler ist „Berlin ab 1900 *die* homosexuelle Hauptstadt Europas" (Jens Dobler, *Vom anderen Ufern*, a. a. O.), S. 10. Florence Tamagne schreibt: „Dans les années vingt, Berlin devient le point de passage obligé des homosexuels européens" (Florence Tamagne, *Histoire de l'homosexualité en europe*, a. a. O., S. 59). Im *Dictionnaire des cultures gays et lesbiens* heißt es: „Dans le premier tiers du xxe siècle, Berlin s'affirme comme la capitale la plus avancé en ce qui concerne la renaissance homosexuelle." (Didier Eribon: *Dictionnaire des cultures gays et lesbiens*, Paris 2003, S. 56).
[451] René Crevel: *Brief an Marcel Jouhandou*, Ende 1928. Zitiert nach Florence Tamagne: *Histoire de la Homosexualité*, a. a. O., S. 60.

positiv anzuerkennen, sie sogar zu inszenieren[452] und damit offen zu leben. Zudem zeigt sein neues Umfeld, u.a. repräsentiert durch Hans Feist und Erich Ebermayer, ein großes Interesse an ihm und an seiner die Jugend und die Homosexualität thematisierenden Literatur.[453]

Doch obwohl Berlin in den zwanziger Jahren sehr attraktiv für Homosexuelle ist, sind sexuelle Handlungen zwischen Männern nach Paragraph 175 des Reichsstrafgesetzbuches nach wie vor als Verbrechen definiert und damit strafbar. Alle Versuche, den Paragraphen abzuschaffen, scheitern. Es ist also nur eine liberale Minderheit, die Liebes- und sexuelle Beziehungen zwischen Männern und deren Thematisierung in der Kunst positiv oder nicht negativ beurteilt. Die deutsche Öffentlichkeit hingegen bleibt Homosexuellen gegenüber mehrheitlich feindlich eingestellt. Mit seinem Vater Thomas Mann, der 1925 in seinem Aufsatz *Die Ehe im Übergang* Homoerotik als „erotischen Ästhetizismus"[454] und als „‚freie Liebe' im Sinn der Unfruchtbarkeit, Aussichtslosigkeit, Konsequenz- und Verantwortungslosigkeit"[455] bewertet, hat Klaus Mann einen solchen Widersacher in der eigenen Familie. Je mehr er sich in die Öffentlichkeit wagt und sich ihr – wie beispielsweise mit seinem ersten Roman *Der fromme Tanz* – als homosexueller Schriftsteller präsentiert, desto schärfer wird er angegriffen. Kritiker, Karikaturisten und andere Schriftsteller wie Kurt Tucholsky und Bertolt Brecht, der ihn 1926 als Kind, das „im Mastdarm des seligen Opapa"[456] spielt, beschreibt, versuchen ihn als schwulen weibischen Jüngling zu denunzieren, dessen Literatur nicht ernst zu nehmen ist.[457]

Zusätzlich hat die deutsche und Berliner Literaturszene für den nach homosexuellen (Schreib-)Vorbildern und Weggefährten suchenden Klaus Mann wenig zu bieten. Für die um die Jahrhundertwende bekannte deutsche Schriftstellergeneration seines Vaters sind fünf Namen zu nennen: Stefan Zweig, der mit seiner Novelle *Verwirrung der Gefühle* (1927) die Liebe eines Professors zu seinem Studenten thematisiert, Thomas Mann mit seiner Novelle *Tod in Venedig* (1913), der Lyriker Stefan George, Carl Sternheim, der in seinem Drama *Oscar Wilde* (1926) die Lebensgeschichte des homosexuellen Schriftstellers künstlerisch verarbeitet, und Robert Musil mit seinem 1906 veröffentlichten Roman *Die Verwirrungen des Zöglings Törleß*. In Stefan Zweig, der heterosexuell lebt und bis auf in *Verwirrung der Gefühle* die Homosexualität nicht thematisiert, findet Klaus Mann zwar keinen Lehrer, aber einen wohlwollenden Förderer. Musil scheint Klaus Mann nicht wahrgenommen zu haben, im *Wendepunkt* ist weder er noch eines seiner Werke erwähnt. Weder im Lebenskonzept seines Vaters, der sich ein Ausleben seiner Homosexualität nicht gestattet, noch in der Art, wie er Homosexualität in seinen Essays und in seiner Belletristik the-

---

[452] Grete Weil berichtet, dass Klaus Mann damals seine Homosexualität wie ein Adelszeichen getragen habe. (Vgl. Uwe Naumann: *Klaus Mann*, a. a. O., S. 31).
[453] Vgl. Fredric Kroll (Hg.): *Klaus-Mann-Schriftenreihe* Bd. 2, a. a. O., S. 120ff.
[454] Thomas Mann: *Die Ehe im Übergang. Brief an den Grafen Hermann Keyserling*, S. 1032. In: Thomas Mann: *Essays II. 1914-1926*. Bd. 15.1. der großen kommentierten Frankfurter Ausgabe. Hrsg. von Hermann Kurzke Frankfurt a. M. 2002, S. 1026-1044.
[455] Thomas Mann: *Die Ehe im Übergang* , a. a. O., S. 1033.
[456] Bertolt Brecht: *Wenn der Vater mit dem Sohne mit dem Uhu…* [1926], S. 41. In ders.: Werkausgabe in 20 Bänden. Hrsg. von Elisabeth Hauptmann. Bd. 18: Schriften zur Literatur und Kunst I, Frankfurt a. M. 1967, S. 40-42.
[457] Vgl. Gerhard Härle: *Männerweiblichkeit*, a. a. O., S. 91ff., und Fredric Kroll (Hg.): *Klaus-Mann-Schriftenreihe* Bd. 2, a. a. O., S. 139.

matisiert, kann Klaus Mann sich wiederfinden. Positiv hingegen nimmt Klaus Mann Carl Sternheims Werk und Person wahr. Da Sternheim wie Zweig nicht homosexuell lebt und Homosexualität, abgesehen von dem Oscar-Wilde-Stück, nicht thematisiert, kann er für Klaus Mann diesbezüglich dennoch kein Modell sein. Spätestens ab Sommer 1927, als er erfährt, dass seine Verlobte Pamela Wedekind plant, Sternheim zu heiraten, wendet Klaus Mann sich von ihm ab. Im *Wendepunkt* bestreitet er rückblickend nicht Sternheims Talent, Witz und Originalität, hält ihn aber zugleich für übergeschnappt und größenwahnsinnig (vgl. *WP* 178f.). In Stefan George dagegen sieht Klaus Mann zweifelsohne ein nachahmenswürdiges Beispiel. 1926 lobt er dessen Liebeslyrik in seinem *Fragment von der Jugend*[458] und zählt ihn zu seinen „fruchtbarsten Begegnungen in der modernen Literatur"[459]. Ein Jahr darauf relativiert er jedoch sein Verhältnis zu George und macht deutlich, dass dieser trotz aller Verehrung kein Vorbild (mehr) sein kann:

> Wir sind keine ‚Georgeaner', dafür vermissten wir zuviel in seinem aristokratischen Ethos. Es fehlte Musik. Es fehlte Humor, und es fehlte am Ende irgendein Zusammenhang mit unserer gefährlichern Zeit, die uns aufgegeben ist zu bestehen. – Aber wir konnten nicht anders als mit tiefster Ehrfurcht von ihm reden, wir mochten seinen Namen nicht anders genannt hören als außerhalb der Kritik und in reiner Verehrung.[460]

Gegenüber der Zeit um die Jahrhundertwende nimmt die Darstellung schwuler Charaktere und homosexueller Lebensweisen in den zwanziger Jahren in der deutschsprachigen Literatur deutlich zu. Manfred Herzer spricht sogar von einer „neuen Massenliteratur, die den ‚Freundschaftseros' als Themenbereich für populäre Unterhaltungs- und Erbauungslektüre entdeckt und verwertet."[461] Allerdings kommt – abgesehen von *Verwirrung der Gefühle* oder *Oscar Wilde* – bei den etablierten Literaten Homosexualität nur als Randthema vor, so in Herman Brochs *Schlafwandler* (1931/32), Hans Henny Jahnns *Perrudja* (1929)[462], Musils *Mann ohne Eigenschaften* (1930), Thomas Manns *Zauberberg* (1924) oder Döblins *Berlin Alexanderplatz* (1929). Literatur, die die mann-männliche Liebe eindeutig und positiv thematisiert, lässt sich hauptsächlich in den für eine homosexuelle Leserschaft konzipierten Zeitschriften finden. Über die dort abgedruckten Gedichte, Kurzgeschichten und Erzählungen spricht Herzer vernichtend von „Erzeugnissen dilettierenden Nachahmungstriebes, die in keiner Weise an ihre offensichtlichen Vorbilder heranreichen"[463] und damit auch für den belesenen, literarisch geschulten Klaus Mann als Lehrmeister nicht in Frage kommen. „[W]o", so fragt Klaus Mann 1926 in seinem Aufsatz *Jüngste deutsche Autoren*,

---

[458] Vgl. Klaus Mann: *Fragment von der Jugend* [1926], S. 69. In: *NE* 60-71.
[459] Klaus Mann: *Die neuen Eltern* [1926], S. 87. In: *NE* 84-88.
[460] Klaus Mann: *Heute und Morgen. Zur Situation des jungen geistigen Europas* [1927], S. 141. In: *NE* 131-152.
[461] Manfred Herzer: *Die Erlösung der Freunde. Literatur, Theater und Film*, S. 105. In: *Goodbye to Berlin?* Hrsg. von Schwules Museum, a. a. O., S. 105-109.
[462] Hans Henny Jahnn: *Perrudja*, Berlin 1929. Klaus Mann bespricht den Roman 1930 positiv. Zusammen mit Döblins Roman *Berlin Alexanderplatz* nennt er ihn „das stärkste Erlebnis, das mir aus der deutschen Literatur in letzter Zeit gekommen ist." (*NE* 288).
[463] Vgl. Manfred Herzer: *Die Erlösung der Freunde*, a. a. O., S. 107.

sind sie, die Erzähler unserer Generation? Wo sind sie denn, die vielen Romane, die Beichten, die Märchen, die abzulegen, die zu erzählen wären?[464]

In Deutschland sieht er sich diesbezüglich enttäuscht:

> Auf die paar aber, die ich weiß und kenne, will ich so nachdrücklich hinweisen, als ich nur kann. Die drei jungen Schriftsteller, die ich meine, sind untereinander äußerst verschieden, ja, sich beinahe entgegengesetzt – gemeinsam ist ihnen nur die Generation aus welcher sie stammen, und daß sie alle *einer* Jugend wahrhaftiges Zeugnis sind. Ihre Namen werden noch vielen fremd sein: Sie heißen Erich Ebermayer, W.E. Süskind und Martin Raschke. (*NE* 101)

Von den drei jungen Schriftstellern ist nur Ebermayer homosexuell. Im Gegensatz zu den anderen ist Klaus Mann mit ihm bis zu seinem Gang ins Exil befreundet und arbeitet sogar zusammen mit ihm an einer Verfilmung von Saint-Exupérys Roman *Nachtflug*, die allerdings nicht zustande kommt. Die oben zitierten Schmähungen Brechts zeigen deutlich, dass der acht Jahre ältere Brecht nicht zu den Schriftstellern zählt, mit denen sich Klaus Mann austauschen oder in dem er einen Gleichgesinnten sehen kann, obwohl Brecht in seinen Theaterstücken *Im Dickicht der Städte* (1924) und *Das Leben Eduards des Zweiten von England* (1924) die Liebe zwischen zwei Männern thematisiert, und dies durchaus nicht negativ. In seinem Aufsatz *Jüngste deutsche Autoren* zählt er Brecht nicht mehr zu seiner, sondern zu der vorhergehenden „Zwischengeneration" (*NE* 101), in deren Werken sich die Jugend nicht wiedererkennen kann.

Klaus Manns anfänglich hoffnungsvolle Erwartungen, in Berlin einen Lebens- und Arbeitsort zu finden, bleiben unbefriedigt. 1925 unternimmt er seine erste Auslandsreise, die ihn nach Paris führt. Paris hat im Gegensatz zu Berlin seit Jahrhunderten den Ruf (vgl. Kap. 1.1.1), die Hauptstadt der Liebe zu sein, in der sexuelle Wünsche leichter ausgelebt werden können als an anderen Orten. Zwar verdankt es diesen Ruf in erster Linie Berichten, Theaterstücken und Romanen über heterosexuelle Abenteuer und Liebesgeschichten, doch erstreckt sich diese Reputation auch auf gleichgeschlechtliche Lebensweisen und Sexualität. Während in Deutschland und damit auch in Berlin homosexuelle Handlungen laut Paragraph 175 mit bis zu fünf Jahren Gefängnis geahndet werden können, stehen diese in Frankreich seit 1791 nicht mehr unter Strafe, bietet Frankreich Männern wie Oscar Wilde, die wegen ihres homosexuellen Sexuallebens verurteilt und verfolgt werden, Straffreiheit. Dennoch werden Homosexuelle auch in Frankreich diskriminiert und stehen, so sie ihre Homosexualität ausleben, am Rande der Gesellschaft. Im Zuge des Ersten Weltkriegs und der Eulenburg- und Krupp-Skandale in Deutschland wird Homosexualität von französischer Seite zum „vice allemand", zum „deutschen Laster" erklärt, wird Berlin in „Sodome-sur-Spree" umgetauft, werden die Deutschen als „Eulenbourges" bezeichnet. Auf öffentlichen Toiletten in Paris wird die Frage „Parlez-vous allemand?"[465] als Einladung zu sexuellen Handlungen

---

[464] Klaus Mann: *Jüngste deutsche Autoren* [1926], S. 100f. In: *NE* 100-109.
[465] Vgl. Florence Tamagne: *Histoire de l'homosexualité en europe*, a. a. O., S. 32.

ausgesprochen. Doch während sich in Deutschland aufgrund der rechtlichen Diskriminierung und Verfolgung eine homosexuelle Bewegung etabliert, entsteht in Frankreich nichts Vergleichbares, eben weil homosexuelle Handlungen Frankreich nicht strafbar sind. Dennoch sind für Paris, das im Vergleich mit Berlin eine längere Tradition als Großstadt aufweist, bereits seit der ersten Hälfte des 18. Jahrhunderts homosexuelle Gemeinschaften und Netzwerke nachweisbar.[466] Um 1900 sind in Intellektuellen- und Künstlerkreisen lesbische Verhältnisse à la mode, und die Stadt verfügt über eine vielfältige internationale und intellektuelle Lesbenszene. Als eine zentrale Figur dieser Szene gilt eine Zeit lang die amerikanische Millionärin Winaretta Singer, die u.a. Oscar Wilde und Lord Douglas für das Pariser Publikum entdeckt und in deren Salon sich zahlreiche Schriftsteller treffen, u.a. auch Marcel Proust.[467] In dem Salon der Lesbierin Nathalie Barney verkehren Paul Valéry, Ezra Pound, Gide, Proust, Colette, Gertrude Stein, Marie Laurencin, Marguerite Yourcenar und Mata Hari. Dieses kleine, exklusive, auf wohlhabende und künstlerische Kreise beschränkte Pariser Milieu zeichnet sich durch Internationalität sowie intellektuelle und künstlerische Kreativität aus. Homosexuelle Schriftsteller wie Oscar Wilde, Proust oder Gide finden hier Aufnahme, Unterstützung, Gehör, Anregung, Gleichgesinnte und Austausch. Daneben entsteht, ähnlich wie in Berlin, auch in Paris in den zwanziger Jahren eine homosexuelle Szene mit zahlreichen Bars, Clubs und Tanzlokalen.[468] Tamagne nennt die Viertel Montmartre, Pigalle und Montparnasse als Treffpunkte homosexuellen Lebens und hebt die Beliebtheit schwuler Tanz- und Travestiebälle hervor.[469] Viele dieser Etablissements stehen in dem Ruf, Umschlagplätze für Drogen zu sein. Henry Gauthier-Villars schreibt in seinem 1927 unter dem Pseudonym Willy veröffentlichten Streifzug durch die homosexuelle Subkultur von Paris *Le troisième sexe*:

> Presque tous les bars pédérastes situés à Montmartre, ou dans les environs de la porte Saint-Denis et de la porte Saint-Martin, sont des véritables nids à cocaïne, où se pratiquent également la consommation et le trafic.[470]

Paris unterscheidet sich von Berlin auch durch seine große Anzahl an Orten, die wegen flüchtiger Abenteuer und wegen der Prostitution frequentiert werden. Neben öffentlichen Toiletten und Schwimmbädern, deren Missbrauch als Ort zur Ausübung sexueller Handlungen unter Strafe steht, dienen vor allem Bahnhöfe, die großen Boulevards, das Marsfeld, die Hallen, das Quartier Latin und öffentliche Parkanlagen wie der Bois de Boulogne oder die Tuillerien als Trefpunkte zur Anbahnung und zum Ausleben homosexueller Kontakte. Im Gegensatz zu Berlin, wo der Straßenstrich eine große Rolle spielt, ist die homosexuelle Prostitution in Paris professioneller. Die Stadt verfügt über zahlreiche auf mannmännliche Sexualität spezialisierte Bordelle und Badehäuser. In den Intellektuellenkreisen um Crevel und Cocteau, die in schwulen Nacht-

---

[466] Vgl. Rainer Guldin: *Lieber ist mir ein Bursch...*, a. a. O., S. 28f.
[467] Vgl. Florence Tamagne: *Histoire de l'homosexualité en europe*, a. a. O., S. 26.
[468] Vgl. Brassaï: *Le Paris secret des années trente*, Paris 1976, v.a. das Kapitel *Sodome et Gomorrhe*, S. 157-175.
[469] Vgl. Florence Tamagne: *Histoire de l'homosexualité en europe*, a. a. O., S. 79f.
[470] Willy: *Le troisième Sexe*, Paris 1927, S. 173f.

clubs verkehren, ist es nicht ungewöhnlich, sich untereinander männliche Prostituierte für ein sexuelles Abenteuer zu schenken.[471]

Anders als in Berlin ist die homosexuelle Szene in Paris von einzelnen Künstlern und vor allem durch ihre Literarität geprägt. Gefördert von den lesbischen literarischen und intellektuellen Salons der Vorkriegszeit, entsteht im Paris der zwanziger Jahre eine Literatur, die Homosexualität auf hohem Niveau thematisiert. 1921 erscheint Prousts *Sodome et Gomorrhe* in Paris und bildet, da es Homosexualität zentral thematisiert – wenn auch nicht als etwas Natürliches und Positives –, den Anfang einer literarischen Auseinandersetzung mit Homosexualität in Frankreich. Im Jahr 1924 veröffentlicht Gide seine Schrift *Corydon*, die ihm zusammen mit seinem 1926 erscheinenden Roman *Les Faux-Monnayeurs* den Ruf eines homosexuellen Schriftstellers einbringt und ihn zu einem Wortführer der französischen Homosexuellen macht. Weitere, teilweise sich überschneidende Kreise bilden sich um den Schriftsteller, Filmemacher und Zeichner Cocteau und um den surrealistischen Schriftsteller Crevel.

Als Klaus Mann im Frühjahr 1925 nach Paris kommt, weiß er bereits um den Ruf der Stadt und ihre Toleranz. Wie ein Zitat aus dem *Wendepunkt* veranschaulicht, sieht er sich in seinen Erwartungen nicht enttäuscht:

> [D]as Pariser Nachtleben ist ein natürlicher und integraler Bestandteil des Pariser Lebens. Gibt es in Paris eine ‚Unterwelt'? Vielleicht; aber sie spielt keine auffallende Rolle. Jedenfalls würde niemand es sich einfallen lassen, eine brave Prostituierte oder ihren emsigen Zuhälter zur ‚Unterwelt' zu rechnen. Die Sphäre des Geschlechtlichen, mit all ihren Aspekten und noch in ihren ausgefallensten Manifestationen, wird in dieser Stadt mit einer Mischung aus heiterem Realismus und fast religiöser Andacht behandelt, die für das Verhältnis jeder reifen Zivilisation zum Eros charakteristisch ist. (*WP* 158)

In Berlin ist das homosexuelle Leben größtenteils auf eine bestimmte Szene und auf das Nachtleben beschränkt; es ist, wenn nicht Unterwelt, so doch in gewisser Weise Parallelwelt zum bürgerlich-heterosexuellen Leben und deswegen im Randbereich der Gesellschaft angesiedelt. In Paris glaubt Klaus Mann nun, eine verstärkte Integration Homosexueller zu finden. Zwar benennt er die Homosexualität im *Wendepunkt* nicht explizit, sie ist aber unbedingt seiner Bezeichnung „Sphäre des Geschlechtlichen, mit all ihren Aspekten" zuzurechnen. Damit gilt auch für sie der „heitere Realismus" und die „fast religiöse Andacht", mit denen die Franzosen Geschlechtsdingen begegnen. Dass Klaus Mann ein derart positives Bild vom Pariser Liebesleben zeichnet, ist zum einen im Zusammenhang mit den bereits vorher entstandenen Bildern von Paris als Stadt der Liebe und Freizügigkeit zu sehen. Zum anderen ist es sehr wahrscheinlich das Verdienst von Hans Feist, dem zwanzig Jahre älteren Arzt, Privatier und Übersetzer, dessen Mutter eine Freundin von Klaus Manns Großmutter war und den Klaus Mann 1924 in München kennen lernt. Feist begleitet Klaus Mann zeitweise während dieses ersten Paris-Aufenthaltes. Feists Homosexualität – kurzzeitig ist er in Klaus Mann ver-

---

[471] Vgl. Florence Tamagne: *Histoire de l'homosexualité en europe*, a. a. O., S. 84ff.

liebt[472] –, seine Kenntnisse der und Kontakt zur französischen Literatur – so ist er der spätere Übersetzer von Crevels Roman *La mort difficile*[473] und Cocteaus *La machine infernale*[474] – lassen annehmen, dass er es ist, der Klaus Mann einen Einblick gewährt in die „rührende Plüsch-Eleganz, mit der gewisse Restaurants und Cabarets, verblühten Schönen gleich, uns empfangen" (*WP* 157), in „die schäbigen kleinen Lasterbetriebe von Montmartre und die possierlichen Prätentionen von Montparnasse" (*WP* 157), und ihn damit in die Stadtviertel führt, in denen Tamagne die homosexuelle Szene von Paris hauptsächlich lokalisiert. Der dort vorgefundene natürliche Umgang mit der (Homo-)Sexualität lässt Klaus Mann zu der Überzeugung kommen, dass es sich bei Paris um einen Ort handelt, an dem er sein Leben leben kann:

> Wer Abenteuer in Paris sucht, wird enttäuscht sein. Aber mir war es nicht um Abenteuer zu tun. Ich wollte mich nicht in Paris amüsieren; ich wollte in Paris *leben*. (*WP* 158)

Doch nicht nur Paris, auch die Städe an der französischen Mittelmeerküste wie Marseille und Toulon, die Tamagne außer Paris als Orte vorstellt, wo insbesondere aufgrund der hohen Anzahl von Matrosen eine homosexuelle Szene vorhanden ist[475], lernt Klaus Mann bald kennen. Von Feist lässt er sich im Anschluss an die gemeinsam verbrachten Pariser Tage zu einer Reise einladen, die ihn auch nach Marseille führt. Mit ihm – wahrscheinlich von ihm geführt – besucht Klaus Mann das Hafenviertel, von dem er im *Wendepunkt* schreibt:

> Hier paradiert, lockt, grinst und winselt das Laster *en gros*, mit schamlos nackter Aufdringlichkeit und Habsucht, es ist der groteske Ausverkauf der Liebe, die primitive Massenorgie, halb Kolossal-Bordell, halb Lunapark. (*WP* 158f.)

In den Folgejahren entdeckt Klaus Mann Toulon, Nizza, Cannes und Villefrance und kehrt hierher wie auch nach Marseille immer wieder zurück. An der französischen Mittelmeerküste sucht und findet er Orte, wo er seine Sexualität auslebt. So vermerkt er am 7. Mai 1933 in seinem Tagebuch: „Ins Puffviertel, verschiedene Kneipen; [...]. Schließlich un marin (André.) Hotel." (*TB* I 133f.)
Bis zu seinem Tod in Cannes weiß er, dass er in Toulon, Marseille, Villefrance relativ einfach und schnell Sexpartner finden kann. Eine unter dem Datum des 14. Mai 1949 in Nizza festgehaltene Eintragung „Bain de vapeur" (*TB* VI 207) belegt zum einen, dass Klaus Mann bis kurz vor seinem Tod seine sexuellen Wünsche ausleben will, und zum anderen, dass er in Südfrankreich Orte zur Verfügung hat, kennt und aufsucht, an denen er diese Wünsche befriedigen kann. Die Erfahrung, dass in Paris und in Südfrankreich mit der Homosexualität toleranter umgegangen wird, das Kennenlernen von Orten, von denen er annimmt, dass er dort sein Sexualleben ungestörter und freier als anderswo leben kann, ist gewiss eine Motivation für die häufigen Paris- und Rivièra-

---

[472] Vgl. Fredric Kroll (Hg.): *Klaus-Mann-Schriftenreihe* Bd. 6, a. a. O., S. 338.
[473] René Crevel: *La mort difficile*, Paris 1926 (dt. Übersetzung von Hans Feist: *Der schwierige Tod*, Berlin 1930).
[474] Jean Cocteau: *La machine infernale*, Paris 1931 (dt. Übersetzung von Hans Feist 1951).
[475] Vgl. Florence Tamagne: *Histoire de l'homosexualité en europe*, a. a. O., S. 90.

Aufenthalte. Die Gründe, warum Klaus Mann nach dem Krieg nicht in den USA bleiben und auch nicht nach Deutschland zurückkehren will, sind vielfältig. Während in Deutschland nach dem Krieg homosexuelle Handlugen mehr noch als in den zwanziger Jahren verfolgt werden und Klaus Mann in der US-Armee seine Homosexualität geheimhalten muss, weiß er, dass er mit den Städten Südfrankreichs einen Ort hat, an dem er seinem sexuellen Begehren nachgehen kann, ohne sich strafbar zu machen, und außerdem ist ihm das Milieu mit seinen Treffpunkten, Codes und Riten vertraut.

Als Klaus Mann im Frühjahr 1925 nach Paris kommt, weiß er – dank seiner Bekanntschaft mit Curtius – um die dort vorhandene reiche Szene der modernen Literatur. Curtius ist es auch, der ihm zur Bekanntschaft mit einem der bedeutendsten modernen Schriftsteller der zwanziger Jahre verhilft: zu dem sich zu seiner Homosexualität offen bekennenden André Gide. Seit dem ersten Treffen im Jahr 1926 bis kurz vor seinem Tod sucht Klaus Mann die Nähe und die Freundschaft zu Gide. Im *Wendepunkt* schreibt er, dass ihm die Begegnung mit dessen Werk mehr als irgendeine andere geholfen hat, seinen Weg zu finden (vgl. *WP* 224). Auch den zweiten großen Protagonisten der homosexuellen Literaturszene – Jean Cocteau – lernt Klaus Mann im Jahr 1926 kennen, und auch mit ihm und dessen Werk setzt er sich lebenslang auseinander. Cocteau, der in Paris als Person, aber auch wegen seines Werkes einen Gegenpol zu Gide bildet, wird für Klaus Mann in den zwanziger Jahren auf der Suche nach seinem eigenen homosexuellen Lebens- und Literaturkonzept zum anderen großen Vorbild.

„[W]o sind sie, die Erzähler unserer Generation?"[476], fragt Klaus Mann 1926 auf der Suche nach gleichaltrigen Weggefährten und sieht sich in Deutschland nicht fündig werden. Hingegen

> [i]n Frankreich, will es uns scheinen, ist literarischer Nachwuchs viel leichter zu finden, in Sternheims ‚Lutetia' konnte man zornig aufgezeichnet finden, daß in Paris die Berühmt-heiten ‚um die zwanzig herum' beinahe unzählbar seien. Dort hat eine gewandtere Jugend ihren Ausdruck viel rascher gefunden, schon haben sich Gruppen gebildet, schon hat man sich organisiert, die Surrealisten sind da – während bei uns alles vereinzelt, zerstreut und verworren scheint. (*NE* 101)

In Frankreich, nicht in Deutschland glaubt er, die homosexuellen und intellektuellen Gemeinschaften zu finden, nach denen er sucht. Kann er sich dort integriert fühlen, können die neuen Bekanntschaften zur geistigen und realen Heimat werden?
In Paris ist Klaus Mann ein Unbekannter. Obwohl er sich auch hier, wie bereits in Berlin, seine Eigenschaft als Sohn Thomas Manns zu Nutze macht, wird er, da sein Vater in Frankreich vor der Verleihung des Nobelpreises nicht so populär ist wie in Deutschland, in den Kreisen, in denen er sich bewegt, unabhängiger von seinem Vater wahrgenommen. In Paris ist er ein unbekannter, interessierter, intellektueller, junger schwuler Mann, der schreibt und über seine Arbeiten und seine Vorhaben spricht; da anfänglich keines seiner Werke

---

[476] Klaus Mann: *Jüngste deutsche Autoren* [1926], S. 100. In: *NE* 100-109.

auf Französisch vorliegt und sein Werk sich somit dem Urteil seiner französischen Bekannten entzieht, muss sich Klaus Mann hier auch keiner Konkurrenz stellen.

1925 lernt er das Werk des ein Jahr zuvor verstorbenen Raymond Radiguet kennen, ein Jahr später verliebt er sich in den surrealistischen Schriftsteller René Crevel. Mit Jean Desbordes und Julien Green trifft er zwei weitere Schriftsteller, die jung und homosexuell sind. Darüber hinaus stehen sie wie Klaus Mann am Beginn ihrer schriftstellerischen Laufbahn. Über sie und ihre Werke beginnt er schmeichelhafte Portraits und Rezensionen zu schreiben, mit denen er sie und natürlich auch sich selbst einem deutschen Publikum zu vermitteln hofft. Gleichwohl erscheint Klaus Mann für seine Pariser Bekannten auch attraktiv: Als Deuter bietet er ein Gegenbild zum „Erbfeind", indem er den Austausch sucht und etwas lernen will. Außerdem kommt er aus Berlin, das in den intellektuellen und homosexuellen Kreisen von Paris den Ruf einer modernen, spannenden Metropole genießt. Klaus Mann kann seinen Pariser Bekannten von seinen Eindrücken aus Berlin berichten, kann sich ihnen als Experte anbieten und ihnen helfen, Kontakte zu knüpfen.

In seinem Aufsatz *Woher wir kommen – und wohin wir müssen* von 1930 urteilt er über seine Paris-Erfahrungen:

> Der französischen Jugend fühlte ich mich in vielem enger verbunden als der des eigenen Landes. Das beglückende Erlebnis des Sich-selbst-Wiedererkennens wurde hier noch erhöht und gesteigert durch den Zauber des Fremden. Mit drei Namen ist meine Liebe zu der Jugend des Nachbarlandes vor allem verbunden, mit den Namen: *Raymond Radiguet, René Crevel, Jean Desbordes.*[477]

In den Personen, Erzählungen und Romanen dieser drei homosexuell lebenden Schriftsteller seiner Generation gelingt es Klaus Mann, sich selbst zu finden. Dieses „Sich-selbst-Wiedererkennen" ist eine weitere wesentliche Ursache dafür, dass er Paris in der Mitte der zwanziger Jahre als Heimat sieht, in der er sich nicht als Außenseiter fühlt. Nachdem er eine Frankreichaffinität schon in seiner frühen Sozialisation entwickelt hat, werden Klaus Manns Vorstellungen in dieser Zeit konkreter. Frankreich ist der Ort, an dem er seine Homosexualität auch im Hinblick auf eine gewisse gesellschaftliche Toleranz ungezwungener ausleben kann. Es ist außerdem der Ort, an dem er andere homosexuelle Schriftsteller trifft, die für ihn wichtiges Identifikationspotential besitzen. Seine lebenslange Bindung an Frankeich ist vor diesem Hintergrund zu verstehen.

---

[477] Klaus Mann: *Woher wir kommen – und wohin wir müssen* [1930], S. 326. In: *NE* 324-327.

2.3 Ganymed sucht Zeus. Klaus Mann und André Gide

In der Person seines Vaters wird der nach Identifikationsmöglichkeiten suchende Klaus Mann nicht fündig. Der Spiegel hängt zu nah und zu hoch. Spätestens mit der Verleihung des Nobelpreises im Jahr 1929 feiert Deutschland Thomas Mann als einen seiner größten zeitgenössischen Schriftsteller. Klaus Mann traut sich nicht zu, sich ernsthaft mit ihm zu messen. Hie und da eine kleine Kritik, ansonsten lobt er ihn und erwartet Zeit seines Lebens seine Hilfe, sei es finanzieller Art oder bezüglich einer Veröffentlichung. Selbst im Kampf gegen den Nationalsozialismus, den Klaus Mann früher und engagierter als sein Vater beginnt, wird er letztlich als dessen Sohn wahrgenommen. Er schreibt zahlreiche Artikel über ihn, mit seinen Biographien ist er auch der Biograph seines Vaters, er hält Vorträge über ihn. Klaus Mann wird öffentlich wahrgenommen, weil er von seinem berühmten Vater erzählen kann. Man kann Klaus Manns Verhältnis zu seinem Vater auch als geschicktes Werbeverhältnis beschreiben, in dem die Rollen klar und deutlich verteilt sind: Thomas Mann bleibt dabei immer der übergroße Vater und Schriftsteller. Dieses Bild beeinflusst Klaus Manns eigene künstlerische Tätigkeit, die immer nur im Schatten seines Vaters stattfindet.

Mit sechs Kindern und einer Ehefrau, die ihre eigenen Begabungen und Fähigkeiten zurückstellt, lebt Thomas Mann seinem Sohn das Idealbild eines großbürgerlichen Familienvaters seiner Zeit vor. Sein Lebenskonzept sieht kein öffentliches, nicht einmal ein geheimes Ausleben seiner Homosexualität vor. Öffentlich hingegen ist ihre Verurteilung, die er 1925 in seinem Aufsatz *Die Ehe im Übergang* verlautbart. Ein solches Leben will und kann Klaus Mann nicht führen: Es ist für einen jungen, homosexuellen Schriftsteller in den zwanziger Jahren des 20. Jahrhunderts, der nach neuen künstlerischen Positionen sucht, nicht mehr zeitgemäß. Zwar thematisiert Thomas Mann in *Tod in Venedig* homosexuelles Empfinden, aber die negative – da zunächst in Maskerade und dann im Tod endende – Gestaltung seines Helden Gustav Aschenbach bietet weder Lebenshilfe in Form eines positiven Identifikationsangebotes, noch trifft sie die Erfahrungswelt Klaus Manns, aus der er für sein eigenes Schreiben schöpfen könnte. Thomas Mann versagt als Vorbild. Aber findet Klaus Mann in André Gide einen für seine Generation zeitgemäßen schwulen Wegbereiter?

André Gide wird 1869 in Paris geboren – er ist damit sechs Jahre älter als Thomas Mann – und stammt aus einer großbürgerlichen, hugenottischen Familie. Nach dem Tod seines Vaters im Jahr 1880 wächst er mit seiner Mutter, seinen Tanten, einer englischen Gesellschafterin und seinen Kusinen auf, die ihn streng nach protestantischem Glauben und protestantischen Moralvorstellungen erziehen. In seiner 1924 erscheinenden Autobiographie *Si le grain ne meurt* bekennt er, bereits in der frühen Kindheit sexuelle Erfahrungen gemacht zu haben.[478] Seine erste Freundschaft schließt der sich als Einzelgänger beschreibende Gide zu einem Jungen, den er im Jardin du Luxembourg kennen lernt:

---

[478] André Gide: *Si le grain ne meurt*, a. a. O., S. 9f.

Ensemble nous ne jouions pas; je ne me souviens pas que nous finssions autre chose que de nous promener, la main dans la main, sans rien dire.[479]

Als Gide ihm im Park nicht mehr begegnet und schließlich erfährt, dass sein Freund erblindet ist, ist er so verzweifelt, dass er einige Tage versucht, als Blinder zu leben, um alles, was sein Freund erleidet, an sich selbst zu empfinden. Schreiben wird für den Heranwachsenden, der häufig die Schule wechselt, zur Möglichkeit, seine Erfahrungen, Gefühle und Wünsche festzuhalten und zu ordnen und damit sein Leben zu stabilisieren.[480] Finanziell unabhängig, kann er das Schreiben zu seinem Beruf machen. 1891 erscheinen *Les cahiers d'André Walter* und *Le traité de Narcisse*. Gide schließt sich dem Symbolisten-Kreis um Stéphane Mallarmé an. Während einer 1893 bis 1894 unternommenen Reise nach Tunesien und Algerien macht er sexuelle Erfahrungen mit einem arabischen Jungen. Dennoch heiratet er ein Jahr später seine Kusine Madeleine. In seinem 1902 erscheinenden Roman *L'Immoraliste* verarbeitet Gide seine homosexuellen Erfahrungen in Arabien. Nicht zuletzt aufgrund seiner antibürgerlichen Einstellung wird er um die Jahrhundertwende bekannt. 1910 verfasst er eine Gedenkschrift für Oscar Wilde, den er 1891 kennen gelernt hatte. 1911 und 1920 als Privatdruck an Freunde verteilt, veröffentlicht Gide 1924 mit *Corydon* einen fiktiven Dialog mit dem Ziel, mit Hilfe kulturgeschichtlicher, moralischer und naturwissenschaftlicher Diskurse Homosexualität als etwas Natürliches vorzustellen. 1925 erscheint sein Roman *Les Faux-Monnayeurs*. Darin zeichnet er – inspiriert durch seine Beziehung zu dem wesentlich jüngeren Marc Allégret – die Liebe zwischen dem Protagonisten Edouard und dessen Neffen Olivier als die einzig erfolgreiche und lebenswerte Beziehung. Im Vergleich zu Thomas Mann entscheidet sich Gide also dafür, seine Homosexualität zum einen zu leben und sie zum anderen in seinen literarischen und essayistischen Werken als etwas Positives und Lebbares darzustellen. Dabei geht es Gide weniger um den Skandal und um das Brechen von Tabus, als vielmehr darum, dem homosexuellen Leser zu ermöglichen, sich wiederzuerkennen:

> C'est parce qu'il se croyait unique que Rousseau dit avoir écrit ses confessions. J'écris les miennes pour des raisons exactement contraires, et parce que je sais que grand est le nombre de ceux qui s'y reconnaîtront.[481]

Gide beschäftigt sich intensiv mit Deutschland. Er liest Schopenhauer, Nietzsche, Goethe, Schiller, von Kleist, von Platen, von Eichendorff, Heine sowie zeitgenössische deutsche Schriftsteller wie Hugo von Hofmannsthal oder Stefan George. 1911 überträgt er Teile der Aufzeichnungen des *Malte Laurids Brigge* von Rilke, mit dem er befreundet ist, ins Französische. Nach der Niederlage Deutschlands im Ersten Weltkrieg setzt er sich für eine deutsch-französische Annäherung ein. 1921 trifft er in dem luxemburgischen Schloss

---

[479] André Gide: *Si le grain ne meurt*, a. a. O., S. 15.
[480] Vgl. Scott Fish: *André Gide*. In: *An Encyclopedia of Gay, Lesbian, Bisexual, Transgender and Queer Culture*. Hrsg. von Claude J. Summers, Chicago 2002, S. 2 (www.glbtq.com/literature/gide_a, 3. html. (5. 8. 2004).
[481] André Gide: *Si le grain ne meurt, Projet de Préface pour 'Si le grain ne meurt'*, S. 454. In ders.: *Oeuvres complètes*, Bd. 10, Bruges 1936, S. 453f.

Colpach Curtius, der ihn mit Thomas Mann bekannt macht. Curtius ist es auch, der Klaus Mann 1924 einen ersten Eindruck von Gides Person und seinem Werk vermittelt. In seiner Monographie *André Gide und die Krise des modernen Denkens* schreibt Klaus Mann über seine Begegnung mit Curtius und dem Werk Gides:

> Curtius durfte sich rühmen, zum engsten Freundeskreis des französischen Schriftstellers zu gehören. [...] Während er seinen Lesern und Studenten die Nuancen und Bezüge in Gides literarischem Werk erläuterte, unterhielt er mich mit Anekdoten aus dem Privatleben des Dichters. Das Bild André Gides, wie ich es mir nach solchen Freundesberichten vorstellte, war liebenswert, wenngleich nicht ohne vertrackte, widerspruchsvolle Züge. (AG 21)

Die 1919 veröffentlichte Schrift Curtius' *Die literarischen Wegbereiter des neuen Frankreich* gibt einen Anhaltspunkt, welches Bild von Gide er Klaus Mann anbietet.[482] Zunächst präsentiert er Gide als Schriftsteller, der sich intensiv mit der französischen und europäischen Literatur der Generationen vor ihm auseinandersetzt und damit selbst nach Vorbildern sucht:

> Er weiss sich als Erbe und Verwalter einer ganzen Tradition, die noch lebendig und schmiegsam genug ist, um sich die neuen Nährstoffe der Zeit anzuverwandeln. Das Schauen und das Aufnehmen, das Sammeln und das Ausgleichen ist sein Amt.[483]

Curtius schreibt Gide die Rolle eines Wegbereiters einer jungen Schriftstellergeneration zu:

> Die Fähigkeit, die ganze französische Tradition zu erleben und gleichzeitig die neuen künstlerischen und menschlichen Kräfte der Zeit zu erfassen: das ist es, was Gide zum Vermittler zwischen dem Alten und Neuen gemacht hat; was ihm die Stellung eines Wegbereiters der neuen Generation zugewiesen hat.[484]

Nachdem Curtius Gide als Leitbild präsentiert hat, stellt er in seiner Schrift Gides Werke chronologisch bis zu dem 1914 erscheinenden Roman *Les caves du Vatican* vor. Während er die Frühwerke Gides als „blaß und vergangen"[485] beschreibt, hebt er den 1902 veröffentlichten Roman *L'Immoraliste* hervor, in dem Gide seine homosexuellen Erfahrungen verarbeitet. Curtius identifiziert den homosexuellen Helden des Romans Michel als Gide selbst und überträgt damit Michels Qualität des „modernen Intellektuellen"[486] auf seinen Schöpfer. Für Klaus Mann ist dies ein Angebot, seine Vorstellungen von seinem Lebens-

---

[482] Ob Klaus Mann die Schrift 1924 liest, kann nicht nachgewiesen werden. Sein Lob über sie in seiner Gide-Monographie läßt darauf schließen, dass er sie gelesen hat. Doch auch für den (unwahrscheinlichen) Fall, dass Klaus Mann sie nicht, oder nicht vor dem ersten Treffen mit Gide kennt, ist anzunehmen, dass Curtius in den Gesprächen über Gide ein sehr ähnliches Bild von ihm zeichnet.
[483] Ernst Robert Curtius: *Die literarischen Wegbereiter des neuen Frankreich*, Potsdam 1919, S. 43f.
[484] Ernst Robert Curtius: *Die literarischen Wegbereiter des neuen Frankreich*, a. a. O., S. 46.
[485] Ernst Robert Curtius: *Die literarischen Wegbereiter des neuen Frankreich*, a. a. O., S. 58.
[486] Ernst Robert Curtius: *Die literarischen Wegbereiter des neuen Frankreich*, a. a. O., S. 59.

konzept in der Person Gides wiederzuerkennen. Die Würdigung Gides durch Curtius und damit durch einen der bedeutendsten Romanisten Deutschlands, zeigt Klaus Mann außerdem, dass man mittels eines solchen Schreibkonzepts und solcher Themen in der Literaturwissenschaft und -kritik zu Rang und Namen kommen kann. Darüber hinaus bietet sich Gide dem nach Anknüpfungspunkten suchenden Klaus Mann als ebenbürtige Alternative zum Vater an, noch bevor er sich mit Gides Werk näher auseinander setzt oder ihn persönlich kennen lernt. Im *Wendepunkt* bekennt Klaus Mann rückblickend:

> Die Begegnung mit André Gide – nicht mit dem Menschen, sondern mit dem Werk, in welchem diese reiche komplexe Menschlichkeit sich offenbart – hat mir mehr als irgendeine andere geholfen, meinen Weg, den Weg zu mir selbst zu finden. (*WP* 224)

Noch bevor Klaus Mann Gide trifft, beginnt er, sich mit dessen Werken auseinanderzusetzen. Bis zum ersten Treffen im Herbst 1926 liest er *L'Immoraliste*, *Les Caves du Vatican*, *La porte étroite* sowie die deutsche Übersetzung von *Isabelle*[487], ferner *Die Rückkehr des verlorenen Sohnes*, über die er im *Wendepunkt* schreibt, „das genügte, um mir von der beziehungsreichen Fülle dieses Geistes, von der sublimen Diskretion dieser Kunst den erregenden Begriff zu geben" (*WP* 225). Auch über das Thema von *Corydon* und die ihm selbst wohlbekannten Anschuldigungen gibt Klaus Mann in seiner Gide-Monographie vor, vor der ersten Begegnung Bescheid gewusst zu haben:

> Ernst Robert Curtius hatte recht gehabt, wie ich nur zu bald erfahren sollte: Es war in der Tat erstaunlich, wieviel zweideutige Geschichten und Gerüchte über Gide kursierten. [...] Um die Zeit meines ersten Pariser Aufenthalts, im Frühling 1925, wucherte das giftige Geschwätz besonders üppig: Gide hatte damals gerade eines seiner ‚skandalösen' Bücher publiziert – ‚Corydon' (1924). Das Thema, mit dem der Autor sich in diesem Zyklus platonischer Dialoge auseinanderzusetzen wagte, galt als äußerst *risqué*. (*AG* 23)

Von nun an liest er alles, was Gide schreibt.
Im Jahr 1926 vermittelt ihm Curtius die Bekanntschaft mit Gide. In einem Empfehlungsschreiben an diesen erklärt er:

> [J]'aimerais vous mettre en contacte avec un jeune ami, actuellement à Paris [...]. C'est le fils de Thomas Mann. Il s'appelle Klaus, va avoir vingt ans et a déjà publié des nouvelles, un drame, un roman. Ses débuts ont été très remarqués, et en effet il est très doué. Mais ceci mis à part, je crois que vous le trouveriez sympathique et qu'il vous intéresserait d'une certaine jeunesse allemande.[488]

Obwohl Curtius Klaus Mann nicht nur als Sohn Thomas Manns, sondern auch als vielversprechenden jungen Schriftsteller vorstellt, scheint Klaus Mann für Gide nicht interessant genug. Zwar empfängt er Klaus Mann im Herbst 1926,

---

[487] Vgl. Axel Plathe: *Klaus Mann und André Gide*, a. a. O., S. 51.
[488] Ernst Robert Curtius: *Brief an André Gide*, o. O., o. D. In: *Deutsch-französische Gespräche*. Hrsg. von Herbert und Jane Dieckmann, Frankfurt a. M. 1980, S. 82.

doch dann hält er ihn auf Abstand. Klaus Mann aber sucht bei jeder sich bietenden Gelegenheit den persönlichen Kontakt zu Gide. 1934 beklagt sich Klaus Mann in einem Brief an ihn:

> Leider muß ich feststellen, daß unsere Verbindung lockerer ist, als ich das so sehr wünschte. Es ist lange her, seit ich das letzte Mal von Ihnen gehört habe. Die letzten Male, die ich in Paris gewesen bin, habe ich immer versucht, Sie zu erreichen und immer vergeblich.[489]

Als sich Klaus Mann wenige Tage vor seinem Tod an Gide wendet und ihn um ein Treffen bittet, telegraphiert dieser zurück: „regrets pas être en état vous recevoir. A. G."[490] Auch der Briefwechsel zwischen beiden, der etwa siebzig erhaltene Briefe umfasst[491], lässt sich in seiner Gesamtheit als Ausdruck eines steten Wunsches Klaus Manns, mit Gide Kontakt zu haben, und eines ebenso steten Widerwillens Gides gegen diesen Wunsch deuten. Zwar gelingt es Klaus Mann 1933, Gide zum Ehrenvorsitzenden und Protektor seiner *Sammlung* zu machen[492], die er ihm als ein von „oppositionellem Geiste" geprägtes „Forum für die europäische Jugend"[493] andient, allerdings bleibt die von Klaus Mann beharrlich eingeforderte Mitarbeit auf die zögerliche Zusendung eines älteren Gedichtes[494], einiger Tagebuchauszüge[495] und der dramatischen Farce *Der dreizehnte Baum*[496] beschränkt. In Gides 1939 veröffentlichten, die Jahre 1889 bis 1939 umfassenden Tagebüchern findet sich erst fünf Jahre nach dem ersten Treffen nur eine einzige und darüber hinaus wenig schmeichelhafte Erwähnung Klaus Manns:

> Course en auto au Starnberger See, où m'emmène la famille de Thomas Mann, que j'ai le plus grand plaisir à revoir. Les deux plus jeunes enfants, glorieusement beaux, nous accompagnent et Klaus que je ne connaissais encore q'à peine.[497]

Dass Gide KlausMann im Nebensatz als jemanden einführt, den er kaum kennt, ist angesichts der Bemühungen Klaus Manns um einen intensiven, freundschaftlichen Kontakt als deutliches Zeichen des Nicht-kennen-Wollens zu interpretieren. Klaus Mann schreibt ihm dazu enttäuscht:

---

[489] Klaus Mann: *Brief an André Gide* vom 9. 4. 1934. In: *André Gide – Klaus Mann – Correspondance/Briefwechsel*. Hrsg. von Michel Grunewald, a. a. O., S. 621.
[490] André Gide: *Telegramm an Klaus Mann* vom 16. 5. 1949. In: *André Gide – Klaus Mann – Correspondance/Briefwechsel*. Hrsg. von Michel Grunewald, a. a. O., S. 682.
[491] Michel Grunewald (Hg.): André Gide – Klaus Mann – Correspondance/Briefwechsel, a. a. O., S. 591-682.
[492] Vgl. Klaus Mann: *Brief an André Gide* vom 19. 6. 1933. In: *André Gide – Klaus Mann – Correspondance/Briefwechsel*. Hrsg. von Michel Grunewald, a. a. O., S. 613.
[493] Klaus Mann: *Brief an André Gide* vom 11. 5. 1933. In: *André Gide – Klaus Mann – Correspondance/Briefwechsel*. Hrsg. von Michel Grunewald, a. a. O., S. 610.
[494] André Gide: *Traversée*. In: *Die Sammlung*, 1. Jg. Heft III, S. 127f.
[495] André Gide: *Tagebuchauszüge*, In: *Die Sammlung*, 1. Jg. Heft XI, S. 574-586 und 2. Jg., Heft XII, S. 665 -680.
[496] André Gide: *Der dreizehnte Baum. Eine Farce in einem Akt*,. In: *Die Sammlung*, 2. Jg. Heft IX, S. 449-465.
[497] André Gide: *Journal 1889-1939*, Paris 1951, S. 1058.

> C'était une espèce de sensation de trouver mon nom dans votre beau livre
> – et, pourtant, c'était une petite déception aussi. Vous avez écrit à propos
> de moi: ‚que je connais à peine ...' – et je me rappelle avec une certaine pe-
> tite tristesse, combien j'étais fier de votre amitié, dans ces temps déjà si
> lointains [...]. C'est exacte, du reste, que vous ne m'avez connu qu' ‚à
> peine', et que nos rencontres à Paris étaient assez rares. Mais, que voulez-
> vous? – j'étais bien jeune et enfantin, and les jeunes gens, il me paraît,
> croient toujours que les rencontres que avaient une importance excitante
> pour eux-mêmes doivent être aussi importants pour l'autre [...]. En lisant,
> en re-lisant, votre note sèche ‚qu je connais à peine' – les choses que j'ai
> écrit récemment sur vous, et que j'ai publiées dans un article sur les ‚In-
> fluences Françaises' dans les ‚Cahiers du Sud', me paraissent presque un
> peu embarrassantes [...]. Le lecteur qui connaît votre journal Munichois, et
> mon article aussi, doit penser: eh bien – ce jeune homme fait beaucoup de
> bruit sûr le ‚grand rôle' qu'André Gide avait ‚joué' dans sa vie – tandis que
> Gide, lui, seulement, constat qu'il le connaisse à peine.[498]

Diese Distanziertheit Gides ändert sich auch nicht mit Klaus Manns 1943 zunächst auf Englisch in New York erscheinender schmeichelhaften Monographie *André Gide and the Crisis of Modern Thought*. Zwar schreibt ihm Gide begeistert und dankbar:

> Dès les premiers chapitres, je voulais vous faire part de ma satisfaction, de
> ma joie; j'ai attendu d'avoir tout lu. Et tout à la fois me pressait ma curio-
> sité, mais me retenait la prévoyance, le désir de ne pas épuiser trop vite
> une si belle réserve qui m'apportait, à point nommé, courage, réconfort, ré-
> conciliation avec moi-même et avec mes écrits. Comme vous les expliquez
> bien, et motivez! [...] J'aurais été bien empêché si, cette conscience et clair-
> voyance que vous m'apportez, je l'avais eue d'abord; mais combien profi-
> table m'est aujourd'hui cet éclairement et éclaircissement de ma vie. J'en
> arrive presque, grâce à vous, à me comprendre, à me supporter, tant votre
> présentation de mon être, de ma raison d'être, de mes efforts, de mes réus-
> sites, de mes erreurs mêmes, comporte d'intelligence et de sympathie. – Je
> reçois votre livre comme une récompense.[499]

Eine Annäherung an sein Idol, das sich dafür bedankt, sich durch ihn zu verstehen, scheint gelungen. In einem Brief an Curtius aus dem Jahre 1948 offenbart Gide jedoch eine andere Meinung über die Monographie. Nun ist sie ihm

> un confus mélange de jugements absurdes, de faits inexacts ou mal rap-
> portés, de propos, où le ton même de ma voix est faussé [un] livre très mé-
> diocre.

Und Klaus Mann erscheint ihm „peu à peu un arriviste, et de plus en plus effronté."[500]

---

[498] Klaus Mann: *Brief an André Gide* vom 4. 6. 1939. In: *André Gide – Klaus Mann – Correspondance/Briefwechsel*. Hrsg. von Michel Grunewald, a. a. O., S. 646f.
[499] André Gide: *Brief an Klaus Mann* vom 25. 4. 1944. In: *André Gide – Klaus Mann – Correspondance/Briefwechsel*. Hrsg. von Michel Grunewald, a. a. O., S. 670.
[500] André Gide: *Brief an Ernst Robert Curtius* vom 24. 5. 1948. In: *La Correspondance de E. R. Curtius avec André Gide, Charles Du Bos et Paul Valéry*. Hrsg. von Herbert und Jane Dieckmann, Frankfurt a. M. 1980, S. 162.

Einen solchen Emporkömmling will man auch nicht nach dessen Tod öffentlich loben. So schreibt Gide keinen Beitrag für das von Erika Mann 1950 herausgegebene Klaus-Mann-Gedächtnisbuch.
Gegen Ende seines Lebens scheint sich Klaus Mann der Nichtachtung und des Desinteresses Gides bewusst zu sein, den er im *Wendepunkt* als den Zeitgenossen bezeichnet, „dem ich mich am tiefsten verpflichtet fühle" (*WP* 224), den er in Aufsätzen, seinen Autobiographien, in seinen Tagebüchern und in der Monographie zu loben nicht müde wird; doch an einer weiteren Stelle im *Wendepunkt* heißt es:

> Ich wünsche nicht den Eindruck zu erwecken, als wäre ich ein intimer Freund des großen Mannes oder als hätte dieser jemals ein besonderes pädagogisches Interesse für mich an den Tag gelegt. Das Interesse war einseitig, er ließ es sich gefallen. (*WP* 224)

Das von Klaus Mann vermisste „besondere pädagogische Interesse" kann durchaus als Anspielung auf die homoerotisch konnotierten Beziehungen zwischen älteren, gelehrten und erfolgreichen Männern und wissbegierigen, die Stärke und Größe des Älteren achtenden Jünglingen übersetzt werden, wie sie in der griechischen Antike gelebt wurden und in denen der ältere Liebhaber für die intellektuelle, charakterliche und militärische Ausbildung seines Geliebten verantwortlich war, bis dieser, zum Mann gereift, in die Selbständigkeit entlassen werden konnte.[501] Als poetische Verklärung wie als religiöse Rechtfertigung dieser Beziehung ist der Ganymed-Mythos zu lesen.[502] Homer, Vergil und Ovid berichten, wie Zeus, der Göttervater, in lüsterner Begierde nach dem Jüngling Ganymedes entbrennt. In Gestalt eines Adlers überrascht er den Jüngling, greift nach ihm und trägt ihn zum Olymp, wo er ihn zu seinem Mundschenk macht, um ihm nahe sein zu können.[503] Sein erstes Treffen mit Gide nachzeichnend, bedient sich Klaus Mann in seiner Gide-Monographie dieses mythischen Bildes:

> Merkwürdigerweise kann ich mich durchaus nicht des Augenblicks erinnern, in dem Gide den Raum betrat; ich weiß auch nicht mehr, wie er aussah und was er sagte, als ich ihm vorgestellt wurde. Es war, als ob er sich irgendwie ins Zimmer gestohlen hätte – geräuschlos, unbemerkt einer Versenkung entsteigend, um mich dann unverweilt in den Falten seines weiten, verwitterten Lodenüberwurfs davonzutragen. (*AG* 29)

Klaus Mann als junger schöner Ganymed, der in den Olymp will? Und Gide als sein Zeus? Gides unbemerktes Auftauchen, sein Aus-der-Versenkung-Entsteigen, sein weiter Lodenüberwurf, in dessen Falten sich Klaus Mann davongetragen zu werden wünscht: Die Ähnlichkeit mit dem antiken Mythos

---

[501] Vgl. Gotthart Feustel: *Die andere Liebe. Eine illustrierte Geschichte der Homosexualität*, a. a. O., S. 12.
[502] Zur Darstellung von Homoerotik mit Hilfe des Ganymed-Mythos vgl. Andreas Sternweiler: *Die Lust der Götter*, a. a. O., S. 149ff., und Marita Keilson-Lauritz: *Ganymed trifft Tadzio. Überlegungen zu einem ‚Kanon der Gestalten'*, S. 29f. In: *Ikonen des Begehrens. Bildsprachen der männlichen und weiblichen Homosexualität in Literatur und Kunst*. Hrsg. von Gerhard Härle und Wolfgang Popp, Stuttgart 1997, S. 23-39.
[503] Vgl. Robert von Ranke-Graves: *Griechische Mythologie und Deutung*, Reinbek bei Hamburg 1984, S. 101ff.

lässt eine solche Interpretation zu. Im *Wendepunkt* stellt Klaus Mann seinen „Olymp" (*WP* 111), seinen Himmel vor, den er größtenteils mit homosexuellen Vorbildern füllt (vgl. *WP* 110ff.). Klaus Manns Schreiben und sein ausgeprägter Drang, möglichst schnell viele Werke zu veröffentlichen, sind auch als Wunsch nach Berühmtheit und nach Unsterblichkeit zu verstehen. Sein Ziel ist es, einmal neben Whitman, Wilde und Bang in den Himmel homophiler Schriftsteller zu kommen. Gesteht man dem obigen Zitat eine Nähe zum Zeus-Ganymed-Mythos zu, so wird deutlich, wie sehr Klaus Mann in den zwanziger Jahren auf der Suche nach einem homosexuellen Vaterersatz ist, mit dessen Hilfe er den von ihm entworfenen Olymp erreichen kann, und es wird damit auch deutlich, dass Klaus Mann nicht daran glaubt, dies aus eigenen Kräften zu schaffen. Zeus, der Göttervater, ist für Ganymed nicht wie der eigene Vater, sondern ein plötzlich auftauchender Fremder, der zwar genauso bedeutsam wie sein Vater, aber zugleich Beschützer und Liebhaber ist. Das Zitat macht dann auch deutlich, dass Klaus Mann sich gewünscht hat, Gide übernähme die Rolle des Zeus. Der reale André Gide jedoch bietet sich Klaus Mann nicht nur nicht an, sondern versucht deutlich, sich Klaus Mann vom Leib zu halten. Sein Ganymed heißt Marc Allégret, den Klaus Mann eifersüchtig in seiner Monographie als Nazikollaborateur verunglimpft[504], was zu dem vernichtenden Urteil beiträgt, das André Gide in seinem Brief an Curtius über Klaus Mann fällt.[505] Ein anderer junger homosexueller Schriftsteller, der zum engeren Freundeskreis Gides zählt, wird ebenfalls von Klaus Mann abgewertet. Missgünstig schreibt er über die bereits 1936 erschienene Gide-Biographie seines Konkurrenten Maurice Sachs, sie falle „durch besondere Oberflächlichkeit und geistige Armut auf" (*AG* 219), und im *Wendepunkt* bezeichnet er Sachs sogar als „fleischigen Seminarist[en]" (*WP* 219) und wirft ihm Gehässigkeit, Hysterie und Maßlosigkeit vor. Dass Gide andere junge Männer und nicht Klaus Mann zu einem seiner Epheben respektive Ganymeden macht, führt bei ihm nicht zu einer Abkehr, nicht zu einer neuen „Zeus-Suche", sondern zu einer intensiven Beschäftigung mit Gides Werk. Vielleicht treten nun – da der reale Gide sich verweigert – dessen Texte an die Stelle des Zeus, in die Rolle desjenigen, mit dessen Hilfe sich Klaus Mann in den Olymp erheben kann, in den er eben nicht nur als Fußnote seines nicht zuletzt aufgrund des Nobelpreises sicher für den Schriftstellerhimmel vorgemerkten Vaters zu kommen wünscht?

Erstmals ehrt Klaus Mann Gide 1926 in einem Aufsatz über Crevel, indem er ihn als „Meister [der] farbigen und durchgeistigten Erzählkunst" und als „großen Autor"[506] preist. Ein Jahr später folgt die Rezension des Filmes *Voyage au Congo*, den Gide zusammen mit Allégret produzierte. Darin wird Gide als „Frankreichs größter lebender Dichter"[507] vorgestellt. Nicht dem jüngeren Allégret, sondern Gide gesteht er mit dem Film ein Gefühl von neuem Zeitgeist zu:

---

[504] In der 1943 veröffentlichten Monographie heißt es: „A successful movie director named Marc Allégret has joined the collaborationist camp. Marc, the companion of the African journey and of many other voyages and adventures; Marc, who was almost like a son, and more than a son, to Gide, Marc, a traitor, an opportunist..." (*AG1943* 298).
[505] Zur Marc-Allégret-Affaire vgl. Axel Plathe: *Klaus Mann und André Gide*, a. a. O., S. 73-80.
[506] Klaus Mann: *René Crevel* [1926], S. 100. In: *NE* 95-100.
[507] Klaus Mann: *André Gide: Reise zum Kongo* [1927], S. 153. In: *NE* 153f.

> Wieviel Unternehmungslust, wieviel Frische in dieser Idee, wieviel Zusammenhang mit der Zeit! – Und all das bei einer der ‚repräsentativen' Größen des Landes. (*NE* 153)

Mit neun Aufsätzen wird Gide bis zu Klaus Manns Gang ins Exil zum bevorzugten Gegenstand seiner Essayistik.[508] 1929 bespricht er in seinem Aufsatz *Der Ideenroman* Gides *Les Faux-Monnayeurs*. Für ihn ist der Roman „die Kunstform […], auf die wir mit so großer Ungeduld gewartet haben."[509] In diesen späten zwanziger Jahren, in denen sich Klaus Mann als Vertreter der europäischen Jugend sieht und nicht müde wird, sich als solcher darzustellen, sieht er auch Gide und seinen Roman als Wegbereiter:

> Nichts kann geheimnisvoller sein als seine Kenntnis der jungen Seele. Wir müssen uns von einem über Fünfzigjährigen den Typ ‚junger Mann' zeigen lassen, der wir selbst sind (oder sein möchten). Welche Beschämung für uns, die wir uns so selbstgefällig ‚jüngste Generation' nennen. Wer sich nicht in Olivier wiedererkennt, findet sich in Bernard (oder in beiden auf einmal). Das sind *wir* – ich habe es schon nach den ‚Caves du Vatican' gewußt, auch dieser Lafcaido ist unser Spiegelbild gewesen. Nur daß die Jünglinge Gides instinktiv sicherer sind, wo wir oft noch tasten. Wir wissen, daß eine alte Moral nicht mehr gilt, aber wir haben noch keine neue. (*NE* 205f.)

Wenig später ist ihm Gide bereits jener geworden, „den wir [die intellektuelle Jugend, Anm. d. Verf.] am meisten lieben"[510]; er begründet dies mit Gides Interesse an Europa (vgl. *NE* 238f.) und damit einem Interesse, das Klaus Mann auch selbst in diesen Jahren intensiv verspürt. Ihm zu Dank verpflichtet, stellt er Gide als „erlauchtesten und reifsten Bruder" (*NE* 239) vor und verweist erneut auf *Die Falschmünzer*, bevor er auf den *Immoralist* eingeht, den Roman, in dem der Held seine Krankheit durch seine homoerotischen Erfahrungen überwindet und zu einem neuen Leben findet:

> Das Leben wird geliebt, sogar angebetet; aber immer wie aus der Perspektive des Kranken, mit einer neidischen Inbrunst. So beobachtet und begehrt der ‚Immoralist' die arabischen Kinder. (*NE* 239)

Klaus Mann verortet Gide explizit als Modell für eine homosexuelle intellektuelle Jugend. Damit findet er, wenn nicht in Gide selbst, so doch in dem Bild, das er sich von ihm macht, und in seinen Werken den homosexuellen Intellektuellen, den er in Deutschland vergeblich sucht. Auch ein weiteres Thema, das ihn besonders in seinen ersten Erzählungen und in seinem ersten Roman *Der Fromme Tanz* neben der Homosexualität des Protagonisten beschäftigt, findet er bei Gide wieder: Die Auseinandersetzung mit dem Christentum. In *La porte étroite*, dem neuen Roman Gides, den Klaus Mann 1930 bespricht, sieht Klaus Mann das

---

[508] *André Gide: Die Reise zum Kongo* [1927], *Der Ideenroman* [1929] , *André Gide* [1929], *Zu André Gides 60. Geburtstag* [1929], *André Gide: Die Enge Pforte* [1930], *André Gide: Kongo und Tschad* [1930], *André Gide: Uns nährt die Erde* [1930], *André Gide: Europäische Betrachtungen* [1931], *André Gide und Russland* [1933].
[509] Klaus Mann: *Der Ideenroman* [1929], S. 203. In: NE 201-206.
[510] Klaus Mann: *Zu André Gides 60. Geburtstag* [1929], S. 238. In: NE 238ff.

Gegenstück und [die] kontrapunktische Ergänzung des ‚Immoraliste': Nichts kann christlicher sein, als in so heroisch ungenügsamer Weise das Werden, Wandern und Suchen vor das Sein und Ruhen zu stellen. Selbst die himmlische Freude wird nicht als ein Aufgehen in Gott, sondern als eine unendliche, fortdauernde Annäherung an ihn begriffen.[511]

Gides passionierte Hinneigung zum Heidnischen (vgl. NE 275) empfindet er als eine „wohl [...] sehr typisch europäische Geistesverfassung" (NE 275) und beschreibt damit auch seine eigene Beschäftigung mit dem Christentum als typisch für einen jungen europäischen Intellektuellen. 1931 stellt er unter dem Titel *Europäische Betrachtungen* eine gleichnamige Essay-Sammlung Gides vor, die, von Curtius ins Deutsche übertragen, im selben Jahr erscheint. Begeistert bezeichnet er den Band als für „*uns*", d.h. für die „denkende deutsche Jugend"[512] als bedeutungsvoll und lobt Gides Haltung gegenüber dem Rassismus der Nationalsozialisten:

Mit welch vornehmer Natürlichkeit steht hier eine Lobpreisung der ‚Französischen Erde' zwischen lauter scharfen Wahrheiten, die er den Nationalisten seines Landes sagt und die wir denen bei uns so gerne täglich sagen möchten: daß es nämlich ‚ein schwerwiegender Irrtum' sei, ‚zu glauben, man kenne sein eigenes um so besser, je weniger gut man die anderen kennt'; und was die Rasse betrifft, über deren pure Latinität die Herren drüben ein ebenso langweiliges und enervierendes Geschrei machen wie bei uns die Entsprechenden über Germanentum, so bittet Gide, denn doch nicht zu vergessen, daß das, was Sie unsere Rassen nennen, etwas recht Gemischtes ist'. (NE 376)

In Gides Werken findet Klaus Mann einen bestärkenden Begleiter für sein eigenes erwachendes politisches Engagement. Seine erste publizistische Arbeit nach der Machtübernahme Hitlers widmet Klaus Mann den ins Deutsche übertragenen Tagebüchern Gides. Dieser Text ist ein weiteres Beispiel für Klaus Manns Entwicklung zu einem gegen den Faschismus schreibenden und aufrufenden Intellektuellen, aber auch dafür, wie sich Klaus Mann der Texte des berühmteren Gides bedient, um auf ihm selbst sehr wichtig erscheinende Dinge aufmerksam zu machen. Ihn zitierend, hält es Klaus Mann angesichts der politischen Lage Europas für nicht mehr vertretbar, Literatur und Kunst zu schaffen. Angesichts der Hinwendung Gides von der Literatur zur Politik, stellt sich Klaus Mann aber auch die Frage, inwiefern Gide den jungen Schriftstellern noch Vorbild sein kann. In der Auseinandersetzung mit Gides Tagebüchern wird Klaus Mann klar, dass für ihn der Kampf gegen den Nationalsozialismus ohne Literatur oder Kunst im Allgemeinen nicht durchführbar ist (vgl. NE 458). Das Schreiben bleibt ihm gerade auch im Widerstand gegen den Faschismus wichtig. In der Auseinandersetzung mit Gides Affinität zum Kommunismus und dessen Sympathie für die Sowjetunion, formuliert Klaus Mann eine eigene Position, die bereits sein Engagement ankündigt, wenig später die verschiedensten Zweige des deutschen Exils bündeln zu wollen, um es wirkungsvoll gegen Hitler einzusetzen:

---

[511] Klaus Mann: *André Gide: Die enge Pforte* [1930], S. 275. In: NE 275f.
[512] Klaus Mann: *André Gide: Europäische Betrachtungen* [1931], S. 375. In: NE 375ff.

> Wir alle sind, unserem Blut, unseren Anlagen, unserer Bildung und unserer Lebenshaltung nach, dem kommunistischen Ideal so fern, wie André Gide es selbstverständlich ist. Die Forderung der Stunde ist aber die, daß wir auf geistige Vorbehalte, die wir bis jetzt machen zu dürfen glaubten, verzichten müssen – zunächst verzichten – denn unter veränderten Umständen wird das Bekenntnis zu diesen Vorbehalten vielleicht genauso wichtig sein, wie heute das Bekenntnis, daß wir, wie die Dinge liegen, nichts so sehr wollen, als eben ihre schleunige Veränderung. [...] Der verabscheuungswürdige Zustand, in dem wir unser Vaterland sehen, beweist uns, daß wir nicht weiter durch intellektuelle Nuancen unsre Stellungnahme komplizieren oder unklar werden lassen dürfen. Die Brutalität der andern lehrt uns nur zu deutlich, daß auch für uns die Zeit der Nuance vorüber sein muß. Unsre Rede sei in diesem Augenblick: Ja Ja und Nein Nein. Wenn unsre Unentschlossenheit mit schuld war, daß die Dinge in diesem Lande so unwahrscheinlich weit gedeihen konnten – wir büßen es nun selbst bitter. (*NE* 462)

Die Jugend, die Auseinandersetzung mit dem Christentum, das Eintreten für ein geeintes Europa, die literarische Darstellung von Homosexualität und der Kampf gegen den Nationalismus: Klaus Mann sieht alle diese ihn wesentlich beschäftigenden Themen in den Texten Gides mustergültig und ihm und seiner Generation den Weg weisend bearbeitet. Der Adler, der ihn in den Olymp bringt, ist nicht mehr der aktiv handelnde Gide selbst – von dem wird Klaus Mann immer wieder zurückgewiesen –, sondern sein Werk und das Bild, das Klaus Mann von ihm hat. Durch die schriftliche Beschäftigung mit Gide und dessen Werk erhofft sich Klaus Mann auch, von Gides Ruhm – zu dem er selbst mit seinen Schriften über ihn beiträgt – zu profitieren, indem er sich als Zeitzeuge, Werkkenner und Biograph präsentiert.

Höhepunkt der Auseinandersetzung mit Gide ist die 1943 erscheinende Monographie *André Gide and the Crisis of Modern Thought*, deren deutsche Neufassung *André Gide und die Krise des modernen Denkens* Klaus Mann im Sommer 1946 beginnt und 1948 vollendet. Axel Plathe markiert sie als „eigentlichen Endpunkt"[513] von Klaus Manns Schaffen. Ihm folgend, kann konstatiert werden, dass sie auch als Klaus Manns letzter Versuch gewertet werden kann, sich, wenn schon nicht zu Lebzeiten durch sein eigenes literarisches Werk, so doch als vermittelnde Instanz in den Literaturkanon einzuschreiben. Nach Abschluss der Gide-Monographie wird er bald von Todesgedanken befallen. Unter dem Datum des 6. Oktober 1942 notiert Klaus Mann:

> ‚André Gide and the Crisis of Modern Thought' ist abgeschlossen, zur Zufriedenheit des Verlages. ‚The Turning Point: Thirty-Five Years in this century' ist erschienen und wird viel gelobt. Schöne Briefe, glänzende Kritiken. Trotzdem bleibe ich deprimiert. Lähmendes Gefühl des Ausgeschlossenseins. (*WP* 439)

Und drei Wochen später heißt es konkret:

---

[513] Axel Plathe: *Klaus Mann und André Gide*, a. a. O., S. 64.

> Der Todeswunsch. Ich wünsche mir den Tod. Der Tod wäre mir sehr erwünscht. Ich möchte gerne sterben. Das Leben ist mir unangenehm. (*WP* 440)

Plathe betont in seiner Dissertation den autobiographischen Charakter der Monographie, indem er auf den lückenlosen Übergang zwischen dem Abschluss des *Turning Point* und dem Beginn der Monographie hinweist und sie als eine Fortsetzung der Autobiographie durch Transponierung in eine andere, distanziertere Ebene des Diskurses über sich selbst vorstellt.[514] Die Monographie kann somit als Testament interpretiert werden, mit dem sich Klaus Mann selbst ein Denkmal setzt. Nach einem einleitenden Kapitel, in dem er herausragende Vertreter der französischen Literaturgeschichte der Vor- und Zwischenkriegszeit vorstellt und deren Wirkung auf die europäische Jugend skizziert, kommt er auf seine Bekanntschaft mit Gide zu sprechen und setzt in seiner chronologischen Auseinandersetzung mit dessen Leben, Werk und Wirkung auch einen Akzent auf jene Themen, mit denen er sich selbst immer wieder beschäftigt. Während Thomas Mann und dessen Werke weder als Modell für sein eigenes literarisches Schaffen noch bei seiner Auseinandersetzung mit der eigenen Sexualität dienen kann, rezipiert Klaus Mann Gide nicht nur als intellektuellen Vordenker, sondern auch im Besonderen als homosexuellen Menschen und Schriftsteller. Ist die Gide-Monographie auch als literarischer Akt der Selbsteinschreibung Klaus Manns in die Literaturgeschichte zu interpretieren, so stellt sich die Frage, inwieweit sich Klaus Mann in die Monographie selbst als homosexueller Schriftsteller einschreibt.

Gide eröffnet seine Autobiographie *Si le grain ne meurt* mit der Erinnerung an Selbstbefriedigungen, die er mit dem gleichaltrigen Buben der Concièrge unter dem Esstisch betreibt:

> Je revois aussi une assez grande table, celle de la salle à manger sans doute, recouverte d'un tapis bas-tombant; au dessous de quoi je me glissais avec le fils de la concierge, un bambin de mon âge qui venait parfois me retrouver. – Qu'est-ce que vous fabriquez là-dessous? criait ma bonne. – Rien. Nous jouons. – Et l'on agitait bruyamment quelques jouets qu'on avait emportés pour la frime. En vérité nous nous amusions autrement: l'un près de l'autre, mais non l'un avec l'autre pourtant, nous avions ce que j'ai su plus tard qu'on appelait ‚mauvaises habitudes'.[515]

Die effektvolle Platzierung dieser homoerotischen Szene zeigt deutlich, wie wichtig Gide seine Homosexualität und wie wichtig ihm das Bekenntnis dazu ist. Am Ende seiner Autobiographie lässt er zusammenfassend sich noch einmal als Elfjährigen ausrufen: „Je ne suis pas pareil aux autres! Je ne suis pas pareil aux autres!"[516]

Klaus Mann formuliert sein „Ich bin nicht wie die anderen" erstmalig nachweisbar im Alter von sechzehn Jahren in einem Brief an seinen damaligen Schulleiter Paul Geheeb:

---

[514] Axel Plathe: *Klaus Mann und André Gide*, a. a. O., S. 64.
[515] André Gide: *Si le grain ne meurt*, a. a. O., S. 7f.
[516] André Gide: *Si le grain ne meurt*, a. a. O., S. 439.

Wo freilich ich ganz daheim sein werde – das weiß Gott. Ich gebe ein nicht ganz kleines Stück von mir her, wenn ich Ihnen sage: Überall werde ich – Fremdling sein. Ein Mensch meiner Art ist stets und allüberall durchaus einsam.[517]

Plathe bewertet Gides „Je ne suis pas pareil aux autres" als sich nicht nur auf den erotischen Bereich beschränkendes Gefühl von Andersartigkeit und Außenseitertum.[518] Klaus Mann hingegen verbindet in seiner Monographie das abschließende Außenseiter-Bekenntnis mit der einleitenden Szene: Das Gefühl des jungen Gide, ein Außenseiter zu sein, begründet er mit dessen Selbstbefriedigungsspielen:

> So sah es also aus, das kränkliche Sorgenkind, das schon im sechsten Jahr auf gewisse ‚schlechte Gewohnheiten' verfiel: daher das blasse Mienchen und der quere Blick. Der kleine Sünder war geplagt von Gewissensbissen und von dem Gefühl einer fast unerträglichen Verlassenheit. Die Beklommenheit seines Herzens machte sich zuweilen in jähen Ausbrüchen Luft – scheinbar ohne jeden plausiblen Grund. Es mochte geschehen, daß er plötzlich bei Tische heftig zu schluchzen begann. Dann versuchte die erschreckende Mutter wohl, ihm tröstlich zuzureden; aber umsonst, der Kleine bliebe verzweifelt. Warum? Das wußte er wohl selbst nicht. Oder wußte er es? Inmitten einer Tränenkrise schrie er auf: ‚Je ne suis pas pareil aux autres! Je ne suis pas pareil aux autres!' Er wiederholte es mehrere Male, vom Schluchzen wie von einem Krampf geschüttelt. *Ich bin nicht wie die anderen* ... Der Elfjährige, der solche Klage hören läßt, ist schon im Leid erfahren und antizipiert ahnungsvoll die Heimsuchungen, die noch kommen sollen. (AG 45f.)

Mit diesem literarischen Griff zeigt Klaus Mann deutlicher als in *Kind dieser Zeit* und als in den seiner Kindheit gewidmeten Kapiteln des *Wendepunkt*, wie sehr Außenseitertum und die Erkenntnis, sich zu Jungen hingezogen zu fühlen, für ihn zusammenhängen. Wenn er den jungen Gide „Heimsuchungen, die da noch kommen sollen" erahnen lässt, dann ist dies vornehmlich auf seine eigenen Erfahrungen zurückzuführen. Das Geheimnis, das sich hinter den „schlechten Gewohnheiten" verbirgt, lässt Klaus Mann allerdings im ahnungsinspirierenden Dunkel. In voller Klarheit erhellt es sich nur dem Leser, der Gides detaillierte Ausführungen kennt. Somit bleibt Klaus Mann zu Beginn seiner Monographie bezüglich der homosexuellen (Selbst-) Bekenntnisse zurückhaltender als Gide selbst.

Bei Klaus Mann führt die Homosexualität und der Wunsch, diese ausleben zu wollen, zu einem Gefühl der Fremdheit, das wiederum die Suche nach adäquaten Lebensorten bestimmt. Gides Suche nach solchen Orten beschreibt er wie folgt:

> Er ist immer im Begriff, aufzubrechen; sein Temperament läßt ihn nie lang am selben Ort verweilen. Einem oberflächlichen Beobachter mag Gides Leben wohl undiszipliniert vagabundenhaft erscheinen – ein zielloses, neurotisch gehetztes Schweifen. In Wahrheit jedoch sind seine Reisegewohn-

---

[517] Klaus Mann: *Brief an Paul Geheeb* vom 12. 6. 1923, BuA 15.
[518] Vgl. Axel Plathe: *Klaus Mann und André Gide*, a. a. O., S. 108.

heiten gar nicht so exzentrisch. Freilich, er ist ein geborener Nomade – aber einer mit ziemlich genau geregeltem Programm. [...] Seine Fahrten gingen nicht im willkürlichen Zickzack durch die Kontinente; eher waren sie ein stetes Kreisen um gewisse Zentren – Berlin und Biskra, Nizza und Neapel, München und Marrakesch, Genf und Genua. Und wenn die kleine Wohnung in der Rue Vaneau ihm in der Tat kaum mehr bedeutete als ein gelegentliches Absteigequartier und flüchtiges *pied-à-terre*, so ist damit nicht gesagt, daß er durchaus ohne Heim und Wurzel gewesen wäre. Es gab einen Ort, zu dem er immer zurückkehren und wo er sich zu Hause fühlen durfte – Cuverville. Dort wurde er immer erwartet von einer sanften, geduldigen Seele – seiner Frau. (*AG* 31f.)

Auch Klaus Mann bleibt nie lange an einem Ort und logiert hauptsächlich in Hotels und Gästezimmern. Seine rastlose Reise führt ihn durch ganz Europa bis nach Amerika. Die als Zentren dieses „Zickzacks" dargestellten Städte München und Berlin allerdings sind nicht die Gides, sondern die Klaus Manns, denn obwohl Gide beide Städte besucht, gehören sie nicht zu den Orten, an denen er sich oft und lange aufhält. Die Wohnung Gides beschreibt er als „gelegentliches Absteigequartier". Ein vergleichbares Zuhause, wie es Klaus Mann in den jeweiligen Wohnsitzen seiner Eltern findet, sieht er bei Gide im Landsitz Cuverville, wo seine, eher einer Mutter oder Schwester gleichende, zur Ehefrau genommene Kusine lebt. Klaus Manns Habseligkeiten beschränken sich vornehmlich auf eine Schreibmaschine, auf seine Kleider und Bücher und auf Photographien. Ein Haus oder eine Wohnung besitzt er nie. Auch seine Beziehungen zu Männern lassen sich durch den Drang nach Freiheit sowie durch das Unvermögen oder den Unwillen zur Bindung charakterisieren. Diese Besitz- und Bindungslosigkeit ist eng mit seiner Rastlosigkeit und dem immer wieder auftauchenden Gefühl der Heimatlosigkeit verbunden. Obwohl Gide einen festen Wohnsitz in Paris und einen Landsitz hat, wo seine Ehefrau wohnt, schreibt Klaus Mann über ihn:

> Eine der primären Obsessionen der Gideschen Seele ist die Abneigung gegen irdischen Besitz, die Angst vor Belastung, das Bedürfnis nach völliger Freiheit und Unbeschwertheit. Wer immer flugbereit zu bleiben wünscht, kann kein schweres Gepäck gebrauchen. Ballast ist ihm unerträglich [...]. Besitz macht lahm! Besitz ist ein Gefängnis! Besitz klebt – wie die Sünde klebt der Besitz an dem, der nicht die Kraft hat, ihn von sich zu schleudern. (*AG* 33)

Damit spricht Klaus Mann erneut über sich: Seine Bemühung, sich in Gides Seele hineinzuversetzen, bewirkt letztendlich, dass er deutlicher als im *Wendepunkt* sein eigenes Wesen zu erklären und zu rechtfertigen vermag. Gide ist ihm deswegen so nah, weil er sein Bild von ihm in Ermangelung eines nahen persönlichen Kontaktes selbst entwirft. Deutlich wird dies auch, wenn Klaus Mann die literarischen Vorbilder Gides vorstellt: Auch seinem „Zeus" Gide dichtet er einen literarischen Olymp an. Dieser zeichnet sich nicht nur durch Internationalität aus, sondern auch dadurch, dass er von denselben, größtenteils homosexuellen Dichtergöttern bewohnt wird wie der Klaus Manns:

Der junge Franzose liebte nicht nur Baudelaire und Rimbaud, sondern auch Whitman und Wilde; Goethe bedeutete ihm beinahe ebensoviel viel Racine; Nietzsche mehr als Pascal […]. Tolstoj gehörte niemals zu den Göttern des Gideschen Olymp. (AG 53)

Über Rimbaud, von dem Klaus Mann im *Wendepunkt* sagt, er spiele „in meinem Parnaß eine so selbstherrlich dominierende Rolle" (WP 113), und den er in die Nähe Nietzsches rückt, heißt es in der Monographie:

Auch gewisse Akzente aus Rimbauds wildem und tragischem Lied finden sich in den freilich sanfteren, weniger aggressiven Melodien der ‚Nourritures'. Das ‚Bateau ivre' diente dem jungen Gide als Fahrzeug auf seiner Reise zum afrikanischen Wunderland. Aber er machte in den lieblichen Oasen Tunesiens halt, während sein tollkühner Vorgänger und Bruder sich in die tödlichen Einöden des Inneren wagte. (AG 86f.)

Was seine Homosexualität anbetrifft, lässt es Klaus Mann in seinen eigenen Autobiographien an eindeutigen Eröffnungen und Geständnissen fehlen. In *Kind dieser Zeit* beschränkt er sich auf eine nie ganz eindeutige vorsichtige Schilderung seiner Schülerschwärmereien und auf die Skizze *Vorfrühling*. Im *Wendepunkt* bekennt er, ohne sie explizit zu benennen, zumindest homosexuelle Gefühle erlebt zu haben. Als er über seinen Tschaikowsky-Roman schreibt, sieht er eine passende Gelegenheit:

Wie hätte ich nicht alles von ihm wissen sollen? Die besondere Form der Liebe, die sein Schicksal war, ich kannte sie doch, war nur zu bewandert in den Inspirationen und Erniedrigungen, den langen Qualen und flüchtig kurzen Seligkeiten, welche dieser Eros mit sich bringt. (WP 335)

Als im letzten Sinne eindeutiges, offenherziges, ausschließliches Bekenntnis ist dies nicht zu werten. Wenn er hingegen über Gide schreibt, dann gestattet er sich eine gewissermaßen schamlose, entblößende Offenheit. Nach dem oben disskutierten Zitat, das die Nacherzählung von Gides Leben einleitet und Klaus Manns Ausführungen über die „besondere Form der Liebe" aus dem *Wendepunkt* ähnelt, wird er, was Gide anbetrifft, wesentlich direkter: „Er vergötterte seine Frau, machte indessen kein Hehl aus seinem Penchant für dunkelhäutige Araberknaben" (AG 27). Danach beschreibt er über Seiten genüsslich Gides Begegnung mit Oscar Wilde in Nordafrika, die – abgesehen von der infantilen Onanie – zu Gides erstem homosexuellen Abenteuer führt:

Der lasterkundige Oscar gefiel sich ungemein in seiner Führer- und Verführerrolle. Welch enormer Spaß, dem ersten jungen Franzosen gewisse Neigungen zu erklären, die er bis jetzt in sich unterdrückt hatte – Penchants und Gelüste, die zu seiner Natur gehörten, und die sich übrigens gerade hier, in Nordafrika, ohne besondere Schwierigkeit befriedigen ließen. Grinsend ‚wie ein Kind und ein Teufel', beobachtete der Verführer den Seelenkampf, der sich nur zu deutlich in der verzerrten Miene des Opfers spiegelte.
Der Schauplatz von Andrés Fall war eine arabische Kaschemme der gemeinsten, billigsten Art. Die ‚Lockspeise' hieß Mohammed – ein kleiner Flötenspieler, vierzehnjährig, kindhaft süß und geschmeidig. Gide ver-

schlang ihn mit den Augen – zitternd vor Gier, dabei wie gelähmt von Schüchternheit und Scham. Plötzlich spürte er einen sanften Druck auf der Schulter: Oscars weiche, enorme Hand ...
‚*My dear, vous voulez le petit musicien?*' Also wisperte der Versucher. Und das Opfer, mit zugeschnürter Kehle und wildpochendem Herzen, brachte ein beinahe lautloses ‚Ja' hervor. [...] Ja, der Teufel kam auf seine Kosten bei dieser höchst schmutzigen Gelegenheit. Und was das Opfer betrifft – nun, das hatte auch seinen Spaß. (*AG* 77f.)

Die Fiktionalisierung und Literarisierung dieser Begegnung macht es Klaus Mann möglich, offener als jeder autobiographische Text seine eigenen homosexuelle Erfahrungen darzustellen. Obwohl Klaus Mann (seine) Homosexualität in späteren Jahren im *Wendepunkt* als qualvoll und erniedrigend beschreibt, lassen seine im Tagebuch festgehaltenen kurzen sexuellen Abenteuer sowie seine längeren Beziehungen zu Thomas Quinn Curtiss und Jury Cabell die These zu, Klaus Mann habe in seinem Leben nicht nur Beziehungen gehabt, die sich vom ersten Tag an als unglücklich, als nur unbefriedigende und erniedrigende Sexualerlebnisse erwiesen. Warum beschreibt er sie dann nicht mit einer ähnlichen Offenheit, die er bei Gide findet, die er sich bei Gide gestattet? Für seine diesbezügliche Zurückhaltung in seinem autobiographischen Werk nennt er im *Wendepunkt* vornehmlich ästhetische Gründe:

> Von der Liebe könnte ich viel erzählen, tue es aber nicht, oder doch immer nur sehr nebenbei, andeutungsweise, ohne mich auf das schöne und trübe Thema je so recht einzulassen. Warum diese Diskretion? Aus Scham? Aus Vorsicht? Vielleicht. Wahrscheinlicher ist, daß ich mir gerade diesen Gegenstand für künstlerische Gestaltung aufhebe und vorbehalte. (*WP* 308)

Doch auch in seinem literarischen Werk findet sich keine derart prägnante, ungezwungene, kurzweilige oder ironisch-anzügliche Darstellung. Bis auf die Figur des Andreas in *Der Fromme Tanz* wählt Klaus Mann keine homosexuelle Helden, die mit ihrer Homosexualität glücklich sind. Richard Darmstädter, Alexander, Ludwig II., Tschaikowsky – sie alle zeichnen sich durch einsames Leiden aus. Darüber hinaus vermeidet Klaus Mann eine direkte Konfrontation des Lesers mit der Homosexualität seiner Helden und verdeckt sie in ästhetisch gestaltetem Außenseitertum, Einsamkeit und Rastlosigkeit. Als eine weitere, ebenfalls indirekte Methode, derer sich Klaus Mann bedient, um seine eigene Homosexualität und die Erfahrungen damit zu thematisieren, ist seine Wahl zu werten, als homosexuell bekannte Persönlichkeiten zu den Helden seiner Werke zu machen. Die Namen Ludwig II., Alexander der Große und Tschaikowsky sind auch als – wenn auch leicht zu entschlüsselnde, aber dennoch unverfängliche – Chiffren zu lesen, besonders in Zeiten und an Orten, da – wie in den USA – Homosexualität unter Strafe steht oder ein Mittel der Denunziation politischer Gegner ist. Eine allzu offene (Selbst-)Entdeckung seiner Homosexualität nach 1933 hätte Klaus Manns Engagement gegen den Nationalsozialismus gefährdet, wenn nicht zunichte gemacht. Nach dem Krieg ändert sich die Situation diesbezüglich nicht. Das Romanprojekt *Peter and Paul*, das Klaus Mann sich 1947 vornimmt und in dem er die besondere Lage der Homosexuellen in der Gesellschaft thematisieren will, bleibt unausgeführt.

1942 und 1948 beschäftigt sich Klaus Mann mit Gide mit einer weltweit geschätzten Persönlichkeit, die sich – u.a. begründet durch die freizügigen Rechtsbestimmungen in Frankreich – in einer bis dahin ungekannten offenen Weise zu ihrer Homosexualität bekennt. Dieser Offenheit kann sich Klaus Mann bedienen, indem er über Gide schreibt. Über Gides Homosexualität sagt er dabei nichts, was Gide nicht zuvor schon selbst geschrieben hätte. Dessen Berühmtheit, die durch seine Homosexualität und durch seinen Umgang damit keinen Schaden erleidet, macht es Klaus Mann möglich, so offen über ihn zu schreiben, wie er es in seiner Beschreibung von Gides „Fall" unterhaltsam tut. Was Klaus Mann selbst oder andere, ihre Homosexualität nur heimlich auslebende Persönlichkeiten als Diffamierung empfunden hätten oder gar hätten empfinden müssen, gegen dessen Veröffentlichung sie hätten vorgehen müssen, um ihren Ruf zu verteidigen, Gide stört sich nicht an Klaus Manns Ausführungen, wie sein Brief an Klaus Mann und mehr noch der an Curtius zeigt. Gide steht über den Dingen, ein weiteres Mal ist er Zeus, dessen Hilfe sich Klaus Mann bedient, um sich als homosexueller Schriftsteller in seinen Olymp einfliegen zu lassen. Die Oscar-Wilde-Episode lädt zu der Vermutung ein, dass Klaus Mann die Homosexualität in seinem autobiographischen und auch in seinem literarischen Werk sehr viel offener und positiver thematisiert hätte, hätte er an den Orten, an denen er sich nach 1933 aufhält, frei und ohne Angst, als Außenseiter zu gelten oder sich strafbar zu machen, seine Homosexualität positiv erfahren können und über sie schreiben dürfen. Obwohl er die Ansicht vertritt, Gides Homosexualität spiele in dessen Lebenswerk kaum eine dominierende Rolle (vgl. *AG* 144), und er einerseits dazu auffordert, sich „vor Vereinfachungen und Verallgemeinerungen zu hüten" (*AG* 143), weist er andererseits darauf hin, welch großen Einfluss die Homosexualität Gides auf dessen geistige Haltung und Werk hat:

> Es kann keine Frage sein, daß Gides erotische Neigungen und Erfahrungen den bedeutendsten Einfluß auf seine geistige Entwicklung hatten. Die vitale Rolle, die das Geschlecht in allen Sphären des menschlichen Dramas spielt, ist auch für den offensichtlich, der die Freudsche Lehre vom absoluten und alleinigen Primat des Sexuellen nicht ohne Vorbehalt akzeptieren kann. (*AG* 143)

Klaus Mann legitimiert hier – mit Bezug auf Gide und Freud – (s)eine homosexuelle Teilidentität, die (s)eine, auch künstlerische, Persönlichkeit ausmacht. Während er im *Wendepunkt* diese Teilidentität für sich nicht explizit eingestehen kann, kommentiert er seine Ausführungen in der Gide-Monographie weiter:

> Übrigens war es nicht der Gründer der psychoanalytischen Schule, sondern es war Nietzsche, der das Geschlechtliche die Wurzel und Basis aller künstlerischen Inspiration nannte. Nach seiner Meinung und Einsicht läßt sich an *allem*, was ein Mensch hervorbringt oder äußert – auch noch an seinen scheinbar sublimsten, reinsten ‚geistigsten' Taten oder Werken – die erotische Tendenz des betreffenden Individuums erkennen: es gibt keine Manifestation des Menschlichen, die nicht vom Geschlechtlichen her gefärbt und geprägt wäre. (*AG* 143)

Zusammenfassend ist André Gide für Klaus Mann vor allem deswegen so bedeutsam, weil für ihn das Bild, das er sich von André Gide zeichnet, ein Gegenentwurf zum Bild seines Vaters ist. Auf seiner Suche nach einem geistigen Ort wird er in der Nähe Gides fündig. Der ist einer der wenigen, die es, gemessen an Berühmtheit und Einfluss, mit seinem Vater Thomas Mann aufnehmen können. Darüber hinaus verspricht sich Klaus Mann von seiner Beschäftigung mit Gide, selbst als Schriftsteller bekannt zu werden. Wie bedeutsam das Bild, das Klaus Mann von Gide hat, für seine (schriftstellerische) Abgrenzung von seinem Vater ist, das unterstreicht sein nicht ausgeführter Plan, in seiner Gide-Monographie beide in ihrem Leben und ihrem Werk miteinander zu vergleichen.[519]

3.4 Ambivalente Spiegelung. Klaus Mann und Jean Cocteau

Während André Gide sowohl als literarisches Vorbild als auch als Freund und Vertrauter unerreichbar bleibt, ist Klaus Manns Beziehung zu dem anderen großen Mittelpunkt des literarischen, intellektuellen und homosexuellen Milieus im Paris der zwanziger Jahre, zu dem Schriftsteller, Zeichner und Filmemacher Jean Cocteau, weitaus facettenreicher und intensiver. Biographische Parallelen und ähnliche künstlerische Ziele ermöglichen, was bei Gide auch wegen des großen Altersunterschiedes und Gides Erfolges nur zum Teil und vermutlich nur mit einem gewissen Gefühl der Anmaßung hätte gelingen können: Im Wesen Cocteaus und in dessen Werken kann sich Klaus Mann wiedererkennen. So notiert er am 13. Oktober 1938 über sein Lektüreerlebnis bei Cocteaus Roman *Le Grand Écart*:

> In einem Zuge wohlig eingeschlürft. Vertraute, liebenswerte Morbidezza! Melancholischer Leichtsinn. Problematik der Nachkriegsjugend. *Meine Herkunft, mein Stil.* (*TB* IV 138)

Anders als Gide und auch hinsichtlich des Bildes, das Klaus Mann von ihm hat, erscheint ihm Cocteau als ein erreichbares Vorbild. Ein weiteres Indiz dafür ist eine Äußerung von Thomas Quinn Curtiss, nach der es Klaus Manns tiefster Herzenswunsch gewesen sei, eines Tages der deutsche Cocteau zu werden.[520]

Die bisherige Klaus-Mann-Forschung behandelt das Verhältnis Klaus Manns zu Cocteau nur marginal. Für Axel Plathe ist es insofern bedeutsam, als dass er in Klaus Manns Beschreibung von Cocteau immer Gide als Maßstab angelegt sieht. Seiner Meinung nach geht Klaus Manns Faszination mehr von Cocteaus Auftreten und weniger von dessen künstlerischer und literarischer Kompetenz aus.[521] Diese Einschätzung ist vor dem Hintergrund des obigen Zitats und vor allem aufgrund der Bearbeitung des Cocteauschen Romans *Les enfants terribles* für das Theater durch Klaus Mann anzuzweifeln (vgl. Kap.

---

[519] Vgl. Klaus Mann: Notiz im Konvolut *André Gide and the Crisis of Modern Thought*, KMA.
[520] Laut Kroll machte Curtiss diese Äußerung in einem Gespräch mit Michel Grunewald am 24. November 1973 in Paris. Vgl. *Klaus-Mann-Schriftenreihe* Bd. 5. *1937-1942. Trauma Amerika*. Hrsg. von Fredric Kroll, Wiesbaden 1986, S. 157.
[521] Vgl. Axel Plathe: *Klaus Mann und André Gide*, a. a. O., S. 47f.

3.1). Um Klaus Manns Verhältnis zu Cocteau zusammenzufassen, zitiert Plathe allein aus einem Doppelportrait Cocteaus und Gides, das Klaus Mann 1942 anfertigt und in dem Gide als Moralist, Cocteau aber als Ästhetizist bewertet wird.[522] Klaus Manns Verhältnis zu Cocteau gestaltet sich aber durchaus auch ambivalent. Bei Plathes Konzentration auf die antagonistischen Rollen Gides und Cocteaus bleibt dieser Aspekt unberücksichtigt und soll an dieser Stelle näher beleutet werden.

Michel Grunewald sieht das Verhältnis Klaus Manns zu Cocteau als Ergänzung zu Gide.[523] Er vertritt jedoch die Ansicht, Cocteau hätte Klaus Mann nicht wie Gide als Spiegel dienen können. Die Homosexualität Klaus Manns, Gides und Cocteaus ist für Grunewald zudem keine Motivation für die Freundschaft und literarische Ausein-andersetzung, bleibt sie doch bei ihm unerwähnt. Wesentliche, vor allem biographische Hinweise zum Verhältnis Klaus Manns zu Cocteau liefert Fredric Kroll in seiner *Klaus-Mann-Schriftenreihe*. Er gesteht der Beziehung Bedeutung zu und setzt sie mit den Einflüssen Gides und Heinrich Manns gleich. Zum dezidierten Untersuchungsgegenstand, aus dem heraus ein zusammenhängendes Bild dieser Beziehung entstehen könnte, macht Kroll sie jedoch nicht.

Jean Cocteau kommt 1889 in Maisons-Laffitte als Sohn einer dem Pariser Großbürgertum zuzurechnenden Familie auf die Welt und ist damit siebzehn Jahre älter als Klaus Mann. Die Familie zeichnet sich wie die Familie Pringsheim durch künstlerische Neigungen aus. Cocteaus Großvater besitzt eine bedeutende Kunstsammlung und ist mit Musikern wie Camille de Saint-Saëns befreundet. Cocteaus Vater malt selbst, die Mutter verkehrt gesellschaftlich mit zahlreichen Malern.[524] Auch Klaus Manns Großvater mütterlicherseits besitzt bedeutende Kunstwerke und ist zudem ein Förderer Richard Wagners. So wie die Familie Pringsheim frankophil ist und Klaus Manns Mutter Katia ein französisches Kindermädchen hat, sind die Cocteaus deutschfreundlich und lassen ihren Sohn Jean von einem deutschen Kindermädchen erziehen. Deutsch zählt neben dem Zeichenunterricht zu Cocteaus wenigen erfolgreichen Fächern seiner Schullaufbahn, die er – ebenso wie Klaus Mann – ohne Hochschulreife beendet. Mit neunzehn Jahren macht Cocteau die Bekanntschaft des gefeierten homosexuellen Schauspielers Edouard de Max, der ihm zu seinem öffentlichen Debüt verhilft, indem er seine Gedichte im Théâtre Femina von namhaften Schauspielern rezitieren lässt. Im selben Jahr erscheint mit dem Sonett *Les facades* seine erste Veröffentlichung in der Zeitschrift *Je sais tout*. Ein Jahr später trifft Cocteau Marcel Proust, 1912 lernt er Gide kennen, mit dem er bis zu dessen Tod in Verbindung bleibt. Sowohl die Bekanntschaft mit Edouard de Max als auch die Freundschaft zu Gide, Marcel Proust und zu dem Ballettchoreographen Serge Diaghilew zeigen, dass sich Cocteau auf die Suche nach homosexuellen Mentoren und Vorbildern begibt und damit auch in dieser Hinsicht mit Klaus Mann Gemeinsamkeiten hat. Zusammen mit

---

[522] Vgl. Klaus Mann: *Cocteau und Gide* [1942], S. 403. In: ZD 365-373.
[523] Vgl. Michel Grunewald: *Klaus Mann 1906-1949*. Bd. 1, a. a. O., S. 265ff.
[524] Vgl. Pierre Chanel: *Jean Cocteau. Leben und Werk*, S. 17. In: *Jean Cocteau. Gemälde, Zeichnungen, Keramik, Tapisserien, Literatur, Theater, Film, Ballett*. Hrsg. von Jochen Potter, Köln 1989, S. 19-59.

Jacques Renaud adaptiert er Oscar Wildes Roman *Das Bildnis des Dorian Gray* für die Bühne und setzt sich damit – wie später auch Klaus Mann – mit homosexuellen Schriftstellern und deren Werken auseinander. Während des Krieges lernt Cocteau u. a. Eric Satie, Pablo Picasso, Georges Braque, Amadeo Modigliani und Guillaume Appollinaire kennen und wird Teil der künstlerisch-intellektuellen Avantgarde der Kriegs- und Nachkriegszeit. Die 1920 beginnende Liebschaft zu dem jungen Schriftsteller Raymond Radiguet bildet den Anfang einer Reihe von Beziehungen zu wesentlich jüngeren Männern, zu denen Jean Desbordes, Maurice Sachs, Marcel Khill und Jean Marais zählen. Während der Beziehung zu Radiguet wendet sich Cocteau literarisch von avantgardistischen zu klassischen Formen und beginnt, sich mit antiken Stoffen auseinander zu setzen. Im Jahr 1922 entsteht der Einakter *Antigone*, zu dem Coco Chanel die Kostüme anfertigt. 1926 feiert das Drama *Orphée* Premiere, ein Jahr später das Drama *Oedipus Rex*, und auch in seinem Gedichtband *Opéra*, der ebenfalls 1927 erscheint, ist das antike Griechenland ein bedeutendes Thema. Nach dem Tod Radiguets im Dezember 1923 flüchtet sich Cocteau zum einen in Drogen, die er bis Ende seines Lebens konsumiert, was zu zahlreichen Sanatoriumsaufenthalten führt, und zum anderen in den Katholizismus.

Bevor Klaus Mann Cocteau 1926 persönlich trifft, kennt er ihn – so ist anzunehmen – durch die Lektüre von Radiguets Roman *Le diable au corps*, für den Cocteau das Vorwort geschrieben hat und den Klaus Mann 1925 bespricht, aber auch durch seine Gespräche mit dem Romanisten Curtius, der mit Cocteau bekannt ist und sich mit seinen Werken auseinandersetzt.[525] Die Bekanntschaft der beiden geht – wie die zu Gide – von Klaus Mann aus und wird auch von ihm gepflegt. Klaus Mann wird immer Cocteau aufsuchen, nie umgekehrt. Vor allem die Art, wie sich Cocteau, den Klaus Mann im *Wendepunkt* „zu den Mythen unserer übernationalen Bruderschaft" (WP 218) zählt, als Mittelpunkt eines avantgardistischen Künstlerkreises inszeniert und feiern lässt, ist es, die den nach eigenen Selbstinszenierungsmodellen suchenden Klaus Mann zu Beginn der Bekanntschaft anzieht. Der französische Schriftsteller hält in einer mit allerlei Kuriositäten beladenen Wohnung Hof. Er spielt, er verkleidet sich, ist Dandy, Snob, Ästhet:

> Die Stunden, die ich mit ihm verbringen durfte, haben in meiner Erinnerung die hoch stilisierte Lustigkeit von Commedia-dell-arte-Szenen. Jean – immer mit der Pfeife in der Hand, immer wieder hingekauert beim Schein des ewigen Lämpchens – ist der Komödiant und Zauberer, der Hohepriester des heiter-makabren Kultes, [...] er imitiert Filmstars, Boxer, Vögel, Greisinnen, Paranoiker, wobei er sich mit Federn, Masken, bunten Tüchern schmückt. Er glitzert, kichert, tänzelt, verwickelt sich in seine Schleppe. Gleich wird er sich mit dem seidenen Schal erwürgen wie Isodora Duncan, wie die Königin Jokaste in Cocteaus Drama ‚La Machine Infernale'. (WP 222f.)

---

[525] So erscheint am 8. 7. 1927 in der Zeitschrift *Die literarische Welt*, in der auch Klaus Mann veröffentlicht, unter dem Titel *Der junge Cocteau* von Curtius eine Besprechung früher Lyrik Cocteaus. (Vgl. *Jean Cocteau*. Hrsg. von Jochen Potter, a. a. O., S. 106ff.)

Seine Zuschauer und Gefährten sind zumeist junge, homosexuelle, schreibende Männer, mit denen Cocteau teilweise Verhältnisse hat, als deren Mentor er sich begreift und die er mittels seiner Verbindungen zu Verlagen unterstützt. Mit seiner offen gelebten, selbstbewussten bis exaltierten Homosexualität und seinem großen homosexuell-künstlerischen Bekanntenkreis bietet sich Cocteau in der Mitte der zwanziger Jahre für Klaus Mann als Spiegel an. Der frühere Wunsch, Tänzer zu werden, und sein von Skandalen begleitetes Theaterspiel sind dabei Bruchstücke von Klaus Manns eigener Biographie und damit geeignet, sie zum Vergleich heranzuziehen. Der sichtliche Erfolg Cocteaus, der zum Teil auch auf seine besondere Lebensweise und -haltung zurückzuführen ist, macht ihn zu einem Vorbild für Klaus Mann. Weitere Gemeinsamkeiten, die Cocteau als Spiegelungsmöglichkeit bietet, sind seine Faszination für den katholischen Glauben und seine Drogenabhängigkeit. 1927 äußert sich Klaus Mann zu Cocteaus Konvertierung sowie zur öffentlichen Diskussion darüber:

> Cocteaus Übertritt zum Katholizismus hat vor einiger Zeit in Paris sehr viel Aufsehen gemacht. Dieses Aufsehen hatte einen skandalösen Beigeschmack, man bezweifelte den Ernst dieses Schrittes. Es mag schwer sein, einen Ernst zu erkennen, der sich unter soviel Spielerei verbirgt und sich mit soviel Spaß und sich mit soviel Spiel vermischt und verbindet.[526]

Klaus Mann, dessen Neigung zum katholischen Glauben u.a. in *Der fromme Tanz* durch die Marienverehrung seines Protagonisten Andreas zum Ausdruck kommt, verteidigt ihn:

> Daß dieser unruhigsten Seele das Religiöse von lebenswichtiger Bedeutung ist, bleibt für mich außer Frage, nur der Gehässige kann hier Tuerei vermuten. (*NE* 160)

Klaus Manns Drogenkonsum ist erstmalig für das Ende der zwanziger Jahre nachweisbar. So schreibt er in einem Brief an seine Schwester Erika aus dem Jahr 1929, dass er gelegentlich etwas Morphium nimmt.[527] Eine Freundin – die spätere Schriftstellerin Grete Weil – berichtet, dass sich Klaus Mann 1930 Drogen spritzt.[528] Im Frühjahr 1937 ist seine Sucht so stark, dass er in einem Sanatorium in Budapest zum ersten Mal eine Entziehungskur macht. In Cocteau findet er einen Mitkonsumenten. So heißt es unter dem Datum des 12. Februar 1935 in seinem Tagebuch:

> Bei COCTEAU. Wie gut er mir wieder gefiel. Er ist ziemlich gealtert; klagt über Geldnot. Aber der alter Zauber. [...] Photos seines arabischen Marcel. 3 pipes geraucht. Le gout bien-aimé. (*TB* II 96)

Im Jahr 1929 veröffentlicht Cocteau seine während einer Entziehungskur in einem Tagebuch aufgezeichneten Entzugserfahrungen unter dem Titel *Opium*. Klaus Mann besitzt ein Exemplar davon[529], und es ist wahrscheinlich, dass ihn diese autobiographisch-fiktiven Aufzeichnungen darin bestärken, seine eige-

---

[526] Klaus Mann: *Jean Cocteau* [1927], S. 160. In: *NE* 157-162.
[527] Vgl. Klaus Mann: *Brief an Erika Mann* vom 29. 11. 1929, *KMA*.
[528] Vgl. Grete Weil: *Brief an Klaus Täubert* vom 14. 10. 1974, *KMA*.
[529] Jean Cocteau: *Opium* [1929], *KMA Buch*.

nen Drogenerfahrungen ebenfalls in seinen Werken zu thematisieren. Erstmalig geschieht dies in dem 1932 veröffentlichten Roman *Treffpunkt im Unendlichen*. Auch in *Der Vulkan* und in den Erzählungen *Speed* und *Afrikanische Romanze* spielt die Einnahme von Rauschgift und die Abhängigkeit davon eine bedeutende Rolle.

Doch nicht nur die biographischen Parallelen lassen Cocteau zum Muster werden, sondern auch die Vielseitigkeit seiner Suche nach geeigneten künstlerischen Formen. Im *Wendepunkt* heißt es:

> Alles ist ihm geglückt [...], welcher Kunstform er sich auch bedienen mochte. Seine Karikaturen und graphischen Phantasien sind ebenso gekonnt und original wie seine Verse [...]. Seine Romane und Kurzgeschichten nehmen es an struktureller Präzision und emotionaler Intensität mit seinen Dramen auf. Cocteau ist ein Meister des lyrisch-kritischen Aphorismus [...]. Die Songs, mit denen er die ‚Vedettes' der Music-Hall beschenkt [...] sind ebenso wirkungsvoll wie seine berühmten Librettos für Ballett und Oper [...]. Er zeigte als Regisseur dieselbe fanatische Konzentration, den gleichen disziplinarischen Elan, den er bei der Herstellung einer Zeichnung, eines Gedichtes oder Artikels hat. (*WP* 222)

Wie für Cocteau und im Gegensatz zu Thomas und Heinrich Mann und zu André Gide hat für Klaus Mann das Verfassen von Dramen und vor dem Exil auch das Theaterspielen – wie *Anja und Esther* (1925), *Revue zu Vieren* (1926), *Gegenüber von China* (1929), *Geschwister* (1930) und *Athen* (1932) zeigen – große Bedeutung. Für das Kabarett seiner Schwester Erika schreibt er zu Beginn der dreißiger Jahre zahlreiche Liedtexte, und auch der Film gehört zu seiner – wenn auch gescheiterten – Suche nach künstlerischen Ausdrucksmitteln. So versucht sich Klaus Mann zu Beginn der dreißiger Jahre an der Verfilmung des Kaspar-Hauser-Stoffes und an der Verfilmung von Antoine de Saint-Exupérys Roman *Vol de nuit*. Auch seine Mitarbeit als Drehbuchautor bei Roberto Rossellinis *Paisà*[530] nach dem Zweiten Weltkrieg ist in diesem Zusammenhang zu nennen.

Über die biographischen und künstlerischen Ähnlichkeiten hinaus erfährt Klaus Mann Jean Cocteau auch in der Position eines Mentors und damit einer Funktion, die Klaus Mann selbst in die ersehnte Rolle eines Protegés versetzt. Als Klaus Manns Biographie über den Mazedonierkönig Alexander der Große 1931 auf Französisch veröffentlicht wird, unterstützt ihn Cocteau, indem er – wie bereits zuvor für Radiguet und Desbordes[531] – ein Vorwort dazu schreibt. Es schließt mit folgenden Zeilen:

> Je suis heureux de mettre un témoignage de cette amitié que les oeuvres seulement dignes d'admiration ne peuvent obtenir, en tête du livre d'un de mes compatriotes – je veux dire d'un jeune homme qui habite mal sur la terre et qui parle sans niaiserie le dialecte du coeur.[532]

---

[530] Vgl. Uwe Naumann: „*Ruhe gibt es nicht, bis zum Schluss*", a. a. O., S. 309.
[531] Vgl. Raymond Radiguet: *Le Bal du Comte d'Orgel*, Paris 1923, S. IX-XII, und Jean Desbordes: *J'adore*, Paris 1928, S. 5-12.
[532] Jean Cocteau: *Préface*, S. XI. In: Klaus Mann: *Alexandre. Roman de L'utopie*, a. a. O., S. IX-XI.

Jean Cocteaus Einführung Klaus Manns als „un de mes compatriotes" ist ein deutliches Zeichen dafür, dass sich Klaus Mann in Paris bis zu seiner Emigration als Teil eines internationalen homosexuellen literarischen Kreises begreifen darf, den er in Deutschland vergeblich sucht. Über dieses einzige Zeugnis einer Förderung durch seine französischen Bekannten ist Klaus Mann so stolz, dass er es über ein Jahrzehnt später im *Wendepunkt* stellenweise aufnimmt (vgl. WP 218). Ob der Roman *Alexander* und das 1932 geschriebene Drama *Athen* auch auf Cocteaus Anregung hin entstanden sind, ist zwar nicht nachweisbar, aber aufgrund Cocteaus Beschäftigung mit Stoffen der griechischen Mythologie und Geschichte durchaus vorstellbar. Zumindest dürfte sich Klaus Mann in der Wahl der Stoffe bestärkt sehen. Eine weitere Bestärkung seines Schreibkonzepts könnte für Klaus Mann Cocteaus autobiographisches Werk *Le livre blanc* sein, das er 1928 anonym veröffentlichen lässt und worin er die Geschichte eines homosexuellen Jungen und seiner ersten sexuellen Abenteuer nachzeichnet. Im Gegensatz zu Marcel Proust führt Cocteau dabei seinen Protagonisten nicht als effeminiertes Wesen, sondern als männlichen Narziss ein[533], und trägt damit wie Gide zum Wandel des Bildes vom Homosexuellen in der französischen Literatur bei. Auch Klaus Mann ist bemüht, seine homosexuellen Protagonisten fernab von jeglicher „Weibischkeit", sondern als Männer darzustellen, die ihre Außenseiterrolle zu überwinden suchen.

Wie seine Tagebucheintragungen zeigen, wird Klaus Mann bis zu seinem Tod jedes Mal, wenn er in Paris ist, den Kontakt zu Cocteau suchen und ihn – anders als zu Gide – auch finden.[534] Cocteau und sein Kreis bieten ihm vor der Machtübernahme der Nationalsozialisten in Deutschland auf vielfältige Weise Wiedererkennungs-, Spiegelungs- und Problemlösungsmöglichkeiten für seine eigene Identität und seine eigenes Schreiben. Darüber hinaus ist die Bekanntschaft mit Cocteau für Klaus Mann eine Gelegenheit, sich selbst als Teil einer intellektuellen internationalen Künstlerszene in der Öffentlichkeit in Form von Portraits und Besprechungen zu präsentieren. Diese informieren in ihrer distanzlosen und anfänglich auch kritiklosen Art weniger über Cocteau und seine Werke als vielmehr über Klaus Mann und *sein* Verhältnis zu Cocteau. Im September 1927 erscheint ein erstes Portrait Cocteaus. Klaus Mann offeriert sich darin als Teil der internationalen Bohème, deren Mittelpunkt Cocteau bildet:

> Es gibt ein kleines Atelierfest, wo ich ihn wiedersehe. Ein paar junge Franzosen, eine Pariser Dichterin im lila Seidenkostüm, zwei oder drei Deutsche, ein Maler, ein Essayist. Kerzenbeleuchtung, kubistische Malerei an

---

[533] Vgl. Joachim Campe: *Jean Cocteau*, S. 126. In: *Frauenliebe, Männerliebe. Eine lesbisch-schwule Literaturgeschichte in Portraits*. Hrsg. von Alexandra Busch und Dirck Linck, Frankfurt a. M. 1999, S. 123-127.
[534] So am 27. 1. 32 (vgl. *TB* I 48), am 29. 11. 1932 (vgl. *TB* I 95), am 20. 3. 1933 (vgl. *TB* I 125), am 19. 6. 33 (vgl. *TB* I 148), am 1. 10. 1933 (Versuch) (vgl. *TB* I 172), am 28. 2. 1934 (vgl. *TB* II 19), am 12. 2. (*TB* II 96), am 19. 5. 1935 (in Villefrance) (vgl. *TB* II 108), am 18. 1. 1937 (vgl. *TB* III 101), am 21. 2. 1938 (vgl. *TB* IV 21) und am 17. 9. 1945 (vgl. *TB* VI 96). Ob er während seines letzten Parisbesuchs Ende März/Anfang April 1949 den Kontakt zu Cocteau sucht, geht nicht aus seinen sehr kurzen Tagebucheinträgen hervor. Allerdings beschäftigt er sich mit ihm: Am 30. 3. 1949 liest er Cocteaus *Lettres aux Américains* (vgl. *TB* VI 210); zwei Tage später schaut er sich den Film *Les Parents terribles* an (vgl. *TB* VI 210).

den Wänden, Rotwein in stilisiert-schlichten Karaffen – Cocteau steht hinter dem Stuhl, sein Wort beherrscht die Gesellschaft.[535]

Wichtig – auch im Hinblick für seine eigene Suche nach einem Mentor, der ihn als Protegé in seinen Zirkel aufnimmt – ist die Tatsache, dass er Cocteau als „Entdecker" neuer Kunst und neuer Künstler vorstellt:

> Wie aber musste die wirklich neue Kunst aussehn, die er erwartete? Frisch und hart, lustig, geheimnisvoll und verwegen. Er wusste einen, er war drauf und dran, einen zu entdecken, der *neu* war. (*NE* 161)

Und über Cocteaus Verhältnis zu den Surrealisten schreibt er:

> Da er im Schimpfen war, kam er auch gleich zu den Surrealisten. Lassen sich Pariser Schriftsteller über ihre Feinde erst einmal aus, werden sie noch maßloser, unobjektiver, zornbebender als deutsche Literaten in solchem Fall. (*NE* 161)

Die Surrealisten und besonders André Breton gehören im Laufe der nächsten Jahre zu den wenigen Künstlern, denen auch Klaus Mann sehr kritisch gegenüberstehen wird.
Klaus Mann zählt Cocteau „zur kühnsten, geistigsten Vorhut Europas" (*NE* 161). Auch in seiner auf das Jahr 1929 datierten Besprechung des Romans *Les enfants terribles* „weist" ihm Cocteaus „hinreißende[r] Artistenroman", den er als „ästhetizistisch bis zum Todessüchtigen, aristokratisch bis zum Eigenbrötlerischen, bis zum Bizarren" feiert, „in die Zukunft als Kunstform"[536]. Durch diese Aussage positioniert sich Klaus Mann bezüglich seines Kunstverständnisses und -zieles in der Nähe Cocteaus. Seine Adaption des Romans im folgenden Jahr kann als deutlichstes Zeichen der Übernahme des Cocteauschen Ästhetizismus gewertet werden.
Obwohl sich Klaus Mann im Exil dem Kampf gegen den Nationalsozialismus auch in seinem literarischen Werk verschreibt und damit auch in seiner Literatur die Aufgabe der politischen Stellungnahme wahrnimmt, verteidigt er zunächst Cocteaus apolitische Haltung zugunsten seines Ästhetizismus'. 1935 schreibt er in einer sehr wohlwollenden Besprechung der Cocteau-Erinnerungen:

> Das Leben Cocteaus ist ein Dichterleben par excellence – noch seine Marotten, seine Spleens und Extravaganzen sind Dichtung. Alles was der Poet berührt, muß Poesie werden.[537]

Ein Jahr später lobt er ihn als einen derjenigen, denen er „die bedeutendste intellektuelle Anregung verdankt"[538], und 1938 bekennt er:

> Mehr als ein Jahrzehnt lang wirkt der echte, legitime Zauber jenes anderen französischen Dichters auf mich, den ich neben Gide am meisten liebe: Jean Cocteau.[539]

---

[535] Klaus Mann: *Jean Cocteau* [1927], S. 157. In: *NE* 157-162.
[536] Klaus Mann: *Zwei europäische Romane* [1929], S. 211. In: *NE* 207-211.
[537] Klaus Mann: *Cocteau-Erinnerungen* [1935], S. 318. In: *ZuK* 317-321.
[538] Klaus Mann: *Können Deutschland und Frankreich Freunde sein?* [1936], S. 17. In: *WvM* 15-23.

Doch die Erfahrungen der nunmehr bereits fünf Jahre andauernden Exilzeit und das Ausbleiben jeglicher Erfolge im Kampf gegen Hitler und den Faschismus veranlassen Klaus Mann, sein Verhältnis zu Cocteau zunehmend zu hinterfragen. Zwar verteidigt er noch einmal Cocteaus künstlerische Position:

> Immer habe ich es als Ungerechtigkeit – schlimmer: als Oberflächlichkeit – ersten Ranges empfunden, im Falle Cocteau von mondänen Albernheiten, von ‚Chi-chi' und geschickter Aufmachung zu reden. Die frappierende Echtheit seines Dichtertums – eines Poetentums, wie es in dieser Zeit furchtbar selten geworden ist [...], offenbart sich nicht nur in jenen seiner Werke, die ich am stärksten bewundere [...], sondern in dem ganzen Rituell seines Lebens. (*ZD* 32f.)

Aber er vergleicht ihn bereits mit einem „Physiker", der „an gewissen gefährlichen Strahlen, mit denen er zuviel experimentiert" (*ZD* 33), verbrennt. Zum ersten Mal distanziert er sich von seinem Vorbild:

> Muß ich betonen, daß es ein Element gibt, das ich bei Cocteau vermisse, und daß er eben wegen dieses Mankos nie wirklich zu den Geistern gehören kann, an denen ich mich orientiere, sondern nur zu den Phänomenen, die ich anstaune und vielleicht liebe? Es ist das Element der sozialen Kritik, der politischen Verantwortlichkeiten, welches in seiner geistigen Landschaft überhaupt keinen Platz zu finden scheint. Da er der Poesie verfallen ist wie einem Gift, gibt es für ihn nur Probleme auf der poetischen Ebene. Auf solcher Ebene hat die soziale Problematik überhaupt keine Realität: sie verschwindet. (*ZD* 33f.)

Im Jahr 1940 versucht Klaus Mann, sich nach dem Erfolg des mit seiner Schwester Erika geschriebenen Emigranten-Who-is-who *Escape to life* als englischsprachiger Schriftsteller und Intellektueller zu etablieren, indem er die Amerikareisen und -erfahrungen europäischer Persönlichkeiten darstellt und damit dem amerikanischen Leser einen Blick von außen gewährt. In einem Kapitel dieser Essay-Sammlung, die unter dem Titel *Distinguished visitors* von den amerikanischen Verlagen abgelehnt und erst 1991 auf Deutsch veröffentlicht wird, bedient sich Klaus Mann auch einer Amerikareise Cocteaus und stellt ihn als „einen Menschen vor, der immer und überall die Genialität eines Kindes besitzt", als „hypersenible[n] Kenner aller Spielarten künstlicher Paradiese" und als „letzte[n] legitime[n] Erben Baudelaires und Verlaines"[540]. Damit wird zum einen die nach wie vor vorhandene Wertschätzung und die Nähe zu Cocteau deutlich, zum anderen reflektiert Klaus Mann, indem er Cocteau mit Schriftstellern des 19. Jahrhunderts vergleicht, dessen künstlerischen Anspruch, der nun im faschistischen 20. Jahrhundert nicht mehr vertretbar sein könne.
Im ersten Heft seiner Zeitschrift *Decision* veröffentlicht Klaus Mann im Januar 1941 einen mit *The ruins of Paris* betitelten Prosabeitrag Cocteaus, entnommen aus dem Werk *La fin du Potomak*, das Cocteau kurz vor dem Ausbruch des Zweiten Weltkrieges geschrieben hat. Im Vorwort seiner Zeitschrift wirbt

---

[539] Klaus Mann: *Die Wirkung Frankreichs* [1938], S.32. In: *ZD* 28-38.
[540] Klaus Mann: *Distingushed Visitors. Der amerikanische Traum.* Hrsg. von Heribert Hoven, München 1992, S. 334.

Klaus Mann für diesen Beitrag als „grand and appalling vision of a Paris in ruins" und als im Vergleich zu einem politischen Essay „more original, indeed, a more truthful picture of the French disaster"[541]. Es scheint, als wolle er seinem Idol Cocteau, mit dem er während des Krieges keinen nachweisbaren Kontakt hält, und vor allem sich selbst eine Chance geben, sich bzw. ihn als Hellseher und Kämpfer gegen die deutsche Besatzung und gegen das Vichy-Regime darzustellen. Doch Cocteaus Leben in dieser Zeit gestaltet sich anders. Zunächst flieht er, wie die meisten französischen Intellektuellen, vor den einmarschierenden deutschen Truppen aus Paris und begibt sich nach Perpignon. Nachdem die Wehrmacht im Juni 1940 Paris besetzt hat, hält sie sich zunächst nicht nur – anders als in Osteuropa – mit Zerstörungen oder Razzien zurück, sondern sucht mittels „korrektem", „zurückhaltendem" Auftreten die Bewunderung und Akzeptanz der Pariser Bevölkerung zu erlangen und ein Bild eines neuen starken, siegreichen, aber moralisch anständigen Deutschlands zu entwerfen. Bald nach der Besetzung kehrt in Paris eine gewisse Normalität ein. Die von Klaus Mann verehrte Sängerin Mistinguette[542] singt vor Angehörigen der deutschen Armee, die Oper eröffnet wieder, der Bildhauer Aristide Malliol lädt zur Ausstellung seiner Skulpturen ein. Im September kehrt Cocteau wieder nach Paris zurück. Keiner der anderen großen Schriftsteller – auch nicht der von Klaus Mann zum Moralisten erhobene Gide – äußert sich öffentlich gegen die deutsche Besatzung oder gegen den Faschismus. Auch Jean Cocteau lehnt sich nicht dagegen auf. Seinem Verständnis nach soll sich die Kunst auch in diesen Zeiten aus politischen Angelegenheiten heraushalten, ist es die Aufgabe eines Künstlers und Schriftstellers, so unabhängig wie möglich seinen Weg fortzusetzen.[543] In Deutschland, wo seine Werke bisher immer wohlwollend aufgenommen wurden, sieht er – unabhängig von der politischen Lage – erst einmal den Nachbarn und Freund Frankreichs. So konzentriert er sich zum einen auf seine Arbeit und zum anderen darauf, seine Opiumabhängigkeit mittels Entziehungskuren zu überwinden, anstatt sich gegen die Besatzung zu engagieren. Darüber hinaus schließt er Bekanntschaft mit dem sich oft in Paris aufhaltenden und von Hitler bevorzugten Architekten Albert Speer und mit dem in der Wehrmacht dienenden Schriftsteller Ernst Jünger. Trotz seines Wissens über Nazi-Deutschland sieht Cocteau in Hitler auch einen großartigen Mäzen der Künste. Als der Maillol-Schüler Arno Breker – nun einer der gefragtesten Bildhauer des Dritten Reiches – Cocteau vor Angriffen der faschistischen Presse schützt, revanchiert er sich, indem er 1942 dessen Ausstellung besucht und – fasziniert von den dort gezeigten homoerotischen Skulpturen – den Künstler mit der 1942 in der Zeitschrift *Comoedia* erscheinenden Besprechung *Salut à Breker* feiert.[544] Auch eine Photographie, die ihn gemeinsam mit Zarah Leander zeigt, trägt dazu bei, dass ihn die Résistance und die Exilanten der Kollaboration verdächtigen. Je brutaler sich dann die deutsche Besatzung in Paris durch die Judenverfolgung und die Unterdrückung der Résistance offenbart, desto mehr zieht sich Cocteau in seine Kunst zurück. Nur einmal stellt er sich der Gegenwart: Als sein langjähriger jüdi-

---

[541] Klaus Mann: Vorwort zu *Decision*, S. 7. In: *Decision*, Heft I, (Jan. 1941), S. 6ff.
[542] Vgl. Klaus Mann: *Casino de Montparnasse* [1925], S. 47. In: *NE* 46ff.
[543] Vgl. Claude Arnaud: *Jean Cocteau*, Paris 2003, S. 545f.
[544] Vgl. Claude Arnaud: *Jean Cocteau*, a. a. O., S. 582.

scher Freund Max Jakob nach Auschwitz deportiert wird, versucht Cocteau vergeblich, ihn mittels seiner Beziehungen zu retten. Nach der Befreiung Frankreichs kann er sich, der Kollaboration angeklagt, erfolgreich verteidigen. Das *Comité national des écrivains* kann ihm weder eine Mitgliedschaft in einer Kollaborationsvereinigung, einen Aufenthalt in Deutschland, einen Bezug von deutschem Geld noch die Unterstützung der Hitlerschen Propaganda nachweisen.[545]

Was Klaus Mann zu welchem Zeitpunkt über Cocteaus Leben während der deutschen Besatzung genau weiß, ist en detail nicht zu rekonstruieren. Weitere Versuche, mit denen Klaus Mann ähnlich wie mit *The ruins of Paris* Cocteaus antifaschistisches Engagement unterstreichen und ihn damit in die Reihen der Antifaschisten aufnehmen könnte, bleiben jedoch aus. Im Sommer 1941 beginnt Klaus Mann mit seiner Biographie *The turning point*, die er Anfang Juni des nächsten Jahres abschließt. Das Bild, das er darin von Cocteau zeichnet, ist frei von Vorwürfen, Cocteau könne sich mit den Nazis gemein machen. Wohlwollend lobt er ihn letztmalig als großen, homosexuellen Künstler, als einen „of the most gifted beings I have ever known, and perhaps, the most nearly perfect one" (*TP* 175), und verteidigt seinen Ästhetizismus, sein lautes Wesen mit der Qualität seines Werkes und seiner Ideen:

> He may be a morbid clown, a treacherous freak, and what not. But he is not to be equalled as a phenomenon – something irresponsible and irrefutable as are rainbows, peacocks, or shooting stars. Can a rainbow lie? Is a peacock unreliable? The display of their grace is their truth. Can a ropedancer betray principle? He has none. Neither has Jean Cocteau. He is neither a moralist, nor a liar, but, primarily and essentially, a performer. His only principle is not to be a dilettante. Equally remote from the barricade and the ivory tower, he leads his risky life on the high trapeze, the most exacting and ingenious acrobat of his epoch. (*TP* 175f.)

Im Sommer 1942 müssen Klaus Mann jedoch Gerüchte über Cocteaus vermeintliche Kollaboration mit den Nazis erreicht haben. So verurteilt er es in seiner Gide-Monographie, dass Cocteau Freundschaft mit den „illiterate murderers from Berlin and Berchtesgaden" (*AG1943* 299) schließt. Das im Juni 1942 in New York angefertigte Doppelportrait *Cocteau und Gide* wird zu einer maßlosen Abrechnung mit Cocteau: *Les enfants terribles* nennt er zwar einen „meisterhaften Roman", zugleich aber auch ein

> gefährliches Evangelium für empfängliche und unreife Gemüter. Indem sie mit Rauschgiften und gefährlichen sexuellen Anomalien kokettieren, schwelgten diese anfälligen Jugendlichen in den fragwürdigen Wonnen der Selbstvernichtung. Ausschließlich mit den Problemen und Freuden des Körpers beschäftigt, scheinen sie seltsam verloren und entwurzelt in dieser materiellen Welt.[546]

Indem er den Roman so kritisiert, versucht sich Klaus Mann auch deutlich von seinem eigenen Frühwerk zu distanzieren. Der Roman, in dem er sich so sehr wiedererkannte, den er sogar als Theaterstück adaptierte, wird zum „gefährli-

---

[545] Vgl. Claude Arnaud: *Jean Cocteau*, a. a. O., S. 632f.
[546] Klaus Mann: *Cocteau und Gide* [1942], S. 392. In: *ZD* 391-409.

chen Evangelium", von dem er sich lossagen kann. Die darin thematisierte Homosexualität, der Drogenkonsum und die Selbstmorde, Themen, die Klaus Mann selbst weiterhin beschäftigen, sieht er als „gefährliche Anomalien", als „Wonnen der Selbstvernichtung" (ZD 392). Der Kampf gegen den Nationalsozialismus lässt Verlorenheit und Entwurzelung nicht zu, zumindest nicht so, wie sie hier dargestellt sind, also ohne den Leser ermutigenden Ausweg.

Zunächst lobt Klaus Mann Cocteau nach wie vor als „eines der begnadetsten Geschöpfe, die ich kenne, unter ihnen vielleicht das nahezu vollkommenste" (ZD 394), und entschuldigt seine Amoralität, indem er ihn den exaktesten und erfinderischsten Akrobaten unserer Epoche (vgl. ZD 384) nennt. Mit der Äußerung „Cocteau ist zutiefst Ästhet; Gide ist im innersten Kern Moralist" (ZD 403), stellt er ihn sogar wertfrei neben sein anderes großes Vorbild, doch dann giftet er:

> Es scheint Cocteau jedoch unterdessen gelungen zu sein, sich zwischen den Trümmern der geliebten Stadt einzurichten und sich zu arrangieren. Dieses wundersame Chamäleon – glaubenslos, seelenlos und unverwüstlich – paßt seine Posen und Schrullen den barbarischen Maßstäben der Eindringlinge an, um seinen Lebensunterhalt zu verdienen und geduldet zu werden. Die Alternative, der er sich gegenübersah, hieß: Selbstmord oder Erfolg haben, sogar im Paris der Nazis. Selbstmord [...] ist seiner Ansicht nach die denkbar trostloseste Trivialität. Selbstverständlich schließt er lieber Freundschaft mit heißhungrigen Bestien, als daß er eine Trivialität beginge. (ZD 406)

Klaus Mann ist persönlich verletzt. Wie ein eifersüchtiges Kind wendet er sich von seinem Mentor ab. Er teilt Menschen nur in Antifaschisten und Faschisten ein. Im sicheren amerikanischen Exil weilend, zeigt er, der selbst in den USA nicht von Drogen loskommt, er, der auch in New York regelmäßig Badehäuser und schwule Kneipen aufsucht, um sich – oft gegen Geld – von jungen Männern sexuell befriedigen zu lassen, dem Leser einen zur Nazihure verkommenen, alten, selbstverliebten und drogenabhängig gewordenen Cocteau:

> Ich stelle mir vor, wie Jean Cocteau in der schneeweißen Dämmerung eines chaotischen Hotelzimmers seinen faulen Zauber vollführt. Die Luft ist vom Duft der chinesischen Droge durchtränkt. Während er sich noch ein Pfeifchen zubereitet, genehmigt sich ein wohlbeleibter Herr auf der Couch eine kleine Morphium-Injektion. Der aufgeräumte Riese [...] ist Hermann Göring, der es sich in Jeans Schlafgemach gut gehen läßt [...]. Herrmann amüsiert sich großartig. – Von Lachen geschüttelt, vergißt er sogar, der für Punkt Mitternacht angesetzten Massenhinrichtung beizuwohnen. Es ist vier Uhr morgens, als der monströse Marschall endlich geht und Cocteau völlig entkräftet und aufgewühlt zurückläßt. Im blassen Licht der frühen Stunde nimmt sich dieser wie eine nervöse Mumie aus. Unruhig, ausgedörrt, ganz zerfressen von seinen Lastern, Eitelkeiten und Visionen. (ZD 408)

Drogen, von denen man nicht loskommt, Homosexualität, die man nur heimlich ausleben kann, die Gefahr, nicht ernst genommen zu werden: Gemeinsamkeiten, die Klaus Mann durchaus sieht, mit denen er aber nun Cocteau zu demontieren versucht. Und über Cocteaus Wunsch nach Freundschaft zu Gide schreibt er:

> [W]eil Cocteau – während dieser Begegnung wie während seines ganzen Lebens – zweifellos versucht hat, bei André Gide Anerkennung zu finden und ihn zu beeindrucken. Es ist sonderbar und rührend, den kessen, eleganten Jungen um den tiefernsten, unnahbaren Meister buhlen und ihn hofieren zu sehen, der trocken feststellt, daß er ‚nicht amüsiert' war. (ZD 405)

Eine weitere Gemeinsamkeit? Zeichnet Klaus Mann hier nicht unbewusst ein Selbstportrait? Während Cocteau mit Proust, Gertrude Stein oder Colette enge Freundschaften verbinden, ist das Verhältnis zwischen Cocteau und Gide distanzierter. Cocteau begründet dies u.a. damit, dass einer von Gides Liebhabern ihn dazu benutzte, Gide eifersüchtig zu machen, der dann als Ausdruck seiner Eifersucht die Figur des Passavant, des wenig schmeichelhaften homosexuellen Antagonisten in seinem Roman *Die Falschmünzer* entwirft, in der sich Cocteau wieder erkennt.[547] Auch wenn sich Gide in seinen Tagebüchern bisweilen etwas gehässig über Cocteau äußert[548], nimmt er ihn jedoch anders als Klaus Mann nicht nur wahr, sondern auch ernst[549].
Als Klaus Mann wenig später, im Sommer 1942, in Pacific Palisades an seiner Monographie über André Gide schreibt, nimmt er sich in seinen Anschuldigungen gegen Cocteau deutlich zurück, was wohl auch in der Form des Werkes begründet ist, das als länger gültige Abhandlung gedacht ist:

> Jean Cocteau contributes a new magic ritual – the staggering tours de force of an inspired illusionist. His art seems to be derived from bewitched zones where the realities of our life, the laws of gravity and of ethics are no longer relevant. A clairvoyant clown and clownish visionary, he gushes puns and prophecies, performing indefatigably the uncanny stunts of his repertoire. Colourful and yet monotonous, the programme of Jean Cocteau includes acrobatic acts and macabre antics, great poetry and morbid dislocations. The august characters of antique myths an medieval legends, pacing the scene of a Parisian music hall, display the feverish agitation of twentieth-century neurotics, while the *enfants terribles* of a decaying bohème stylize their games and agonies according to mythic patterns. The magician-poet – frail but dynamic, [...] supervises the show, which is accompanied by the glorious discords of Stravinsky's music for the Russian Ballet. An opium pipe serves him as al baton to direct his opalescent parade. What a delightful spectacle! And how frightfully chimerical... Cocteau realizes, at bottom that his astounding performance has as little to do with human and living things as opium has with religion. ‚L'opium res-

---

[547] Vgl. Charles Shively: *Jean Cocteau*, S. 3. In: *An Encyclopedia of Gay, Lesbian, Bisexual, Transgender and Queer Culture*. Hrsg. von Claude Summers, Chicago 2003, S. 1-3. (www.glbtq.com/literature/cocteau_j.html) (4. 8. 2004).
[548] Vgl. André Gide: *Journal 1889-1939*, Paris 1979, S. 473 und 685.
[549] Eine Tagebucheintragung vom 19. 4. 1918 zeigt, dass sich Gide über den Besuch von Cocteaus Theaterstücken und Filmen hinaus auch mit Cocteaus Kunstkonzept auseinandersetzt: „Rien ne m'est plus étrange que ce souci de modernisme qu'on sent incliner toutes les pensées et toutes les résolutions de Cocteau. Je ne prétends point qu'il ait tort de croire que l'art ne respire qu'en sa plus nouvelle apparence." (André Gide: *Journal 1889-1939*, a.a. O., S. 651).

semble à la religion dans la mesure où un illusioniste ressemble à Jesus' – the confession of an opium smoker. He has long made his choice, in favour of the illusion. (*AG 1943* 12f.)

Dennoch bleibt er innerlich weiterhin von Cocteau enttäuscht und distanziert. Dies zeigt ein Tagebucheintrag vom 8. Juli 1943, in dem Klaus Mann über den Stil seines nächsten Romans schreibt:

> Mein nächster Roman – wenn ich leben werde, um ihn zu schreiben – soll viel *chaotischer* sein als meine früheren Sachen, und als ich es bisher angedeutet habe. Die ‚Retour à l'ordre'-Formel ist inzwischen veraltet – oder zumindest gerade dabei, zu veralten: sie führt zu Sterilität, mit anderen Worten, zum Faschismus (wie Cocteaus Beispiel beweist…). (*TB* V 152)

Nach außen gibt er sich versöhnlich. Im selben Jahr nimmt er Cocteau mit dem bereits in der ersten Ausgabe von *Decision* veröffentlichten und dem Widerstand zugeordneten *La fin du Potomak*-Ausschnitt *The ruins of Paris* in seine Anthologie *Heart of Europe* auf, die er zusammen mit Hermann Kesten herausgibt. Im Vorwort der Anthologie begründet er diese Auswahl u.a. mit dem Wert Cocteaus früherer Leistungen und hebt damit seine Aburteilung etwa der *Les enfants terribles* wieder auf. Deutlicher trennt er nun zwischen Cocteaus Werk und dessen Person:

> As for Pirandello and Cocteau, they are exceptional, somehow paradoxical cases. But both have to contribute original, and, in a way, indispensable shades to the rich palette we try to present in this volume. Besides there is no touch of the fascist bacillus to be traced in their dream worlds. [...] And if Jean Cocteau – [...] yielded to the massive persuasion of the German invaders, he only chose a particularly macabre form of suicide, which – we think – is hardly apt to depreciate the enthralling authenticity of his previous artistic feats and confessions.[550]

Nach dem Krieg, dies geht aus einem auf den 8. Juli 1945 datierten Brief[551] Cocteaus an Klaus Mann hervor, bemüht sich Klaus Mann vergeblich, Cocteau während seines ersten Parisbesuchs aufzusuchen. Erst im September treffen die beiden sich wieder. In einem Brief an seine Mutter schreibt Klaus Mann am 30. September über das Wiedersehen:

> I rushed to Paris, which I found depressing (although I spent a pleasant half-hour with politically more or less rehabilitated Jean Cocteau.)[552]

Diese Rehabilitierung führt dazu, dass Klaus Mann seiner sehr erweiterten deutschen Fassung des *Turning Point*, an der er im Sommer 1947 zu arbeiten beginnt, dem seiner Bekanntschaft mit Cocteau gewidmeten Abschnitt folgende Zeilen hinzufügt, die deutlich machen, wie wichtig Klaus Mann der Kontakt, die Bekanntschaft zu seinem ehemaligen Mentor und Vorbild ist und wie

---

[550] Klaus Mann: Vorwort zu *Heart of Europe*. In: *Heart of Europe*. Hrsg. von Klaus Mann und Hermann Kesten, a. a. O., S. XXXii.
[551] Jean Cocteau: *Brief an Klaus Mann* vom 8. 7. 1945, KMA.
[552] Klaus Mann: *Brief an Katia Mann* vom 30. 9. 1945, KMA.

sehr er – vielleicht auch aus Gefallsucht – bereit ist, sich öffentlich für sein früheres Urteil zu entschuldigen.

> Cocteau ist, bei aller Eitelkeit, ein guter Kamerad. Teilnahmsvoll, hilfsbereit, nicht ohne echte Sympathie und Wärme. [...] Dieser Gefallsüchtige ist nicht empfindlich; Rachsucht, nachträgerische Kleinlichkeit liegen seinem Wesen fern. Ich habe ihm einmal in einer ernsten Sache, unrecht getan, ihn irrtümlich oder doch mit übertriebener Schärfe beschuldigt und verurteilt. Jeder andere wäre mir bitter gram; nicht Cocteau. Er verzeiht, sei es aus Großmut, sei es aus Zerstreutheit. (*WP* 223)

Abschließend würdigt er ihn als wichtigen Leitstern auf der Suche nach sich selbst:

> Ich bin ihm für vieles dankbar; der Kontakt mit ihm hat meiner Jugend viel bedeutet. Seine katzenhaft geschmeidige, anmutig groteske Figur wurde mir zum Symbol, zur Inkarnation artistischer Besessenheit, halb Warnung, halb Modell für kunstbeflissene, der Kunst verfallene und verschworene Knaben auf der Suche nach dem rechten Weg. (*WP* 223f.)

Zwei Tage vor seinem Tod stellt Klaus Mann einen letzten Aufsatz fertig, eine Besprechung von Cocteaus *Lettres aux Americains*. Als ein „[k]urioses Phänomen!", eine „seltsame Figur!", die „[i]mmer wieder überraschend, immer wieder erregend"[553] ist, beschreibt er Cocteau und findet so zum Schluss zu seinen frühen Empfindungen für Cocteau zurück. So hat Cocteau nun, „allmählich, beinah unbemerkt, die Würde, die Statur des Meisters angenommen", dessen „höchst persönlich geprägter Stil, seine Akzente und Bilder [...] eine ganz Generation beeinflusst" (*AvP* 514f.) haben.

In den zwanziger Jahren ist Cocteau als Mittelpunkt eines homosexuellen Künstler-Zirkels ein wichtiger Bestandteil der idealen Welt, nach der Klaus Mann seit seiner Jugend sucht. Die Person Coceaus ist für ihn – vor allem im Vergleich zu seinem Vater und zu André Gide – ein näheres, erreichbareres und später auch überwindbares Vorbild. Cocteaus Werk gibt ihm bedeutende Impulse für sein eigenes Schaffen, der Kontakt zu ihm, die Möglichkeit, sich in Deutschland und Amerika als Kenner der französischen Literatur- und Kulturszene vorzustellen. Mit seinem Vorwort zur französischen Alexander-Ausgabe macht Cocteau sich zu Klaus Manns Mentor und zeigt ihm, dass er nicht allein ist, dass er ein „Zuhause" hat. Anders als Gide empfängt Cocteau Klaus Mann, wann immer er in Paris ist. Klaus Mann kann sich ihm nahe fühlen. Wie nahe, zeigen seine gefühlvollen Reaktionen auf Nachrichten über Cocteaus Verhalten während der deutschen Besatzung von Paris und sein Wille zur Versöhnung nach dem Krieg. Für Klaus Mann ist Jean Cocteau neben seinem Vater und André Gide bedeutendstes Vorbild und von diesen dreien jenes, mit dem er sich am meisten identifizieren kann.

Was für ein Bild entwirft nun Cocteau von Klaus Mann und seinem Verhältnis zu ihm? Bevor er ihm im *Alexander*-Vorwort „un de mes compatriotes" ist,

---

[553] Klaus Mann: *Jean Cocteau und Amerika* [1949], S. 514. In: *AvP* 514-523.

stellt er ihn – und den Vater damit schmeichlerisch würdigend – als Sohn von Thomas Mann vor, als

> jeune homme escorté de grâce, d'intelligence et de la plus émouvante des gloires, celle de Thomas Mann, son père, qui sait que la grandeur n'habite pas toujours les grandes choses. [...] Cette grandeur familiale et familière de Thomas Mann allume autour de Klaus une auréole très tendre (un cerceau d'enfant lumineux, si vous voulez) et lui évite les pièges du malin.[554]

Ist Klaus Mann für Cocteau mehr als einer seiner vielen Bewunderer und Nachahmer, dessen besondere Vorzüge darin bestehen, zum einen wohlwollende Kritiken und Portraits zu verfassen, zum anderen der Sohn des bedeutendsten zeitgenössischen deutschen Schriftstellers zu sein? Wahrscheinlich nicht. Als Klaus Mann sich im März 1933 nach Paris begibt, weil er glaubt, dort aufgrund seiner Freundschaften und Beziehungen Unterstützung für sein weiteres Leben zu erhalten, ist Cocteau – wie alle anderen seiner französischen Bekannten – nicht willens, sich für Klaus Mann einzusetzen. Dass Cocteau ihm für seine *Sammlung* ein paar mäßige, als Jugendlicher auf Deutsch hingeschriebene Gedichte schickt, ist nicht als gewichtiger Freundschaftsdienst zu werten, sondern eher als halbherziges Almosen, da er für diese Lyrik ohnehin keinen Verleger findet. In der Rolle als Bittsteller für ein antifaschistisches Projekt macht es Klaus Mann seinen Bekannten leicht, sich daran zu beteiligen, ist er doch für alles dankbar.
1946 schreibt Klaus Mann sein letztes Drama *Der siebte Engel*, das er von seiner Freundin Mopsa Sternheim ins Französische übertragen lässt, um es auch in Frankreich anbieten zu können. Im Sommer 1947 hofft er, dass Cocteau das Stück „für die französische Bühne adaptieren wird: dann wäre eine Pariser Aufführung beinahe garantiert."[555] Wie Fredric Kroll recherchiert hat, zieht Klaus Mann sogar noch seinen Vater in dieser Angelegenheit hinzu, damit dieser bei Cocteau ein gutes Wort einlegt, was er auch tut, aber ohne Erfolg.[556] Cocteau will Klaus Mann nicht behilflich sein, *Le septième ange* bleibt unaufgeführt. Als Erika Mann nach dem Tod ihres Bruders ein Gedächtnisbuch herausgibt, ist Cocteau wie Gide unter denjenigen, die sich nicht bemüßigt fühlen, einen Beitrag zu verfassen. Erst im Jahr 1952 holt er dies in seinem Tagebuch nach und gibt – unter dem Eindruch eines Treffens mit Erika Manns früherem Ehegatten und Klaus Manns Mephisto-Vorbild Gustaf Gründgens – Auskunft über seine Beziehung zu Klaus Mann:

> Ils se sont crus Les Enfants Terribles et ils ont même tiré de mon livre une pièce qu'ils ont jouée à Berlin avant la guerre. Cette pièce était scandaleuse et sans le moindre rapport avec l'esprit du roman. Mes enfants ne connaissent pas leur prestige, la poésie, et même ils la détestent, la combattent. Ceux qui se croient mes enfants veulent jouer au cheval au lieu d'être cheval et de rêver de redevenir hommes. Les enfants de Thomas Mann firent un mélange de mon livre et du *sang réservé* de leur père. Tout cela très im-

---
[554] Jean Cocteau: *Préface*, a. a. O., S. IX.
[555] Klaus Mann: *Brief an Hans Feist* vom 2. 10. 1947, *KMA*.
[556] Vgl. Fredric Kroll (Hg.): *Klaus-Mann-Schriftenreihe* Bd. 6, a. a. O., S. 316ff.

pur, taché de drogues et de bravade. Le pauvre Klaus s'est tué au fond du cul-de-sac de cette existence sans directives et sans issues.[557]

Cocteau hat die Adaption nicht auf der Bühne gesehen. Dennoch erlaubt er sich dieses abfällige Urteil und zeichnet den, der so sein wollte wie er, als drogenabhängigen, geschwätzigen Sohn von Thomas Mann, der sein Werk kaum verstanden und noch weniger gut umgesetzt habe. Cocteau hat anscheinend doch nicht verziehen, was Klaus Mann ihm von New York aus vorgeworfen hat. Verständnislos und all die schmeichelhaften Hymnen auf seine Person und sein Werk vergessend, spricht er von „légèretés dangereuses dont Klaus s'était rendu coupable envers moi à New York."[558]

Der Cocteau im *Wendepunkt* angedichtete Großmut erweist sich hier als Schein und damit als weiteres Beispiel, wie Klaus Mann auf der Suche nach Vorbildern, Freunden und Weggefährten ambivalente Persönlichkeitsbilder entwirft, die weniger mit den Personen selbst als mit Klaus Mann und seinem Wunsch nach Selbstfindung zu tun haben.

3.5 Ein früher Blick ins Jenseits. Klaus Mann und Raymond Radiguet

1930 schreibt Klaus Mann in seinem Aufsatz *Woher wir kommen – und wohin wir müssen* im Zusammenhang mit Raymond Radiguet vom „beglückende[n] Erlebnis des Sich-selbst-Wiedererkennens"[559]. Als er 1926 mit Cocteau Bekanntschaft schließt, sieht er in dessen Wohnung Portraits von Radiguet, dem jungen Geliebten und Lebensgefährten Cocteaus, der bereits seit vier Jahren tot ist. An diese Portraits erinnert sich Klaus Mann 1938 in seinem Essay *Die Wirkung Frankreichs*[560] und 1942 in dem Aufsatz *Cocteau und Gide*[561]. Aus einem wahrscheinlich 1926[562] verfassten Aufsatz *Raymond Radiguet*[563] lässt sich herauslesen, dass Klaus Mann in Grundzügen und besonders, was die Verbindung zu Cocteau betrifft, über Radiguets Biographie informiert ist. Eine Tagebucheintragung vom 20. Februar 1934, in der er Radiguets Leben als ein „so beneidenswertes Leben" (*TB* II 18) bezeichnet, weist ebenfalls darauf hin.

Raymond Radiguet wird am 18. Juni 1903 in Saint-Maur, einem Vorort von Paris, als erstes von sieben Kindern geboren. Sein Vater Maurice Radiguet ist ein bekannter Zeichner für Zeitungen. Von 1909 bis 1913 besucht Raymond die École communale von Saint-Maur, danach das Lycée Charlemagne in Paris.

---

[557] Jean Cocteau: *Le passé défini, I. 1951-1952. Journal.* Hrsg. von Pierre Chanel, Paris 1983, S. 358.
[558] Jean Cocteau: *Le passé défini*, a. a. O., S. 358.
[559] Klaus Mann: *Woher wir kommen – und wohin wir müssen* [1930], S. 326. In: *NE* 324-327.
[560] Vgl. Klaus Mann: *Die Wirkung Frankreichs* [1938], S. 32. In: *ZD* 28-38.
[561] Vgl. Klaus Mann: *Cocteau und Gide* [1942], S. 392. In: *ZD* 391-409.
[562] Eine Erstveröffentlichung ist nach Grunewald nicht nachgewiesen. Grunewald datiert die Entstehung des Aufsatzes in das Jahr 1925. (Vgl. Michel Grunewald: *Klaus Mann 1906-1949. Eine Bibliographie*, a. a. O., S. 27.) Dagegen spricht, dass sich von dem dort besprochenen Roman *Le bal du comte d'Orgel* ein Exemplar im *Klaus Mann Archiv* befindet, das mit einer mit Mai 1926 datierten Widmung Cocteaus an Klaus Mann versehen ist. Die Widmung lautet: „à Klaus en ce souvenir, de tout cœur Jean Cocteau, mai 1926". Ebenso, aber ohne Widmung: *Le diable au corps* (Paris 1923) und der von Klaus Mann nicht erwähnte Gedichtband *Les Joues en feu – poèmes anciens et poèmes inédits 1917-1921* (Paris 1925).
[563] Klaus Mann: *Raymond Radiguet* [1926]. In: *NE* 56-59.

Allerdings bleibt er oft der Schule fern und zieht es vor, zu Hause in der Bibliothek seines Vaters zu lesen. Neben den französischen Klassikern beschäftigt er sich mit den zeitgenössischen Autoren Max Jakob und Jean Cocteau. Im April 1917 lernt er eine junge Frau namens Alice kennen, die mit einem Soldaten verheiratet ist und an der Schule von Saint-Maur unterrichtet. Wenig später beginnt er eine Liebesbeziehung mit ihr. 1918 veröffentlicht er unter dem Pseudonym Raymond Rajky erste Gedichte. Er lernt Jakob und Cocteau kennen. In Letzterem findet er die Liebe seines Lebens. 1919 arbeitet Radiguet mit den Dadaisten zusammen, macht die in Bekanntschaft Tristan Tzaras sowie André Bretons und beginnt mit seinem Roman *Le diable au corps*. Die Beziehung zu Alice beendet er. Ein Jahr später veröffentlicht er seine Gedichte unter dem Titel *Les joues en feu* und schreibt zusammen mit Cocteau das Libretto zur Operette *Paul et Virginie*, deren Musik Erik Satie nicht vollendet. 1922 schließt Radiguet mit Hilfe Cocteaus *Le diable au corps* ab, der im Januar 1923 erscheint und sich innerhalb eines Monats 46.000mal verkauft. Am 15. Mai erhält er den *Prix du Nouveau-Monde*. Bereits von Krankheit gezeichnet, ordnet er seine Schriften. Zur Fertigstellung seines zweiten Romans *Le bal du Compte d'Orgel* ist er nicht mehr in der Lage. Im Herbst wird er bettlägerig, zu spät stellt man bei ihm Typhus fest. Am 12. Dezember 1923 stirbt Radiguet zwanzigjährig unter heftigen Schmerzen. Coco Chanel kümmert sich um die Beerdigung. Cocteau leidet stark unter dem Verlust. Radiguet war für ihn sowohl Sohn als auch Geliebter, der gegen Ende seines Lebens zwar zahlreiche Affären mit Frauen gehabt hatte, aber weniger aus Liebe, sondern um, wie er sagte, „nicht eines Tages eine vierzigjährige Madame Cocteau zu sein."[564] Im Juli 1924 erscheint der von Cocteau vollendete zweite Roman Radiguets unter dem Titel *Le bal du Compte d'Orgel*.
Im Vergleich zwischen Radiguets und Klaus Manns Leben lassen sich zahlreiche Gemeinsamkeiten feststellen, die das oben zitierte Wiedererkennen begründen. Darüber hinaus findet Klaus Mann in der Biographie Radiguets Zielsetzungen für sein eigenes Leben, die ihn dazu veranlassen, Radiguets Leben für sich fruchtbar zu machen. Zu den tatsächlichen Gemeinsamkeiten ist etwa der Umstand anzuführen, dass Radiguet in einem künstlerisch-intellektuellen Umfeld aufwächst, wie der Beruf des Vaters und die Existenz einer Bibliothek es annehmen lassen. Auch das dem Schulbesuch vorgezogene Lesen Radiguets lässt sich in Klaus Manns Biographie wiederfinden, ebenso wie das früh einsetzende Schreiben und die frühe Bekanntheit. Als Klaus Mann 1925 seinen ersten Roman *Der fromme Tanz* veröffentlicht, zitiert er in seinem Vorwort den Anfang von Radiguets Roman *Le diable au corps*, den er 1925 in einer Übersetzung von Hans Jakob liest:

> ‚Ich werde mich zahlreichen Vorwürfen aussetzen', heißt der erste Satz eines erschütternden Romans, den ein Siebzehnjähriger drüben in Frankreich schrieb: ‚Aber was kann ich dafür? Ist es meine Schuld, daß ich einige Monate vor der Kriegserklärung zwölf Jahre alt war? Zweifellos waren die Verwirrungen, die diese außergewöhnliche Zeit für mich mit sich brachte, so, wie man sie sonst niemals in diesem Alter empfindet. Ich bin nicht der

---

[564] Raymond Radiguet. Zit. nach Wiliam Emboden: *Jean Cocteau. Die visuelle Kunst*, Stuttgart 1989, S. 35.

einzige.' – Das schrieb Raymond Radiguet, dem es bestimmt war, mit zwanzig Jahren zu sterben. (*FT* 7)

Durch dieses Voranstellen von Radiguets Bekenntnis macht Klaus Mann deutlich, dass er sich selbst in Radiguets Jugend und vor allem in seinen Erfahrungen des Ersten Weltkrieges erkennt. Nach der mehrheitlich negativen, bisweilen bösartigen Kritik, der sich Klaus Mann seit seinen ersten Veröffentlichungen und Theateraufführungen in Deutschland stellen muss, findet er in Radiguet und mit dessen Befürchtung, sich mit seinem ersten Roman „zahlreichen Vorwürfen" auszusetzen, einen Verbündeten, mit dessen Worten er um Verständnis für sein eigenes Schreiben wirbt. Radiguets „Ich bin nicht der einzige" wird damit auch Klaus Manns „Ich bin nicht der einzige" und erklärt sein in *Die Wirkung Frankreichs* 1938 abgelegtes Bekenntnis, die beiden Romane Radiguets so zu lieben, „wie man die Arbeiten eines Bruders, eines Schicksalsgenossen liebt."[565] Der Erfolg von Radiguets *Le diable au corps* lässt Klaus Mann Radiguet als Vertreter der Jugend sehen und damit in einer Rolle, die er selbst durch seinen Roman in Deutschland auszufüllen wünscht. Doch auch über die ersten zitierten Zeilen findet Klaus Mann in *Le Diable au corps* Ähnlichkeiten zu sich und seinem eigenen Schreiben. Wie *Der fromme Tanz* ist auch *Le Diable au corps* stark autobiographisch geprägt: Radiguet spricht von einer „fausse autobiographie qui semble la plus vrai"[566]. Da Klaus Mann Radiguets Roman kurz vor oder während der Niederschrift seines eigenen ersten Romans liest, wird er sich in seiner Vorgehensweise bestärkt sehen.

Aus der Retrospektive erzählt Radiguets alter Ego in *Le Diable au corps* die Liebesbeziehung eines Vierzehnjährigen zu der drei Jahre älteren Marthe, deren Mann als Soldat am Ersten Weltkrieg teilnimmt. Während Marthes Ehemann sich infolge des Krieges in einem Sanatorium aufhält, erfährt der Junge, dass Marthe ein Kind von ihm erwartet. Als das Verhältnis an die Öffentlichkeit kommt, führen sie ihre Beziehung heimlich weiter. In einer kalten Nacht suchen sie einen Platz in der freien Natur, um sich zu lieben. Dabei wird Marthe so krank, dass sie zu ihren Eltern gebracht werden muss. Nach Ende des Krieges kehrt der Ehemann zurück. Der Junge wird Marthe nicht wiedersehen. Seine Brüder berichten ihm von der Geburt des Kindes und später von Marthes Tod.

Als Klaus Mann 1926 den Roman Radiguets vorstellt, positioniert er damit auch sich und seinen ersten Roman:

> Die Sendung und das eigenste dieser Nachkriegsjugend, aus welcher klug zu werden ihren Vertretern sowenig wie ihren Beurteilern gelingt und deren Angehöriger Radiguet immer und auf das bewußteste ist, scheint mir Umsturz und phantastisch-utopische Neuerung *nicht* zu sein. Im Gegenteil: ein neues Sich-ordnen-Wollen, eine neue Sehnsucht nach Reinheit scheint mir durchgängig in all ihren wesentlichen Bemühungen. Mir ist es, als wäre von dieser aus Abenteuer geborenen, gläsernen, schimmernden Unschuld Radiguets Werk ganz erfüllt.[567]

---

[565] Klaus Mann: *Die Wirkung Frankreichs* [1938], S. 32. In: ZD 28-38.
[566] Raymond Radiguet: *Le Diable au corps*, a. a. O., S. 179.
[567] Klaus Mann: *Raymond Radiguet* [1926], S. 56f. In: NE 56-59.

Die Themen „Reinheit" und „Nicht-schuldig-Sein" an erotischen Verirrungen, „Lebensunlust" und „Verantwortungslosigkeit", die Klaus Mann in *Der fromme Tanz* anspricht, findet er auch in *Le diable au corps*. Er empfindet Marthe und den Jungen als schuldig, gleichzeitig jedoch entschuldigt er beide und ihre Liebesgeschichte mit Verweis auf die Zeitumstände:

> ‚Le Diable au corps' ist der beinahe grausam sachliche Bericht einer Verirrung, die sich aus der größeren Verirrung des Weltkrieges historisch erklärt. Aber diese Grausamkeit ist nie roh, und keine Wendung dieser bis aufs Letzte unsentimentalen Strenge klingt unbeseelt. In dieser Härte spüre ich Zärtlichkeit, eine neue Zärtlichkeit, scheu verborgen. Eine tiefe *Höflichkeit des Herzens* scheint mir in dieser Kälte zu vibrieren. (NE 57)

Der zweite Roman Radiguets erzählt von der Liebe zwischen François de Séryeuse und der verheirateten Comtesse Mahaut d'Orgel. Während eines Zirkusbesuches lernt François den Grafen Anne d'Orgel und seine junge Frau Mahaut kennen und wird ihr intimster Freund. Bei den zahlreichen Ausflügen, Essen und gemeinsam verbrachten Nachmittagen verlieben sie sich ineinander, gestehen dies aber vorerst nicht ein, aus Rücksicht auf Anne, der seinerseits immer wieder kurze Affären hat. Vor allem Mahaut versucht, moralisch rein zu bleiben. Schließlich gesteht sie der Mutter von François die Liebe zu ihrem Sohn und bittet sie, ihn davon abzuhalten, sie weiter zu besuchen. François erfährt von der Liebe Mahauts, was ihn jedoch nicht daran hindert, dem Ehepaar weiterhin aufzuwarten. Schließlich gesteht Mahaut ihrem Mann, den sie nicht verlassen will, ihre Liebe zu dem Jüngeren, woraufhin sich dieser nachsichtig zeigt.

Klaus Mann lobt dieses zweite Werk Radiguets „als Roman der adelig scheuen Liebe", als „das leidenschaftliche Buch der Keuschheit" (NE 58), und rückt es inhaltlich in die Nähe jener Fragestellungen, mit denen er sich in seinen bis dahin geschriebenen Erzählungen und im *Frommen Tanz* beschäftigt. Darüber hinaus sieht er in *Le bal du Compte d'Orgel* eine neue Art des Erzählens sowie ein Lehrstück für sich und seine Generation in Europa:

> [Radiguets] Bedeutung aber ist für uns *nicht* die eines Endens, des melancholisch verfeinerten Ausklingens. Nach der Zukunft weist dieses Werk, nicht der Vergangenheit zu, obwohl der, der es schrieb, schon auserwählt war für drüben. Seine Zartheit, die nicht abendlich verschwimmt, sondern zittert in der Weißglut ihrer Prägnanz, ist nicht die letzte, künstlichste Formwerdung eines Vergangenen, sondern leiser, unpathetischer Beginn eines Neuen. In ihm erkennen wir vielleicht das Beste und das Reichste einer europäischen Jugend. (NE 59)

Das aufgrund der Handlung und des gewählten Milieus eher dem Stil der Schriftstellergeneration um die Jahrhundertwende zuzuordnende traditionelle Erzählverständnis, dessen sich Radiguet in *Le bal du Compte d'Orgel* bedient, entspricht auch Klaus Manns frühem Schreibstil. Anders als Klaus Mann verzichtet Radiguet aber darauf, Homosexualität in seinen beiden Romanen zu thematisieren, doch genau wie Klaus Mann wendet auch er sich an homosexuelle Schriftsteller in der Hoffnung, dass sie für ihn zu Mentoren werden. Im Gegensatz zu Klaus Mann gelingt es Radiguet, in Cocteau einen Liebhaber und darüber hinaus einen Förderer zu finden. Klaus Manns 1934 in seinem Tagebuch vermerkter Gedanke über Radiguets „so beneidenswertes Leben" (*TB* II 18) ist auch auf seinen diesbezüglichen Erfolg zu beziehen. Gleiches gilt für die frühe Bekanntheit, die Klaus Mann zwar mit Radiguet gemeinsam hat, die sich aber darin unterscheidet, dass sich Radiguets erster Roman im Gegensatz zu Klaus Manns Werken sehr gut verkauft. Ebenfalls anders als Klaus Mann muss Radiguet nicht vom Namen seines Vaters Gebrauch machen, um berühmt zu werden, und deswegen auch nicht unter der Übermacht eines Vates leiden. Cocteau, sein Mentor, Liebhaber und späterer Nachlassverwalter, scheint sogar darauf bedacht, die Eigenständigkeit seines Zöglings zu unterstützen. So vollendet er Radiguets zweiten Roman, ohne sich selbst als Autor zu nennen.

Raymond Radiguets früher Tod und Ruhm ist bereits für den fast zwanzigjährigen Klaus Mann höchst anziehend. Wenn er auf den Tod seines französischen „Bruders" zu sprechen kommt, klingen eigene Sehnsüchte mit. In dem auf das Jahr 1926 datierte Portrait über ihn heißt es:

> Wie ein Schleier und ein rührendes Geheimnis liegt es über den Werken derer, die früh verstorben sind. Von vornherein erscheint uns zarter, erlesener, dem Tode enger verbunden, was sich in jungen Jahren vollendete und dann bald sterben mußte. (*NE* 56)

Im Exil, als Klaus Mann immer häufiger mit dem Tod konfrontiert ist und ihn immer wieder für sich selbst wünscht, schreibt er die bereits zitierten Worte „Ein so beneidenswertes Leben wie das Radiguets" (*TB* II 18) in sein Tagebuch. Sein „Bruder", den er persönlich nicht kannte, von dem er nur seine zwei Romane, seinen Ruhm und die Trauer Cocteaus kennt, ist ihm erster Weggefährte, erster Spiegel.

3.6 Ein verliebter Blick in den Spiegel. Klaus Mann und René Crevel

> 10. IX. [1939] ------------ Beverly Hills, Hotel del Flores. Umgezogen, mit Sack und Pack und Radio [...] Wieder einmal: allein, in einem kleinen Hotelzimmer. An der Wand: Mielein, E., Tomski, René. (*TB* IV 133)

Der Versuch Klaus Manns, mit seinem jungen Liebhaber Jury Cabell einen Haushalt zu führen, ist gerade gescheitert. Wie schon oft bezieht Klaus Mann ein kleines Hotelzimmer. Um seiner Einsamkeit etwas entgegenzusetzen, um dem Zimmer wenigstens etwas Anheimelndes zu geben, hängt er vier Photographien auf; drei davon zeigen die Menschen, die Klaus Mann als seine nächsten fühlt: seine Mutter, seine Schwester Erika und seine große Liebe Thomas Quinn Curtiss. Das vierte zeigt René Crevel, den Klaus Mann dreizehn Jahre zuvor im Frühling 1926 in Paris kennen gelernt hat. Auch wenn die reale Beziehung zu ihm hauptsächlich durch Einseitigkeit und große Pausen gekennzeichnet ist und mit Crevels Selbstmord im Juni 1935 endet, lassen die Bilder, die Klaus Mann seit 1926 bis zu seinem eigenen Tod von Crevel entwirft, das vielleicht vielfältigste Spiegelbild entstehen, in dem sich Klaus Mann wiederzufinden sucht.

René Crevel kommt am 19. August 1900 in einer bürgerlich-katholischen Familie auf die Welt. Als er vierzehn Jahre alt ist, erhängt sich sein Vater, und er wächst allein mit seiner ihm wegen ihrer Kühle und Bigotterie verhassten Mutter auf. Während seines Besuchs des Lycée Janson-de-Sailly ist er mit Marc Allégret befreundet, der damals bereits von André Gide protegiert wird. Von 1918 bis 1921 an der Sorbonne eingeschrieben, arbeitet er über Denis Diderot. Während des anschließenden Militärdienstes gründet er mit anderen die Zeitschrift *Aventure*. Crevels Sexualität ist weitestgehend auf Männer ausgerichtet, vereinzelt hat er aber auch Beziehungen zu Frauen. Zwischen den Jahren 1924 und 1926 hat er neben zahlreichen Affären eine offene Beziehung mit dem amerikanischen Maler Eugene MacCown. 1924 veröffentlicht er seinen autobiographischen Roman *Détours*, in dem sich der junge Hauptcharakter vom Kleinbürger zum bissigen Intellektuellen entwickelt. Als ein Vertreter des Dadaismus und später des Surrealismus arbeitet er u.a. mit Louis Aragon, Tristan Tzara, Philippe Soupault und André Breton zusammen. Dessen 1924 im *Ersten Surrealistischen Manifest* formulierte *écriture automatique*, die als Grundlage für die literarische Grenzerfahrung psychoanalytische Verfahren wie die Hypnose, aber auch Drogenexperimente, Träume und Assoziationen verwendet, bedient sich Crevel in seinen Romanen *Mon corps et moi* (1925), *La mort difficile* (1926), *Babylone* (1927), *Êtes vous fous* (1929) und *Les pieds dans le plat* (1933). Auch seine Auseinandersetzung mit dem Kommunismus ist im Zusammenhang mit den Surrealisten zu sehen. Obwohl beide Gruppen die Homosexualität verurteilen, engagiert sich Crevel bis kurz vor seinem Tod für sie und versucht vergeblich, zwischen ihnen zu vermitteln, als sie sich im Vorfeld des *Kongresses der Internationalen Schriftsteller zum Schutz der Kultur gegen den Faschismus* entzweien. Ricardo Henrique und Dirk Naguschewski sehen im Scheitern dieses Versöhnungsversuches eine letzte Ursache für den Selbstmord Crevels im Juni 1935, den er durch Gasvergiftung herbeiführt.[568] Eine 1925 diagnostizierte schwere Tuberkulose, die ihn bis zu seinem Tod immer wieder zu mehrmonatigen Sanatoriumsaufenthalten zwingt, ist ein weiterer Grund für den Suizid, ebenso die Schwierigkeiten bei der Arbeit an seinem Roman und seine Unfähigkeit, eine erfüllende Partnerschaft zu führen.

Nach der Entdeckung des bereits verstorbenen Raymond Radiguet ist der um sechs Jahre ältere Crevel, den Klaus Mann auf Vermittlung von Curtius kennenlernt, der zweite junge französische Schriftsteller, in dem er sich wiederfindet, und mehr noch: Crevel ist seine erste große Liebe. In einem Brief an Erika Mann vom 11. August 1926 heißt es zum Schluß:

> Dir alles Liebe und Geheimnisvolle, alle Segenswünsche und Verheißungen. Ich liebe René Crevel.[569]

Am 21. April 1936 – und damit ungefähr zehn Jahre später – schreibt Klaus Mann über das Jahr 1926: „Leidenschaftlicher Beginn der René-Beziehung. Sehr schöne und reiche Zeit" (*TB* III 42). Im Herbst 1926 ist Crevels Beziehung

---

[568] Vgl. Ricado Henrique und Dirk Naguschewski: *René Crevel*, S. 141. In: *Frauenliebe, Männerliebe*. Hrsg. von Alexandra Busch und Dirck Linck, a. a. O., S. 137-141.
[569] Klaus Mann: *Brief an Katia Mann* vom 11. 8. 1926, KMA.

zu Eugene MacCown gerade beendet. Nach Ansicht von Michel Charassou braucht Crevel ein Jahr, um dies zu bewältigen.[570] Die Leidenschaft, die Klaus Mann rückschauend am Anfang seiner Beziehung zu Crevel sieht, geht hauptsächlich von ihm selbst aus. Für Crevel ist sie, wenn überhaupt, nicht mehr als eine kurze Affäre, über die von ihm keinerlei Äußerungen vorhanden sind.[571] Über den Zeitraum der nächsten Jahre betrachtet, ist das Verhältnis der beiden dadurch charakterisiert, dass Klaus Mann die Nähe zu Crevel sucht. So besucht er ihn im Sommer 1927 in Davos, wo er seine Tuberkulose zu kurieren sucht. In Paris bezieht er des öfteren ein Hotel in der Rue Roger Collard, in der Straße, in der Crevel wohnt.[572] Crevel hingegen versucht, seinen jüngeren Verehrer auf Abstand zu halten. Briefe Klaus Manns an Pamela Wedekind lassen erkennen, wie einseitig seine Annäherungsversuche sind. Am 3. Oktober 1926 schreibt er:

> Mein höchstgeliebter Freund René hat leider hier so lange und kompliziert zu tun, dass nun alle meine Pläne verändert sind. Wahrscheinlich werde ich nun zunächst in irgendwelcher anderer Begleitung gen Afrika ziehen, dann, Mitte November über Rom hierher zurück kommen, René hier abholen und mit ihm nach Deutschland fahren.[573]

Von seiner im Oktober 1927 begonnenen Weltreise fragt Klaus Mann aus New York:

> Hast Du eigentlich meinen schmerzlich geliebten Freund René Crevel gesehen? Er war, trauriger Weise ohne mich, in Berlin.[574]

Crevel unternimmt diese Berlinreise einerseits, um sich von dem Lungespezialisten Dr. Nuverricht untersuchen und behandeln zu lassen. Andererseits folgt er einer Einladung des Berliner Galeristen und Verlegers Alfred Flechtheim, der ihn aufgrund seiner Zugehörigkeit zu den Surrealisten zur Mitarbeit in seiner auf die Kunst der Avantgarde spezialisierten Galerie bittet. Während seines dreimonatigen Aufenthalts trifft Crevel Magnus Hirschfeld, Curtius sowie weitere Bekannte und Freunde Klaus Manns, Hans Feist und vor allem die Tochter Carl Sternheims, Thea Sternheim, Mopsa genannt, die das Bühnenbild für Klaus Manns *Revue zu vieren* entworfen hat. Inwieweit Klaus Mann bei der Entstehung dieser Kontakte behilflich war und somit indirekt zu Crevels Berlin-Bild beiträgt, das dieser in dem Roman *Êtes vous fous?* verarbeitet, ist nicht überliefert. Zwischen Crevel und Mopsa entsteht eine Liebesbeziehung. Im Jahr 1929 überlegen sie zu heiraten, allerdings kommt es wegen mannigfaltiger Ursachen nicht dazu: Crevels Krankheit und seine Homose-

---

[570] Vgl. Michel Carassou: *Mopsa, mon amour*, S. 9. In: René Crevel: *Lettres à Mopsa*, Paris 1997, S. 9-16.
[571] In den Crevel-Biographien von Francois Buot und Michel Carassou (*René Crevel*, Paris 1989) wird Klaus Mann kaum erwähnt. Buot urteilt über das Verhältnis zwischen Klaus Mann und Crevel: „Une chose est sûre, Crevel n'aime pas tellement Klaus Mann." (François Buot: *René Crevel. Biographie*, Paris 1991, S. 59.)
[572] Fredric Kroll (Hg.): *Klaus-Mann-Schriftenreihe* Bd. 2, a. a. O., S. 64.
[573] Klaus Mann: *Brief an Pamela Wedekind* vom 25. 10. 1926, *BuA* 26. Der Herausgeber der Briefe, Martin Gregor-Dellin, ordnet diesen Brief dem Jahr 1925 zu, in dem Klaus Mann Crevel noch nicht gekannt hat (vgl. *BuA* 26).
[574] Klaus Mann: *Brief an Pamela Wedekind* vom 5. Februar 1928, *BuA* 55.

xualität, Mopsas Drogensucht und die Tatsache, dass sie ein gemeinsames Kind abtreibt, machen die Hochzeitspläne zunichte. Mopsas Beziehung zu Carl von Ripper, in den sich auch Crevel verliebt, wird als Projekt einer ménage à trois erweitert, scheitert aber ebenfalls.
Die 1997 veröffentlichten Briefe Crevels an Mopsa zeugen von seiner Reserviertheit gegenüber Klaus Mann sowie von dessen Bemühungen, den Kontakt zu Crevel zu halten und zu intensivieren. So versucht Crevel im Juli 1928, Klaus Mann von einem Krankenbesuch im Sanatorium Seelisberg, in dem er sich befindet, abzuhalten:

> Quant à Klaus Mann, pour qui j'ai beaucoup d'affection j'aime mieux le rencontrer plus tard dans une ville.[575]

Im September berichtet er Mopsa, dass ihn Klaus Mann langweile, er sich aber gleichzeitig vorwirft, nicht ausreichend nett zu ihm zu sein: „Lettre de Klaus gentille. Il m'ennuie. Mais je me reproche de ne pas être assez gentil."[576] Aus Pau, wo sich Crevel im Grand Hôtel du Palais et Beau Séjour im Herbst 1928 zu einer weiteren Kur aufhält, befürchtet er einen neuen Annäherungsversuch von Klaus Mann:

> Klaus Mann veut venir. J'aimerais mieux qu'il s'abstînt. Je l'aime bien, mais nous sommes loin de l'autre. Je ne veux pas que rien n'ait lieu, entre nous, qui puisse lui faire croire à une liaison. Alors?[577]

Am Heiligabend 1928 berichtet Crevel Mopsa aus Pau von seinem Abwimmelungsversuch:

> Klaus Mann voulait venir. Je souffrais trop pour le voir. J'ai inventé des mensonges qui ont dû faire de la peine, mais je ne pouvais pas.[578]

Im Januar plagt ihn hingegen das Unbehagen, etwas zu reserviert gegenüber Klaus Mann gewesen zu sein, und er überlegt, auf seiner Reise zu Mopsa nach Berlin einen Umweg über München zu machen:

> Je resterai à Pau tout le temps qu'il faudra. Mais j'espère aller à Berlin et passer aussi par Munich, car j'ai été si méchant, toujours avec Klaus Mann, que je lui dois bien une visite. Je ne sais pas quand ce sera.[579]

Erst im April 1929, als das Verhältnis zwischen ihm und Mopsa besonders innig ist, sieht Crevel Klaus Mann in Paris wieder. Dieser logiert im Hotel Roger Collard, das in der gleichnamigen Straße liegt, in der auch Crevel wohnt. Nachstehendes Zitat zeigt, dass Klaus Mann immer noch sehr in Crevel ver-

---

[575] René Crevel: *Brief an Mopsa Sternheim* vom Juli 1928. In: René Crevel: *Lettres à Mopsa*. Hrsg. von Michel Carassou, Paris 1997, S. 47.
[576] René Crevel: *Brief an Mopsa Sternheim* vom 12. 9. 1928. In: René Crevel: *Lettres à Mopsa*, a. a. O., S. 56.
[577] René Crevel: *Brief an Mopsa Sternheim* vom 28. 11. 1928. In: René Crevel: *Lettres à Mopsa*, a. a. O., S. 63.
[578] René Crevel: *Brief an Mopsa Sternheim* vom 24. 12. 1928. In: René Crevel: *Lettres à Mopsa*, a. a. O., S. 69.
[579] René Crevel: *Brief an Mopsa Sternheim* vom Januar 1929. In: René Crevel: *Lettres à Mopsa*, a. a. O., S. 72.

liebt und darüber hinaus davon überzeugt ist, dass dieses Gefühl nicht einseitig sei. Allerdings werden seine Hoffnungen enttäuscht. In einem Brief an seine Schwester Erika schreibt er, er sei

> ratlos über René. Unvorsichtiger Weise hatte ich mir eingebildet, dass es so schlimm nicht mehr werden könnte.[580]

Crevel wird ihm deutlich gemacht haben, dass er Klaus Manns Wunsch nach Nähe nicht nachkommen wird. Der nächste Brief an Erika zeigt Klaus Mann als zurückgewiesenen trauernden Liebhaber:

> Nicht Melancholie, nur leichte Wehmut herrscht vor. René ist, wie Du Dir schon einmal mitgeteilt habe, abgesehen von seinem magischen Talent und seinem unwahrscheinlichen Charme von einer geradezu sengenden Güte; was eine gewisse Grausamkeit aus Instinkt freilich nicht ausschließt.[581]

Fredric Kroll führt als ein Beispiel für die „sengende Güte" [582], die Crevel Klaus Mann zuteil werden lässt, die Widmung an, die der Franzose in das Klaus Mann geschenkte Exemplar seines neuen Romans *Êtes-vous fous?* hineinschreibt: „Le tour du monde finit Rue Roger Collard, là, où l'amitié recommence."[583] Trotz dieser viel versprechenden Widmung werden sich die beiden die nächsten zweieinhalb Jahre nicht wiedersehen (vgl. *TB* I 92). Klaus Manns Wunsch, zusammen mit Crevel und Mopsa eine Sommerreise zu unternehmen, erfüllt sich nicht. In Klaus Manns ab 1931 geführten Tagebüchern finden sich einige Eintragungen, die davon zeugen, wie präsent Crevel nach wie vor in seinen Gedanken ist, nachdem seine Liebesbemühungen vergebens waren. So heißt es am 17. Oktober 1931:

> Sehr lebhaft von René Crevels geträumt, an den ich doch nicht mehr sehr viel zu denken glaube. (*TB* I 10)

Als ihm Crevel nach eineinhalb Jahren des Schweigens Weihnachten 1931 ein Buch über surrealistische Maler schickt, in das er als Widmung „Bonjour Klaus – wie get's? Dein Freund René." (*TB* I 19) notiert hat, freut sich Klaus Mann und holt ein paar Tage später Crevels Briefe hervor, um in ihnen zu lesen (vgl. *TB* I 23). Weiterhin verfolgt er mit Interesse dessen literarische Arbeiten. Über die 1932 in der Édition Surréalistes in Paris erschienene Abhandlung *Le Clavecin de Diderot*, die ihm Crevel mit der Note: „Mon cher Klaus où es-tu? Je suis 25 Rue Nicolo. Paris 16e. Affectueusement René"[584] gibt, ist unter dem Datum des 27. Juni 1932 vermerkt:

> Weiterlesen im Crevel; ziemlich erschreckend, ohne zu bewerten. (Sexuelle Deutung des Golgatha-Mysteriums.) Zitiert sehr gut Dali, der den Tag voraussieht, ‚où la culture de l'esprit s'identifiera à la culture du désir'.' (Wedekind). Natürlich viel glänzend Gescheites (über Lafcadio). Eigentlich überraschend, diese Ablehnung des Idealismus, dem der Surréalismus

---

[580] Klaus Mann: *Brief an Erika Mann* vom 8. 4. 1929, KMA.
[581] Klaus Mann: *Brief an Erika Mann* vom 14. 4. 1929, KMA.
[582] Fredric Kroll: *Klaus-Mann-Schriftenreihe* Bd. 3, .a. a. O., S. 64.
[583] René Crevel: *Êtes-vous fous?*, Paris 1929, S. 3, KMA Buch.
[584] René Crevel: *Le Cavecin de Diderot*, Paris 1932, KMA Buch.

nicht so fern sein sollte. Aber: ‚L'idéalisme, philosophie de luxe.' (*TB* I 60)[585]

Im November 1932 sehen sich beide in Paris wieder. Unter dem Datum des 20. schreibt Klaus Mann:

> Besuch von RENE, der viel schöner, als das letzte Mal, fast wie früher, im Splendid. Über Politik, Kommunismus und Anarchie. ‚Erst alles zerstören.' Auch zu Moskau kein rechtes Vertrauen. Die dritte Internationale, die eigentlich nicht so sehr international ist. Gides Bekenntnis, das eigentlich zu spät kommt u.s.w. Viel Ergreifendes in diesem Radikalismus. Aber: Was dann? Neigung zur Anarchie; Unverantwortlichkeit. (*TB* I 92)

Am 6. Dezember 1932 ist die Anziehungkraft Crevels auf Klaus Mann wieder stärker:

> Besuch von René – und doch wieder von ihm berührt. Lang über Mops, die Schwierigkeit Rippers; seine Traurigkeit über sie. Seine Erfolglosigkeit. Wenn man vor 4 Jahren gestorben wäre, hätte man eine rundere Biographie gehabt. (*TB* I 98)

Trotz dieser von Klaus Mann gefühlten Nähe wird sein Kontakt zu Crevel während seiner Aufenthalte in Paris in der ersten Zeit seines Exils nicht enger. Erstmalig nach seiner Flucht aus Deutschland scheint er seinen Freund am 26. Mai 1933 in Paris bei Mopsa zu treffen (vgl. *TB* I 140). Das nächste Wiedersehen findet wahrscheinlich erst Ende September statt (vgl. *TB* I 172). Im folgenden Jahr treffen sich beide einmal im April in Paris (vgl. *TB* II 29) und mehrere Male im Juli in Amsterdam (vgl. *TB* II 40ff.). Zudem verweigert Crevel die Mitarbeit an der *Sammlung* mit dem Hinweis, dass die Surrealisten nur gemeinsam publizieren.[586] Schließlich lässt er Klaus Mann im Januar 1935 doch noch etwas zukommen. Unter dem Titel *An der Wegkreuzung der Liebe, der Dichtung, der Wissenschaft und der Revolution*[587] erscheint im April einer der letzten Aufsätze Crevels. Auch die Tatsache, dass Klaus Mann erst drei Tage nach Crevels Tod von dessen Selbstmord erfährt, ist ein weiteres Indiz dafür, dass diese Freundschaft sich nicht durch beiderseitige Nähe auszeichnet. Im Tagebuch steht unter dem Datum des 21. Juni 1935:

> Die Nachricht vom Selbstmord Renés erfahre ich heute morgen durch Becher am Telephon. Ich *wusste* es ja, dass dieser Frühling nicht ohne solch ein Ereignis vorbeigehen wird. Wen holt der nächste? (*TB* II 113f.)

Als Klaus Mann Crevel im Frühjahr 1926 begegnet, ist dieser – ohne die Protektion anderer, ohne einen berühmten Familiennamen – in Pariser Intellektu-

---

[585] Nach den Herausgebern der Tagebücher Joachim Heimannsberg, Peter Laemmle und Willfried Schoeller handelt es sich hierbei um einen Aufsatz Crevels, der den Titel *Clavecin de Diderot* trägt (Vgl. *TB* I 235).
[586] In einem undatierten Brief von Crevel an Klaus Mann heißt es: „Cher Klaus, merci d'avoir pensé à moi pour ta revue, mais tu sais que nous autres surréalistes ne collaborons qu'eux mtex (sic!) et our des Nos speciaux." (*KMA*).
[587] René Crevel: *An der Wegkreuzung der Liebe, der Dichtung, der Wissenschaft und der Revolution*. In: *Die Sammlung*, April 1935, S. 416-427, *KMA*.

ellenkreisen ein wahr- und ernst genommener junger Schriftsteller und hat damit etwas erreicht, das Klaus Mann für sich in Deutschland auch wünscht. Als Mitglied der Surrealisten ist Crevel zudem in einer Gruppe junger avantgardistischer Künstler organisiert und damit ein weiteres Vorbild für Klaus Mann, dessen Versuche, in Deutschland einer literarischen Gruppierung anzugehören oder deren Sprecher zu sein, in den zwanziger Jahren kritisiert und verhöhnt werden und scheitern. Weiter ist Crevel mit André Gide befreundet, um dessen Freundschaft sich Klaus Mann lebenslang bemüht. Unabhängig davon, ob Crevel und Klaus Mann im Herbst 1926 eine Affäre miteinander haben[588], ist die Homosexualität Crevels und ihre Thematisierung in seinen Texten für Klaus Mann ein wichtiges, da bestärkendes Vorbild für das eigene Lebenskonzept und Schreibverständnis.

Eine besondere Etappe für das Sich-Wiedererkennen in Crevel und für dessen Vorbildfunktion ist der Roman, an dem Crevel während des Frühjahrs 1926 schreibt und aus dem er Klaus Mann vorliest. In einem im Klaus-Mann-Archiv fälschlicherweise der Jahreszahl 1925 zugeordneten Brief Klaus Manns an seine Schwester Erika urteilt er:

> Freilich würden die Schmerzen viel einfältiger sein, wenn nicht der höchst geliebte Freund René in meiner Nähe wäre. Er hat auch ein so <u>unerhört</u> gutes Buch geschrieben. Ich möchte mich im BT ausführlicher darüber aussprechen, es heißt ‚La mort difficile' und ich muß wieder einmal fürchten, daß es viel stärker und konzentrierter als der Fromme Tanz ist, an den es in vielem erinnert. Ich will unbedingt durchsetzen, daß Enoch es dennoch bringt, auf französisch bekommst du es auch bald geschickt, es ist sehr einfach zu lesen.[589]

In *La mort difficile* verarbeitet Crevel die Beziehung zu seiner Mutter und zu Eugene MacCown. Sein Alter Ego – der junge Pariser Maler Pierre Dumont – lebt bei seiner Mutter, die er wegen ihrer Selbstsucht und bürgerlichen Moral hasst. Sie hingegen ist von seinen Künstlerkollegen, seiner Homosexualität und seiner ausschweifenden Lebensweise angewidert und bezeichnet ihn deshalb als *dégénéré*, dessen Schicksal sie in dem seines Vaters vorgezeichnet sieht, der geisteskrank in eine Nervenheilanstalt eingewiesen wurde. Pierre verliebt sich in den jungen, schönen und von der Bohème lancierten Amerikaner Arthur Bruggle, der, anstatt Pierres Liebe zu erwidern, Gefallen daran findet, ihn zu quälen. Trost findet Pierre bei der in ihn verliebten Diana, der er nur ein geschwisterlich-freundschaftliches Verhältnis anbieten kann. Dianas Mutter, deren Gatte sich während eines Diners im Nebenzimmer erhängt hatte, ist eine Freundin von Pierres Mutter. Beide Frauen quälen nun ihre Kinder, indem sie sie permanent auf das Schicksal ihrer Väter, das auch das ihre werden könnte, aufmerksam machen. Pierre verlässt schließlich seine Mutter und will zu Arthur Bruggle ziehen. Als er in Arthurs Wohnung kommt, feiert dieser ein

---

[588] Kroll meint über das Verhältnis zwischen Klaus Mann und Crevel: „René Crevel scheint in der Tat einer der wenigen Menschen gewesen zu sein, der Klaus Mann über Jahre hinweg – bis zu Crevels Selbstmord 1935 – sowohl sexuell als auch seelisch anzog, vielleicht, weil er Klaus anscheinend nie erhörte." In: *Klaus-Mann-Schriftenreihe*. Bd. 2. Hrsg. von Fredric Kroll, a. a. O., S. 152.
[589] Klaus Mann: *Brief an Erika Mann*, 1925, KMA.

Fest mit Bekannten aus dem Künstler- und Strichermilieu. Wenig später tanzt Arthur in intimster Weise mit einem Strichjungen vor Pierres Augen. Als Pierre dies nicht mehr erträgt und versucht, die beiden zu trennen, weist ihm Arthur die Tür, woraufhin Pierre sich das Leben nimmt.
Obwohl Crevel zu der Zeit, als er Klaus Mann aus dem Manuskript vorliest, *La mort difficile* noch nicht abgeschlossen hat, ist stark anzunehmen, dass Klaus Manns bereits erschienener Roman *Der fromme Tanz* ihn nicht beeinflusst hat. Dass Crevel seine Briefe an Klaus Mann und Mopsa nur auf französisch verfasst, lässt annehmen, dass sein Deutsch nicht ausreicht, den *Frommen Tanz* zu lesen und als Vorlage für seinen sehr an seine eigene Biographie angelehnten Roman zu nehmen. Dennoch weisen die Romane zahlreiche Gemeinsamkeiten auf. Beiden dient die eigene Biographie als Handlungs-, die eigene Person als Charakterisierungsgrundlage des jeweiligen Helden. Im *Wendepunkt* erkennt Klaus Mann:

> Pierre, der problematische Held, ist ein Selbstporträt, ebenso wie der empfindsame Andreas aus meinem ‚Frommen Tanz'. (*WP* 169)

Neben dem ähnlichen, sehr autobiographischen Schreibstil finden sich auch inhaltlich Parallelen: Beide Schriftsteller wählen die Malerei und nicht das Schreiben, um ihre Helden als Künstler zu charakterisieren. Beide wollen ihre eigene Generation darstellen, die die Generation der Eltern zu überwinden versucht. Klaus Manns Held Andreas fühlt sich von seinem Vater unverstanden und vor allem von dessen Freund, dem angesehenen Maler Frank Bischof, der Andreas' Bilder abschätzig beurteilt. Unfähig, sich gegenüber der Generation der Väter zu behaupten, die der jungen Generationden Platz und das Vertrauen, sich zu entwickeln, nicht einräumt, flieht Andreas von Selbstzweifeln geplagt, aus dem Elternhaus. Ihm gelingt diese Flucht letztlich deshalb nicht, weil er im Vergleich zu Pierre als konservativerer Charakter konzipiert ist. Gegen Ende des Romans ist Andreas gefestigter. Er weiß seinen Weg. Sobald er sich seiner sicher ist und sich gefunden hat, will er zurückkehren zur Schwester, zur Freundin und auch zum Vater. Wo in Klaus Manns Roman trotz allen Nichtverstehens Achtung und Höflichkeit zwischen den Generationen herrscht, findet man bei Crevel in dem Verhältnis zwischen Pierre und seiner Mutter nur Hass und Abscheu. So ist Crevels Roman in vielem schärfer, kontrastreicher und mehr auf Konfrontation ausgelegt. Dies gilt besonders bezüglich der Sexualität: Pierre liebt Diana nicht. Er kann sie nicht lieben, und dies sagt er ihr auch deutlich, während Andreas, wenn auch nicht erotisch, Ursula Bischof, die Tochter des Malers, lieben will und sie zum Schluss des Romans seine Braut nennt. Auch das Thema Homosexualität ist bei Crevel wesentlich deutlicher dargestellt. Crevel verarbeitet seine Beziehung zu Eugene MacCown auch, um zu provozieren, während Klaus Mann darauf bedacht ist, zu werben oder zumindest um Verständnis zu bitten.
Crevels Pierre fühlt sich ganz deutlich von Arthur sexuell angezogen und möchte mit ihm schlafen, während Klaus Mann das Sexuelle in der Liebe zwischen Andreas und Niels nie so explizit thematisiert. Vergleichbar sind die Szenen, in denen die Helden jeweils Zeigen der Untreue ihrer Erwählten werden. Andreas wird Zeuge, wie Niels mit der gemeinsamen Freundin Fräulein Franziska nach einem Tangotanz schläft (vgl. *FT* 110ff.). Nur Paul, der selbst

ohne Hoffnung in Andreas verliebt ist, artikuliert seinen Zorn gegen dieses egoistische und taktlose Verhalten von Niels. Andreas bleibt stumm und verzeiht. Pierre erlebt eine ähnliche Szene: Arthur tanzt auf seinem Fest eng umschlungen mit dem Strichjungen, und es ist offensichtlich, dass die zwei später miteinander Sex haben werden. Anders als Andreas kann Pierre nicht still bleiben und beschimpft beide, bis er weinend von Arthur hinausgeworfen wird. Die Romane enden unterschiedlich. Während Andreas seinen Weg im Leben findet, wählt Pierre den Tod. Er ist zu der von Klaus Mann als Lösung gewählten selbstlosen Liebe nicht fähig.[590]

Die Ähnlichkeit der Romane hat Auswirkungen auf das persönliche Verhältnis Klaus Manns zu René Crevel. In *La mort difficile* findet Klaus Mann sowohl sich selbst als auch seine eigene Vorstellung vom Schreiben wieder. In im Dezember 1926 im *Berliner Tageblatt* erscheinenden Portrait Crevels bekennt er:

> Der Roman eines jungen Franzosen, der in diesen Tagen erscheint, hat mich deshalb so sehr, so ungemein erschüttern können, weil ich in ihm noch einmal *unsere* Leiden, Abenteuer, Niederlagen und Hoffnungen wiedererkannte, dargestellt und gestaltet in einer anderen Sprache.[591]

Die Ähnlichkeit von *La mort difficile* und *Der fromme Tanz*, der den Untertitel *Das Abenteuerbuch einer Jugend* trägt, vor Augen, liegt es nahe anzunehmen, dass hier Klaus Mann auch sein eigenes Werk loben will. Allerdings hält er Crevels Arbeit für gelungener. Ihm ist der Roman

> von solcher menschlichen Stärke, von solcher Plastik der Handlungen und der Körper, solcher Kraft des Erzählerischen, solcher Tiefe des Leidens und des Erlebens, daß man ihn nicht mehr in das System einer ‚Richtung' einordnen darf. Ich bin der Überzeugung, daß dieser Roman, mit Radiguets ‚Le diable au corps', das wichtigste und ergreifendste Bekenntnisbuch der europäischen Jugend nach dem Kriege überhaupt bedeutet. (*NE* 95f.)

Ein weiterer Beweis seiner starken Zuneigung für Crevel und *La mort difficile* ist die Tatsache, dass sich Klaus Mann für eine Veröffentlichung des Romans in Deutschland einsetzt. 1930 erscheint er in einer Übersetzung von seinem Freund Hans Feist.

Nachdem Klaus Mann klar wird, dass Crevel mit ihm keine Beziehung führen will, bleibt dieser doch das Maß für andere Bindungsversuche. So notiert er 1933 während eines Aufenthaltes in Kirchberg in sein Tagebuch:

> Telegramm von HANS, daß 28. nicht in Berlin sein kann; wieder mal alles über dem Haufen; schlimm. Fast schon, wie damals mit René – nur andere Voraussetzungen. (*TB* I 111)

Auch während der Beziehung zu dem Crevel ähnlich sehenden Thomas Quinn Curtiss denkt Klaus Mann an seine Erfahrungen mit Crevel und an die Figur, mit der er ihn in seinem Roman *Der Vulkan* verewigt. Unter dem Datum des 16. November 1938 schreibt er:

---

[590] Vgl. René Crevel: *La mort difficile*, Paris 1999, S. 216ff.
[591] Klaus Mann: *René Crevel* [1926], S. 95. In: *NE* 95-100.

> Le matin avec t. Des disputs, assez violents sur les juifs. Il parle, parle…: c'est comme une maladie (Je pense à René, et à ma description dans le roman: Marcel…). (*TB* IV 72).

Nach all der Hochschätzung und Liebe, die Klaus Mann Crevel in den zwanziger Jahren entgegenbringt, formuliert er in den Dreißigern auch das, was ihm an dem Franzosen missfällt: seine Mitarbeit bei den Surrealisten, seine Hinwendung zu den Kommunisten und sein in den Jahren vor seinem Tod zunehmender Hass gegen sich und seine Umwelt.

Als Klaus Mann Crevels letzten, 1933 erschienenen Roman *Les pieds dans le plat* im zweiten Heft der *Sammlung* bespricht, lobt er zwar „alle Zeichen des großen literarischen Talents" und bezeichnet den Roman als „fast übermäßig amüsant, schauerlich komisch, erschreckend einfallsreich"[592], kritisiert aber den Stil als „nervös, outriert, funkelnd von Pointen, wie berauscht vom Haß, in einer permanenten Ekstase des Spottes." (*ZuK* 60). Für ihn ist Crevel

> [e]in junger Europäer, begnadet mit allen Gaben, seinen Erdteil zu feiern – er muß diese Gaben dazu benutzen, ihn zu verhöhnen, seine Schande bitter zu übertreiben. Und damit er nicht ganz isoliert, nicht völlig hoffnungslos werde, klammert sein Herz sich an Russland – wohin er niemals gehört. (*ZuK* 62)

Klaus Mann erkennt die Parallelen zwischen Kommunismus bzw. Bolschewismus und Faschismus, während Crevel – dessen Homosexualität den Kommunisten als Verbrechen gilt – „die Berührungspunkte zwischen Nazis und Bolschewismus nicht wahrhaben" (*TB* I 140) will.

Nach dem Tod Crevels ist es Klaus Manns Wunsch, die Erinnerung an sein Spiegelbild, seine Liebe und sein Vorbild zu erhalten. Seine Ich-Beziehung in seinen Rezensionen und Portraits unterstreichen die permanente Spiegelung Klaus Manns in der Person und im Schreiben Crevels. Wie bei Gide sind es bei Crevel Selbstportraits Klaus Manns.

Am 8. Juli 1935 erscheint Klaus Manns Aufsatz *In memoriam René Crevel* in der Baseler National-Zeitung sowie in einer kürzeren Fassung im August-Heft der *Sammlung*. Er spannt den Bogen vom Selbstmord Pierres, des Helden in *La mort difficile*, bis zum Selbstmord seines Schöpfers, dessen Gesicht Klaus Mann „zu den wenigen [rechnet,] in denen eine Generation, der man ihr Zerrbild vorhält an so vielen Ecken, sich wieder erkennen darf, ohne erröten zu müssen"[593]. Was Klaus Mann über Crevel im Zusammenhang mit dessen Aufsatz *Am Kreuzweg der Poesie, der Wissenschaft, der Revolution und der Liebe* schreibt, könnte er auch über sich selbst sagen:

> Er wollte auf nichts verzichten, nichts vereinfachen, sondern das Verschiedenste in sich versammeln, vereinigen. Er war zum Aktivismus gekommen; aber er war nicht gesonnen, die melancholischen und zarten Erfahrungen seiner spöttischen und enthusiastischen Jugend zu opfern und zu verleugnen: die Problematik der Einsamkeit, Hauptmoment seiner ersten Romane, bleibt ein bestimmendes Element in den letzten. (*ZuK* 312)

---

[592] Klaus Mann: *René Crevel: „Les pieds dans le plat"* [1933], S. 60. In: *ZuK* 60ff.
[593] Klaus Mann: *In memoriam René Crevel* [1935], S. 314. In: *ZuK* 310-314.

Über *Les pieds dans le plat* urteilt er nun im Vergleich zu früher milder und preist es als eine „Satire sehr großen Stils, schillerndes Pamphlet" (*ZuK* 311), und auch 1936 in *Können Deutschland und Frankreich Freunde sein?* unterlässt er es nicht, sich und Crevel und das Bild, das er von seiner Beziehung zu ihm hat, der Mit- und Nachwelt zu erhalten:

> Jahrelang war einer meiner besten Freunde ein junger französischer Dichter. Sein Werk und seine Person wurden geliebt und hatten Wirkung in einem Kreis von jungen Menschen, der zahlenmäßig klein war, aber in allen europäischen Ländern seine Vertreter hatte.[594]

Ebenso geht er in seinem Essay *Die Wirkung Frankreichs* von 1938 ausführlich auf Crevel ein. Dabei betont er, dass er ihm „wunderbarer als Mensch denn als Autor"[595] war, was vermuten lässt, dass ihm nun Crevels Schriften nicht mehr besonders gefallen. In einer unveröffentlichten Fassung der amerikanischen Autobiographie *The turning point* findet sich das überschwänglichste Portrait des toten Freundes:

> Never again in my life I shall meet another person who I can admire so much, while, at the same time, feeling so intimately akin to his character, the particular [...] of his drama. This young frenchman was, indeed, my beloved brother – closer to me than and yet the enchanting stranger whose savage reactions and abrupt agonies and woundrous intuitions never ceased to startle and to puzzle me. I always understood his smiles and silences, his fumbling little gesturers, his laughters and sorrows and, his sudden anger and his brotherly tenderness; but I was puzzled, sometimes even shocked, by the vehemence of his judgements, the furious radicalism of his intellectual somersaults. [...] I loved him very much. I knew everything about him – his *inquiétude*, and why he went astray; this idolatry of sex and at the same time the distrust...[596]

In einer weiteren Fassung ist zu lesen:

> He was my brother – more akin to me than any of my friends in Germany. I loved him more than my German friends. And I loved him more.[597]

Ausführlich, wenn auch ohne seine Liebe so offen zu gestehen, gedenkt Klaus Mann Crevels im *Wendepunkt*.[598]
Nicht nur in Aufsätzen und in seinen Autobiographien versucht Klaus Mann Crevels Andenken zu bewahren. Auch in seinem literarischen Werk finden sich Portraits von ihm. In der ihm gewidmeten *Kindernovelle*, die er schreibt, als er ihn 1926 kennen lernt, verleiht Klaus Mann der Figur des Till seine Züge.[599] Im 1939 erscheinenden Roman *Der Vulkan* dient Crevel als Vorbild für

---

[594] Klaus Mann: *Können Deutschland und Frankreich Freunde sein?* [1936], S. 17. In: *WvM* 15-23.
[595] Klaus Mann: *Die Wirkung Frankreichs* [1938], S. 34. In: *ZD* 28-38.
[596] Klaus Mann: *The Turning Point*, Fassung *The Devout Dance*. 1924/27, Kap. 5, S. 31 ff., *KMA*.
[597] Klaus Mann: *The Turning Point*, Fassung *The Devout Dance* S. 37, *KMA*.
[598] Vgl. v.a. die Passagen *WP* 168f. und *WP* 338f.
[599] Vgl. Klaus Mann: *Kindernovelle*, S. 141ff. In: Klaus Mann: *Maskenscherz. Die frühen Erzählungen*, Reinbek bei Hamburg 1990, S. 128-176. Im Folgenden werden Zitate aus diesem Band durch die Sigle *MS* und die Angabe der entsprechenden Seitenzahl im Text belegt.

die Figur des Marcel Poiret. Klaus Mann stellt ihn als jungen französischen Dichter vor, von dem – genau wie im Falle Crevels –„einer seiner Romane in deutscher Übersetzung erschienen"[600] war. Darüber hinaus spielt er – ohne sie namentlich zu erwähnen – auf Crevels Zugehörigkeit zu den Surrealisten an:

> Poiret gehörte zu einer Gruppe von jungen französischen Künstlern – sie setzte sich nicht nur aus Autoren, sondern auch aus Malern und Komponisten zusammen –, die auf eine höchst gewagte und etwas verwirrende Art in ihrem Stil und in ihrer Gesinnung einen konsequenten, aggressiven Marxismus mit einem extremen Romantizismus zu vereinigen suchten. (V 30)

Auch das Verhältnis Crevels zu seiner Mutter nutzt Klaus Mann für die Figur des Marcel Poiret:

> Der Haß gegen seine Mutter, die für ihn die Bourgeoisie und besonders die französische Bourgeoisie repräsentierte, bestimmte seine Entwicklung. Er perhorreszierte das Christentum, weil Madame Poiret zur Messe ging. Er trieb sich mit Amerikanern, Chinesen und vorzugsweise mit Deutschen in den Nachtlokalen von Montmartre und Montparnasse herum, weil Madame Poiret alle Ausländer für Barbaren hielt, von den Deutschen niemals anders als ‚les sales boches' sprach und der Ansicht war, dass die Nachtlokale eine infame Erfindung des Teufels, des deutschen Kaisers und der Bolschewisten seien, um die französische Nation zu korrumpieren. Er ging niemals vor vier Uhr morgens schlafen und betrank sich jede Nacht mit Whisky und Gin, weil seine Mutter sich um neun Uhr in ihr Zimmer zurückzog, um halb zehn Uhr das Licht löschte und die Namen der starken angelsächsischen Alkoholika nur mit ekelverzerrtem Gesicht, übrigens höchst fehlerhaft, aussprechen konnte. Aus tiefer Aversion gegen das ein wenig altmodisch-tadellose Französisch, in dem Madam Poiret sich ausdrückte, hätte der Sohn am liebsten nur noch englisch, deutsch oder russisch geredet. Zu seinem Leidwesen war er total unbegabt für fremde Sprachen. Er tat sein Bestes, die Mutter und ihre Freundinnen zu schockieren, indem er seine Konversation mit Unflätigkeiten würzte und, soweit dies irgend anging, den Jargon der Pariser Unterwelt kopierte. Er kleidete sich halb rowdyhaft, halb im Stil der Oxford-Studenten: in grellfarbige, übrigens kostbare Stoffe. Der Zwanzigjährige wurde zum deklarierten Liebling einer fragwürdig-bunt zusammengesetzten Gesellschaft, die im Paris des ersten Nachkriegsjahrzehntes ihr seltsames Wesen trieb; zum umworbenen Enfant terrible jener zugleich exklusiven und phantastisch gemischten Zirkel. (V 32)

Auch Poiret leidet an einer Lungenkrankheit und verbringt mehrere Aufenthalte in Davos. Anders als Crevel kommt Poiret erst 1929 zum ersten Mal nach Berlin, und statt über Klee, René Sintenis und die Surrealisten Vorträge zu halten, spricht Poiret „über den Marquis de Sade, Baudelaire und Rimbaud" (V 33) und damit über Vorbilder der Surrealisten. Anders als Crevel stirbt Poiret nicht, indem er mit Gas Selbstmord verübt, sondern geht – während die deutschen Emigranten weiter diskutieren, wie sie Hitler und den Faschismus

---

[600] Klaus Mann: *Der Vulkan*, Berlin (Ost) 1969, S. 30. Im Folgenden werden Zitate aus diesem Werk durch die Sigle V und die Angabe der entsprechenden Seitenzahl im Text belegt.

bekämpfen können – nach Spanien in den Bürgerkrieg, kämpft auf der Seite der Internationalen Brigaden (vgl. V 297), stirbt in einem Hörsaal der zerschossenen Universität von Madrid (vgl. V 374) und wird vom Erzähler zum Märtyrer stilisiert:

> Er wollte das Opfer bringen; er hat sich geopfert. Er wollte Blut vergießen; aus einer kleinen Wunde über dem Herzen sickert sein Blut. Er war müde der Worte, gierig nach Taten und Leiden; er hat gehandelt, hat gekämpft, hat gelitten – er schweigt. [...] Marcel Poiret, ein Soldat –, er gehört zum Ganzen, zum Kollektiv: dies hat er sich immer gewünscht, es ist seine Sehnsucht gewesen, erst im Tode soll sie sich erfüllen. (V 374)

Es ist anzunehmen, dass Klaus Mann – indem er das Ende Poirets als kommunistischen Heldentod gestaltet – glaubte, auch für Crevel einen ihm angemessenen Tod zu wählen.

Marion, die Figur, die Klaus nach dem Vorbild seiner Schwester Erika gestaltet und die Marcel Poiret heiratet, damit sie einen französischen Pass bekommt, hält auf einer „Massenversammlung für die spanischen Loyalisten" eine Rede zum Gedenken Marcel Poirets:

> Sie war seine Gattin gewesen. Sie trug seinen Namen. – Alle im Saal erhoben sich von ihren Sitzen, als die Witwe des Märtyrers ans Rednerpult trat. Tausende standen stumm, Pariser Arbeiter und Intellektuelle und Frauen –: sie reckten schweigend die Faust; sie senkten die Stirnen zu seinem Gedächtnis. Marion hatte Tränen in der Stimme, als sie zu sprechen begann. Wie glücklich wäre ihr Marcel, wenn er dies sehen dürfte! [...] Sein Leben lang hatte er darunter gelitten, dass er von der Masse nicht verstanden wurde. Nun, da er tot war, huldigte sie ihm. Die einfachen Leute konnten ihn erst begreifen, da er sein Blut vergossen hatte, für die gemeinsame Sache. (V 398)

An dem Tag, da Klaus Mann vom Tod Crevels erfährt, beginnt der von Crevel mitorganisierte Schriftstellerkongress *Gegen Krieg und Faschismus* (vgl. WP 339), auf dem seiner gedacht wird. Zwei Tage später hält Klaus Mann selbst eine Rede, und im nächsten Monat erscheint seine Gedenkrede *In memoriam René Crevel*. Nicht allzu abwegig ist da die These, dass sich hier Klaus Mann partiell als trauernde Witwe Crevels sieht. Bereits in *Flucht in den Norden* hat Klaus Mann seine Liebe zu einem Mann vom Standpunkt einer weiblichen Hauptfigur aus erzählt.

Im Zusammenhang mit dem Tod Crevels schreibt Klaus Mann im *Wendepunkt*:

> Ich vergesse viel; aber die Augenblicke, die mich vom Tode eines meiner Lieben unterrichteten, die bleiben mir gegenwärtig. Jedesmal stirbt ein Stück von mir mit; jedes Mal fühle ich mich selbst um einen Grad bereiter werden. Nach so vielen Abschieden wird mir der eigene leicht. Möge ich gehen dürfen, ehe alle teuren Gesichter mir hier entschwunden sind! (WP 338)

Als Klaus Mann dies schreibt, ist er dem eigenen Tod schon sehr nahe.[601] Mindestens zwei Selbstmordversuche hat er bereits unternommen. Viele seiner Freunde und Bekannten haben sich im Laufe der letzten zwanzig Jahre umgebracht. Crevel war nicht der erste von ihnen, vielleicht hat sich Klaus Mann auch anderen zeitweilig näher gefühlt[602], aber mit keinem von ihnen setzt er sich auf so vielfältige Weise auseinander. Er kann sich, vor allem nach Crevels Tod, in dem Bild, das er von ihm hat, spiegeln, ihn als den Fremden lieben, ihn als Mitstreiter wahrnehmen, ihn als Idol annehmen, er kann ihm über seinen Tod hinaus ein Andenken bewahren, so, wie er es für sich selbst erhofft. Nachdem Klaus Mann einsehen muss, dass Crevel ihn nicht liebte, nachdem er in ihm kein Modell für sein eigenes Schreiben und in seinem politischem Engagement in ihm nicht mehr nur den Mitstreiter sehen kann, macht sich Crevel mit seinem Selbstmord mit einem Schlag wieder zum großen Vorbild, zu einem, der vorangeht. Am 21. Juni 1935, dem Tag, an dem Klaus Mann vom Selbstmord Crevels erfährt, notiert er in sein Tagebuch:

> Ich kenne *alle* seine Gründe. ‚Ich hab's oft gedacht – dass es mich müde macht, es noch zu denken ...' (Die Krankheit war der geringste.) (*TB* II 114)

Im Sanatorium Siesta, in dem er sich im Mai 1937 zur Entwöhnungskur aufhält, stellt er fest:

> Alle Menschen, zu denen ich mich hingezogen fühle, und die sich zu mir hingezogen fühlen, möchten (oder wollten...) sterben: Ricki, René, Wolfgang, Gert, Mops, Miro, Friedrich, und jetzt: Thomas Curtiss. (*TB* III 136)

Als er sich im April des folgenden Jahres wieder zum Entzug in einer Privatklinik aufhält und wieder daran denkt, seinem Leben ein Ende zu setzen, gedenkt er Crevels:

> Der Schatten Wolfgangs über meinem Weg. Der Schatten Renés, Rickis. Zu tief in mir die Lust des Unterliegens. (*TB* IV 34)

1942 versucht Klaus Mann in Pacific Palisades, während eines spiritistischen Treffens mit Crevel Kontakt aufzunehmen (vgl. *TB* V 108f.). Und mit den im *Wendepunkt* gewählten Worten zur Beschreibung von Crevels Tod scheint es, als würde er sie auch für sich geltend machen wollen. Selten ist er so poetisch:

> So wuchs sein Tod in ihm, sein schwieriger Tod. Er wuchs im Innersten seines psychischen und organischen Seins, einer mörderischen Frucht gleich, die reifen will; und wenn sie reif ist und weich, bricht sie auf, um mit dem Erguß ihres purpurnen Saftes das zarte Herz, das sie genährt, zu überschwemmen und zu vernichten. (*WP* 170)

---

[601] Im Februar 1949 vollendet er den 1947 begonnenen *Wendepunkt*, im Mai nimmt er sich das Leben.
[602] So z. B. Wolfgang Helmert, über den Klaus Mann in seinem Tagebuch festhält: „Der Gedanke an ihn drängt mir mehr Erinnerungen auf, als der an Ricki, Gert, René..." (*TB* III 21).

3.7 Begegnung mit einem Traum. Klaus Mann und Jean Desbordes

Der Schriftsteller Jean Desbordes ist heute in Vergessenheit geraten. Seine Sammlung von kleinen literarischen und essayistischen, teilweise autobiographischen Skizzen, die 1928 mit einem Vorwort von Jean Cocteau unter dem Titel *J'adore* veröffentlicht werden, wurde in Frankreich nicht wiederaufgelegt. In seinem Aufsatz *Jean Desbordes* hatte Klaus Mann ihn 1929 überschwänglich als einen der „heute unter den jüngsten Franzosen einer der Meistdiskutierten ist"[603] gelobt.

Jean Desbordes wird im selben Jahr wie Klaus Mann geboren. 1925 schickt er seine ersten literarischen Versuche an Cocteau, darunter Texte, die später in *J'adore* einfließen werden. Mit zwanzig Jahren wird er zum Militärdienst in Brest eingezogen. Einer Erkrankung verdankt er seine Versetzung ins Marineministerium nach Paris, wo sich Cocteau, der in ihm die Reinkarnation des drei Jahre zuvor verstorbenen Raymond Radiguet sieht, um ihn kümmert. Desbordes wird Cocteaus neuer Zögling und Liebhaber. Um ihn auch öffentlich zu einem neuen Radiguet zu machen, schickt Cocteau seine besten Texte zu dem Verleger Maritain, der allerdings eine Veröffentlichung verweigert. Eine von Cocteau überarbeitete Fassung von *J'adore* erscheint schließlich 1928 und sorgt in konservativen Kreisen für einen Skandal. 1931 erscheint Desbordes' - streckenweise von Cocteau geschriebener - Roman *Les Tragédiens*. Weitere Romane folgen. Bis 1934 sind Cocteau und Desbordes ein Paar. Anders als Cocteau schließt sich Desbordes nach der Besetzung Frankreichs durch die Deutschen dem Widerstand an. Unter dem Pseudonym Duroc beobachtet er die Schiffsbewegungen auf dem Kanal und trägt damit zum Erfolg der Landung der Alliierten bei. Zehn Tage vor der Befreiung von Paris wird er von der französischen Polizei verhaftet und hingerichtet.[604]

Da Klaus Mann 1926 die Bekanntschaft mit Cocteau macht, ist es wahrscheinlich, dass er den Nachfolger Radiguets über und bei Cocteau kennen lernt. Obwohl Klaus Mann im *Wendepunkt* schreibt, dass er mit Desbordes „persönlich gut bekannt war" (*WP* 267), hält er in seinen Tagebüchern nur zwei persönliche Begegnungen fest, die beide nur im Beisein von Cocteau stattfinden. Dies lässt darauf schließen, dass Klaus Mann und Desbordes nicht so gut miteinander bekannt sind, wie Klaus Mann vorgibt. Unter dem Datum des 27. Januar 1931 steht: „Von 9 bis ½ 2 Uhr bei Cocteau. Desbordes, noch ein jeune homme" (*TB* I 34), und am 29. November 1931 heißt es: „Besuch bei Cocteau: kurz Desbordes dabei." (*TB* I 95). Dies ist der letzte nachweisbare persönliche Kontakt. Als Klaus Mann Cocteau kurz nach seinem Gang ins Exil zum ersten Mal in Paris aufsucht, begegnet er Desbordes nicht, sondern hört nur von Cocteau „seine Desbordes-Tragödien" (*TB* I 125).

Trotz des Mangels an persönlichem Umgang und einer nachweisbaren Freundschaft, ist Desbordes, den er „literar-historisch [als] Cocteaus Geschöpf betrachtet" (*NE* 211), für Klaus Mann die „dritte wesentliche Begegnung mit der Jugend Frankreichs" (*NE* 215). Nach Radiguet und Crevel „widerfährt mir das rührende und fördernde Erlebnis des sich selber Wiedererkennens im Bild

---

[603] Klaus Mann: *Jean Desbordes* [1929], S. 211. In: *NE* 211-216.
[604] Vgl. Claude Arnaud: *Jean Cocteau*, a. a. O., S. 362f.

eines anderen" (*NE* 215). Doch es ist nicht nur die Jugend, in der er sich wiedererkennt. Neben ihrem Alter lassen sich weitere Gemeinsamkeiten finden:

> Der Knabe Desbordes hat einen stark narzißtischen Zug, das ist das erste, was wir an ihm erkennen und feststellen. Er bekennt es selber, und zwar mit einer Offenheit, die bis gestern schamlos galt (*NE* 212),

schreibt Klaus Mann, dessen eigener Narzissmus heute Gegenstand wissenschaftlicher Untersuchungen ist.[605] Eine weitere Gemeinsamkeit scheint die Affinität für das Religiöse zu sein, von allem im Zusammenhang mit dem Erotischen, wie in *Der fromme Tanz* bereits im Vorwort deutlich wird. Dort hatte Klaus Mann gefragt:

> Darf ich aber auch hoffen, daß das, wofür ich kein Wort weiß und was ich dann die neue Unschuld, den neuen Glauben, die neue Frömmigkeit benenne, ein wenig durch diese Verwirrungen schimmert? (*FT* 8f.)

In Desbordes' *J'adore* findet Klaus Mann diese beiden ihn als jungen Mann beschäftigenden Themen wieder. Über Desbordes und *J'adore* schreibt er:

> Die Flamme seines liebenden Herzens ist um Gottes willen entzündet, der Rausch, mit dem er diese Schöpfung stündlich und minütlich zu umarmen scheint, ist bewußter, leidenschaftlicher Gottesdienst. (*NE* 213)

Die Art, wie in *J'adore* die Liebe dargestellt wird, interpretiert Klaus Mann so:

> Hier gibt es nichts mehr umzudeuten oder zu verschleiern: diese Liebe, zu der Desbordes auffordert, überredet, bezaubert, ist keineswegs eine ‚vergeistigte' etwa im christlichen oder im platonischen Sinn. Diese ‚königliche Liebe', die ‚den Satan' aufhält, sie ist reine und unverfälschte Sexualität, als zu Gottes Ehren erlebte und genossene. (*NE* 213)

Desbordes' Grundsatz lautet, so Klaus Mann, „*Liebe, das bedeutet schon Glauben*" (*NE* 214). Klaus Mann folgert daraus „eine Geringschätzung alles Intellektuellen, manchmal sogar fast des Menschlichen" (*NE* 214). Soweit geht er selbst aber nicht. Für ihn bleibt Intellektualität ein zentral erstrebenswerter Wesenszug. Doch in anderer Hinsicht muss sich Klaus Mann Desbordes nahe fühlen: Wie er wird auch Desbordes für sein Debüt heftig angegriffen. Die Öffentlichkeit kritisiert Desbordes' Nähe zu Cocteau und kritisiert ihn, um Cocteau zu anzugreifen (vgl. *NE* 216). Eine ähnliche Erfahrung macht zuvor auch Klaus Mann. Kritiker wie Brecht stellen nicht nur sein, sondern im Umkehrschluss auch Thomas Manns Werk auf den literarischen Prüfstand (vgl. Kap. 1.2.1). Eine weitere Gemeinsamkeit bildet die literarische Gestaltung von Homoerotik, wenn auch Desbordes eine letzte Zweideutigkeit zulässt, etwa indem er in der Skizze *Les cavaliers collés* von „deux armants"[606] schreibt, von denen einer als „le mâle" – also eindeutig als männlich – gekennzeichnet ist, und der andere als „l'homme" und damit als „Mann" oder „Mensch", aber

---

[605] Vgl. Alexa-Désirée Casaretto: *Heimatsuche, Todessehnsucht und Narzissmus im Leben und Werk Klaus Manns*, Frankfurt a. M. 2002.
[606] Jean Desbordes: *J'adore*, Paris 1928, S. 83.

nicht explizit als Frau. In seiner Skizze *Les plus beaux garçons de la terre* bekennt sich Desbordes deutlicher zu seinem Wunsch nach Liebe und männlicher Jugendlichkeit, nach einer freieren Zukunft, in der alles, was die Liebe betrifft, mit einer neuen Moral betrachtet wird:

> J'ai vu de l'amour en tout pour faire que tout ait de l'amour. Je pense que je ne suis pas seul à espérer, mais que j'arrive avec une génération qui saura si bien préparer l'avenir que l'on n'y souffrira plus, qu'on y réchauffera le cœur du monde. J'ai le bonheur pour but et l'amour pour moyen. [...] Il va venir des garçons splendides pour aspirer la vie comme des fous et comme des feuilles. Leur sève fera le printemps moral. J'entends mon cœur battre. J'aime mon émotion qui me libère du monde, sauf du coeur. [...] Une main est sur ma peau. Une autre est sur le poignet libère. Un corps sait, près de moi, s'éteindre et me donner aux seins la chaleur créatrice qui multiplie et qui élève.[607]

Seine Hoffnung, in einer neuen, zukunftsorientierten Generation aufzuwachsen, teilt auch Klaus Mann, etwa wenn er sich im Vorwort zum *Frommen Tanz* der Jugend zuordnet, die durch die Wirrnisse des Krieges ging und auf die Zukunft hofft (vgl. *FT* 7). Desbordes' Wunsch, dass „herrliche Jungen" kommen mögen, die diese Zukunft bringen werden, empfindet Klaus Mann als so reizvoll, dass er sie in seinem Aufsatz zitiert (*NE* 215). Darüber hinaus scheinen beide ähnlich offen mit ihrer Homosexualität umzugehen.

Über das Verhältnis zwischen Desbordes und Cocteau schreibt Klaus Mann:

> In seines jungen Lebens ländlich umfriedeter Stille trifft der ‚Thomas L'Imposteur' wie ein Blitz, vom Schicksal gesendet. Er kommt nach Paris, dort begibt er sich völlig unter Cocteaus liebenden Einfluß. Der Dichter des ‚Grand Écart', des ‚Orphée' überwacht seine Arbeit, errät seine geheimsten Kräfte, bildet sie aus; leitet, stachelt auf, besänftigt und fördert. Schließlich, da er seinen Schützling für die Öffentlichkeit reif glaubt, dirigiert er seine Karriere, zwingt zum Aufhorchen die literarische Öffentlichkeit, inszeniert den Ruhm des noch nicht Zweiundzwanzigjährigen. (*NE* 211)

Klaus Mann präsentiert dem Leser hiermit eine sich an das Ideal der griechischen Antike anlehnende Männerliebe, die er später auch für sich in seine Gide-Monographien aufnimmt. Die Wortwahl, der Stil und der Aufbau dieses Abschnitts zeichnen märchenhaft zwei Helden: den erfahrenen Dichter und den jungen, nach einer Form suchenden Schützling, der, sobald er „gereift" ist, inszeniert wird. Während Klaus Mann das Verhältnis zwischen Cocteau und Radiguet nur in seiner letzten Phase verfolgen kann, in der Cocteau versucht, seinem jung verstorbenen Liebhaber ein Andenken zu schaffen, ist die Beziehung zwischen Desbordes und Cocteau für ihn unmittelbar erfahrbar. Mit seiner Beschreibung dieser Beziehung bestätigt sich der bereits in den Kapiteln über Gide, Cocteau und Radiguet vorgestellte Wunsch Klaus Manns nach einem Mentor, nach einer eigenen Rolle als Protegé. Zwar bietet sich Desbordes auch als Spiegel an, jedoch ist es vielmehr seine Rolle in der Verbindung mit Cocteau, die Klaus Mann zur Reflexion und damit zur Beschäftigung mit Desbordes einlädt.

---

[607] Jean Desbordes: *J'adore*, a. a. O., S. 142f.

3.8 Der bevorzugte Mitschüler. Klaus Mann und Julien Green

> Den schlanken und adretten jungen Herrn, der mich eines Tages im Hotel Jacob, Rue Jacob, besuchte [...], hielt ich zunächst für einen Sohn des tragischen Alten, dessen Werke ich bewunderte. Aber nein, er war es selbst: Dieser glatte, schlanke Jüngling von diskret kosmopolitischer Eleganz hatte die Romane der Verzweiflung geschrieben, hatte unseren Ur-Schmerz, unsere Ur-Angst episch beschworen und zum gültigen Kunstwerk geformt. Er war kaum älter als ich, vier oder fünf Jahre vielleicht. Seine Miene schien unberührt von den Heimsuchungen und Abenteuern, die er schon bestanden und gestaltet hatte. Oder verriet sich die Leidenserfahrung nicht doch im sanft zerstreuten Lächeln, im verhangenen Blick? [...] Mir wurde bang in der Gegenwart des korrekten, weltmännisch heiteren Gastes, der – wie mir aus seinen Schriften nur zu wohl bekannt – in den infernalischen Labyrinthen dunkelster Triebe und geheimster Qualen so erschreckend zu Haus war. (*WP* 232)

Der genaue Zeitpunkt dieses ersten Treffens, das wahrscheinlich auf Anregung André Gides zustande kommt[608], ist nicht mehr genau zu rekonstruieren. In seiner im November 1930 mit *Julien Green* betitelten Rezension des Romans *Leviathan* erwähnt Klaus Mann keine persönliche Bekanntschaft mit Green, über die er höchstwahrscheinlich berichtet hätte, würde er den französisch-amerikanischen Schriftsteller bereits kennengelernt haben.[609] Im Februar 1932 trifft er sich dann mit Green (vgl. *TB* I 37). Der oben zitierte erste Besuch muss also in der Zwischenzeit stattgefunden haben. Von da an meldet sich Klaus Mann fast immer bei Green, wenn er sich in Paris aufhält, und besucht ihn. Nachdem Green 1940 ins amerikanische Exil geht, gewinnt Klaus Mann ihn als *Editoral Advisor* für seine Zeitschrift *Decision*. Das letzte Mal scheinen sich beide am 29. September 1947 in Paris begegnet zu sein (vgl. *TB* VI 135).

Beginnend mit der Rezension über *Leviathan*, die den Roman enthusiastisch feiert, bespricht Klaus Mann immer wieder und immer äußerst wohlwollend die neuen Werke Greens. Nur André Gide und Jean Cocteau widmet er mehr Aufsätze. 1934 lobt er ihn in seiner Rezension des Romans *Le visionnaire* als „eine[n] der größten Schriftsteller der Epoche"[610]. Zwei Jahre später äußert er sich begeistert über *Minuit*, den Roman, den er auch 1938 in *Die Wirkung Frankreichs* würdigt als „Geschenk von der Dichtigkeit und Süße, dass es sich nur mit den ‚Hymnen der Nacht' des Novalis oder mit Rilkes ‚Stundenbuch' vergleichen ließe"[611]. 1941 vergleicht er ihn mit Franz Kafka und Gide:

> In unserem Jahrhundert hat wohl nur ein anderer Schriftsteller sich tiefer, leidenschaftlicher und qualvoller ins Religiös-Philosophische vorgewagt – Franz Kafka. Und nur ein anderer zeitgenössischer Autor verfährt kühner und gewissenhafter als Julien Green, wenn es darum geht, die Rätsel und Widersprüche des eigenen Seins zu ergründen – André Gide.[612]

---

[608] Vgl. Axel Plathe: *Klaus Mann und André Gide*, a. a. O., S. 47.
[609] Vgl. Klaus Mann: *Julien Green* [1930], S. 297ff. In: *NE* 297-301.
[610] Klaus Mann: *Die Geheimnisse Julien Greens* [1934], S. 159. In: *ZuK* 156-159.
[611] Klaus Mann: *Die Wirkung Frankreichs* [1938], S. 36. In: *ZD* 28-38.
[612] Klaus Mann: *Wer sind wir?* [1941], S. 339. In: *ZD* 339-347.

Ein Jahr später zählt er Green in einer Besprechung von dessen Autobiographie *Memories of Happy Days* zu

> den besten Erzählern seiner Generation, [der] die große Tradition des französischen Romans um eine ganze Reihe neuer Vorstellungen und Akzente bereichert[613]

und auch in der Monographie über Gide (vgl. AG 17) und in der amerikanischen und deutschen Version des *Wendepunktes* (vgl. WP 230f.) portraitiert er Green voller Anerkennung.
Nach den Bekanntschaften mit René Crevel, Jean Desbordes und dem Werk Raymond Radiguets lernt Klaus Mann zu Beginn der dreißiger Jahre mit dem 1900 in Paris geborenen Julien Green einen weiteren zur jungen Schriftsteller seiner Generation kennen. Während er sich in Radiguet, Desbordes und Crevel und ihren Werken wiedererkennt und sich hier für seine eigenen Wünsche und Ziele Bestätigung holt, ist dies im Falle Greens nicht mehr nötig und auch nicht möglich. Anders als in der Mitte der zwanziger Jahre steht Klaus Mann zu Beginn der dreißiger Jahre nicht mehr am Anfang seiner Karriere als Schriftsteller, sondern ist aufgrund seiner Veröffentlichungen und Kontakte im Literaturbetrieb etabliert und nicht mehr auf der Suche nach stilistischen und thematischen Vorbildern. Dennoch ist ihm die Freundschaft zu Green in mehrerer Hinsicht sehr wichtig: Beide verbindet die Verehrung für Gide, der mit Green eine wesentlich engere Verbindung pflegt als Klaus Mann. Darüber hinaus scheinen beide eine ähnlich positive Auffassung über ein zentrales Thema von Klaus Mann zu haben: den Tod. Klaus Mann empfindet Greens Äußerung darüber für sich so bedeutend, dass er sie in seinem Tagebuch festhält:

> Zum Tee bei Green. Gespräch über Cocteau, lang über Drogen, über die Zukunft, über den Tod. Green glaubt, es müsse schön sein, etwas Erlösendes, Heiliges, wie wenn man in einen Tempel eintritt. Gott gebe, daß er recht hat.– Jedenfalls charakteristisch für ihn. – Die Vorstellung des Todes als des Schrecklichen, Macabren christlich; anders bei den Griechen. (*TB I* 95f.)

Und tags darauf – am 1. Dezember 1932 – berichtet er seiner Freundin Eva Herrmann darüber:

> Gestern habe ich mich mit einem Dichter, der etwas von dieser Materie versteht, – mit Julien Green – lange über den TOD unterhalten; und er meinte, daß er etwas ganz Herrliches sein müsse, der schönste Moment, das große aus sich selber Heraustreten.[614]

Ein weiterer, bereits bei Radiguet, Crevel und Desbordes bedeutender Beweggrund, sich Green nahe zu fühlen und sich in Form von Besprechungen und Würdigungen mit ihm zu beschäftigen, liegt darin, dass auch Green homosexuell und als Freund von Gide Teil des Pariser Netzwerks homosexueller Schriftsteller ist, wie auch schon das im Tagebuch festgehaltene Gespräch über

---

[613] Klaus Mann: *Erinnerungen aus glücklichen Tagen* [1942], S. 19. In: *AvP* 19-22.
[614] Klaus Mann: *Brief an Eva Herrmann* vom 1. 12. 1932, *BuA* 82.

Cocteau zeigt. Klaus Manns Tagebuchaufzeichnungen weisen darauf hin, dass ihr jeweiliger Umgang mit Homosexualität ein wichtiges Thema ihrer Gespräche ist. Am 9. Februar 1932 führen sie ein „Gespräch über Bücher, Bilder, Boys und schwuhle Lokale" (*TB* I 38), zwei Jahre später unterhalten sie sich „hauptsächlich über schwulhles Leben (Bäder, Bordelle in New York u.s.w.)" (*TB* II 23), und unter dem Datum des 14. September 1937 vermerkt er:

> Visite bei *Julien Green*. Welch kurioser Mensch! Erst ganz befangen-steif. Lebhafter, da vom Schwuhlen die Rede. Aber immer noch – auf eine reizvolle Art – unergiebig. (*TB* III 159)

Mit Crevel, Desbordes, Gide und Cocteau teilt Klaus Mann, dass sie die eigene Autobiographie und ihre Homosexualität zum Gegenstand ihres Schreibens machen. Bezüglich Greens für eine Veröffentlichung vorgesehenes Schreiben hält Klaus Mann jedoch fest:

> [M]erkwürdig: er läßt *nichts* von seinem persönlichem Leben in seine Bücher eindringen; strenge Trennung; ‚ein anderer, als ich, schreibt meine Sachen'. Zur Erholung täglich schwuhle Niederschriften. Sein ungeheuer leidenschaftliches und zugleich kaltes Verhältnis zum Sexuellen. – Zeigt mir den pornographischen Tschelitscheff: heroische Pyramide der Unzucht. (*TB* I 127)

So intensiv sich beide über ihre Erfahrungen in einer homosexuellen (Sub-)Kultur und ihre Homosexualität austauschen können, mit seinem Schreibkonzept kommt Green weder als Vorbild noch als Spiegel, in dem sich Klaus Mann wiedererkennen könnte, in Frage. Erst Greens Übersiedelung in die USA im Sommer 1940 lässt neben der Homosexualität und der Schriftstellerei weitere Gemeinsamkeiten aufkommen. In den früheren Aufsätzen über Green nicht erwähnt, sieht Klaus Mann in seiner Gide-Monographie das ihn selbst besonders seit dem Exil beschäftigende Thema Heimatlosigkeit auch bei Green als zentrales Motiv:

> Da ist das Pathos der Heimatlosigkeit – fast Peter-Schlemihl-haft; denn Green, wie Chamisso, hat zwei Vaterländer: was beinahe sagen will, daß er keines hat. (*AG* 17)

Diese Aussage, gerade der letzte Teil, trifft in noch stärkerem Maße auf Klaus Mann selbst zu. Seine Versuche, Amerikaner zu werden, sind alle mit Rückschlägen behaftet, ob es sich nun um die Erlangung der amerikanischen Staatsbürgerschaft handelt oder darum, als Amerikaner gegen das Deutsche Reich zu kämpfen. Der Wechsel vom Deutschen ins Englische ist als Suche nach einer neuen Leserschaft und damit als Suche nach einer neuen literarischen Heimat zu verstehen. Hierbei ist ihm Julien Green Schicksalsgenosse:

> Julien Green, der jetzt auch englisch schreibt, [...] erzählte mir neulich von seinen Schwierigkeiten. Dabei ist er, der in Frankreich geborene und erzogene Amerikaner, völlig zweisprachig aufgewachsen! Aber gibt es das überhaupt, völlige Zweisprachigkeit? Da Green sich nun einmal für das Französische entschieden hat, fühlt er sich, wie er mir versichert – im Englischen nicht mehr so recht zu hause: obwohl es doch eigentlich seine ‚erste

Sprache' ist. [...] Wenn die linguistische Metamorphose (die in seinem Fall doch nur eine *Rück*verwandlung, eine Heimkehr ist) schon ihm so viel Qual und Mühe macht, wie sollte ich sie zu bestehen hoffen? (*WP* 429f.)

Letztlich und anders als Green gelingt es Klaus Mann jedoch nicht, in der englischen Sprache eine neue Heimat zu finden. Abgesehen von einigen kurzen Erzählungen wie *Le Dernier Cri* oder *Three Star Hennessy*[615]schreibt er keinen längeren literarischen Text auf Englisch, lediglich für *Le Dernier Cri* findet er eine Veröffentlichungsmöglichkeit.

Ähnlich wie bei Gide, Cocteau und Crevel ist die Beziehung zwischen Klaus Mann und Green vor allem durch Klaus Manns Engagement und Greens Zurückhaltung gekennzeichnet. Greens Interesse an der Person Klaus Manns ist gering. Wie bei Gide ist es immer Klaus Mann, der den Kontakt aufrechterhält, auf dessen Initiative ein Treffen zustande kommt. Nur ein einziges Mal hält Green ein Treffen mit Klaus Mann in seinem *Journal* fest.[616] Klaus Mann wiederum, der im *Wendepunkt* bekennt, dass ihm Gides Werk mehr als irgendein anderes half, seinen Weg zu finden (vgl. *WP* 224), schreibt 1941 in seinem Aufsatz *Wer sind wir?*, „dass André Gide keinen empfänglicheren und originelleren Schüler hat als Green"[617], und erkennt damit an, dass nicht er, sondern der mit *Leviathan* Weltruhm erlangende Green letztlich der bessere Schüler seines Meisters ist. Darüber hinaus ist es wahrscheinlich, dass Green Klaus Mann als literarischen Schriftsteller nicht anerkennt oder zumindest nicht ernst nimmt. In den erhaltenen Briefen Greens an Klaus Mann, in denen er Klaus Mann siezt, ist von keinem Roman, von keiner Erzählung Klaus Manns die Rede, obwohl diese im Laufe der Jahre, in denen sich beide kennen, teilweise auch auf Französisch oder Englisch vorliegen. Stattdessen kennt Green Klaus Mann zweifelsohne als Journalist, als Herausgeber und als (Auto-)Biograph, der sehr schmeichelnd über ihn schreibt und ihm das Geschriebene zukommen lässt. Auf die 1936 sehr positiv verfasste Rezension seines Romans *Minuit*, die ihm Klaus Mann zuschickt (vgl. *TB* II 53), antwortet Green höflich, kurz und im letzten Satz seine eigenen, von Klaus Mann zitierten Worte lobend:

> Cher ami,
> Votre bel article m'a fait un très grand plaisir et je me suis reconnaissant [...] d'avoir indiqué ce qu'il y a dans ce livre de nouveau par rapport à moi. Vous avez très bien compris aussi et très bien expliqué que le princi-

---

[615] *Le Dernier Cri* erscheint im Mai 1941 in der Zeitschrift *Esquire*, *Three Star Hennessy* wird zu Lebzeiten Klaus Manns nicht in der englischen Fassung veröffentlicht. Vgl. dazu: Klaus Mann: *Speed. Die Erzählungen aus dem Exil*. Hrsg. von Uwe Naumann, Reinbek bei Hamburg 1992, S. 248. Im Folgenden werden Zitate aus diesem Werk durch die Sigle *S* und die Angabe der entsprechenden Seitenzahl im Text belegt.
[616] Unter dem Datum des 29. 6. 1933 schreibt Julien Green: „Visite de Klaus Mann et de sa sœur. Lamentations sur l'Allemagne d'où on les a chassés. Ils nous disent que leur pays court au bolchevisme, que c'est la fin, le chaos. Ils nous conseillent de ne pas aller à Bayreuth cette année, de ne plus dépenser un sou en Allemagne que le régime ne se soit écroulé. Étrange, malgré tout, d'entendre des Allemands demander qu'on *boycotte* leur pays". (Julien Green: *Journal*. Paris 1975, S. 246.)
[617] Klaus Mann: *Wer sind wir?* [1941], S. 340. In: *ZD* 339-347.

pal personnage de cette histoire, c'est la nuit. Et j'adore les mots que vous citez à la fin.[618]

Über den *Turning Point*, den Green wahrscheinlich zusammen mit einem Brief bekommt, in dem ihm Klaus Mann seinen Wunsch mitteilt, ihm das Buch über Gide widmen zu wollen, schreibt Green – der über sich im *Turning point* auch ein sehr schmeichelhaftes Portrait findet (vgl. *TP* 181f.) – an Klaus Mann:

> J'ai lu vos souvenirs avec un très grand plaisir et vous aurais écrit si ma vie militaire m'en eût laissé le temps Toute une partie de ma propre vie est repassée devant mes yeux comme je tournais les pages de votre livre, et c'est là, au fond, un des plus vifs plaisirs qu'un écrivain puisse offrir à son lecteur, je veux dire de se retrouver soi-même dans le livre d'autrui. Je pense, bien entendue, à votre vie parisienne, et à tout ce qu'elle évoque en moi de bonheur et de tranquillité; votre jeunesse ressuscite la mienne.[619]

Im selben Brief zeigt sich Green sehr berührt von Klaus Manns Absicht, ihm das Buch über Gide zu widmen: „J'en suis extrêmement touché, croyez-le bien."[620], schreibt er und will ihm im Gegenzug einen Auszug aus seinem Tagebuch für die ums Überleben kämpfende Zeitschrift *Decision* zukommen lassen.[621] Zu einer Veröffentlichung kommt es jedoch nicht, die Zeitschrift wird zuvor eingestellt. Auch in der acht Jahre früher erscheinenden *Sammlung* ist Green mit keinem Text vertreten. Ob ihn Klaus Mann um einen Beitrag gebeten hat, ist nicht zu belegen. Da er aber die meisten seiner schreibenden Bekannten um einen Beitrag ersuchte, ist es wahrscheinlich und böte damit ein weiteres Indiz dafür, dass sich Green in die Reihe jener anderen Franzosen stellen lässt, die an Klaus Mann nicht interessiert sind und ihn deswegen auch nicht unterstützen.

Über die mit der Widmung „To Julian Green. The French Novelist and American Soldier" (*AG 1943*) versehene Gide-Monographie schreibt Green an Klaus Mann am 18. Februar 1943:

> I am reading your book with very great interest, although I find that we differ in several respects in our appreciation of Gide, but have you ever met two people who ever agreed about him? I feel that there is more to be said than you said, but that is also true of every book written on that most fascinating of subjects. I hope that some day we may discuss the book together, but when?[622]

Green reagiere „ganz unverbindlich"[623], liest Fredric Kroll aus diesen Zeilen heraus. Dass Green über das ihm gewidmete Buch nicht ein positives Wort fallen lässt – dass er es mit großem Interesse liest, bleibt als wertfrei zu deuten –, dass er in den wenigen Zeilen, die er über das Buch an Klaus Mann verliert, schreibt, dass es mehr zu sagen gäbe, als Klaus Mann über Gide gesagt habe, soll hier nun jedoch nicht als Unverbindlichkeit, sondern vielmehr als ver-

---
[618] Julien Green: *Brief an Klaus Mann* vom 13. 5. 1936, KMA.
[619] Julien Green: *Brief an Klaus Mann* vom 25. 12. 1942, KMA.
[620] Julien Green: *Brief an Klaus Mann* vom 25. 12. 1942, KMA.
[621] Vgl. Julien Green: *Brief an Klaus Mann* vom 25. 12. 1942, KMA.
[622] Julien Green: *Brief an Klaus Mann* vom 18. 2. 1943, KMA.
[623] Fredric Kroll (Hg.): *Klaus-Mann-Schriftenreihe* Bd. 6, a. a. O., S. 13.

nichtende Kritik gewertet werden. Stellt man diese danklose, lobesfreie, private, kurze Beurteilung den langen Rezensionen und Portraits gegenüber, die Klaus Mann über Green und sein Werk verfasst, bekräftigt das erneut die These, Klaus Mann sei von seinen französischen Vorbildern zu keiner Zeit ernst genommen worden. Sein fleißiges Schreiben über sie wäre somit nur ein Versuch, sich ihr Wohlwollen und ihre Freundschaft zu sichern. Auch wenn sich Klaus Mann über das Desinteresse bezüglich seiner Person bewusst gewesen sein muss, was besonders bei Gide deutlich wird, so ist dennoch festzuhalten, dass Klaus Mann vor allem daran liegt, sich sowohl emotionale als auch intellektuelle Netzwerke zu schaffen. Seine frühe Suche nach anderen schwulen Schriftstellern seiner Generation ist insofern erfolgreich, als dass er vor allem in Paris junge Schriftsteller findet, in denen er sich wiederfinden und damit bestärken kann, auch wenn die Freundschaften nur von seiner Seite wirklich gewünscht sind. Auch in die Beziehung zu Green investiert Klaus Mann. Seine lobenden Rezensionen und schmeichelhaften Portraits sind als Freundschaftsangebote zu werten. Doch wie seine anderen Bekannten beteiligt sich auch Green nicht einmal an dem Klaus-Mann-Gedächtnisbuch. Erst in den achtziger Jahren, als Klaus Mann in Deutschland und in Frankreich (wieder-)entdeckt und einem breiteren Publikum bekannt wird, beginnt Green, Klaus Mann in seinen zur Veröffentlichung bestimmten Tagebüchern festzuhalten. Anlässlich eines Berlin-Besuchs würdigt er ihn am 7. November 1981 als einen, der ihn bekannt gemacht hat, und stützt damit die These, Green habe Klaus Mann vor allem als Journalist und weniger als Literat wahrgenommen:

> Ich war hier 1929 und in den frühen dreißiger Jahren bis zu jenen Tagen, die das Schicksal Europas veränderten. Ich kannte alle Welt, und meiner Lebensart getreu hielt ich mich zugleich am Rande; meine ersten Bücher wurden gelesen, von den Zeitungen in Fortsetzungen veröffentlicht, denn Joseph Roth, Walter Benjamin, Klaus Mann unter anderen hatten mich bekannt gemacht.[624]

Am 11. März 1986 schreibt er:

> Klaus Mann, den ich zu meinem Bedauern nicht immer recht verstanden habe, trug die Bürde eines berühmten Vaters, der ihn nicht liebte. Dabei war er der Begabteste der ganzen Familie. Doch hielt man in dieser Familie Heinrich Mann, Thomas' Bruder, für den wirklich Großen.[625]

Diese Aussage zeugt zum einen von einem schlechten Gewissen, das sich darin äußert, dass Green Klaus Mann, mit dem er sich zu dessen Lebzeiten nicht ernsthaft auseinandersetzen will, nun, 35 Jahre nach seinem Tod, gleich als den Begabtesten der Familie beurteilt. Zum anderen zeugt die Behauptung, Heinrich wäre in der Familie Mann der wirklich „Große" gewesen, von Unkenntnis der Literaturgeschichte oder einer oberflächlichen Beschäftigung mit der Familie Mann. Vier Monate vor seinem Tod schreibt Green in sein Tagebuch noch einmal wohlwollender und nun auch Klaus Manns literarisches Werk würdigend, ein letztes Mal über ihn:

---
[624] Julien Green: *Tagebücher. 1981 bis 1990*, München 1995, S. 75f.
[625] Julien Green: *Tagebücher 1981 bis 1990*, a. a. O, S. 647.

Thomas Mann hat mich immer ein wenig gelangweilt. Zu bürgerlich. [...] Wen ich dagegen liebe, das ist sein Sohn Klaus, drogensüchtig, inspiriert, unglücklich, von der Morbidezza jener angesteckt, die wissen, dass sie größer sind als ihr Wille. Seine Romane besitzen alle Qualitäten, die seinem Erzeuger fehlen, um die Sache einfach auszudrücken. Wir verstanden uns sehr gut und sahen uns in New York, als er 1944, nach mir, demobilisiert wurde. Doch leider wußte ich nicht, in welcher Verzweiflung er 1949 versunken war, als er in Südfrankreich Selbstmord beging. Das Leben trennt uns oder hält vielmehr jene von uns fern, mit denen wir gern sprechen würden. Mit ihm fand ich die freie deutsche Welt wieder, die ich mit Stoisy und Mopsa Sternheim in Paris erlebt hatte, denn das wahre Deutschland trotzt den Regeln und Meinungen auf herrlich unkorrekte Weise.[626]

Ob Green Klaus Manns Romane tatsächlich gelesen hat, ist nicht nachweisbar. Aus dem, den er „nicht immer recht verstanden" und den er in seinen Briefen gesiezt hat, wird jemand, den er schätzt und mit dem er sehr gut ausgekommen sein will. Man kann diese Eintragungen als Umkehrung der zuvor dargelegten Verhältnisse lesen. Nun ist es nicht mehr Klaus Mann, sondern einer seiner Bekannten, der sich äußert, um sich selbst und seinen literarischen Werken, die immer wieder von Klaus Mann gewürdigt wurden, zu huldigen.

3.9 Spiegelung im Gegner? Klaus Mann und die Surrealisten

Als Klaus Mann 1926 in Paris René Crevel kennen lernt, kommt er durch ihn in Kontakt mit den Surrealisten,[627] denen Crevel seit 1922 angehört. Diese in den zwanziger Jahren in Frankreich bedeutendste künstlerische Gruppe entsteht nach dem Ersten Weltkrieg in Paris zunächst als Dépendance der 1916 in Zürich von Tristan Tzara gegründeten Dada-Bewegung und lehnt wie diese den bürgerlichen Literaturbetrieb ab. Zu ihren Mitgliedern zählen zeitweilig die Schriftsteller André Breton, Louis Aragon, Paul Eluard und Paul Soupault sowie die bildenden Künstler Max Ernst, Paolo Picasso, Man Ray und Paul Klee. Die Surrealisten berufen sich auf Guillaume Apollinaire, der die Bezeichnung *surréal* 1917 im Vorwort zu seinem Drama *Les mamelles de Tirésias* erstmalig verwendet, auf bildende Künstler wie Marcel Duchamp sowie auf die antiliterarische Haltung u.a. Arthur Rimbauds. Mit Provokationen und skandalösen Aktionen in der Öffentlichkeit – wie etwa dem Sprengen von Versammlungen mit dem Ausruf „Vive l'Allemagne"[628] – und der Einführung neuer Techniken in allen Bereichen der Kunst versuchen sie, der bürgerlichen Kunst und ihrem Betrieb entgegenzuwirken. Im Jahr 1924 liefern Breton mit dem *Premier Manifeste du surréalisme* und Aragon mit *Une vague de rêves* erste literarästhetische Theorien und Ziele des Surrealismus.[629] Um die ihrer Auf-

---

[626] Julien Green: *Tagebücher 1996 bis 1998*, München 2000, S. 365f.
[627] Zum ersten Mal erwähnt Klaus Mann die Surrealisten 1926 in seinem Portrait *René Crevel*. Vgl. *NE* 95ff.
[628] Vgl. Dieter Schöneborn: *René Crevel. Romancier zwischen Surrealismus, Psychoanalyse und Revolution*, Münster 1990, S. 23.
[629] Breton definiert 1924: „Der Surrealismus beruht auf dem Glauben an die höhere Wirklichkeit gewisser, bis dahin vernachlässigter Assoziationsformen, an die Allmacht des Traumes, an das zweckfreie Spiel des Denkens. Er zielt auf die endgültige Zerstörung aller anderen

fassung nach durch die bürgerliche Kunst vorherrschende Trennung von Kunst und Leben zu überwinden, halten die Surrealisten eine Demokratisierung der Kunst und eine Ästhetisierung der Alltagswelt mit Hilfe der surrealistischen Poesie für nötig. In ihrem Wunsch, die Totalität des Wirklichen zu erfassen und zu deuten, lehnen sie die realistische Literatur als lediglich beschreibendes Wiederholen dessen, was bereits besteht, ab.[630] Ebenso kritisch stehen sie dem Ästhetizismus gegenüber, da er nur versuche, einen subjektiven Gegenentwurf zur schlechten, unvollkommenen Wirklichkeit zu bieten. Nach Hermann Wetzel zeichnet sich die surrealistische Poesie dadurch aus, dass sie neue Erkenntnisse über die Wirklichkeit nur mit dem Ab- und Umbau schon bestehender sprachlicher oder bildlicher Weltmodelle und konventioneller Handlungsmodelle gewinnt.[631] Dieses Ab- und Umbauen hat dem Surrealismus den Vorwurf eingebracht, er bleibe auf der Stufe der bloßen Negativität stehen und leiste nicht die dialektische Synthese, die zum Handeln und damit zu Veränderungen der Realität führen könnte. Von Freuds Psychoanalyse beeinflusst, soll die Poesie von der Vernunft befreit werden, soll die Versöhnung von Traum und Leben gelingen. Als Technik dient die so genannte *écriture automatique*, ein passives Niederschreiben beliebiger Assoziationen und auch Halluzinationen, deren Ergebnisse, obwohl die einzelnen Wörter bekannt sind und die grammatischen Strukturen eingehalten werden, keinen Sinn ergeben. Der Rezipient surrealistischer Texte wird aufgerufen, mittels eigener Assoziationen den Text fertig zu stellen, also aktiv mitzuarbeiten.

Weniger wegen ihrer konkreten Literatur- und Kunstkonzepte als vielmehr wegen ihrer Ablehnung der bürgerlichen Kunst und ihrer Forderung nach einer Demokratisierung der Kunst überschneiden sich die Positionen der Surrealisten mit denen der damals größten antibürgerlichen Kraft Frankreichs: der kommunistischen Bewegung. Viele Surrealisten – unter ihnen Eluard, Crevel und Aragon – treten der französischen Kommunistischen Partei (KPF) bei. Doch die literaturprogrammatische Festlegung auf den sozialistischen Realismus verträgt sich nicht mit den Zielen der Surrealisten, die auf der Freiheit des Individuums beharren. Auch die ab 1932 kurzfristige, im Zuge der Volksfront-Idee gegen Hitler und die Faschisten durchgeführte Lockerung dieses Programms, um antifaschistische Schriftsteller aus dem Bürgertum für

---

psychischen Mechanismen und will sich zur Lösung der hauptsächlichen Lebensprobleme an ihre Stelle setzten." André Breton: *Die Manifeste des Surrealismus*, Reinbek bei Hamburg 1983, S. 26f.

[630] Breton zur realistischen Schreibweise: „Sie ist mir ein Greuel, denn sie ist aus Mittelmäßigkeit gemacht, aus Haß und platter Selbstgefälligkeit. Aus ihr resultieren heute diese lächerlichen Bücher, diese beleidigenden Theaterstücke. [...] Wenn der Stil der bloßen Information, [...] fast nur in Romanen gebraucht wird, dann deshalb, weil der Ehrgeiz der Autoren offensichtlich nicht sehr hochgespannt ist. Der vom Zufall bedingte, unnötig detaillierte Charakter jeder ihrer Feststellungen bringt mich auf den Verdacht, dass sie sich auf meine Kosten analysieren. Kein Zögern des Helden wird mir erspart: ist er blond, wie heißt er, treffen wir ihn im Sommer? Lauter Fragen, die aufs Geratewohl – und ein für allemal – beantwortet werden; die einzige Entscheidungsfreiheit, die mir noch bleibt, ist die, das Buch zu schließen, was ich, bei der ersten Seite etwa, zu tun denn auch nicht verfehle." (André Breton: *Die Manifeste des Surrealismus*, a. a. O., S. 13).

[631] Vgl. Hermann Wetzel: *Das Leben poetisieren oder „Poesie leben"? Zur Bedeutung des metaphorischen Prozesses im Surrealismus*, S. 72f. In: *Französische Literatur in Einzeldarstellungen. Band 3. Von Proust bis Robbe-Grillet*. Hrsg. von Hermann Wetzel und Peter Brockmeier, Stuttgart 1982, S. 71-131.

sich zu gewinnen, ändert dies nicht. 1930 kommt es zum Zerwürfnis zwischen der KPF und den Surrealisten. Während sich Breton in der Folge von den Kommunisten löst und Crevel bis zum Schluss um einen Ausgleich bemüht ist, entscheiden sich Aragon und Eluard für die Kommunistische Partei.

Obwohl sich Klaus Mann in den zwanziger Jahren hauptsächlich Vertreter einer bürgerlichen, realistischen sowie ästhetizistischen Literatur zu Vorbildern wählt und damit sein Literaturkonzept dem der Surrealisten entgegensteht, sind seine ersten Äußerungen über sie positiv. In seinem Aufsatz *Jüngste deutsche Autoren* blickt er 1926 neidvoll auf die Literaturszene des westlichen Nachbarn:

> In Frankreich, will es uns scheinen, ist literarischer Nachwuchs viel leichter zu finden [...]. Dort hat eine gewandtere Jugend ihren Ausdruck viel rascher gefunden, schon haben sich Gruppen gebildet, schon hat man sich organisiert, die Surrealisten sind da – während bei uns alles vereinzelt, zerstreut und verworren scheint.[632]

Hintergrund für diesen zugunsten der Surrealisten ausfallenden Vergleich ist zum einen Klaus Manns Zuneigung zu Crevel. Zum anderen wird hier wieder sein Wunsch offenbar, auch in Deutschland eine seine Generation versammelnde Gruppe zu finden, die ihm, dem Suchenden und bereits heftig Kritisierten und Karikierten, ästhetisch eine Heimat bieten könnte, so wie Crevel sie in den Surrealisten findet. Auch in seinem Essay *Heute und Morgen – Zur Situation des jungen geistigen Europas* stellt er 1927 fest, dass es in Deutschland nicht nur „keine Gruppe"[633], sondern auch „nicht einmal einen einheitlichen ‚Stil'" (*NE* 131) gibt, während:

> die jungen Franzosen inzwischen glauben schon einen Stil gefunden zu haben, sie nennen ihn ‚Surrealismus'. Sie meinen wahrscheinlich, dass, ist auch die Richtung ungewiß, sogar Richtungs*losigkeit* verbinden könne. Sie empfanden: *wir sind eine Generation*, sei es, dass nur Ratlosigkeit uns vereine. Ist uns sogar das Ziel noch nicht gemeinsam, das uns erst zur Gemeinschaft weihen könnte, so ist es doch das Suchen nach einem Ziel. (*NE* 131f.)

Klaus Manns Aussagen über den Surrealismus und dessen vermeintliche Ziellosigkeit lassen erkennen, dass er sich bis zu diesem Zeitpunkt inhaltlich, wenn überhaupt, nur sehr oberflächlich mit dieser Strömung auseinandergesetzt hat. Mit Bretons *Surrealistischem Manifest* von 1924 verfügen die Surrealisten über ein Literaturprogramm, das versucht, Literatur theoretisch und philosophisch zu fassen. Die von Klaus Mann behauptete Richtungslosigkeit gilt wohl hauptsächlich für ihn selbst, auch hinsichtlich der durch die Kriegswirren verunsicherten Jugend. Wie bereits bei Radiguet, Desbordes und Crevel versucht Klaus Mann erneut, sich zu spiegeln. Dies wird auch im Urteil über die öffentlichen Provokationen und Skandale der Surrealisten deutlich:

> Auch die Surrealisten sind nicht eben sittig, so wurden sie über Nacht zum ‚Bürgerschreck'. Sie hatten ebenso wenig Interesse wie wir daran, es zu

---

[632] Klaus Mann: *Jüngste deutsche Autoren* [1926], S. 101. In: *NE* 100-109.
[633] Klaus Mann: *Heute und Morgen – Zur Situation des jungen geistigen Europas* [1927], S. 131. In: *NE* 131-152.

werden. Aber auch von ihnen sagte man sich, sie seien entgleist und widernatürlich. (NE 134)

Eine erste leise Kritik an den Aktionen der Surrealisten äußert Klaus Mann 1927 in seinem Portrait über Cocteau, der von den Surrealisten mit derben Späßen bedacht wird, indem er dessen „divenhaftes Geschwätz" gegen die Surrealisten festhält:

> Oh diese Surrealisten! Was war an ihnen neu, welcher Aufschwung, welche Bewegung kam von ihnen! Sie waren der Rokoko-Ausklang der symbolistischen Mode, Affen Arthur Rimbauds, die sich wichtig machten! – Er wusste, dass unrichtig war, was er sagte. Aber es sah aus, als stürbe er für seine Überzeugung. – Ich hätte seine Verachtung komisch gefunden; aber ich kannte den Tonfall, den die Surrealisten wählen, wenn sie Cocteau aburteilen – er ist, wenn möglich, noch gefährlicher und krasser.[634]

1929 erscheint ein mit *Die Surrealisten* betiteltes Portrait, in dem Klaus Mann erneut die „Zersplitterung, Vereinsamung und Vereinzelung der geistig Lebenden"[635] in Deutschland bedauert und nach Paris weist, wo er gleich mehrere Gruppen junger Künstler findet; unter diesen ist ihm

> die der Surrealisten sicher die markanteste, zunächst schon, weil sie die lauteste ist. Außerdem aber die geistig radikalste, unbedingteste und, im konventionellen Sinn, *unfranzösischste*. (NE 217)

Dass die Surrealisten nicht nur Schriftsteller, sondern auch bildende Künstler in sich versammeln, führt zu einem weiteren für Deutschland wenig schmeichelhaften Vergleich:

> Denn das ist einer der anderen Unterschiede des Pariser intellektuellen Lebens zu unserem, dass Literatur und Malerei in enger und sich gegenseitig befruchtender Verbindung stehen. (NE 217)

Bei einem Treffen im Atelier Bretons, an dem neben Breton und Crevel u.a. auch Aragon und Eluard teilnehmen, beeindrucken ihn „*gemeinsam aufgebrachte[s] Pathos, Erregtheit und Leidenschaft*" (NE 218). Klaus Mann, der in den zwanziger Jahren vielfach und von mehreren Seiten stark kritisiert wird, bewundert ihren selbstbewussten Umgang mit der Kritik, die man ihnen entgegenbringt:

> Als Ehrennamen geben sie sich am liebsten die, mit denen man sie beschimpft hat, was die sicherste Methode von jeher war, Schmähungen unschädlich zu machen. (NE 218)

Zwar sprechen ihn der Zusammenhalt der Surrealisten als Gruppe und ihr Selbstbewusstsein an, ihr Programm hingegen, das er als „exzentrischauflösend, gleichermaßen gegen Rationalismus und Aufklärung wie gegen den Katholizismus gerichtet" (NE 218) und als „un- ja *antifranzösisch* bis zu

---

[634] Klaus Mann: *Jean Cocteau* [1927], S. 161. In: NE 157-162.
[635] Klaus Mann: *Die Surrealisten* [1929], S. 216. In: NE 216-220.

dem Grade, daß es beinah deutsch scheint" (*NE* 218), bezeichnet, interessiert ihn nicht (vgl. *NE* 219).

Wohl wegen seiner damals noch tiefen Empfindungen für Crevel ist sein Urteil über die Surrealisten, obwohl sie seinem eigenen realistischen, bürgerlichen Literaturkonzept und seiner Neigung zum Katholizismus entgegenstehen, oberflächlich wohlwollend, vor allem, weil „die Bücher, die aus ihren Kreisen kommen, [...] vor Talent strotzten" (*NE* 219). Crevels neues surrealistisches Werk *Êtes-vous fous?* stellt er als eines vor, „das jenseits jedes Programms fasziniert" (*NE* 219). Ähnlich nachsichtig beurteilt Klaus Mann das Verhältnis der Surrealisten zur Politik und damit auch ihre Nähe zum Kommunismus. In ihrem politischen Selbstverständnis empfindet er die Surrealisten zwar als „mehr leidenschaftlich akzentuiert als sachkundig", lobt sie aber für ihre „Tapferkeit und Unbedingtheit" während des Krieges. In dem Maße jedoch, in dem sich Klaus Mann selbst mit Politik beschäftigt, und in dem Maße, in dem er sich von Crevel innerlich löst, beginnt er, die Surrealisten und ihre Affinität zur kommunistischen Bewegung zu kritisieren, wie 1933 in seiner Besprechung von Crevels neuem Roman *Les pieds dans le plat* deutlich wird:

> Ein junger Europäer, begnadet mit allen Gaben, seinen Erdteil zu feiern. Er muß diese seine Gaben dazu benutzen, ihn zu verhöhnen, seine Schande bitter zu übertreiben. Und damit er sich nicht ganz isoliert, nicht völlig hoffnungslos werde, klammert sein Herz sich an Russland – wohin er niemals gehört.[636]

Mit der Gründung der Volksfront, die kommunistische und bürgerliche Kräfte gegen den Faschismus und den Nationalsozialismus zu vereinen sucht, ändert sich sowohl das Verhältnis Klaus Manns als auch das der Surrealisten und vor allem ihres Führers Breton zum Kommunismus. Während Breton mit dem Kommunismus bricht, lobt Klaus Mann 1934 in seinem Bericht über den Ersten Schriftstellerkongress der Sowjetunion in Moskau die Rolle des Schriftstellers in einer kommunistischen Gesellschaft:

> Denn hier arbeitet der Schriftsteller, buchstäblich, für alle: der Rotarmist liest, und die Stoßbrigadlerin der Kolchose liest; die Fabrikarbeiter diskutieren über Bücher, Bücher werden gekauft von Ingenieuren, von Matrosen, Gymnasiasten und Telephonistinnen. [...] Eine Millionenmasse, gestern noch Analphabeten, stürzt sich heute auf die Literatur. Sie ist gierig nach ihr, sie verschlingt sie. Der Schriftsteller hat eine große Situation.[637]

Trotz Maxim Gorkis Forderung nach einem sozialistischen Realismus, der Klaus Mann sehr skeptisch gegenübersteht (vgl. *ZuK* 210), gibt er sich angesichts des gemeinsamen Kampfes gegen den Nationalsozialismus über den Stand der Literatur in der Sowjetunion letztlich hoffnungsvoll, wohl weil er in den Programmen der Kommunisten eine Annäherung an seine im Grunde bürgerliche Auffassung erkennen will:

---

[636] Klaus Mann: *René Crevel: „Les pieds dans le plat"* [1933], S. 62. In: *ZuK* 60ff.
[637] Klaus Mann: *Notizen aus Moskau* [1934], S. 204. In: *ZuK* 201-214.

Heute verlangt die offizielle Kulturkritik von der Literatur nicht mehr nur Gesinnung, sondern vor allem künstlerische Qualität – und dies mit allem Ernst und allen Konsequenzen. Sie verlangt also Schönheit. Diese bedeutet aber nicht nur ‚saubere Arbeit', Stalins Bezeichnung des Schriftstellers als des ‚Ingenieurs der Seele' ist überholt. (*ZuK* 212)

Je mehr sich die Literaturkonzepte Klaus Manns und der Kommunisten im Zuge Klaus Manns politischen Engagements und der Volksfront-Idee annähern, desto weiter sind sie von jenen der Surrealisten entfernt. In einem anderen, für Klaus Mann essentiellen Punkt hingegen gleichen sich die Auffassungen der Kommunisten und der Surrealisten wieder: In seinem im Dezember 1934 erschienenen Aufsatz *Die Linke und das Laster* nimmt Klaus Mann Stellung zu einem die Homosexualität unter Strafe stellenden sowjetischen Gesetz. Die homosexuelle Liebe als „eine Liebe, wie eine andere auch, nicht besser, nicht schlechter, mit ebenso vielen Möglichkeiten zum Großartigen, Rührenden, Melancholischen, Grotesken, Schönen oder Trivialen wie die Liebe zwischen Mann und Frau"[638] definierend, versucht er sie gegenüber dem „Misstrauen" und der „Abneigung gegen alles Homoerotische" (*ZuK* 236) zu verteidigen, die seiner Meinung nach „in den meisten antifaschistischen und in fast allen sozialistischen Kreisen einen starken Grad erreicht haben" (*ZuK* 236). Besonders wehrt er sich gegen den Ausspruch Maxim Gorkis: „Man rotte alle Homosexuellen aus – und der Faschismus wird verschwunden sein!" (*ZuK* 237) Die Intoleranz, die die Kommunisten Homosexuellen entgegenbringen, ist ein wesentlicher Grund für Klaus Manns Skepsis gegenüber dem sozialistischen Gesellschaftsmodell, findet er doch – wie später in der ebenfalls homophoben amerikanischen Gesellschaft – keinen Platz darin.

Zwei 1928 in der Zeitschrift *La Révolution surréaliste* abgedruckte Gespräche, die u.a. André Breton, Louis Aragon, Marcel Duhamel, Jacques Prévert und Man Ray im Januar 1928 führen, geben Einblick in die Ansichten der Surrealisten über die Homosexualität. „[J]e constate qu'il existe chez les surréalistes un singulier préjugé contre la pédérastie"[639], stellt Raymond Queneau das Thema einleitend fest und belegt damit, dass die Surrealisten in der Öffentlichkeit als Verurteiler der Homosexualität wahrgenommen werden. Breton versucht, sich zu rechtfertigen, indem er erklärt, Homosexuelle hätten ein mentales und moralisches Defizit:

> J'accuse les pédérastes de proposer à la tolérance humaine un déficit mental et moral qui tend à s'ériger en système et à paralyser toutes les entreprises que je respecte.[640]

Während Benjamin Peret und Pierre Unik ähnliche Ansichten vertreten, möchten Ray, Prévert, Queneau und Aragon die Homosexualität genauso wie die Heterosexualität behandelt wissen. So meint Aragon in dem zweiten, am 31. Januar geführten Gespräch:

---

[638] Klaus Mann: *Homosexualität und Faschismus* [1934], S. 238. In: *ZuK* 235-242.
[639] Raymond Queneau: *Recherches sur la sexualité. Part d'objectivité, déterminations individuelles, degré de conscience*, S. 35. In: *La révolution surréaliste*. Nr. 11, Paris, 15. März 1928, S. 32-40.
[640] André Breton: *Recherches sur la sexualité*, a. a. O., S. 35.

> La pédérastie me paraît, au même titre que les autres habitudes sexuelles, une habitude sexuelle. Ceci ne comporte e ma part aucune condamnation morale, et je ne trouve pas que ce soit le moment de faire sur certains pédérastes les restrictions que je fais également sur les ‚hommes à femmes'.[641]

Nach einigen weiteren diesbezüglich liberalen Stellungnahmen beendet Breton die Diskussion:

> Je m'oppose absolument à ce que la discussion se poursuive sur ce sujet. Si elle doit tourner à la réclame pédérastique, je l'abandonne immédiatement.[642]

Aus diesen Äußerungen lässt sich kein einheitlicher Standpunkt der Surrealisten gegenüber der Homosexualität feststellen. Vielmehr reflektieren sie den zeitgenössischen Diskurs. Da jedoch Breton, der einer breiten Öffentlichkeit bekannte Theoretiker der Surrealisten, sich gegen homosexuelles Verhalten ausspricht, bleibt seine Einstellung letztlich die bestimmende. Nach Ansicht Michel Larivières ist Crevel nicht als Homosexueller, sondern nur aufgrund seines schriftstellerischen Talents von den Surrealisten akzeptiert worden.[643] Somit liefert die ablehnende Haltung der Surrealisten gegenüber der Homosexualität eine bedeutende Ursache für die Distanz und spätere sehr deutliche Ablehnung Klaus Manns. Solange Crevel lebt, hält sich Klaus Mann mit seiner Kritik zurück, doch nach dessen Tod gibt es dafür keinen Grund mehr.
Als Crevel sich 1935 das Leben nimmt, geht Klaus Mann in seiner Gedenkschrift nicht auf dessen Mitgliedschaft bei den Surrealisten ein und verneint Crevels Mitgliedschaft in der KPF.[644] 1938 thematisiert er jedoch erstmals und vorsichtig eine Mitschuld der Surrrealisten am Tod Crevels:

> Ich wage auch nicht zu entscheiden, bis zu welchem Grade die Surrealisten ihn gefördert oder ob sie ihn verwirrt oder geschädigt haben. Vielleicht hielt ihn der Trost von Eluards Lyrik (in der er die Poesie mit der Revolution vereinigt meinte) und von André Bretons Dogmatik länger am Leben, als er es ohne solche geistige Kameradschaft ausgehalten hätte. Ich für mein Teil muß gestehen, dass ich mit den Lehren Bretons niemals sehr viel anzufangen wusste und dass ich oft den Verdacht hatte, sie hätten Crevel mehr verstört als genützt. Vielleicht bin ich ungerecht, wenn ich dies ausspreche, und sicherlich hat mich kein Wort Crevels ermächtigt, es zu tun: er hat von Breton niemals anders als mit unbedingter Bewunderung geredet. Aber hier geht es um Dinge von letztem Ernst, und eben diesen Dingen scheinen sich mir die Surrealisten oft mit einem etwas spielerischen, etwas unverbindlichen Radikalismus zu nahen.[645]

Je länger Crevels Tod zurückliegt, je mehr Europa durch den Krieg zerstört wird und je länger Klaus Mann sich am Kampf gegen den Nationalsozialismus beteiligt, desto unnachgiebiger steht er den Surrealisten gegenüber. In seinem

---

[641] Louis Aragon: *Recherches sur la sexualité*, a. a. O., S. 38.
[642] André Breton: *Recherches sur la sexualité*, a. a. O., S. 38.
[643] Vgl. Michel Larivière: *Homosexuels et bisexuels célèbres*, Paris 1997, S. 108.
[644] Vgl. Klaus Mann: *In memoriam René Crevel* [1935]. In: *ZuK* 310-314.
[645] Klaus Mann: *Die Wirkung Frankreichs* [1938], S. 35. In: *ZD* 28-38.

1941 im amerikanischen Exil verfassten Aufsatz *Die Avantgarde – gestern und heute* zweifelt er an ihrer Zeitgemäßheit:

> Es mag anregend sein, das Chaos zu verherrlichen, solange die Zivilisation noch intakt ist. Doch seitdem die Revolution des Nihilismus einen Erdteil verwüstet hat und die letzten Bastionen von Anstand und Ordnung überall bedroht, sind reife und verantwortungsbewußte Menschen geradezu verpflichtet, aller Exzentrik abzuschwören und aktiv und bescheiden an den Anstrengungen derer teilzuhaben, welche die versagende Ordnung verteidigen, indem sie sie bessern und fördern durch ihre allmähliche Umgestaltung.[646]

Über „das pedantische und zugleich chaotische Programm von André Breton" (ZD 259) urteilt er weiter:

> Wie abgestanden und doch provokativ wirkt diese ganze Haltung heute, dieses verantwortungslose Durcheinander von Marxismus und Romantik, Schizophrenie und Publicity, kindischem Unfug und morbider Inspiration, verdrehtem Freudianismus und unechter Exzentrik! (ZD 260)

Während Klaus Mann Crevel als dem „reinste[n] Geist und lebenswerteste[n] Charakter" (ZD 261) unter den Surrealisten ein Andenken bewahrt, empfindet er Breton als tragisch:

> Trotz all seines Könnens und seiner gewaltigen Energie hat er nichts Bleibendes geschaffen. Jetzt steht er allein da, frustriert und ausgelaugt – bedroht von jenen bösen Mächten, die er, wiewohl ohne Absicht, zu lange gefördert hat. Noch hat er Freunde, und ich hoffe aufrichtig, dass es ihnen gelingt, ihm zu helfen und ihn zu retten. Allerdings wünschte ich mir, sie ließen ab von ihrem Bestreben, den Surrealismus hierher zu verpflanzen. (ZD 261f.)

Als Klaus Mann seinen Wunsch, dass die Surrealisten nicht nach Amerika fänden, nicht erfüllt sieht, wird er wesentlich schärfer. In dem Essay *Surrealist Circus* von 1943 scheut er sich nicht, die Surrealisten mit den Nationalsozialisten zu vergleichen:

> In der Tat ist nach meiner Überzeugung der Surrealismus von denselben Tendenzen geprägt, die sich politisch im Nationalsozialismus ausdrücken: Unvernunft, Negation und Vandalismus. Ist Hitlers Programm, in Hermann Rauschnings Worten, eine Revolution des Nihilismus, so ist der Surrealismus die Revolution des Nihilismus in der Kunst.[647]

Während er früher den Surrealisten aus Unkenntnis heraus zugute hielt, sie hätten kein Interesse daran, zum Bürgerschreck zu werden,[648] sieht er nun in ihrer Kunst lediglich das zerstörierische Element:

---

[646] Klaus Mann: *Die Avantgarde – gestern und heute* [1941], S. 255. In: ZD 254-263.
[647] Klaus Mann: *Surrealistischer Zirkus* [1943], S. 26. In: AvP 26-35.
[648] Vgl. Klaus Mann: *Heute und Morgen. Zur Situation des jungen geistigen Europas* [1927], S. 134. In: NE 131-152.

> Ich bin gegen Surrealismus, weil ich für die Kunst bin. Anti-Künstler sind gerade im Begriff, die Welt zu zerstören. Hitler und Göring sind Anti-Künstler. Ebenso Laval, Franco und Mussolini. Surrealismus ist nicht die Krankheit, aber eines ihrer Symptome. Die Krankheit heißt Faschismus, die Revolution des Nihilismus. Die Surrealisten sind die Nihilisten der Kunst. (*AvP* 33)

Die früher für ihr Gemeinschaftsgefühl bewunderte Gruppe ist ihm nun

> eine Clique von Dichtern, Journalisten, Malern, Bildhauern und Einfaltspinseln, die zusammenhalten, gegenseitige Bewunderung heucheln und alle beleidigen, die nicht ihrem Kreis angehören. (*AvP* 26)

Was Klaus Mann den Surrealisten besonders vorwirft, ist ihre Nichtbeteiligung am Kampf gegen den Nationalsozialismus:

> Aber Breton und seine ausgelaugte Gefolgschaft machten unverdrossen weiter Propaganda für ihre geschmacklose Mischung aus Marxismus und Paranoia, aus Varieté und Psychoanalyse. Als die Nazihorden in Österreich, in die Tschechoslowakei, in Norwegen und in die Niederlande einmarschierten, verbreiteten die Surrealisten weiterhin ihre Bösartigkeiten und Absurditäten. Die drohende Katastrophe erschütterte unsere Zivilisation, aber die unermüdlichen Salon-Anarchisten blieben bei ihren gräßlichen Spielen und schrien sogar nach noch mehr Chaos. (*AvP* 31)

Hatte Klaus Mann die Surrealisten früher auch aus Unwissenheit bewundert und wegen seiner freundschaftlichen Gefühle für Crevel wohlwollend portraitiert, so werden sie nun öffentlich zum Feindbild gemacht. Angesichts seiner Einstellung ihnen gegenüber lässt sich konstatieren, dass er für Zeiten, in denen er die Freiheit bedroht sieht, der Kunst ihre absolute Freiheit abspricht:

> Es kann und darf nicht der Zweck der Kunst sein, das gegenwärtige Chaos zu idealisieren und zu vermehren. Ihre Aufgabe sollte vielmehr darin bestehen, den allmählichen Wiederaufbau vorauszuahnen und anzuregen, der beginnen wird, wenn wir endlich ‚sein Knäuel', die düstere und unbegreifliche Zeit des verrückten kleinen Gefreiten, hinter uns haben. Ich bin gegen Surrealismus, weil ich gesehen habe, wie die Welt aussieht ‚frei von jeder ästhetischen oder moralischen Verpflichtung'. Sie gleicht der Hölle oder einem surrealistischen Gemälde. (*AvP* 35)

Diese ablehnende Haltung behält Klaus Mann bis zu seinem Tod bei, wenn auch in abgeschwächter Weise. In *Der Wendepunkt* nennt er das surrealistische Programm ein „Programm der Konfusion und des Nihilismus, ein zum Dogma erstarrter Studentenjux" (*WP* 234).

3.10 Ein Ort verschwindet.

Paris und die Städte der französischen Mittelmeerküste sind vor seinem Pariser Exil für Klaus Mann die Orte, an denen er sich als schwuler Dandy (er)leben kann. Dazu gehört, dass er hier ein homosexuelles Schriftstellernetzwerk findet, in dem er Vorbilder und Mitstreiter findet, als dessen Teil er sich begreifen und das ihm bei seiner Karriere als Schriftsteller förderlich sein kann, wie Cocteaus Vorwort zur französischen Ausgabe des Alexander-Romans zeigt. Darüber hinaus liefert es ihm Stoff für seine essayistische Tätigkeit in Deutschland und gibt ihm dadurch die Möglichkeit, sich in Deutschland als Kenner der zeitgenössischen französischen Literaturszene zu präsentieren. Vor allem mit Raymond Radiguet entdeckt er 1925 am Beginn seiner Kariere seine Berufung als Fürsprecher der Jugend. In René Crevel findet er ein Jahr später sich und sein Schreibkonzept wieder. Dessen Roman *La mort difficile* beurteilt er sogar als gelungener als seinen eigenen *Frommen Tanz*. In Julien Greens Verehrung für Gide fühlt sich Klaus Mann bezüglich seiner eigenen Verehrung bestätigt, und in Jean Cocteau manifestiert sich über die Thematik seines Schreibens hinaus ein Vorbild für seinen eigenen bohèmehaften Lebensstil. Auf der Suche nach sich selbst und einem innergesellschaftlichen Ort als homosexueller Schriftsteller bieten sich die französischen Bekannten als Spiegelbilder für Klaus Mann an. In der Auseinandersetzung mit ihnen gelingt es ihm, sich selbst einen Wert anzuerkennen. Auch wenn die Spiegelungen weniger intersubjektiver als imaginärer Art sind, tragen sie zum Prozess der Selbstfindung Klaus Manns bei, der, wie bei Cocteau deutlich wurde, durchaus auch Züge der Abgrenzung trägt.

Anders als Hutter, der „die Subkultur in der ersten Hälfte des 20. Jahrhunderts noch im Rahmen der jeweiligen Nationalstaaten"[649] entstehen sieht, legt Tamagne nahe, bereits in den zwanziger Jahren, wenn nicht von einem westlich-globalen Trend, so doch von sich innerhalb Europas sehr ähnelnden und rege austauschenden Homosexualitätsidentitäten zu sprechen[650]. Gerade dies zeigt die Biographie Klaus Manns, der ausdrücklich auf die europäischen Gemeinsamkeiten wie auf einen gemeinsamen „schwulen" Literaturkanon Wert legt.

Klaus Mann hat mit Frankreich in der Mitte der zwanziger Jahre einen Ort gefunden, an dem er sich nicht fremd fühlt. Die Bilder, die er sich von seinen homosexuellen französischen Bekannten macht, tragen – wie seine positiven Rezensionen und Portraits über sie und ihre Werke zeigen – maßgeblich zu seinem positiven Frankreichbild bei. Doch allmählich verschwindet dieser Ort. Dafür gibt es mehrere Gründe. Zum einen verliert das Thema „Homosexualität" in der öffentlichen Meinung und in der Kunst in Frankreich gegen Ende der zwanziger Jahre an positiver Konnotation. Im Zuge der Weltwirtschaftskrise von 1929 werden Minderheiten wie Juden, Ausländer oder Homosexuelle in Zusammenhang mit dem wirtschaftlichen Niedergang Frankreichs gebracht. Homosexuellen wird vorgeworfen, für die in diesen Jahren sehr niedrige Geburtenrate verantwortlich zu sein, die zu einem Bevölkerungsrückgang und damit vor allem gegenüber dem Erzfeind Deutschland zu einem Bedeutungsverlust führen könnte. Solche Debatten über Homosexualität spiegeln die gesellschaftliche Angst vor dem nationalen Niedergang und dem Verlust an internationalem Einfluss wider.[651]

---

[649] Jörg Hutter: *Von der Sodomie zu Queer-Identitäten*, a. a. O., S. 11.
[650] Florence Tamagne: *Homosexualité en Europe*, a. a. O., S. 606.
[651] Vgl. Florence Tamagne: *Homosexualité en Europe*, a. a. O., S. 584ff.

Obwohl sich Klaus Mann in seinen französischen Bekannten wieder findet und sich um deren Freundschaft bemüht, gelingt es ihm nicht, sich in ihren Kreisen oder in den Beziehungen zu Einzelnen gleichberechtigt zu verorten. Letztlich bleibt er ein Außenseiter. Deutlich bewusst muss ihm die Unverbindlichkeit seiner Bekanntschaften im Frühjahr 1933 geworden sein, als er Paris als Ort seines Exils wählt, weil er glaubt, dort „ohne Frage einige Chancen"[652] zu haben. Doch weder Gide noch Cocteau, weder Crevel noch Green unterstützen ihn. Seine „ganze Masse Verbindungen"[653] erweist sich letztlich als Trugbild.

Als Klaus Mann Paris zur ersten Station seines Exils macht, entwickelt er sich immer weiter weg von dem schwulen Dandy, der er in den zwanziger Jahren gewesen ist. Mit dem Aufstieg der Nationalsozialisten muss Klaus Mann klar werden, dass er seine Homosexualität und sein Leben als Dandy nicht wie bisher weiterführen kann. Es wird immer gefährlicher und schließlich so gefährlich, dass er früher als andere Intellektuelle ins Exil geht. Nachdem er in Paris angekommen ist, ist er kein schwuler Dandy mehr, sondern mehr und mehr der politisch engagierte deutsche Exilant, für den Paris, das erfährt er im Laufe der nächsten Jahre, kein Lebensort sein kann. Seine homosexuelle Teilidentität, die in der Mitte der zwanziger Jahre seine Bekanntschaften, seine Ortswahl und seine Lektüre so sehr bestimmte, tritt zurück zugunsten des Antifaschisten Klaus Mann. Doch anders als der Ort, an dem er sie ungezwungen leben kann, verschwindet sie selbst nicht, sondern sucht sich andere Räume. Zwar ist es für offen lebende Homosexuelle nun schwieriger geworden, aber Paris und die Städte der französischen Mittelmeerküste bleiben bis zu seinem Gang ins amerikanische Exil für Klaus Mann Orte, an denen er, zumeist am Abend und in der Nacht, seine Sexualität in Herrensaunen, Parkanlagen und Hotelzimmern weiter ausleben kann. Ein Tagebucheintrag vom 22. September 1940 zeigt, wie sehr er sich nach dem schwulen Paris der zwanziger Jahre sehnt:

> [I]n einem halb-schwulen, französischen kleinen Restaurant [...] mit Accordéon-Musik und drolligen tapêtes. Wirklich an Paris erinnernd. (Welche Wehmut jetzt, im Gedanken an dort und damals ----). (TB V 63)

New York bietet ihm diesbezüglich zwar ähnliche Möglichkeiten, allerdings sind homosexuelle Handlungen in den USA gesetzlich verboten. Eine Entdeckung hätte eventuell Klaus Manns Einbürgerung gefährdet, gewiss aber seine Einberufung zum Militär verhindert, die für ihn zum Schüssel für seinen direkten Kampf gegen den Faschismus in Europa wird. Ein allzu offenes Bekenntnis oder eine unverblümte Diskussion bleibt sowohl in *The Turning Point* als auch später im *Wendepunkt* aus. Amerika und Deutschland der Kriegs- und Nachkriegszeit sind nicht die richtigen Orte dafür. Ein Ort, der ihm bleibt, ist die Literatur, ist sein eigenes Schreiben (s. Kap. 3.2.2). Hier wird unter der Maske Ludwigs II. und Peter Tschaikowskys die Einsamkeit beschrieben, die Klaus Mann als homosexueller Außenseiter in den dreißiger Jahren des 20.

---

[652] Klaus Mann: *Brief an Eva Herrmann* vom 27. 4. 1933, BuA 87.
[653] Klaus Mann: *Brief an Franz Goldstein* vom April 1933. In: Klaus Mann: *Briefe*. Hrsg. von Friedrich Albrecht, Berlin und Weimar 1988, S. 88.

Jahrhunderts fühlt[654]. Unter den Flügeln Gides thematisiert er Homosexualität offener, als er es sich in *The Turning Point* zutraut. Mit der Figur des Schriftstellers Martin Korella versucht Klaus Mann 1939 in seinem Porträt des deutschen Exils *Der Vulkan*, den Homosexuellen als vollwertiges Mitglied und Kämpfer in der Gesellschaft des Exils und damit des „guten" Deutschlands zu verorten. Ein Versuch, den er scheitern lässt: Klaus Mann lässt Martin Korella sterben. Das tolerante, künstlerisch inspirierende Europa, nach dem sich Klaus Mann in Amerika sehnt und das er in seinen idealistischen Frankreichvorstellungen bündelt – bei seiner Rückkehr nach Europa und Frankreich muss er feststellen, dass der in den dreißiger Jahren verschwundene Ort auch nach dem Krieg für ihn, den nun über vierzigjährigen, durch Drogen geschwächten, einsamen und erfolglosen Verfasser heute zum „schwulen Literaturkanon" zählender Werke, nicht wieder auftaucht.

---

[654] Wolfgang Popp sieht in Darstellung der Homosexualität ein Plädoyer für die Toleranz und Akzeptanz der Homosexualität in der literarischen Öffentlichkeit der deutschen Emigration. Vgl. Wolfgang Popp: *Männerliebe*, a. a. O., S. 281.

4 Der Einfluss der Frankreich-Rezeption auf das literarische Werk Klaus Manns

4.1 Anlehnung und Übernahme. Der Einfluss der französischen Literatur auf Klaus Manns literarisches Werk

> Wo wirkliche Substanz, wahrer Charakter ist, kann die Berührung mit Fremden nur befruchtend und klärend wirken. (AG 54)

Im ersten Teil dieser Arbeit wurde festgestellt, wie intensiv sich Klaus Mann sein Leben lang mit Frankreich, seinen Schriftstellern und seiner Literatur auseinandersetzt und zum Gegenstand seiner Autobiographik und Essayistik macht. Seine Frankreicherfahrungen und besonders seine Beschäftigung mit der französischen Literatur finden auch bedeutenden Eingang in seine Erzählungen, Romane und Theaterstücke. Die vor-angegangene Darstellung und Interpretation seiner Beziehungen zu anderen homosexuellen Schriftstellern machte den Einfluss dieser Schriftsteller und ihrer Werke auf Klaus Mann zum Gegenstand und belegte dies auch mit Beispielen aus Klaus Manns literarischem Werk. Wie entscheidend die Rezeption französischer Literatur für Klaus Mann ist, zeigte das Kapitel *Eine tiefe Liebe? - Klaus Mann und die französische Literatur* auf. Im Folgenden soll die Analyse der Wirkung der französischen Literatur auf Klaus Manns Stil und Thematik anhand einiger Beispiele vertieft werden.

Die Literatur, besonders die französische, des späten 19. Jahrhunderts und der Jahrhundertwende ist die erste literarische Epoche, mit der sich Klaus Mann auseinandersetzt. In der Skizze *Vorfrühling* von 1921, die in *Kind dieser Zeit* aufgenommen ist, lässt sich ihr Einfluss nachweisen. Der „kranke Frühling seiner komplizierten Jugend" (*KdZ* 118), den der junge Schauspieler Raimund durchlebt, erinnert an die Thematik der Künstlernovellen Herman Bangs, an Thomas Manns um die Jahrhundertwende verfasste Novellen *Tonio Kröger* oder *Der kleine Herr Friedemann*. Die Zurückgezogenheit Raimunds, die Betonung des Krankhaften und Morbiden, wie es etwa in der Beschreibung der Wirtin Raimunds zum Ausdruck kommt, von der es heißt, sie trage stets welke, weiße Rosen auf ihrem hohen Busen, die süß, mit einem Unterton von Fäulnis und Verwesung riechen (vgl. *KdZ* 117), lassen sich u.a. auch auf das Leseerlebnis von Huysmans' 1884 erschienenem Roman *À rebours* zurückführen, dessen Protagonist Jean des Esseintes völlig zurückgezogen versucht, eine vollkommen künstliche Welt schaffen.

Das Hoffnungslose, das Verfeinerte und dem Ende zugeneigte, das Klaus Mann an *À rebours* so schätzt[655], findet sich auch in seiner Erzählung *Nachmittags im Schloß* von 1924 wieder, in der krankhafte, überfeinerte und auf Künstlichkeit bedachte Aristokraten agieren: Die junge Fürstin, deren weiße Hände „[w]ie knochenlos und überzart [...] auf den Kissen" spielen, ist „krank und scherzte leidend und schwer vom ihrem Liegstuhl her." (*MS* 36) Ihre Mutter, die Herzogin, „trug aufrechten Hauptes ihre weiße künstliche Frisur" (*MS* 36), und Onkel Gaston, der Bruder des Fürsten, hat „ein kränkliches fettes Gesicht"

---
[655] Vgl. Klaus Mann: *Die Wirkung Frankreichs* [1938], S. 29f. In: *ZD* 28-38.

(*MS* 36), trägt „schwere goldene Ringe an seinen blassen, etwas aufgeschwemmten Händen" (*MS* 38) und erzählt „gedämpften Tones [...] von den Nächten in Venedig" (*MS* 37), der Stadt, in der Thomas Mann seinen alternden Schriftsteller Gustav von Aschenbach in den Tod schickt.

> La blanche Ophélia flatte comme un grand lys,
> Flotte très lentement, couchée en ses longs voiles ...
> – On entend dans les bois lointains des hallalis.
>
> [...]
>
> Ô pâle Ophélia! Belle comme la neige!
> Oui tu mourus, enfant, par un fleuve emporté!
> – C'est que les vents tombant des grands monts de Norwège
> T'avaient parlé trop bas de l'âpre liberté;
>
> [...]
>
> – Et le Poète dit qu'aux rayons des étoiles
> Tu viens chercher, la nuit, les fleurs que tu cueillis,
> Et qu'il a vu sur l'eau, couchée en ses longs voiles,
> La blanche Ophélia flotter, comme un grand lys.[656]

Rimbauds Gedicht *Ophélie*, aus dem die zitierten Zeilen stammen, regt Klaus Mann mit hoher Wahrscheinlichkeit[657] zum Verfassen seines kleinen Prosastücks *Märchen* an. 1925 erscheint es in seinem ersten Erzählband *Vor dem Leben*. In ihm berichtet ein Wanderer von einem Fest, dessen Gast und Zeuge er in einem Schlosspark wurde, und das seinen Höhepunkt in einer nächtlichen Bootsfahrt auf einem See fand, wobei schließlich ein Knabe ertrank, der dem Ich-Erzähler zuvor aufgrund seiner außerordentlichen Schönheit aufgefallen war:

> Da geschah es, daß er, den wir alle liebten, sich spielend aus dem Nachen neigte, um sich also das silbrige Element durch die Finger rinnen zu lassen. Sei es nun, daß er das Gleichgewicht plötzlich verlor oder daß das Wasser selbst ihn liebend, lockend hinunterzog, er glitt, ohne auch nur aufzuschreien, seitwärts aus dem Boot, sank in das sachte, sachte aufplätschernde Naß, das sich um den langsam Untergehenden lautlos schloß, ohne daß dieser die Hand nur noch einmal gehoben hätte. [...] Eine Stille ohnegleichen lag über der Fläche, die sich um den Lieblichen geschlossen hatte. Und wie getragen von dieser Stille, wie gehoben von ihr, erschien, allmählich aufsteigend, vor unsern Augen des Knaben entseelter Leib noch einmal an der durchsichtigen Oberfläche. Blaß und gestreckt, die Augen tief geschlossen und nasses Haar in der weißen Stirne, lag er also, unbeweglich in ewiger Schlankheit, mitten im Silber. Da wandte der Hausherr seinen Blick weg von den Sternen, und nun ruhte er voll und in dunkler Heiterkeit strahlend auf dem toten Körper des Lieblichen. Mir war es aber, als

---

[656] Arthur Rimbaud: *Gedichte*. Hrsg. von Karlheinz Brack, Leipzig 1989, S. 8ff.
[657] Fredric Kroll nennt neben Rimbauds *Ophélie* als weitere Werke, die Klaus Mann zu *Märchen* angeregt haben könnten, Goethes Ballade *Der Fischer* und Bertolt Brechts *Baal*. Vgl. Fredric Kroll (Hg.): *Klaus-Mann-Schriftenreihe* Bd. 2, a. a. O., S. 117f.

> begänne er in diesem Augenblicke leise und wie ganz zu innerst zu lachen. [...] Gräfin Imogen, von ihrer künstlichen Frisur wie von einem kostbaren Hute gekrönt, lachte, halb aufgerichtet auf ihrem Sitze, girrend und singend [...]. Am süßesten und am wehesten aber lachte das Wasser, da es des Knaben Leib ja umspielen und umschmeicheln durfte. (MS 108)

Die weiße, bleiche Ophelia – der blasse, durchsichtige Leib des Knaben; die schöne Ophelia, die auf ruhigen und schwarzen Wogen unter den Sternen treibt – der liebliche Knabe, der lautlos ins Nass eintaucht und von Sternen beleuchtet wird, von denen der Hausherr seinen Blick wendet – diese Parallelen verweisen darauf, dass Klaus Mann bemüht ist, die die Schönheit, den Tod und den Eros zelebrierende Stimmung des Rimbaudschen Gedichtes nachzuahmen. In diesem Gedicht findet er die zentralen Themen seines Frühwerks. So sind auch in den *Kaspar-Hauser-Legenden* und in der *Kindernovelle* Tod, Schönheit und Eros literarische Topoi. Typisch für Klaus Mann und als seine eigene Leistung anzuerkennen ist der männliche Eros: Statt eines reinen, schönen Mädchens wie Ophelia, ist es ein junger, lieblicher Knabe, den Klaus Mann tot im dunklen Wasser treiben lässt, von Sternen beschienen, in dunkler Nacht.

In demselben Erzählband *Vor dem Leben*, in dem *Märchen* zum ersten Mal 1925 erscheint, befinden sich auch die *Kaspar-Hauser-Legenden*[658], die Klaus Mann im Sommer 1924 verfasst.

> Die Figur des geheimnisvollen Findlings hatte mich lang beschäftigt und gereizt. ‚Le pauvre Gaspard', wie Verlaine ihn in einem Gedicht von innigsuggestiver Schlichtheit nannte, bedeutete mir den Inbegriff weltfremder Unschuld, adliger Melancholie. Nach stummer und dunkler Kindheit im Höhlenversteck tritt der Sechzehnjährige ans Licht, scheu und schweigend (er hat noch nicht sprechen, noch nicht lügen gelernt), von rührender Anmut bei aller Ungelenkheit, noch völlig rein, noch nicht befleckt vom Schmutze einer Welt, die sich seiner entledigen wollte und ihn vernichten wird. [...] Er ist der Jüngling, der aus der Höhle tritt, lallenden Mundes und reinen Blickes, namenlos, heimatlos, sprachlos, vornehm wie ein Tier, wie ein Prinz. Er ist der Fremde. (WP 149f.)

Als Quelle und Anregung dient ihm neben Jakob Wassermanns Roman *Caspar Hauser oder die Trägheit des Herzens* (1908) Paul Verlaines Gedicht *Gaspard Hauser chante*. Den sieben Teilen der Legenden ist – neben einem Zitat aus Rilkes *Stundenbuch* und einem dreistrophigen Gedicht – die erste Zeile von Verlaines Gedicht *Gaspard Hauser chante* „Je suis venu, calme orphelin" (vgl. MS 110) vorangestellt. Der erste Teil der Legenden besteht aus einem sechsstrophigen Gedicht, das mit *Kaspar Hauser singt* den deutschen Titel von Verlaines Gedicht adaptiert und als lyrische Ouvertüre Motive der folgenden sechs kurzen Prosatexte vorstellt.

In *Kaspar Hauser singt* wendet sich das Ich – der Überschrift nach ist es Kaspar Hauser – singend mit den ersten beiden Zeilen direkt an den Rezipienten. Es fordert ihn dazu auf, für sich und seine „arme" Seele zu beten.

---

[658] Klaus Mann: *Kaspar-Hauser-Legenden*. Erstausgabe in ders.: *Vor dem Leben*, Hamburg 1925, S. 161-194.

Besonders „alte" Frauen werden aufgefordert, für ihn zu beten. Sie sollen in der Kirche – so die zweite Strophe – Messen für ihn singen, damit ihm von Gott verziehen werde. Hier wird ein Ziel des Ichs artikuliert: Die Vergebung vor Gott, erlangt mit Hilfe des christlich-katholischen Gebetes alter Frauen. In der dritten und vierten Strophe wendet es sich mit dem gleichen Wunsch an die „lieben Knaben". Aus der „armen Seele", mit der es sich den alten Frauen anvertraut, ist die „trunkene Seele" geworden. Auch die Knaben sollen in der Kirche vor dem Kruzifix zu Gott für Kaspar Hauser beten, denn er befürchtet, dass Gott ihm nicht gnädig sein könnte. In der fünften Strophe nennt er seine Seele verloren; sie „irrt". So ruft er Sterne und Wolken um Hilfe an. Mit der sechsten Strophe, dem Finale, wendet sich Klaus Manns Kaspar Hauser noch einmal an die Knaben, damit sie für ihn zu Gott beten, auf dass er Gottes „strahlend Gesicht [...] im Jubeln schaun" dürfe. Nach diesem in fünf Strophen aufgebauten Wunsch nach Vergebung für seinen Lebensweg und Erlösung im Himmel folgt ein weiterer: Das Ich will der Vergessenheit auf der Erde nicht anheim fallen.

> Vergeßt mich, ihr lieben Knaben nicht,
> Vergeßt mich nicht, ihr Fraun. (MS 111)

So verabschiedet sich Kaspar Hauser von der Welt. Er ist arm, trunken, verloren und verdammt, aber zutiefst gläubig. Unausgesprochen, doch erahnbar ist der baldige Tod. Ob Freitod, Selbstmord oder Mord, er hat nicht mehr die Kraft zum Leben. Darüber hinaus sieht er sich nicht in der Lage, allein vor Gott zu treten, und so erbittet er das Gebet und die Hilfe des Lesers, der alten Frauen, der Knaben und der Sterne. Sie sollen ihm, dem Abschiednehmenden, beistehen. Zwar sind die Umstände von Kaspar Hausers Tod nie ganz geklärt worden – auch ein Selbstmord kommt in Betracht –, doch wird er in den zahlreichen Bearbeitungen des Stoffes vor Klaus Manns Gedicht nie als Selbstmörder dargestellt, sondern vielmehr als das unschuldige Opfer politischer Intrigen.[659]

Kaspar Hauser singt? – Klaus Mann singt! Beide, Klaus Mann und Kaspar Hauser, sind jung. Der Tod junger Männer und Knaben übt eine große Faszination auf Klaus Mann aus. Der ohne fremdes Zutun sich ereignende Tod des nicht um Hilfe bittenden jungen Knaben in *Märchen* ist ein weiteres frühes Beispiel dafür, wie sehr Klaus Mann das „freiwillige" Weggehen auch für sich beschäftigt. Kaspar Hauser kommt als sprachunkundiger, verirrter, verwirrter Mensch in die Zivilisation. Er lernt, sich zu artikulieren, doch nutzt er dies nicht, um sein Leben zu gestalten, sondern um seinen Tod einzuleiten. Auch Klaus Mann versucht in den frühen zwanziger Jahren, in seinem Leben gerade auf sprachlich-literarischer Ebene seinen Weg zu finden. Die Anlehnung an und die Nachahmung verschiedener literarischer Vorbilder zeigen dies. Zugleich sucht er verzweifelt nach einem Lebensweg und -ort und fühlt sich umherirrend wie Kaspar Hauser. Seine Darstellung entfernt sich jedoch weit von der überlieferten Figur. Bedingt durch die steten Wiederholungen und die Monotonität erinnert *Kaspar Hauser singt* an Kirchenlieder, an die Litaneien,

---

[659] Vgl. Elisabeth Frenzel: *Stoffe der Weltliteratur. Ein Lexikon dichtungsgeschichtlicher Längsschnitte*, Stuttgart 1976, S. 282 ff.

die zumeist ältere, weibliche Kirchgänger in der Messe singen. Klaus Manns Interesse für den katholischen Glauben kommt hier – wie auch in *Der fromme Tanz* – deutlich zum Ausdruck. Neben den Sternen, die als Wegweiser in den Himmel, als Annäherung zu Gott verstanden werden können, will Klaus Manns Kaspar Hauser die „alten Frauen" und die „lieben Knaben" für sich beten lassen, also zwei Personenkreise, zu denen sich Klaus Mann hingezogen fühlt. Mit den „alten Frauen" imaginiert er einen Muttertyp, der keinerlei sexuellen Reiz auf ihn ausübt. Von ihm erhofft er sich Verständnis, Nachsicht und Vergebung. Die „lieben Knaben" sind die zweite Gruppe, der es möglich ist, ihm zu helfen: Altersgleich, verstehen die Knaben ihn und können seine jugendliche Verwirrung und Trunkenheit nachempfinden. Das „trunken" verweist auf Arthur Rimbauds *Trunkenes Schiff*, auf Rimbaud selbst. Die Jugend ist rauschhaft und irrt, im Sexuellen unsicher, freizügig und auf der Suche nach sich selbst umher. In einem der ersten Essays von Klaus Mann war das Bild von Rimbaud das eines Menschen, der das Leben und die Welt hinter sich lässt und überwindet (vgl. Kap. 1.3.2). „Es irrt meine arme Seele." (*MS* 111) – Mit Kaspar Hauser tritt hier nun einer auf, der glaubt, so zu irren, dass er den rechten Weg nicht mehr finden wird. Irren. Verirrt sein? Sich irren? Falsch sein? Umherirren? Suchen? Die Kapitel 2.1, 2.2 und 2.10 zeigten vor allem Klaus Manns Homosexualität als Ursache für sein lebenslanges Umherirren und Fremdsein, für sein Suchen nach einem Ort, an dem er nicht mehr irren, also nicht mehr „umhersuchen" und nicht mehr „falsch" sein muss. Wie früh sich bereits der Tod als Ort und Ziel auf dieser lebenslangen Suche anbietet, macht dieses Gedicht deutlich. Verweist er mit „trunken" auf Rimbaud, verortet er sich mit dem Gedicht in der Nähe Verlaines, des anderen Teils dieses homosexuellen, dem Katholizismus nahe stehenden Männerpaares. Was übernimmt Klaus Mann aus dem 1881 verfassten Gedicht seines frühen Vorbildes? Zum einen den Titel, der die Form selbst determiniert, so dass es sich – da Kaspar Hauser *singt* – jeweils um ein Lied handelt. Allerdings unterscheiden sich die Lieder auch im Formalen. Weder die Strophenzahl noch das Reimschema gleichen sich, und auch der Rhythmus differiert.

> Je suis venu, calme orphelin,
> Riche de mes seuls yeux tranquilles,
> Vers les hommes des grandes villes:
> Ils ne m'ont pas trouvé malin.
>
> A vingt ans un trouble nouveau
> Sous le nom d'amoureuses flammes
> M'a fait trouver belles les femmes:
> Elles ne m'ont pas trouvé beau.
>
> Bien que sans patrie et sans roi
> Et très brave ne l'étant guère,
> J'ai voulu mourir à la guerre:
> La mort n'a pas voulu de moi.
>
> Suis-je né trop tôt ou trop tard?
> Qu'est-ce que je fais en ce monde?

> O vous tous, ma peine est profonde:
> Priez pour le pauvre Gaspard![660]

Verlaines Kaspar Hauser wird von der Welt nicht angenommen. Die Menschen der großen Städte finden ihn nicht schlau, die Frauen nicht schön, und selbst der Tod will ihn nicht. Er leidet an dieser Welt, in der er umherirrt, an den äußeren Umständen, die ihn zur Einsamkeit zwingen. Es ist ein Verzweifeln an der Welt. Die Welt will ihn nicht, wohingegen Klaus Manns Kaspar Hauser an seinem Selbst leidet. Verlaines Kaspar Hauser wendet sich an den Leser, um seine Probleme darzustellen. Diese unterscheiden sich von den Problemen bei Klaus Manns Kaspar Hauser. Während das lyrische Ich Verlaines seine Geschichte, seine Vergangenheit auf der Welt erzählt und sich mit der Bitte, für ihn zu beten, erst in der letzten Strophe auffordernd an die Leser und Hörer wendet, verzichtet Klaus Mann auf solche narrativen Elemente, die die Verirrtheit und Lebensunfähigkeit seines Kaspar Hausers begründen würden, und bedient sich inhaltlich nur dieser letzten Strophe Verlaines: *Priez pour le pauvre Gaspard!* – Betet für den armen Kaspar. Diese Bitte um Mithilfe zur Erlösung baut Klaus Mann systematisch und sich steigernd in den ersten fünf Strophen auf: Die alten Frauen beten für seine *arme*, die lieben Knaben für seine *trunkene* und die Sterne und Wolken für seine *verlorene* Seele. Dies gipfelt in dem Wunsch, nach dem baldigen (Frei-)Tod trotz allem doch vor Gott zu treten und erlöst zu werden. Aber ist dies das Höchste, das Wichtigste? Die zwei abschließenden Zeilen stehen noch darüber: Auf der Erde soll man ihn nicht vergessen. Das ist Klaus Mann so wichtig, dass er es – trotz aller Frömmigkeit – über die Erlösung im Himmel stellt. Der Wunsch, berühmt und nicht vergessen zu werden, kennzeichnet ihn, der unermüdlich schreibt, sich in Szene setzt, wo immer es sich ergibt, und jeden erdenklichen Kontakt zu Berühmtheiten sucht. Kaspar Hauser starb fast hundert Jahre zuvor auf mysteriöse Weise. Er bleibt unvergessen. Klaus Mann hofft auf dasselbe.
Bereits 1924 gibt es Anzeichen dafür, dass sich Klaus Mann von seinen Vorbildern der Décadence-Literatur gefundenen zu lösen beginnt. In seiner Erzählung *Vor dem Leben* lässt er einige Abiturienten über sich und ihre Lebensvorstellungen bzw. -stile debattieren:

> ‚Wunderbar ist es', rief jetzt der eine, der Wandervogel war und mit Enthusiasmus schwur auf die Regeneration, auf die ‚neue Epoche' und am begeistertsten auf die ‚Überwindung der décadence', ‚schön ist es ja wohl, wenn man's weiß, welche Rolle man spielt in der Geschichte der Welt – wenn man's gefühlt hat, zutiefst begriffen, daß man gestellt ist an die Wende der Zeit – daß man erwählt, berufen ist, zusammenschaffend mit Kameraden und Genossen, das Alte umzugestalten zum kraftvollen Neuen.' (*MS* 9)

Sein Glaube, an einer Zeitenwende zu stehen, verführt den Redner zu Zukunftsvisionen:

---

[660] Paul Verlaine: *Gaspard Hauser chante*. In: Paul Verlaine: Œuvres poétiques complètes. Hrsg. von Jacques Borel, Paris 1962, S. 279.

> Ich sehe Jungen spielen – daß sie aber spielen, daß sie ihres Leibes endlich wieder froh geworden, gerettet aus krankhafter Überzivilisation, wiedergegeben der großen Natur, heitere Träger einer neuen, strahlenden Ethik sein müssen – das, *das* ist das Neue!! (*MS* 11)

Ein anderer Schüler hingegen glaubt an den Fortbestand und an die Weiterentwicklung des überfeinerten Menschen:

> Das Neue [...], sagte der zierlich Gekleidete [...] ist nichts, als daß wir immer feinnerviger werden, auf jeden Farbton, jedes Geräusch, das uns trifft, immer schmerzlicher und immer lustvoller zugleich reagieren – der ganz logischen Entwicklung der Dinge zufolge, wird das, was uns von der vorigen Generation unterscheidet, nicht neue eigentlich, eine ungeahnte differenzierte Art sein, das Weltbild in uns aufzunehmen – eine Art, mit er verglichen alles Frühere plump und wie geschmacklos erscheinen wird. (*MS* 10)

Ein dritter Schüler ist sich im Gegensatz zu den anderen beiden noch nicht sicher, was kommen wird. Er glaubt, dass jede junge Generation sich die Frage stellt, ob sie an einer Zeitenwende steht (vgl. *MS* 12). Anstatt jedoch, wie die anderen, eine weitere Vision ins Spiel zu bringen, meint er: „Nun, irgendwie wird es schon werden". (*MS* 12)

In den Jahren 1924 und 1925 ist sich Klaus Mann nicht sicher, was wie werden wird. Bis er in der zeitgenössischen französischen Literatur fündig wird (s. Kap. 2.1-2.9), greift er auf Motive der Décadence zurück. Mit seinem ersten Roman *Der fromme Tanz* überwindet er sie. Noch finden sich darin einige Bilder – etwa die Marienverehrung von Andreas –, die an Huysmans und Verlaine erinnern, dennoch versucht er, sich sprachlich und bezüglich der Handlungszeit und -orte der Gegenwart anzupassen. Klaus Mann beginnt mit der Arbeit an *Der fromme Tanz* während seiner ersten Frankreichreise. Die Aufenthalte in Berlin und Paris, diesen schnellen und modernen Metropolen, wirken. Klaus Mann interessiert sich für die Gegenwart. Im Vorwort von *Der fromme Tanz* stellt er sich in die Nähe Raymond Radiguets und einer jungen Generation und Literatur (vgl. *FT* 7ff.). In André Gides Stil und besonders in seinem Roman *Die Falschmünzer* wird er wenig später sein neues Vorbild finden. Die Konflikte, die sich in dem 1934 verfassten Roman *Flucht in den Norden* in Johanna und in der Erzählung *Letztes Gespräch* zwischen Karl und Annette zutragen, lassen sich nicht nur als Abrechnung mit dem Dandyleben der zwanziger Jahre lesen, sondern auch als Abrechung mit der Nachahmung eines dekadenten Lebensstils. In *Flucht in den Norden* gilt es, Rimbaud zu überwinden (s. Kap. 3.2.1), in *Letztes Gespräch* führt das Décadence-Leben (vgl. *S* 24) Annette in den Tod.

Gegen Ende seines literarischen Schaffens greift Klaus Mann noch einmal und diesmal mit Wehmut das Lebensgefühl der Décadence auf und in Thematik und Stil noch einmal auf die französische Literatur der Jahrhundertwende zurück. Die 1941 auf Englisch verfasste Erzählung *Le Dernier Cri* spielt in einem österreichischen Kurhotel nach dem Ersten Weltkrieg und handelt von einer älteren Dame, die sich Baronesse de La Motte-Tribolière nennt. Als „Kokotte" (*S* 156) arbeitet sie seit siebenundzwanzig Jahren in diesem Hotel und trauert vergangenen Zeiten nach: Sie versucht, von der Zeit und der äußeren Welt isoliert, in der Vergangenheit zu leben. Von sich selbst sagt sie: „*Ich* bin der letzte Aufschrei – der letzte Seufzer – das letzte Grinsen einer Epoche ... Le dernier cri – c'est moi." (S 166) Der Erzähler, der die Baronesse im Hotel trifft, trauert ihrer angesichtig nun dieser Zeit ebenfalls nach. Während er sie beobachtet und sich Notizen über sie macht, wird er sich des Aussterbens eines ganzen im 19. Jahrhundert verehrten Frauenbildes bewusst:

> Wie konnten zeitgenössische Chronisten eine so aufregende Entwicklung vernachlässigen – einen so bitteren Verlust und grausamen Verlust? Schließlich hatten sie früher eine tragende Rolle in der Weltgeschichte gespielt – diese schillernden Damen; von Aspasia bis zu den aristokratischen Vamps der Renaissance, von der Pompadour und der Du Barry bis zu den großen Halbweltsdamen des neunzehnten Jahrhunderts – halb Ausgestoßene, halb Königinnen: sie lebten im Glanz, starben im Elend und wurden schließlich von Balzac und Heinrich Heine, Maupassant und Zola, Renoir und Toulouse-Lautrec verewigt. (S 159)

Seine Verweise auf Balzac, Maupassant und Zola deuten auf das Anliegen Klaus Manns, sich mit seiner Erzählung in die Tradition der französischen Literatur des 19. Jahrhunderts zu stellen. Die wiederholte Verwendung des Französischen, auch in der Erzählstimme, sind Mittel, die Atmosphäre der Jahrhundertwende wiederaufleben zu lassen:

> Alles war comme il faut – entsprechend den Regeln des klassischen Musters arrangiert und ausgeführt. Seine banalen Scherze und ihr silbriges Kichern; die schlüpfrigen Refrains altmodischer französischer Chansons, die sie mit aufreizender Nonchalance rezitierte; sein Entzücken und seine ungeschickten Versuche, ebenfalls spritzig zu sein: alles zusammen schien wie die Szene aus einer musikalischen Komödie – lang geprobt, oft aufgeführt. (S 152)

Aber – und das ist das Thema der Erzählung – diese Zeiten sind unwiederbringlich vorbei, und Lebensstil und Literaturkonzept dieser Epoche eignen sich nur noch dazu, wehmütig in die Vergangenheit zu blicken.

André Gide und Jean Cocteau sind die zwei großen Vorbilder Klaus Manns unter den zeitgenössischen Schriftstellern. In Kapitel 2.3 wurde vorgeschlagen, den sich zu seiner Homosexualität offen bekennenden Gide als Gegenentwurf zu dem seine Homosexualität sublimierenden Thomas Mann zu sehen. In Gide findet der junge, schreibende, homosexuelle Klaus Mann ein Vorbild für sein eigenes Leben. Aufgrund der persönlichen Zurückhaltung Gides muss sich Klaus Mann jedoch auf die Lektüre von Gides Werk beschränken.
Axel Plathe macht es sich in seiner Dissertation *Klaus Mann und André Gide. Zur Wirkungsgeschichte französischer Literatur in Deutschland* zur Aufgabe, die literarischen Einflüsse Gides auf Klaus Mann zu untersuchen. Zunächst weist er die Vorbildfunktion Gides für Klaus Manns autobiographisches Schreibkonzept nach. Die Ähnlichkeit der Anfänge von Gides Autobiographie *Si le Grain ne meurt* und Klaus Manns *Kind dieser Zeit* deutet er zurecht als offen-

sichtliche Hommage Klaus Manns an sein Vorbild.[661] Gides Autobiographie beginnt mit den Sätzen:

> Je naquais le 22 novembre 1869. Mes parents occupaient alors, rue de Médicis, un appartement au quatrième ou cinquième étage, qu'ils quittèrent quelques années plus tard, et dont je n'ai pas gardé souvenir. Je revois pourtant le balcon; ou plutôt ce qu'on voyait du balcon.[662]

Nach einigen einleitenden Zeilen schreibt Klaus Mann in *Kind dieser Zeit*:

> Ich bin geboren am 18. November 1906 in der Franz-Joseph-Straße zu München. Die Räume dieser Schwabinger Wohnung finde ich nirgends mehr in meinem Gedächtnis, sie sind völlig verschwunden, aufgesogen von der Dunkelheit ganz und gar – und doch sind wahrscheinlich diese Räume diejenigen, in denen ich lebensentscheidende Eindrücke empfing. Das Eisengitter des Balkons ist das einzige, wovon ich noch eine Spur in mir finde. (*KdZ* 10)

Auch für Klaus Manns spätere Autobiographien *The Turning Point* und *Der Wendepunkt*, für die er als Motto den Gedanken Gides nimmt, „Il y a dans tout aveu profond plus d'éloquence et d'enseignement qu'on peut croire tout d'abord." (*WP* 5), weist Plathe den konzeptionellen Einfluss Gides nach.[663]

In den Romanen Gides will Klaus Mann einen hohen autobiographischen Anteil erkennen und liest sie als Autobiographien. So ist für ihn die Figur des Michel aus *L'Immoraliste* in weiten Teilen identisch mit Gide (vgl. *AG* 93f.), und Edouard in *Les Faux-Monnayeurs* ist für ihn „André Gide – beinah ohne Maske" (*AG* 165). Dadurch kann er Gides Schreiben als Beispiel sowie als Bestätigung für sein eigenes Schreibkonzept sehen, das deutlich autobiographische Züge trägt, wie etwa anhand der Protagonisten Andreas (*Der fromme Tanz*), Sebastian (*Treffpunkt im Unendlichen*) und Johanna (*Flucht in den Norden*) oder der Geschwister in seinem gleichnamigen Drama zu erkennen ist. Dass Klaus Manns Protagonisten nicht nur als Selbstportraits zu interpretieren sind, sondern auch von ihm selbst als solche angesehen werden, darauf verweist eine Stelle in einem Brief an Gide, in der Klaus Mann *Symphonie Pathétique* als „sicher mein anständigstes Buch – in jedem Fall mein aufrichtigstes und persönlichstes"[664] vorstellt.

Der homosexuelle Außenseiter ist ein Motiv, das sowohl Klaus Mann – u.a. mit der Figur des Andreas in *Der fromme Tanz*, der Figur des Peter Tschaikowsky in *Symphonie Pathétique* oder mit Martin in *Der Vulkan* – als auch Gide u.a. mit Michel in *L'Immoraliste* oder mit Edouard in *Les Faux-Monnayeurs* (vgl. Kap. 2.1 u. 2.3) zum zentralen Gegenstand ihrer Romane und Erzählungen machen. Plathe, der die Außenseiter im literarischen Werk André Gides und Klaus Manns miteinander vergleicht, sieht in beiden die „Tendenz zur metaphysischen Überhöhung des sexuellen Verlangens"[665].

---

[661] Axel Plathe: *Klaus Mann und André Gide*, a. a. O., S. 92.
[662] André Gide: *Si le grain ne meurt*, a. a. O., S. 7.
[663] Axel Plathe: *Klaus Mann und André Gide*, a. a. O., S. 94.
[664] Klaus Mann: *Brief an André Gide* vom 6. 8. 1935. In: *André Gide – Klaus Mann – Correspondance/Briefwechsel*. Hrsg. von Michel Grunewald, a. a. O., S. 632.
[665] Axel Plathe: *Klaus Mann und André Gide*, a. a. O., S. 115.

Ohne letztlich einen direkten Einfluss von *L'Immoraliste* auf Klaus Manns ersten Roman *Der fromme Tanz* nachweisen zu können[666], stellt Plathe in einem Vergleich beider Werke die Ähnlichkeiten der Handlungen fest, die er u.a. in der Emanzipation von Wertvorstellungen der Väter, dem Abschied vom Elternhaus und der Entdeckung der Homosexualität ausmacht.[667] Gides Protagonisten erleben ihre Homosexualität als etwas Positives, als etwas, das sie leben können und wollen.[668] Klaus Manns homosexuelle Charaktere hingegen leiden, vor dem Hintergrund der Lebenserfahrung ihres Erschaffers, an ihrer Einsamkeit oder daran, dass sie ihre Liebe nicht ausleben. Einzige Ausnahme bildet Andreas in *Der Fromme Tanz*, der seine Homosexualität als etwas Positives erfährt (vgl. *FT* 99), was für Plathe Grund genug ist, darin den Einfluss von *L'Immoraliste* zu sehen.[669]

Trotz der Parallelen auch in der Handlung beider Romane, soll sich in der vorliegenden Arbeit diesem Fazit nicht angeschlossen werden. Vielmehr soll argumentiert werden, dass die positive Einstellung mit den positiven autobiographischen Erfahrungen von homosexuellem Leben zusammenhängt, die Klaus Mann vor und während seiner Niederschrift in Berlin und Paris 1925 macht. Im Gegensatz zu den späteren Jahren findet er speziell in Paris einen Ort und speziell mit Gide einen Menschen, der ihn seine eigene Homosexualität leben lässt (vgl. Kap. 2.2). Der Einfluss Gides bezüglich der Homosexualität ist nicht in der – sich letztlich unterscheidenden – Darstellung der Homosexualität zu sehen, sondern vielmehr in dem wichtigen Punkt, dass Klaus Mann in den schließlich mit dem Nobelpreis bedachten Romanen und Erzählungen Gides erfährt, dass man Homosexualität durchaus zum zentralen Gegenstand eines literarischen Werkes machen kann. Der direkte Einfluss Gides auf die Themen und Motive in Klaus Manns literarischem Schreiben wird deshalb als Wiedererkennen und Bestätigen des eigenen Wesens und Schreibens bewertet und als Ermunterung zur weiteren Niederschrift des Eigenen, nicht aber als Aufnehmen und Übernehmen von Motiven und Themen. Wie sehr sich Klaus Mann in den Romanfiguren Gides wiedererkennt, schreibt er 1929:

> Nichts kann geheimnisvoller sein als seine (Gides, Anm. d. Verf.) Kenntnis der jungen Seele. Wir müssen uns von einem über Fünfzigjährigen den Typ ‚junger Mann' zeigen lassen, der wir selbst sind (oder sein möchten). Welche Beschämung für uns, die wir uns so selbstgefällig ‚jüngste Generation' nennen. Wer sich nicht in Olivier wiedererkennt, findet sich in Bernard (oder in beiden auf einmal). Das sind *wir* – ich habe es schon nach den ‚Caves du Vatican' gewußt, auch dieser Lafcaido ist unser Spiegelbild gewesen.[670]

Statt also Motive und Themen von Gide zu übernehmen, beeindruckt Klaus Mann die Form der Gideschen Werke und besonders des Romans *Les Faux-Monnayeurs*, den Klaus Mann 1928 in deutscher Fassung liest:

---

[666] Vgl. Axel Plathe: *Klaus Mann und André Gide*, a. a. O., S. 129.
[667] Axel Plathe: *Klaus Mann und André Gide*, a. a. O., S. 131ff.
[668] Vgl. Axel Plathe: *Klaus Mann und André Gide*, a. a. O., S. 141.
[669] Axel Plathe: *Klaus Mann und André Gide*, a. a. O., S. 2.
[670] Klaus Mann: *Der Ideenroman* [1929], S. 205f. In: *NE* 201-206.

> Wir haben in den ‚Falschmünzern' den *fugenhaften Ideenroman* – und wir merken, daß es die Kunstform ist, auf die wir mit so großer Ungeduld gewartet haben. [...] Sich in das komplizierte und anmutig strenge Gewebe dieser geistigen und menschlichen Beziehungen und Verwicklungen zu vertiefen, bedeutet erregendste Unterhaltung. Wie musikalisch alles ineinandergreift! Leidenschaften und Philosophien, erotische Anziehungen, Feindschaften, vielfältige Schicksale fügen sich sinnvoll zur Figur. In einer streng geführten Diskussion lösen die Meinungen und Weltanschauungen der einzelnen einander ab. Die Tragödien ganzer Familien werden dargestellt [...] – und mit den Tragödien wieder anderer Familien verquickt. (*NE* 203f.)

Und in seinem Portrait von Gide schreibt er:

> Die ‚Falschmünzer' sind nichts Geringeres als ein neuer Typ von Roman, ihr Autor hat ihn den ‚fugenhaften Ideenroman' genannt. Denn fugenhaft greifen die vielen Schicksale dieser Erzählung ineinander, höchst reizvollschwierig eins ins andere verflochten. In ihr kompliziertes, doch klares Geflecht ist wiederum verwoben ein Roman der Ideen, eine gleichsam abstrakte, deshalb nicht weniger bunte und spannende Geschichte, deren Helden Gedanken, statt Menschen sind.[671]

Die Technik der parallelen Handlungsstränge in *Les Faux-Monnayeurs* verwendet Klaus Mann erstmals in seinem 1929 erscheinenden Roman *Treffpunkt im Unendlichen*. Im Vergleich zwischen Klaus Manns an mehreren Orten parallel spielendem Roman *Der Vulkan* und *Die Falschmünzer* weist auch Plathe weitere Einflüsse der Romankonzeption Gides auf Klaus Mann nach. So übernimmt Klaus Mann Gides Konzept, im Roman einen Schriftsteller an einem Roman arbeiten zu lassen. In *Les Faux-Monnayeurs* ist dies Edouard, der einen Roman mit dem gleichen Titel schreibt.[672] In *Der Vulkan* ist es Martin Korella und nach dessen Tod sein Freund Kikjou, der einen Roman über die Emigration plant (vgl. *V* 568), der wiederum Klaus Manns Emigranten-Roman *Der Vulkan* ähnelt.

Während Gide die Metapher der „Fuge" für seinen Stil wählt, soll der Roman, den Kikjou im *Vulkan* schreiben will, einer „Symphonie" (*V* 550) gleichen. Plathe deutet dies als eine Reduktion des ästhetischen Anspruchs Klaus Manns im Verhältnis zu Gides Falschmünzern, indem er auf die Fuge als streng gesetzmäßig gebaute Form des mehrstimmigen Satzes hinweist, denen die Abgeschlossenheit der einzelnen Sätze in einer Symphonie gegenübersteht.[673]

Klaus Manns Äußerung, er wolle der deutsche Cocteau werden[674], macht eine umfassende Vorbildrolle deutlich, die Anregung, Nachahmung und Beeinflussung enthält. Die in Kapitel 2.4 rekonstruierte Beziehung zwischen Klaus Mann und Jean Cocteau zeigt dies bereits, indem Cocteaus Adaption von Stof-

---

[671] Klaus Mann: *André Gide* [1929], S. 225. In: *NE* 223-226.
[672] Vgl. André Gide: *Les Faux-Monnayeurs*, Paris 1995, S. 77f.
[673] Vgl. Axel Plathe: *Klaus Mann und André Gide*, a. a. O., S. 198. Plathe vergleicht über die Form hinaus auch noch das Motiv der Engel, das sich in beiden Romanen findet (Vgl. ebd. S. 205-209).
[674] Vgl. Fredric Kroll (Hg.): *Klaus-Mann-Schriftenreihe* Bd. 5, a. a. O., S. 157.

fen aus der griechischen Mythologie als Anregung für Klaus Mann verstanden wird, sich ebenfalls die griechische Antike als Grundlage zu nehmen, wie es mit *Alexander* und dem Drama *Athen* geschieht. Weiter könnte Cocteaus 1929 veröffentlichtes Tagebuch *Opium*, in dem er seine Erfahrungen während einer Entziehungskur festhält, ihn bestärkt haben, seine eigenen Drogenerfahrungen in den Romanen *Treffpunkt im Unendlichen*, *Letztes Gespräch*, *Der Vulkan* und *The Cage* zu thematisieren. Die Filme und Theaterstücke Cocteaus sind weitere Vorbildangebote, die sich Klaus Mann im Gesamtwerk Cocteaus bieten (s. Kap 2.4).

Im Jahr 1929 veröffentlicht Cocteau *Les enfants terribles*, einen Roman, der von dem jugendlichen Geschwisterpaar Paul und Elisabeth handelt. Der junge Gymnasiast Paul wird bei einer Schneeballschlacht von seinem geliebten Schulkameraden Dargelos mit einem Schneeball beworfen und stark verletzt von seinem Freund Gérard nach Hause gebracht. Hier lernt Gérard Pauls drei Jahre ältere Schwester Elisabeth kennen, mit der Paul seit dem Tod der Eltern allein, nur versorgt durch das Dienstmädchen Marietta, in einer vollkommen artifiziellen und imaginierten Welt lebt, die durch eigene Spiele und Symbole gekennzeichnet ist. Chancenlos in Elisabeth verliebt, bleibt Gérard, der seinen nur sehr langsam genesenden Freund oft besucht, Beobachter dieser Traumwelt. Bei einer gemeinsamen, von Gérards Onkel finanzierten Ferienreise darf er an den aus Diebereien und Mutproben bestehenden Spielen teilnehmen, wenn auch die Geschwister vollkommen auf sich fixiert bleiben. Nach drei Jahren, in denen sich Paul zwar erholt, aber schwächlich bleibt, nimmt Elisabeth, mittlerweile neunzehnjährig, eine Anstellung als Mannequin an, zum Teil nur deswegen, um Paul zu ärgern. Dabei lernt sie Agathe kennen und befreundet sich mit ihr, die nun wie Gérard in die künstliche Welt der Geschwister aufgenommen wird. Zu Beginn des zweiten Teils des Romans lernt Elisabeth Michael kennen, einen reichen amerikanischen Juden. Die Welt der Geschwister erscheint nicht mehr so bedeutsam; Michael wird nicht mehr in sie eingeweiht. Elisabeth und Michael heiraten, doch gleich nach der Trauung verunglückt er mit seinem Sportwagen. Elisabeth zieht mit Agathe in das große palastartige Haus, das Michael ihr hinterlässt. Wenig später folgt ihnen Paul. Bald erkennt Elisabeth die Liebe zwischen Agathe und Paul. Mittels einer Lüge und indem sie einen Brief unterschlägt, kann sie verhindern, dass Agathe ihr den Bruder wegnimmt. Sie erreicht, dass Gérard und Agathe heiraten. Paul ahnt etwas von der Intrige seiner Schwester, ist jedoch zu schwach, ihrem Willen entgegenzutreten. Nach ihrer Hochzeitsreise kommen Agathe und Gérard zu Besuch. Sie haben Dargelos getroffen, der ihnen für Paul ein Gift mitgibt, das in eine schneeballgroße, dunkelfarbige Kugel eingepackt ist. Elisabeth hofft, dass ihr Bruder durch die Kugel, die so sehr an die alte, künstliche Welt, an die Spiele und die Verehrung von Dargelos erinnert, seine Liebe zu Agathe vergisst. Paul artikuliert zwar seine Liebe nicht, aber er wird immer schwächer und droht auf diese Weise, sich Elisabeth zu entziehen. Eines Tages träumt Elisabeth, dass Paul Selbstmord begeht, und beschließt, sich ebenfalls zu töten, um mit Paul zusammenzubleiben. Sie wacht durch den Besuch Agathes auf, die brieflich vom Selbstmordversuch Pauls unterrichtet ist. Beide finden Paul, der Dargelos Gift aus der Kugel bereits eingenommen hat, in seinen letzten Minuten. Jetzt begreifen Agathe und Paul, welches Spiel Elisabeth mit ihnen getrieben hat, doch es ist zu spät. Elisabeth gesteht, dass sie Paul nicht an Agathe verlieren wollte. Sobald sie glaubt, dass ihr Bruder tot ist, folgt sie ihm, indem sie sich erschießt.

In einer 1929 zugeordneten Rezension über den Roman schreibt Klaus Mann:

> Les enfants terribles sind die Abseitigen, die Lebensunfähigen, die rührend Unmöglichen. Das Pathologische wird ins Märchenhafte, das Märchenhafte ins Pathetische, zur Tragödie hinüberstilisiert. [...] Die Welt, in der dieses gefährliche und geniale, dieses entartet schöpferische Geschwisterpaar zärtlich und zanksüchtig lebt, ist Märchenwelt. Das von der Umwelt abgeschlossene Zimmer ihrer Unordnung, ihrer Traumorgien, ihrer sublimierten Ausschweifungen ist Zauberrevier. Wenn sie ihr ‚Spiel' spielen, diese geheimnisvollste und absurdeste Unterhaltung, ihnen allein zugängig, gehen sie in eine fremde Sphäre ein.[675]

Ein Blick auf Klaus Manns Biographie führt zum wohl wesentlichsten Grund, warum Klaus Mann von diesem Roman, den er als „wunderlich-wundervolles Drama" (*NE* 209) und als „hinreißenden Artistenroman" (*NE* 211) preist, so begeistert ist: Er erkennt seine eigene Suche nach Orten außerhalb der Realität, seinen Rückzug in die Phantasie, sein inniges Verhältnis zu seiner älteren Schwester Erika und die Spiele, die sie als Kinder in Bad Tölz spielten (vgl. *KdZ* 14ff.). Auch die eigene Geheimsprache (vgl. *KdZ* 24) und die manchmal strikte Abgrenzung zu anderen Kindern müssen ihm bei der Lektüre des Romans bekannt vorgekommen sein. Eine Passage in seiner *Kindernovelle* skizziert eine den Erlebnissen von Cocteaus Kindern ähnliche Atmosphäre:

> Sie [die Mutter, Anm. d. Verf.] stand auf und ging in das Kinderzimmer hinüber. Da kauerten die vier im Halbdunkel beieinander, und Fridolin erzählte gedämpft von der Gespensterfürstin Mee-Mee, die man nachts konnte surren und kichern hören. [...] Was konnte komplizierter sein, was weitverzweigter, reizender und verwirrter als die Spiele, die sie ersannen und in denen sie tagsüber lebten, todernst und dieser, ihrer Wirklichkeit näher vertraut und besser befreundet als der anderen, oft lästigen mit Mademoiselle und Lehrer Burkhardt. (*MS* 136f.)

Darüber hinaus finden sich weitere Parallelen zwischen dem Roman Cocteaus und Klaus Manns Biographie. So sei an Klaus Manns lebensgefährliche Blinddarmentzündung erinnert (vgl. *KdZ* 37ff.) oder die längere Abwesenheit seiner Mutter Katia, die sich zur Kur in der Schweiz aufhält und die Pflege der Kinder in die Hände von Kindermädchen gibt, während sich Thomas Mann um die Erziehung nicht sonderlich kümmert. Genau wie Klaus Mann die Heirat von Cocteaus Elisabeth als „Zwischenspiel ohne viel Bedeutung" (*NE* 210) sieht, ließe sich auch Erikas Heirat mit Gustaf Gründgens als ein Zwischenspiel ohne viel Bedeutung für die Beziehung der beiden Geschwister interpretieren. Nicht zuletzt ist auch das Ende der *enfants terribles* – die Selbsttötung – ein Gedanke, der Klaus Mann bereits früh fasziniert und den er zwanzig Jahre später ausführt. *Les enfants terribles* als Spiegelangebot für Klaus Mann zu sehen, liefert den Grund dafür, dass sich Klaus Mann nach den ebenfalls stark

---

[675] Klaus Mann: *Zwei europäische Romane* [1929], S. 209. In: *NE* 207-211.

autobiographische Züge tragenden Stücken *Anja und Esther* und *Revue zu vieren* 1930 dazu entschließt, den Roman für das Theater zu bearbeiten, um sich damit auch selbst auf die Bühne zu bringen. Am 12. November 1930 wird *Geschwister* in den Münchner Kammerspielen uraufgeführt und ist Klaus Manns intensivste Auseinandersetzung mit der französischen Literatur. Kein anderes Werk hat seine literarischen Texte so unmittelbar beeinflusst.

Was die Handlung betrifft, hält sich Klaus Mann sehr an Cocteaus Roman. Viele Szenen werden direkt auf die Bühne übertragen, andere, auktorial geschilderte Begebenheiten werden eingeflochten, indem sich die Charaktere daran erinnern.

Der erste von vier Akten fasst ungefähr den Stoff des ersten Teils von *Les enfants terribles* zusammen. Das Geschwisterpaar Elisabeth und Paul lebt zusammen in einer kleinen Wohnung in der Rue Montmartre. Zu Beginn sind sie ungefähr sechzehn und achtzehn Jahre alt. Wichtige Handlungen des Romans, wie die Schneeballschlacht, in der Paul von einem Schneeball aus der Hand seines Mitschülers Dargelos so hart auf die Brust getroffen wird, dass er die Schule abbrechen muss, erfährt der Leser durch ein Gespräch zwischen Paul und seinem Freund Gérard. Genauso erinnert man sich des Urlaubs, den die Geschwister zusammen mit Gérard und dessen Onkel, der die beiden Waisen finanziell unterstützt, unternommen hatten. Dort machten sich die Kinder den Spaß, neben dem Ärgern von Altersgenossen möglichst viele unnütze Gegenstände zu stehlen. Auch wird der Tod der Eltern erklärt: Der Vater wird von der Mutter zu Tode geärgert, die Mutter, die sich nicht um die Kinder kümmert, stirbt an den Spätfolgen eines Schlaganfalls. Gegen Ende des ersten Aktes drängt Gérard Elisabeth, eine Stellung als Mannequin anzunehmen, da „wir uns auf die Dauer den Verpflichtungen nicht entziehen können, die an uns die Allgemeinheit stellt."[676] In *Les enfants terribles* ergreift Elisabeth selbst die Initiative und sucht sich eine Arbeit als Modevorführerin; aber nicht, um sich dem normalen Leben zu stellen, sondern um sich vor Paul zu retten, den sie für einen Versager hält.

Im zweiten Akt sind Gérard und Agathe fest in die Welt des kleinen Zimmers integriert, in dem die Geschwister hausen. Agathe ist eine Kollegin Elisabeths und im Roman eine verwaiste, entfernte Verwandte Gérards. Sie berichtet Paul, wie Elisabeth einen reichen Amerikaner namens Michael kennen gelernt hat. Paul befürchtet, dass dieser Michael sich seiner Schwester nähern könne. Als Elisabeth zusammen mit Gérard eintrifft, ist Paul beleidigt und beschimpft seine Schwester. Im Roman insultiert er Elisabeth weitaus heftiger. Während Paul badet und Elisabeth ihn zu beruhigen versucht, gestehen sich Agathe und Gérard ihre Angst um die beiden ein. Elisabeth erzählt Paul, dass Michael sehr reich sei und sie ihn heiraten wolle. Wenn er Paul gefalle, solle er dies durch ein „tot" zum Ausdruck bringen. Als Michael, dessen Augen dunkel umrandet sind, in das Badezimmer eintritt, sagt Paul „tot". Michael und Elisabeth heiraten. Einen Tag darauf kommt Michael bei der Fahrt in die Flitterwochen bei einem Unfall mit seinem Rennwagen ums Leben. Elisabeth erbt sein Ver-

---

[676] Klaus Mann: *Der Siebte Engel. Die Theaterstücke.* Hrsg. von Uwe Naumann und Michael Töteberg, Reinbek bei Hamburg 1989, S. 204. Im Folgenden werden Zitate aus diesem Werk durch die Sigle *SE* und die Angabe der entsprechenden Seitenzahl im Text belegt.

mögen. Paul zieht in Elisabeths Palais, in ein kleines, vom Architekten fehlkonstruiertes Zimmer.
Im dritten Akt gesteht Agathe, die ebenfalls in das Palais übersiedelt, ihre Liebe zu Paul. Elisabeth ist entsetzt, kann sich aber fassen und gibt vor, dass sie sich für ihre Freundin einsetzen wollte. Auch Paul offenbart Elisabeth seine Liebe zu Agathe, die ihn an Dargelos erinnere. Diese Verbindung, die das Ende ihrer Welt bedeuten würde, will Elisabeth verhindern. Als Gérard ihr seine Zuneigung gesteht, behauptet sie deshalb, dass Agathe ihn liebe und dies auch umgekehrt seine Richtigkeit hätte. Ihr gelingt es, alles so zu arrangieren, dass zum Schluss Gérard und Agathe heiraten.
Im vierten Akt werden die schwangere Agathe und Gérard zum Kaffee eingeladen. Der bürgerliche Ehemann, der die Firmen seines unlängst verstorbenen Onkels geerbt hat, berichtet, er habe Dargelos getroffen, der ihm ein Geschenk für Paul gab. Es handelt sich um ein Gift, in eine schwarze Kugel eingepackt. Nachdem das Ehepaar gegangen ist, schreibt Paul an Agathe ein Telegramm, in dem er seinen Tod ankündigt und ihr dafür die Schuld gibt. Dann isst er den Giftball. Agathe kommt, und es stellt sich heraus, dass Elisabeth alle angelogen hat. Sie schickt Agathe hinaus. Als Paul stirbt, erschießt sich Elisabeth.
Jean Cocteaus Kinder sind vorrangig Künstler. Dies wird aus der Sicht Mariettas deutlich:

> Elle sentait que l'air de la chambre était plus léger que l'air. Le vice n'y aurait pas résisté davantage que certains microbes à l'altitude. Air pur, alerte, où rien de lourd, de bas, de vil, ne pénétrait. Mariette admettait, protégeait, comme on admet le génie et comme on protège son travail. Or sa simplicité lui communiquait le génie créateur de la chambre. Car c'était bien un chef-d'oeuvre que créaient ces enfants, un chef-d'oeuvre qu'ils étaient [...].[677]

Elisabeth und Paul sind zu einem normalen Leben nicht fähig. Als Künstler sind sie isoliert von der Welt und werden gemeinsam aus ihr gehen, weil ihre Versuche, sich mit ihr zu vereinigen, misslingen:

> Ils contredisaient le préjugé contre la vie facile, les moeurs facile et, sans le savoir mettaient en oeuvre ces ‚admirables puissances de vie souple et légère gâchée au travail' dont parle un philosophe. Projets d'avenir, études, places, démarches ne les préoccupaient pas davantage que garder les moutons ne tente un chien de luxe.[678]

Auch bei Klaus Mann sind die Kinder Künstler: Es ist das *Kroxespiel*, die teilweise andere Sprache, es ist die *Taubenarie*[679], die Elisabeth singt, und schließlich ist es auch die Unfähigkeit, einer normalen Arbeit nachzugehen. Elisabeth muss erst von Gérard zum Arbeiten gedrängt werden, doch steht der dann gewählte Beruf des Mannequins dem Künstlerischen nahe. In beiden Werken

---
[677] Jean Cocteau: *Les enfants terribles*, Paris 1997, S. 41f.
[678] Jean Cocteau: *Les enfants terribles*, a. a. O., S. 64.
[679] Kroll analysiert die *Taubenarie* und mit ihr das bei Cocteau nicht vorhandene, bei Klaus Mann aber durchgängige Motiv der gläsernen Taube und der Vögel als Symbol für das Sanfte, Zerbrechliche, aber auch das Sterile. (Vgl. Fredric Kroll (Hg.): *Klaus-Mann-Schriftenreihe* Bd. 3: *1927-1933. Vor der Sintflut*, S. 117ff.).

wird das Künstlerische durch *Unnützes* unterstützt; die Lebensweise der Geschwister dient nicht der Allgemeinheit, so wie es Gérard bei Klaus Mann fordert:

> Du mußt arbeiten, Elisabeth.
> Elisabeth *als wiederhole sie eine fremde Vokabel*: Arbeiten. (*SE* 205)

Im Urlaub mit Gérard und seinem Onkel machen es sich die beiden zur Aufgabe, Dinge zu stehlen, die vollkommen unnötig sind. Der Raum, den sich die Geschwister im Palais des verstorbenen Michael einrichten, ist ebenfalls unsinnig. Bei Cocteau ist es eine Galerie:

> Cette pièce semblait une de ces extraordinaires fautes de calcul d'un architecte découvrant trop tard l'oubli de la cuisine ou de l'escalier[680],

bei Klaus Mann ist es ein

> kleines Zimmer, vollkommen verloren, eigentlich ein Versehen des Architekten, ganz sinnlos unter dem Treppenhaus. (*SE* 214)

Nach den angeführten Parallelen zwischen Biographie und Stück ist die Interpretation von Klaus Manns Geschwisterpaar als Künstler ein weiterer Punkt, der die Biographie Klaus Manns mit Paul und Elisabeth verbindet, denn er selbst und seine Schwester Erika, die in der Münchner Uraufführung die Figur der Elisabeth spielt, sind Künstler.

Ein bedeutendes und sich durch *Geschwister* ziehendes Motiv ist die eindeutig sexuell konnotierte Liebe zwischen Elisabeth und Paul. Bereits zu Beginn des Dramas führt Klaus Mann diese ein, indem er im ersten Akt das Kindermädchen Marietta über ihr Verhältnis zu ihrem Neffen plaudern lässt:

> Marietta: Ja, in Toulon, mei junger Neffe. Ganz a braunes, rüstiges Gesicht, und so starke Füß! Wenn ma die anfaßt! [...] Aber den Albert hätt ich halt gern wiedergesehen, den jungen Bursch. Was der für Füß hat! (*SE* 196)

„Anfassen" wird zum häufig wiederholten Symbol für Sexuelles.[681] Das Stück endet mit dem Ausruf des sterbenden Paul:

> Vögel steigen mit mir auf, Elisabeth. Tauben. Das Zimmer ist so wunderbar hergerichtet. Jetzt dürfen wir uns endlich anfassen. (*SE* 237)

Im ersten Akt baden die Kinder gemeinsam.

> Paul: Mach keine weiteren Umstände, komm in die Wanne zu mir.
> Elisabeth: Aufforderung zur Unzucht: strafbar.
> Paul: Kroxe badete immer mit ihren Verwandten in derselben Wanne. (*SE* 199)

---

[680] Jean Cocteau: *Les enfants terribles*, a. a. O., S. 88.
[681] Vgl. Fredric Kroll (Hg.): *Klaus-Mann-Schriftenreihe* Bd. 3, a. a. O., S. 115.

Bei Cocteau ist das Motiv des Inzests hingegen nicht vorhanden. Statt des Neffen aus dem Stück, ist es im Roman der Enkel, zu dem Marietta – fernab jeglicher Erotik – eine liebevolle Beziehung hat:

> Amoureuse d'un petit-fils qui habitait en Bretagne, cette Bretonne inculte déchiffrait les hiéroglyphes de l'enfance.[682]

Auch wenn Cocteaus Geschwister ein Bad nehmen, schwingt dabei keinerlei Erotik mit:

> Dès le premier soir la situation devint intenable; Élisabeth voulut se baigner, Paul aussi. Leur rage froide, leurs traîtrises, leurs portes claquées et rouvertes à l'improviste aboutirent à une baignade face à face. Cette baignade bouillante où Paul, flottant comme une algue, riant aux anges dans la vapeur, exaspérait Élisabeth, inaugura un régime de coups de pied.[683]

Cocteau ist über Klaus Manns deutliche Thematisierung des Inzests verärgert und spricht dessen Stück deswegen 1952 in seinem Tagebuch jeglichen Wert ab:

> Im Grunde sind die Dummheiten und die Verwirrung von Klaus und seiner Schwester ein wenig und indirekt meine Schuld. Sie haben sich für die Schrecklichen Kinder gehalten und haben aus meinem Buch sogar ein Stück gemacht, das sie vor dem Krieg in Berlin aufführten. Das Stück war skandalös und ohne den geringsten Bezug zum Geist des Romans. Meine Kinder sind sich ihres Reizes, der Poesie nicht bewußt, sie verachten sie sogar, bekämpfen sie. Die, die sich für meine Kinder halten, wollen Pferd spielen, statt Pferd zu sein und davon zu träumen, wieder Menschen zu werden. Die Kinder von Thomas Mann vermengten mein Buch mit dem *Wälsungenblut* ihres Vaters. Alles sehr unrein, durch Drogen verdorben und Großtuerei.[684]

Auch für Fredric Kroll ist der Inzest das Hauptmotiv von *Geschwister* und überlagert das des Künstlertums.[685] Dieser Interpretation schließt sich die vorliegende Arbeit an. Was jedoch weder Cocteau noch Kroll in Betracht ziehen, ist die Möglichkeit, den Inzest als Gipfel des Quasi-Unnützen, des Amoralischen und der Kunst zu interpretieren. Obwohl die Geschwister in ihrem Zimmer Zeit und einen Ort hätten, sich zu lieben, tun sie es nicht. Nicht weil es ihnen von außen unmöglich gemacht wird, sondern weil sie es sich selbst nicht (zu)trauen. Diese Vollendung der Liebe wird somit, da sie auch in ihrer isolierten Welt nicht zu vollziehen ist, auf die nächste Welt verschoben.
Ein wesentlicher Grund, dass Cocteau neben Gide das wichtigste Vorbild für Klaus Mann ist, liegt darin, dass ihm Cocteaus Biographie und Werke eine Perspektive für sein eigenes Leben und Schreiben als homosexueller Schriftsteller bieten. Auch in *Les enfants terribles* wird die Homosexualität deutlich thematisiert. So heißt es zu Beginn über Gérard:

---

[682] Jean Cocteau: *Les enfants terribles*, a. a. O., S. 41.
[683] Jean Cocteau: *Les enfants terribles*, a. a. O., S. 47.
[684] Jean Cocteau: *Vollendete Vergangenheit. Tagebücher 1951-1952*, München 1989, S. 332f.
[685] Frederic Kroll (Hg.): *Klaus-Mann-Schriftenreihe* Bd. 3, a .a. O., S. 114.

> Car, s'il aimait Paul comme Paul aimait Dargelos, le prestige de Paul aux yeux de Gérard était sa faiblesse. Puisque Paul tenait son regard fixé sur un feu d'un Dargelos, Gérard, fort et juste, le surveillerait, l'épierait, le protégerait, l'empêcherait qu'il ne s'y brûlât.[686]

Später überträgt sich Gérards Liebe von Paul auf Elisabeth. Paul liebt hingegen weiter Dargelos. Ein Bild von ihm ist ein wesentlicher Bestandteil des Schatzes der Kinder, Paul sammelt Bilder von Boxern, Stars und Verbrechern, die alle eines gemeinsam haben: das Gesicht Dargelos. Auch in Agathe verliebt er sich, weil ihre Züge ihn an seinen ehemaligen Klassenkameraden erinnern:

> Il souffrait. Il souffrait d'orgueil. Sa revanche sur le double de Dargelos était un échec pitoyable. Agathe le dominait. Et, au lieu de comprendre qu'il l'aimait, qu'elle le dominait par sa douceur, qu'il l'importait de se laisser vaincre, il se crêtait, se cabrait, luttait contre ce qu'il croyait son démon, une fatalité diabolique.[687]

Letztendlich kommt auch das Gift, das Paul einnimmt, um sich umzubringen, von seinem unerreichten Freund, was die Szene homoerotisch konnotiert. Obwohl es seiner Biographie und seinem bisher Geschriebenen entsprechen würde, nimmt Klaus Mann das Thema Homosexualität nicht in *Geschwister* auf. Zwar ähneln die von Paul angebeteten Zeitungsausschnitte dem Bild Dargelos, doch fragt Elisabeth im ersten Akt: „Neue Mädchenbekanntschaften gemacht?" (*SE* 197) und legt damit Paul auf eine heterosexuelle Rolle fest, um die – bei Cocteau nicht thematisierte – Geschwisterliebe deutlicher zu motivieren.

Bei der Lektüre des *Vulkans* fällt Thomas Mann hinsichtlich der Homosexualität und Drogen die thematische Nähe zu Cocteau auf. In einem Brief an seinen Sohn beschreibt er den Roman als

> ein Bild deutscher Entwurzelung und Wanderung, gesehen und gemalt à la Jean Cocteau: Eine sonderbare Übertragung und Anwendung, wird mancher sagen, wird das Bild recht hoffnungslos finden und meinen, diese Piqueure, Sodomiter und Engelseher hätten auch ohne Hitler ihren leichten, frommen, verderbten Untergang gefunden, und da sei nichts dran verloren.[688]

Klaus Mann bestätigt Cocteau als Vorbild, besonders bezüglich des Engelmotivs. Allerdings relativiert er zugleich:

> Daß zuweilen, und besonders am Schluß, etwas gezaubert wird, habe ich auch geahnt. Meine Engel-Kunde stammt teils von Rilke, teils von Gide[689]

---

[686] Jean Cocteau: *Les enfants terribles*, a. a. O., S. 15f.
[687] Jean Cocteau: *Les enfants terribles*, a. a. O., S. 91.
[688] Thomas Mann: *Brief an Klaus Mann* vom 22. 7. 1939, *BuA* 389.
[689] Zu Gides Einfluss auf das Engel-Motiv in *Der Vulkan* vgl. Axel Plathe: *Klaus Mann und André Gide*, a. a. O., S. 205ff.

und Cocteau – und teils aus dem ‚Joseph' – soweit sie nicht aus dem Herzen stammt.[690]

Im Zusammenhang mit seiner Äußerung, dass die Charaktere seines Sohnes auch ohne Hitler untergegangen wären, fragt Thomas Mann kritisch, ob Schwule und Drogenabhänge in einem Werk über Antifaschismus und Emigration überhaupt einen Platz haben sollten. Mit der Figur Martin Korellas und Kikjous, mit der Thematisierung ihrer Liebe und ihrem Kampf gegen den Faschismus, verortet Klaus Mann die Homosexuellen selbstbewusst innerhalb, nicht außerhalb der Emigration und rückt sie damit – im Gegensatz zu den effeminierten Wesen Prousts oder zu Thomas Manns Aschenbach – ins Zentrum eines politischen Geschehens. Obwohl sie Drogen nehmen – woran Martin schließlich zugrunde geht –, sind Martin und Kikjou Kämpfer gegen den Faschismus, sie sind Helden, die für eine bessere Gesellschaft kämpfen, und damit „echte" Männer. Ein Teil dieser positiven Darstellung geht zurück auf die Protagonisten Gides und Cocteaus. Ermuntert durch Cocteau und Gide ist es Klaus Manns Verdienst, dass Homosexuelle in der deutschen Literatur positive Figuren sind – sie leiden zwar an der Gesellschaft, gehen auch an ihr zugrunde, aber nicht ihre Liebe zu anderen Männern ist die Ursache ihres Untergangs, sondern zumeist die Gesellschaft, in der sie nicht leben können, wie sie zu leben wünschen.

4.2 Frankreich im literarischen Werk Klaus Manns

4.2.1 *Image, Imagem,* Stereotyp oder *Bild*?
Terminologische und methodologische Überlegungen

Von seinen ersten literarischen Versuchen – wie das in *Kind dieser Zeit* aufgenommene Drama *Marie Heilmann* (vgl. KdZ 88ff.) – bis zu seinen letzten, unausgeführten Plänen für die Jahre 1949 bis 1958, da er einen historischen Roman über Johanna von Orleans in Erwägung zieht, [691] findet Klaus Manns Auseinandersetzung mit Frankreich Niederschlag in fast allen seinen Erzählungen, Romanen und Theaterstücken. Seine Vorstellungen von Frankreich und den Franzosen gehören zum festen Motivbestand seines literarischen Werkes. Somit vermitteln neben seiner Essayistik und Autobiographik auch Klaus Manns literarische Werke ihren Lesern seine Frankreichvorstellungen.
Literarisches Schreiben[692] unterliegt anderen Gesetzen als die Essayistik und Autobiographik. Es beansprucht u.a. eine längere Lesbar- und Gültigkeit. Die Tatsache, dass Klaus Mann erst ab den siebziger Jahren als literarischer Schriftsteller von einer breiten Öffentlichkeit wahrgenommen und rezipiert wird, ist ein Beleg dafür, dass es diesem Anspruch gerecht wird. Unterstellt man der Literatur Klaus Manns eine Vermittlerfähigkeit, ist er über zwanzig

---

[690] Klaus Mann: *Brief an Thomas Mann* vom 3. 8. 1939, *BuA* 393.
[691] Vgl. einen in den Materialien zu *The last Day* gefundenen Zettel, *KMA*.
[692] Die Begriffe ‚literarisches Schreiben' und ‚literarisches Werk' subsumieren Klaus Manns Erzählungen, Romane und Theaterstücke, um sie von der Autobiographik und Essayistik abzugrenzen.

Jahre nach seinem Tod und bis zum heutigen Tage in seinen literarischen Texten nicht nur ein Vermittler des deutschen literarischen Exils, sondern auch Frankreichs und der französischen Kultur. Obwohl seine Vorstellungen im Kontext der Gesellschaft und der Geschichte der ersten Hälfte des zwanzigsten Jahrhunderts zu verstehen sind, beeinflusst er durch seine Frankreichentwürfe auch die Frankreichvorstellungen seiner heutigen Leser. Im Folgenden werden die Frankeichbilder in Klaus Manns literarischem Schreiben nach ihrem Wesen, ihrem Umfang und vor allem nach ihrer Funktion untersucht.

Die Erforschung des Bildes von anderen Ländern in der Literatur ist seit den fünfziger Jahren wesentlicher Gegenstand der vergleichenden Literaturwissenschaft und des sich in den siebziger Jahren etablierenden Forschungszweiges der Imagologie – der Lehre des „Bildes vom anderen Land".[693] Hugo Dyserinck nennt als Forschungsziel der Imagologie, die jeweiligen Erscheinungsformen der „Images" sowie ihr Zustandekommen und ihre Wirkung zu erfassen.[694] Literarische Fremdbilder sollen innerhalb ihrer historischen Wechselbeziehungen hinsichtlich der Frage nach ihrer Konstanz und Universalität überprüft und als Strukturelemente eines ästhetischen Kontextes unter Berücksichtigung der jeweiligen Textsorte und Gattung untersucht werden.[695] Neueren imagologischen Arbeiten ist die Feststellung gemein, dass sowohl Methodik wie Terminologie dieser Forschungsrichtung uneinheitlich und ungenügend sind. Be-griffe wie „Stereotyp", „Klischee", „Bild", „Einstellung", „Meinungsbild", „Völkerbild", „Mythos", „Vorstellung", „Vorurteil", „Image", „Imagotyp" stehen bisweilen als Synonyme nebeneinander, dann wieder werden sie komplementär verwendet.[696]
Günther Blaicher bemängelt in seiner Untersuchung *Das Deutschlandbild in der englischen Literatur* die fehlende Schärfe des Begriffs „Image",[697] Gesine Heddrich erscheint der imagologische Ansatz von Dyserinck für ihre Werkanalyse *Deutschland und Frankreich als Hetero- und Auto-Image während der Zeit der Occupation im Zweiten Weltkrieg am Beispiel der Schriftsteller Vercors (Jean Bruller) und Robert Brasillach* ungenügend und allenfalls als Ausgangsbasis sinnvoll. Sie erweitert ihr Verfahren um diskursanalytische Ansätze und Methoden des New Historicism, um zu einer eigenen Form der Klassifizierung und Kategorisierung des von ihr untersuchten Textkorpus zu kommen.[698] Die Slawistin Malgorzata Swiderska vertritt die Ansicht, die bisherigen imagologi-

---

[693] Hugo Dyserinck: *Komparatistik. Eine Einführung*, Bonn 1991, S. 127. Zur Geschichte der Imagologie vgl. auch Manfred Fischer: *Nationale Images als Gegenstand Vergleichender Literaturgeschichte. Untersuchungen zur Entstehung der komparatistischen Imagologie*, Bonn 1981, und Angelika Corbineau-Hoffmann: *Einführung in die Komparatistik*, Berlin 2000, S. 171-185.
[694] Vgl. Hugo Dyserinck: *Komparatistik. Eine Einführung*, a. a. O., S. 131.
[695] Vgl. Gesine Heddrich: *Deutschland und Frankreich als Hetero- und Auto-Image während der Zeit der Occupation im Zweiten Weltkrieg am Beispiel der Schriftsteller Vercors (Jean Bruller) und Robert Brasillach*, Frankfurt a. M. 1997, S. 68.
[696] Vgl. Malgorzata Swiderska: *Studien zur wissenschaftlichen Imagologie. Das literarische Werk F. M. Dostoevskijs aus imagologischer Sicht mit besonderer Berücksichtigung der Darstellung Polens*, München 2001, S. 43ff.
[697] Vgl. Günther Blaicher: *Das Deutschlandbild in der englischen Literatur*, Darmstadt 1992, S. 5.
[698] Vgl. Gesine Heddrich: *Deutschland und Frankreich als Hetero- und Auto-Image*, a. a. O., S. 82ff.

schen und die ihnen verwandten Ansätze zeichneten sich durch verworrene Terminologien und uneinheitliche Methoden der Textinterpretation aus. Zudem sieht sie eine Differenz zwischen ihrer Theorie und der interpretatorischen Praxis.[699] Sie hält es daher für nötig, für ihre Dissertation *Studien zur literaturwissenschaftlichen Imagologie. Das literarische Werk F. M. Dostoevskijs aus imagologischer Sicht mit besonderer Berücksichtigung der Darstellung Polens* eine neue Methode der imagologischen Textinterpretation zu erarbeiten. Anstelle der ihr unscharf erscheinenden Begriffe „Image", „Imagotype", „Bild" und „Mythos" schlägt sie die Bezeichnung „Imagothème" als Oberbegriff vor. Für das einzelne Element, den einzelnen Bestandteil des „Imagothèmes" setzt sie den Terminus „Imagem", unter dem sie ein positives oder negatives nationales oder ethnisches Stereotyp versteht.[700] Wenn sie „Imageme" weiter definiert als „polnische Fremdelemente, die in der Welt eines literarischen Werks Dostoevskijs neben anderen fremden Imagemen, die aus anderen fremden, ‚nichtrussischen' Kulturen stammen",[701] folgt sie damit Dyserinck, der das von ihm vorgeschlagene „Image" ebenfalls als Bild und Schilderung vom Fremden vorstellt.[702]

Der erste und besonders der zweite Teil dieser Arbeit halten als Ergebnis fest, dass der Europäer und Homosexuelle Klaus Mann Frankreich und die französische Literatur immer wieder als reale und geistige Verortungsmöglichkeiten empfindet und damit als Teil seiner Identität. Angesichts seiner Emigration oder seiner Einbürgerung in den USA können Deutschland, Frankreich und die USA nicht von vornherein als nur das Eigene oder nur das Fremde bezeichnet werden. Eine vorschnelle Einteilung in Hetero- und Auto-Image, in Fremdbild und Eigenbild ist bedenklich, und eine Adaption der Begrifflichkeiten und Methoden Dyserincks und Swiderskas erscheint unratsam. Um Art und Funktion der Frankreichbilder im literarischen Werk Klaus Manns als Teilgebiet der Beziehungen Klaus Manns zu Frankreich untersuchen zu können, bedarf es dennoch eines differenzierten terminologischen Baukastens. Den Mangel an eindeutigen Termini und überzeugenden Methoden stellt die neuere Imagologieforschung für ihre Disziplin selbst fest und kann ihn nicht grundsätzlich, sondern nur für spezielle Fragestellungen beheben. Dem Rahmen und Umfang der vorliegenden Arbeit gemäß soll versucht werden, ein adäquates, auf einzelnen Definitionen der Imagologie beruhendes Begriffsinstrumentarium zu erstellen, mit dessen Hilfe die Frankeichentwürfe und -bilder im literarischen Werk Klaus Manns untersucht werden können.

Untersuchungsgegenstand ist das gesamte literarische fiktionale Werk Klaus Manns. Anders als der erste Teil dieser Arbeit, der Klaus Manns Frankreicherfahrungen und Frankreichvorstellungen anhand seiner Briefe, Essayistik und Autobiographik chronologisch rekonstruiert, und auch anders als der zweite Teil, der Klaus Manns Beziehungen zur Literatur und Biographie homosexueller Schriftsteller größtenteils parallel thematisiert, wird nun Klaus Manns literarisches Werk zunächst als Abgeschlossenes, als Ganzes begriffen und betrachtet. Vorrangiges Ziel ist es nicht, das in Deutschland vorherrschende

---

[699] Vgl. Malgorzata Swiderska: *Studien zur wissenschaftlichen Imagologie*, a. a. O., S. 127.
[700] Vgl. Malgorzata Swiderska: *Studien zur wissenschaftlichen Imagologie*, a. a. O., S. 129.
[701] Malgorzata Swiderska: *Studien zur wissenschaftlichen Imagologie*, a. a. O., S. 129.
[702] Vgl. Hugo Dyserinck: *Komperatistik*, a. a. O., S. 128.

Bild Frankreichs in der ersten Hälfte des 20. Jahrhundert anhand von Klaus Manns Werk zu untersuchen, sondern explizit Klaus Manns Vor- und Darstellungen von Frankreich zu analysieren. Der Ausgangs- und Schwerpunkt liegt demnach auf Klaus Mann und nicht auf Frankreich.

Zu den Frankreichbildern werden in dieser Studie zum einen die als französisch erkennbaren fiktiven und authentischen Figuren gerechnet, die in den literarischen Werken Klaus Manns auftreten, darüber hinaus gehören zu diesen Bildern auch alle Erwähnungen Frankreichs sowie die Konnotierung von bestimmten Gegenständen als französisch.

Trotz der Vieldeutigkeit des Begriffes „Bild" wird er zuungunsten anderer gewählt, um die als französisch gekennzeichneten oder beschriebenen Gegenstände, Gefühle, Orte und Personen erfassen zu können. Inwieweit sich aus der Gesamtheit dieser Einzelbilder ein Gesamtbild konstruieren lässt, ist nicht vorab angenommene Hypothese, wie sie der Begriff der „Imagothème" impliziert, sondern eine zu untersuchende Frage. Der Frage, inwieweit diese Bilder von Frankreich Scheinbilder sind oder einer wie auch immer definierten Wirklichkeit entsprechen, wird nicht nachgegangen, da diese Frage von heute ausbetrachtet bei einem vor fünfzig Jahren abgeschlossenen Werk nur unzureichend beantwortbar erscheint. Außerdem scheint es ohnehin wenig aussichtsreich und vielleicht sogar müßig, ergründen zu wollen, was Realität in als fiktional benannten Texten ist – trotz des nachweisbar stark autobiographisch geprägten Charakters des literarischen Werkes Klaus Manns. Somit zielt eine Bewertung, inwieweit die Frankreichbilder stereotyp[703] oder klischeehaft[704] sind, zuallererst nicht darauf ab, bestimmte Frankeichbilder Klaus Manns als typisch für ihre Entstehungszeit zu beurteilen. Es geht vielmehr um die Frage, inwieweit sie typisch für Klaus Mann sind und ob er eventuell auch in in der Lage ist, eigene Frankeichbilder vorzustellen.

1942 lästert Klaus Mann in seiner Gide-Monographie über die Frankreichvorstellungen deutscher und amerikanischer Spießbürger und stellt damit vor, was er selbst als abgestanden und klischeehaft empfindet:

> Diese Mischung aus lateinischer Logik und gallischem Esprit, die der gebildete Spießer für so eminent ‚französisch' hielt – war das wirklich alles, was das Land Pascals und Racines zu bieten hatte? Das französische Genie, nach Ansicht der ‚Babbits' aller Kontinente, war feminin, frivol und flatterhaft, dabei pompös theatralisch und nicht ohne einen Einschlag trockener Pedanterie. Wenn der kosmopolitisch eingestellte Bourgeois in Leipzig oder Milwaukee an Frankreich dachte – was für Assoziationen drängten sich ihm wohl auf? Das Lächeln Voltaires und die Beine der Mistinguett; Napoleons cäsarische Gebärde und der Straßenjungencharme des Maurice

---

[703] Uta Quasthoff versteht unter dem Begriff Stereotyp den verbalen Ausdruck einer auf soziale Gruppen oder einzelne Personen als deren Mitglieder gerichteten Überzeugung. Es hat die logische Form eines Urteils, das in ungerechtfertigt vereinfachender Weise, mit emotionell wertender Tendenz, einer Klasse von Personen bestimmte Eigenschaften oder Verhaltensweisen zu- oder abspricht. (Vgl. Uta Quasthoff: *Soziales Vorurteil und Kommunikation – Eine sprachwissenschaftliche Analyse des Stereotyps*, Frankfurt a. M. 1973, S. 28.)

[704] Gero von Wilpert definiert das Klischee als vorgefertigtes, allgemeinverständliches und dadurch auch abgegriffen erscheinendes Bild, das ohne individuelle Überzeugung unbedacht übernommen wird. (Vgl. Gero von Wilpert: *Sachwörterbuch der Literatur*, Stuttgart 1989, S. 459.)

Chevalier; die großartig dahinrollende Rhetorik Viktor Hugos und das holde Hüsteln der Kameliendame; die starre Redlichkeit eines Clemenceau und die elegante Weisheit eines Anatole France. (*AG* 11)

Wie zeichnet Klaus Mann seine eigenen französischen Charaktere? Wie vermittelt er seinen deutschen und amerikanischen Lesern Frankreich und die französische Kultur? Verwendet er angesichts dieser Kritik andere, neue Bilder? Wichtiger als die Bewertung „stereotyp" bzw. „klischeehaft" oder nicht, scheint die Frage nach der Funktion der einzelnen Bilder. Warum kennzeichnet Klaus Mann bestimmte Gegenstände, Personen und Orte als französisch? Aufgrund dieser Interpretationsmethode soll es gelingen, sowohl inhaltliche als auch formale Aspekte der französischen Elemente innerhalb der fiktionalen Welt Klaus Manns zu erschließen.

4.2.2 Das Instrumentarium.
Frankreichbilder in Klaus Manns literarischem Werk

Figuren in Romanen und Erzählungen handeln. Sie essen, schlafen, trinken, sprechen, lesen. Ihre Handlungen sind zumeist näher beschrieben. Auffallend oft und auffallend durchgängig lässt Klaus Mann seine Charaktere von ihm explizit als französisch gekennzeichnete Gegenstände besitzen und benutzen. So darf sich der russische Komponist Peter Tschaikowsky in dem 1935 verfassten Roman *Symphonie Pathétique* auf ein „französisches Prachtbett, reich geschnitzt, mit blauseidenem Himmel"[705] legen. Frankreich wird zum einen zum Herkunftsland des Prachtbettes und damit auch zum Inbegriff von Schönheit und Eleganz. Wie sehr sich dieses französische Bett darüber hinaus als Ort für Liebe und Sex eignet, darauf zielt die dieser Textstelle nachfolgende Vermutung, „wahrscheinlich hatte es irgendein Verehrer der Herrin von Schloß Itter in Paris geschenkt." (*SP* 345) Das breite, zum Sex einladende, französische Bett ist bereits früher für Klaus Mann ein verwendungswürdiges Accessoire, mit dem er die Zimmer seiner Charaktere bestückt. 1925 erfährt der Leser in *Der fromme Tanz*, dass die Betten in Frankreich „breit" und „für viel schwere Unzucht berechnet" (*FT* 183) seien. Auch das Bett, das Sebastian 1932 im *Treffpunkt im Unendlichen* in seinem „muffig parfümierte[n] Pariser Hotelzimmer" benutzt, ist „breit"[706], ebenso das Bett, das das üppigste Einrichtungsstück des kahlen und armen Pariser Pensionszimmers ist, das Sylvester bewohnt (vgl. *TiU* 238). Dieses Bild vom französischen Bett in Hotelzimmern ist nicht unbedingt positiv. Klaus Mann unterstellt damit dem französischen Volk eine sexuelle Enthemmtheit, einen Hang zum Fremdgehen, dem sich auch die deutschen und anderen ausländischen Benutzer hingeben (könnten). Erst in zweiter Linie scheint das französische Bett zum Schlafen gemacht zu sein.

---

[705] Klaus Mann: *Symphonie Pathétique. Ein Tschaikowsky-Roman*, Berlin 1952, S. 345. Im Folgenden werden Zitate aus diesem Werk durch die Sigle *SP* und die Angabe der entsprechenden Seitenzahl im Text belegt.
[706] Klaus Mann: *Treffpunkt im Unendlichen*, Reinbek bei Hamburg, 1994, S. 47f. Im Folgenden werden Zitate aus diesem Band durch die Sigle *TiU* und die Angabe der entsprechenden Seitenzahl im Text belegt.

Die französische bzw. Pariser Mode hingegen ist für Klaus Mann jedoch eindeutig ein Bild, um die Franzosen positiv vorzustellen. Der Deutsche, Europäer oder Amerikaner, der sich als stilvoll, mondän, elegant und modebewusst geben möchte, kommt in den literarischen Texten Klaus Manns nicht umhin, sich mit französischer Mode einzukleiden. In dem Theaterstück *Revue zu Vieren* wünscht sich Allan, die neuen Pariser (Hut-)Modelle zu sehen (vgl. SE 79). In *Mephisto* bewundert die Schwester Hendrik Höfgens Josy das Kleid seiner Freundin Barbara mit den Worten: „[G]roßartig siehst du aus, Barbara, wo ist denn dein Kleid her, sicher ein echt Pariser Modell."[707] Zuvor hatte die Gattin eines rheinischen Waffenfabrikanten versucht, auf einem Ball des Ministerpräsidenten, auf dem alle deutschen Frauen nach Pariser Parfum dufteten (vgl. *M* 38), mit ihrer „Pariser Toilette" (*M* 35) zu glänzen. In *Le dernier cri* ruft Herr Tulpitz angesichts der Abendkleidung der Baronesse de La Motte-Tribolière aus:

> Diese Robe! Sie ist ein Traum – ma foi! Diese Farben! Welcher Stil! Direkt aus Paris, nehme ich an? Man sieht es sofort ... Dernier cri – das ist es! Der letzte Schrei! (S 165)

Um sich geschmackvoll und modisch einzukleiden oder die Herstellung von Mode zu erlernen, muss man nach Paris fahren: In *Treffpunkt im Unendlichen* reisen Damen nach Paris „zu den Abenteuern und zu den Moden" (*TiU* 13), und eine junge Frau namens Annemarie „sollte in Paris als Modezeichnerin ausgebildet werden" (*TiU* 21). In Paris verleiht Tschaikowskys Bruder Modest seinem Äußeren „sorgfältig" einen „weltstädtische[n] Habitus" und versucht, sich „dem Stil der Boulevards" (*SP* 294) anzunähern.

Indem Klaus Mann das französische Bett als adäquaten Ort für Unzucht und damit die Franzosen als das Volk sexueller Freizügigkeit und Lasterhaftigkeit zeichnet, indem er beharrlich die französische Kleidung als Muss für die modebewussten Damen und Herren von Welt vorstellt, greift er auf traditionelle Bilder zurück, bedient er sich zeitgenössischer Kollektivsymbole. Dies gilt auch für die Bedeutung französischer Speisen und Getränke als Zeichen des Besonderen. Um eine geglückte Theaterpremiere zu feiern, trinkt die Schauspielerin Sonja in *Treffpunkt im Unendlichen* zusammen mit einem Kollegen, in den sie sich verliebt hat, „zwei Flaschen Champagner und nachher jeder zwei Gläser eines sehr alten französischen Kognaks" (*TiU* 128). Der französische Schaumwein dient ihr darüber hinaus als Stimulans für den erhofften Liebesakt. In *Mephisto* bestellt der Schriftsteller Theophil Marder „Champagner zu den Süßigkeiten, die der feine Ober servierte" (*M* 124). Nicht nur hier wird die enge Verbindung zwischen Französischem (Champagner) und Feinheit deutlich. Auch im *Vulkan* gilt Klaus Mann das Französische als Zeichen des guten Geschmacks: Die Schauspielerin Ilse Ill wird nach ihrer Flucht aus Paris in New York „Empfangsdame in einem feinen französischen Restaurant" (*V* 502). Durch die Kennzeichnung bestimmter Requisiten als französisch unterscheidet Klaus Mann sie von den Übrigen, hebt sie hervor und macht sie aufgrund ihrer mehrheitlich positiven Konnotation zu etwas Erstrebenswertem. In

---

[707] Klaus Mann: *Mephisto. Roman einer Karriere*, Reinbek bei Hamburg 1995, S. 140. Im Folgenden werden Zitate aus diesem Werk durch die Sigle *M* und die Angabe der entsprechenden Seitenzahl im Text belegt.

„französisch" schwingt der Besitz von oder das Verlangen nach großbürgerlichem Geschmack, äußerer Schönheit und sexueller Attraktivität mit, der Begriff drückt die Anmut, Feinheit und Raffinesse aus, mit der sich Klaus Manns deutsche, russische oder amerikanische Charaktere schmücken wollen. In den meisten der bislang vorgestellten Frankreichbilder bleibt Klaus Mann in den traditionellen und oft eindeutigen Frankeichvorstellungen seiner Zeit verhaftet. Neben den zumeist positiven Bildern transportiert er – wenn auch wesentlich seltener – auch negative und zugleich zeittypische Bilder. Mehrmals verwendet er das Bild des französischen, oberflächlich die Liebe thematisierenden Theaterstückes, um der beschriebenen Gesellschaft einen Hang zur seichten Unterhaltung zuzuweisen. Damit produziert und benutzt er eine Verbindung zwischen den Motiven „Frankreich", „Liebe" und „Oberflächlichkeit". So lässt er den Schauspieler Kurt Petersen in *Treffpunkt im Unendlichen* eine Rolle in einem „französischen Konversationsstück" spielen, von dem der Erzähler annimmt:

> Hätte man alle Phrasen weggelassen, in denen das Wort ‚lieben' abgewandelt wurde [...], es wäre nicht viel von dem Drama übriggeblieben. (*TiU* 125)

Von Hendrik Höfgen heißt es, „die Damen fanden ihn unwiderstehlich in französischen Konversationsstücken" (*M* 103), was erstens bedeuten könnte, dass er besonders gut in oberflächlichen Stücken spielt und zweitens, dass die deutschen Theaterbesucherinnen zur Unterhaltung gern diese Stücke sehen. Eine andere Stelle greift das Bild deutlicher auf:

> [A]us mondänen Farcen, die in Budapest oder Paris nach billigen Rezepten hergestellt sind, zaubert er raffinierte kleine Effekte, die des Machwerks Nichtigkeit vergessen lassen. (*M* 229)

Auch Hendriks Freundin Nicoletta ist Schauspielerin. „[I]n einem französischen Reißer [spielt sie] die tragische Demimondaine, die am Schluß des dritten Aktes von einem ihrer Geliebten auf offener Szene ermordet wird" (*M* 164). Der auf diese Weise kurz zusammengefasste Inhalt weist deutliche Ähnlichkeiten mit Klaus Manns erstem Drama *Marie Heilmann* auf (vgl. Kap. 1.1.1).

Zum einen verwendet Klaus Mann also traditionelle Frankreichbilder, die den Vorteil großer Verständlich- und Einprägsamkeit haben, mit denen er sich aber auch dem Vorwurf aussetzt, weitestgehend auf eine eigene künstlerische Leistung zu verzichten. Daneben gelingt es ihm jedoch auch, individuelle und vielschichtigere Frankreichbilder zu entwerfen und ihnen in seinen Texten eine bedeutende Funktion zu geben. So haben die meisten seiner Protagonisten die Gemeinsamkeit, dass sie lesen. Anders als in Klaus Manns essayistischem und autobiographischem Schreiben – wo die französische Literatur hinter der deutschen steht – nimmt in seinem literarischen Schreiben die französische Literatur, was die Nennung ihrer Werke und Autoren sowie ihre Funktion anbetrifft, eine Stellung vor der deutschen Literatur ein und ist vom Frühwerk bis zu Klaus Manns späten literarischen Werken durchgängig als Motiv feststellbar. Dabei deckt sich das, was seine Figuren lesen, mit dem, was Klaus

Mann selbst an literarischen Epochen und Autoren bevorzugt. So findet bereits in seinem ersten, nur teilweise erhaltenen Drama *Marie Heilmann* Stendhal Erwähnung (vgl. *KdZ* 89). Andreas, der Protagonist aus *Der fromme Tanz*, zählt Verlaine zu denjenigen, die er „am meisten liebte [...], mit denen er sich am innigsten verbunden fühlte" (*FT* 147):

> Aber im Dunkel erschien ihm ein anderer Kopf. Einem verkommenen Faunschädel glich er mit zottigem Bart, mit kahler Stirne und trunken lallendem Mund. Andreas dachte erst, er müsse die erloschenen Augen eines Bettlers haben, aber dann erkannte er in diesem zerstörten Gesicht den betenden Blick. Andreas glaubte zu wissen, was dieser Blick hatte schauen müssen, bis solch trunkene Marienfrömmigkeit in ihn gekommen war. Nur wer hindurchgegangen war durch alle Mysterien des Leibes, nur der war reif und rein genug für die andere Offenbarung. Davon hatte der beschmutzte Alte Zeugnis abgelegt in zauberhaften Wortgebilden. Sein Mund hatte von beiden Mysterien gesungen, die sich unlöslich ineinander verschlangen, nur weil er so inbrünstig verstrickt gewesen war in das erste, konnte er in das zweite so wundersam eingehen. Vor diesem Gesicht neigte der junge Andreas wie anbetend das Gesicht. (*FT* 145f.)

Andreas' Faszination für Verlaines Gedichte, dessen Biographie und besonders dessen Hang zum Katholizismus sind eine Übertragung von Klaus Manns eigener Neigung zum Büßen und Beten (s. Kap. 1.3.2), von seiner eigenen Wertschätzung Verlaines. In *Symphonie Pathétique* lässt Klaus Mann Tschaikowsky sich mit seinem Neffen über den künstlerischen Wert der französischen Naturalisten und insbesondere über Emile Zola und Victor Hugo streiten:

> Wladimir, fasziniert durch den gesellschaftskritischen Radikalismus, schwärmte für Zola und seine Schule; Peter Iljitsch aber nahm Anstoß an ihrer ‚künstlichen Einfachheit', die er ebenso schlimm fand wie ‚das Geklingel von Phrasen, Epitheta und Antithesen bei Victor Hugo'. ‚Das Leben ist sicher keine leichte und lustige Sache', erklärte er nun, ‚aber so schlammig, so schmutzig-grau ist es doch wohl nicht, wie diese Naturalisten es darstellen. Ich habe neulich Zolas ‚La Bête Humaine' gelesen. Wie gemein ist das! Ein mit Zoten gespickter Kriminalroman! – Der Stil dieser Leute besteht aus dem fatalen Trick, eine Schmutzschicht über alles zu legen. Übrigens ist es deshalb so leicht zu parodieren. [...] Wie würde einer aus der Zola-Schule ein einsames Abendessen in Frolowskoe schildern?' fragte er pfiffig. ‚Etwa so.' Und er begann zu deklamieren, das Gesicht zu einer grämlichen Grimasse verzogen:
>
> ‚Une serviette de table négligement attachée à son cou, il dégustait. Tout autour, des mouches, avides, grouillantes, d'un noir inquiétant, volaient. Nul bruit, sinon un claquement des machoirs énervant. Une odeur moite, fétide.' (*SP* 246)

Die französische Literatur ist hier ein wichtiges Mittel, die einzelnen Figuren intellektuell einzuordnen. Sowohl Tschaikowsky als auch sein Neffe werden als Angehörige der russischen Oberschicht gekennzeichnet, die – typisch für ihre Zeit und ihren sozialen Status – stark von der französischen Kultur beeinflusst

flusst sind. Ihre Kenntnisse der französischen und damit fremdsprachigen Literatur sind so groß, dass sie nicht nur über sie debattieren können, sondern dass sie sie sogar nachahmen können. Über diese Einordnung hinaus dient die französische Literatur dazu, dem Leser wichtige Wesenszüge der Charaktere vorzustellen. Tschaikowsky, der nicht gesellschaftskritische Künstler, strebt als Musiker nicht nach der Einfachheit und Deutlichkeit, die er bei den Naturalisten ausmacht und kritisiert. Kunst soll nicht das Hässliche zeigen, sondern vielmehr Schönes schaffen.

In *Treffpunkt im Unendlichen* sind es u.a. die Bücher französischer Autoren, die Sylvester, der in Paris in einem ärmlichen Hotelzimmer wohnt, als frankophilen, jungen Schriftsteller kennzeichnen. Sebastian, der schriftstellernde Protagonist dieses Romans, stellt während eines Besuches bei seinem Freund Sylvester fest, dass sich oberhalb seines Bettes ein Bücherregal befindet, auf dem „französische Klassikerausgaben, Racine, Molière, Lafontaine; einige Bände Balzac, Victor Hugo" (*TiU* 239) stehen. Und über Doktor Massis, einen Bekannten Sebastians, heißt es:

> Der erst nur dem volkspädagogischen Lehrstück und der proletarischen ‚Gebrauchslyrik' Daseinsberechtigung zuerkannt hatte, las nun mit genießerisch perfekter Aussprachen Strophen aus ‚Fleurs du mal' vor oder besonders raffinierte, laszive und schwierige Proben aus Huysmans. Er redete in spitzen und geistreichen Worten das Lob der extremen Individualisten, der einsamen Lüstlinge, der narzißtisch in sich selbst Versunkenen; er feierte die Opiumesser, die Kinderverführer, Gilles du Rey, den Marquis Sade, alle rauschsüchtigen Gesellschaftsfeinde, die Diener des L'art pour l'art, die in jeder Künstlichkeit den Tod wittern und deren krankhaftem Reizbedürfnis erst der Ruch der Verwesung genügt. (*TiU* 33f.)

Dass Klaus Mann seine Charaktere französische Autoren lesen lässt, die ihrem Wesen am nächsten kommen, um einerseits ihre Wesenszüge zu betonen und sie andererseits in einen größeren, literaturgeschichtlichen Kontext zu stellen, ist eine regelmäßig auftauchende Vorgehensweise. Doktor Massis Frankophilie sowie das Verführen seiner jüngeren Bekannten zum Drogenkonsum wird dadurch unterstrichen, dass er die mit Drogen experimentierenden Symbolisten verehrt. Zwischen Klaus Manns Doktor Massis und Joris Karl Huysmans Protagonisten aus *Là-bas* – Gilles de Rai – entsteht auf diese Weise eine Verbindung.

1934 rechnet Klaus Mann in seiner Erzählung *Letztes Gespräch* mit seinem dandyhaften, unpolitischen Leben vor Hitlers Machtübernahme und vor dem Exil ab. Die Lektüre französischer Literatur gehört für ihn zu diesem Leben: Während sein nach Paris emigrierter Held Karl im Kampf gegen den Nationalsozialismus eine neue Lebensaufgabe findet, will bzw. kann seine ihn begleitende Freundin Annette dieses neue Leben als Exilantin nicht führen. Anstatt wie Karl die Treffen der Exilgruppen zu besuchen, zieht sie sich in ihr ärmliches Hotelzimmer zurück, nimmt Drogen und liest in „gelb broschierten" (*S* 24) und damit als typisch französisch gekennzeichneten Taschenbüchern, die zu den wenigen Dingen gehören, die sich Annette in dem Hotelzimmer bewahrt. Karl denkt über sie:

Sie will eine Stimmung um sich herstellen, die ihr sozial nicht mehr zukommt. Das ist es – natürlich, da haben wir den Grund, warum dies alles so abstoßend wirkt. Unsereiner kann sich solchen Zauber nicht mehr leisten [...]. Décadence, die noble Pathologie; Einsamkeit mit Drogen und Huysmans ‚À Rebours' in kostbarem Einband [...]. Diese Launen kamen einer Bourgeoisie zu, deren Geschäfte gut gingen. Die konnte sich den Horizont mit Orchideen vorstellen und müde vom Nichterlebten dem Tode zulächeln, während andre sich für sie plagten. (S 24 f.)

Im vor dem Exil verfassten *Treffpunkt im Unendlichen* hingegen durfte Doktor Massis noch sein mit französischer Literatur angefülltes L'art-pour-l'art-Leben führen.

Wie vielschichtig die Bilder sind, die Klaus Mann mittels der französischen Literatur zeichnet, wird besonders durch die Rolle Rimbauds und dessen Werk in *Flucht in den Norden* offenbar. Johanna, die junge deutsche Protagonistin des Romans, reist nach der Machtübernahme Hitlers von Deutschland aus zu ihrer Freundin Karin nach Finnland, wo sie deren Bruder Ragnar kennen lernt. Nach dem ersten Essen, das Johanna mit der Familie Karins einnimmt, führt Ragnar sie in die Bibliothek:

> ‚Aber von den großen Franzosen ist alles da', sagte er mit Stolz. ‚Sie sehen, von Racine bis Claudel, und Rimbaud und Stendhal und Flaubert und André Gide, Cocteau und Verlaine. Was für eine herrliche Literatur!'[708]

Mit dieser Nennung wichtiger, aus verschiedenen Epochen stammenden und bis in die Gegenwart reichenden Namen der französischen Literatur ist Ragnar als frankophiler Intellektueller kenntlich gemacht.

> ‚Kennen Sie Rimbaud nicht? Sie müssen ja doch jedenfalls Rimbaud lesen!' [...]. ‚Le bateau ivre', rief er. ‚Wie ist es möglich geworden, daß Sie ‚Le bateau ivre' versäumt haben!' (*FidN* 50)

In seinen essayistischen und autobiographischen Schriften kennzeichnet Klaus Mann Rimbaud vor allem als Bild des Aufbruchs zu neuen Zielen, als Aufforderung, das Alte, Gewohnte hinter sich zu lassen und „wild" zu leben (vgl. Kap. 1.3.2). Für Johanna beginnt gerade mit ihrem politisch motivierten Verlassen Deutschlands ein neuer Lebensabschnitt. Sie lässt Deutschland hinter sich. Nach dem Aufenthalt bei ihrer finnischen Freundin will sie ihrem Bruder und ihrem Freund, einem deutschen Kommunisten, nach Paris in den Widerstand folgen. Wird nun Rimbaud zu einem Zeichen, das Geplante, von sich und seinen Nächsten Erwartete hinter sich zu lassen und etwas Neues, völlig anderes zu wagen? Ragnar reicht ihr das Buch. Später „drückte" sie

> den Band Rimbaud, den sie die ganze Zeit nicht aus der Hand gelegt hatte, fester an sich. (*FidN* 54)

---

[708] Klaus Mann: *Flucht in den Norden*, Reinbek bei Hamburg 1994, S. 50. Im Folgenden werden Zitate aus diesem Werk durch die Sigle *FidN* und die Angabe der entsprechenden Seitenzahl im Text belegt.

Dieses französische Buch wird nun zum ersten Zeichen der Anziehung zwischen Ragnar und Johanna und erster Hinweis darauf, dass sich Johanna gegen ihren bereits in Paris im Widerstand kämpfenden Freund entscheiden könnte. Stattdessen unternimmt sie eine nur ihrem Selbst geltende Lustreise und verfängt sich dabei in Liebe und Sex. Sie geht jedoch nicht gleich mit Ragnar ins Bett, sondern nimmt an seiner Stelle den Rimbaud mit auf ihr Zimmer. Über ihr Aufwachen am nächsten Morgen heißt es:

> Erst als sie den gelben, zerlesenen Rimbaud-Band neben sich auf dem Tisch liegen sah, fiel ihr alles wieder ein, und zwar als erstes vor allem die Minuten, die sie mit Ragnar im Bibliothekszimmer verbracht hatte. (*FidN* 55)

Der Aufbruch ins Unbekannte ist gewagt. Einige Tage später verbringen Johanna und Ragnar ihre erste gemeinsame Nacht und werden ein Liebespaar. Das Lesen französischer Literatur wird zum wichtigen Bestandteil ihrer Beziehung, zum Symbol ihrer Liebe:

> Sie las die französischen Werke, die Ragnar ihr gab: Rimbaud und einen Roman von Gide, die Lyrik Jean Cocteaus und der Surrealisten. (*FidN* 114)

Doch genau die Lektüre Rimbauds und anderer französischer Literatur entpuppt sich wenig später als der Grund, weswegen sich Johanna gegen ihre Liebe zu Ragnar entscheiden wird:

> Auch ein langer Tag geht vorüber. Johanna hatte zwei große Spaziergänge gemacht; mit der Gebildeten und mit den Sanften geplaudert; in Zeitschriften geblättert; in den Rimbaud-Gedichten gelesen; eine Partie Mühle mit Ragnar gespielt; die Ankunft des Autobus und die schnelle Mahlzeit der Reisenden beobachtet. (*FidN* 221)

In eine Reihe gesetzt mit dem Blättern in Zeitschriften und Mühle-Spielen, wird die Lektüre Rimbauds zum Teilbild eines gepflegten Müßiggangs. Aus dem Symbol des Aufbruchs hat sie sich zum Attribut und zum Symbol einer selbstvollen, oberflächlichen und vor allem von den realen und aktuellen Problemen der Zeit sich abwendenden Liebe entwickelt. Johanna erkennt ihre, im gesellschaftlichen Sinne, Nutzlosigkeit. Am Ende des Romans entscheidet sie sich schließlich doch noch, dem Widerstand gegen die Nazis beizutreten. Trotz seines großen Wertes ist Rimbaud und mit ihm die französische Literatur etwas, das friedlichen Zeiten vorbehalten ist, und dessen Lektüre, wie der Emigrant Karl in *Letztes Gespräch* denkt, einem nicht mehr zukommt.

„Wenn man in einem französischen Roman vorkommt, gehört man zu ‚tout Paris'" (*SP* 184), lässt Klaus Mann eine Dame in *Symphonie Pathétique* zu Tschaikowsky sagen, bevor sie ihm mitteilen darf, dass eines seiner Stücke in ein Buch Eingang fand. Wie wenig Klaus Mann von seinen französischen Schriftsteller-Bekannten wahrgenommen oder gar in ihren literarischen oder autobiographischen Werken verewigt wird, stellte der zweite Teil dieser Arbeit fest. Klaus Mann hingegen bedient sich dieser Möglichkeit der Hommage in seinen eigenen literarischen Werken immer wieder. Genauso wie seine Charaktere französische Klassiker lesen, beschäftigen sie sich auch mit der zeitgenössischen Literatur Frankreichs, genauer gesagt, mit Klaus Manns Vor- und Spiegelbildern. Wie bereits oben zitiert, liest Johanna, die Heldin aus *Flucht in den Norden*, einen Roman von Gide. Sebastian, der Protagonist aus *Treffpunkt im Unendlichen*, hat eine Ausgabe der *Faux-Monnayeurs* (vgl. *TiU* 48). Unter den Büchern, die der junge Amerikaner Bobby in der Erzählung *In der Fremde* sein Eigen nennt, befindet sich der *Immoralist* von Gide (vgl. *S* 41). Martin Korrella plant im *Vulkan* einige Prosastücke, denen er einen Satz von Gide als Motto voranstellen will (vgl. *V* 238). Auch die Werke seines anderen großen Vorbilds Cocteau macht Klaus Mann zur Lektüre seiner Helden. Johanna liest seine Lyrik (vgl. *FidN* 114), und im *Vulkan* rezitiert ein junger Schriftsteller ein paar Verse (vgl. *V* 283).

Die Verweise auf Cocteau und Gide dienen Klaus Mann nicht nur dazu, seine Figuren als moderne frankophile Intellektuelle zu kennzeichnen. Die Ehrung seiner Bekannten lässt sich auch als weiteres Moment des Einschreibens in deren Rezeptionsgeschichte begreifen. Versteckter, dafür jedoch ausführlicher sind die Ehrungen, die Klaus Mann seinem Wunschfreund René Crevel zuteil werden lässt. Till, der junge Liebhaber der Mutter in der Kindernovelle, ist als Portrait Crevels zu lesen. Mit der Figur des Marcel Poiret übernimmt Klaus Mann wichtige Teile der Biographie seines Freundes (s. Kap. 2.6), sei es Crevels Beziehung zu seiner Mutter (vgl. *V* 378) oder sein Verhältnis zu den Surrealisten:

> In dieser Gruppe, die mit dem ganzen Rest des literarischen Frankreich in Fehde lag – in einer Fehde übrigens, die sich oft in nächtlichen Raufereien, im Beschmieren von Hauswänden oder in Skandalszenen bei Theaterpremieren manifestierte –, zu dieser zugleich verzweifelten und munteren, stolz abseitigen und lärmend vordringlichen Gruppe bekannte sich Marcel Poiret. (*V* 31)

Weniger umfangreich als die französische Literatur verwendet Klaus Mann die französische Musik als Träger von Gefühlen und Standpunkten. In *Flucht in den Norden* wählt Ragnar mit dem Schlager *Parlez-moi d'amour* ein französisches Lied, um Johanna zu betören. Als er es ihr nach dem ersten gemeinsamen Essen in der Bibliothek vorspielen will und dazu die Schallplatte sucht, hört die wartende Johanna, wie ihre Freundin Karin, die sich im weiteren Verlauf der Handlung als eifersüchtig herausstellen wird, Klavier spielt. „Es muß Bach sein" (*FidN* 51), ist sich Johanna sicher. Während Klaus Mann *Parlez-moi d'amour* als offensichtliches Zeichen einsetzt, mit dem sich Ragnar dem Leser und Johanna als frankophil, vor allem aber als an der (körperlichen) Zuneigung Johannas interessiert zu erkennen gibt, ist Karins Bachspiel als Zeichen zu lesen, das Johanna zur Ordnung rufen und sie vor seichten, oberflächlichen Gefühlen warnen soll. Auf der einen Seite steht Ragnars Abspielen einer französischen Platte, auf der anderen Seite Karins eigenhändig vorgetragenes, akribisch erlerntes und exakt dargebotenes deutsches Klavierspiel. Anstatt, wie ihr Bruder, einen unsubtilen, leicht eingängigen französischen Schlager zu wählen, entscheidet sich Karin für die „Klarheit der Fuge" (*FidN* 51) und damit für die wohlgeordnete Musik des Protestanten Johann Sebastian Bach. Johanna ist gewarnt, der Leser auf ein wichtiges Thema des Romans aufmerksam gemacht: auf den Gegensatz zwischen oberflächlichen Lustbarkeiten und ernsten Lebenszielen. An diesem ersten Abend zieht sich Johanna, infolge dieser Warnung und ohne das französische Lied anzuhören, allein auf ihr Zimmer zurück (vgl. *FidN* 55). Am nächsten Tag unternimmt Ragnar einen erneuten Versuch, Johanna sein Lied vorzuspielen und damit auf seine Wünsche aufmerksam zu machen. In einem Ruderboot auf einem See befinden sich beide,

> als das glockenklare Gedudel einer sehr einfachen und süßen kleinen Melodie die Stille unterbrach. Eine leicht heisere, aber sehr zärtliche Frauenstimme, die Stimme einer ramponierten, in allen Gefühlen erfahrenen, zynisch gewordenen und sentimental gebliebenen, nicht mehr ganz jungen Pariserin, nahm diese Melodie auf. ‚Parlez-moi d'amour' sang die Stimme. Und sie bat, die erfahrene Unersättliche: ‚Dites-moi des choses tendres!' Schluchzend und lächelnd flehte sie darum, daß der Freund sie doch belügen möge; sie wolle es glauben, auch wenn sie wisse, daß es doch nur Lüge war. Sie bat ihn dringend und schmelzend um diese kleine Unwahrheit – so zynisch und so sentimental war sie geworden –; ihr war alles daran gelegen, sie brachte die ergreifendsten Töne mit ihrer lädierten, zärtlich gebrochenen Stimme hervor, und die süße, kindlich einfache und verführerische Melodie, deren sie sich für ihren sinnlosen und doch so wichtigen Vorschlag bediente, gab ihrer Bitte eine Unwiderstehlichkeit, der wohl auch der angebetete Angeredete erliegen würde. (*FidN* 68)

Hätte es auch ein auf Deutsch gesungenes Lied etwa von Lilian Harvey sein können oder von den Comedian Harmonists? Die Assoziationskette Liebeslied – Französisch ist solide. Die nicht mehr ganz junge, ramponierte, sentimentale, in der Liebe erfahrene, unersättliche Frau, die dieses Lied singt, ist das klassische Bild der Pariser Hure. Klaus Mann greift damit die deutsche Vorstellung der Pariser Liebe auf: verführerisch, unersättlich, unwiderstehlich, aber eben doch unwahr und damit untreu und nicht tief fühlend. Indem Klaus Mann Ragnar Johanna dieses Lied vorspielen lässt, wird auch seine Vorstellung von Liebe deutlich. Er begibt sich in die Rolle der älteren Sängerin, er steht für diese „französische" Liebe. Klaus Manns Mutmaßung, der im Lied Angebetete würde der Bitte dieser französischen Stimme erliegen, ist ein deutliches Vorzeichen, dass Johanna Ragnars Wünschen nachgeben wird. Und so ist es auch. Wenige Tage später schläft sie mit ihm (vgl. *FidN* 112).

Nicht nur in *Flucht in den Norden* transportiert Klaus Mann das Bild von der Oberflächlichkeit der französischen Musik. In *Symphonie Pathétique* lässt er Tschaikowsky über dessen Blumenwalzer sinnieren:

> Beide [die Komponisten Cui und Brahms, Anm. d. Verf.] werden urteilen, das sei pariserisch und oberflächliches Zeug. (*SP* 324)

„Pariserisch" und „oberflächlich" werden hier synonym gebraucht, bilden eine feste Einheit. Ohne dieses Urteil in seinem Wesen zu entkräften, lässt Klaus Mann Tschaikowsky es von seiner negativen Konnotation befreien, indem er ihn weiterdenken lässt:

> Nun ja: vielleicht steckt ein Stück Pariser in mir. Ist das denn eine Schande? Ist es denn eine Schande, wenn man den Menschen zuweilen etwas Vergnügen macht mit so einem Stück Blumenwalzer, den sie noch vor sich hinpfeifen können, wenn sie aus dem Theater nach Hause gehen? (*SP* 324).

Mit diesen Überlegungen Tschaikowskys zeigt Klaus Mann, dass er nicht nur traditionelle Frankreichbilder übernimmt, sondern auch bisweilen ihre negative Wertung hinterfragen kann.

Weit entfernt von dem Vorwurf der Oberflächlichkeit des französischen Schlagers ist die Marseillaise. In seiner Erzählung *Hennessy mit drei Sternen*, die das Desinteresse der Amerikaner am Niedergang Europas thematisiert, verwendet Klaus Mann die französische Nationalhymne als Bild für Demokratie und Einigkeit. Während eines Streits, den Catherine, deren französischer Mann im Krieg gegen das Dritte Reich gefallen ist, mit ihrer Tante in einem Restaurant wegen der unengagierten Haltung der USA führt, steht sie entrüstet auf und stimmt die Marseillaise an:

> Wie auch immer, sie [die Gäste, Anm. d. Verf.] waren da wie hergezaubert – sie füllten, übervölkerten die Szenerie gleich einem Chor, der die Bühne beim grandiosen Finale einer Oper stürmt. [...] Die großartige und wohlbekannte Melodie der Marseillaise wurde auf eine höchst eigenwillige Art umschrieben, umgeformt und verzerrt. [...] Es war eine unglaubliche Szene – ein Spektakel voller Trunkenheit, verrückter Freude und wilder Verbrüderung. [...] ‚Le jour de gloire est arrivé ...' Catherines Schrei – rauh und triumphierend – erhob sich über den chaotischen Lärm. Aber jetzt stockte ihre Stimme. [...] Sie schwankte: in wenigen Augenblicken würde sie fallen. [...] Ich wollte nicht an ihren unaufhörlichen Zusammenbruch denken – nicht jetzt! Nicht solange dieser überwältigende Augenblick anhielt – der Moment des gemeinsamen Singens, der universalen Umarmung, der bacchantischen Kommunion. Noch weniger wollte ich ihre ekstatische und hinreißende Pantomime stören, das Glückselige ihres Lächelns, die schwingende Bewegung ihrer ausgebreiteten Arme – die Menge zugleich herausfordernd und segnend; die Menge, die sie für einen flüchtigen und doch wunderbaren Augenblick beherrschte und vereinte. (*S* 180f.)

In diesem Lied konzentriert sich Klaus Manns Wunschbild von Frankreich als Land der Demokratie, der Freiheit und der Kultur. Eines seiner wichtigsten Anliegen im amerikanischen Exil – die Amerikaner für ein demokratisches Europa zu mobilisieren (vgl. Kap. 1.1.4) – lässt er hier seiner Protagonistin durch ihr Singen der Marseillaise gelingen. Dank des Liedes hat Catherine die Kraft, die Gäste des kleinen Restaurants zu vereinen, die Amerikaner aus ihrer Lethargie zu reißen und für die „französischen" Werte Freiheit und Demokratie, die sich auch die Amerikaner anerkennen, aufzustehen.

Wie in Kapitel 1.3.1 erläutert, ist Klaus Manns Verhältnis zur französischen Sprache ambivalent. Einerseits ist sein Vermögen, sich in dieser Sprache auszudrücken, begrenzt. Seine auf Französisch gehaltenen Reden übersetzt er u.a. mit Hilfe seiner Mutter aus dem Deutschen. Sein Theaterstück *Der siebte Engel* lässt er von seiner Freundin Thea von Ripper ins Französische übertragen, zum Verfassen von Briefen bevorzugt er das Deutsche und das Englische. Andererseits offenbart die Analyse der Tagebücher die Wertschätzung, die Klaus Mann der französischen Sprache entgegenbringt, und dass er sie darüber hinaus mit Vorliebe für die Themenfelder Liebe, Tod, Sex, Drogen verwendet. Wie verhält es sich nun mit der französischen Sprache in Klaus Manns literarischem Schreiben? Ist sie neben den französischen Betten, Speisen und Getränken, neben französischer Literatur und französischen Liedern ein weiteres Mittel, dessen sich Klaus Mann bedient, um seine Texte und Charaktere zu kennzeichnen? Gibt es Parallelen zum Gebrauch der französischen Sprache in den Tagebüchern auch in seinen literarischen Texten?

Zum einen verwendet Klaus Mann die französische Sprache in der wörtlichen Rede, um Franzosen als Franzosen und frankophile Deutsche als frankophil zu kennzeichnen und um dazu beizutragen, einen Handlungsort in Frankreich zu verorten. Im *frommen Tanz* spotten auf einem Pariser Künstlerball „kleine Französinnen ‚Ah – les allemands – ils disputent –'" (FT 176f.). Im *Vulkan* entscheidet sich Klaus Mann, ein Streitgespräch über Gott, das der Crevel nachempfundene Marcel mit Kikjou führt, in Französisch wiederzugeben (vgl. V 37). In seiner Novelle *Vergittertes Fenster* wird die Frankreichbegeisterung König Ludwigs II. nicht zuletzt durch sein Französisch ausgedrückt: „Ah, cette pluie! Cette pluie, toujours ... C'est atroce, c'est horrible ..." (S 54). Auch Catharine, die amerikanische Witwe eines französischen Soldaten, bekennt sich nicht nur durch ihr Anstimmen der Marseillaise, sondern auch durch ihre Verwendung des Französischen zu ihrer Frankreichliebe: „Ça suffit" (S 170), versucht sie, den despektierlichen Äußerungen ihrer Tante über ihren verstorbenen französischen Ehemann ein Ende zu setzen, um dann deutlich Stellung zu beziehen: „Ich komme aus Frankreich [...]. Er war Pilot, wurde von den Boches getötet" (S 170).

Ähnlich wie in seinen Tagebüchern erscheint Klaus Mann auch in seinem literarischen Schaffen die französische Sprache als adäquat, um seine Figuren Sexuelles oder Amouröses ausdrücken zu lassen. Auffallend oft wechseln Klaus Manns Figuren ins Französische, sobald sie etwas Pikantes oder Schlüpfriges mitzuteilen haben. Auf dem im *Frommen Tanz* stattfindenden Künstlerball gehen „anständig gekleidete Jünglinge umher, die allen gut situiert wirkenden Herren unanständige Photographien in offenen Kuverts anboten. ‚Très cochon', flüsterten sie empfehlend." (FT 173)

In *Symphonie Pathétique* äußert sich Tschaikowsky über den Skandal, den Cosima von Bülow durch ihre Trennung von ihrem Mann und ihre Beziehung zu Wagner entfacht hatte:

> ‚Ich denke an das, was der arme, verratene Bülow zu einer Verwandten Cosimas über Wagner geäußert haben soll', sagte er langsam, ‚Er meinte, der Meister sei ‚aussi sublime dans ses oeuvres qu'incomparablement abject dans ses actions"'. (SP 131)

In der Erzählung *Le Dernier Cri* wird der Zusammenhang zwischen Sexualität und Frankreich zusätzlich um den Aspekt der Falschheit bzw. der Lüge bereichert. Über eine Baronesse heißt es:

Während sie mit ihm flirtete und ihn ‚mon choux' und ‚mon petit coco' nannte, wollte sie mich wissen lassen, wie angeekelt sie in Wirklichkeit von seinen schlechten Manieren und seiner Häßlichkeit war. (S 152)

Ragnars Wahl in *Flucht in den Norden*, den französischsprachigen Schlager *Parlez-moi d'amour* zu spielen, in dem die ältliche Frauenstimme den Angesungenen darum bittet, ihr, auch wenn es sich um eine Lüge handle, zu sagen, dass er sie liebe, weist in dieselbe Richtung. Das in Klaus Manns Texten vorgestellte Bild von der französischen Liebe zeichnet sie als frivol, oberflächlich und falsch aus. Die Verwendung der französischen Sprache dient dabei zur Vermittlung dieses Bildes.

Die im Tagebuch nachvollziehbare und durch die französische Sprache verbundene Assoziationskette Tod – Sexualität – Frankreich lässt sich auch in Klaus Manns literarischem Werk nachweisen. In *Symphonie Pathétique* wählt Klaus Mann für den Beginn von Tschaikowskys Sterben, das ihn in Folge eines verseuchten Glases Wassers ereilen wird, als Handlungsort ein Restaurant, in dem er sich mit Freunden und Verwandten befindet:

> Graf Lütke erzählte gerade eine französische Anekdote pikanten Inhalts; als er bei der Pointe angekommen war, die lebhaft belacht wurde, erschien der Empfangschef mit dem Glas Wasser. (*SP* 382)

Französisch-pikant und damit amourös-oberflächlich und das todbringende verseuchte Wasserglas stehen in engstem Zusammenhang. Auch für die letzten Stunden des russischen Komponisten bilden Liebe, Tod und Frankreich eine Einheit. Tschaikowsky, nun in seiner Wohnung im Bett liegend, befindet sich schon im Delirium, da

> nannte er etwa die kräftige Krankenschwester ‚Désirée' oder ‚Antonina'; da sie ihm mit dem Klistiere nahte, schrie er ihr zu: ‚O toi, que j'eusse aimé ...' (*SP* 391)

Eignet sich dieses Zitat als Beleg für die Oberflächlichkeit der französischen Liebe? Ein Homosexueller liegt im Delirium im Bett und brüllt eine ihm unbekannte, als „kräftig" und damit nicht als „schön" bezeichnete Krankenschwester mit einem Liebesschwur an. Zum Bekenntnis seiner allenfalls platonischen Liebe zum weiblichen Geschlecht wählt Tschaikowsky nicht seine Muttersprache, findet er keine eigenen Worte, sondern greift vielmehr auf das Französische zurück, indem er ein französisches Gedicht von Baudelaire zitiert. Der Ausruf erhält somit nicht die Qualität einer letzten, tief empfundenen Wahrheit, sondern vielmehr den Geschmack einer manierierten und letztlich nicht zählenden Lüge. Klaus Mann lässt seinen homosexuellen Helden, der seine Hingezogenheit zu Männern nicht leben, wohl aber fühlen darf, bis zum Schluss in der Öffentlichkeit heterosexuell bleiben und sich hinter einem französischen Gedicht verstecken, so als ob die auf Französisch gestandene Liebe die Lüge zulasse. Hier gelingt es Klaus Mann, das abgenutzte Bild der französischen Liebe kunstvoll zu verwenden.

Das Französisch Tschaikowskys ist nicht nur Beispiel für Klaus Manns Konnotationsfähigkeit in Sachen Liebe, sie ist auch Beispiel dafür, wie sehr Klaus Mann die französische Sprache als charakteristisch für das 19. Jahrhundert ansieht und als Stilmittel für seine im 19. Jahrhundert handelnden Figuren einsetzt. In *Flucht in den Norden* erinnert Johanna die Stadt, in der sie in Finnland ankommt, an ein

> Verwaltungszentrum des zaristischen Russlands [...] mit einem Gouverneur in Pelzmütze, der in seinem Salon Französisch spricht, aber täglich Knutenhiebe verteilen läßt. (*FidN* 18)

Damit verortet sie das Französisch im 19. Jahrhundert als die Sprache der Zaren, des Hofes, der Verwaltung, der Gebildeten und letztlich der Kultur. In *Symphonie Pathétique* sprechen Klaus Manns aus dem europäischen Adel, Künstler- und Bürgertum stammende Figuren betont oft Französisch. Die Uraufführung *Dornröschens* bewertet der Zar, über den geflüstert wird, „Seine Majestät bevorzugen das französische Ballett" (*SP* 229), mit einem näselnden und knappen „Merci, mon cher. C'était assez joli" (*SP* 229), und entspricht damit dem Bild des borniertren Herrschers seiner Zeit, der von Musik eigentlich keine Kenntnis hat und der französischen Kunst zu Füßen liegt:

> Von Musik verstehen Seine Majestät der Kaiser freilich nicht gerade viel, er bevorzugt die schlechtesten Franzosen. (*SP* 252)

Aber eben nicht nur das russische Kaiserhaus spricht gern Französisch, sondern auch die Künstler und die Bildungsbürger. So heißt es über einen Abend im Berliner Salon der Madame Artôt:

> Die Unterhaltung wurde französisch geführt, obwohl den beiden Griegs diese Sprache Mühe machte. Ihre eilig hüpfende und zwitschernde, dabei zuweilen drollig stolpernde Redeweise kontrastierte liebenswürdig zu dem sehr fließend, weich, gedehnt und singend vorgetragenen Französisch Tschaikowskys, zu Paldillas rauhem Jargon mit den harten Konsonanten und den rollenden R's und zu dem vollkommenen Parisisch der Artôt. (*SP* 129)

König Ludwig II. von Bayern wählte in seinem Tagebuch vornehmlich die französische Sprache, um seine homosexuellen Gefühle und Handlungen festzuhalten und vor allem, um sie sich in Form von an sich selbst gerichteten Gesetzen zu verbieten (s. Kap 1.3.1). Klaus Mann übernimmt diese Funktion des Französischen für seine eigenen Tagebücher, aber beispielsweise auch für die Homosexualität betreffenden Textstellen in seiner Erzählung *Vergittertes Fenster*, indem er den König – sich an Stil und Inhalt seiner Tagebücher anlehnend – sagen lässt:

> Übrigens gelobe ich mir nun allen Ernstes, daß ich von jetzt ab den teuflischen Neigungen Widerstand leisten werde. Nur noch die psychische Liebe sei mir erlaubt; die physische streng verboten. Auch das Küssen hat völlig aufzuhören: Ich, der König, befehle es Mir, dem gesalbten Herrn. Keinen Stallknecht, keinen Chevauxleger schaue ich mehr an: die begehrlichen Blicke sind durchaus unwürdig eines Mannes in meiner riesigen Position. Adoration à Dieu et la Sainte religion! Obéissance absolue au Roy et à sa volonté sacrée! *Ich* bin der König! (*S* 68)

Nicht nur Klaus Manns Figuren parlieren auf Französisch, auch für die Erzählerinstanz greift er auf die französische Sprache zurück, um den Text gediegener zu ge-stalten und der Erzählstimme eine großbürgerliche Herkunft zu geben. In der *Kindernovelle* wechselt der Erzähler zwischen der Bezeichnung „Mademoiselle (*MS* 166) und „Fräulein" (*MS* 167) Konstantine. In der Erzählung *Le Dernier Cri* heißt es:

> Alles war comme il faut – [...] die schlüpfrigen Refrains altmodischer französischer Chansons, die sie mit aufreizender Nonchalance rezitierte. (*S* 152)

Besonders auffällig ist dies wieder bei Texten, deren Handlungszeit Klaus Mann ins 19. Jahrhundert verlegt. Um die Atmosphäre der Epoche zu schaffen und um die Texte näher an die Handlungszeit zu setzen und ihnen dadurch eine größere Authentizität zu verleihen, gehört für Klaus Mann das Französische unbedingt dazu. In *Symphonie Pathétique* folgt Tschaikowsky in einem Leipziger Hotel einem „Chef de réception" (*SP* 82). Um auf die halbfranzösische Herkunft Tschaikowskys hinzuweisen – seine Mutter war Französin –, nennt ihn der Erzähler „le petit Pierre" (*SP* 156), und die Grafen Lütke, mit denen sein Neffen befreundet ist, werden als Mitglieder der Sankt Petersburger „Jeunesse dorée" (*SP* 285) vorgestellt. Auch in Erzählung *Vergittertes Fenster* passt sich der Erzähler der damaligen Sprache am Hofe an: Über Ludwig heißt es einmal, „seine sonst so soignierte Frisur war in Unordnung geraten" (*S* 87), und das Haar seiner Kusine Elisabeth wird als „berühmte, dunkle, weiche und üppige chevelure" (*S* 91) vorgestellt. Indem er die Liebesgeschichte zwischen König Ludwig I. und Lola Montez als „aventure" (*S* 59) bezeichnet, wird zudem die Verbindung zwischen moralisch und gesellschaftlich verwerflichen Liebesabenteuern und Frankreich bemüht.

Obwohl Klaus Mann die französische Sprache vielfältig und oft sowohl in seinen Tagebüchern als auch in seinen Erzählungen und Romanen als Stilmittel für sich selbst, für seine Erzählstimmen und für seine zumeist deutschen Figuren verwendet, in einer Erzählung wird dieses „Französeln" zum Gegenstand der Kritik: In *Schmerz eines Sommers*, das in Form von Tagebucheintragungen geschrieben ist, mokiert sich ein älterer Schriftsteller, der sich im Sommer 1933 im deutschen Emigrantenmilieu eines südfranzösischen Badeortes aufhält, über ein deutsches Mädchen namens Berta, „daß sie niemals einen deutschen Satz zu Ende spricht, ohne französische Brocken hinein zu mischen" (*MS* 296). Später stört es ihn erneut, dass sie und ihre Freundinnen nur Französisch miteinander reden:

> Untereinander sprechen sie alle französisch, so albern sind sie, dabei hat keine einen Tropfen gallischen Blutes. (*MS* 300)

Seine Gattin Irene nennen die Mädchen:

> hier alle Irène, französisch ausgesprochen. Es klingt ein bißchen affig, aber gefällt mir nicht schlecht. (*MS* 309)

Diese Kritik, die zuletzt dadurch etwas entschärft wird, dass dem Schriftsteller die französische Aussprache des Namens seiner Frau gefällt – vielleicht weil es seine Frau erotischer macht –, wird angesichts der biographischen Umstände, unter denen Klaus Mann die Erzählung schreibt, verständlich. Als er zu Beginn seines Exils *Schmerz eines Sommers* verfasst, ist er gerade dabei, sich neu zu orientieren. Sein u.a. in *Rundherum* oder in *Das Buch von der Rivièra* dokumentiertes (Selbst-)Verständnis als eher apolitischer Dandy steht auf dem Prüfstand und soll dem Bild eines Kämpfers gegen den Faschismus weichen. *Schmerz eines Sommers* dokumentiert zumindest einen Schritt fort vom alten Leben. Wie in dem wenig später verfassten Roman *Flucht in den Norden* Bücher von Rimbaud und ein französischer Schlager das unpolitische Dandyleben Ragnars verdeutlichen, ist hier das Französische in Irenes Sprache Kennzeichen eines oberflächlichen Bohèmelebens, das dem im Sommer 1933 in Südfrankreich im Exil weilenden Klaus Mann nicht mehr zeitgemäß erscheint. Die Erzählung schließt – Irene hat sich mit Berta nach Südamerika eingeschifft – mit den Sätzen:

> Irène – pourquoi, pourquoi? La solitude, Irène – est-ce que tu connais ce mot? ---- Ach Unsinn, ich kann kein französisch. (*MS* 316)

Der Einsame trauert damit seiner Liebe auf Französisch nach. Das deutsche „Ach Unsinn, ich kann kein französisch!" klingt auch wie ein Erwachen aus einem (Liebes-) Traum. Was hier in *Schmerz eines Sommers* als schmerzhaftes Erwachen endet, führt in *Flucht in den Norden* zu der Entscheidung Johannas, das von Ragnar angebotene Bohèmeleben zu beenden und den Kampf gegen den Faschismus aufzunehmen.

Mit Tschaikowsky in *Symphonie Pathétique*, König Ludwig II. in *Vergittertes Fenster*, Andreas in *Der fromme Tanz*, Sebastian in *Treffpunkt im Unendlichen*, Martin in *Der Vulkan*, Catherine in *Hennessy mit drei Sternen* und mit dem sich in Paris amüsierenden Bobby in *In der Fremde* – diese Liste ließe sich deutlich verlängern – weisen sich die meisten von Klaus Manns Protagonisten durch ihre Frankophilie aus, reisen nach Paris oder nach Südfrankreich, sprechen Französisch oder lesen französische Bücher. Bereits über Marie Heilmann, die Heldin aus seinem gleichnamigen frühesten Drama, lässt Klaus Mann sagen, sie sei im Geiste eine Französin (vgl. *KdZ* 89). Johanna in *Flucht in den Norden* lebt die ihr von Ragnar vermittelte Neigung zu Frankreich in der Lektüre französischer Schriftsteller aus, die Verbindung zwischen Frankreichliebe und Bohèmeleben bzw. politisch-gesellschaftsdienlicher Untätigkeit lässt sie aber nicht zur besonders überzeugten Frankeichverehrerin werden. Dass sie zum Schluss zu ihrem mittlerweile in Paris kämpfenden Freund geht, hängt weniger damit zusammen, dass die Metropole an der Seine als Stadt der Liebe gilt, sondern verweist auf die Erfahrung Klaus Manns zu Beginn seiner Exilzeit, Paris als Zentrum des deutschen Exils zu sehen. Hendrik Höfgen, die Hauptfigur in *Mephisto* – und der einzig negative Protagonist in Klaus Manns Werk –, durchlebt in Paris eine „trübe Leidenszeit" (*M* 252), darf aber als Karrierist im Dritten Reich eine „Vorliebe für französische Stücke" (*M* 230) haben, die schließlich dazu führt, dass er

> [M]onatelang [...] volle Häuser mit einer verstaubten französischen Komödie [machte], über die unsere Großväter sich amüsiert hatten. (*M* 343)

Während Höfgen als Mitläufer der Nationalsozialisten das seichte und klischeehafte Bild der französischen Kunst und Kultur vermitteln darf, um die hitlerhörigen Deutschen zu unterhalten, ist Nicoletta von Niebuhr, seine sich im Pariser Exil politisch engagierende Freundin, Halbfranzösin (vgl. M 110) und bekennt sich zu ihrer Identität. Sie ist nicht die einzige angenehm gestaltete Nebenfigur, die positive Frankreichvorstellungen transportiert. Bis auf wenige Ausnahmen zeichnen sich Klaus Manns positive deutsche, finnische und amerikanische Charaktere durch eine deutliche Neigung zur französischen Kultur aus. Till in der *Kindernovelle* beschäftigt sich mit französischer Literatur (vgl. *MS* 148), die Jugendlichen der Erzählung *Schauspieler in der Villa* wollen ein Stück eines „extravaganten jungen Franzosen" (*MS* 287) aufführen. Über Doktor Massis, der in *Treffpunkt im Unendlichen* eine Freundin Sebastians zum Morphium verführt, heißt es:

> Doktor Massis lächelte mit ihr, er stützte sein schlaues und nervöses Gesicht in die kleinen, zarten, schwarzbehaarten Hände. Es war das Antlitz eines feinen und sarkastischen Franzosen, pikant und überraschend gemacht durch einen slawischen, ja hunnischen Einschlag (*TiU* 15)

Dr. Massis, für dessen Habitus und Wesen Klaus Mann mit den Beschreibungen „klein", „zart", „dunkelhaarig", „fein" und „pikant" typenhafte Vorstellungen wählt, hat darüber hinaus – „obwohl seine Vorfahren seit verschiedenen Generationen Deutsche" (*TiU* 16) sind – einen „deutlich gallischen Akzent" (*TiU* 16). Mit ihm greift Klaus Mann das Bild des weltfremden, kunstbesessenen französischen Ästheten auf, das er als Jugendlicher in den Romanen der Décadence so bewundert hatte, dem er nun aber kritischer gegenübersteht:

> Er [Massis, Anm. d. Verf.] verkleidete sich als Ästhet, der nichts sucht als Reize und dem alles Wissen, alle Erkenntnis nur dazu dienen, immer neuere, sublimere und ausgefallenere zu finden. Über die Zukunft der Menschheit scherzte er verächtlich – ‚was geht der Pöbel mich an?' –, indessen schwärmte er gelehrt und lüstern von orientalischen, spätrömischen und pariserisch-dekadenten Verfeinerungen. (*TiU* 33)

Massis ist der Verführer und – wie es sich für einen Franzosen gehört – der kunstvolle Verführer. Nicht seine Schönheit, nicht seine äußere Stärke, sondern sein französischer Akzent, sein klares, gelehrt erscheinendes Urteilsvermögen bezüglich der Kunst, deren Gipfel für ihn selbstverständlich die französische ist, und seine arrogante Ablehnung des „Pöbels" machen ihn zu einer starken, vom Erzähler zuweilen mit leisem Spott, aber mit großem Wohlwollen vorgestellten typenhaften französischen Figur.

Mit Ragnars Kusine Anna, die sich aber Yvonne oder Madame Yvonne (vgl. *FidN* 120) nennen lässt, zeichnet Klaus Mann in *Flucht in den Norden* einen weiteren nicht-französischen Charakter, der sich jedoch in seinem Erscheinungsbild vollkommen als typisch französisch geben möchte. Yvonne wird als „eine rot gekleidete Dame" eingeführt, die „ein paar eilige Schritte machte, plötzlich stehen blieb, um sich die Nase zu pudern" (*FidN* 118). Später heißt es: „[S]ie lachte kreischend, um ihren orangerot geschminkten Mund sprangen unzählige scharfe Falten auf wie Sprünge auf einem geborstenen Gefäß" (*FidN* 120f.); eine Schildkröte, die sie sich zugleich als skurriles Accessoire, als Haustier, als Kinder- und Lebensgefährtenersatz hält, ruft sie: „*Herakles, mon choux-fleur, mon ange, ma beauté*" (*FidN* 126). Eines Abends trägt sie (in der finnischen Provinz) ein Chanel-Kostüm, von dem sie sagt, es sei vom vorigen Jahr, und fügt an: „[D]raußen würde ich es nicht mehr tragen, aber hier in der Einöde – *mon Dieu*" (*FidN* 128). Mit diesem Kleid ausstaffiert, lässt Klaus Mann sie „leichtfüßig trotz aller Falten um den Mund [...] auf den hohen Stöckeln ihrer Silberschuhe" (*FidN* 128) schweben:

> So ging sie einher, in ihren besten Augenblicken noch immer verführerisch, wenngleich ramponiert, Sendbotin aus einer ‚großen Welt', in der wohl auch nicht mehr alles in Ordnung war. (*FidN* 128f.)

Wie verführerisch sie sein kann und wie wichtig ihr das Verführen ist, stellt sie unter Beweis, als sie mit Ragnar und Johanna eines Abends den Speisesaal eines Hotels besucht und um die Aufmerksamkeit der dort anwesenden Offiziere buhlt:

> Madame Yvonne ließ sich kaum noch halten, Ragnar mußte sie unterm Tischtuch am Handgelenk packen, um zu verhindern, daß sie zu den Kerlen springe: hier bin ich, nehmt mich, drei von euch, acht von euch, ich habe mehrere Tage auf einem stillen Gute hinter mir. (*FidN* 172f.)

Putzsüchtig, oberflächlich, mondän, verführerisch, gefallsüchtig, sich den Männern anbiedernd und hingebend, ohne Familiensinn, keine echte tiefe Liebe lebend: In Yvonne werden viele Wesenszüge der deutschen (Klischee-)Vorstellung einer Pariserin, einer Femme fatale aufgegriffen. Dass sie eigentlich alt ist, dass unter ihrer Schminke Alter und Unglücklichsein liegen, schadet nicht. Es vervollkommnet das bereits mit dem Schlager *Parlez-moi d'amour*, den Ragnar Johanna vorspielt, vorgestellte Bild. Yvonne ist die personifizierte unglückliche, kokette Pariser Hure. Hätte sie auch jung sein können? Da die Überwindung des Bohèmelebens als wesentliches Anliegen des Romans begriffen wird, wäre eine junge, kokette, modisch gekleidete Pariserin das falsche Bild dafür. Yvonne muss alt, verbraucht und abgelebt sein, unter ihrer Schminke muss alte Haut liegen, ihr Chanel-Kostüm muss vom vorigen Jahr sein. Die sie umgebenden Figuren verstehen sie nicht (bis auf Ragnar, der ebenfalls seinen Paris-Erfahrungen nachhängt), finden ihr Äußeres geschmacklos und ordinär und sind nicht bereit, die Schminke abzukratzen. In der finnischen Provinz ist Yvonne ein Relikt aus der vergangenen Zeit der „wilden" zwanziger Jahre, das an der Gegenwart scheitert. Nachdem ihr Vater sie vor die Tür setzt, will sie vielleicht wieder zurück nach Paris (vgl. *FidN* 197). Johanna, die von Ragnar zum (französischen) Bohèmeleben verführt wird, kann durch Yvonne die Tragik, Lächerlichkeit und Zukunftsunfähigkeit dieser Figur erfahren und sich selbst für ein anderes, zeitgemäßeres, „sinnvolleres" Lebenskonzept entscheiden. Trotzdem tritt sie Yvonne mit Interesse, Hochachtung und letzten Endes mit Mitleid gegenüber.

Ordnet man die Monographie über Gide trotz eines hier nicht diskutierten fiktiven Gehaltes als nicht-literarisch, sondern als essayistisch ein, dann weist Klaus Manns literarisches Werk bis auf die Susanne Corbière in der kleinen

Erzählung *Das Leben der Susanne Corbière* keine einzige französische Hauptfigur in ihren Reihen auf. Ansonsten gibt es die Idee, Johanna von Orleans zur Protagonistin einer Erzählung zu machen. Eine Notiz in den Materialien des Romanfragments *The last Day* von 1949: „A historical novel. (greek?) (Jeanne d'Arc?)"[709], deutet dies an.

Statt eine wichtige Rolle einzunehmen, sind die als gebürtige Franzosen gekennzeichneten Figuren, die in Klaus Mann Werken handeln, zumeist Staffage. Ihnen fällt die Aufgabe zu, die französischen Orte, in die Klaus Manns hauptsächlich deutsche Protagonisten reisen, um zu schreiben, vor den Nationalsozialisten zu flüchten, Musik aufzuführen oder um die Kultur und das Leben zu genießen, als „französisch" zu illustrieren. Ihr Repertoire ist eng. Sie sind Kellner, Schutzmänner oder Bardamen. Besonders häufig taucht die ältere Frau als Concierge, als Verkäuferin oder als Bardame in Klaus Manns Werk auf und soll typisch französische Atmosphäre vermitteln.

In *Der fromme Tanz* preisen ältere Blumenfrauen, die „runzlig" lachen, „nekkisch" sind und „schelmisch" (FT 182) rufen, verkaufstüchtig Andreas ihre Blumen an. Zu seinem Abschied aus Paris winkt ihm aus ihrer Loge „die geschwätzige Concierge: ‚Au revoir, Monsieur – au revoir –' voll Heiterkeit, wenngleich mit schon verblühtem Gesicht." (FT 186f.) Sebastian steigt in einem Hotel in Paris ab, von dem es heißt:

> Unten saß in ihrer Loge die Patronne, die wie eine Bordellmama aussah: mit Doppelkinn, schweren Ohrringen, schwarzen Ponylocken bis zu den listigen Augen; geizig und amüsant. (*TiU* 47)

Suzanne Corbière, die als junges Mädchen in einem strengen katholischen Internat aufwächst, verkommt zu einer Kokain schnupfenden, sich in billigen Schenken herumtreibenden Leiterin einer Gruppe von Samoa-Tänzern, ehe sie von einem ihrer Tänzer im Kreis von Matrosen, Hafendirnen, Schwarzen und Chinesen erstochen wird (vgl. MS 248ff.). Madame Suzy, die Besitzerin eines angesagten Nachtlokals, das der Schriftsteller in *Schmerz eines Sommers* besucht, ist eine

> lustige, auseinandergegangene kleine Dame, übrigens in tiefer Trauer, denn ihr Mann ist vorgestern gestorben, was sie aber nicht hindert, recht vergnügt zu tanzen und zu scherzen. (*MS* 307)

Madame Strauss, ebenfalls in *Schmerz eines Sommers* zugegen, ist zwar äußerlich mager, aber auch sie zeichnet sich dadurch aus, dass sie „viel lacht" und „ganz pikant" aussieht (*MS* 300).

Zusammenfassend ist die Französin in Klaus Manns literarischem Werk also eine ältere, freundliche, immer lachende, geschäftstüchtige bis geizige, rundliche, mehr oder weniger hurenhafte Frau, die sehr viel Ähnlichkeit mit der Sängerin des französischen Schlagers *Parlez-moi d'amour* hat. Auch die Sängerin Désirée Artôt, die Tschaikowsky auf dem Totenbett anruft, wird als eine in die Jahre gekommene Femme fatale beschrieben:

---

[709] Klaus Mann: *The last Day*, KMA.

> Das Gesicht der Sängerin Désirée Artôt war großflächig und sehr stark gepudert. [...] es war vielleicht vor allem die reizende Linie der Lippe gewesen, die Madame Artôt vor zwanzig Jahren so verführerisch gemacht hatte. (*SP* 122)

Nicoletta von Niebuhrs Mutter, die nur einmal Erwähnung findet, passt ebenfalls in dieses Schema. Ihre Tochter charakterisiert sie wie folgt:

> Mama ist eine kleine Tänzerin an der Pariser Oper gewesen, sehr dumm, wie ich höre; aber sie soll die himmlischsten Beine gehabt haben. (*M* 110)

Damit erweitert sich das Bild der in Klaus Manns Werk dargestellten französischen Frau um die der Oberflächlichkeit nicht sehr weit entfernte Eigenschaft der Dummheit. Ein weiterer Zug der Frauen ist ihr inniges Verhältnis zur Unwahrheit. In *Flucht in den Norden* bittet die Sängerin von *Parlez-moi d'amour* um die Lüge, geliebt zu werden, und über die weiblichen französischen Gäste einer Weihnachtsfeier in *Treffpunkt im Unendlichen* heißt es:

> Die kleinen Französinnen nannten all das très, très joli, aber heimlich unter sich ein wenig sehr extravagant – ,et même un tout petit peu boche'. (*TiU* 193)

Klaus Manns Französin ist somit bis zur Karikatur überzeichnet, in gewisser Hinsicht liebenswert, aber letztlich einer alten Hure näher als einer reiz- und geistvollen, schönen Frau. Sein Entwurf des französischen Mannes ist – bis auf die Ausnahme des Crevel nachempfundenen Marcel Poiret (vgl. Kap. 2.6) – im Vergleich mit seinem Frauenentwurf noch typenhafter, zudem fehlen ihm positive Wesenszüge gänzlich.

In Gestalt des Maurice Larue[710] in *Treffpunkt im Unendlichen* betritt der hässliche Franzose zum ersten Mal Klaus Manns literarische Welt. Er ist „in allen Salons des Kontinents bekannt" (*TiU* 51), also weltgewandt und der intellektuellen Oberschicht Europas zugehörig, wo er „Finanz- und Bettgeheimnisse" (*TiU* 51) sammelt, was ihn als intrigant kennzeichnet. Sein Äußeres wird wie folgt beschrieben:

> Maurice war klein, schmal und gebrechlich, man hätte ihn umblasen können, aber in seinem eingefleischten, kleingefälteten Gesichtchen lagen zwei überraschende Augen, die sowohl weise als bösartig und sehr eindringlich blickten. Er hatte ganz die Gesten eines sanften, tückischen Abbés, der sich die Händchen reibt, sie scheinheilig faltet und wie betend gegeneinander legt. (*TiU* 52)

Körperlich schwach, bösartig, scheinheilig, tückisch, falsch, lästernd und intrigant (vgl. *TiU* 81) – es ist das Feind-Bild des Franzosen, das in Deutschland während des Ersten Weltkriegs propagiert wird und das Hitler in *Mein Kampf* vom westlichen Nachbarn zeichnet (vgl. Kap. 1.1.2). Die wohlwollende und hitlerkritisch dargestellte Figur des Geheimrates Bayer nennt Maurice Larue

---

[710] Als reales Vorbild für diese Figur gilt der französische Schriftsteller und Journalist André Germain. (Vgl. Fredric Kroll (Hg.): *Klaus-Mann-Schriftenreihe* Bd. 3, a. a. O., S. 59f. und Bd. 4.1., a. a. O., S. 132f.)

denn auch „[e]lender Parasitenwurm" (TiU 87) und „Wanze" (TiU 87). Das typisch Französische dieses Bildes versucht Klaus Mann zu vermitteln, indem er Larue über seinen Namen hinaus mit einem „kleine[n] Hofdamengelächter" schmückt, das ihn als „weibisch" entlarvt. Aus deutscher und auch aus Klaus Manns Sicht ist ein Franzose nicht männlich. Doch trotz aller Typisierung, vordergründig gesteht Klaus Mann seinem Wesen Larue auch etwas Individualität zu, wenn auch er dabei auf das eigentlich Typische hinweist:

> Obwohl man von seinem Typ Putzsüchtigkeit erwartet hätte, trug er sich eher wie ein hypochondrischer Gelehrter, eingemummt bis zum Kinn und mit schwarzem Schlapphut. (TiU 83)

In *Mephisto* wird aus Maurice Larue Pierre Larue. Deutlicher als sein Vorgänger ist Pierre als Bewunderer der Nationalsozialisten und als Homosexueller gestaltet. Durch Pierres Penchant für die Nationalsozialisten, sein weibisches Gehabe und seine körperliche Schwäche stellt Klaus Mann in diesem einen Fall die Homosexualität als etwas eindeutig Negatives vor:

> Pierre Larue hatte das Aussehen eines höchst gebrechlichen, dabei recht tückischen Zwerges, schwärmte aber für den Heroismus und für die schönen uniformierten Burschen des neuen Deutschland. Übrigens war er kein Journalist, sondern ein reicher Mann, der verklatschte Bücher über das gesellschaftliche, literarische und politische Leben der europäischen Hauptstädte schrieb und dessen Lebensinhalt es bedeutete, berühmte Bekanntschaften zu sammeln. Dieser ebenso groteske wie anrüchige kleine Kobold, mit dem spitzen Gesichtchen und der lamentierenden Fistelstimme einer kränklichen alten Dame, verachtete die Demokratie seines eigenen Landes und erklärte jedem, der es hören wollte, daß er Clemenceau für einen Schurken und Briand für einen Idioten halte, jeden höheren Gestapo-Beamten jedoch für einen Halbgott und die Spitzen des neudeutschen Regimes für eine Garnitur von tadellosen Göttern. (M 40)

In dem Schauspiel *The Death don't care* kommt ein weiterer Larue vor. Diesmal trägt er den Vornamen Fifi – eventuell eine Hommage an Maupassants Novelle *Mademoiselle Fifi* – und wird als „an Aesthete, from Paris (ageless, freakisch, dwarfisch, speaks in a high falsetto)"[711] beschrieben, er spricht vornehmlich französisch, verkleidet sich gern mit einem Rokokokostüm, ist von jungen Männern sehr angetan und, wie schon sein Vorgänger Pierre, ein Kollaborateur der Nationalsozialisten. Als ihn ein FBI-Agent wegen seiner deutschfreundlichen Haltung während des Münchner Abkommens und wegen einer verherrlichenden Biographie über Horst Wessel anklagt (Tddc 104) und verhaften will, versucht er feige zu fliehen, wird jedoch überwältigt. „Vive la race Germanique! Vive Hitlère!" (Tddc 112) rufend, wird er abgeführt. Zum letzten Mal taucht Larue – nun mit dem Vornamen Hector versehen – in dem Drama *Der siebte Engel* auf. Wieder ist er klein und gebrechlich (vgl. SE 327), spricht mit „hohem, klagenden Falsett" (SE 328), ist „schreckhaft" (SE 332) und redet immer wieder Französisch (vgl. SE 364).

---

[711] Klaus Mann: *The death don't care*, Personenverzeichnis, KMA. Im Folgenden werden Zitate aus diesem Werk durch die Sigle Tddc und die Angabe der entsprechenden Seitenzahl im Text belegt.

In dem Romanentwurf *Fräulein* schließlich – eine im geteilten Berlin spielende Satire auf das Nachkriegsdeutschland – taucht ein Franzose als Liebhaber der Protagonistin Lotte Schulz auf, einer ehemaligen BDM-Führerin, die Liebesaffären mit Offizieren aller vier Besatzungsmächte haben soll. Major Jacques Renault wird beschrieben als

> a skinny little man with a smart black goatee and mephistophelian eyebrows. He is quite a wit, completely frivolous, and, for all his skinniness, surprisingly good at making love.[712]

Was dem Homosexuellen Larue versagt ist, darf wenigstens sein ebenfalls dunkelhaariger, kleiner, eher schwächlicher und auch nicht besonders hübscher, aber heterosexueller Nachfolger sein: ein guter Liebhaber. Seine weiblichen, in den anderen literarischen Texten Klaus Manns um Liebe bettelenden Landsmänninnen waren – um dieses Klischee zu erfüllen – dafür zu alt.

Insgesamt bietet Klaus Mann positive französische Identifikationsfiguren, wie er sie in der französischen Literatur und in den Lebensläufen französischer Schriftsteller findet, in seinem eigenen literarischen Werk nicht an. Es sind vielmehr die frankophilen Deutschen, die er als Helden seinen Lesern empfiehlt, es ist ihre Frankreichliebe, die er größtenteils als positiv vorstellt und damit seinen Lesern als vorbildhaft zu vermitteln sucht. Der junge, intellektuelle, gegen Faschismus und Nationalsozialismus eintretende Deutsche ist frankophil – das ist eine wichtige Botschaft auch in Klaus Manns literarischem Werk. Die Franzosen selbst spielen keine bedeutende Rolle, sind in ihrer Gesamtheit alt, hässlich, oberflächlich, lügnerisch und geil. Sie dienen als Staffage zur Herstellung einer typischen Frankreichbühne, auf der frankophile Deutsche handeln. An französischen Frauen sind seine mehrheitlich homosexuellen Protagonisten nicht interessiert – deswegen müssen sie auch nicht anziehend im sexuellen Sinne sein. In den Figuren der nazifreundlichen Larues zeigt sich, wie tief Klaus Manns Verärgerung und Enttäuschung über die Kollaboration der Mehrheit der Franzosen mit dem Dritten Reich ist. Indem er die Larues mit allen typischen, klischeehaften Eigenschaften eines Franzosen ausstattet, wird auch ihre Verehrung für Hitler zur typischen Eigenschaft der Franzosen. In den im Exil verorteten Werken sind die Franzosen generell den deutschen, frankophilen Emigranten feindlich gesinnt. Im *Vulkan* fasst eine Russin ihre Erlebnisse als Emigrantin in Paris zusammen: „Man ist nicht sehr angesehen. Die Leute wollen uns nicht" (*V* 62), die deutsche Emigrantin Friederike Markus wird von einem Kellner „ziemlich angewidert" (*V* 174) angeschaut, und über Marcel Poirets Mutter heißt es:

> Nicht umsonst hat Madame Poiret, eine gute Französin, seit eh und je eine so starke Aversion gegen das Ausland gehabt. Alles Internationale war ihr stets verhaßt. [...] ‚Ich habe ihn geliebt', jammert ihr Herz. ‚Hat er mich denn wirklich gar nicht ausstehen können? Ach im Grunde hing er wohl an mir! Nur seine deutschen, amerikanischen und jüdischen Freunde haben ihn mir vorübergehend entfremdet.' (*V* 378f.)

---

[712] Klaus Mann: *Fräulein, KMA*, S. 12.

Was kann nun die Ursache dafür sein, dass Klaus Mann ein derart negatives Bild von den Franzosen in seinem Werk zeichnet? Die meisten seiner Protagonisten sind mehr oder weniger Selbstbildnisse und teilen damit seine eigenen, besonders im Exil oft negativen Frankreicherfahrungen. Die im ersten Teil der Arbeit vorgestellte Vermutung, dass Klaus Mann die Franzosen eigentlich nur oberflächlich kannte, unter ihnen keine Freunde hatte und sie letztlich als Kulisse für sein internationales Bohèmeleben und später für sein Emigrantendasein ansah, bestätigt sich durch das hier ausgeführte oberflächliche, klischeehafte Bild der Franzosen. Sein positives Frankreichbild beruht mehr auf seinen literarischen Erfahrungen und weniger auf realen. Frankreich wird als Herkunftsort großer Kultur, Mode, Lebensgenuss und vor allem Literatur verehrt, als internationale Ferien- und Partylocation bereist, doch die Franzosen selbst sind eigentlich nur Beiwerk, manchmal drollig, manchmal bösartig, ausnahmslos typisiert und immer dazu da, Frankreich als Ort, an dem sich Klaus Manns Protagonisten aufhalten, zu kennzeichnen.

Paris ist Haupthandlungsort von Klaus Manns literarischem Gesamtwerk. Weder Berlin noch New York und schon gar nicht München oder Amsterdam bilden so oft das Feld, auf dem Klaus Manns Figuren agieren oder bereits – vor der Handlungszeit – agiert haben. Sie leben in Hotelzimmern, besuchen Bars, Restaurants und Cafés oder Künstlerfeste. Französische Wohnungen sind, mit einer Ausnahme (in *Treffpunkt im Unendlichen* dient ein Bibliothekszimmer eines französischen Gelehrten als Bühne (vgl. *TiU* 289)), keine Orte, die Klaus Mann wählt. Dies bedingt sich dadurch, dass auch die Franzosen, die dort agieren müssten, in seinem Werk rar sind. Bereits bevor er selbst Paris im Frühjahr 1925 bereist hat, ersetzt Klaus Mann das für sein Liebesdrama *Marie Heilmann* zuerst gewählte Straßburg durch Paris als Ort der Handlung. In *Nachmittags im Schloß* schwärmt ein Angehöriger der Fürstenfamilie von Paris als mondänem Ort schöner Frauen (vgl. *MS* 38). In der Internatsgeschichte *Die Jungen* verspricht der Schüler Harald seiner Ballett tanzenden Freundin Maria, nach Paris zu reisen, wo sie tanzen soll und dafür reich beschenkt werden wird (vgl. *MS* 26). Wie in *Marie Heilmann* ist Paris die Welt- und Kunststadt, in der man als Sängerin, Schauspielerin und Tänzerin bedeutend ist bzw. werden kann. Die skandinavische Bildhauerin Hollström, deren Atelier Andreas im *Frommen Tanz* auf dem Montmartre aufsucht (vgl. *FT* 166), weist ebenfalls auf die Bedeutung von Paris als Stadt der Künste hin, in die Menschen aus der ganzen Welt strömen, um zu arbeiten, zu feiern und Künstler zu sein:

> Das war ‚Clo-Clo-Clo', das Künstlerfest – das war der mondänste Treffpunkt des ausgelassenen, internationalen Bohèmevölkchens – das war der glänzende Ball der intellektuellen und dennoch lebensfrohen Gesellschaft. [...] Alle Sprachen der Welt wogten hier durcheinander, das Französische herrschte kaum vor. [...] Spanische junge Leute [...], russische Damen, dick und üppig geschminkt, [...] kleine Skandinavierinnen, [...] japanische Maler [...] Große Neger hielten schmale Pariser Kokotten in den kolossalen Armen. Der schwere ergraute Herr im Smoking dort drüben war amerikanischer Milliardär, ihm lagen gerade vier bis fünf Russinnen oder Französinnen zu Füßen. [...] alte Engländerinnen. [...] Aber die deutschen Lite-

raten saßen in ihrem Winkel und schimpften untereinander auf ihr gefährdetes Zuhause. (FT 170f.)

Bis 1939 sucht jeder in Klaus Manns Werk, der ernsthaft Künstler sein will, Paris als Aufenthalts- und Inspirationsort auf. Auch Sebastian und Sylvester kommen zum Schreiben aus Berlin und Südosteuropa in *Treffpunkt im Unendlichen* nach Paris (vgl. *TiU* 240 und 264), während man sich in Berlin auf dem Fest des Bankiers Bayer „Pariser Literaturklatsch" (*TiU* 56) berichtet und damit Paris zur Hauptstadt der Literatur kürt. Der Besuch Tschaikowskys, der nach Paris kommt, um „die Musik seines Landes diesem verwöhntesten Publikum der Welt vorzuführen" (*SP* 182), weist auf die Rolle von Paris als Zentrum auch der Musik hin. Auch Sebastians aus Rumänien nach Paris gekommener Schriftsteller-Freund Sylvester glaubt in *Treffpunkt im Unendlichen*:

> Das heilige europäische Reich, nicht mehr in Rom zentriert, sondern in der gesegneten Hauptstadt des Kontinents, in Paris. Alle europäischen Völker Trabanten Frankreichs, das alleine die Idee Europas, die Idee der Zucht und der Freiheit, erfüllt und darstellt. (*TiU* 63)

In seinem 1929 nach seinem ersten USA-Aufenthalt verfassten Schauspiel *Gegenüber von China* wird Paris zum Symbol Europas, weil es der Ort ist, den Amerikaner aufsuchen, wenn sie nach Europa fahren. So vermutet Ken, Dorothys Mutter hätte einmal in Paris Tee getrunken (vgl. *SE* 139), und Tom war mit seiner Mutter einmal in Paris (vgl. *SE* 140). Für das junge, mondäne und weltgewandte Betrügerpärchen Jenny und Ralf ist Paris in Klaus Manns erster, im Exil veröffentlichen Erzählung *Wert der Ehre* der adäquate Ort für ihre Hochstapeleien. Über Ralf heißt es:

> Der junge Gentleman, der das anspruchsvolle Juwelengeschäft der Champs-Élysées vormittags um halb elf Uhr siegesgewiß betrat, machte, mit kariertem Anzug, Monokel, weißen Gamaschen, den Eindruck dessen, der zu reisen gewohnt ist, Geld reichlich hat und es noch reichlicher ausgibt, eine Wohnung in London und Paris besitzt, Freundinnen aber auch in anderen Städten. (*S* 7)

In *Flucht in den Norden* stellt Klaus Mann drei verschiedene Parisbilder vor, die sich zeitlich unterscheiden: Ragnars Mutter ergeht sich in Einzelheiten über die Pariser Oper um die Zeit der Jahrhundertwende (vgl. *FidN* 112). Ragnar und Madame Yvonne vertreten das Paris der zwanziger Jahre, das zu Beginn – etwa durch die Schallplatte und die Literatur – als kunstvoll und erotisch dargestellt ist und auf Johanna eine so große Faszination ausübt, dass sie ihren Freund und ihre Pflicht als Widerständlerin eine zeitlang vergisst. Mit Johannas Freund und ihrem ebenfalls sich in Paris engagierenden Bruder ist Paris außerdem als das sichere Exil vorgestellt (vgl. *FidN* 60), von dem aus man den Widerstand gegen das Dritte Reich organisiert.

Die 1934 verfasste Erzählung *Letztes Gespräch* demontiert Paris als diesen sicheren Exilort. Ihre Protagonisten Karl und Annette erfahren Paris als Ort, wo man unerwünscht, wo man illegal ist, arbeiten muss und in schäbigen Hotels wohnt. Es ist ein Ort, an dem man allein in einem Hotelzimmer sitzt und – wie Annette – auf den Tod wartet oder – wie Karl – in deutschen Kreisen sich der

Politik anschließt und damit einer Sache, von der Annette glaubt, sie sei hoffnungslos. Das Paris, das Johanna nach ihrer Prüfung selbstbewusst aufsuchen wird, um im Widerstand zu wirken, ist trostlos. Franzosen werden – in Form der Patronne – als muffig und misstrauisch vorgestellt, weil man ihnen seine Miete nicht zahlen kann (vgl. S 21). Zu Franzosen hat man keine Beziehungen, die Kontakte bleiben auf die anderen Exilanten beschränkt. Das sorglose Bohèmeleben, das beide früher in Paris geführt haben, will Annette nicht aufgeben und flüchtet sich in die Literatur, in Drogen und Todessehnsucht:

> Sie will eine Stimmung um sich herstellen, die ihr sozial nicht mehr zukommt. Das ist es – natürlich, da haben wir den Grund, warum dies alles so abstoßend wirkt. Unsereiner kann sich solchen Zauber nicht mehr leisten; dazu gehört ein Apparat, der kostspielig ist. Décadence, die noble Pathologie; Einsamkeit mit Drogen und Huysmans ‚À Rebours' in kostbarem Einband [...]. Diese Launen kamen einer Bourgeoisie zu, deren Geschäfte gutgingen. Die konnte sich den Horizont mir Orchideen vorstellen und müde vom Nichterlebten dem Tode zulächeln, während andre sich für sie plagten. (S 24 f.)

Karl verurteilt nicht nur das Festhalten Annettes an der Vergangenheit, für ihn ist angesichts der Machtübernahme Hitlers auch sein früheres Leben falsch geführt:

> Wieviel schöne Zeit wir schon verloren haben! [...] Wir hätten sie nutzen sollen. In Deutschland herrscht das Grauen und die Barbarei, in andren Ländern steht es vor der Tür; wir sollen kämpfen [...], auf uns kommt es an! Und du liegst hier mit deinen Seidentüchlein. (S 25)

Trotz der mangelnden Gastfreundschaft der Franzosen, trotz der zu erwartenden Armut und der latenten Resignation bleibt Paris vorerst der Ort, wohin Klaus Mann seine Flüchtlinge aus Deutschland reisen lässt. In *Mephisto* rät Hendrik Höfgen seiner dunkelhäutigen Freundin Juliette wegen ihrer in den Augen der Nationalsozialisten tadeligen Herkunft, „möglichst bald nach Paris zu fahren. Dort werde sie Arbeit als Tänzerin finden." (M 295). Seine frühere Ehefrau Barbara arbeitet in Paris in einem Komitee für politische Flüchtlinge aus Deutschland (vgl. M 313).

Das Schicksal dieser Emigranten und damit ihre Paris-Erfahrungen fasst Klaus Mann 1939 seinem in Emigrantenroman *Der Vulkan* zusammen:

> Da saßen sie, in ihrem etwas schmutzigen kleinen Lokal; mitten in dieser großen, mit allen Reizen reich begnadeten Stadt – und doch weiter von Paris entfernt als vom Monde. Denn für sie war Paris versunken, ins Nichts gestürzt, samt seinen Avenuen und Quais, den Boulevards, Brunnen, Kirchen und Palästen. Was ging all diese Schönheit sie an? Sie wußten beinah nichts von den fremden Lieblichkeiten. Sie saßen in ihrer Kneipe, nahe der Gare de Montparnasse, dem ‚Café du Dôme'; nicht weit entfernt vom Jardin du Luxembourg, dem Panthéon, dem Dôme des Invalides –: unbeteiligt am belebten Treiben auf diesen Bahnhöfen, diesen Straßen, und übrigens ziemlich unwissend in der Historie dieser Baulichkeiten, in denen Frankreichs Ruhm sich versammelt. Um sie hätten auch die Wolkenkratzer von New York sich in den Himmel heben oder eine südliche Landschaft

sich freundlich breiten können: diese Menschen würden immer die gleichen Gedanken im Kopfe haben und immer denselben faszinierten, verzauberten Blick auf die Eine Frage, das eine Thema: Wie wollen wir Deutschland. (V 350)

Die Emigranten im *Vulkan* bleiben unter sich, schaffen sich eine Parallelwelt. Die vor der Naziherrschaft geliebte Stadt wandelt sich zur wahllosen Kulisse. Sie haben wenig Kontakt zu Franzosen, von denen keine besondere Hilfe kommt. Ein Jahrzehnt vor ihnen waren bereits russische Emigranten nach Paris gekommen, die ihren deutschen Nachfolgern einen Vorgeschmack darauf geben, was sie erwarten könnte: kein Einleben, ewiges Fragen, ob das Exil die richtige Entscheidung gewesen ist. Das Leben in Frankreich bleibt ihnen verschlossen. Sie werden von den Franzosen abgelehnt (vgl. V 156).
Im Vergleich zu anderen im Roman vorgestellten Zentren des deutschen Exils kommt Paris nicht gut weg: Aufgrund der gemeinsamen Kultur und teilweise auch Sprache ist das Leben in Zürich und Prag für die deutschen Flüchtlinge leichter, auch weil dort die Unterstützung durch die Einheimischen größer ist. Marion verabschiedet sich bereits 1937 von Paris, um nach Amerika zu gehen:

> Au revoir, Boulevard St-Germain, Rue Jacob, Rue des Saints-Pères, Boulevard St-Michel, Rue Monsieur le Prince; au revoir, Quai Voltaire, Place de la Concorde, Boulevard des Italiens, Place Blanche, Boulevard Clichy, lächerliche alte Moulin Rouge. Auf Wiedersehen, du taubengraues, perlengraues Licht der geliebten Stadt! Heimat der Pariser, Heimat der Franzosen, Heimat der heimatlosen, Herz Europas – leb wohl! Sieh mich nur recht spöttisch und zurückhaltend an – ich lasse mich von dir nicht kränken. Bin ich die Unerwünschte für dich, l'indésirée, und am Ende doch nur eine sale boche? Was fichts's mich an? Ich liebe dich, auch wenn du keinen Wert darauf legst. Je t'aime magré toi. Deine kühlen, spöttischen Blicke ärgern mich nicht; um es nur zu gestehen: eher sind sie geeignet, mich zu amüsieren. Was sagen mir deine Blicke? – Alors, en somme, Madame, vous êtes sans partrie ... Da muß ich freilich etwas widersprechen. Heimat – das Wort ist so voll mit Sinn, so inhaltsreich, ist so schwer und tief. Ich bin so vielfach gebunden – nicht nur an Deutschland, das ich nie verlieren kann; auch an diese Stadt, die ich liebe, und an den Erdteil, den problematischen Kontinent, an das alte, besorgniserregende, treu geliebte Europa. [...] Ich habe Angst um Europa. Ich sorge mich um Paris wie um eine Kranke. Ich zittere für Deutschland wie für einen nah Verwandten, der irrsinnig wird. Trotzdem reise ich ab. Ist dies Flucht? – Nein; denn ich komme wieder. Und vielleicht kann ich meinem alten Erdteil jetzt besser dienen – dort draußen und drüben. (V 402f.)

Deutlicher als in seinen Essays artikuliert Klaus Mann mit seinen literarischen Charakteren die Enttäuschung der Emigranten über die unerwartete Ablehnung, die ihnen Paris entgegenbringt. Aufgrund dieser ablehnenden Haltung der Franzosen, der Anbiederung der Regierenden an das Dritte Reich und aufgrund des Antisemitismus ist Paris schon vor der Besetzung kein Ort mehr, an dem Klaus Manns Emigranten bleiben möchten:

> Es waren schmucke Burschen, einer von ihnen trug ein kleines, schwarzes Schnurrbärtchen, an den Enden aufgezwirbelt; alle hatten Abzeichen in

den Knopflöchern ihrer Jacketts, sie sprachen über die Schande Frankreichs. Ein jüdischer Ministerpräsident hatte die Nation an den Rand des Abgrundes gebracht; was man nun dringend brauchte, war ein starker Mann. Man wünschte ihn sich einerseits brutal, andererseits auch versöhnlich; er sollte die Streiks verhindern – wenn nötig, auf die Arbeiter schießen lassen; mit Nazideutschland aber gute Freundschaft halten. Jüdische Intriganten beabsichtigten, la douche France in den Krieg zu zerren – angeblich um die Tschechen zu retten, in Wahrheit wegen der jüdischen Interessen. Die jungen Herren waren sehr ergrimmt. (V 559)

Wenn Klaus Manns Protagonisten im *Vulkan* Paris verlassen, endet auch für Paris die Karriere als Handlungsort. Wehmütig blickt man wie die Baronesse in *Le Dernier Cri* auf Paris zurück (vgl. S 161). Auch Catherine sitzt eine zeitlang niedergeschlagen in einem französischen Restaurant und erinnert sich an ihre Zeit in Paris und an ihren inzwischen gefallenen französischen Ehemann Gaston:

> Denn er *glaubte* an die Sache, für die er kämpfen sollte. Viele seiner Freunde glaubten nicht daran, aber *er* tat es, und ich tat es auch. Ja, wir beide glaubten an Frankreich – mit Leidenschaft, ohne Einschränkung. Wir waren felsenfest überzeugt, daß Frankreich kämpfen und siegen und die unterdrückten Völker Europas in eine bessere Zukunft führen würde. Manchmal überkamen mich Zweifel, aber ich war sicher, sie unterdrücken zu müssen, Gaston zuliebe. (S 172)

Marions Gelöbnis wiederzukommen, wird von ihren literarischen NachfolgerInnen nicht eingelöst. Im Werk Klaus Manns hat Paris seinen Reiz als Stadt der Kunst und Literatur, als Stadt der Menschenrechte und der Freiheit eingebüßt. In *Treffpunkt im Unendlichen* bleibt Sylvesters Traum von Paris als Zentrum von Europa unerfüllt.

Paris als Ort der Kunst, Paris als Ort des Exils – fußend auf seinen eigenen Erfahrungen gelingt es Klaus Mann, individuelle Parisbilder entstehen zu lassen bzw. die traditionellen Bilder von Paris als Zentrum europäischer Kunst und als Asylland – zu dem es etwa 1848 für deutsche Demokraten wurde – fortzuschreiben, ihnen eine eigene Note zu geben und sie zu demontieren. Darüber hinaus bedient sich Klaus Mann eines weiteren Parisbildes, das im Gegensatz zu den anderen ein viel benutztes Symbol ist: Paris als Stadt der Liebe.

Marie Heilmann liebte in Paris (vgl. *KdZ* 89). Das Mädchen Billy gesteht in *Gegenüber von China* ihrem Mitstudenten Jacky: „Wir wollen durchbrennen, Engel. Ich bin so verrückt nach dir. Wohin du willst. Nach Paris. Ich opfere alles für dich." (*SE* 170) In *Treffpunkt im Unendlichen* singt Sebastian „Paris, je t'aime d'amour" (*TiU* 48), Geheimrat Bayer hält sich Grete in Paris als Liebhaberin (vgl. *TiU* 139f.), und aus Annemarie, dem braven deutschen Mädchen, das Sebastian auf seiner Hinfahrt im Zug kennen lernt, wird in Paris eine Hure:

> Ihm fiel auf, daß sie im Gesicht magerer geworden war, dadurch wirkte ihr Mund voller, sie schminkte ihn auch stärker als damals. Um ihre wasserblauen Augen lagen ganz helle Schatten –, ‚taubengraue Schatten', dachte Sebastian. Das graue Kleidchen, das sie trug, war zu eng und sehr abgetragen. Aber das grellrote Halstuch saß schmissig. ‚Sie hat gelernt', dachte Se-

bastian. ‚Ja, sie hat inzwischen mit recht vielen Männern geschlafen, mit einigen für Geld und mit anderen zu ihrem Vergnügen. Ich taxiere: mit zwanzig bis dreißig. Als ich sie kennenlernte, war sie noch Jungfrau. – –' Nach dem dritten Pernod Fils fragte er sie: ‚Mit wieviel Männern haben Sie inzwischen geschlafen?' ‚Mit vierundzwanzig', sagte sie und lächelte schüchtern. (TiU 245)

Neben Paris wählt Klaus Mann weitere, hauptsächlich südfranzösische Orte, in denen er seine Erzählungen und Romane stattfinden lässt. Ihnen ist bis auf wenige Ausnahmen – Tschaikowsky etwa besucht sein Kindermädchen Fanny Dürbach in Montbéliard (SP 346ff.) – gemein, dass sie von Klaus Mann bereist wurden. Die Erzählung *Abenteuer eines Brautpaares* (1929) spielt u.a. in Marseille, ebenso *Treffpunkt im Unendlichen* (vgl. TiU 210), worin auch Nizza eine Rolle spielt. Rut und Ken verlieben sich in der gleichnamigen Erzählung ebenfalls in Südfrankreich, wo auch die schauspielernden Geschwister der Erzählung *Schauspieler in der Villa* (1930) „den Rest ihrer Vakanzen" (MS 282) zu verbringen pflegen. Auch *Schmerz eines Sommers* und *Une Belle Journée* spielen an der französischen Mittelmeerküste. In *Mephisto* wird Südfrankreich als ein Zentrum des deutschen Exils dargestellt. So wohnt Barbaras Vater „in einer südfranzösischen Stadt am Mittelmeer" (M 316), ebenso wie Theophil Marder und seine Frau Nicoletta (vgl. M 319). Martin und sein Freund Kikjou reisen in *Der Vulkan* nach Villefrance (vgl. V 238). Die südfranzösischen Küstenstädte ergänzen das Bild von Frankreich als Land der Liebe und der lasterhaften Sexualität. So zeigt Rut in *Rut und Ken* einer Bekannten eine Hafenbar, „wo sonst nur amerikanische Matrosen mit südfranzösischen kleinen Dirnen tanzten." (MS 254) Marseille ist nicht nur in *Abenteuer des Brautpaars* auf „das Bordellviertel hinter dem Hafen" (MS 207) reduziert, in das u.a. auch Richard Darmstädters Freund Tom in *Treffpunkt im Unendlichen* (TiU 206) verschwindet. In *Schmerz eines Sommers* bedauert der Erzähler, bei einem Ausflug nach Toulon nicht dabei gewesen zu sein:

> [M]an war in fünf verschiedenen Bordellen und tanzte mit allen besoffenen Matrosen; in einem machte eine Hure große Eifersuchtsscene, weil so ein Zuhälter die Augen nicht mehr von Irene lassen konnte. (MS 306)

Neben der sexuellen Lasterhaftigkeit werden Marseille und die anderen französischen Städte als Orte, an denen Rauschmittel konsumiert werden, vorgestellt: So nehmen Martin und Kikjou in Villefrance Drogen ein (vgl. V 238), und der Entwurf für die Erzählung *The Cage* von 1949 wählt für das Thema des Drogenentzugs Cannes als Handlungsort[713].

Wenn Frankreich – wie der zweite Teil dieser Arbeit vorschlägt – für die homosexuelle Identität Klaus Manns eine äußerst bedeutsame Rolle spielt, und wenn das Leben bzw. Nichtleben von Homosexualität in seinem literarischen Werk ein durchgängiges und zentrales Thema ist, stellt sich die Frage, ob Frankreich von seinen homosexuellen Charakteren als ein Ort erfahren wird, an dem sie ihre Homosexualität freier ausleben können.

---

[713] Vgl. Klaus Mann: *The Cage*, KMA.

Der fromme Tanz gilt, da er die Liebe eines jungen Mannes zu einem anderen ohne Vorurteil thematisiert, als eine der ersten deutschsprachigen Erzählungen, die Homosexualität nicht mit Tod verbinden, wie es noch Klaus Manns Vater in *Tod in Venedig* konzipierte; der Held der Erzählung

> gab sich dieser Liebe ganz hin, die er nicht als Verirrung empfand. Ihm kam es nicht in den Sinn, sie vor sich zu leugnen, sie zu bekämpfen als ‚Entartung' oder als ‚Krankheit'. [...] Gut hieß er diese Liebe vielmehr ganz und gar, er lobte sie, wie alles, was Gott gab und verhängte – sei es noch so leicht oder schwierig zu tragen. (*FT* 152)

Anders als in Berlin, wo die Liebe zu einem anderen Mann als Thema in Pensionszimmern, schummrigen Kabaretts oder in privater Zurückgezogenheit gefühlt und benannt wird, darf sie in Paris auch an öffentlichen Orten gezeigt werden. So spazieren Niels und Andreas nachts „Arm in Arm" (*FT* 181) durch die Hallen von Paris:

> Aber dann treten die beiden auf den Platz, der unnatürlich hell im Licht der Bogenlampe liegt. Sie bleiben beide einen Augenblick stehen, als zweifelten sie an der Wirklichkeit dessen, was sich ihnen zeigt. Das ist ja wie eine kleine verzauberte Handelsstadt, in der nächtlicherweise die Hände sich im grellen Licht zwischen bunten Früchten und Gemüsen regen. O märchenhafte Geschäftigkeit. (*FT* 180)

In dieser unerwarteten, mit einer Märchenwelt verglichenen, aber doch wirklichen Welt, die sich nicht durch Schwummrigkeit oder Dunkelheit, sondern durch Helle und Schönheit auszeichnet, in der Andreas und Niels als Paar gesehen werden, kauft Andreas Blumen für seinen Geliebten. Anstatt sich ablehnend zu äußern, entzücken sich die Verkäuferinnen:

> ‚Ah – les deux flaneurs!' rufen sie lustig, ‚voilà les deux flaneurs!' und lachen runzlig, während sie die roten, gelben und blauen Blüten anpreisend schwenken. Aber eine besonders Schlaue und Neckische ruft mit schelmischer Frage: ‚Ou *un* flaneur avec son bel ami?' – und biegt sich vor Lachen. – Und der Schutzmann selbst, der in prächtiger Stattlichkeit zwischen den Körben steht, führt die Hand an die Mütze, und leutselig konstatiert er: ‚Ah – on s'amuse à notre Paris –.' (*FT* 182)

Nicht nur die geschäftstüchtigen Verkäuferinnen, die das (arbeitende französische) Volk repräsentieren, sondern auch der für die gesellschaftliche Ordnung stehende Schutzmann zeigt sich tolerant und sogar wohlwollend, wenn ein mannmännliches Liebespaar durch das Zentrum, den „Bauch von Paris" (*FT* 179) flaniert. In seinem ersten längeren belletristischen Text bietet Klaus Mann somit seinen homosexuellen Helden und Lesern Paris als Ort der homosexuellen Liebe an. In *Treffpunkt im Unendlichen* bevorzugt Richard Darmstädter als junger Homosexueller die Hotelzimmer in Paris und Südfrankreich als Lebensort, und es ist in Paris, wo er den einzigen Versuch unternimmt, mit dem heterosexuellen Deutschen Tom zu schlafen, den er liebt und den er aushält. Auch für Peter Tschaikowsky ist Paris ein wichtiger Ort, um seine Homosexualität zu erfahren. In *Symphonie Pathétique* erinnert er sich an seine Jugendliebe Apuchtin, den er als „finsteren Engel" (*SP* 161) liebte und der von ihm einst gefordert hatte:

> Wir wollen nie Frauen lieben – versprich es mir, Pierre! Es ist albern, Frauen zu lieben, es gehört sich nicht für unsereinen, das überlassen wir den Spießern, die Kinder bekommen wollen. Wir lieben nicht, um Kinder zu bekommen, wir machen nicht ein so gemeines Geschäft aus der Liebe. Ohne Zweck wollen wir lieben – ohne Ziel müssen wir lieben. (*SP* 161f.)

Inwieweit Tschaikowsky seine Liebe mit Apuchtin in Russland auch sexuell lebt, lässt Klaus Mann im Halbdunkel. Ein dem obigen Schwur angefügtes „Ist es dir angenehm, kleiner Pierre", suggeriert es. Zwei Seiten danach wird von Tschaikowskys erster Auslandsreise erzählt, die er als Begleiter und Dolmetscher eines früheren Geschäftsfreundes seines Vaters im Jahr 1861 unternommen hatte:

> Die Reise verlief nicht angenehm: in Paris kam es zu einem Auftritt, schließlich zum definitiven Bruch mit dem Herrn, der außer den Dolmetscherdiensten auch noch andere von seinem Begleiter erwartete, die Peter Iljitsch in diesem Fall und unter solchen Umständen ekelhaft waren. (*SP* 163)

Nicht in dem zuvor besuchten Berlin oder in Hamburg, sondern im freizügigeren Paris versucht der ältere Mitreisende, den jungen Peter Tschaikowsky zu sexuellen Handlungen zu verführen, die diesem eigentlich – das sagt das Zitat explizit – gefallen. Als er später und innerhalb der Handlungszeit wieder nach Paris kommt, zieht es ihn auf den Montmartre, wo er einen Jungen sieht, der ihn an Apuchtin erinnert und den er deswegen verfolgt. Zwischen Todes- und Erotikphantasien schwankend, überlegt er, den Jungen mit ins Hotelzimmer mitzunehmen (vgl. *SP* 200).
Im *Vulkan* lässt Klaus Mann den deutschen Emigranten Martin Korella in Paris seine große Liebe finden. Er und sein (nicht französischer) Freund Kikjou erleben eine intensive Beziehung:

> Monoton zugleich und dramatisch bewegt verlief das Leben der beiden Knaben, Martin und Kikjou. Immer noch bewohnten sie miteinander das zu teure Atelier, Rue Jacob, mit dem schönen Blick aus dem großen Fenster über die Dächer und die winkligen Straßen des Quartiers. Immer noch vergingen ihnen die langen Nächte mit den Gesprächen und den Liebkosungen; die kurzen Tage aber verschliefen sie beinah ganz. Dazwischen gab es Szenen, Auftritte mit Tränen, Schreien und wilden Worten. Manchmal trennten sie sich; aber niemals länger als für einige Wochen: [...] Martin blieb – und eines Tages trat auch Kikjou wider ein, das lieblich-bleiche Affengesichtchen starr vor Zärtlichkeit, Hysterie und einer Freude des Widersehens, in die sich Verzweiflung mischte: ‚Me voilà, da bin ich wieder, alles kann von vorne anfangen – wir kommen von einander nicht los.' (*V* 234)

Die Städte der französischen Rivièra ermöglichen nicht nur den heterosexuellen Figuren Klaus Manns sexuelle Abenteuer, sondern bieten sich auch für den schnellen schwulen Sex als erste und, neben Paris, als einzige Adresse an. In

Abenteuer eines Brautpaars (ver-)kleidet sich Jaks Freundin Gert eines Abends in Marseille als „unternehmungsfroher junger Engländer" (*MS* 207) und besucht „das Bordellviertel hinter dem Hafen [...] Da sie sich spröde gegen Damen zeigt, machen ihr die schmutzstarrenden Lustknaben Angebote." (*MS* 207f.) Richard Darmstädter, der in *Treffpunkt im Unendlichen* mit seinem heterosexuellen Liebhaber Tom in Nizza urlaubt, bekommt hier Selbstbestätigung:

> Auf der Promenade war es ziemlich leer. Vor dem Kasino standen sich in zwei langen Reihen Automobile gegenüber. In der Nähe des Kasinos lungerten ein paar Burschen herum; zwei Matrosen, ein Soldat, zwei Burschen mit Mützen, Zigarettenstummel im Munde, ohne Kragen. Einer pfiff leise durch die Zähne Richard zu. (*TiU* 207)

In *Schmerz eines Sommers* ist ein unweit von Marseille gelegener Ort der Schauplatz für allerlei lesbische Liebesverwicklungen, an deren Ende der ältere Schriftsteller, dessen Tagebucheintragungen die Erzählung bilden, seine Frau Irene an Berta verliert, die es vorzieht, Peter oder Pierre genannt zu werden (vgl. *MS* 296). Auch Martin und Kikjou reisen als Paar in *Der Vulkan* nach Villefrance (vgl. *V* 238) und empfehlen damit Südfrankreich als Reiseziel schwuler Männer, die vergleichsweise offen ihre Liebe zeigen wollen.

Das im literarischen Werk Klaus Manns dargestellte Paris und Südfrankreich des 19. Jahrhunderts, vor allem aber der zwanziger und dreißiger Jahre, ist demnach ein Ort, wo Homosexuelle als zahlende, in Hotelzimmern und Ferienwohnungen wohnende Fremde nicht nur ohne Diskriminierung leben können; Klaus Manns homosexuelle Charaktere werden kein einziges Mal aufgrund ihrer Homosexualität benachteiligt, sondern allenfalls als deutsche „Boches" (*V* 19, 28f.). Speziell die südfranzösischen Städte Marseille, Cannes, Nizza und Sanary werden dem Leser als Orte für schnelle homosexuelle Abenteuer angedient.

Die französischen Kollektivsymbole, die sich in Deutschland über die letzten Jahrhunderte konstituieren, bilden auch die Grundlange für Klaus Manns Frankreich-Diskurs. Konstant greift er bei der Darstellung Frankreichs auf die Zuschreibungen zurück, die während seiner Jugend in Deutschland das Bild von Frankreich und den Franzosen zeichnen. Die französische Sprache nutzt Klaus Mann meist, um die Liebe oder das sexuelle Verlangen einer Figur stärker herauszustellen. Darüber hinaus dient sie ihm dazu, sich als frankophiler, intellektueller, dem Bildungsbürgertum zuzuordnender junger Schriftsteller auszuweisen. Die Häufigkeit französischer Sentenzen und der zumeist positive Inhalt, den das auf Französisch Geschriebene transportiert, die französische Literatur, in der Klaus Manns Helden ihre Vorbilder finden, sowie die französischen Orte, die von ihnen in fast jedem Text gezielt aufgesucht werden, tragen dazu bei, dass in der Gesamtheit das Frankreichbild in Klaus Manns literarischem Werk positiv ist. Dem gegenüber steht das negative Bild, dass er von den Franzosen vorstellt. Anstatt ein positives, seiner Frankreichliebe gemäßes Bild zu entwerfen, anstatt differenziertere, individuellere Figuren zu gestalten, die man aufgrund seiner häufigen Kontakte mit Franzosen doch erwarten könnte, lässt Klaus Mann kein negatives Klischee aus, um den Franzosen als hässlichen, schwachen, feigen, faschistischen Hitlerverehrer und die Französin als alternde, lüsterne Hure vorzustellen und beide als Staffage zu benützen. Seine Vorstellung von Frankreich als bedeutendste Kulturnation und als Land der Literatur transportiert Klaus Mann nicht mittels seiner französischen Charaktere, sondern vielmehr durch seine nichtfranzösischen Protagonisten. Sie sind es, die das Frankreich leben (wollen), das sich ihnen als Ideal eingeprägt hat. So sind es nicht die Franzosen, die Frankreich zum Zentrum der Emigration machen, sondern es sind die Emigranten, die den Glauben haben, Frankreich sei als Land der Demokratie und Menschenrechte Heimstatt für politisch und rassistisch Verfolgte. Die stereotypisch dargestellten Franzosen tragen dazu bei, dieses Klischee von Frankreich als Exilland zu demontieren. In einem Fall jedoch gelingt es Klaus Mann, ein neues Bild zu entwerfen: Frankreich als Ort der Liebe. Zunächst greift er dabei zwar auf ein ebenfalls stark strapaziertes Frankreichbild zurück, aber er erweitert es um den Aspekt der Homosexualität. Dass vor allem seine homosexuellen Protagonisten in Frankreich einen Lebensort finden, den Klaus Mann damit seinen homosexuellen Lesern empfiehlt, deutet zudem darauf hin, wie erheblich die Homosexualität als Motivation für Klaus Manns Frankreichliebe ist.

4.2.3 Deutschland und Frankreich – Das Eine und das Andere?

Ist Deutschland Klaus Manns Heimat? Ist es durchgängig, pauschal Heimat, so dass es als „das Eigene" bezeichnet werden kann und Frankreich als „das Fremde"? Welches Deutschland ist seine Heimat? Ist es in seiner Jugend das Kaiserreich, identifiziert er sich mit dem Deutschland der Weimarer Republik, dem deutschen Exilmilieu? Im Falle Klaus Manns, der sich die meiste Zeit seines Lebens als Außenseiter erfährt, der versucht, seine Identifikationen mit Deutschland in den zwanziger Jahren zugunsten einer europäischen Identität und in den vierziger Jahren zugunsten einer US-amerikanischen Identität aufzulösen, erscheint es problematisch, von Deutschland als „dem Eigenen" zu sprechen.
Es wird deshalb hinsichtlich der Deutschland- und Frankreichbilder Klaus Manns vorgeschlagen, diese nicht als „Eigenes", als „Autoimage", und als „Heteroimage", als „Fremdbild"[714] zu kennzeichnen. Stattdessen soll vom „Einen" und vom „Anderen" gesprochen werden, um die wechselseitige Beziehung deutlich zu machen. Das „Eine" und das „Andere" können sich gegenüberstehen, aber auch nebeneinander existieren. Das „Andere" konstituiert sich demnach aus dem „Einen": Indem Klaus Mann sich in Deutschland als Außenseiter fühlt, motiviert er das „Andere" für sich. In seiner Belle-tristik exemplifiziert er das Changieren der Entitäten. „Sie sind im Geist eine Französin" (KdZ 89), lässt er den Wagnerinterpreten Nimmann zu Marie Heilmann als Jugendlicher sagen. Sylvester, der junge Schriftsteller aus Osteuropa und Visionär eines unter Frankreich geeinten Europas, bemüht sich erfolgreich um die französische Staatsbürgerschaft, so sehr empfindet er sich in der französischen Literatur und Kultur zu Hause: „Seit ein paar Wochen bin ich naturalisierter Franzose" (TiU 241), erklärt er Sebastian stolz. Wie das Verhältnis Deutschlands und Frankreichs zueinander im belletristischen Werk Klaus

---

[714] Heddrich unterscheidet in ihrer Dissertation von vornherein zwischen Fremd- und Eigenbild. (Vgl. Gesine Hedrich: *Deutschland und Frankreich als Hetero- und Auto-Image*, a. a. O., S. 17.)

Manns dargestellt ist, in welcher Beziehung sie stehen, das soll im Folgenden untersucht werden.

Die deutsch-französische Gegnerschaft während des Ersten Weltkriegs, die Klaus Mann als Kind und Jugendlicher erlebt und in seinen Autobiographien durch die Aufzeichnung seiner Erfahrungen thematisiert, ist auch in seinem belletristischen Werk Thema. Erstmals taucht es in *Der fromme Tanz* auf, in dem sich die Russin Fräulein Franziska an ihre Kindheit erinnert:

> Mein Vater war Russe, meine Mutter war Spanierin [...]. Wir blieben in Wien bis zum Jahr 1912, dann verzogen wir nach Paris. Ich war damals ein kleines Mädchen von elf Jahren [...]. In Paris war es schön. Wir bewohnten ein Haus in vornehmer Gegend und meine spanische Mutter machte großen Betrieb [...]. Als wir zwei Jahre in Paris gelebt hatten [...], brach dieser Krieg aus. Ich war dreizehn damals, und worum es sich handelte, ahnte ich nicht. [...] Die erste Woche nach dieser Kriegserklärung verbrachten wir in unserem Haus mit Zittern und Zagen. Es wurde uns streng verboten auf die Straße zu gehen, ohne daß ich begriff warum, und kein Mensch kam zu uns zum Besuch. Meine schöne Mutter weinte den ganzen Tag, und mein Vater ging mit langen Schritten im Zimmer auf und ab. Ich erinnere mich noch, daß er sagte, jetzt werde wohl auch bald ein blutiges Schwert am Himmel erscheinen. – Inzwischen war es geschwind bekanntgeworden, daß wir Österreicher waren. Als wir alle in einem Zimmer beisammen saßen, hörten wir, wie der Pöbel sich vor unseren Fenstern sammelte. Ich habe noch den Laut im Ohr, mit dem die Gassenjungen schrien: ‚Il faut tuer les boches – il faut tuer les boches!!' Meine Mutter verfiel sofort in Krämpfe und unten rüttelte man schon an der Haustür. Die Steine klapperten und klirrten so gegen die heruntergelassenen Jalousien. Bei jedem Anprall zuckte und wand sich meine Mutter nur noch heftiger. Mein Vater – ich weiß heute noch nicht, was er damit beabsichtigte – trat plötzlich auf den kleinen Balkon und wollte zu diesen Leuten reden. ‚Nous ne sommes pas de boches!' rief er immer wieder und hob auf seinem Balkonchen abwehrend die Arme. Aber als stupide, wütende Antwort kam nur immer wieder dieses: ‚Il faut tuer les boches – il faut tuer les boches!' zurück. Ein Stein traf ihn gegen die Stirn. Er taumelte blutüberströmt ins Zimmer zurück, seine ganzen Augen standen voll Blut, wir dachten zuerst, er wäre erblindet.
> [...] Ich wurde von meinem Vater und vom kleinen Alexander getrennt und kam mit Mutter ins Frauenlager. Ich habe weder meinen Vater noch meinen Bruder jemals wiedergesehen. Alexander starb, wie ich erst viel später erfahren habe, an irgendeiner verschleppten Krankheit und Vater sehr bald, wahrscheinlich infolge seiner schrecklichen Kopfwunde. [...] Eines Tages wurden wir Frauen nach Wien zurückgeschafft. [...] Außerdem behandelte man uns hier fast so schlecht wie in Frankreich, weil man uns für russische Feinde hielt. (*FT* 127ff.)

Anhand der Erlebnisse der russisch-österreichischen Franziska zeigt Klaus Mann sehr deutlich, welche privaten Auswirkungen das politische Ereignis des Krieges zwischen Deutschland und Frankreich hat.

In der 1929 verfaßten Erzählung *Das Leben der Suzanne Corbière* wird die Protagonistin Suzanne zu Beginn des 20. Jahrhunderts in einem Internat, das Napoleon gegründet hatte, zu einem Musterexemplar der französischen Frau erzogen. Das Ziel dieser Erziehung ist folgendes:

> Die Begriffe, für die sie sich zu begeistern hatten, waren ihnen genau vorgeschrieben, ebensosehr jene, die sie hassen mußten. ‚La France' und ‚la gloire de la France' erweckten ihren Enthusiasmus vorschriftsmäßig; ferner die Mutter Gottes und das Jesuskind. Verabscheuungswürdig aber waren: die Atheisten, die Protestanten, die Deutschen. (vgl. MS 234)

Für die nationalistischen, konservativen Kreise in Frankreich ist demnach das protestantische Deutschland der Gegner, gegen den man sich verteidigen muss. Klaus Manns Polarisierung thematisiert eindeutig den Mechanismus bzw. die Funktion von Fremdbildern, das Eigenbild positiv zu definieren und zu erhöhen. Er veweist damit auf die Spiegelfunktion beider Länder um die Jahrhundertwende.

Nach der Schule lernt Suzanne ihren späteren Ehemann kennen, der sie zu einer „typische[n]" Vertreterin vom linken Flügel der aufgeklärten, atheistisch-literarischen Bourgeoisie" (*MS* 237) erzieht. Er führt ihr „die Reichtümer der französischen Kultur" (*MS* 236) vor, liest mit ihr deutsche Philosophen (vgl. *MS* 237) und lässt sie wissen, dass „‚la gloire de la France' nichts als [eine] unbedeutende Phrase[n]" sei (*MS* 237). Ihre früheren nationalistischen, deutschfeindlichen Vorstellungen von Frankreich überwindet sie schließlich. Zu Beginn des Ersten Weltkrieges ist es jedoch eine andere Vorstellung von Deutschland, die ihren Ehemann auf einmal gegen den Nachbarn einnimmt und ins Feld ziehen lässt: „‚Es geht um den Sieg der Zivilisation!', erklärte er immer wieder, ‚um die Idee der Demokratie!'" (*MS* 238). Obwohl er sich in den Jahren zuvor als aufgeklärter Intellektueller gibt, verfällt er nun – entgegen seinen eigenen Erfahrungen – einem französischen Nationalismus, der Frankreich als Hort der Zivilisation und Demokratie und Deutschland dementsprechend als sein Gegenteil, als barbarische, rückständige Monarchie deklariert. Klaus Mann thematisiert hier zum einen die Vielschichtigkeit der Vorstellungen von anderen Nationen, die sich innerhalb von wenigen Jahren umkehren können: Aus dem im Gegensatz zu den katholischen Franzosen fortschrittlichen protestantisch-atheistischen Deutschen werden rückständige Barbaren. Hier zeigt er, wie inhaltsleer und austauschbar diese Bilder sind, solange sie nur dem Ziel dienen, das Andere zum Feind zu erklären. Zum anderen gibt Suzannes Mann ein Beispiel dafür, wie auch Intellektuelle einem plumpen Nationalismus verfallen können, wenn sie nur genügend dazu motiviert werden. Suzanne versteht ihren Mann nicht, der letztlich wegen seines negativen Bildes von Deutschland in den Krieg zieht und 1916 fällt (vgl. *MS* 238). Sie hatte ihn zuletzt vom Wesen her als Protestanten (vgl. *MS* 237) und damit eigentlich als „deutsch" eingeschätzt.

In dem ebenfalls 1929 verfassten Schauspiel *Gegenüber von China* ist es zum ersten Mal ein Deutscher, aus dessen Perspektive Klaus Mann das Frankreichbild bestimmter deutscher Kreise vorstellt. „Nicht wir, sondern die Franzosen sind vom Alkohol verseucht" (*SE* 156), verwehrt sich der in einem amerikanischen College gastierende deutsch-nationale, gegen „pazifistische Schlappschwänze bei uns zu Hause" (*SE* 155) wetternde Graf von Turnen. Mit seiner Franzosenfeindlichkeit ist die Figur des von Turnen bis 1933 allerdings eine

Ausnahme in Klaus Manns Werk; in der Regel handelt es sich bei seinen Charakteren bis in die Nebenfiguren hinein um frankophile Deutsche.
Gesteht man Klaus Manns Protagonisten die freie Wahl ihres Aufenthaltsortes zu, versteht man Deutschland und Frankreich als Handlungsortangebote, dann konkurrieren Deutschland und Frankreich um die Gunst der Charaktere. In *Treffpunkt im Unendlichen* sind es die deutsche und die französische Hauptstadt, in der bedeutende Teile der Handlung spielen. Auffallend dabei ist, wie unterschiedlich motiviert, aber eindeutig sich Erzähler und Figuren für Paris entscheiden und letztlich dafür werben. Sebastian, der Schriftsteller und Journalist, reist von Berlin nach Paris. Da ihn keine äußere Verpflichtung in Berlin hält noch nach Paris ruft, ist davon auszugehen, dass es einer persönlichen Vorliebe entspringt, sich für Paris zu entscheiden. Als er dort sein Hotelzimmer bezieht, singt er glücklich „Paris, je t'aime d'amour" (*TiU* 48). Sebastian ist nicht der einzige, für den Paris und nicht Berlin als Stadt der Schriftsteller und Kultur besonders geeignet scheint. Seinen Freund Sylvester trifft er in Paris und nicht in Berlin, und auch an zwei deutschen Malern (vgl. *TiU* 103) geht er vorbei, die mit ihrer Anwesenheit auf die Stellung von Paris als internationales Zentrum der Malerei hinweisen. Wenn Sebastian über seinen Künstlerfreund Gregor Gregori nachdenkt:

> Weltruhm wird er sich doch nie erwerben [...]. Mit Ballettfilmen kann man nicht ewig interessieren, und die Schauburg ist eine Berliner Lokalsensation. Wer kennt in Paris Gregor Gregori? (*TiU* 151),

dann wird deutlich, dass Paris und nicht Berlin die Bühne ist, auf der ein Künstler wirkliche Bedeutung erlangt. Berlin ist die Provinz, der es allenfalls vergönnt ist, Künstlergeschichten aus Paris zu hören: Auf dem in Berlin stattfindenden Fest des Bankiers Bayer versucht sich Bob in Szene zu setzen, indem er über englische Sportveranstaltungen und Pariser Literaturklatsch zu berichten weiß (vgl. *TiU* 55f.).
Im dritten Kapitel von *Treffpunkt im Unendlichen* laufen zwei Handlungen parallel. Die eine spielt in Paris, die andere in Berlin: In Paris beginnt Sebastian seinen Abend, indem er mit Sylvester in einer russischen Studentenkneipe speist und über Europa redet. Dann flaniert er auf den Boulevards und lässt sich im Café du Dome von Greta mitnehmen, einer reichen polnischen Jüdin (vgl. *TiU* 75f.), die mit ihm eine Autofahrt durch das nächtliche Paris unternimmt: „Drüben öffnete sich die von Bogenlampen umglänzte Weite der Place de la Concorde" (*TiU* 95), auf den Champs Élysées fahren sie „an den Luxushotels und an den beleuchteten Schaufenstern der großen Autofirmen vorbei". Von der Avenue heißt es: „Die Häuser traten vornehm von der Straße zurück, Gärten verbargen ihre eleganten Fronten." Paris ist also erstens der bevorzugte Ort für Schriftsteller und Künstler, zweitens wird durch die Autofahrt die Größe, Weite und Eleganz der Stadt vorgestellt.
Berlin, wo Sebastians Freundin Sonja den Abend verbringt, wird nicht durch eine seine Weite und Größe feiernde Spazierfahrt vorgestellt. Stattdessen muss sich Sonja mit den Räumen des älteren Bankiers Bayer begnügen, der ein mondänes internationales Fest auszurichten versucht. Als Stadt der Liebe ist Berlin nicht sonderlich geeignet: Während Sebastian in Paris mit Grete Sex hat, scheitert die Beischlafsabsicht von Sonja und Bayer an der Anwesenheit von

Bayers Frau (vgl. *TiU* 94). Bayer kommt jedoch an einem anderen Ort auf seine Kosten: Kurze Zeit nach seinem Fest reist er nach Paris, wo er sich Greta als Liebhaberin hält. Paris und nicht Berlin wird somit zur Stadt, in der sexuelle Phantasien gelebt und geträumt werden:

> Gegenüber lag, von einer unsichtbaren Glorie des Reichtums, des internationalen Klatsches und der mondänen Geld- und Liebestragödien umgeben, das Ritz. – Geheimrat Bayer, plumper und schwerer Berliner Geschäftsmann, dachte an Proust und an lauter zarte und anrüchige Dinge. (*TiU* 140)

Bereits zu Beginn des Romans wird Paris als Ort vorgestellt, wohin man „zu den Abenteuern" (*TiU* 13) fährt, und von Annemarie, dem braven, verschüchterten Mädchen, das Sebastian auf seiner Zugfahrt nach Paris kennen lernt, erfährt man später, dass es in Paris in kurzer Zeit bereits mit vierundzwanzig Männern geschlafen hat (vgl. *TiU* 245).
Größer, weiter, eleganter, schöner, freier und aufregender, gegen Paris hat Berlin wenig Chancen. Wer dort bleibt – wie Gregor Gregori – ist provinziell, allenfalls unverdorben wie Annemarie, bevor sie nach Paris ging.

Ab 1933 wird das Leben und Schicksal der deutschen Emigranten zu einem großen Thema in Klaus Manns Romanen und Erzählungen. Das Dritte Reich und das deutsche Exil stehen sich dabei diametral gegenüber, vertreten durch die Exilanten auf der einen und durch die Mitläufer und Nationalsozialisten auf der anderen Seite. Die jeweilige Einstellung zu Frankreich ist dabei ein bedeutendes Mittel zur Charakterisierung der Emigranten einerseits und der Nationalsozialisten und ihrer Anhänger andererseits. Das Gros der vorteilhaft dargestellten Emigranten hat ein positives Verhältnis zu Frankreich, ihre sich im Dritten Reich verortenden Gegenpole zumeist ein negatives.
In *Flucht in den Norden*, in dem die Protagonistin Johanna Frankreich zwar nicht ausdrücklich bejahend, aber sehr aufgeschlossen gegenübersteht (vgl. Kap. 3.3.2), kommt diese Polarisierung durch Ragnar und dessen Bruder Jens zustande. Der in Johanna verliebte Ragnar ist frankophil, liest, ähnlich wie Andreas in *Der fromme Tanz* und Sebastian im *Treffpunkt im Unendlichen*, französische Bücher und war in den zwanziger Jahren oft in Paris. Darüber hinaus versieht ihn Klaus Mann mit Wesenszügen, die als typisch französisch gelten oder direkt mit Frankreich in Verbindung stehen. So hört Ragnar französische Liebeslieder, seine Reisen nach Paris machen ihn zu einem Lebemann, seine Ausführungen über sein Sexverhalten zu einem oberflächlichen, aber erfahrenen Liebhaber (vgl. *FidN* 179f.). Als er sich nach einem Autounfall einen neuen Wagen mieten will, obwohl er nicht das Geld für die Bürgschaft hat, „machte [er] ein stolzes Gesicht und behauptete, sein Name sei wohl Bürgschaft genug" (*FidN* 185), was ihn in die Nähe eines arroganten Aufschneiders bringt. Um weiterhin sein sorgenfreies Leben führen zu können, will er eine gewisse Nancy wegen ihres Geldes heiraten (vgl. *FidN* 189), seine Fähigkeit zu uneigennütziger, bedingungsloser Liebe wird hier anzweifelbar. Und gegen Ende des Romans fragt sich Johanna:

> Konnte aber denn Verlaß auf ihn sein, auf ihn und auf sein unerklärliches
> Herz? Er war launisch und hypochondrisch, nun lag er hier und es häm-
> merte ein bißchen in seinen Schläfen. (*FidN* 214)

Genau wie Ragnars positive Eigenschaften – seine Zuneigung zu Johanna, seine Träumereien, seine Betörungskunst und seine Weltläufigkeit – sind auch seine negativen Wesenszüge mit Frankreich verbunden. Oberflächlichkeit, Aufschneidertum, Arroganz, Selbstmitleid, Treulosigkeit sind in ihrer Gesamtheit typische Bilder, mit denen Franzosen gezeichnet werden. Typisch für Klaus Manns „Franzosen" ist außerdem, dass er ausgesprochen deutschfeindlich ist. Die Deutschen sind ihm

> so lächerlich unbegabt für das Leben, dieses Volk mit seiner dünkelhaften
> Extraproblematik, daß es niemals, niemals eingetreten ist in den Kreis der
> Zivilisation. Das ist der Grund, [...] warum es unsere Zivilisation bedroht,
> zu der es den Zutritt nicht hat. [...] Was für ein Volk! Pfui, es macht ja eine
> große Übelkeit, sich's vorzustellen – ekelhaft ist es, an ihre Tüchtigkeit zu
> denken, die sich immer in den Dienst der Gemeinheit begeben hat, an all
> ihr Talent, das kein moralisches Rückgrad besitzt. (*FidN* 237)

Während Ragnar als deutschfeindlich erkennbar und sowohl im Positiven wie auch im Negativen mit zahlreichen als typisch französisch geltenden Wesenszügen ausgestattet ist, konzipiert Klaus Mann dessen Bruder Jens als literarischen Widerpart (vgl. *FidN* 17). Während Ragnar dunkles Haar und braune Augen hat, wird das äußere Erscheinungsbild seines Bruders dem Schönheitsideal der Nationalsozialisten nachempfunden. Über das Haar und das Gesicht des mit hellblauen Augen bedachten Jens heißt es:

> Nicht sehr angenehm war, daß er sein von Natur wahrscheinlich hübsches
> und lockeres helles Haar zu einer festen und adretten Scheitelfrisur gebürstet trug; seitlich und im Nacken war es mit der Maschine kurz geschoren
> (eigentlich eine deutsche Frisur, dachte Johanna). Sein Gesicht war leicht
> gerötet, kräftig und männlich wohlgebildet, mit einer geraden Nase, einem
> sehr roten Mund und einem energischen, etwas zu schweren Kinn. (*FidN*
> 16)

Jens erkundigt sich „mit misstrauischem Ausdruck" (*FidN* 16), ob Johanna Jüdin sei, liebt im Gegensatz zu Ragnar deutsche Musik, besucht Wagner-Opern (vgl. *FidN* 19) und sympathisiert mit einer rechtsradikalen nationalistischen Partei (vgl. *FidN* 21). Anders als Ragnar ist er arbeitsam und fleißig (vgl. *FidN* 18). Das Brüderpaar steht sich also als Antagonisten gegenüber. Klaus Mann unterstreicht dies, indem er sowohl auf für ihn typische Vorstellungen vom zeitgenössischen Franzosen als auch vom zeitgenössischen Deutschen zurückgreift.

Anders als in *Flucht in den Norden* spielt ein großer Teil von *Mephisto* im (nationalsozialistischen) Deutschland. Frankreichfeindichkeit gehört zum bedeutenden Wesenszug der deutschen, nationalsozialistischen Charaktere: So studiert der Nationalsozialist Hans Miklas „Fest- und Werbespiele mit dem ‚Jungvolk' seines ‚Führers'" (*M* 235) ein. Dabei brüllen die Burschen, daß sie siegreich die Franzosen schlagen und ihrem Führer stets die Treue wahren wollen. (*M* 235)

Der neue Intendant des Staatstheaters in Berlin, Cäsar von Muck, empfängt den aus Paris kurz nach der Machtübernahme zurückgekehrten Hendrik Höfgen feindselig in Berlin:

> ‚In den Stücken Ihres Freundes Marder oder in den Ihnen so beliebten französischen Farcen werden Sie nicht mehr Gelegenheit haben, aufzutreten. Jetzt wird hier weder semitische noch gallische, sondern deutsche Kunst gemacht. Sie werden zu beweisen haben, Herr Höfgen, ob Sie dazu imstande sind. Mir schien, offengesagt, kein besonderer Anlaß zu bestehen, Sie aus Paris wieder hierher zu rufen.' Bei dem Wort ‚Paris' ließ Cäsar von Muck die Augen erschreckend blitzen. (*M* 257)

Den Nationalsozialisten gegenüber stehen die Emigranten, die fast ausnahmslos auf Frankreich als ihren neuen Lebensort bauen. So arbeitet Höfgens Gespielin Juliette in einem Kabarett auf dem Montmartre, seine zeitweilige Ehefrau Barbara sowie Sebastian und Frau von Herzfeld engagieren sich in Paris gegen den Faschismus, während Barbaras Vater, Theophil Marder und Nicoletta sich in Südfrankreich ansiedeln. Auch in seinem zweiten, in der Gegenwart angesiedelten Roman *Der Vulkan* geht die Gleichung, der deutsche Exilant sei frankophil, auf. Marions Verabschiedungsmonolog, als sie Paris verlässt (vgl. *V* 402 und Kap. 3.3.2), zeugt von ihrer großen Paris-Liebe, und Martin Korella sagt über Paris:

> Man hätte sich viel früher dazu entschließen sollen, hier zu leben ... Es ist, wie wenn man einen Menschen, zu dem man ganz passt und mit dem man vielleicht sehr glücklich hätte sein können, etwas zu spät, unter melancholischen Umständen kennenlernt. (*V* 29)

Mit seinem 1935 verfassten Roman *Symphonie Pathétique* und seiner Novelle *Vergittertes Fenster* von 1937 wählt Klaus Mann zwei historische Stoffe, um die Einsamkeit, die Heimatlosigkeit und das Außenseitertum seiner Exiljahre zu thematisieren – Gefühle, die er auch den beiden homosexuellen Künstlern König Ludwig II. von Bayern und Peter Tschaikowsky zuschreibt. Als Komponist und Dirigent reist Peter Tschaikowsky im Laufe der Romanhandlung sowohl nach Deutschland als auch nach Frankreich. Die Erfahrungen seiner Tschaikowsky-Figur, die diese auf ihren Reisen gegen Ende des 19. Jahrhunderts macht, dienen Klaus Mann, seine kritische Einstellung zum zeitgenössischen Deutschland zu transportieren. Besonders deutlich wird dies im Vergleich von Tschaikowskys Berlin- und Paris-Erfahrungen. Klaus Mann beginnt die Handlung, indem er Tschaikowsky im Dezember 1887 nach Berlin reisen lässt. Auf einer ersten Ausfahrt nach dem Tiergarten empfindet er:

> Was für eine Stadt! Die wahre Hauptstadt für dieses triumphierende Land – das gefürchtetste Land des Erdteils, dem niemand ganz traute, das keiner ganz liebte, aber mit dem alle rechnen mußten. (*SP* 33)

Die Menschen, denen Tschaikowsky begegnet, erscheinen ihm bedrohlich, militaristisch, feindselig und kriegerisch:

> Bedrohlich war auch der Blick, den ein Schutzmann unter buschigen Augenbrauen auf den Wagen, den Kutscher und den fremdländischen Herrn warf: der strenge Hüter der Ordnung schien schon beinah entschlossen, diesen melancholisch blickenden Ausländer aus irgendeinem Grunde auf der Stelle zu arretieren. – Eine Schar von Kindern zog singend vorüber, militärisch geordnet in Reih und Glied, und was sie sangen, handelte von der deutschen Ehre und daß man Frankreich bald mal wieder schlagen wollte. [Tschaikowsky] empfand Furcht und Haß. Alles um ihn herum war ihm feindlich. (*SP* 36)

Der Krieg gegen Frankreich, von dem Klaus Mann die Kinder singen lässt, ist in den 1880er Jahren jedoch kein vorrangiges Ziel der Deutschen. Das Bild vom hässlichen, barbarischen, unzivilisierten Deutschen, das Klaus Mann in seiner oben diskutierten Erzählung *Das Leben der Suzanne Corbière* zu noch dekonstruieren versucht, greift er angesichts der Aggressivität des Dritten Reiches wieder auf und versucht – indem er es in die Zeit des ausgehenden 19. Jahrhundert verlegt –, damit die Gegenwart zu erklären. Ein sehr ähnliches Bild wie das der Schar der franzosenfeindliche Lieder singenden Kinder hatte er bereits in dem in der Gegenwart angesiedelten *Mephisto* benutzt, was sich als Beleg für den Gegenwartsbezug von *Symphonie Pathétique* anbietet. Darüber hinaus bedient sich Klaus Mann in *Symphonie Pathétique* weiterer negativer Bilder. So lässt er einen russischen Violonisten bei den Deutschen eine Untertanenmentalität beobachten und kritisieren:

> Man muß bedenken, daß die Deutschen es lieben, sich *alles* vorschreiben zu lassen, auch ihren musikalischen Geschmack. (*SP* 85)

Überdies werden die Deutschen als eingebildet vorgestellt (vgl. *SP* 113 und 120) und abschätzig beschrieben. Tschaikowskys Köchin wird als „fette Deutsche" (*SP* 244) charakterisiert, von dem deutschen Dirigenten und Komponisten Max Bruch, der 1893 bei der Verleihung der Ehrendoktorwürde in Cambridge anwesend ist, heißt es, er „machte keine gute Figur in der mondänen Gesellschaft" (*SP* 363), und Brahms' Körperhaltung hat etwas Behindertes und Plumpes (vgl. *SP* 68). Tschaikowsky empfindet ihn als „selbstgefällige[n] Deutschen", und über Richard Wagner denkt er:

> ‚Warum ist der späte Wagner so unerträglich? [...] Weil sein satanischer Stolz, seine grausige, imperialistische, echt deutsche Hybris sein Talent ganz ruiniert und aufgefressen hat.' (*SP* 134)

Ein weiteres besonderes Merkmal der Deutschen ist ihre Frankophobie. Nicht nur in den Liedern der Kinder entdeckt Tschaikowsky sie, auch Siegfried Neugebauer, der Organisator seiner Deutschlandtournee, offenbart sich als ausgesprochener Franzosenhasser. Als Tschaikowsky in Berlin die Ouvertüre 1812 nicht aufführen will, spricht sich Neugebauer vehement für die Aufführung des Werkes aus:

Sie sollten aber auch auf unsere patriotischen Gefühle Rücksicht nehmen. *Natürlich* hören wir es gerne, wenn die Marseillaise von irgendeiner anderen Nationalhymne besiegt wird, ganz gleich von welcher. (*SP* 29)

Über Brahms heißt es, er spräche die Namen der französischen Komponisten Charles Gounod, Jules Massenet und Camille de Saint-Saëns „mit einer etwas mühsamen, falschen, vielleicht aus Gehässigkeit falschen Betonung" (*SP* 70) aus. Diesen Negativvorstellungen von Deutschland, dem Bild seiner militärisch geprägten Hauptstadt und der frankophoben Deutschen, die sich dem außenstehenden Tschaikowsky aufdrängen, setzt Klaus Mann nur wenig entgegen: Als Bestes von Deutschland erscheint ihm das Leipziger Gewandhaus-Orchester (vgl. *SP* 72), der „Christbaum und die Beethoven-Maske" (*SP* 49); von vielen Deutschen verkannt und angefeindet, fühlt er sich nur von dem jungen deutschen Publikum verstanden (vgl. *SP* 88).
Auch wenn Tschaikowsky überall und damit auch in Frankreich einsam ist und daran leidet, erscheint ihm Frankreich wesentlich positiver als Deutschland. Anstatt Kinder beim Marschieren beobachten zu müssen, wandelt er auf dem Montmartre umher und gibt sich Vergnügungen hin, „die er liebt" (*SP* 195). Während man ihn in Deutschland mit einem temperierten Verständnis geehrt (vgl. *SP* 181) hat, „griff die [Pariser] Gesellschaft nach ihm" (*SP* 181), veranstaltet für ihn Empfänge in den feinsten Häusern und „schwärmt [...] von der französisch-russischen Verbrüderung" (*SP* 182). Trotz aller Oberflächlichkeit – „[f]ür die ernste russische Musik indessen war das Interesse [...] gering" (*SP* 182) – feiert man ihn. Leidet Tschaikowsky unter dem deutschen, offenkundig gegen Frankreich gerichteten Nationalismus, so bemerkt er auch in Frankreich eine Deutschfeindlichkeit. Über Paris heißt es:

Auch hier war die Mode politisch betont, wie in Prag die echte, überströmende Sympathie: Ihre Spitze war gegen das gefährliche Deutschland gerichtet. (*SP* 182)

Das bekommt auch er als Außenstehender zu spüren, denn genau wie man ihm in Deutschland vorwirft, französisch zu sein (vgl. *SP* 186), stellt die Pariser Presse bedauernd fest, „[l']allemand dans son oeuvre domine le slave, et l'absorbe" (*SP* 186). Anstatt sich überall verorten zu dürfen, das Positive aus deutscher und französischer Kultur aufnehmen, umwandeln und damit auch vermitteln zu dürfen, erfährt Tschaikowsky Aus- und Abgrenzung. Indem Klaus Mann ihn in Deutschland soviel Unbehagen spüren lässt, stilisiert er ihn zum sensiblen Vorfühler der Konflikte, die in den Ersten Weltkrieg und später in den Zweiten Weltkrieg münden werden. Deutschland und Frankreich sind nur in der Lage, sich als Gegner zu sehen. Zwar erscheint Frankreich dem Künstler Tschaikowsky angenehmer, erscheint Paris in einem im Vergleich zu Deutschland und besonders zu Berlin freundlicheren Licht, dennoch erfährt er in Paris genauso wie in Berlin, dass Vermittler und Bewunderer beider Kulturen weder in Deutschland noch in Frankreich wirklich Platz und Gehör finden. Zu sehr versuchen die beiden Länder, ihre eigene nationale Größe durch das Infragestellen des Anderen herzustellen.
Die Einsamkeit Ludwigs II., die in der Erzählung *Vergittertes Fenster* von 1937 schließlich in der Gefangenschaft im verschlossenen Zimmer in Schloss Berg

gipfelt, lässt sich als Abkehr von der (deutschen) Gesellschaft begreifen, in der der bayerische König nicht mehr zu leben wünscht. Frankreich, sogar sich widersprechende Frankreichvorstellungen, wird für ihn in Bezug zu Deutschland zum Anderen, im Bezug zu sich selbst jedoch zur Heimat, zum Eigenen. Sich selbst verortet er im Geist klar in der Nachfolge des französischen Königs Ludwig XIV., dessen absolutistische Regentschaft von 1643 bis zu seinem Tod 1715 währte:

> Je suis le Roy, der gesalbte Nachfolger bin ich der schönen großen Herren von Versailles [...]: ich bin immer noch der Gewaltigsten einer auf Erden, dem erhabenen Louis XIV in Ansehen, Charakter und Position auffallend ähnlich. (S 60)

Das zeitgenössische Deutschland, in dem er seine letzten Tage verbringt, wird ihm zum Gefängnis. Als er sich der Kriege erinnert, die während seiner Regentschaft geführt wurden, heißt es über den Deutsch-Französischen Krieg von 1870/71:

> Der andere 1870, *mit* Preußen, gegen das edle Volk der Franzosen geführt, ließ aus dem König in Berlin den sogenannten Kaiser von Deutschland werden. (S 76)

Das „edle" Frankreich ist König Ludwig im Gegensatz zu Preußen so teuer und in allem so vorbildhaft, dass er – der nach Absolutismus strebende Herrscher – zum Schluss sogar noch zum Demokraten wird. Wenige Stunden vor seinem Tod geht er soweit, dass er sich durch die Anerkennung der Republik als zukünftige Regierungsform selbst infrage stellt. Frankreich bleibt damit sogar dann Ideal, wenn man ihm gar nicht folgen kann. „Nein, nein, liebster Doktor", sagt er im Gespräch mit seinem Leibarzt Dr. Gudden,

> Sie sagen, was Sie wollen: die Republik ist die Staatsform, auf die unsere Zeit zudrängt – Frankreich ist, in diesem Punkte, wie immer, der Epoche nur ein wenig voraus. Wir Könige – verstehen Sie mich recht, bester Freund! –, wir Monarchen sind recht eigentlich wandelnde Anachronismen. (S 83)

Im amerikanischen Exil, über zwanzig Jahre nach dem Ersten Weltkrieg und bereits am Anfang des Zweiten, schreibt Klaus Mann 1940 zusammen mit seiner Schwester Erika und Clarence Streit den Drehbuchentwurf *The United States of Europe*. Hierin unternimmt er den Versuch, dem amerikanischen Publikum fiktional „a concrete suggestion for a Federation of European States"[715] zu geben und das aktuelle, durch Nationalismus und den Krieg offenbare Problem Europas zu erläutern. Wie sehr er dieses Problem als ein deutschfranzösisches sieht, zeigt seine Konzentration auf diese zwei Länder. Der Film soll in der Zeit während des Ersten Weltkriegs beginnen. Angesichts seiner

---

[715] Klaus Mann: *Vereinigte Staaten von Europa*, KMA, S. 1. Im Folgenden werden Zitate aus diesem Typoskript durch die Sigle *VSE* und die Angabe der entsprechenden Seitenzahl im Text belegt.

„horrible experiences at the front" (*VSE* 2) bekennt der Protagonist der ersten Szene, der preußische Capitain von Z.,

> any sacrifices we make can only be purposeful if the war leads to a unification of all European states an consequently to a permanent peace. (*VSE* 2)

Die zweite Szene spielt in Berlin im Jahr 1919 im Haus des von Z., der mittlerweile einen Heldentod gestorben ist. Seine Witwe, eine Elsässerin mit deutsch-französischen Eltern, erzieht die beiden Söhne allein. Aufgrund ihrer französischen Wurzeln leidet die Familie, ähnlich wie die von den Franzosen als Deutsche verurteilte, angefeindete und letztlich vernichtete Familie des Fräulein Franziska in *Der fromme Tanz*. Fünfzehn Jahre nach dessen Erscheinen wechselt Klaus Mann die Schauplätze und die Nationalität, um erneut das Phänomen des Rassismus vorzustellen:

> From the conversation of the young sons, we learn that during the war the family had suffered many unpleasantnesses because of their mother's descent. (*VSE* 3)

Auf dieselben fremdenfeindlichen Erfahrungen reagieren die zwei Brüder jedoch vollkommen gegensätzlich. Ernst, der ältere,

> reacts to this – the mixed blood of his mother – and to the death of his beloved father and the defeat of the Reich, with a tremendously heightened and intensified sense of nationality. He is filled with a passion for revenge, the need to avenge the death of his father and thus wipe out the disgrace of the family (his mother's French blood) as well as that of his country. (*VSE* 3f.)

Der jüngere Bruno hingegen

> reacts quite differently to the same set of circumstances. He, too, had idolized his father and is now profoundly moved by his death. But he asks himself: Was this inevitable? Did it have to be? And he takes an oath: It shall never happen again! To the others, he says: ‚The French cannot be so vile, for mother's relatives are also French.' (*VSE* 4)

Ihre konträren Einstellungen zu Frankreich werden somit zum Hauptcharakterzug, aus dem sich alle weiteren Wesenszüge ableiten und auf den sich ihre weiteren Handlungen zurückführen lassen. Zunächst besuchen beide Brüder eine reaktionäre, preußische Militärakademie, in der Frankreich zum Erbfeind stilisiert wird. Dagegen lehnt sich Bruno auf. Ahnend, dass die Übungen und die Erziehung in der Militärakademie der Vorbereitung eines neues Krieges dienen, flieht er und wird schließlich von seiner Mutter auf ein fortschrittliches Gymnasium geschickt, wo er dank eines Lehrers mit dem Pazifismus und den Paneuropa-Ideen in Berührung kommt und deren Anhänger wird.

Während Ernst weiter im Geiste eines militanten Nationalismus erzogen wird, der die Auflösung des Versailler Vertrages durch einen neuen Krieg fordert, und schließlich einer halbmilitärisch-nationalistischen Organisation beitritt, an antifranzösischen Sabotageakten im französisch besetzten Ruhrgebiet teilnimmt und in die Ermordung Walter Rathenaus verstrickt ist, tritt Bruno für die neue Demokratie ein. Als Journalist reist er nach Genua und trifft dort Briand und Stresemann:

> And here he experiences one of the solemn moments in his life: with the French Foreign Minister he discusses the idea of a Pan-Europe and the possibilities of its practical realization. (*VSE* 7)

Sein Aussöhnungswille führt ihn zum Studium an der Sorbonne. Anhand seiner Erfahrungen in Frankreich soll gezeigt werden, dass die Mehrheit der Franzosen für eine Aussöhnung mit Deutschland und für die Vereinigung Europas ist, es jedoch auch eine Minderheit gibt, die den Krieg nicht vergessen kann und Bruno, der sich mit einer jungen Französin verlobt, ihren Hass auf Deutschland spüren lässt. Bei einem Kongress zur Vereinigung Europas in Deutschland treffen die Brüder aufeinander, denn Ernst, mittlerweile Mitglied der SS, stürmt die Veranstaltung, an der Bruno teilnimmt. Die beiden streiten sich, Ernst beschimpft Brunos Frau wegen ihrer französischen Herkunft. Bis zur Machtübernahme Hitlers bleiben Bruno und seine Frau in Berlin, dann fliehen sie nach Paris, wo Bruno die französische Staatsbürgerschaft annimmt. Als Lehrer versucht er, die französischen Kinder davon abzuhalten, die Deutschen zu hassen, von den französischen Intellektuellen und Politikern hingegen fordert er Härte gegenüber Hitler, und mit seinem alten Lehrer erstellt er einen Plan für ein neues vereintes Europa nach dem Fall des Dritten Reiches.

Hatte Ernst Hitlers Machtübernahme zunächst noch gefeiert und in Nazi-Deutschland Karriere gemacht, beginnt er im weitenen Verlauf immer mehr am Nationalsozialismus zu zweifeln. Als Frankreich und Deutschland erneut gegeneinander Krieg führen, desertiert er. Bruno seinerseits kämpft auf der französischen Seite. Schwer verletzt, flüchtet er sich mit ein paar Freiwilligen aus ganz Europa in eine kleine Hütte, wo er auf seinen Bruder Ernst trifft. Beide, nun Krieg und Nationalismus verdammend, versöhnen sich.

In *Der Fromme Tanz* waren die Franzosen die Grausamen, die unschuldige Deutsche anfeinden und sogar umbringen. In den zwanziger Jahren suchen friedliebende Deutsche Paris und Südfrankreich auf, um ihre Weltgewandtheit, ihr Künstlertum und ihre Homosexualität auszuleben, kommen sie Berlin, Hamburg und München in die von ihnen zur Hauptstadt Europas gekürte Metropole und versuchen, ihre Vorstellung von Frankreich, vom Französisch-Sein zu leben. Klaus Manns Frankreichbild dient ihm als positiver Gegenentwurf zu seinem Deutschlandbild, seinem Deutschlandentwurf. Zu Beginn des Exils wird die Frankophilie zur Eigenschaft der Emigranten, die Frankophobie zum Wesenszug der Nationalsozialisten und ihrer Sympathisanten. Die Franzosen jedoch werden zumeist als deutschfeindlich beschrieben, Franzosen und Deutsche sind sich letztlich in ihrem Antisemitismus, in ihrem Nationalismus und in ihrer Sympathie für den Nationalsozialismus durchaus ähnlich. Mit *United States of Europe* zeichnet Klaus Mann am Ende seines literarischen Schreibens denn auch die Bilder von der feindlich gesinnten Umwelt weiter, die den Franzosen in Deutschland und den Deutschen in Frankreich begegnet. Frankreich und Deutschland sind einander immer das Andere, werden sich aber ähnlicher. Nie sind es die Franzosen selbst, die Klaus Mann einen positiven Frankreichentwurf leben lässt, sondern immer die Ausländer. Der Held ist der Deutsche, der Frankreich positiv lebt. Er ist es, der Deutschland und Frankreich in sich zu vereinen mag und der versucht, für eine Verbindung einzutreten. Die Figur des Bruno ist dafür Klaus Manns letzter und deutlichster Entwurf. Er macht sich das Französische zum Eigenen. Er vereint das Eine und das Andere. Sein Ziel ist es, Fremd- und Hassbilder von beiden Nationen zu demontieren und die nationalen Grenzen, die Deutschland und Frankreich trennen, zugunsten einer europäischen Identität aufzugeben. Der letzte Teil des nicht gedrehten Films *The United States of Europe* war gedacht als

> a vision of a happier future: a picture of the United States of Europe in peaceful competition with the other great nations of the world. (*VSE* 14)

5 Ergebnisse

Klaus Manns Beziehung zu Frankreich ist vielseitig. Sie lässt sich durch zeitliche, soziokulturelle, sexuelle und familiäre Umstände und Ursachen erklären. Ihre Wirkung auf Klaus Manns literarisches, essayistisches und autobiographisches Werk ist ebenfalls vielseitig. Mit den drei Teilen dieser Arbeit – der Rekonstruktion der Frankreicherfahrungen, der Bewertung der Homosexualität als bedeutendste Motivation von Klaus Manns Hinwendung zu Frankreich und der Untersuchung der Frankreichbilder in Klaus Manns literarischem Werk – sollte die Komplexität dieser Beziehung zum Ausdruck gebracht werden. Dieser Ansatz führt zu einer Vielzahl von Ergebnissen. Teilweise stehen sie einzeln, teilweise erklären und bedingen sie sich. Darüber hinaus ergeben sich aus ihrer Gesamtheit neue Resultate und Gedanken.
Klaus Manns Wertschätzung der französischen Kultur, Lebensart und Sprache, seine Lektüre französischer Literatur sowie seine Frankreichvorstellungen machen ihn zu einem Beispiel für den Wert bzw. die Anerkennung, aber auch für die zwischenzeitliche Ablehnung der französischen Kultur in Bayern und Deutschland in der ersten Hälfte des 20. Jahrhunderts. Prägendste Zeit für seine Frankreicherfahrungen ist seine Kindheit und Jugend, also die Zeit, bevor er mit Frankreich und den Franzosen unmittelbar in Kontakt kommt. Seine dort durch Zeit, soziale Schicht und Ort determinierten Vorstellungen und Attributionen dominieren seine Frankreichbilder bis zu seinem Tod. Sowohl in ihrer positiven als auch negativen Konnotation entsprechen sie den üblichen Frankreichvorstellungen in Bayern im ersten Drittel des 20. Jahrhunderts.
Eine bedeutende Ursache der Frankreichliebe Klaus Manns ist, dass er sich in den deutschen Vorstellungen von Frankreich bzw. in dem, was in Deutschland als „französisch" gilt, selbst wiederfinden kann. Die Beherrschung der französischen Sprache, die Lektüre französischer Literatur und seine Reisen nach Frankreich weisen ihn als großbürgerlich, weltmännisch, schöngeistig, künstlerisch, gebildet und im Sexuellen freizügig aus. Auch die negativen zeitgenössischen Stereotypen, die den Franzosen u.a. ein weibisches Gehabe, Oberflächlichkeit und Verschwendungssucht unterstellen, sind bisweilen Vorstellungen, in denen sich Klaus Mann als Homosexueller, der sich von seinem Vater zeitlebens finanziell aushalten lässt und der unzählige Berühmtheiten in seinen Autobiographien zu kennen betont, wiederfinden kann. Neben der Möglichkeit, sich durch seine Frankreichzuneigung in Deutschland sozial zu kennzeichnen, erfährt Klaus Mann in den Auseinandersetzungen zwischen seinem Vater und seinem Onkel Heinrich, dass man sich mit ihr auch politisch verorten kann.
In den zwanziger Jahren stimmen die Frankreichvorstellungen Klaus Manns mit den Bildern, die er sich während seiner Aufenthalte in Paris und an der französischen Rivièra macht, überein. Sie sind nun komplexer, aber weiterhin klischeehaft. Für ihn ist Paris vor allem in künstlerisch-literarischer Hinsicht die Hauptstadt Europas. Die Aufenthalte dort machen sein Selbstbild international, europäisch, intellektuell. Seine Liebe zu Frankreich wird zum Accessoire seiner Vorstellung von sich selbst als junger, politisch eher links stehender, aus dem Großbürgertum stammender intellektueller Schriftsteller. Mit

seinen zahlreichen Aufsätzen über Paris und die französische Literatur will er dieses Selbstbild auch bei seinen Lesern in Deutschland einschreiben. Dass Klaus Mann sich oft und lange in Frankreich aufhält, in seinem Tagebuch Französisch schreibt und das Französische verwendet, um nicht als Deutscher erkannt zu werden, weist darauf hin, dass er „französisch" sein will.

Klaus Mann ist nicht der erste deutsche Künstler, der nach Paris geht und von der französischen Kultur, Lebensart und Literatur angezogen wird. Besonders um die Jahrhundertwende, der Zeit, in der die Schriftstellergeneration vor Klaus Mann zu schreiben beginnt, erfährt der Transfer französischer Kunst nach Deutschland einen Höhepunkt. Um 1900 suchen viele deutsche Maler zur Vervollkommnung ihres Stils Paris auf, das mit Künstlern wie Cézanne, Gauguin, Rodin, Matisse, Picasso und anderen das Zentrum der europäischen Malerei bildet. Auch die französische Literatur dient vielen deutschsprachigen Schriftstellern als wichtige Inspirations- und Rezeptionsquelle. Mit einem Großteil dieser Schriftsteller steht Klaus Mann in persönlichem Kontakt oder schätzt deren Werk außerordentlich. So steht Stefan George, der zu den Vorbildern des jungen Klaus Mann zählt, in Austausch mit Stéphane Malarmé, Paul Verlaine und Auguste Rodin und macht die Deutschen mit der französischen Dichtung des Symbolismus bekannt, der sein eigenes Werk stark beeinflusst. Neben Baudelaires *Les Fleurs du mal* übersetzt George Dichtungen Verlaines, d'Annunzios und Mallarmés. Rilke, dessen Gedichte Klaus Mann 1927 in seinem Aufsatz *Dank der Jugend an Rainer Maria Rilke* als „das Zukünftigste, Neuste, Beste" [716] würdigt, überträgt Gides *Die Rückkehr des verlorenen Sohnes* und Gedichte von Valéry ins Deutsche, veröffentlicht einige Gedichtsammlungen auf Französisch und lebt mehrere Jahre in Paris. Er ist mit Gide bekannt, mit dem sich wiederum Klaus Mann ein Leben lang beschäftigt. Hugo von Hofmannsthal, dem Klaus Mann als Gast seines Vaters in München zum ersten Mal begegnet, unternimmt um die Jahrhundertwende den Versuch, über Victor Hugo zu habilitieren. Ein Förderer Klaus Manns, der österreichische Schriftsteller Stefan Zweig, studiert Romanistik, schreibt über Balzac, Rolland und Marie Antoinette und übersetzt mehrere Werke Baudelaires, Verlaines und Rimbauds. Weitere bedeutende Vermittler französischer Literatur und Kultur sind Henri Graf Kessler, Heinrich Mann und Wilhelm von Uhde. Letztere sind auch für Klaus Manns Frankreichbeziehung bedeutend.
Während die Mehrheit der deutschen Intellektuellen um die Jahrhundertwende frankophil eingestellt ist, schwindet die Frankreich-Begeisterung und damit die Rezeptionslust in den Jahren um den Ersten Weltkrieg. Zu den wenigen Schriftstellern, die sich weiterhin um einen Austausch bemühen und zugleich mit Klaus Mann in Verbindung stehen, zählen neben Stefan Zweig und Heinrich Mann die Elsass-Lothringer René Schickele und Iwan Goll, mit denen Klaus Mann im Exil zusammenarbeiten wird, sowie Carl Sternheim und Annette Kolb. In der Zeit nach dem Ersten Weltkrieg kommt besonders dem Romanisten Ernst Robert Curtius das Verdienst zu, die zeitgenössische französische Literatur in Deutschland bekannt zu machen. Bezüglich der Auseinandersetzung mit französischer Literatur gilt er als weiterer wichtiger Anhaltspunkt für Klaus Mann, sich als Nachfolger bzw. Fortsetzer dieser Strömung

---

[716] Klaus Mann: *Dank der Jugend an Rainer Maria Rilke* [1927], S. 116. In: NE 113-116.

auszeichnen zu wollen. Lässt man darüber hinaus die Überlegung zu, dass Frankreich nach dem Zweiten Weltkrieg in Westdeutschland von den USA und in Ostdeutschland von der Sowjetunion als kulturelles Vorbild abgelöst wird bzw. an Wirkung verliert, dann könnte Klaus Mann hinsichtlich des französischen Einflusses auf die Konzeption und den Stil seines Werkes auch als einer der vorerst letzten Vertreter dieser breiten Richtung in der Kunst und Literatur des 19. und 20. Jahrhunderts in Deutschland gesehen werden.

Nicht nur als Künstler, sondern auch als Emigrant, der Frankreich als Exilland wählt, steht Klaus Mann in einer langen Tradition. Seit der Französischen Revolution flohen immer wieder deutsche Intellektuelle und Republikaner vor Zensur und Monarchie in die Republik Frankreich. In der Liste, die man mit den Mainzer Jakobinern beginnen lassen könnte und in die sich Heinrich Heine, Karl Marx, Friedrich Engels, Ludwig Börne, Georg Herwegh, Georg Büchner, Heinrich Mann, Lion Feuchtwanger, Anna Seghers und Hanna Arendt einschreiben, steht auch – und im Einzelnen für seine Zeit typisch – Klaus Mann mit seinen Exilerfahrungen. Seine Zeugnisse eignen sich jedoch nicht, Frankreich als Exilort zu würdigen, vielmehr demontieren seine autobiographischen und literarischen Schriften dieses (deutsche) Bild von Frankreich. Die Schriften aus dem Exil und aus den zwanziger Jahren machen ihn zum Chronisten der deutsch-französischen Geschichte. Während die Anzahl seiner Artikel, Reden und Aufsätze über die französische Literatur und Kultur groß ist und Frankreich und Französisches in seinem literarischen Werk eine bedeutende Rolle spielen, ist seine tatsächliche Wirkung als Vermittler französischer Kultur zu Lebzeiten jedoch sehr gering. Erst der Erfolg seiner Werke seit den siebziger Jahren macht ihn zu einem breiter rezipierten und damit wirksameren Vermittler von Frankreichbildern, von gemeinsamer Geschichte und von französischer Literatur. In Frankreich, wo in den letzten Jahren ein Großteil seines Werkes zugänglich gemacht wurde, vermittelt er den Franzosen nicht nur das Leben im Paris der zwanziger Jahre und das Leben der dreißiger Jahre im französischen Exil und im Dritten Reich, sondern auch etwas über einen deutschen, Frankreich liebenden Schriftsteller und über die Frankreichaufgeschlossenheit in Deutschland. Damit macht er sich zum Botschafter des deutsch-französischen Kulturaustausches.

Obwohl Klaus Mann Frankreich vielseitig und über einen Zeitraum von über zwanzig Jahren erfährt, beschränken sich die Frankreichbilder in seinem literarischen Werk fast ausschließlich auf Klischees. Vor diesem Hintergrund werden seine Texte zu Beispielen für deren Einprägsamkeit, Festigkeit und Langlebigkeit.

Der Handlungsort Frankreich dient hauptsächlich als Kulisse für seine deutschen, frankreichliebenden Helden. Die Franzosen stellt er oberflächlich und typenhaft dar. Vornehmlich sind sie Staffage. So transportieren die in den dreißiger und vierziger Jahren gezeichneten Larues die negativen Vorstellungen aus der Zeit des Ersten Weltkriegs. Als Ursache dafür wird vorgeschlagen, die frühen, in der Kindheit und Jugend besonders in der Literatur – und damit nicht unmittelbar – erfahrenen Frankreichvorstellungen als die prägenden anzuerkennen. Ein weiterer Grund für die klischeehafte Darstellung der Franzosen liegt darin, dass Klaus Manns Verhältnis zu Frankreich trotz aller Intensität und Dauer in mehrerer Hinsicht oberflächlich ist. Dies zeigte das in der

Arbeit untersuchte Verhältnis Klaus Manns zur französischen Sprache. Zwar schätzt er sie außerordentlich und weist ihr eine bedeutende Rolle in seinen Tagebüchern zu, auf der anderen Seite macht er sich jedoch nicht die Mühe, sie wirklich zu beherrschen. Seine wenigen Zeugnisse in französischer Sprache sowie deren Fehlerhaftigkeit dokumentieren dies. Zudem hält sich Klaus Mann in Frankreich hauptsächlich in deutschen und ausländischen, weniger in französischen Kreisen auf. Seinen ersten Pariser Aufenthalt unternimmt er in Begleitung seines Freundes Süskind, später trifft er auch Hans Feist, Erika Mann, Mopsa Sternheim und Erich Ebermayer in Frankreich. In den dreißiger Jahren ist es das deutsche Exilmilieu, in dem er sich hauptsächlich bewegt. Schlussendlich findet auch seine Beziehung zu den französischen Schriftstellern mehr über ihr literarisches Werk und weniger über eine wechselseitige persönliche Auseinandersetzung statt, die von Gide, Cocteau und Crevel nicht gewünscht wird.

Die Nähe zwischen seinem Selbstbild und den zeittypischen deutschen Vorstellungen von Frankreich führen dazu, dass Klaus Mann sein Verhältnis zu Frankreich zum wichtigen Bestandteil seines Wesens macht. Frankreich wird ihm ab Mitte der zwanziger Jahre mit seiner Literatur zur geistigen und wegen seiner langen Frankreichaufenthalte zur realen Heimat neben Deutschland. Aus dieser Affinität entwickelt Klaus Mann eine europäische Identität. Frankreich und Deutschland: Das ist für ihn Europa, darin kann er sich verorten, dafür kann er eintreten. Angeregt und unterstützt durch Ernst Robert Curtius und Heinrich und Thomas Mann bekommt Klaus Mann die Möglichkeit, sich als „junge Stimme", als Vertreter der jungen Generation, für eine Aussöhnung zwischen Deutschland und Frankreich einzusetzen. Elementarer Teil ist die Vermittlung französischer Literatur, die er als Vorbild und Spiegel immer wieder empfiehlt und zur permanenten Ich-Einschreibung nutzt. Damit findet der 18- bis 19-Jährige eine ehrbare (Lebens-)Aufgabe mit ähnlicher, aber durchaus auch eigener Position im Vergleich zu seinem Vater und Onkel.
Auch weil die Nationalsozialisten auf Revanche gegen Frankreich aus sind und die Paneuropa-Idee, der sich Klaus Mann verpflichtet fühlt, ablehnen, entwickelt sich Klaus Mann zum Antifaschisten. Ein Ergebnis der vorliegenden Arbeit ist die Festellung von Klaus Manns Frankreichliebe als wichtigstes Motiv für sein Engagement gegen den Nationalsozialismus.

In den dreißiger Jahren enttäuscht ihn Deutschland. Der Erfolg der Nationalsozialisten lässt den Pazifisten und Fürsprecher der deutsch-französischen Aussöhnung Klaus Mann nach Paris gehen. Frankreich wird für ihn DAS Gegenbild zu Deutschland. Als Emigrant, der das ANDERE Deutschland repräsentieren will, hofft er auf Frankreich als Verbündeten. „Ist eine Freundschaft zwischen [dem faschistischen, Anm. d. Verf.] Deutschland und Frankreich möglich?"[717], fragt er 1936 rhetorisch und antwortet mit nein. Doch dann enttäuscht ihn auch Frankreich. Klaus Mann wird sich bewusst, dass es ein Frankreich gibt, das nicht mit seinen Vorstellungen übereinstimmt. Es ist das Frankreich, das sich mit dem Dritten Reich arrangiert und die Immigranten als Vaterlandsverräter und Eindringlinge brandmarkt. Da Frankreich ihm jedoch

---

[717] Klaus Mann: *Können Deutschland und Frankreich Freunde sein?* [1936], S. 22. In: *WvM* 13-23.

so bedeutend ist, hält er an seinem positiven Frankreichbild fest. Schließlich aber verlässt er Frankreich und Europa in Richtung Amerika, um dort eher halbherzig zu versuchen, seine europäische zugunsten einer amerikanischen Identität aufzugeben. Trotz seiner Enttäuschung über Frankreich wird das Land im amerikanischen Exil zur Idealheimat des scheiternden Amerikaners. Verkörpert wird es u.a. durch Charles de Gaulle und die Résistance. Anders als die deutsche, schafft es die französische Exilbewegung als das „andere", das „eigentliche" Frankreich wahrgenommen zu werden, und am Ende ist dies Frankreichs Ehrenrettung. Dank de Gaulle wird es neben Großbritannien, der Sowjetunion und den USA zum Sieger des Zweiten Weltkrieges.
Das Exil-Frankreich wird Klaus Mann während seiner Armeezeit zum Vorbild. Es gibt ihm die Hoffnung, nach dem Krieg sein Europa und damit seine Heimat wiederzufinden. Die Erfahrungen, die er nach dem Krieg macht, zeigen ihm jedoch, dass sein Frankreich nicht mehr existiert, und dass Paris nicht mehr das Zentrum Europas ist. In der französischen Literatur kann er kein Vorbild mehr für sich oder für Europa sehen. Doch sich im Nachkriegsdeutschland zu verorten, scheidet für Klaus Mann aus, und auch die USA kommen als Heimat nicht in Betracht. Frankreich wird seine letzte Ruhestätte.

Seit Mitte des 19. Jahrhunderts sind Deutschland und Frankreich einander Spiegelbilder, die sich gegenseitig auf den Gebieten der Wirtschaft, der Kultur, der militärischen Stärke, der Bevölkerungsentwicklung usw. vergleichen.[718] Für Klaus Mann sind sie nicht nur Eigen- und Fremdbilder. Aufgrund seiner Identität als Europäer werden sie das Eine und das Andere, zwei Teile, die für ihn zusammengehören. Dies hält ihn nicht davon ab, diese beiden Teile zueinander in Bezug zu setzen und sie miteinander zu vergleichen. Entsprechend seiner Biographie entwickelt und wandelt sich in seinen literarischen Texten auch der Vergleich zwischen Deutschland und Frankreich. Aufgrund seiner Wertschätzung für Frankreich als Urlaubsland und als Land, in dem er wesentliche Impulse für sein Schreiben erfährt, kommt es in diesen Vergleichen zumeist besser weg. Im Exil wird es zum Inbegriff der Demokratie und der Menschenrechte stilisiert. Die französische Kollaboration mit den Nazis und die Erfahrungen im Nachkriegsfrankreich führen schließlich dazu, dass Frankreich als Ort, an dem Klaus Mann seine zumeist deutschen Helden handeln lässt, verschwindet.

Als Jugendlicher spürt Klaus Mann, dass er andere Jungen anziehend, körperlich anziehend findet. Er erfährt, dass das Zeigen dieses Gefühls außerhalb seiner Familie, insbesondere in der Schule und in der Öffentlichkeit, verhöhnt, geahndet und als nicht lebenswert verurteilt wird. Männer, die andere Männer lieben und begehren, machen sich zu Außenseitern. Mit der Zeit erkennt er jedoch, dass es auch andere Männer gibt, die sich wie er zu Männern hingezogen fühlen. Klaus Mann erfährt, dass es über die sexuelle Präfernez und das Außenseitertum hinaus Gemeinsamkeiten gibt, die die Jungen und Männer, die er kennen lernt, miteinander teilen. Für ihn existiert ein Angebot, seine Homosexualität nicht auf das sexuelle Begehren zu reduzieren, sondern sie durch Literatur, Kleidungsstil, das Besuchen von Bars anzunehmen und zu

---

[718] Vgl. Wolfgang Schmale: *Geschichte Frankreichs*, Stuttgart 2000, S. 353ff.

leben und damit auch zu zeigen. Seine frühe Suche in der Literatur nach ähnlich Fühlenden, nach positiven Vorbildern, Helden und eventuell gangbaren Lebenswegen ist ein deutliches Zeichen für die Existenz einer „homosexuellen" Literatur, eines „schwulen Literaturkanons", der von seinen Lesern gezielt gesucht und gefunden wird. Neben Herman Bang und Oscar Wilde wird Klaus Mann mit Arthur Rimbaud, Paul Verlaine, André Gide, Jean Cocteau und René Crevel besonders in der französischen Literatur fündig. Seine Auseinandersetzung mit ihnen, seine Anlehnung an deren Lebenskonzepte ist als Suche nach positiven Vorbildern für sein eigenes Leben als homosexueller Schriftsteller zu lesen. Seine Bekannt- und Freundschaften zu Gide, Cocteau, Crevel, Desbordes und Green sind als Suche nach Gleichgesinnten, nach einem schwulen Netzwerk zu interpretieren. Den gleichaltrigen Franzosen kommt dabei eine besondere Rolle zu. In der Spiegelung in ihnen erkennt Klaus Mann, wie er sein will und wie er schreiben will.

Nicht nur in der französischen Literatur, auch in Frankreich selbst findet er in der Mitte der zwanziger Jahre einen Ort, der, wegen der rechtlichen Lage und weil er dort seine intellektuellen Bedürfnisse befriedigt sieht, seinem Ziel am nächsten ist. Homosexuelle Künstler zählen zur Avantgarde, Schwulsein ist zeitweilig schick. Paris und Südfrankreich sind aufgrund ihrer schwulen Netzwerke, deren Teil Klaus Mann wird, und wegen ihrer schwulen (Sub-)Kultur vor Berlin und New York wichtigste Station auf Klaus Manns lebenslanger Suche nach Orten, wo er leben kann. Anders als die Generation vor und nach ihm hat er die Möglichkeit, die Orte und die Gleichgesinnten, die er sucht, auch zu finden und damit seine Homosexualität als Teilidentität unkomplizierter zu leben. Im Gegensatz zu seinem Vater entscheidet er sich explizit dafür, sie zu leben. Mit seiner Biographie wird Klaus Mann zum Beispiel für ein schwules Leben in den zwanziger Jahren, und seine Hinwendung zu Frankreich macht ihn außerdem zum Beispiel für die Internationalität schwuler Subkulturen der Zeit.

Die Beschäftigung mit Rimbaud, Verlaine, Gide, Cocteau und Crevel schlägt sich vielfältig auf Klaus Manns Werk nieder. Er wird nicht nur zu ihrem Vermittler in Deutschland und den USA, sondern lehnt sich an ihren Stil an, adaptiert ihre Inhalte und Themen und übernimmt auch Schreibkonzepte seiner schwulen Vorbilder. Dadurch angeregt und bestärkt, wird homosexuelles Leben zum bedeutenden Thema seines literarischen Werkes, wird Klaus Mann einer der ersten, der Homosexuelle als positiv erfahrbare Helden in die deutsche Literatur einführt. Ohne ihre homosexuelle Teilidentität verleugnen zu müssen, wollen sie wie Tschaikowsky oder Martin Korella ein nützlicher Teil der Gesellschaft sein. Anders als den Helden Gides gelingt ihnen dies jedoch nicht, was auf die unterschiedlichen Lebenserfahrungen Gides im liberalen Frankreich und Klaus Manns im Exil zurückzuführen ist. Anders als Tschaikowsky und Ludwig II. empfinden Passavant, Edouard oder Michel sich nicht als einsam. Sie können so leben, wie sie wollen. Für Klaus Mann und seine Helden kommt hingegen ein Rückzug in die Subkultur nicht in Frage. Tschaikowsky will mit seiner Musik den Menschen in Europa und damit der Gesellschaft, in der er lebt, Freude bereiten. Martin Korella will gegen den Faschismus kämpfen, wie Klaus Mann selbst. Er will ernst genommen werden in einer Zeit, in der Homosexualität von den Kommunisten als etwas Nazihaftes und von der US-Armee als etwas Verbotenes verurteilt wird.

Mit seinen Romanen *Der fromme Tanz* und *Treffpunkt im Unendlichen* macht sich Klaus Mann zum Chronisten schwulen Lebens der zwanziger Jahre. Die Einsamkeit Tschaikowskys und Ludwigs II. ist – wie das Schicksal Martin Korellas und letztlich Klaus Manns – Zeugnis für den erzwungenen Rückzug der homosexueller Kultur aus der Gesellschaft, und Klaus Manns Werke und seine Biographie sind Zeugnisse eines schwulen Autors, der auch wegen seiner Homosexualität ab 1933 keinen Ort für sich findet. Im Gegensatz zu Klaus Mann können Cocteau und Gide ihre Homosexualität in Frankreich selbstbewusst leben. Sie haben sich in den zwanziger Jahren innerhalb der Gesellschaft etablieren können. In einer Zeit und an einem Ort, da Klaus Mann seine Homosexualität verheimlichen muss, bietet sich ihm mit der Biographie Gides die Chance, offener als es ihm bei seiner eigenen Autobiographie möglich erscheint, über Homosexualität zu schreiben. Als Biograph von Gide versucht er nun, in den schwulen Schriftsteller-Olymp zu gelangen.
Homosexuelle Themen sind in den dreißiger und vierziger Jahren nicht salonfähig. Als Schriftsteller wird Klaus Mann – die Verkaufszahlen belegen dies – abgelehnt. Heute führen die schwulen Buchhandlungen in München, Köln, Hamburg und Berlin, aber auch in Paris seine Werke, wird er als schwuler Schriftsteller rezipiert und vorgestellt und damit schließlich doch noch in den Olymp europäischer schwuler Literatur aufgenommen.

Anhang

Siglenverzeichnis

AG: Klaus Mann: André Gide und die Krise des modernen Denkens, Reinbek bei Hamburg 1995.
AG1943: Klaus Mann: André Gide and the Crises of modern Thought, New York 1943.
AvP: Klaus Mann: Auf verlorenem Posten. Aufsätze, Reden, Kritiken 1942-1949. Hrsg. von Uwe Naumann und Michael Töteberg, Reinbek bei Hamburg 1994.
BuA: Klaus Mann: Briefe und Antworten. Hrsg. von Martin Gregor-Dellin, Reinbek bei Hamburg 1991.
FT: Klaus Mann: Der fromme Tanz. Das Abenteuerbuch einer Jugend, Reinbek bei Hamburg 1993.
FidN: Klaus Mann: Flucht in den Norden, Reinbek bei Hamburg 1994.
KdZ: Klaus Mann: Kind dieser Zeit, Reinbek bei Hamburg 1982.
KMA: Klaus Mann Archiv in der Stadtbibliothek München, Monacensia.
KMA Buch: Buch aus der sich im Klaus Mann Archiv befindenden Bibliothek Klaus Manns.
M: Klaus Mann: Mephisto. Roman einer Karriere, Reinbek bei Hamburg 1995.
MS: Klaus Mann: Maskenscherz – Die frühen Erzählungen. Hrsg. von Uwe Naumann, Reinbek bei Hamburg 1990.
NE: Klaus Mann: Die neuen Eltern. Aufsätze, Reden, Kritiken 1924-1933. Hrsg. von Uwe Naumann und Michael Töteberg, Reinbek bei Hamburg 1992.
R: Klaus Mann und Erika Mann: Das Buch von der Rivièra. Was nicht im „Baedekker" steht, München 1931.
S: Klaus Mann: Speed. Die Erzählungen aus dem Exil. Hrsg. von Uwe Naumann, Reinbek bei Hamburg 1992.
SE: Klaus Mann: Der siebte Engel. Die Theaterstücke. Hrsg. von Uwe Naumann und Michael Töteberg, Reinbek bei Hamburg 1989.
SP: Klaus Mann: Symphonie Pathétique. Ein Tschaikowsky-Roman, Berlin 1952.
TB: Tagebücher. Bd. I-IV. Hrsg. von Joachim Heimannsberg, Peter Laemmle und Wilfried F. Schoeller, Reinbek bei Hamburg 1995.
TBO: Klaus Mann: Originaltagebücher Klaus Manns, im Klaus Mann Archiv der Stadtbibliothek München.
Tddc: Klaus Mann: The death don't care, unveröffentlichtes Theaterstück, KMA.
TiU: Klaus Mann: Treffpunkt im Unendlichen, Reinbek bei Hamburg 1994.
TP: Klaus Mann: The turning point. Thirty-five Years in this Century, New York 1942.
V: Klaus Mann: Der Vulkan. Roman unter Emigranten, Berlin (Ost) 1969.
VSE: Klaus Mann, Clarence Streit und Erika Mann: Vereinigte Staaten von Europa, unveröffentlichter Filmentwurf, o. O. 1940, KMA,
WP: Klaus Mann: Der Wendepunkt – ein Lebensbericht, Reinbek bei Hamburg 1994.
WvM: Klaus Mann: Das Wunder von Madrid. Aufsätze, Reden, Kritiken 1936-1938. Hrsg. von Uwe Naumann und Michael Töteberg, Reinbek bei Hamburg 1993.
ZuK: Klaus Mann: Zahnärzte und Künstler. Aufsätze, Reden, Kritiken 1933-1936. Hrsg. von Uwe Naumann und Michael Töteberg, Reinbek bei Hamburg 1993.

ZD: Klaus Mann: Zweimal Deutschland. Aufsätze, Reden, Kritiken 1938-1942. Hrsg. von Uwe Naumann und Michael Töteberg, Reinbek bei Hamburg 1994.

Literaturverzeichnis

Werke Klaus Manns

Aufsätze, Reden und Kritiken, die in den von Uwe Naumann und Michael Töteberg herausgegebenen Aufsatzsammlungen veröffentlicht sind, sind nur jeweils in den Anmerkungen nachgewiesen.
Alexander. Roman der Utopie, Berlin 1929.
André Gide and the Crises of modern Thought, New York 1943.
André Gide und die Krise des modernen Denkens, Reinbek bei Hamburg 1995.
André Gide et la crise de la pensée moderne. Übers. von Michel Fancois Demet, Paris 1999.
Auf verlorenem Posten. Aufsätze, Reden, Kritiken 1942-1949. Hrsg. von Uwe Naumann und Michael Töteberg, Reinbek bei Hamburg 1994.
Briefe. Hrsg. von Friedrich Albrecht, Berlin und Weimar 1988.
Briefe und Antworten. Hrsg. von Martin Gregor-Dellin, Reinbek bei Hamburg 1991.
Das Buch von der Rivièra. Was nicht im „Baedecker" steht. Zusammen mit Erika Mann, München 1931.
Le condamné à vivre. Essais. Übers. von Dominique Miermont, Paris 1999.
Decision. A Review of Free Culture. 2 Bde. Hrsg. von Klaus Mann, New York Jan. 1941 bis Jan. 1942. Reprint Lichtenstein 1969.
Distingushed Visitors. Der amerikanische Traum. Hrsg. von Heribert Hoven, München 1992.
Der fromme Tanz. Das Abenteuerbuch einer Jugend, Hamburg 1926.
Der fromme Tanz. Das Abenteuerbuch einer Jugend, Reinbek bei Hamburg 1993.
La Danse pieuse. Übers. von Michel-François Demet, Paris 1993.
Escape to life. Zusammen mit Erika Mann, Boston 1939.
Escape to life. Deutsche Kultur im Exil. Zusammen mit Erika Mann. Hrsg. von Heribert Hoven, Reinbek bei Hamburg 1996.
Fuir pour vivre. Übers. von Dominique Miermont, Paris 1997.
Flucht in den Norden, Reinbek bei Hamburg 1994.
Fuite au Nord. Übers. von Jean Ruffet, Paris 1998.
The Heart of Europe. An Anthologie of creative writing in Europe 1920-1940, New York 1943. (Mitherausgeber Hermann Kesten).
Hommage to Paris, in: *Tomorrow* IV, Nr. 2 (Oktober 1944), S. 43.
Kind dieser Zeit, Reinbek bei Hamburg 1982.
Je suis de mon temps. Übers. von Théodore Joran, Paris 1933.
Maskenscherz. Die frühen Erzählungen. Hrsg. von Uwe Naumann, Reinbek bei Hamburg 1990.
Mephisto, Roman einer Karriere, Reinbek bei Hamburg 1980.
Die neuen Eltern. Aufsätze, Reden, Kritiken 1924-1933. Hrsg. von Uwe Naumann und Michael Töteberg, Reinbek bei Hamburg 1992.
Prüfungen. Schriften zur Literatur. Hrsg. von Martin Gregor-Dellin, München 1968.
Die Sammlung. Literarische Monatsschrift. Hrsg. von Klaus Mann, Amsterdam 1933-1935, KMA.
Der siebte Engel. Die Theaterstücke. Hrsg. von Uwe Naumann und Michael Töteberg, Reinbek bei Hamburg 1989.
Speed. Die Erzählungen aus dem Exil. Hrsg. von Uwe Naumann, Reinbek bei Hamburg 1992.
Symphonie Pathétique. Ein Tschaikowsky-Roman, Amsterdam 1935.

Symphonie Pathétique. Ein Tschaikowsky-Roman, Berlin 1952.
La Symphonie Pathétique. Übers. von Frédéric Daber und Gabrielle Merchez, Paris 1984.
Tagebücher. Bd. I-IV. Hrsg. von Joachim Heimannsberg, Peter Laemmle und Wilfried F. Schoeller, Reinbek bei Hamburg 1995.
Journal. Les années brunes.1931-1936. Hrsg. von Pierre-François Kaempf, Paris 1996.
Journal. Les années d'exil. 1937-1949. Hrsg. von Pierre-François Kaempf und Frédéric Weinmann, Paris 1998.
Treffpunkt im Unendlichen, Reinbek bei Hamburg 1994.
Vergittertes Fenster. Novelle um den Tod des Königs Ludwig II. von Bayern, Amsterdam 1937.
Ludwig. Übers. von Pierre-François Kaempf, Paris 1987.
Der Vulkan. Roman unter Emigranten, Berlin (Ost) 1969.
Vor dem Leben. Erzählungen, Hamburg 1925.
Der Wendepunkt. Ein Lebensbericht, Reinbek bei Hamburg 1994.
The Turning Point. Thirty-five Years in this Century, New York 1942.
Das Wunder von Madrid. Aufsätze, Reden, Kritiken 1936-1938. Hrsg. von Uwe Naumann und Michael Töteberg, Reinbek bei Hamburg 1993.
Zahnärzte und Künstler. Aufsätze, Reden, Kritiken 1933-1936. Hrsg. von Uwe Naumann und Michael Töteberg, Reinbek bei Hamburg, 1993.
Zweimal Deutschland. Aufsätze, Reden, Kritiken 1938-1942. Hrsg. von Uwe Naumann und Michael Töteberg, Reinbek bei Hamburg 1994.

Unveröffentlichte Manu- und Typoskripte Klaus Manns

Unveröffentlichte Briefe, die im Klaus Mann Archiv eingesehen wurden, werden nur in den Fußnoten mit der Angabe des Datums und der Sigle *KMA* nachgewiesen.
André Gide and the Crisis of Modern Thought, Typoskript, o. O., o. D., *KMA*.
The Cage, Manuskript, o. O., Frühling 1949, *KMA*.
The last Day, Typoskript, o. O., April/Mai 1949, *KMA*.
The Death don't care, Typoskript, Manuskript, o. O., 1943, *KMA*.
Die deutsche Seele. André Gide über Hermann Hesse, o. O., o. D., *KMA*.
Fräulein, Typoskript, Manuskript, o. O., o. D., *KMA*.
„France". Radio Speech, Typoskript, o. O., o. D., *KMA*.
French Literature in Algiers. A Resumé, Typoskript, Italien, 9. 11. 1944, *KMA*.
Influences françaises, Typoskript, o. O., o. D., *KMA*.
Der Kampf um den jungen Menschen, Manuskript, Typoskript, Küstnacht, 17. 6. 1935, *KMA*.
Liberated Literature, Typoskript, Italien, Juli 1944, *KMA*.
La lutte pour la jeunesse, Typoskript, Zürich, Juni 1935, *KMA*.
Notes on the Lit. scene in Paris, Typoskript, o. O., o. D., *KMA*.
Notizen zu einem Vortrag über André Gide, Typoskript, Manuskript, o. O, o. D., *KMA*.
Le septième ange. Pièce en trois actes et six tableaux, o. O., o. D., *KMA*.
Simplicius, Manu- und Typoskript, o. O., o. D., *KMA*.
Tagebücher, *KMA*.
The Turning Point, Typoskript, o. O., o. D., *KMA*.
Vereinigte Staaten von Europa, Typosskript, o. O., o. D., *KMA*.

Werke zu Klaus Mann

Arnold, Heinz-Ludwig (Hg.): *Klaus Mann. Text und Kritik*, Heft 93/94, München 1987.

Berliner Illustrierte Zeitung, 34. Jg. (31. 10. 1925), S. 1.

Casaretto, Alexa-Désirée: *Heimatsuche, Todessehnsucht und Narzissmus im Leben und Werk Klaus Manns*, Frankfurt a. M. 2002.

Dirschauer, Wilfried: *Klaus Mann und das Exil*, Worms 1973.

Fayarger, Alain: *„L'âme à nu dans la tourmente des années brunes"*. In: *Liberté-Hebdo* (30. 11. 1996), o. S.

Grunewald, Michel (Hg.): André Gide – Klaus Mann. Correspondance/Briefwechsel. In: Univercité de Strasbourg: Revue d'Allemagne et les pays de la langue allemande. Tome XIV, numéro 4, 1982, S. 581-682.

– – –: Klaus Mann 1906-1949. Eine Bibliographie. Verzeichnis des Werks und des Nachlasses von Klaus Mann mit Inhaltsbeschreibung der unveröffentlichten Schriften, Namensregister und Titelverzeichnis, München 1984.

– – –: *Klaus Mann 1906-1949* . 2 Bde., Bern 1984.

– – –: *Klaus Mann und Frankreich*. In: *Klaus Mann. Text und Kritik*, Heft 93/94. Hrsg. von Heinz-Ludwig Arnold, München 1987, S. 37-61.

Härle, Gerhard: *Männerweiblichkeit. Zur Homosexualität bei Klaus und Thomas Mann*, Frankfurt a. M. 1993.

Hartz, Wolfgang: *Devianz und Mimikry. Die Romane Klaus Manns*, Mainz 1985.

Hoffmann, Fernand: *Thomas Mann und Klaus Mann in ihrem Verhältnis zu Frankreich*, In: *Germanistik Luxembourg* No 4 (1993), S. 55-76.

Kerker, Elke: *Weltbürgertum – Exil – Heimatlosigkeit. Die Entwicklung der politischen Dimension im Werk Klaus Manns von 1924-1936*, Meisenheim am Glan 1977.

Kroll, Frederic (Hg.): *Klaus-Mann-Schriftenreihe Bd. 1: Bibliographie*, Wiesbaden 1976.

– – – (Hg.): *Klaus-Mann-Schriftenreihe Bd. 2: 1906-1927. Unordnung und früher Ruhm*, Wiesbaden 1977.

– – – (Hg.): *Klaus-Mann-Schriftenreihe Bd. 3: 1927-1933. Vor der Sintflut*, Wiesbaden 1979.

– – – (Hg.): *Klaus-Mann-Schriftenreihe Bd. 4: 1933-1937. Repräsentant des Exils*. Teilband 1: *1933-1934. Sammlung der Kräfte*, Wiesbaden 1992.

– – – (Hg.): *Klaus-Mann-Schriftenreihe Bd. 5: 1937-1942. Trauma Amerika*, Wiesbaden 1985.

– – – (Hg.): *Klaus-Mann-Schriftenreihe Bd. 6: 1943-1949. Der Tod in Cannes*, Hannover 1996.

Krüll, Marianne: *Im Netz der Zauberer. Eine andere Geschichte der Familie Mann*, Frankfurt a. M. 1993.

Lepape, Pierre: *Le malheur d'être „fils de Thomas Mann"*. In: *La Quinzaine littéraire* (1985), o. S.

– – –: *Klaus Mann. Le journal*. In: *Le monde des Livres* (6. 12. 1996), o. S.

Mattenklott, Gert: *Homosexualität und Politik bei Klaus Mann*. In: *Sammlung 2. Jahrbuch für antifaschistische Literatur und Kunst*. Hrsg. von Uwe Naumann, Frankfurt a. M. 1979, S. 29-38.

Mayer, Hans: *Außenseiter*, Frankfurt a. M. 1981.

Naumann, Uwe: *Klaus Mann*, Reinbek bei Hamburg 1984

– – –: *„Ruhe gibt es nicht, bis zum Schluss". Klaus Mann (1906-1949). Bilder und Dokumente*, Reinbek bei Hamburg 1999.

Nicolai, Elke: *„Wohin es uns treibt ...". Die literarische Generationsgruppe Klaus Manns 1924-1933; ihre Essayistik und Erzählprosa*, Frankfurt a. M. 1998.

Plathe, Axel: *Klaus Mann und André Gide. Zur Wirkungsgeschichte französischer Literatur in Deutschland*, Bonn 1987.

Reich-Ranicki, Marcel: *Thomas Mann und die Seinen*, Stuttgart 1987.

Schänzler, Nicole: *Klaus Mann. Eine Biographie*, Frankfurt a. M. 1999.
Schneider, Rolf: *Klaus Mann*. In: *Aufbau* Nr. 12 (1956), S. 1105-1119.
Schröter, Peter: *Klaus Mann zur Einführung*, Hamburg 2002.
Selbmann, Rolf: *„Der Vater hat sich nie nach seinem Sohn erkundigt"*. *Klaus Mann als Schüler des Wilhelmsgymnasiums*. In: *Jahresbericht 1988/89*. Hrsg. vom Wilhelmsgymnasium München, München 1989, S. 119-136.
Spangenberg, Berthold: *Theater um Mephisto. Vorwort des Verlegers*. In: Ariane Mnouchkine: *Mephisto, geschrieben für das Théatre du Soleil nach Klaus Mann „Mephisto - Roman einer Karriere"*, München 1980.
Strauss, Dieter und Miermont, Dominique: *Klaus Mann et la France. Un destin d'exil*, Paris 2002.
Strohmeyer, Armin: *Klaus und Erika Mann. Les enfants terribles*, Berlin 2000.
— — —: *Klaus Mann*, München 2000.
Thiel, Marlis: *Klaus Mann, die Sucht, die Kunst und die Politik*, Pfaffenweiler 1998.
Walther, Daniel: *Mémoires d'un fils maudit*. In: *Dernières nouvelles d'Alsace*, (22. 2. 1985), o. S.
Weil, Bernd: *Klaus Mann: Leben und literarisches Werk im Exil*, Frankfurt a. M. 1983.
Weiss, Andrea: *Flucht ins Leben. Die Erika und Klaus Mann-Story*, Reinbek bei Hamburg 2000.
Wohlfahrt, Annette: *Die Vater-Sohn-Problematik im Leben von Thomas und Klaus Mann*, Frankfurt a. M. 1989.
Wolff, Rudolf (Hg.): *Klaus Mann. Werk und Wirkung*, Bonn 1984.
Wolfram, Susanne: *Die tödliche Wunde. Über die Untrennbarkeit von Tod und Eros im Werk von Klaus Mann*, Frankfurt a. M. 1986.
Zand, Nicole: *Klaus Mann, l'enfant de génie d'un „magicien"*. In: *Le Monde des livres*, (4. 1. 1985), S. 11.
Zynda, Stefan: *Sexualität bei Klaus Mann*, Bonn 1986.

Werke anderer Autoren

Baudelaire, Charles: *Œuvres complètes*. Hrsg. von Claude Pichois, Paris 1975.
Bloem, Walter: *Das Ende der großen Armee*, Berlin 1913.
Brecht, Bertolt: *Werkausgabe in 20 Bänden*. Hrsg. von Elisabeth Hauptmann. Bd. 18: *Schriften zur Literatur und Kunst I*, Frankfurt a. M. 1967.
Breton, André: *Die Manifeste des Surrealismus*, Reinbek bei Hamburg 1983.
— — — und Aragon, Louis u. a.: *Recherches sur la sexualité. Part d'objectivité, déterminations individuelles, degré de conscience*. In: *La révolution surréaliste*. Nr. 11 (15. 3. 1928), S. 32-40.
Broch, Hermann: *Die Schlafwandler*, München 1932.
Cocteau, Jean: *Les enfants terribles*, Paris 1997.
— — —: *Le livre blanc*, Paris 1928.
— — —: *Le passé défini I, 1951-1952. Journal*. Hrsg. von Pierre Chanel, Paris 1983.
— — —: *The Ruins of Paris*. In: *Decision*. Heft I (Januar 1941), S. 39f.
— — —: *Vollendete Vergangenheit. Band I. Tagebücher 1951-1952*. Hrsg. von Pierre Chanel, München 1981.
— — —: *Préface*. In: Kaus Mann: *Alexandre. Roman de L'utopie*, Paris 1931, S. IX-XI.
Coudenhove-Kalergi: *Die Europäische Frage*, www.ronsperg.de/Coudenhove1.htm. (12. 12. 2004).
Crevel, René: *An der Wegkreuzung der Liebe, der Dichtung, der Wissenschaft und der Revolution*. In: *Die Sammlung*. 2. Jg. Heft VI (April 1935), S. 416-427.
— — —: *La mort difficile*, Paris 1999.
— — —: *Lettres à Mopsa*, Paris 1997.
Curtius, Ernst Robert: *Französischer Geist im neuen Europa*, Stuttgart 1925.

– – –: *Die literarischen Wegbereiter des neuen Frankreich*, Potsdam 1919.
Desbordes, Jean: *J'adore*, Paris 1928.
Freud, Sigmund: *Eine Kindheitserinnerung des Leonardo da Vinci*, Leipzig 1910.
Ganghofer, Ludwig: *Reise zur deutschen Front*, Berlin 1915.
Gide, André: *Brief an Ernst Robert Curtius vom 24. 5. 1948*. In: *La Correspondance de E. R. Curtius avec André Gide, Charles Du Bos et Paul Valéry*. Hrsg. von Herbert und Jane Dieckmann, Frankfurt a. M. 1980.
– – –: *Corydon. Quatre dialogues socratiques*, Paris 1924.
– – –: *Der dreizehnte Baum. Eine Farce in einem Akt*. In: *Die Sammlung*. 1. Jg. Heft XI (1934), S. 449-465.
– – –: *Les Faux-Monnayeurs*, Paris 1995.
– – –: *Journal 1889-1939*, Paris 1951.
– – –: *Si le grain ne meurt*, Paris 1924.
– – –: *Si le grain ne meurt, Projet de Préface pour ‚Si le grain ne meurt'*. In ders.: *Oeuvres complètes*. Bd. 10, Bruges 1936, S. 453f.
– – –: *Tagebuchauszüge*. In: *Die Sammlung*, 1. Jg. Heft XI (1934), S. 574-586 und 2. Jg., Heft XII (1935), S. 665 -680.
– – –: *Traversée*. In: *Die Sammlung*, 1. Jg. Heft III (1934), S. 127f.
Goll, Claire und Iwan: *Two Poems*. In: *Decision*, Heft VIII (August 1941), S. 26.
Goll, Iwan: *Der Mitropäer*, Basel 1928.
Green, Julien: *Leviathan*. Übers. von Hermann Kesten, Berlin 1930.
– – –: *Journal. Œuvres complètes*. Bd. IV, Paris 1975.
– – –: *Tagebücher. 1981 bis 1990*, München, 1995.
– – –: *Tagebücher. 1996 bis 1998*, München, 2000.
Hitler, Adolf: *Mein Kampf*. 2 Bde., München 1924.
Hirschfeld, Magnus: *Sappho und Sokrates oder Wie erklärt sich die Liebe der Männer und Frauen zum eigenen Geschlecht?* Erschienen unter dem Pseudonym Th. Ramien, Leipzig 1896.
Huysmans, Joris-Karl: *Gegen den Strich*, Potsdam. 1921.
Lazareff, Pierre: *French Spirit vs. Nazi Peace*. In: *Decision*, Heft III (März 1941), S. 27-33.
Ludwig II. von Bayern: *Das geheime Tagebuch König Ludwigs II. von Bayern 1969-1886*. Erläutert und kommentiert von Siegfried Obermeier, München 1986.
Mann, Erika (Hg.): *Klaus Mann zum Gedächtnis*, Amsterdam 1949.
– – –: *Mein Vater, der Zauberer*, Reinbek bei Hamburg 1996.
Mann, Golo: *Erinnerungen und Gedanken. Eine Jugend in Deutschland*, Frankfurt a. M. 1991.
– – –: *Erinnerung an meinen Bruder Klaus*. In: *Neue Rundschau*, 86. Jg. (1975), Heft 3, S. 376-400.
Mann, Katia: *Meine ungeschriebenen Memoiren*, Frankfurt a. M. 1976.
Mann, Heinrich: *Ein Zeitalter wird besichtigt*, Düsseldorf 1985.
– – –: *Essays*. 3 Bde. Hrsg. von Alfred Kantorowicz und Heinz Kamnitzer, Berlin 1954, 1956 und 1962.
– – –: *Die Jugend des Köngis Henri Quatre*, Berlin 1963.
Mann, Thomas: *Betrachtungen eines Unpolitischen*. Hrsg. von Peter de Mendelsohn, Frankfurt a. M. 1983.
– – –: *Brief an Friedrich Michael*. In ders.: *Die Briefe Thomas Manns. Regesten und Register*. Hrsg. von Hans Jürgen Bürgin und Hans-Otto Mayer. Bd. 1, Frankfurt a. M. 1976, S. 315.
– – –: *Briefe*. 3 Bde. Hrsg. von Erika Mann, Frankfurt a. M. 1961, 1963 und 1965.
– – –: *Thomas Mann an Ernst Bertram. Briefe aus den Jahren 1910-1955*. Hrsg. von Inge Jens, Pfullingen 1960.
– – –: *Essays II. 1914-1926*. Bd. 15.1 der großen kommentierten Frankfurter Ausgabe. Hrsg. von Hermann Kurzke, Frankfurt a. M. 2002.
– – –: *Gesammelte Werke in zwölf Bänden*. Bd. 11: *Reden und Aufsätze*. Hrsg. von Hans Bürgin, Frankfurt a. M. 1960.

— — —: *Späte Erzählungen*. Hrsg. von Peter de Mendelsohn, Frankfurt a. M. 1981.
— — —: *Tagebuch 1918-1921*. Hrsg. von Peter de Mendelsohn, Frankfurt a. M. 1979.
— — —: *Über mich selbst. Autobiographische Schriften*. Hrsg. von Peter de Mendelsohn, Frankfurt a. M. 1983.
— — —: *Von Deutscher Republik*. Hrsg. von Peter de Mendelsohn, Frankfurt a. M. 1984.
— — —: *Der Zauberberg*. Hrsg. von Peter de Mendelsohn, Frankfurt a. M. 1981.
Mnouchkine, Ariane: *Mephisto, geschrieben für das Théatre du Soleil nach Klaus Mann „Mephisto - Roman einer Karriere"*, München 1980.
Platen, August von: *Tagebücher*. Hrsg. von Erich Petzet, München 1905.
— — —: *Tagebücher*. Hrsg. von Rüdiger Gröner, Zürich 1990.
Radiguet, Raymond: *Le Diable au corps*, Paris 1923.
— — —: *Le Diable au corps*, Paris 1998.
— — —: *Le Bal du Comte d'Orgel*, Paris 1924.
Rimbaud, Arthur: *Gedichte*. Hrsg. von Karlheinz Bark, Leipzig 1989.
Ulrichs, Karl Heinrich: *Forschungen über das Räthsel der mannmännlichen Liebe*. Nachdruck der Originalausgaben 1864-1879. Hrsg von Hubert Kennedy, Berlin 1994.
Verlaine, Paul: *Oeuvres poétiques complètes*. Hrsg. von Jacques Borel, Paris 1962.
Willy: *Le troisième Sexe*, Paris 1927.

Weitere Sekundärliteratur

Arnold, Heinz Ludwig: *Die Brüder*. In: *Heinrich Mann*. Hrsg. von Heinz Ludwig Arnold, München 1986, S. 32-45.
— — — (Hg.): *Heinrich Mann*, München 1986.
Arnaud, Claude: *Jean Cocteau*, Paris 2003.
Betz, Albert: *Exil et engagement. Les Intellectuels allemands et la France. 1930-1940*, Paris 1991.
Beurdeley, Cecile: *L'amour bleu*, Köln 1994.
Blaicher, Günther: *Das Deutschlandbild in der englischen Literatur*, Darmstadt 1992.
Blattmann, Ekkehard: *Heinrich Mann und Paul Desjardins*, Frankfurt a. M. 1985.
Blazek, Helmut: *Rosa Zeiten für rosa Liebe. Zur Geschichte der Homosexualität*, Frankfurt a. M. 1996.
Bludan, Beatrix und Koopmann, Helmut u. a. (Hg.): *Thomas Mann. 1875-1975*, Frankfurt a. M. 1977.
Bollé, Michel (Hg.): *Eldorado. Homosexuelle Frauen und Männer in Berlin 1850-1950. Geschichte, Alltag und Kultur*, Berlin 1984.
Brassai: *Le Paris secret des années trente*, Paris 1976.
Bray, Alan: *Homosexuality in Renaissance England*, London 1982.
Bürgin, Hans Jürgen und Mayer, Hans-Otto (Hg.): *Die Briefe Thomas Manns. Regesten und Register*. Bd. 1, Frankfurt a. M. 1976.
Buot, François: *René Crevel. Biographie*, Paris 1991.
Busch, Alexandra und Linck, Dirck (Hg.): *Frauenliebe, Männerliebe. Eine lesbisch-schwule Literaturgeschichte in Portraits*, Frankfurt a. M. 1999.
Campe, Joachim: *Andere Lieben. Homosexualität in der deutschen Literatur. Ein Lesebuch*, Frankfurt a. M. 1988.
— — —: *Jean Cocteau*. In: *Frauenliebe, Männerliebe. Eine lesbisch-schwule Literaturgeschichte in Portraits*. Hrsg. von Alexandra Busch und Dirck Linck, Frankfurt a. M. 1999, S. 123-927.
Chanel, Pierre: *Jean Cocteau. Leben und Werk. Biographie*. In: *Jean Cocteau. Gemälde, Zeichnungen, Keramik, Tapisserien, Literatur, Theater, Film, Ballett*. Hrsg. von Jochen Potter, Köln 1989, S. 19-59.

Carassou, Michel: *Mopsa, mon amour*. In: René Crevel: *Lettres à Mopsa*. Hrsg. von Michel Carasou, Paris 1997, S. 9-16.

– – –: *René Crevel*, Paris 1989.

Corbineau-Hoffmann, Angelika: *Einführung in die Komparatistik*, Berlin 2000.

Dieckmann, Herbert und Jane: *Deutsch-französische Gespräche. La Correspondance de E. R. Curtius avec André Gide, Charles Du Bois et Paul Valéry*, Frankfurt a. M. 1980.

Dobler, Jens: *Von anderen Ufern. Geschichte der Berliner Lesben und Schwulen in Kreuzberg und Friedrichshain*, Berlin 2003.

Durzak, Manfred (Hg.): *Die deutsche Exilliteratur 1933-1945*, Stuttgart 1973.

Dyserinck, Hugo: *Komparatistik. Eine Einführung*, Bonn 1991.

Emboden, Wiliam: *Jean Cocteau. Die visuelle Kunst*, Stuttgart 1989.

Eribon, Didier: *Dictionnaire des cultures gays et lesbiens*, Paris 2003.

Fabian, Ruth und Coulmas, Corinne: *Die deutsche Emigration in Frankreich nach 1933*, München 1978.

Feustel, Gotthard: *Die andere Liebe. Eine illustrierte Geschichte der Homosexualität*, Leipzig 1995.

Fischer, Manfred: *Nationale Images als Gegenstand vergleichender Literaturgeschichte. Untersuchungen zur Entstehung der komparatistischen Imagologie*, Bonn 1981.

Fish, Scott: *André Gide*. In: *An Encyclopedia of Gay, Lesbian, Bisexual, Transgender and Queer Culture*. Hrsg. von Claude Summers, Chicago 2003, www.glbtq.com/literature/cocteau_j.html (Stand 10. 12. 2004).

Frenzel, Elisabeth: *Stoffe der Weltliteratur. Ein Lexikon dichtungsgeschichtlicher Längsschnitte*, Stuttgart 1976.

Goethe Institut Paris (Hg.): *Deutsche Emigranten in Frankreich. Französische Emigranten in Deutschland. 1685-1945*, Paris 1983.

Goubard, Danielle: *Das Frankreichbild in der Zeitschrift Der Türmer (Jg. 1898-1920). Ein Beitrag zur komparatistischen Imanologie*, Aachen 1977.

Grimm, Jürgen (Hg.): *Französische Literaturgeschichte*, Stuttgart 1989.

Guldin, Rainer: *Lieber ist mir ein Bursch ... Zur Sozialgeschichte der Homosexualität im Spiegel der Literatur*, Berlin 1995.

Haeberle, Erwin: *Bisexualitäten – Geschichte und Dimensionen eines modernen wissenschaftlichen Problems*. In: *Bisexualitäten – Ideologie und Praxis des Sexualkontaktes mit beiden Geschlechtern*. Hrsg. von Erwin Haeblerle und Rolf Gindorf, Stuttgart 1994, www2.hu-berlin.de/sexology/GESUND/ARCHIV/ DEUTSCH/BISEX.HTM (Online-Ausgabe des Archivs für Sexualwissenschaft, Stand 12. 12. 2004).

Haeberle, Erwin und Gindorf, Rolf (Hg.): *Bisexualitäten – Ideologie und Praxis des Sexualkontaktes mit beiden Geschlechtern*, Stuttgart 1994.

Härle, Gerhard und Popp, Wolfgang (Hg.): *Ikonen des Begehrens. Bildsprachen der männlichen und weiblichen Homosexualität in Literatur und Kunst*, Stuttgart 1997.

Härle, Gerhard: *Männerweiblichkeit. Zur Homosexualität bei Klaus und Thomas Mann*, Frankfurt a. M. 1993.

Harprecht, Klaus: *Thomas Mann. Eine Biographie*, Reinbek bei Hamburg 1995.

Heddrich, Gesine: *Deutschland und Frankreich als Hetero- und Auto-Image während der Zeit der Occupation im Zweiten Weltkrieg am Beispiel der Schriftsteller Vercors (Jean Bruller) und Robert Brasillach*, Frankfurt a. M. 1997.

Henrique, Ricardo und Naguschewski, Dirk: *René Crevel*. In: *Frauenliebe, Männerliebe. Eine lesbisch-schwule Literaturgeschichte in Portraits*. Hrsg. von Alexandra Busch und Dirck Linck, Frankfurt a. M. 1999, S. 137-141.

Hergemöller, Bernd-Ulrich: *Mann für Mann – Biographisches Lexikon zur Geschichte von Freundesliebe und mann-männlicher Sexualität im deutschen Sprachraum*, Hamburg, 1998.
Herzer, Manfred: *Die Erlösung der Freunde – Literatur, Theater und Film*. In: *Goodbye to Berlin? Hundert Jahre Schwulenbewegung*. Hrsg. vom Schwulen Museum Berlin, Berlin 1997, S. 105-109.
Hocke, Gustav René: *Das europäische Tagebuch*, Wiesbaden 1978.
Hutter, Jörg: *Identitätsentwicklung*. In: *Karl Heinrich Ulrichs zum 175. Geburtstag. Die Geschichte der Homosexualitäten und die schwule Identität an der Jahrtausendwende. Eine Vortragsreihe*. Hrsg. von Wolfram Setz, Berlin 2000, S. 141-175.
Inter Nationes (Hg.): *Heinrich Mann 1871-1971*, Bonn-Bad Godesberg 1971.
Jagose, Annamarie: *Queer Theory. Eine Einführung*, Berlin 2001.
Jens, Inge und Walter: *Frau Thomas Mann. Das Leben der Katharina Pringsheim*, Reinbek bei Hamburg 2003.
Jens, Inge (Hg.): *Thomas Mann an Ernst Bertram. Briefe aus den Jahren 1910-1955*, Pfullingen 1960.
Kaelble, Hartmut: *Die vergessene Gesellschaft im Westen? Das Bild der Deutschen von der französischen Gesellschaft, 1871-1914*. In: *Revue d'Allemagne et des pays de langue allemande: L'Influence française en Allemagne (1871-1947)*. Band 21, Nr. 2. (1989), S. 181-216.
– – –: *Nachbarn am Rhein. Entfremdung und Annäherung der französischen und deutschen Gesellschaft seit 1880*, München 1991.
Kantorowicz, Alfred: *Politik und Literatur im Exil. Deutschsprachige Schriftsteller im Kampf gegen den Nationalsozialismus*, Hamburg 1978.
– – –: *Heinrich Mann als Vorkämpfer der deutsch-französischen Verständigung*. In:*Heinrich Mann 1871-1971*. Hrsg. von Inter Nationes, Bonn-Bad Godesberg, 1971, S. 14-22.
Keilson-Lauritz, Marita: *Ganymed trifft Tadzio. Überlegungen zu einem ‚Kanon der Gestalten'*. In: *Ikonen des Begehrens. Bildsprachen der männlichen und weiblichen Homosexualität in Literatur und Kunst*. Hrsg. von Gerhard Härle und Wolfgang Popp, Stuttgart 1997, S. 23-41.
Krass, Andreas (Hg.): *QueerDenken. Queer Studies*, Frankfurt a. M. 2003.
– – –: *Queer Studies – eine Einführung*. In: *Queer Denken. Queer Studies*. Hrsg. von Andreas Kraß, Frankfurt a. M. 2003, S. 7-28.
Krebs, Gilbert: *Sept décennies de relations franco-allemandes. 1918-1988*, Asnières 1989.
Kringel, Stefan: *Heinrich Mann. Ein Leben wird besichtigt*, Berlin 2002.
Krohn, Claus-Dieter u.a. (Hg.): *Handbuch der deutschsprachigen Emigration. 1933-1945*, Darmstadt 1998.
Larivière, Michel: *Homosexuels et bisexuels célèbres*, Paris 1997.
Leibrich, Louis: *Thomas Mann in Frankreich, Rezeption, persönliche Beziehungen, Wirkungsgeschichte*. In: *Thomas Mann. 1875-1975*. Hrsg. von Beatrix Bludan, Helmut Koopmann u. a., Frankfurt a. M. 1977, S. 387-397.
Loth, Wilfried: *Geschichte Frankreichs im 20. Jahrhunderts*, Frankfurt a. M. 1992.
Lühe, Irmela von der: *Erika Mann. Eine Biographie*, Frankfurt a. M. 1996.
Lüsebrink, Hans-Jürgen und Riesz, János (Hg.): *Feindbilder und Faszination. Vermittlerfiguren und Wahrnehmungsprozesse in den deutsch-französischen Kulturbeziehungen (1789-1983)*, Frankfurt a. M. 1984.
Martens, Stefan: *Vom Ersten Weltkrieg bis zum Ende des Vichy Regimes (1914-1944)*. In: *Kleine Geschichte Frankreichs*. Hrsg. von Ernst Hinrichs, Stuttgart 1997, S. 361-414.
Möller, Horst: *Frankreich in der deutschen Kultur der 1920er Jahre*. In: *Revue d'Allemagne* Bd. XXI, Numéro 2 (1989), S. 217-234.

Müller, Klaus: *Aber in meinem Herzen sprach eine Stimme so laut. Homosexuelle Autobiographien und medizinische Pathographien im neunzehnten Jahrhundert*, Berlin 1991.

Naumann, Uwe (Hg.): *Sammlung 2. Jahrbuch für antifaschistische Literatur und Kunst*, Frankfurt a. M. 1979.

Noth, Ernst Erich: *Die Exilsituation in Frankreich*. In: *Die deutsche Exilliteratur 1933-1945*. Hrsg. von Manfred Durzak, Stuttgart 1973, S. 73-89.

Peters, Artur King: *Jean Cocteau and André Gide. An Abrasive Friendship*, New Brunswick 1973.

Plessen, Marie-Louise von: *Marianne und Germania*, Berlin 1996.

Poidevin, Raymond und Bariéty, Jacques: *Frankreich und Deutschland. Die Geschichte ihrer Beziehungen 1815-1975*, München 1982.

Popp, Wolfgang: *Männerliebe. Homosexualität und Literatur*, Stuttgart 1992.

Potter, Jochen (Hg.): *Jean Cocteau. Gemälde, Zeichnungen, Keramik, Tapisserien, Literatur, Theater, Film, Ballett*, Köln 1989.

– – –: *Ein Dichter steht mit beiden Beinen im Himmel*. In: *Jean Cocteau. Gemälde. Zeichnungen. Keramik. Tapisserien. Literatur. Theater. Film. Ballett*. Hrsg, von Jochen Potter, Köln 1989, S. 10-16.

Quastoff, Uta: *Soziales Vorurteil und Kommunikation – Eine sprachwissenschaftliche Analyse des Stereotyps*, Frankfurt a. M. 1973.

Ranke-Graves, Robert von: *Griechische Mythologie. Quellen und Deutung*, Reinbek bei Hamburg 1984.

Reifenscheid, Beate: *Deutschland und Frankreich. Dialoge der Kunst im XX. Jahrhundert*, Bielefeld 1999.

Richard, Lionel: *Aspects des relations intellectuelles et universitaires entre la France et l'Allemagne dans les années vingt*. In: *La France et l'Allemagne entre les deux guerres mondiales*. Hrsg. von J. M. Valentin und J. Bariétiy, Nancy 1987, S. 111-124.

Riegel, Paul und Risum, Wolfgang: *Drittes Reich und Exil. Deutsche Literaturgeschichte*. Bd. 10, München 2000.

Ringel, Stefan: *Heinrich Mann. Ein Leben wird besichtigt*, Berlin 2002.

Schiller, Dieter und Pech, Karlheinz u. a.: *Exil in Frankreich*, Leipzig 1981.

Schmale, Wolfgang: *Geschichte Frankreichs*, Stuttgart 2000.

Schöneborn, Dieter: *René Crevel. Romancier zwischen Surrealismus, Psychoanalyse und Revolution*, Münster 1990.

Schwules Museum Berlin (Hg.): *Goodbye to Berlin? 100 Jahre Schwulenbewegung*, Berlin 1997.

Setz, Wolfram (Hg.): *Karl Heinrich Ulrichs zum 175. Geburtstag. Die Geschichte der Homosexualitäten und die schwule Identität an der Jahrtausendwende. Eine Vortragsreihe*, Berlin 2000.

Shively, Charles: *Jean Cocteau*. In: *An Encyclopedia of Gay, Lesbian, Bisexual, Transgender and Queer Culture*. Hrsg. von Claude Summers, Chicago 2003, www.glbtq.com/literature/cocteau_j.html (Stand 12. 12. 2004).

Siepe, Hans: *André Gide und Deutschland*, Düsseldorf 1992.

Stein, Peter: *Heinrich Mann*, Stuttgart 2002.

Stephan, Alexander und Wagener, Hans (Hg.): *Schreiben im Exil. Zur Ästhetik der deutschen Exilliteratur 1933-1945*, Bonn 1985.

Sternweiler, Andreas: *Die Lust der Götter. Homosexualität in der italienischen Kunst. Von Donatello zu Caravaggio*, Berlin 1993.

Summers, Claude (Hg.): *An Encyclopedia of Gay, Lesbian, Bisexual, Transgender and Queer Culture*, Chicago 2003, www.glbtq.com/literature/cocteau_j.html. (Stand 12. 12. 2004).

Swiserska, Malgorzata: *Studien zur literaturwissenschaftlichen Imagologie. Das literarische Werk F. M. Dostoevskijs aus imagologischer Sicht mit besonderer Berücksichtigung der Darstellung Polens*, München 2001.

Tacel, Max: *La France et le monde au XXe siècle*, Paris 1989.

Tamagne, Florence: *Histoire de l'homosexualité en europe. Berlin, Londres, Paris 1919-1939*, Paris 2000.

Valentin, J. M. und Bariétiy, J. (Hg.): *La France et l'Allemagne entre les deux guerres mondiales*, Nancy 1987.

Vormeier, Barbara: *Frankreich*. In: *Handbuch der deutschsprachigen Emigration. 1933-1945*. Hrsg. von Claus-Dieter Krohn u. a., Darmstadt 1998, S. 213-250.

Walter, Hans-Albert: *Asylpraxis und Lebensbedingungen in Europa. Deutsche Exilliteratur 1933-1950*, Darmstadt 1972.

Walther, Ingo (Hg.): *Paris-Berlin: 1900-1933. Übereinstimmungen und Gegensätze Frankreich-Deutschland. Kunst, Architektur, Graphik, Literatur, Industriedesign, Film, Theater, Musik*, München 1979.

Wegner, Matthias: *Exil und Literatur. Deutsche Schriftsteller im Ausland 1933-1945*, Frankfurt a. M. 1967.

Weinzierl, Ulrich: *Julien Green*. In: *Frankfurter Allgemeine Zeitung*, 24. 11. 1986, S. 25.

Wetzel, Hermann: *Das Leben poetisieren oder „Poesie leben"? Zur Bedeutung des metaphorischen Prozessen im Surrealismus*. In: *Französische Literatur in Einzeldarstellungen*. Bd. 3: *Von Proust bis Robbe-Grillet*, Hrsg. von Hermann Wetzel und Peter Brockmeier, Stuttgart 1982, S. 71-131.

Wetzel, Hermann und Brockmeier, Peter (Hg): *Französische Literatur in Einzeldarstellungen*. Bd. 3: *Von Proust bis Robbe-Grille*t, Stuttgart 1982.

Wittmann, Reinhard: *Plümo, Potschamperl und Paraplü. Bayerns französischer Wortschatz*. In: *Charivari. Bayerische Zeitschrift für Kunst, Kultur und Lebensart. Bavaria und Marianne. Bayern und Frankreich – Gestern und Heute*, München 1997, S. 16f.

Zimmermann, Marita: *Kultur – culture. Zum Verhältnis zwischen Deutschen und Franzosen*, Frankfurt a. M. 1995.

Tonträger

The International Music Company (Hg.): *Schwule Lieder. Perlen der Kleinkunst. Historische schwule und lesbische Aufnahmen 1908-1933*, Hamburg 2002.

Film

Breloer, Heinrich (Buch und Regie): *Die Manns. Ein Jahrhundertroman*. Dokudrama. Deutschland 2001.

Danksagung

Mein Dank gilt all jenen, die diese Arbeit unterstützt haben: Prof. Dr. Wolfgang Popp für die Annahme, Prof. Dr. Gerhard Härle für die Betreuung der Doktorarbeit, beiden für ihre Fürsprache für ein Stipendium der August-von-Platen-Stiftung und der August-von-Platen-Stiftung für mein Stipendium.

Anke Hertling gilt mein weitaus größter und herzlichster Dank. Ohne sie hätte ich diese Arbeit wohl nicht zuende geschrieben. In unserer Freundschaft und Auseinandersetzung fand ich tausend Stunden Gespräche, zahllose Anregungen und bestärkende Worte.
Herr Dr. Fredric Kroll stand mir immer wieder mit seinem umfassenden Wissen hilfreich zur Verfügung.
Herrn Frido Mann danke ich für die Erlaubnis, die Originaltagebücher Klaus Manns einzusehen. Ohne sie wäre der neue Blick auf Klaus Mann und sein Verhältnis zu Frankreich nicht möglich gewesen.
Frau Hummel und Frau Weber vom Literaturarchiv der Stadt München unterstützten mich mit großer Geduld, Kompetenz und Freundlichkeit bei meinen Recherchen im Klaus-Mann-Archiv.
Klaus Blanc ermutigte mich in zahlreichen Gesprächen, weiterzuarbeiten.
Inken Sürig möchte ich danken für ihre kritische und korrigierende Lektüre des Manuskripts, ohne die das Buch kaum so bald eine öffentlichkeitsfähige Form gefunden hätte.

Meinen Eltern danke ich für ihre finanzielle Unterstützung.

München, im Oktober 2005

Veit Johannes Schmidinger

www.ingramcontent.com/pod-product-compliance
Lightning Source LLC
Chambersburg PA
CBHW021936290426
44108CB00012B/852